SOCIÉTÉ ARCHÉOLOGIQUE DU LIMOUSIN

REGISTRES
CONSULAIRES

DE

LA VILLE DE LIMOGES

TOME IV

TROISIÈME REGISTRE

(PREMIÈRE PARTIE : 1662-1740)

LIMOGES
IMPRIMERIE-LIBRAIRIE LIMOUSINE
Vᵉ H. DUCOURTIEUX
Libraire de la Société archéologique et historique du Limousin
7, RUE DES ARÈNES, 7

1889

REGISTRES CONSULAIRES

DE

LA VILLE DE LIMOGES

REGISTRES CONSULAIRES

DE

LA VILLE DE LIMOGES

PUBLIÉS

PAR M. LOUIS GUIBERT

SECRÉTAIRE GÉNÉRAL
DE LA SOCIÉTÉ ARCHÉOLOGIQUE ET HISTORIQUE DU LIMOUSIN

AVEC LE CONCOURS DE MM.
Jean de BRUCHARD, Gaston FOUGERAS-LAVERGNOLLE,
Camille MARBOUTY,
Paul MARIAUX et Léonard MOUFLE
MEMBRES DE LA MÊME SOCIÉTÉ

TOME IV

TROISIÈME REGISTRE

(PREMIÈRE PARTIE : 1662-1740)

LIMOGES
IMPRIMERIE-LIBRAIRIE LIMOUSINE
Vᵉ H. DUCOURTIEUX
Libraire de la Société archéologique et historique du Limousin
7, RUE DES ARÈNES, 7
—
1889

AVERTISSEMENT

Nous donnons aujourd'hui au public le quatrième volume des *Registres consulaires de la ville de Limoges*, édité, comme les précédents, sous les auspices de la Société archéologique et historique du Limousin et avec le concours du Conseil municipal, qui, depuis le début de cette publication, n'a cessé d'y témoigner le plus bienveillant intérêt.

La collection des *Registres consulaires* devait, au compte de M. Emile Ruben, qui a commencé à les publier en 1867, fournir seulement la matière de quatre volumes. Il est aujourd'hui évident qu'elle n'en formera pas moins de six. Bien que celui-ci embrasse une période de près de quatre-vingts ans — du 7 décembre 1662 à la fin de l'année 1740, — nous sommes à peine parvenus, à cette dernière date, aux deux tiers du troisième registre, et un demi-siècle nous sépare encore du 31 décembre 1790, date finale du quatrième et dernier recueil des actes et délibérations de notre ancien corps de ville.

L'administration municipale s'est récemment décidée — et c'est une excellente mesure, dont on doit féliciter M. Tarrade, — à faire dresser, à partir de 1791, une table analytique du contenu de tous les registres de la période postérieure, qu'on ne saurait penser à publier *in extenso* vu l'énorme matière qu'ils renferment. Cette table, dont l'impression est commencée, comprendra l'énoncé sommaire des actes municipaux au cours de quatre-vingt-neuf années, et reliera ainsi la collection des *Registres consulaires* à celle des *Délibérations* imprimées (1) à partir de 1879 (administration de M. R. Pénicaud) : en sorte que le public aura bientôt à sa disposition une série non interrompue de documents relatifs à l'administration communale à dater de 1508. Dans moins de vingt ans, cette précieuse collection embrassera une période de quatre siècles. Peu de villes, croyons-nous, en possèderont une semblable.

Le volume qui paraît aujourd'hui ne saurait être considéré comme un des plus intéressants du recueil. Les fonctions consulaires ont jeté au seizième siècle leur dernier éclat. Henri IV, en se réservant pendant trois ans, à partir de 1596, la nomination des magistrats qui siègent à l'hôtel de ville, a sans doute mis un terme à des intrigues scandaleuses et aux compétitions incessantes des partis; mais il a porté un coup funeste aux libertés et aux traditions communales. La réduction du nombre des consuls et la substitution à la commune assemblée d'un corps électoral restreint, dont les membres, au nombre de cent, puis de soixante, sont bientôt désignés par les consuls sortants, achèvent la ruine de ces traditions et de ces libertés. La vie municipale a encore un peu d'activité pendant le règne de Louis XIII ; sous Louis XIV, elle finit de s'éteindre. Nous voyons bientôt le fisc étendre la main sur les char-

(1) Il convient de rappeler que l'*Almanach limousin* donne chaque année, depuis 1871, des extraits des procès-verbaux du Conseil municipal. Le point de départ de cette publication est la séance du 27 août 1870, après le scrutin des 6 et 7, 13 et 14 août pour le renouvellement du Conseil.

ges municipales. Ces mandats gratuits, conférés de tout temps par le libre choix des citoyens, sont métamorphosés en offices qu'on met aux enchères ; et, comme les particuliers montrent peu d'empressement pour les acquérir, des édits interviennent pour contraindre les villes à s'en rendre adjudicataires. Les financiers aux abois, ne sachant où prendre l'argent nécessaire aux dépenses d'une trop fastueuse cour, puis aux guerres malheureuses de la fin du grand règne, transforment en charges vénales jusqu'aux grades de la milice bourgeoise. Sous Louis XV, on ira plus loin, et des provisions royales seront données pour les plus infimes emplois.

Les Consuls, qui se sont vu enlever, au xvi° siècle, la juridiction criminelle, la juridiction civile et la juridiction commerciale, et à qui les Bureaux des Finances ont pris la voirie, ont pourtant conservé la police, dernière attribution importante qui leur ait été laissée; c'est tout ce qui reste de ces larges privilèges reconnus à la Commune, dans la personne de ses chefs élus, par les rois d'Angleterre au xiii° siècle, restitués à leurs successeurs après Poitiers, et solennellement proclamés et confirmés par Charles V en décembre 1371 et janvier 1372, à la veille de l'entrée des troupes françaises dans le Château. Cette dernière attribution est arrachée au corps municipal à la fin du xvii° siècle. Les édits d'octobre et de novembre 1699 la transportent au titulaire d'un office nouveau, assisté d'un Procureur du Roi spécial et d'un greffier. Le 22 février de cette année, les Consuls ont, pour la dernière fois, nommé les juges chargés de connaître des contraventions de police et de faire respecter les ordonnances de l'hôtel de ville.

Le lieutenant général de police qui est investi de l'autorité en cette matière et de la juridiction dont ce service se trouve assorti, devient un personnage beaucoup plus considérable que les consuls. Mais un autre officier, le lieutenant général au siège présidial et sénéchal, joue depuis longtemps un rôle important à l'hôtel de ville. A partir de 1659, on le voit présider les élections consulaires, puis peu à peu les réunions des magistrats municipaux. Il devient le véritable chef de l'administration, hérite des fonctions dévolues jusqu'ici soit au Consulat en corps, soit au prévôt, et s'intitule souvent, au cours du xviiie siècle, « lieutenant de maire » (1); il en remplit, en effet, les principales fonctions.

Vers la fin du règne de Louis XV, l'impuissance et le discrédit des fonctions municipales sont tels que les inconvénients d'un aussi lamentable état de choses éclatent aux yeux du gouvernement lui-même. Plusieurs essais de réorganisation sont tentés : l'un d'eux, curieux à plus d'un titre, s'inspire d'une des plus vieilles traditions des communes libres et appelle au Conseil de ville les représentants de toutes les corporations (édit de 1767) (2). On se décide à élargir le cercle d'activité des administrations municipales. On rend aux magistrats certaines attributions. A Limoges, un édit du mois de septembre 1784 réunit à l'hôtel de ville la police, qui en a été distraite depuis près d'un siècle, et, au moment où la Révolution éclate, cet important service se trouve aux mains des officiers municipaux.

Parmi les offices créés par le fisc en 1692, figurait celui de maire. Cette dénomination se rencontre dans deux ou

---

(1) Peut-être le lieutenant général avait-il, dans les premières années du xviiie siècle, acquis l'office de lieutenant de maire, créé en 1692.

(2) Voir à ce sujet notre article : *L'Édit de décembre 1767 : la participation des Corporations au gouvernement communal*, dans la *Réforme Sociale* (4e année, t. VII, 11e livraison, p. 529).

trois documents du xiiie siècle, entre autres dans la lettre écrite en 1220 par Henri III aux Consuls du Château pour leur notifier son avènement au trône d'Angleterre (1); mais elle paraît y avoir été mise par suite d'une erreur bien explicable. Ce titre ne fut porté, au moyen-âge, ni dans l'une ni dans l'autre des deux villes de Limoges, et il n'exista jamais, dans l'organisation ancienne, de chef permanent, attitré du corps municipal : chacun des douze consuls, à tour de rôle, avait pendant un mois la haute main sur l'administration, présidait les assemblées, marchait en tête de ses collègues dans les cérémonies et parlait en leur nom au besoin.

On ne voit apparaître le nom et les fonctions de maire qu'au moment où Louis XI confisque nos libertés communales : en 1476, François de Pontbriant, gentilhomme breton, seigneur de La Villatte en Limousin, obtient la création à son profit de l'office de maire à vie. Le consulat est aboli. La ville réussit en 1484 à faire supprimer cette charge, et plus de deux cents ans s'écoulent avant que la royauté la rétablisse.

L'office créé par le fisc en 1692, était encore sans titulaire six ans plus tard. Peu après, il trouva enfin un acquéreur; c'était un M. de Villoutreys, appartenant à une bonne famille de l'Angoumois et descendant peut-être d'Etienne et de Jacques de Villoutreix, qui avaient successivement rempli les fonctions de maire de la ville d'Angoulême à la fin du xvie et dans les premières années du xviie siècle. M. de Villoutreys siégea pour la première fois, semble-t-il, en cette qualité, à Limoges, le 7 décembre 1703, et sa signature, à partir de ce moment, figure au registre à

---

(1) *Henricus... Majori et Consolatui Lemovicensi* (Rymer : Fœdera, conventiones, litteræ, etc., 3e édition, t. I, p. 84).

des intervalles assez irréguliers et parfois assez éloignés, jusqu'au 1ᵉʳ mars 1717. A cette date, on l'y relève pour la dernière fois. Un édit du mois de juin de la même année supprima, en effet, les offices de maire, lieutenant de maire et autres créés en 1692, et rendit aux villes l'élection de leurs magistrats.

Malgré la restitution de ce droit, dont elle était du reste rentrée déjà en possession à la suite du rachat forcé des offices de consuls mis en vente par le Trésor, la commune de Limoges ne recouvra ni beaucoup d'indépendance, ni beaucoup d'activité. A la date où nous conduisent les derniers documents insérés à ce quatrième volume, le vieil hôtel de ville en ruines où siège l'administration consulaire est la fidèle image des libertés municipales, dont les citoyens, au surplus, ne paraissent pas avoir grand souci. Les réunions des magistrats sont rares et le plus souvent sans intérêt. Toutefois, les assemblées de ville subsistent, et de temps en temps, sur l'ordre de l'intendant ou avec son autorisation, la communauté des habitants, les notables bourgeois tout au moins, convoqués au son du tambour, donnent leur avis sur des affaires de nature assez variée.

Si l'intérêt historique va décroissant, on remarque, par contre, qu'à partir du commencement du xvIIIᵉ siècle, les questions d'administration, celles de voirie surtout, sont traitées à nos registres avec plus de précision et de détails.

Les grands services rendus par Turgot font trop souvent oublier ce que doivent la province et la ville à ses prédécesseurs dans la charge d'intendant : à M. d'Orsay et à M. de Tourny en particulier. Nos livres consulaires rendent témoignage de ce que ces administrateurs ont fait pour nous, et Limoges ne saurait en perdre le souvenir.

Ajoutons que l'intérêt des délibérations du corps municipal et des assemblées de ville n'est pas, dans cet ordre d'idées, exclusivement rétrospectif. Leurs indications peuvent souvent être utiles pour l'étude de questions qui restent encore à l'ordre du jour.

On en jugera surtout par le contenu du cinquième volume, qui, outre la fin du troisième registre, renfermera la première partie du quatrième. Le sixième volume sera réservé à la seconde moitié de ce dernier et aux tables générales de la collection.

Nous comptions faire paraître, avant le présent volume, le petit registre du notaire du Consulat (1489-1499), conservé aux archives des Basses-Pyrénées, et dont nous avons le premier signalé l'existence. Nous avions même cru pouvoir annoncer, dans l'avant-propos du tome III, la prochaine impression de ce document. Mais le Comité de publication de la Société archéologique n'a pas adopté notre manière de voir et s'est opposé à ce que nous fissions de ce registre, comme nous le désirions, une sorte d'introduction, de préambule à la série des *Registres consulaires* proprement dits. Tout en regrettant cette décision, nous avons dû nous y conformer. Le manuscrit des archives départementales de Pau ne sera donc pas compris dans le présent recueil. Il figurera, avec un grand nombre d'autres documents inédits, à la suite d'une étude que nous préparons sur *le Consulat et les Institutions municipales des deux villes de Limoges*.

Jusqu'à la fin du présent volume, nous avons reproduit, avec le soin le plus scrupuleux, l'orthographe fort défectueuse du manuscrit. Arrivé à l'année 1740, nous ne voyons aucun avantage à suivre religieusement le scribe du Consulat dans ses écarts, parfois un peu fantaisistes, même pour le temps. Nous nous proposons donc d'épargner au lecteur, dans les deux derniers volumes, une fatigue sans profit, et, tout en nous conformant aux habitudes orthographiques du siècle dernier, nous nous permettrons à l'avenir de corriger les trop nombreuses fautes et lapsus du secrétaire-greffier de l'hôtel de ville : ils n'ont pas plus d'intérêt pour la philologie que pour l'histoire.

REGISTRES CONSULAIRES

DE LA VILLE DE LIMOGES

3ᵉ REGISTRE

AU NOM DE DIEU ET DE LA TRES HONNORABLE VIERGE MARIE

LIVRE DE LA MAISON COMMUNE DE LA VILLE DE LIMOGES

commancé le septiesme decembre 1662

Eslection de Messieurs les Consuls, faicte dans la grande salle de la Maison commune de Lymoges par les soixante prudhommes nommez a cet effet, et assistants Messieurs les Lieutennants general et Procureur du Roy, ce septieme decembre 1662.

SÇAVOIR :

Monsieur Mᵉ Jean Vidaud, seigneur du Carier, conseiller du Roy et son lieutenant particulier au siege presidial et seneschal dudit Lymoges;

Monsieur Mᵉ Jean Peyroche, advocat au dit siege presidial et seneschal de ladite ville;

Et Monsieur Jean de Maledant, seigneur de Fonjoudram, bourgeois et marchand dudit Lymoges.

Eslection de Messieurs les Cappitaines et leurs Lieutennants des huict cantons de la presente ville, faicte par lesdits sieurs Consuls, le x° decembre 1662 (1).

Consulat :

Monsieur Regnaudin, filz de la Damoizelle Dubrueil, cappitaine,
Et Monsieur Goudin, fils de la veufve, lieutennant.

Magnine :

Monsieur Brugiere, gendre de Monsieur Moulinier, cappitaine,
Et Monsieur Senemaud, beau frere de Monsieur Garat, lieutennant.

Les Bans :

Monsieur Gendraud, cappitaine,
Et Monsieur Senemaud, fils de la veufve, lieutennant.

Le Clocher :

Monsieur Guybert, cappitaine,
Et Monsieur Nantiat, gendre de Monsieur Devoyon, lieutennant.

Boucherie :

Monsieur Dugravier, cappitaine,
Et Monsieur Rousset, gendre de Monsieur Ardant, lieutennant.

La Ferrarie :

Monsieur Faure, advocat, cappitaine,
Et Monsieur Dubois, frere de l'advocat, lieutennant.

Les Combes :

Monsieur de Pagnat, cappitaine,
Et Monsieur Maslefille, lieutennant.

Lancecot :

Monsieur Descourieres, cappitaine,
Et Monsieur Bardinet, lieutennant.

---

(1) L'église de Saint-Cessateur, qui était restée abandonnée depuis la peste de 1630-31, vit ses réparations s'achever le 15 juillet 1662 (Ms. de Pierre Mesnagier, p. 317).

Messieurs les Juges de police creez par Messieurs les Consuls :

Monsieur Deflottes, conseiller ;
Monsieur Dubois, conseiller ;
Monsieur Guery, consul ;
Monsieur Demaledant, consul ;
Monsieur de La Jourdanie ;
Et Mr Michelon, gendre de Mr Clemant (1).

Eslection de Messieurs les Consuls, faicte dans la grande sale de la Maison commune de la ville de Lymoges par les soixante Prudhommes nommez a cet effet, et assistants Messieurs les Lieutenant general et Procureur du Roy de la presente ville, ce septieme decembre 1663.

Sçavoir :

Messieurs Maistres Martial Martin, seigneur de la Bastide, conseiller du Roy, juge magistrat en la senneschaucée de Lymousin et siege presidial de Lymoges ;

---

(1) Il nous paraît sans intérêt de signaler, comme nous l'avons fait au registre qui précède, les feuillets ou portions de pages laissés en blanc. Il y en a beaucoup dans ce registre.

En 1662 et 1663 fut rebâti l'auditoire du pariage de la Cité. Le juge de l'évêque seul y rendait alors la justice. Mgr Henri de La Martonnie ayant racheté la part du roi et le pariage ayant de fait cessé en 1597, par la réunion de tous les droits féodaux dans les mains de l'évêque de Limoges.

Peu de faits notables cette année. Le P. Bonaventure de Saint-Amable signale une ostension solennelle des reliques de saint Eugène, martyr, envoyées de Rome aux Carmés déchaussés de la Cité, dits Carmes de Saint-André, parce qu'ils avaient pour chapelle la très ancienne église paroissiale de ce nom. Cette ostension commença le 29 avril 1663 et dura huit jours. Mgr de Lafayette présida à toutes les cérémonies (*Histoire de Saint-Martial*, troisième partie, *Annales*, p. 863). Ces reliques furent déposées dans la vieille châsse de Saint-Loup, que les prêtres communalistes de Saint-Michel-des-Lions avaient vendue aux Carmes. On les plaça plus tard dans une « belle châsse neuve, de bois doré ». Le chef fut mis dans une coupe double d'argent. — La chronique de Pierre Mesnagier, que nous avons eu souvent occasion de citer au volume précédent, parle longuement de ces reliques et de l'ostension faite à l'occasion de leur arrivée et durant laquelle il se tira « grans cous d'artilerie an manière de regouisance ». (Pages 323 et 324).

Rappelons que plusieurs des reliques expédiées de Rome en grande quantité à cette époque, donnèrent lieu à certaines constatations peu favorables à leur authenticité.

Notons, dans le manuscrit de Mesnagier, une description sommaire de la châsse de Saint-

— 8 —

Monsieur Pierre de Petiot, seigneur de Chavaignat, et advocat en la Cour,

Et Monsieur Estienne Croisier, seigneur d'Aubiat, greffier en chef en la mareschaucée (1) de Lymouzin.

Eslection de Messieurs les Juges de police creés dans l'hostel de ville, le 12ᵉ decembre 1663, par Messieurs les Consuls en charge, pour exercer pendant un an.

Sçavoir :

Mʳ Decordes, seigneur de Felix, conseiller du Roy ;
Mʳ Rougier le jeune, seigneur de Moysaguet, conseiller du Roy ;
Mʳ Depetiot, seigneur de Chavaignat, consul ;
Mʳ Croysier, seigneur d'Aubias, consul ;
Mʳ Malledant, esleu ;
Et Mʳ Malignaud, bourgeois et marchand.

Eslection de Mʳˢ les Juges de Bource creés le xxᵉ may 1664, pour exercer pendant un an.

Sçavoir :

Mʳ Texandier le jeune, premier juge ;
Mʳ Nicolas, second juge ;
Et Mʳ Martin Dessables (2), troiziesme juge (3).

Loup. Elle était « de latont surdorré, anrechie de beaux images et esmalié an plusieurs androis d'emal ».

Le 21 novembre 1663 eut lieu, suivant l'usage, l'audience solennelle de rentrée de la Cour Présidiale. François de Pagnon, baron de Brie, Procureur général, prononça le discours traditionnel. Il parla contre le Jansénisme. (L'abbé Legros, *Abrégé des Annales*, p. 605).

Au mois de juillet 1663, on fit des prières publiques et des processions pour obtenir du beau temps.

(1) On sait que la maréchaussée était une juridiction de police disposant d'une force armée non sans analogie avec notre gendarmerie.

(2) Est-ce le même que l'imprimeur, nommé dans la *Bibliographie limousine* de M. Poyet (1676-1691) ?

(3) Le P. Bonaventure de Saint-Amable, toujours fort prolixe en ce qui a trait à son couvent, raconte qu'en 1664, les Carmes de Saint-André en la Cité reçurent de La Chaise-Dieu des reliques du patron de leur église, et qu'ils firent faire « un beau saint André d'argent » tenant sa croix. Les reliques furent placées dans les deux bras de la croix. Les Carmes reçu-

Acte pour la delivrance des rentes des Pains de Noël et Ste Croix, a Messieurs les administrateurs de l'Hospital general (1).

Aujourd'huy, cinquiesme feuvrier mil six cents soixante cincq, dans la grand sale de la maison commune de la ville de Lymoges ou estoient assemblés Messieurs Maistres Michel Periere, conseiller du Roy en ses Conseils, president en la senechaussée et siege presidial de la presente ville; Martial Martin, seigneur de La Bastide, aussi conseiller, juge magistra en la ditte senechausée et siege presidial; Pierre de Petiot, seigneur de Chavaniac; Jean Vidaut, seigneur du Gareau; Estienne Croysier, seigneur d'Aubias, et Simon Delafosse, seigneur du Caliaud, prevost consul en la ditte ville, en presences de Messieurs Maistres Henry Brugiere, aussi conseiller du Roy en ses Conseils, lieutenent general en la ditte senechausée et siege presidial, et Simon Descoutures, seigneur de Bort, conseiller et advocat du Roy au dit siege, et de la plus grande partie des plus notables bourgeois et marchands de la ditte ville convoqués et assemblés pour les affaires publiques en la forme et maniere accoutumées, a esté exposé par le dit s^r Periere, President, prevost consul, que par les lestres patentes de Sa Majesté, accordées a la presente ville pour l'eslection et establissement de l'hospital general, il est porté entre autres choses que toutes les ausmones generales et particulieres de fondation qui se font dans la ville, citté et faubours, et celles qui se font par la maizon de ville, ont esté unies a l'hospital general, en consequence des arrests et deliberations de la ditte ville contenue es actes sur ce faicts les quatorziesme novembre mil six cents cinquante sept (2) et quinziesme may mil six cents cinquante-neuf, sur lesquels les dittes lestres patentes ont esté accordées et ensuitte omologuées et enregistrées en la Cour de Parlement de Bourdeaux, comme aussy enregistrées et vérifiées en la present senechausée ; et d'autant que les ausmones qui avoient accoustumé d'estre faictes par la ditte maison de ville ont des fons particuliers, rantes, droits et

---

rent également de Rome des ossements de saint Pudens, qu'ils renfermèrent dans une châsse de bois doré. Vers la même époque, l'église de Saint-Pierre-du-Queyroix obtint le corps de saint Rustique.

La chapelle des PP. de la Mission, aujourd'hui chapelle de l'Hôpital, fut achevée en 1664.

(1) Le folio où se trouve transcrite la fin de cette délibération a été, sans doute par une inadvertance du relieur, placé avant l'acte de nomination des consuls du 7 décembre 1663. Nous aurons à signaler plus loin d'autres interversions.

(2) Il y a sept ou huit arrêts de cette époque relatifs aux aumônes unies à l'hôpital. Notons que le second registre consulaire ne nous donne la teneur d'aucune des délibérations de ville dont il est fait ici mention.

debvoirs appellés les *Ausmones du Pain de Noël* et de *S*^{to} *Croix*, Messieurs les administrateurs du dit hospital general ont, despuis les trois années dernieres, et erection du dict hospital general, proposé et faict entendre a diverses fois qu'il seroit du bien et advantage des pauvres que les tiltres et papiers et enseignements consernent les dittes rantes, droits et debvoirs des susdittes ausmones de *S*^{te} *Croix* et *Noël* leurs fussent delivrées, pour estre remis et gardés dans le trezort du dit hospital general avecq les aultres til- tres servants a sa fondation, afin que la levée des dittes ranthes fusse faicte par leurs mains, et les redepvables contrains au paye- ments et prestation des dicts debvoirs par leurs soingts et appli- cations plus particuliere, estant certains que les dittes ranthes affectées aux fons des dittes ausmones, sont pour la pluspart mal acquittées, ou desniées, sans (1) que pour raizon de ce il soit faict les poursuittes convenables, pour ne pouvoir par Messieurs les consuls donner tout le temps et assiduité qui seroit requizé, accause des autres affaires publiques, ou le peu de temps de leur exercice, en sorte que le revenu qu'on perçoit des dittes ausmones est si mo- dique que le dit hospital general n'en retire presque rien, ni aucun soulagement, bien qu'en son establissement l'union des dittes deus ausmones aye esté regardée comme un secours et fons conside- rable ; estant mesmes a craindre que la suitte des temps n'y cause une plus notable diminution, ce qui arriveroit contre l'intention de la ditte ville et contre la volonté du Roy exprimée aux dittes lestres patantes (2) : — offrants les dits S^{rs} administrateurs de se charger des susdits tiltres et de les conserver dans leurs archives et trezort; et [dans le cas] ou la preposition de remettre entre les mains des dits S^{rs} administrateurs les dits tiltres et leurs minuttes et originaux souffriroit quelque difficulté et qu'il seroit jugé plus a propos et convenable d'en continuer la garde dans la ditte maison de ville, les dits S^{rs} administrateurs, qui n'ont d'autre intention que de procurer l'entretenement et nourriture des dits pauvres et tra- vaillier à la conservation de leur revenu, se remettent a tel autre expediant et voyes plus commodes qui seront advizées, pourveu qu'ils ayent en main les tiltres et papiers pour exiger les dits droits, faire condempner les redepvables, intenter proces contre les refusans, poursuivre les actions qui pour raizon de ce pour- ront estre faictes, soit que les dits tiltres leurs soient delivrés par

---

(1) On lirait plutôt : *sauf*, mais le sens est bien clair.
(1) Voir, au sujet de l'établissement de l'hôpital général, le bel ouvrage de M. P. Laforest : *Limoges au* XVIIe *siècle*, et l'introduction de l'*Inventaire des archives de l'hôpital de Limoges*, par M. A. Leroux, archiviste de la Haute-Vienne (en cours de publication).

collation ni autrement, et en ce que la ditte maizon de ville demeurera deschargée de la ditte delivrance et prestation des dittes deux ausmones et charges dhües sur icelles, si aucune y en a; le revenu desquelles les dits S^{rs} administrateurs ont reçu jusques a present, despuis la ditte creation, par les mains des fermiers de la ditte ville et a condition que les prossais et instances qui [a] raison de ce seront intentés, seront par les dits administrateurs soubstenus sans que la ditte ville soit tenue d'y contribuer moyenent la susditte remize des tiltres ni demeurer responsables de l'esvenement des dits prossais et instances ; et parceque les dits sieurs administrateurs sont aussi advertis qu'il est deub beaucoup d'arerages des dittes renthes, los et vanthes et autres droits seigneuriaux qui n'ont estés levés ni demandés et qui peuvent augmanter le fons de ladite union et desquelles il ne serait pas justice que les particuliers se peussent prevaloir au prejudice du dict hospital general, qui est la plus sceante destination des dits revenus et le plus pieux et charitable uzage qui s'en puisse faire dans l'intention de ceus qui les ont fondés et de tous les habitans de la dicte ville qui ont tesmoigné tant de zele pour le dit establissement et consommation de ce grand heuvre, du renfermement et closture des pauvres, les dits sieurs administrateurs ont aussi propozé que la ditte maizon de ville leurs voulut remettre les dits arrerages et autres debvoirs ci-dessus, et, sur les dittes propositions, lesdits (*sic*) sieur Periere, prevost consul, auroit prié l'assemblée vouloir deliberer ; — et sur ce, l'affaire mize en deliberation : — appres quoy a esté examiné et consideré qu'il seroit plus advantageux a la ditte ville de continuer la garde et conservation des dits tiltres dans le tresor de la ditte maison commune, pouvant mesme arriver cessation ou rupture du dit hospital general ; auquel cas la disposition et distribution des dittes ausmones debvoit revenir es mains de Messieurs les consuls, et que d'alhieurs l'on pouvoit satisfaire à l'inclination et zele des dits sieurs administrateurs, — il a esté resolu par une commune vois, qu'en execution des actes et deliberations ci-dessus, les dits Srs Administrateurs jouiront et persevront par leurs mains les revenus de ces deux ausmones appellées de *Ste Croix* et *Pain de Noël*, unies au dit hospital general, aveq tous droits et debvoirs seignieriaux, tant et si longuement que le dit hospital general subsistera; et a ses fins, que coppiées (*sic*) collationnées des tiltres, papiers, documents, recoignoissances, liesves et autres consernant les dittes ausmones seront faictes en presence de Monsieur le Lieutenent general et de Monsieur le Procureur du Roy, sur la representation qui en sera faicte par les dits Srs Consuls, pour s'en servir par les dits S^{rs} administrateurs, aux actions et proces intantés ou a intanter, et les garder dans les tresors du dit hospital general, en ce que toutesfois et quantes qu'il sera besoing et requis ou le cas y escheroit, les tiltres originaux seront par les dits sieurs consuls representés et a la charge que la ville ne sera responsable des poursuittes, des fraits et esvenemens des proces et instances mues ou a mouvoir pour raizon des dittes ranthes, et soubs la condition et reserve expresse de reprendre, par les dits sieurs consuls, la direction, disposition et distribution des susdittes ausmones, renthes et debvoirs y attribués, or le cas si dessus de rapture (sic) du dit hospital general arriveroit, comme pareillement que les arrerages soit des dittes renthes que los et vanthes et autres droits seignieriaux de tout le passé qui peuvent appartenir a la ditte maison de ville sont et demeurent remis aux dits S^{rs} administrateurs, autres toutesfois que ceux qui se trouveront comprins dans les affermes de la ditte maizon de ville, a quoi n'est aucunement desrogé ; desquels arrerages les dits sieurs administrateurs se pourront faire payer soit soubs leur nons ou celui des dits sieurs consuls, aux conditions si-dessus de n'estre tenus d'aucuns frais. De laquelle deliberation, nous, Lieutenant General susdit, du consentement du Procureur du Roy, avons concedé acte pour servir que de raizon. Signé a l'original : PERIERE, prevost consul; MARTIN, consul; DE PETIOT, consul; VIDAUD, consul; CROIZIER, consul; LAFOSSE, consul; BREGIERE, lieutenent general; DESCOUTURE, advocat du Roy.

Eslection de Messieurs les Consuls de la ville de Limoges, creez dans la grand salle de l'hostel commun de la ditte ville a la maniere accoustumée, le septiesme decembre 1665 (1).

SÇAVOIR :

Monsieur Me Estienne Martial Vidaud, sieur d'Aubie (sic), con-

---

(1) On remarquera que le résultat des élections municipales du 7 décembre 1664 n'est pas consigné à notre registre.
En 1665, dit l'auteur du manuscrit connu sous le nom de *Chronique de D. Col*, « le mois d'avril fust sy secq qu'il ne pleut du tout point. » Le foin se vendit 50 sols le quintal. En mai il plut et il y eut beaucoup de fourrages.
La même chronique mentionne en 1665 M. de Barentin, Intendant de Poitiers et de Limoges.

seiller du Roy et son receveur des tailles en la generalité de Limoges;

Monsieur M⁰ Jean Boyol, sieur de Rol, advocat en la Cour,

Et Monsieur Barthelemy Juge, sieur du Masbilier.

Eslection de Messieurs les Juges de police, creez le xiiii⁰ *decembre* 1665.

S̩çavoir :

Monsieur Laudin, sieur de La Lingaine, conseiller du Roy, juge magistra en la senechaucée de Limousin et siege presidial de Lymoges;

Monsieur Desmaisons, seigneur du Puyrobin, aussy conseiller du Roy et juge magistra au dit siege ;

Monsieur Boyol, consul ;

Monsieur Juge, consul ;

Monsieur Roger, receveur des consignations,

Et Monsieur Estienne Dorat, bourgeois et marchand.

Eslection des Cappitaines et Lieutennants de la dite ville.

Consulat : Monsieur Periere, sieur de Chastreys, cappitaine,

Et Monsieur Vidaud, advocat, lieutennant.

Magnine : Monsieur Romanet, lieutennant en la visseneschaucée, cappitaine,

Et Monsieur Roger, sieur de Lescuras, lieutennant.

Les Bans : Monsieur Pinet, sieur de Chabanettes, cappitaine,

Et Monsieur Bonin, gendre de M ͬ Dupré, lieutennant.

Le Clocher : Monsieur Vidaud, sieur du Frau, cappitaine,

Et Monsieur Vigenaud, le jeune, lieutennant.

Boucherie : Monsieur Delomenie, lieutennant de M ͬ le Grand Prevost, cappitaine,

Et Monsieur Ardant, le jeune, lieutennant.

La Fererie : Monsieur de Douhet, advocat, cappitaine,

Et Monsieur Delomenie, le jeune, lieutennant.

Les Combes : Monsieur Descoutures, advocat, cappitaine,

Et Monsieur Donzeau, advocat, lieutennant.

Lansecot : Monsieur Debeaubrueil, advocat du Roy au bureau des finances, cappitaine,

Et le fils de François Bardinet, dit le Gros, lieutennant.

— 14 —

Eslection de Messieurs les Juges de Bourse, creez le 21ᵉ may 1666 :

Monsieur Benoist, premier juge ;
Monsieur Anthoine Goudin, second juge,
Et Monsieur Martin l'aisne, troizieme juge.

Eslection de Messieurs les Consuls de la ville de Limoges, creez dans la grand salle de l'hostel commun de la dite ville a la maniere accoustumée, le septiesme decembre 1666.

Sçavoir :

Monsieur Mᵉ Léonard Paignon, conseiller du Roy, juge magistrat en la seneschaucée de Limousin et siege presidial ;
Monsieur Mᵉ Henry de Periere, seigneur de la Gardelle, advocat en la cour ;
Monsieur Pierre Dorat, bourgeois et marchand.

Eslection de Mʳˢ les Juges de Police créés le ixᵉ decembre 1666 (1) :

Mʳ M (2)   Depetiot, assesseur au presidial et seneschal ;
Mʳ Mʳᵉ Morise de Jayac, sʳ Delagarde, conseiller du Roy audit presidial ;
Mʳ Mʳᵒ Henry de Periere, consul ;
Mʳ Dorat, consul ;
Mʳ de Douhet, sʳ de la Gorce ;
Mʳ François Dauvergne.

---

(1) En 1666, ostensions septennales. — C'est à cette date que se rapportent les lettres d'anoblissement de Béchameil, de Limoges, qui fit des prodiges de valeur à Saint-Christophe et reçut plusieurs blessures (Bonaventure. t. III, p. 865). — Cette même année fut fondé le séminaire des Ordinands. Au dernier siècle, ce séminaire ne comptait pas moins de 120 chambres, outre les salles communes. Une partie des constructions subsistent encore (casernes de cavalerie).

L'arbre de Beauvais, que les consuls de l'année 1507 avaient fait planter au milieu du triangle du petit marché de denrées, dans le cerne des Combes (place Fontaine-des-Barres actuelle), fut coupé le 2 octobre 1666 (*Annales manuscrites*, p. 316).

« D'Aguesseau vient Intendant à Limoges, avec deux compagnies de cavalerie en garnison. La ville fournit l'ustencile, qu'on faict monter à beaucoup d'argent. On establit des cantoniers toutes les semaines pour faire la levée : sont (les compagnies) de 50 maistres chacune. Arrivent au mois d'août et y demeurent jusqu'au 4ᵉ may ». *(Chron. de D. Col).*

(2 Le nom est resté en blanc.

Eslection de MM^rs les Juges de Bourse creés le xxe may 1667 :

Mr Jean Moulinier l'aisné, premier juge ;
Mr Pierre Disnematin l'aisné, second juge ;
Mr Jacques Sardine, troisiesme juge.

Eslection des Cappitaines et Lieutenants de la dicte ville :

Consulat :
Mr Declary, baron de St-Angers (sic), fils, cappitaine ;
Mr de Douhet, lieutenant.

Magnine :
Mr Vidaud, s^r de Ste-Valerie, cappitaine ;
Mr Razes fils, lieutenant.

Bans :
Mr Maleden, cappitaine ;
Mr Durou, lieutenant.

Clocher :
Mr Baignol, s^r de la Vallette, cappitaine ;
Mr Garrat fils, lieutenant.

Boucherie :
Mr Pinot jeune, cappitaine ;
Mr Decordes, procureur, lieutenant.

Fererie :
Mr Depetiot jeune, cappitaine ;
Mr Dubois, lieutenant.

Combes :
Mr Petiot, sieur de la Malharte, cappitaine ;
Mr Avril, advocat, lieutenant.

Lansecot :
Mr Recules, cappitaine ;
Mr Cybot, lieutenant.

Nomination d'un ermite en la place de celui decedé (1).

Aujourd'huy, dix septiesme janvier mil six cent soixante sept, a Limoges, dans la chambre du conseil de l'hoptel de ville de Limoges ou estoint assemblés MM^{rs} Maistres Leonard Paignon, conseiller du Roy en la seneschaulcée et siege presidial de la ditte ville ; Maistre Estienne Vidaud, s^r du Coudert, recepveur des Tailles; Jean Boyol, s^r d'Enroulx (?), Henry de Periere, s^r de la Gardelle, advocat en la cour, et Pierre Dorat, bourgeois et marchant de la ditte ville, tous prevost et consuls de la ditte ville, — Mr Barthelemy Juge, aussy consul, absant, — pour deliberer des affaires publiques : a esté exposé par ledit s^r Paignon, prevost, que la nomination d'une personne pour ermite de la presant ville, lorsque celuy qui tient la dite place vient a deceder, despant de Messieurs les Consuls en charge; que celuy qui ramplisoit la ditte place est decedé et par ainsin estre necessaire d'en pourvoir un autre en son lieu; que l'on doibt faire nomination d'une personne vertueuse et de bon exemple. Sur quoy, l'affaire mise en deliberation, les dits s^{rs} prevost et consuls, d'une commune voix et accord, ont nommé et choizy, pour remplir la ditte place d'ermite, Maistre Leonard Rousset, prestre de la parroisse de St-Damnolet (2), pour par luy la ramplir et en jouir aux mesmes droicts, gages et privileges que fesoit son devancier; — et ayant faict interpeler le dict Rousset par un des officiers du presant hostel de ville, iceluy s'estant presanté dans la chambre du conseil et ayant accepté la ditte place et remercié les dits s^{rs} prevost et consuls de la nomination qu'il leur a plu faire de sa personne pour ermite, luy a esté mis et exposé l'habit par ledit s^r prevost; et ensuitte, les sermonies (*sic*) en tel cas requises duement observées, le dit Rousset a esté conduit en sa cellule et hermitage : le tout a la manière accoustumée. Dont et du tout a esté dressé le presant acte pour servir que de raison, le jour, mois et an que dessus. Signé : PAIGNON, prevost consul; VIDAUD, consul; PERIERE, consul; BOYOL, consul; P. DORAT, consul (3).

(1) Le dernier titulaire, frère Pierre Roland, était mort à Saint-Léonard, le 1er septembre 1666, âgé de 81 ans environ. « Ses funérailles furent fort honorables, à cause de sa piété. Il était renommé pour sa simplicité, sobriété et bonne vie. » (Bonaventure, t. III, p. 865). Ce fonctionnaire modèle appartenait sans doute à une famille de fondeurs bien connue des faubourgs de Limoges.

(2) Saint-Domnolet, en la Cité, ancienne paroisse sous le vocable de Saint-Grégoire ou de Saint-Georges (au-dessous de l'abbaye de la Règle, auj. le Grand Séminaire).

(3) Nadaud signale, en 1667, Henri d'Aguesseau comme Intendant de Limoges pour la seconde fois. Son fils, Henri-François, le futur chancelier, y naquit le 27 novembre de l'année suivante. Son nom figure sur les répertoires des baptémes de saint Pierre; mais nous n'avons pu retrouver l'acte baptistaire lui-même.

Eslection de Messieurs les Consuls de la ville de Limoges, créés dans la grand salle de l'hostel commun de la dite ville a la maniere accoustumée, le septîesme decembre 1667.

SCAVOIR :

Monsieur M.ᵉ Leonard Descoutures, seigneur du Reynou, conseiller du Roy, juge magistrat en la seneschaussée de Limousin et siege presidial ;

Monsieur Nicolas Garat, seigneur de la Grange, secretaire(?) de la Reyne ;

Monsieur Martial Delomenie, seigneur du Claud, bourgeois et marchand de la dite ville.

Eslection de M.ʳˢ les Juges de police créés le IXᵉ decembre 1667 :

M. Mʳᵉ Pierre Delabiche, seigneur de Regniefort, conseiller du Roy en la seneschaucée et siege presidial ;

M. Mʳᵉ Jean Biays, seigneur de Noatre, conseiller du Roy, en la seneschaucée et siege presidial ;

Mʳ Garat, consul ;

Mʳ Delomenie, consul ;

Mʳ Blanchon, sʳ de Pagniat ;

Mʳ Moulinier, sʳ de Mayeras.

Eslection de M.ʳˢ les Juges de Bourse créés le 26ᵉ may 1668 :

Mʳ Claude Musnier, premier juge ;

Mʳ Pierre Ardent, second juge ;

Mʳ Pierre Senamaud le jeune, troisiesme juge.

Eslection des Cappitaines et Lieutenants de la ditte ville :

Consulat :

Mʳ Vidaud, fils aisné de Mʳ Dugenesty, cappitaine;
Mʳ Goudin fils aisné, lieutenant.

Magnine :

Mʳ Roulhac, sʳ des Bacheliers, cappitaine ;
Mʳ Faulte fils, lieutenant.

Bancs :

Mʳ Chastagnat, advocat, cappitaine;
Mʳ Colomb fils, lieutenant.

Clocher :

Mʳ Martin, sʳ du Moulin blanc, fils, advocat, cappitaine ;
Mʳ Boyer fils, lieutenant.

Boucherie :

Mʳ Roux, sʳ de Mazeyrolles, cappitaine ;
Mʳ Vaureys jeune, lieutenant.

Ferrerie :

Mʳ Delauze, cappitaine;
Mʳ Midy fils, lieutenant.

Combes :

Mʳ Cybot, sʳ de Naujat, cappitaine;
Mʳ Germain, lieutenant.

Lansecot :

Mʳ Constant, cappitaine ;
Mʳ Cybot dit Le Jalat, lieutenant.

Eslection et nomination de Messieurs les Consuls, faicte dans la grande sale de la Maison commune de la ville de Lymoges par les soixante prudhommes : y assistants Messieurs les Lieutenant general et Procureur du Roy, le septiesme decembre 1668.

SÇAVOIR :

Monsieur Mᵉ Pierre de Reculez, seigneur de Chasteaumoulin, conseiller du Roy en la senneschaucée et siege presidial du dit Lymoges;

Monsieur Mᵉ Pierre de Coustures, seigneur du Terier, advocat en la cour,

Et Monsieur Psaumet Faute, bourgeois et marchand de la ditte ville.

Eslection de Messieurs les Juges de police créez et nommez par messieurs les consuls le 12ᵉ *decembre* 1668.

SÇAVOIR :

Monsieur Martin, seigneur de la Bastide, conseiller du Roy au presidial de Lymoges ;
Monsieur Dubois, conseiller du Roy au presidial de Lymoges;
Monsieur Descoutures, advocat ;
Monsieur Faulte ;
Monsieur Blanchon, sieur de Paignat,
Et Monsieur de Mayeras.

Eslection de Messieurs les Cappitaines et Lieutennants de la ditte ville :

Consulat :

Monsieur Moulinier, cousin de Mʳ de la Lingaine, cappitaine;
Et Monsieur Goudin le jeune, lieutennant.

Magninie :

Monsieur Dubrueil, cappitaine,
Et Monsieur Moulinier, sieur de Fonbonne, lieutenant.

Les Bans :

Monsieur Dupin, cappitaine,
Et Monsieur Navieres jeune, lieutenant.

Le Clocher :

Monsieur de Verthamond fils, cappitaine,
Et Monsieur Clement fils, notere(?), lieutenant.

Boucherie :

Monsieur Chaut, cappitaine,
Et Monsieur Dubois, lieutennant.

La Ferrerie :

Monsieur Nouallier, le chevalier, cappitaine,
Et Monsieur Martin le plus jeune, lieutennant.

Les Combes :

Mr Rouillat, gendre de Mr Petiot, cappitaine,
Et Mr Debariosson (1), lieutennant.

Lansecot :

Mr Devoyon, sieur du Buisson, cappitaine,
Et Mr Cibot *Pisset* fils, lieutennant.

Eslection de Messieurs les Juges de la Bourse créez par Messieurs les consuls le 21° may 1669.

Sçavoir :

Mr Joseph Malignaud, premier juge ;
Mr Jaques Midy, second juge,
Et Mr Jean Ardelier, troiziesme juge.

---

(1) Ce nom n'appartient pas à une famille du pays. C'est la seule fois, au surplus, que nous l'ayons rencontré.

Aujourd'huy, vingt quatriesme jour du mois de May mil six cents soixante dix, a Limoges, dans la chambre du conseil de l'hostel de ville, ou estoint assemblés Messieurs les Prevost et consuls, lesquels d'une commune voix ont demeuré d'accord qu'il sera cejourd'huy faicte la nomination des juges de bource : icelle ayant esté remise par des considerations (*sic*); Messieurs les Juges de Bourse anciens et prudhommes nommés le jour d'hier estant pour ce effect assemblés. Dont et de quoy a esté dressé le present acte, le jour, mois et an que dessus.

Décision concernant l'élection des Juges de Bourse.

> P. NADAUD, prevost consul; LAUDIN, consul;
> P. FAULTE, consul; DESCOUSTURES, consul;
> DALESME, consul.

Nota que Mr de Recules mourut consul, et estoit de la grand frerie du Saint-Sacrement de saint Michel (1) : ce qui donna occazion de contestation entre Messieurs les Consuls et les confreres de ladite frerie pour porter les cordons du drap mortuayre. Il fust rezolu que M^{rs} les Consuls porteroint lesdits cordons avecq Messieurs du Presidial, a l'excluzion desdits confreres : ce quy fust executé.

Obsèques de M. de Reculès Consul.

Nota que les payres benedictins n'ayant pas randu sivilité a M^{rs} le prevost, consuls, la presente année 1670, suivant la coustume, pour prier lesdits sieurs consuls d'agreer que leur predicateur fust prescher dans leur esglize, le jour des Innocans, il n'y eust pas de predication ce jour la par l'ordre des dits sieurs Consuls (2).

Différend avec les Bénédictins.

---

(1) Cette Confrérie possède encore un registre des XVIe et XVIIe siècles richement enluminé, et qu'on a pu admirer à la récente exposition de Limoges. — Nicolas Dorieu, *al.* Dorjeu, nommé à l'Intendance de Limoges, arriva dans cette ville le 20 octobre 1669 (NADAUD, Calendrier de 1771).

(2) Le prédicateur désigné par les Consuls n'était pas seulement chargé de prêcher l'Avent et le Carême à Saint-Martial. L'usage s'était établi qu'il parlât aussi à certains jours à la cathédrale. De plus, suivant une très ancienne tradition, il faisait des sermons dans les églises de plusieurs couvents, notamment le samedi saint, à la Règle, où il prêchait « la Passion de la Sainte Vierge » ou « Nostre Seigneur au Sepulchre ». Le Saint-Sacrement était exposé et les Consuls assistaient au sermon (BONAVENTURE DE SAINT-AMABLE, *Hist. de saint Martial*, t. II, p. 242). On voit par le passage ci-dessus des *Registres consulaires*, qu'il allait aussi, le jour des Innocents, à l'abbaye de Saint-Augustin.

Eslection et nomination de Messieurs les Consuls, faite dans la grande sale de la Maison commune de la presente ville de Lymoges par les soixante prud-hommes nommez a cet effet, et y assistants Messieurs le Lieutennant general et Procureur du Roy, ce septiesme decembre mil six cents soixante neuf.

SÇAVOIR :

Monsieur Me André Laudin, seigneur de Chasteauneuf et autres places, conseiller du Roy, juge magistrat en la senneschausée et siege presidial de Lymoges ;
Monsieur Me Yrieys Dalesme, seigneur de Sauvanet, advocat en la Cour,
Et Monsieur Pierre Ardant, bourgeois et marchand.

Eslection de Messieurs les Juges de police créez et nommez par Messieurs les Consuls, le 12e decembre 1669.

SÇAVOIR :

Monsieur Me Leonard Deflotes, seigneur de l'Eychousier, conseiller du Roy, juge magistrat en la senneschaussée et siege presidial de Lymoges ;
Monsieur Me Leonard Descoutures, seigneur du Reynon (*sic*), conseiller du Roy es-dits sieges ;
Monsieur Me Yrieys Dalesme, consul ;
Monsieur Pierre Ardant, consul ;
Monsieur Masdot, advocat,
Et Monsieur Deschamps, bourgeois.

Eslection de Messieurs les Cappitaines et Lieutenants de la ditte ville.

Consulat :

Monsieur Vidaud, seigneur de Beauvigier, cappitaine,
Et Monsieur Nantiat fils, lieutennant.

Magnine :

Monsieur Roulhat, sieur du Gondaud, cappitaine,
Et Mr Texendier, lieutennant.

Les Bans :

Monsieur Deverthamond, sieur des Mons, cappitaine,
Et Mr Joseph Rousset, lieutennant.

Le Clocher :

Monsieur Lafont, cappitaine,
Et Mr Mouret fils, lieutennant.

Boucherie :

Monsieur Dubois, sieur de Maumont, cappitaine,
Et Mr Gabriel Farne fils, lieutennant.

Ferrarie :

Monsieur Delomenie fils, cappitaine,
Et Mr Jean Ardant fils, lieutennant.

Les Combes :

Monsieur Donzeau, advocat, cappitaine,
Et Mr Duboucheys le jeune, lieutennant.

Lancecot :

Monsieur Descoutures, cappitaine,
Et Jean Cibot dit *Peny*, fils aisné, lieutennant.

Eslection de Messieurs les Juges de Bourse, le 29ᵉ may 1670.

Monsieur Guery l'aisné, marchand, premier juge ;
Monsieur Beaubrueil, marchand, second juge,
Et Monsieur Dupré, marchand, troiziesme juge.

Eslection et nomination de Messieurs les Consuls, faicte dans la grand sale de la Maison commune de la presente ville de Limoges par les soixante prudhommes nommez a cet effet, et y assistants Messieurs les Lieutennant general et Procureur du Roy, ce septiesme jour de decembre mil six cents soixante dix (1).

Sçavoir :

Monsieur M° Pierre Rogier, seigneur de Moysaguet, conseiller du Roy, juge magistrat en la senechaussée et siege presidial de Lymoges ;

M. M° Barthelemy de Verthamond, seigneur de Chastandeau, advocat en la Cour ;

Monsieur Joseph Malignaud, bourgeois et marchand.

Eslection de Messieurs les Juges de police creez et nommez par M^{rs} les Consuls le 9e decembre 1670.

Scavoir :

Monsieur Benoist, seigneur de Blesmond, conseiller ;
Monsieur de Jayat, seigneur de Lagarde, conseiller ;
Monsieur De Verthamond, consul ;
Monsieur Malignaud, consul ;
Monsieur Dupin, advocat ;
Et Mr Moulinier, seigneur de Myeras (*sic*).

Eslection de Messieurs les Cappitaines et Lieutennants de la ditte ville.

Consulat :

Monsieur Nantiat, cappitaine,
Et Monsieur Romanet, lieutennant.

---

(1) En 1670 mourut Martial Maldent de Savignac, prêtre, dont le nom est étroitement lié, durant plus d'un quart de siècle, à toutes les fondations pieuses et charitables de notre ville. Ce grand homme de bien ne laissa pas de fortune.

Il faut encore mentionner, en 1670, les fêtes extraordinaires par lesquelles fut célébrée à Limoges la canonisation de saint Pierre d'Alcantara. Ces fêtes furent terminées par « un^e feu d'artifice, accompagné des décharges de l'artillerie. »

Manigne :

Monsieur Faute le jeune, cappitaine,
Et Monsieur Legier fils, lieutennant.

Les Bans :

Monsieur Bonin, gendre de Dupré, cappitaine,
Et Monsieur Joseph Rousset, lieutennant.

Le Clocher :

Monsieur Ardelier l'aisné, cappitaine,
Et Monsieur Petiniaut le jeune, lieutennant.

Boucherie :

Monsieur Maledant, cappitaine,
Et Monsieur Pichon, lieutennant.

Ferrarie :

Monsieur Mauplot, cappitaine,
Et Monsieur Froment fils, lieutennant.

Les Combes :

Monsieur Texonieras, cappitaine,
Et Monsieur Garlandier, lieutennant.

Lancecot :

Monsieur Navieras (*sic*), cappitainne,
Et le fils de feu Jean Dujalat, lieutennant.

Eslection de Messieurs les Juges de Bourse, faite le 21ᵉ may 1671.

Monsieur Crouzeil, premier juge ;
Monsieur Rousset, segond juge,
Et Monsieur Durou, troiziesme juge (1).

---

(1) Le P. Bonaventure de Saint-Amable signale encore, en 1671, l'arrivée de Rome de nouvelles reliques : les Carmélites reçurent le corps de saint Maximin et un os du bras de saint Jean, martyr ; les Clairettes de la Cité un autre ossement de ce dernier ; les religieuses de a

Eslection et nomination de Messieurs les Consuls de la ville de Lymoges, créez et nommez par les soixante prudhommes dans la Maison de ville, en presence de Messieurs le Lieutenant general et Procureur du Roy, le septiesme jour de decembre 1671.

Sçavoir :

Monsieur Balthesard Dubois, conseiller du Roy, juge magistrat en la seneschaucée et siege presidial de Lymoges ;
Monsieur Jean Benoist, advocat du Roy en la jurisdiction ordinere de la present ville,
Et Monsieur Anthoine Joussein, seigneur de Condadille, bourgeois et marchand.

Eslection de Messieurs les Juges de police, creez par Messieurs les Consuls le 16ᵉ decembre 1671.

Sçavoir :

Monsieur Martin, conseiller, seigneur de La Bastide ;
Monsieur Labiche, conseiller, seigneur de Renieffort ;

Règle, le corps de sainte Béatrix, vierge et martyre ; les Ursulines celui de saint Elisée, etc. (Annales, t. III, p. 866). — Ces reliques de saint Jean avaient été transportées, en 1662, « au dedans d'un cofre cover de cuy (cuir) rouge », rapporte Pierre Mesnagier. Le corps de ce saint Jean, martyr, récemment exhumé des Catacombes, avait été obtenu par M. Desgranges, curé de Pierre buffière, pour son église. Avant de le conduire à destination, de l'évêché de Limoges, où il avait été déposé, on porta ce corps, le 30 avril 1662, aux Carmélites, puis, successivement aux Jacobins, aux Récollets de Sainte-Valérie, à Sainte-Felicité. Plusieurs prêtres et beaucoup de gens armés de « fusils, pistollez et autres armes a feues et partusanes et allabardes et espées » l'accompagnèrent jusqu'à Pierrebuffiere. (Ms. Mesnagier, p. 319, 320.)

Le 19 août 1671, mourut à l'Oratoire le R. P. Lejeune. Le concours de peuple fut tel qu'on dut étayer la salle dans laquelle son corps avait été exposé. — On fit, cette même année, des réparations a l'église de Saint-Domnolet. — Mᵐᵉ de Verthamont, abbesse de la Règle, donna, cette même année 1671, à l'église de Saint-Domnolet, une châsse en argent pour enfermer les reliques du saint.

Monsieur Benoist, advocat, consul ;
Monsieur Joussein, bourgeois et marchand, consul ;
Monsieur Lagorse, bourgeois,
Et Monsieur Duteil, advocat.

Eslection de Messieurs les Cappitaines et Lieutennants de la ditte ville.

Consulat : Monsieur de Douhet, sieur du Boucheron, cappitaine,
Et Monsieur Goudin, lieutennant.
Magnine : Monsieur Moulinier fils, advocat, cappitaine,
Et Monsieur Sardine fils, lieutennant.
Les Bans : Monsieur Devoyon, sieur de La Pacaille, cappitaine,
Et Monsieur Durou, lieutennant.
Le Clochier : Monsieur Dubois, sieur de Chamboursat, cappitaine,
Et Monsieur Baillot, espicier, lieutennant.
Boucherie : Monsieur Pinot, cappitaine,
Et Monsieur Taillandier, le jeune, lieutennant.
Ferrarie : Monsieur Noualier, le chevalier, cappitaine,
Et M. Scenamaud, marchand, lieutennant.
Les Combes : Monsieur Malledant, sieur du Puytison, cappitaine,
Et Monsieur Laurens, procureur, lieutennant.
Lancecot : Monsieur Navières, gendre de Poylevé, cappitaine,
Et Barthelemy Cibot dit *Courty*, lieutennant.

Eslection de Messieurs les Juges de Bourse, faicte le 21ᵉ may 1672.

Monsieur Poylevé, premier juge ;
Monsieur Durand, segond juge,
Et Monsieur Teulhier, gendre de Colin, tiers juge.

Eslection et nomination de Messieurs les Consuls de la ville de Lymoges, créez et nommez par les soixante prudhommes dans la Maison de ville, en presence de Messieurs le Lieutennant general et Procureur du Roy, le septiesme jour du mois de decembre 1672.

Sçavoir :

Monsieur M° Martial de Malledant, seigneur de La Borie, conseiller du Roy, president tresorier general de France ;

Monsieur François Decubes, seigneur du Puydeau et de Ferrand, docteur en medecine en l'agregation de la presente ville (1),

Et Monsieur Henry Lafosse, seigneur de Chandorat, bourgeois et marchand de la presente ville (2).

Eslection de Messieurs les Juges de police, créez par Messieurs les Consuls le 12° decembre 1672.

Sçavoir :

Monsieur Laudin, seigneur de Chasteauneuf, conseiller du Roy, juge magistrat en la seneschaucée et siege presidial du dit Limoges ;

Monsieur Decoutures, seigneur du Reynou, conseiller du Roy, juge magistrat audit siege ;

Monsieur Decubes, seigneur de Ferrand et de Puydeau, docteur en medecine, consul ;

Monsieur Lafosse, seigneur de Chandorat, bourgeois et marchand, consul ;

Monsieur Martial Deschamps, bourgeois,

Et Monsieur Ardelier l'aisné, bourgeois et marchand.

---

(1) Le collège de médecine de Limoges, ou pour mieux parler la corporation médicale, était déjà organisée.

(2) « Au mois de juillet 1672, le Roi accorda à l'hôpital général de Limoges des lettres d'ampliation, par lesquelles il soumet cette maison à la juridiction du Parlement de Bordeaux exclusivement à toute Cour souveraine ». (LEGROS, *Abrégé des Annales*, p. 612).

L'année 1672 fut signalée par des découvertes archéologiques d'un très grand intérêt. Au cours des travaux exécutés dans le couvent des Ursulines (emplacement actuel des Bains Chinois et de partie de la place Haute-Vienne) on trouva des débris de construction, des restes de mosaïque et beaucoup de fragments de moulures analogues à ceux qui ont été rencontrés ces dernières années au cours des travaux de terrassement de la Croix-Verte et du Clos-Mascoussy.

Eslection de Messieurs les Cappitaines et Lieutennants de la ditte ville.

    Sçavoir :

Consulat : Monsieur Decordes, sieur de La Bernardie, cappitaine,
Et Monsieur Rousset, gendre de Mr Ardant, lieutennant.
Magninie : Monsieur Limouzin, sieur de Lavaut, cappitaine,
Et Monsieur Baud, gendre de Champalimaud, lieutennant.
Les Bans : Monsieur Deverthamond, sieur des Mons, le jeune, cappitaine,
Et Mr Navieras fils, lieutennant.
Le Clocher : Mr Bouyer le jeune, cappitaine,
Et Mr Petiniaud, le second fils, lieutennant.
Boucherie : Mr Roux, sieur de Mazerolas, cappitaine,
Et Mr Barthelemy Limouzin, lieutennant.
Ferrarie : Monsieur Duteil, sieur des Sales, cappitaine,
Et Mr Midy, fils, lieutennant.
Les Combes : Mr Rouilhac, gendre de Mr Depetiot, cappitaine,
Et Mr Garlandier, procureur, lieutennant.
Lansecot : Mr David l'aisné, seigneur de Contabaud, cappitaine,
Et le Sr Cibot, fils de Cibot dit *Goudendaud*, lieutennant.

Eslection de Messieurs les Juges de Bourse, nommez le 21e may 1673.

    Sçavoir :

Monsieur Anthoine Goudin, premier juge ;
Monsieur Echaupre l'aisné, segond juge,
Et Monsieur Garat, gendre de Senemaud, troiziesme juge.

Eslection et nomination de Messieurs les Consuls de la ville de Lymoges, creez et nommez par les soixante prudhommes dans la Maison de ville, en presence de Messieurs les Lieutennant general et Procureur du Roy, le septiesme jour du mois de decembre 1673 (1).

Sçavoir :

Monsieur M⁰ Jean Mandat, seigneur de Puydenus, conseiller du Roy en ses conseils et son lieutenant general en la senneschaucée et siege presidial de Limoges;
Monsieur M⁰ Pierre Decordes, seigneur de la Bernardie,
Et Monsieur Martial Mailhard, bourgeois et marchand.

Eslection de Messieurs les Juges de police, creez par Messieurs les Consuls le 12ᵉ decembre 1673.

Scavoir :

Monsieur Rogier, seigneur de Moysaguet, conseiller du Roy et juge magistrat en la sennechaucée et siege presidial de Limoges;
Monsieur Constant, sieur du Got (2) de Verthamond, aussi conseiller du Roy esdits sieges;
Monsieur Decordes, sieur de La Bernardie, consul;
Monsieur Martial Mailhard, consul;
Monsieur De Douhet, seigneur de La Gorse,
Et Monsieur Moulinier, seigneur de Mayeras.

---

(1) En 1673, ostension septennale. L'abbé Legros nous fait connaître que la calotte qui fut mise pendant cette ostension sur le chef de Saint-Martial était encore conservée de son temps. On y voyait les armes de la ville de Limoges et la date de 1673 avec ces deux lettres : F L. — On répara la même année la charpente du clocher de la basilique.
  La chapelle de sainte Radegonde, qui se trouvait derrière la cathédrale, tout auprès du Pariage, du côté de la Règle, c'est-à-dire à droite en descendant vers le pont Saint-Etienne, fut démolie cette année-là (Chron. des évèques de Limoges, au Séminaire).
  En cette année, Joseph Bidé de La Granville fut nommé à l'intendance de Limoges en remplacement de M. de Gourgues, marquis de Vayres et d'Aulnay (NADAUD, *Calend. de* 1771).
  (2) Gué. Le même mot se trouve dans le nom du lieu dit *La Roche-au-Gô*, près Limoges, où a existé autrefois un gué *(rith, ritu)*, à qui la ville gauloise a peut-être dû son nom.

Eslection de Messieurs les Cappitaines et Lieutennants la ditte ville.

SÇAVOIR :

Consulat : Monsieur Vidaud, sieur de La Brugiere, cappitaine,
Et Monsieur Champalimaud le jeune, lieutennant.
Manigne : Monsieur Moulinier, sieur de Fonbonne, cappitaine,
Et Monsieur Malledant, gendre de Moulinard, lieutennant.
Les Bans : Monsieur Faute, sieur du Basladareau, cappitaine,
Et Monsieur Coulomb, fils du procureur, lieutennant.
Le Clocher : Monsieur Baignol, sieur de Vallete, cappitaine,
Et Monsieur Dubois, marchand, lieutennant.
Boucherie : Monsieur Pabot, advocat, cappitaine,
Et Monsieur Grelet le jeune, lieutennant.
Ferarie : Monsieur Delomenye fils, cappitaine,
Et Monsieur Dubois, lieutennant.
Les Combes : Monsieur Desroches, cappitaine,
Et Monsieur Chiquet, lieutennant.
Lancecot : Monsieur Raby, cappitaine,
Et Monsieur Cibot, fils de Barthelemy, lieutennant.

Eslection de Messieurs les Juges de Bource, nommez par Messieurs les Consuls le 21º may 1674.

SÇAVOIR :

Monsieur Lafosse l'aisné, premier juge ;
Monsieur Faute, second juge,
Et Monsieur Benoist, troiziesme juge (1).

---

(1) Un accident épouvantable : l'explosion d'un magasin à poudre établi sur le bord de la Vienne, marqua cette année. Les registres paroissiaux nous fournissent quelques renseignements sur cet événement. Ceux de Saint-Maurice nous apprennent qu'il n'y eut pas moins de quatorze victimes.

La même année, le 21 octobre, Mgr de La Fayette consacra la chapelle des Ursulines, qui était alors à peine achevée. On travaillait du reste, à cette époque, à la construction du couvent lui-même.

Le manuscrit de Pierre Mesnagier contient, aux pages 337 et suiv., un état du ban et de l'arriere-ban appelés en 1674 et qu'on pourra consulter avec intérêt. Nous nous bornons à reproduire ici le titre du relevé : « Estres (*sic*) du bant et arrierebant de la noblesse du Limozin qui fuct fet asanblée le premier septambre 1674, par ordre du Roy, estant presant Monsieur de Pompadour et de (*sic*) Monsieur Jacques de Bidet, intandan, estant lor gran guerre an Franse et l'Olande, Anpire, Espane et autres, contre notre Roy de Franse. »

Eslection et nomination de Messieurs les Consuls de la presente ville de Limoges, créez et nommez par les soixante prudhommes dans la Maison de ville, en presence de Messieurs les Lieutenant general et Procureur du Roy, le 7° jour de decembre 1674.

SÇAVOIR :

Monsieur M° François Martin, sieur de La Bourgade, conseiller du Roy, juge magistrat en la seneschaucée et siege presidial de Limoges ;
Monsieur M° Jean Dedouhet, sieur de Guyernaud (1), advocat en la Cour,
Et Monsieur Jean Ardilier, bourgeois et marchand.

Eslection de Messieurs les Juges de Police, créez par Messieurs les Consuls le 12° decembre 1674.

SÇAVOIR :

Monsieur Decordes, sieur de Phelis, conseiller du Roy ;
Monsieur Biais, sieur de Nouatres, conseiller du Roy ;
Monsieur De Douhet, consul ;
Monsieur Ardelier, consul ;
Monsieur Devoyon, sieur du Buisson,
Et Monsieur Xavier Descoutures.

Eslection de Messieurs les Cappitaines et Lieutennants de la ditte ville.

Consulat : Monsieur Decordes, sieur des Fayes, cappitaine,
Et Monsieur Noualher, gendre de Garat, lieutennant.

(1) Probablement pour Enguernaud.

Magnine : Monsieur Ruaud, sieur des Plasses, cappitaine,
Et Monsieur François Legier, lieutennant.
Les Bans : Monsieur Duroux, cappitaine,
Et Monsieur Betestes fils, lieutennant.
Le Clocher : Monsieur Bailhot, sieur du Queyroy, cappitaine,
Et Monsieur Clement, notere, lieutenant.
Boucherie : Monsieur Ardant fils, cappitaine,
Et Monsieur Pouyat fils, lieutennant.
Ferrarie : Monsieur Constant, sieur de Praysat (1), cappitaine,
Et Monsieur Martin le jeune, lieutennant.
Les Combes : Monsieur Paignon, cappitaine,
Et Monsieur Jayat, sieur de Cussat, lieutennant.
Lansecot : Monsieur David le jeune, cappitaine,
Et Mr Louys Cibot dit *las Vaschas*, lieutennant (2).

Eslection et nomination de Messieurs les Consuls de la presente ville de Limoges, créés et nommés par les soixante prudhommes, dans la Maison de ville, en presence de Messieurs les Lieutenant general et Procureur du Roy, le 7e jour de decembre 1675.

Monsieur Me Leonard Decordes, seigneur de Felis, conseiller du Roy, juge magistrat en la seneschaussée et siege presidial de Limoges ;
Monsieur Me Jean Dupin, sieur du Masneuf, advocat en la Cour ;
Monsieur Paul Maillard, seigneur de la Couture, bourgeois et marchand.

---

(1) Peut-être pour *Pressat*.
(2) En 1674 et en 1675, on fit à Limoges plusieurs processions pour obtenir du beau temps.
« Un régiment qui demeura trois mois en quartier d'hiver à Limoges, en 1675, y commit plusieurs pilleries et violences, même les officiers. » — (Dialogue de Piancaud, ap. Nadaud, *Mém. manuscrit*, t. III, p. 262.)

Eslection de Messieurs les Juges de police, créés par Messieurs les Consuls, le 9ᵉ decembre 1675.

Monsieur Laudin, seigneur de Chasteauneuf, conseiller du Roy ;
Monsieur Desmaisons, sieur de Puirobin, conseiller du roy ;
Monsieur Dupin, consul ;
Monsieur Mailhard, consul ;
Monsieur Garat, advocat ;
Monsieur Malignaud, bourgeois et marchand.

Eslection de Messieurs les Capitaines et Lieutenants de la ville.

Consulat : Monsieur Labiche, sieur de Rilhat, capitaine ;
Monsieur Proximard fils aisné, lieutenant.
Manigne : Monsieur Dupré, seigneur d'Aigueperse, capitaine ;
Monsieur Deschamps, procureur, lieutenant.
Les Bans : Monsieur Eschaupre, capitaine ;
Monsieur Alboin, gendre de Dupré, lieutenant.
Clocher : Monsieur Bardinet, sieur de Bosvieux, capitaine ;
Monsieur Jacques Lavaud, lieutenant.
Boucherie : Monsieur Maledent de Parpaiat, capitaine ;
Monsieur Dorat, marchand, lieutenant.
Ferrarie : Monsieur Constant, seigneur du Masdubost, capitaine ;
Monsieur Dupré, espissier, fils, lieutenant.
Combes : Monsieur Favard, capitaine ;
Monsieur Gerald fils, lieutenant.
Lansecot : Monsieur Xavier Descoutures, capitaine,
Et le sieur Cibot dit Peny, l'aisné, lieutenant.

A Limoges le trentiesme jour du mois d'aoust mil six cents soixante seize, dans la grand salle de l'hostel de ville, ou estant assemblés Messire Irieix de Chouly, chevailler, seigneur de Permangle, Monchaty, Brie, Puimoreau et autres places, gouverneur de la présent ville et Cité, — et Messieurs Mes Jean Dedouhet, sieur de Guiernaud, advocat en la Cour ; Leonard Decordes, sieur de Felix, conseiller du roy, juge magistrat en la seneschaucée et siege presidial de la ditte ville; Jean Ardillier, bourgeois et marchand ; Paul Maillard, sieur de la Cousture, aussy bourgeois et marchand : les autres deux sieurs consuls leurs collegues estants indisposés ; — Messieurs Mes Jean de Mandat, seigneur de Puisdenus, conseiller du Roy et son lieutenant general en la seneschaussée et siege presidial du dit Limoges; Jean Ruaud, seigneur de Laugerie, aussy conseiller du roy et son procureur es dit sieges, et la plus grand partie des principaux et plus notables bourgeois et habitants de la ditte ville convoqués, — a esté exposé par le dit sieur Dedouhet, prevost, qu'aiant plû au Roy, pour honorer le merite et recompenser les longs et grands services de Messire Irieix Dechouly, chevailler, seigneur de Permangle, Monchaty, Brie, Puismoreau et autres places creer et eriger en sa faveur un gouvernement dans cette ville, faubourgs et citté, dont l'installation dans l'hostel de ville faict aujourd'huy le sujet de cette assemblée, on doit approuver un si digne choix et se soûmettre a des ordres si legitimes, reconnoistre la generosité du Roy et sa bonté en la distribution de ses recompenses et tacher de rendre a cet illustre gouverneur tous les respects qui sont deûs a son merite, a sa charge et aux avantages que nous en pouvons esperer.

Et sur ce oüy le dit sieur Ruaud, procureur du Roy, qui a dit avoir veu les lettres accordées par Sa Majesté en faveur du dit seigneur de Chouly de Permangle pour Gouverneur de cette ville, fauxbourgs et Citté, ensemble la lettre escrite aus dits sieurs Consuls a ce sûjet, — a ces causes, il demande lecture en estre faicte par le secretaire et greffier de l'hostel de ville : ledit sieur Ruaud a requis estre baillé acte de la lecture presentement faicte tant des dittes lettres que de la lettre escrite aus dits sieurs Consuls, et estre ordonné que le tout demeurera enregistré au greffe et archives du dit hostel de ville pour y avoir recours quand besoin sera.

Nous, Lieutenant General susdit, faisant droit de l'exposition des dits sieurs Consuls et requisitoire du Procureur du Roy, avons baillé acte de la lecture presentement faicte, de notre ordonnance, des lettres accordées par Sa Majesté en faveur du dit seigneur de Chouly de Permangle pour le gouvernement de cette ville, faubourgs

<small>Nomination d'Yrieix de Chouly de Permangle aux fonctions de gouverneur de Limoges</small>

et Cité, ensemble de la lecture de la lettre escritte aus dits sieurs Consuls a ce sujet, et ordonné que le tout demeurera enregistré au greffe et archives du dit hostel de ville pour y avoir recours quand besoin sera. Faict le dit jour et an que dessus.

<small>Lettres délivrées par le Roi au nouveau gouverneur.</small>

Louis, par la grâce de Dieu, Roy de France et de Navarre, a tous ceux qui ces presentes lettres verront, Salut. Ayant jugé a propos, pour le bien de nostre service et l'avantage particulier des habitans de nostre ville et Cité de Limoges, d'y establir doresenavant un Gouverneur, nous nous portons d'autant plus volontiers a creer et a establir ce gouvernement en faveur du sieur de Permangle, Mareschal des Logis de la Compagnie des deux cents Chevaux legers de nostre garde, que ayant une connoissance plus particuliere de son courage et de son experience au fait des armes dont il nous a donné des preuves glorieuses en plusieurs occasions importantes, nous avons lieu d'espérer qu'il nous servira dans ce gouvernement avec la mesme satisfaction qu'il a faict jusques a present dans les divers employs que nous luy avons confiés dans la guerre. Pour ces causes et autres a ce nous mouvans, avons de nostre grace speciale, pleine puissance et authorité royalle, ledict sieur de Permangle constitué, ordonné et estably, et par ces presentes signées de nostre main constituons, ordonnons et establissons gouverneur de nostre dite ville et Cité de Limoges, pour la dite charge avoir, tenir et posseder, et d'icelle jouir et user aux honneurs, authorités, prerogatives, preeminances qui sont dheues et appartiennent a la ditte qualité de gouverneur, tout ainsy et en la mesme maniere qu'en jouissent ou en doivent jouir les gouverneurs des autres villes de nostre Royaume, et aux gages et appointemens qui lui seront ordonnés par les estats qui en seront par nous faicts et arrestés, avec pouvoirs de commander aux habitants de nostre dite ville et Cité de Limoges et aux gens de guerre qui y sont ou seront cy apres establis en garnison, tout ce qu'ils auront a faire pour la seureté et conservation de la dite ville et Cité, pour empescher qu'il ne s'y fasse aucune entreprise contre nostre authorité, faire vivre les dits habitans en paix et dans l'obeissance qu'ils nous doivent, et les dits gens de guerre dans la discipline portée par nos reiglemens et ordonnances militaires, et generalement faire, ordonner dans nostre dite ville et Cité de Limoges tout ce qu'il jugera necessaire pour le bien de nostre service tant qu'il nous plaira. Si donnons en mandement a nostre tres cher et feal chevaillier, le sieur Daligre, chancelier de France, que du dict sieur de Permangle pris et receu le serment en tel cas requis et acoustumé, il le mette et institue, ou fasse mettre et instituer de par nous en possession et jouissance de cette charge, et que d'icelle ensemble des honneurs, authorités, prerogatives, preeminances, droits, gages et appoinctemens susdits il le fasse et laisse jouir pleinement et paisiblement, et a luy obeir et entendre de tous ceux et ainsy qu'il appartiendra ez choses touchant et concernant la dite charge. Mandons en outre a nos amés et feaux les tresoriers generaux et provinciaux de l'extraordinaire de nos guerres, chacun en l'année de son exercice, que les dits gages, droicts, estats et appoinctemens ils ayent a payer ou faire payer doresenavent par chacun [an] au dit Permangle aux termes et en la maniere accoustumée, et raportant par eux et autres comptables qu'il apartiendra copie des dites presentes deüment collationnée pour une fois seulement, avec quittance du dit Permangle sur ce suffisante, nous voulons que tout ce qui luy aura esté payé a cette occasion soit passé et alloüé en la despense de leurs comptes; ausquels mandons ainsy le faire sans difficulté. Car tel est nostre plaisir. En tesmoin de quoy nous avons faict mettre nostre scel a ces dites presentes. Données a St-Germain-en-Laye, le 2⁰ jour de janvier l'an de grace mil six cents soixante-seize et de nostre regne le trente troisiesme. *Signé* : LOUIS, et sur le reply, *par le Roy*, ARNAULT, et au marge du dit reply est escrit : Registrées en la Chambre des Comptes, ouy le procureur general du Roy, pour jouir par l'impetrant de l'effect et contenu en icelles selon leur forme et teneur, le dernier janvier mil six cent soixante-seize. *Signé* : RICHER. Et a l'autre costé du dit reply est escrit : Aujourd'huy, dixiesme jour de janvier 1676, a St-Germain-en-Laye, le sieur Yrieix de Chouly, sieur de Permangle, denommé au blanc des presentes, a faict et presté le serment qu'il doit a sa Majesté a cause de la charge de gouverneur de la ville et Cité de Limoges dont il a esté pourveu par ces dites presentes, ez mains de Monseigneur d'Aligre, chancelier de France. Moy, conseiller secretaire du Roy, maison et couronne de France et de ses finances et secretaire ordinaire de mondit Seigneur. *Signé* : DURIEUX et scellé du grand sceau en cire jaune.

De par le Roy,

Lettre du Roi aux Consuls

Chers et bien ames, Les bons et agreables services que nostre cher et bien amé Irieix de Chouly, sieur de Permangle, a rendus au feu Roy de glorieuse memoire, nostre tres honoré seigneur et pere, et a nous pendant cinquante cinq années (1), tant dedans que dehors nostre royaume, nous aiant conviés luy donner des marques publiques et honnorables de l'entiere satisfaction que nous en avons receüe, nous avons créé et estably en sa faveur un gouvernement dans nostre ville de Limoges, et voulant qu'il jouisse de tous les droicts, privileges, prerogatives et preeminences qui sont attachées a cette dignité, tout ainsy et en la mesme manière qu'en jouissent les Gouverneurs des autres villes de nostre Royaume, suivant et conformement aux lettres de provisions que nous luy en avons cejourd'huy faict expedier, et que nous voulons que vous ayes a faire enregistrer pour y avoir recours quand besoin sera, nous vous faisons la presente, par laquelle nous vous mandons et ordonnons de reconnoistre ledit. s^r de Permangle en la susdite qualité de Gouverneur de nostre ville et Cité de Limoges et a luy obeir et entendre en touttes les choses qui concerneront le bien de nostre service et le faict de la dite charge. N'y faictes donc faute, Car tel est nostre plaisir. Donné a Saint-Germain-en-Laye, le 2e jour de janvier 1676. *Signé* : Louis et plus bas : Arnauld, *et en marge* : A Messieurs les Consuls et habitans de Limoges, *et à la subscription* : A nos chers et bien amés les Consuls et habitans de nostre ville de Limoges.

---

(1) Yrieix Chouly de Permangle, alors fort âgé, avait en effet servi dans les armées du roi dès son adolescence et s'était signalé, à l'âge de seize ans, aux sièges de Montauban et de La Rochelle. Il rendit pendant la Fronde de très grands services à la cause royale et plus tard reçut plusieurs blessures dans les guerres contre la Hollande, en faisant brillamment son devoir. Il se distingua au passage du Rhin, et Louis XIV le montra, dit-on, aux officiers qui l'entouraient, comme un exemple de bravoure.

Eslection et nomination de Messieurs les Consuls de la present ville de Limoges, créés et nommés par les soixante prudhommes dans la Maison de ville, en presence de Messieurs les Lieutenant general et Procureur du Roy, le 7e jour de decembre 1676 (1).

Monsieur Mre Morel de Jayat, seigneur de La Garde, conseiller du Roy, juge magistrat en la seneschaussée et siege presidial de Limoges ;
Monsieur Mre François-Xavier Descoustures, advocat en la Cour ;
Monsieur Joseph Rousset, seigneur de Meirignat, bourgeois et marchand.

Eslection de Messieurs les Juges de police, faicte par Messieurs les Consuls le 9e decembre 1676.

Monsieur Benoist, seigneur de Blesmond, conseiller du Roy;
Monsieur Bailhot, seigneur du Queyroy, conseiller du Roy;
Monsieur Descoustures, consul ;
Monsieur Rousset, consul ;
Monsieur Dubois, sieur de Maumont ;
Monsieur Paignon, advocat en la Cour.

---

(1) L'année 1676 fut signalée par la mort de François de La Fayette, évêque de Limoges, celui de nos prélats dont l'épiscopat a été le plus long. Nommé en 1627, il remplit ses fonctions avec un zèle admirable, fut le promoteur ou le patron d'une grande quantité d'œuvres et mourut le 3 mai 1676, après une administration d'un demi-siècle. Il fut enseveli dans l'église du Séminaire de la Mission (auj. chapelle de l'hospice).

Mgr de La Fayette eut pour successeur Louis de Lascaris d'Urfé.

« Au mois d'avril 1676, il commensat venir à Limoges de pauvres peyzan et autres pauvres, qui venoy de toutes par, pour mandier leur pain; tellement qu'il venoy an si grande abondance, qu'il incommodoy for lé abitant... Lé portes et boutiques etoit toujour garnies de pauvres, tellement que Messieur lé consul de la ville, que meme etoyt bailles de l'Ospital general, fure contrent a nommer de chaque cantont dé personnes de jehan de bien, pour paser par lé cantont, de messont en messont, pour amaser du pain hou argent... et que tout seroy donné aux bailles de l'Ospital, pour le distribuer aux pauvres : léquel fire asanbler tous lé pauvres aux devant de l'Ospital et grand plasse de Saint-Geral, et la il leur donneroy l'ausmone deu fois le jour : savoir a huy heures de matin et a quatre heures du soir, tellement qu'il s'est trouvé a prendre l'aumonne jusques a di set et diz uit cant pauvres, tant petis que grand. Il li avoy de sertenes bonnes messont qui donnoy toutes lé semenes de quatre, de six, de dix, de dux (*sic*) et (*sic*) trais setier de ble. et d'autres de deux et trois, quatre tourtes (un mot illisible) tellement qu'il fure contrent a ferre marcher dé charios par la ville pour amaser le pent ; car il faloit tou lé jour six cent tourtes pour baller l'aumone » (Man. Mesnagier).

Eslection de Messieurs les Capitaines et Lieutenans de la ville.

Consulat : Monsieur Antoine Renaudin, capitaine ;
Monsieur Goudin fils aisné, lieutenant.
Manigne : Monsieur Dubrueil, capitaine;
Monsieur Dupré, sieur de Condat, lieutenant.
Bans : Monsieur Bouyol, sieur de Roles, capitaine ;
Monsieur Jean Bounin, lieutenant.
Clocher : Monsieur Clement, sieur de Chanbineau, capitaine ;
Monsieur Senamaud, lieutenant.
Boucherie : Monsieur Antoine Laffosse, capitaine ;
Monsieur Blanchard, orphœuvre, lieutenant.
Ferrerie : Monsieur Defflottes, sieur de Bonnat, capitaine;
Monsieur Bouyol, sieur de la Beusserie (*sic*), lieutenant.
Combes : Monsieur Rouilhat, capitaine;
Monsieur Maslafille, lieutenant.
Lansecot : Monsieur Dubois, marchand espicier, capitaine;
Monsieur Barthelemy Cibot dict *le Jalat*, lieutenant (1).

---

(1) Les consuls de cette année sollicitèrent et obtinrent la confirmation du seul privilège qui n'eût pas été encore enlevé à la commune de Limoges : le privilège dit des francs fiefs, accordé par le dauphin Charles aux bourgeois du Château de Limoges en 1421, en reconnaissance des services rendus par eux à sa cause. Ce privilège consistait dans l'exemption d'un droit réclamé de temps à autre par le fisc aux possesseurs de fiefs non tenus au service militaire; cette exemption avait été concédée aux consuls, à leurs veuves e enfants à perpétuité. L'arrêt du Conseil, obtenu par la commune en 1677 est rendu à Saint-Germain-en-Laye le 16 janvier : on en trouvera le texte au troisième volume (*Annales*) de *l'Histoire de Saint-Martial*, du P. Bonaventure de Saint-Amable.
Nous relevons dans la requête insérée à cet arrêt le passage suivant :
« A quoi les supplians ajoutent qu'il y va même du service et de l'interest de Sa Majesté de confirmer ce privilege... afin d'obliger les officiers d'entrer dans le consulat, qui sans cela y pourroient estre difficilement engagez, n'ayant, en cette qualité de consuls, ny police, ny aucune jurisdiction, étans au contraire obligez à la collecte des deniers de Sa Majesté, dont ils sont responsables, et dont le recouvrement seroit peut estre plus difficile, s'il n'y avoit au nombre des consuls quelques personnes d'authorité ; et on a vu, dans les derniers mouvemens du Royaume, de quelle consequence il estoit d'y avoir des personnes accreditées et que, sans cela, il eust ete bien mal aisé de s'opposer, comme l'on fit avec succez, aux desseins et aux pratiques des ennemis de l'Estat, qui estoient pour lors dans le voisinage... »
Cette exemption fut accordée moyennant finance et les habitants de Limoges durent verser esize mille livres.

Eslection et nomination de Messieurs les Consuls de la ville de Limoges, créés et nommés par les soixante preudhommes, en presence de Messieurs le Lieutenant general et procureur du Roy, le septieme decembre mille six cent septante sept.

Monsieur Mre Mathieu Morel, seigneur de Fromental, President Tresorier general de France;
Monsieur Mre Guy Defflottes, seigneur des Bordes, advocat en la Cour;
Monsieur Philippe Michel, bourgeois et marchand.

Nomination de Messieurs les Juges de Police, faicte par Messieurs les Consuls le 9me decembre 1677 (1).

Election et nomination de Messieurs les Consuls de la ville de Limoges, faicte par les soixante prudhommes dans la Maison de ville, en presence de Messieurs les Lieutenant general et Procureur du Roy, le septieme decembre 1678.

Monsieur Mre Simon Descoustures, seigneur de Bort, conseiller du Roy et son advocat au seneschal et presidial de Limoges;
Monsieur Mre Antoine Renaudin, advocat en la Cour;
Monsieur Hieremie Martin, sieur de la Plaigne, bourgeois et marchand.

---

(1) Le bas de cette page et la suivante sont restés en blanc.
Cent ans auparavant, le greffier du Consulat n'eût pas manqué de mentionner toutes les misères auxquelles eurent à pourvoir les magistrats. L'année 1678 fut, en effet, signalée par une disette des plus cruelles. Les pauvres des environs affluèrent à Limoges et les habitants en nourrirent plus de deux mille cinq cents jusqu'à la moisson.

Eslection de Messieurs les Juges de police, créés le dix decembre 1678 par Messieurs les Consuls.

Monsieur Biais, sieur de Nouastre, conseiller du Roy ;
Monsieur Martin, sieur de la Bourgade, conseiller du Roy ;
Monsieur Renaudin, consul ;
Monsieur Hierémie Martin, consul ;
Monsieur Palaix, sieur du Brueil Lavergne ;
Monsieur Elie Rousset, bourgeois et marchand.

Eslection de Messieurs les Capitaines et Lieutenans.

Consulat : Monsieur Goudin, gendre de Martin, capitaine ;
Monsieur Deloménie, fils du procureur, lieutenant.
Manigne : Monsieur Moulinier, sieur de Sainct-Bonnet, capitaine ;
Monsieur Garat, filz de feu Claude Garat, lieutenant.
Les Bans : Monsieur Durou, capitaine ;
Monsieur Baud filz, lieutenant.
Clocher : Monsieur Pinot, sieur de La Grelière, capitaine ;
Monsieur Clement filz, notaire, lieutenant.
Boucherie : Monsieur Lafosse, fils de Mr Lafosse l'aisné, capitaine ;
Monsieur Grelet, fils a Mr Grelet l'aisné, lieutenant.
Ferrerie : Monsieur Barbou fils, capitaine ;
Monsieur Raby, marchand, lieutenant.
Combes : Monsieur Verdier, sieur de Seizeville, capitaine ;
Monsieur Rignat, procureur, lieutenant.
Lansecot : Monsieur Martin, fils de Mr Martin, marchand grossier, capitaine,
Monsieur Pierre Plenasmeyioux, fils d'Albert Gory, lieutenant.

Louis, par la grace de Dieu, Roy de France et de Navarre, a tous ceux qui ces presentes lettres verront, Salut. L'estat et charge de Gouverneur de nostre ville et Citté de Limoges estant a presant vaccante par le deceds du sieur de Permangle (1), et estant necessaire de la remplir de quelque personne capable et experimentée au fait des armes, sur la fidelité de laquelle nous puissions nous reposer du soin du gouvernement, — Nous avons estimé que nous ne pouvions, a cet effet, faire un plus digne choix que de nostre cher et bien amé le sieur de Nyert, nostre premier valet de chambre, dont nous avons souvent esprouvé le zelle par l'assiduité avec laquelle il sert depuis plusieurs années prez nostre personne en la susdite qualité. A ces causes et autres a ce nous mouvans, avons audict sieur de Nyert donné et octroyé, et par ces presentes, signées de nostre main, donnons et octroyons la dite charge de gouverneur de nostre ville et Cité de Limoges, pour l'avoir et tenir, et d'icelle doresenavant jouir et user, aux honneurs, authorités, prerogatives, preeminances, gages, droicts, estats et appoinctemens qui y appartiennent, telz et semblables qu'en a jouy ou deub jouir ledit sieur de Permangle, avec pouvoir de commander aux habitants de nostre dite ville et Cité, et aux gens de guerre qui y sont ou seront cy après establis en garnison, tout ce qu'ils auront a faire pour la conservation d'icelle soubs nostre obeissance, d'empescher qu'il ne s'y fasse aucune entreprise contre nostre authorité, faire vivre les dits habitans en paix et concorde, et les dits gens de guerre dans la discipline portée par nos reglements et ordonnances militaires, et generallement faire et ordonner tout ce qu'il jugera necessaire pour le bien de nostre service et la seureté de la dite ville et Cité, le tout tant qu'il nous plaira et soubs l'authorité du gouverneur de nostre province de Limousin et en son absence de notre Lieutenant general aud. gouvernement. Sy donnons en mandement a nostre très cher et feal chevailler, le sieur Le Tellier, chancelier de France, que dud. sieur de Nyert pris et receu le serment en tel cas requis et acoustumé, il le mette et institue, ou fasse mettre et instituer de par nous en possession et jouissance de la dite charge, et que d'icelle, ensemble des honneurs, authorités, prerogatives, preeminances, gages, droicts, estats et appoinctemens susdits il le fasse et

Lettres du Roi pour M. de Nyert, nommé gouverneur de Limoges

---

(1) Yrieix Chouly de Permangle était mort au mois de janvier 1679. Les consuls avaient fait, suivant l'usage, célébrer pour le repos de son âme un service solennel dans l'église de Saint-Pierre-du-Queyroix, le 12 février de la même année. Le nouvel évêque et l'intendant assistaient à cette cérémonie. L'oraison funèbre de l'ancien gouverneur de Limoges fut prononcée par le P. Séraphin Avril, prieur du couvent des Augustins de la ville. Le présent registre donne, au surplus, et on trouvera plus loin (p. 45) quelques renseignements sur cette cérémonie.

laisse jouir et user pleinement et paisiblement, et a luy obeir et entendre de tous ceux et ainsy qu'il appartiendra ez choses touchant et concernant la dite charge. Mandons en outre a nos amez et feaux les presidents tresoriers generaux de France de l'extraordinaire de nos guerres et autres comptables qu'il appartiendra, que les dits gages, droicts, estats et appoinctemens ilz fassent payer doresenavant par chacun an au dit sieur de Nyert aux termes et en la maniere acoustumée, et rapportant par eux ces presentes ou copie d'icelles dhüement collationnée pour une fois seulement, avec quittance du dit sieur de Nyert sur ce suffisante, nous voulons que tout ce qui luy aura esté par eux payé a l'occasion susdite soit passé et alloüé en la despense de leurs comptes, desduit et rabatu de la recepte d'iceux par nos amés et feaux les gens de nos comptes, ausquels mandons ainsy le faire sans difficulté. Car tel est nostre plaisir. En tesmoin de quoy nous avons faict mettre nostre scel a ces dites presentes. Donné a Sainct-Germain-en-Laye, le dixneuviesme jour de fevrier l'an de grâce mil six cents soixante-dix-neuf, et de nostre regne le trente-sixiesme. *Signé* : Louis, et sur le reply : par le roy, Arnaud. Est encores escrit sur le reply : Aujourdhuy, vingtiesme fevrier 1679, le dit sieur de Nyert, denommé en ces presentes, a faict et presté ez mains de Monseigneur Le Tellier, chancelier de France, le serment qu'il estoit tenu de faire a cause de la charge de Gouverneur de la ville et Cité de Limoges, dont il a plu au Roy le pourvoir. Moy, Conseiller, Secretaire du Roy, premier Secretaire de Monseigneur le chancelier, present. *Signé* : Junquières.

Enregistrement des lettres précédentes Aujourd'huy, vingt huictiesme jour du mois d'avril mil six cents soixante dix neuf, a Limoges, dans la grand salle de l'hostel de ville ou estoient assemblés Messieurs les Prevost et Consuls d'icelle, et Messieurs Mre Jean de Mandat, seigneur de Puisdenus, conseiller du Roy et son lieutenant general en la seneschaussée et siege presidial de la dite ville ; de Ruaud, seigneur de Laugerie, aussy conseiller du Roy et son procureur ezdicts sieges, a esté exposé par les dits sieurs prevost et consuls que Monsieur de Nyert, premier valet de chambre du Roy, a esté pourveü par Sa Majesté de la charge de Gouverneur de cette ville et Cité suivant les provisions expediées en sa faveur, lesquelles ont esté mises en mains de Monsieur le procureur du Roy pour estre leües et enregistrées au greffe du present hostel de ville : ce qu'ils requierent pour ledict sieur de Niert. *Signé* : Renaudin, prevost consul ; Morel, consul, Descoustures, consul, et Hieremie Martin, consul.

De Raud, pour le procureur du Roy, a dict avoir veu lesd. provisions de Gouverneur de cette ville et Cité acordées par le Roy en faveur de Monsieur de Nyert, qui sont en bonne forme. A ces fins adhere au requis des dits sieurs Prevost et Consuls. *Signé* : DE RUAUD, procureur du Roy.

Nous, faisant droit a l'exposition des dits sieurs Prevost et Consuls et requisitoire du procureur du Roy, après que de nostre ordonnance lecture a esté faicte par le greffier de cet hostel de ville des dictes provisions de Gouverneur de la ville et Cité de Limoges, ordonnons qu'elles seront enregistrées au dit greffe pour y avoir recours quand besoin sera, et que le dit sieur de Nyert jouira des privileges conformement a icelles. *Signé* : P. MANDAT, lieutenant general.

Apres (1) nostre nomination au Consulat, nous apprimes, au mois de janvier 1679, la mort de Monsieur de Permangle, gouverneur cette ville, decedé en son chasteau de Brie en Poictou, ce qui nous obligea d'envoyer devers madame sa veufve un capitaine de la maison de ville avec des lettres de nostre part pour lui temoigner nôtre deplaisir, et luy marquer l'intention que nous avions de luy faire faire un service dans l'eglise de Sainct-Pierre, affin qu'elle nous marqua le temps que ses parens voudroient se rendre en cette ville, dont elle nous remerciat par la reponse qu'elle nous fit escrire.
Service solenne pour M. de Permangle

Dudepuis, le jour de ce service ayant esté pris au dixiesme fevrier et le sieur de Monchasty, frere du deffunct, s'estant rendu en cette ville, ensemble ses enfans et le sieur de Sauvebeuf, son gendre, on fit dire une messe de *requiem* avec une oraison funebre dans l'église de Sainte-Pierre, qu'on avoit faict tendre de dueil avec des escussons aux armes du deffunct et beaucoup de cierges. Monsieur l'Eveque de Limoges y assista, ensemble Mr de Bezons, notre intendant, Messieurs du Presidial et nous. On se seroit assemblé dans l'hotel de ville, suivant la coustume, pour marcher de la en ceremonie a la dite eglise; mais le grand hyver qu'il fit cette année ayant causé des glaces dans touttes les rües, ou il estoit dangereux de marcher, on s'assembla dans la maison de M^r le curé de Sainct-Pierre qui dict la messe, et on en sortit, sçavoir : Monsr de Limoges, le premier, qui se mit a la place du curé ; puis le dit sieur de Monchâty; Monsieur l'Intendant; M^r le Président et M^r le prevost consul, — et ensuite un parent, un officier du presidial et un consul. Le pere Avril, Augustin, fit l'oraison funebre.

---

(1) Les Consuls de l'année 1678-79 reprennent l'excellente coutume de mentionner, au registre de l'Hôtel-de-Ville, les principaux évènements de leur administration. Par malheur. leurs successeurs, comme on va le voir, ne suivront pas cet heureux retour aux vieilles traditions du consulat.

<small>Les Consuls écrivent au nouveau gouverneur</small>
Ayant ensuite apris, au mois de mars, que le Roy auroit donné le gouvernement de cette ville à Monsieur de Nyert, un de ses premiers vallets de chambre, nous lui escrivimes une lettre de compliment sur sa nomination, et il nous fit une reponse fort civille, ou il nous marqua le desir qu'il avoit de trouver les occasions de nous rendre service ; apres quoy ayant envoyé ses provisions, elles furent enregistrées par l'acte cy devant escrit.

<small>Difficultés avec M. du Saillant sénéchal du Limousin, au sujet de sa réception à Limoges</small>
Monsieur du Saillant ayant esté pourveu depuis l'année dernière de la charge de senechal de cette province et reçeu au Parlement de Guienne, il avoit faict sçavoir par une lettre asses peu civille a M^{rs} les Consuls qu'il vouloit faire son entrée en cette ville, et que pour cela il seroit, le jour qu'il marquoit, a neuf heures du matin, au pont de Valoine ; mais on lui repondit qu'il seroit le bien venu quand il voudroit venir en cette ville, et on ne crût pas qu'il deût demander une entrée publique (1). Neantmoins, apres des actes qu'il fit faire par notaire et des significations qu'avoient faict les consuls d'Agen a Monsr le comte de La Ferre, leur senechal, il donna un placet au Roy ou il marqua le reffus qu'on lui faisoit de luy accorder les honneurs qu'il pretendoit. Comme nous nous doutions de quelque surprise, nous avions desja escrit a Monsieur de Pomponne, Secretaire d'Estat, pour l'informer de tout, en telle sorte que Mr du Saillant n'obtint autre chose qu'un renvoy devant Monsieur de Bezons, notre intendant, pour ouïr les raisons des uns et des autres et en donner son advis au Roy.

Monsieur de Bezons nous ayant faict sçavoir cet ordre et ayant marqué un jour aux uns et aux autres pour luy dire nos contestations, n'ayant point de memoires de la maniere qu'on avoit receu cy devant M^{rs} les senechaux, nous escrivimes ou envoyames dans touttes les provinces circonvoisines pour sçavoir comme on en usoit. Car, pour Agen, nous soutenions qu'il ne pouvoit servir d'exemple, attendu que M^r le comte de La Serre (*sic*) avoit une qualité plus considerable que de senechal.

Nous eumes donc les certifficats de Bourdeaux, d'Engouleme, Tours, Rion, Clermont et Gueret, lesquels nous estoient tous avantageux et justiffioient que, hors de quelque visite d'honneur, on ne fesoit pas d'autre ceremonie a l'entrée des senechaux dans

---

(1) On ne trouve trace, en effet, dans nos Annales limousines, d'aucune réception solennelle faite à un sénéchal dans des circonstances ordinaires.

ces villes ; et pour Perigueux, qu'on nous opposoient, nous fesions voir que le senechal y avoit qualité de Gouverneur, tellement que, sur touttes ces raisons que nous fesions valoir devant M^r l'intendant, Mr du Saillant aiant icy envoyé Monsieur de Leris, fort brave gentilhomme, pour trouver quelque temperament, il fut enfin arresté que Mr du Saillant viendroit en cette ville sans qu'on fit aucune entrée ; et qu'apres son arrivée, ayant envoyé un gentilhomme a Monsieur le Prevost Consul pour luy faire compliment, deux consuls avec les marques (1) l'iroient saluer ; apres quoy M^r le senechal rendroy visite à celuy qui luy auroit porté la parole. Cela fut executé de la sorte dans le mois de janvier 1680. Les contestations qui concernoient Mrs du Presidial furent aussy reglées.

Eslection et nomination de Messieurs les Consuls de la ville de Limoges, faicte par les soixante prudhommes dans la Maison de ville, en presence de Messieurs les Lieutenant general et Procureur du Roy, le 7° decembre 1679 :

Monsieur Mre Joseph Pigné, seigneur de Nuy, conseiller du Roy et son president en l'Eslection de Limousin ;
Monsieur Mre Jean-Baptiste Pabot, advocat en la Cour ;
Monsieur Guilhaume Labiche (2) de Marzat, bourgeois et marchand.

---

(1) On sait que sous ce nom de *marques* ou *merques*, le greffier du Consulat désignait les insignes consulaires : le chaperon rouge et la robe noire.
(2) Le mot *seigneur* a été biffé.

Eslection de Messieurs les Juges de police, faicte par Messieurs les Consuls le 9ᵉ decembre 1679 :

Monsieur Mʳᵉ Guilhaume Constant, seigneur du Got de Verthamond, conseiller du Roy, magistrat en la seneschaussée et siege presidial de Limoges ;

Monsienr Mʳᵉ (1) Roger, seigneur des Eyssards, aussy conᵉʳ du Roy, juge magistrat aus dits sieges ;

Mʳ Mʳᵉ Jean-Baptiste Pabot, advocat en la Cour, consul ;

Mʳ Guilhaume Labiche, seigneur de Marzat, bourgeois et marchand, consul ;

Monsieur de Jayat, sieur du Puislasrodas, advocat en la Cour ;

Monsieur de Razes, bourgeois.

Eslection de Messieurs les Capitaines et Lieutenants :

Consulat : Monsieur Moulinier, sieur du Puydieu, capitaine ;
Mʳ Peconnet, lieutenant.
Manigne : Mʳ Dupré, sieur de Condat, capitaine ;
Mʳ Bellemie, lieutenant.
Les Bans : Mʳ Rouilhat de Traschaussade, capitaine ;
Mʳ Rousset fils, lieutenant.
Le Clocher : Mʳ Chastaignat du Mas de Roche, capitaine ;
Mʳ Baubiat fils, lieutenant.
Boucherie : Mʳ Maisonneufve, capitaine ;
Mʳ Grelet, fils du sieur Grelet jeune, lieutenant.
Ferrerie : Mʳ Mousnier fils, capitaine ;
Mʳ Petignaud fils, lieutenant.
Les Combes : Mʳ Cibot Durieux, capitaine ;
Mʳ Lavaud, gendre de Chavepeire, lieutenant.
Lansecot : Mʳ Noualler de Labussière, capitaine ;
Mʳ Estienne Roche, fils de Roche, de Tulle, lieutenant (2).

---

(1) Le prénom est resté en blanc.
(2) L'année 1680 ne fut signalée que par la cérémonie des Ostensions générales.

Eslection et nomination de Messieurs les Consuls de la ville de Limoges, faicte par les soixante prudhommes dans la Maison de ville, en presence de Messieurs les Lieutenant general et Procureur du roy, le 7 decembre 1680 :

Monsieur Mre Marc-Antoine de Petiot, seigneur de Lamotte, conseiller du Roy et son assesseur en la seneschaussée et siege presidial de Limoges ;
Monsieur Mre Pierre Veyrier, seigneur du Brueil, advocat en la Cour ;
Monsieur Jean David, sieur (1) de Virolle, bourgeois et marchand.

Eslection de Messieurs les Juges de police faicte par Messieurs les Consuls le   (2) decembre 1680 :

Monsieur Mre Maureil de Jayac, seigneur de la Garde, conseiller du Roy, Juge magistrat en la seneschaussée et siege presidial de Limoges ;
Monsieur Mre Jean Dupin, seigneur du Masneuf, aussy conseiller du Roy, juge magistrat ez dict siege ;
Monsr Mre Pierre Veyrier, seigneur du Brueil, advocat en la Cour, consul ;
Monsieur Jean David, seigneur de Virolle, bourgeois et marchand, consul ;
Monsieur Dedouhet, sieur du Boucheron,
Et Mr Jean Ardelier, bourgeois.

---

(1) On avait d'abord écrit : seigneur.
(2) La date est restée en blanc.

Eslection de Messieurs les Capitaines et lieutenants :

Consulat : Monsieur Dubois du Bouscheron fils, capitaine;
Monsieur Champalimaud, gendre du sieur Michel, lieutenant.
Manigne : Monsieur Vidaud, sieur de Maumont, capitaine ;
Monsieur Garat, marchand drapier, lieutenant.
Les Bans : Monsieur Coulomb, procureur, capitaine ;
Monsieur Betestes fils aisné, lieutenant.
Le Clocher : Monsieur Martin du Moulin blanc, capitaine;
Monsieur Senamaud, gendre de Peiroche, lieutenant.
Boucherie : Monsieur Ardent laisné, capitaine ;
Monsieur Blanchard, lieutenant.
Ferrerie : Monsieur Desflottes, sieur de Bonnat, capitaine ;
Monsieur Martin, fils de Mr Hieremie Martin, lieutenant.
Les Combes : Monsieur Giquet, capitaine;
Monsieur Duboucheix, procureur, lieutenant.
Lansecot : Monsieur Xavier Descoutures, capitaine ;
Monsieur Cibot, fils d'Estienne Cibot dict *le Jalat*, lieutenant.

Eslection et nomination de Messieurs les Consuls de la ville de Limoges, faicte par les soixante prudhommes dans la Maison de ville, en presence de Monsieur de Puymaud, Juge royal et prevot de la ditte ville, Messieurs les Lieutenant general et Procureur du Roy s'estants retirés, le 7e decembre 1681.

Monsieur Mre Guilhaume Constant, sieur de Verthamond, conseiller du Roy, juge magistrat en la seneschaussée et siege presidial de Limoges ;
Monsieur Pierre Noüailler, sieur des Varenes et Mazeiretas;
Monsieur Jean-Baptiste Maillard, sieur de Lacousture, bourgeois et marchand.

Sur les differens qui seroient arivés au sûjet de la nomination des dits sieurs consuls, Monseigneur de Pompadour, lieutenant du Roy en cette province, auroit escrit le billet dont la teneur s'ensuit : Lettre du Lieutenant du Roi relative à l'élection ci-dessus

Pour Messieurs les Consuls de la ville de Limoges, a Limoges.

A Pompadour, ce 29ᵉ janvier 1682.

Messieurs les consuls de la ville de Limoges aprendront par ce billet que le Roy, estant tres bien informé que touttes les formalités requises ont esté bien observées dans la nomination des Consuls, sa volonté est que les nommés Constant, des Varenes et de La Cousture y restent et exercent en cette qualité. *Signé* : POMPADOUR (1).

Election et nomination de Messieurs les Consuls de la ville de Limoges, faicte par les soixante prudhommes dans la Maison de ville, en presence de Messieurs les Lieutenant general et Procureur du Roy, le 7ᵉ decembre 1682 (2).

Monsieur Mʳᵉ Joseph de Rouilhat, conseiller et procureur du Roy en l'eslection de Limoges ;

Monsieur Mʳᵉ Pierre Chaud, seigneur d'Allier, advocat en la Cour ;

Monsieur Jacques David, sieur de Laplaigne, bourgeois et marchant.

---

(1) Il y avait donc eu des protestations contre l'élection du 7 décembre 1681. Au surplus, l'énonciation ci-dessus de la retraite du Lieutenant général et du Procureur du Roi donne à penser que ces magistrats avaient soulevé quelque objection à laquelle on avait passé outre.

(2) Le 4 octobre 1682, l'église des Carmélites, nouvellement construite à peu de distance du couvent des Jacobins, fut consacrée par Mgr de Lascaris d'Urfé, évêque de Limoges (B. DE SAINT-AMABLE, t. III, p. 873). Les Filles de Notre-Dame ont habité, après la Révolution, une partie de cet immeuble, dont on voit des restes entre l'avenue du Pont-Neuf et la rue de la Caserne.

Election de Messieurs les Juges de police, faicte par Messieurs les Consuls le 15ᵉ decembre 1682.

Monsieur Mʳᵉ (1) Defflottes, seigneur de Leychousier, conseiller du Roy, juge magistrat;
Monsieur Mʳᵉ (2) Labiche, sieur de Marzat, conseiller du Roy, juge magistrat;
Monsieur Chaud, seigneur d'Allier, advocat en la Cour, consul;
Monsieur David, bourgeois et marchand, consul;
Monsieur Delomenie, bourgeois et marchand;
Monsieur Baud, bourgeois et marchand.

Election de Messieurs les capitaines et lieutenants.

(3) [*Consulat*] : Mʳ Duteil, sieur des Sales, capitaine;
Mʳ Cusson, lieutenant.
[*Manigne*] : Mʳ Faute l'aisné, capitaine;
Mʳ Dutreil, lieutenant.
[*Les Bancs*] : Mʳ Faute, le chevallier, capitaine;
Mʳ Durou, lieutenant.
[*Le Clocher*] : Mʳ Senamaud, capitaine;
Mʳ Clement, lieutenant.
[*Boucherie*] : Mʳ Lafosse, fils a Simon, capitaine;
Mʳ Cibot, lieutenant.
[*Ferrerie*] : Mʳ Constant de Chervix, capitaine;
Mʳ Raby, notaire, lieutenant.
[*Les Combes*] : Mʳ Vigenaud, capitaine;
Mʳ Jayac, lieutenant.
[*Lansecot*] : Mʳ Reculets, apʳᵉ, capitaine;
Mʳ Cibot dit *Peny*, jeune, lieutenant (4).

---

(1) Le prénom est resté en blanc.
(2) Le prénom est resté en blanc.
(3) Les noms des cantons sont restés en blanc.
(4) Les différends entre les corps de métiers de la ville et les artisans de la Cité et du Pont-Saint-Martial, non organisés en groupes corporatifs, étaient incessants. Après les maîtres mouleurs de boutons, les maîtres tailleurs, les maîtres serruriers, les maîtres chapeliers avaient pretendu exercer une juridiction sur les petits industriels de profession analogue établis dans la seigneurie de l'évêque. Celui-ci protesta et finit par obtenir de l'Intendant en 1683 une ordonnance défendant aux syndics de ces métiers de rien entreprendre au préjudice de leurs voisins (Arch. Haute-Vienne, Livre d'hommages de l'évêché, t. II, p. 94).

Eslection et nomination de Messieurs les Consuls de la ville de Limoges, faicte par les soixante prudhommes dans la Maison de ville, en presence de Messieurs les Lieutenant general et Procureur du Roy, le septiesme decembre 1683 :

Monsieur Maistre Jacques de Douhet, seigneur du Puymoulinier, conseiller du Roy et son lieutenant general criminel en la seneschaussée et siege presidial de Limoges ;

Monsieur Maistre Antoine Nouailher, sieur des Baisles, advocat en la Cour ;

Monsieur Philippes Michel, sieur de Sainct Trand, bourgeois et marchand.

De par le Roy,

Chers et bien amez, Sur l'avis qui nous a esté donné des brigues et cabales qui se fesoient touchant l'eslection des nouveaux Consuls de nostre ville de Limoges, nous avons jugé a propos, pour en prevenir les suittes comme contraires au bien de nostre service et a la liberté des suffrages des habitants, de nommer les sieurs Lapine, Laffosse et Reignefort, que nous avons esté informés avoir touttes les qualités requises et necessaires pour exercer les dites charges de consuls, l'année prochaine, de nostre ville de Limoges ; et lesquels nous vous mandons et ordonnons tres expressement par cette lettre de reconnoistre et de leur obeir, entendre dans touttes les choses qui regarderont les dites charges, apres qu'ils auront presté le serment accoustumé en pareil cas et sans consequences pour l'advenir. Si n'y faictes faute. Car tel est nostre plaisir. Donné a Versailles le 25ᵉ jour de novembre 1684. *Signé* : Louis, et plus bas : Colbert. *Lettre de cachet désignant les trois consuls devant entrer en charge le 7 décembre 1684*

La dite lettre a la subscrition : A nos chers et bien amez les Consuls et habitans de nostre ville de Limoges.

Eslection et nomination de Messieurs les Consuls de la ville de Limoges, faicte suivant la lettre de cachet de Sa Majesté dont copie est de l'autre part, le neufvieme decembre 1684 :

Monsieur Maistre Pierre de Labiche, seigneur de Reignefort et autres places, ancien conseiller du Roy, et juge magistrat en la seneschaussée et siege presidial du dit Limoges ;
Monsieur Maistre Martial Lapine, sieur de Monts, conseiller du Roy, controolleur, esleu en l'eslection de Limoges ;
Monsieur Antoine Laffosse, bourgeois et marchand (1).

Eslection de Messieurs les Juges de police, faicte par Messieurs les Consuls :

Mr Mre André Laudin, seigneur de Chasteau Neuf, conseiller du Roy, Juge magistrat ez dits sieges ;
M^r M^{re} (2) Dupin, seigneur du Masneuf, aussy conseiller du Roy ez dits sieges ;
Mr Mre Antoine Nouailler, sieur des Bailes, advocat en la Cour, consul ;
Mr Antoine Lafosse, bourgeois et marchand, consul ;
Mr Pinot, sieur de Magret ;
Mr Moulinier, sieur de Mayeras.

---

(1) Il est assez intéressant de voir ici le greffier de l'hôtel de ville mentionner la nomination des trois Consuls désignés par le Roi, comme si elle avait eu lieu à l'élection, suivant la coutume.
Vers cette époque fut fondée à Limoges, près des Jacobins, une maison de retraite dite des « Sœurs » ou des « demoiselles » de la Rivière : ce nom paraît être un nom de famille.
D'après Nadaud, M. Mathias Poncet de La Rivière était encore intendant de Limoges en 1684. Il avait succédé peut-être à M. Lebret, qui fut envoyé en Provence.
Mgr de Lascaris d'Urfé bénit, la même année, la chapelle du Refuge, qu'on venait à peine d'achever, et qui fut placée sous l'invocation de sainte Marie-Madeleine.
(2) Le prénom est resté en blanc.

Eslection de Messieurs les Capitaines et Lieutenans :

Consulat :

Mr Dalesme, sieur du Boucheron, capitaine;
Mr Delomenie, marchand, lieutenant.

Manigne :

Mr Limousin fils, marchand, capitaine;
Mr Grelet, marchand, lieutenant.

Les Bans :

Mr Garat, gendre de Rouilhat, capitaine;
Mr Duroux fils, lieutenant.

Clocher :

Mr Bailhot, sieur d'Eytivaud, capitaine;
Mr Mouret, marchand, lieutenant.

Boucherie :

Mr Roux, sieur de Mazerollas, capitaine;
Mr Blanchard, lieutenant.

Ferrerie :

Mr Constant le jeune, sieur de Beaupeyrat, capitaine;
Mr Senamaud fils, lieutenant.

Combes :

Mr Favard, capitaine;
Mr Garlandier fils, lieutenant.

Lansecot :

Mr Dupré fils, gendre de Petignaud, capitaine;
Le sieur Tulle, marchand boucher, lieutenant.

Eslection et nomination de Messieurs les Consuls de la ville de Limoges, faicte le 7ᵉ xbre xvıᶜ huictante cinq :

M. Mʳᵉ Jean-François Martin, seigneur de La Bastide, conseiller du roy, juge magistra en la seneschaussée et siège presidial de Limoges ;

Monsieur Mʳᵉ Bernard Pinot, seigneur de Magret, advocat en la Cour ;

Mʳ Gregoire Benoist, seigneur de l'Andouge, bourgeois et marchand (1).

Juges de police :

Monsieur Mʳᵉ Jean Biais, seigneur de Noytre, conseiller du Roy, juge magistra en la seneschaussée et siege presidial de Limoges ;

Mʳ Mʳᵉ Joseph Bardinet, seigneur de Bosvieux, conseiller du Roy, juge magistra ez dits sieges ;

Mʳ Mʳᵉ Bernard Pinot, seigneur de Magret, consul ;

Mʳ Gregoire Benoist, seigneur de l'Andouge, consul ;

Mᵉ Adant (*sic*), advocat en la Cour ;

Mʳ Eschaupre, bourgeois et marchand.

---

(1) En 1685 furent construits les bâtiments du Collège qui longent la rue de ce nom; on s'occupait aussi de la construction d'une halle et d'une poudrière.

« Le 8 juin 1685, les vignes promettant extraordinairement et étant en fleurs, ont gelé en beaucoup d'endroits. Celles qui se sont trouvées près de la Vienne et de l'Excepte (*sic*) ont été garanties à la faveur des brouillards qui s'élevoient sur ces rivières. Les melons, concombres, bled d'Espagne et mongettes (haricots) ont souffert de la gelée aussi (Ms. d'Aixe, cité par l'abbé Nadaud) ». L'été, la sécheresse fut extraordinaire et on fit des prières publiques et des processions pour obtenir de la pluie.

Notons en 1686 (23 octobre), la publication d'un Mandement de Mgr d'Urfé, évêque de Limoges, prescrivant l'établissement d'écoles dans toutes les villes et bourgs de quelque importance du diocèse, et donnant un règlement pour ces écoles. On trouve ce document à la page 216 et suiv. des *Ordonnances synodales de Limoges*, publiées en 1703.

Les Jésuites sollicitèrent à cette époque un secours de l'Etat pour achever leurs bâtiments.

Capitaines et Lieutenants :

Consulat :

Monsieur Labiche, capitaine ;
Monsieur Beaubrueil jeusne fils.

Manigne :

Monsieur Garat, capitaine ;
Monsieur Deschamps pour lieutenant.

Les Bans :

Monsieur Marchandon, le jeune filz, capitaine ;
Monsieur Teulier, gendre de Colin, lieutenant.

Clocher :

Monsieur Pinot de Bospeyrat, capitaine ;
Monsieur Melchiord Champalimaud filz, lieutenant.

Boucherie :

Monsieur Grelet, gendre de Laurens, capitaine ;
Monsieur Farne, le jeusne fils, lieutenant.

Ferrery :

Monsieur Beaubrueil filz, capitaine ;
Monsieur Ardent, fils de sieur Izaac Ardent, lieutenant.

Combes :

Monsieur Garlandier, procureur, capitaine ;
Monsieur Rignat, procureur, lieutenant.

Lancecot :

Monsieur Darfeuille, capitaine ;
Monsieur   Malinvaud, lieutenant.

(Les folios 42, 45, 48 ont été reliés après leur date. Nous rétablissons l'ordre des documents insérés au registre ; les fol. 43, 44, 46, 47 manquent).

Eslection et nomination de Messieurs les Consuls de la ville de Limoges, le 7° xbre 1686 :

Monsieur Mre Jean Biais, seigneur de Nouestre, conseiller du Roy, juge magistra en la seneschaussée et siege presidial de Limoges ;

Monsieur M^re   de Douhet, seigneur du Boucheron, advocat en la Cour ;

Maistre Estienne Michel, seigneur de Cintrat, bourgeois et marchand.

———

Juges de police :

Monsieur Mre François Martin, seigneur de La Bourgade, conseiller du Roy, juge magistra en la seneschaussée et siege presidial de Limoges ;

M^r M^re   Delomenie, seigneur du Clos, aussy conseiller du Roy ez ditz sieges ;

M^r M^re   de Douhet, consul ;

Mr Estienne Michel, consul ;

Mr Finet(?) sieur de Chabanettes :

Mr Malavergne, sieur du Masdoumier.

Capitaines et Lieutenants :

[*Consulat* :] Mʳ Descordes, sieur des (1), capitaine ;
Mʳ Ardent, orphevre, lieutenent.
Manigne : Monsieur Roulhat, capitaine ;
Mʳ Estienne Nicollas, lieutenent.
Les Bans : Mʳ Faute, sieur de Marzat, capitaine ;
Mʳ Guerin filz, lieutenent.
Clocher : Mʳ de Reculez de Chaumouly, capitaine ;
M. Nicot fils, lieutenant.
Boucherie : Mʳ Chambon, capitaine ;
Mʳ Blanchard, lieutenant.
Ferrerie : Mʳ Sénamaud fils, capitaine ;
Mʳ Jacques Dupré, lientenant.
Combes : Mʳ de La Bourgade fils, capitaine ;
Monsieur Sarasin, lieutenant.
Lansecot : Mʳ David, gendre de Midy, capitaine ;
Sieur Mathieu Cibot, lieutenant (2).

Eslection et nomination de Messieurs les Consuls de la ville de Limoges le septiesme decembre 1687 :

Monsieur Mʳᵉ Jean Leonard, seigneur de Fressanges et de Puydeau, escuyer, conseiller du Roy, president tresorier general de France en la generalité de Limoges ;
Mʳ Mʳᵉ Martial Descordes, seigneur de Gris, conseiller du Roy, receveur des decimes au present diocese ;
Mʳ Mʳᵉ Joseph Limousin, bourgeois et marchant.

---

(1) Un mot omis.
(2) Ostension générale en 1687. — La même année, établissement des Sœurs de La Croix à Limoges, où elles ouvrirent des écoles, comme les Ursulines. Elles habitèrent d'abord la Cité ; on les appelait communément Sœurs de Magnac, parce que les premières religieuses de cette congrégation qu'on vit à Limoges venaient de Magnac-Laval.
Des rapports de M. de Saint-Contest, intendant, de juin et juillet 1687, signalent la concurrence faite au commerce des éleveurs du Limousin par les bestiaux gras de Normandie, sur les marchés qu'ils approvisionnaient jusqu'alors à peu près exclusivement. On y voit aussi que la fabrication du papier est menacée par les établissements que les réfugiés ont fondés en Angleterre (A. DE BOISLILE : *Correspondance des Contrôleurs généraux*, t. 1, p. 106).
Il résulte d'une lettre du même intendant, qu'à l'exemple de plusieurs autres villes, les consuls de Limoges offrirent de faire élever une statue à Louis XIV ; mais comme l'offre de la commune se bornait à une simple statue « pédestre », Louis XIV trouva l'offre trop modeste et refusa son consentement : les statues équestres étant seules jugées dignes du Roi.

Juges de police :

Monsieur Mre Mathieu Benoist, seigneur de Blesmond, conseiller du Roy, juge magistra en la seneschaussée et siege presidial de Limoges ;

Mr Mre Jean Masdot, seigneur de Bosvieux, conseiller du Roy ez dit siege ;

Mr Mre Martial Descordes, seigneur des Gris, conseiller du Roy, receveur des decimes, consul ;

Monsieur Limousin, bourgeois et marchant, consul ;

Monsieur Marchandon, bourgeois et marchant ;

Mr Melchiol Champalimaud, bourgeois et marchand.

Capitaines et Lieutenants :

Consulat : Mr Duteil, advocat, capitaine;
Mr Vigenaut, lieutenant.
Manigne : Mr Varacheau, capitaine;
Mr Grellet, gendre de Blanchard, lieutenant.
Les Bancs : Mr Vidaud, gendre de Rolin, capitaine;
Mr Cibot des Rieux, lieutenant.
Le Clocher : Mr Peroche, capitaine ;
Mr Nicot père, lieutenant.
Boucherie : Mr Chaud, capitaine ;
Mr Vidaud, poictier d'esteing, lieutenant.
La Ferrerie : Mr Dupré, espicier, capitaine;
Mr Izaaq Ardent, lieutenant.
Les Combes : Mr de Mandalesses, capitaine ;
Mr Benoist, advocat, lieutenant.
Lansecot : Mr de Reculet, app^re, capitaine;
Mr Cibot, filz de Thoumieu du Jalat, lieutenant.

---

(1) Nous avons eu à signaler, au précédent volume, les procédés rigoureux à l'aide desquels était perçu l'impôt. Nous avons la consolation de constater que ces procédés étaient souvent blâmés par le gouvernement. Ainsi une lettre du contrôleur général à M. de Saint-Contest, intendant de Limoges, en date du 10 décembre 1687, désapprouve les emprisonnements ordonnés « la plupart sans règles ni formalités » par le sieur Hémart, commis à la recette, et prescrit la tenue exacte des registres. On ne doit recourir aux emprisonnements qu'en cas d'absolue nécessité; on doit procéder avec des contraintes et avec des écrous réguliers ; enfin « l'intendant préalablement informé ».

Aujourdhuy, dernier de may mil six cent huictante huict, a Limoges, dans la chambre du Conseil de l'hostel de ville, ou estoient assemblés Messieurs les prevotz et consulz pour deliberer des affaires publictz, sur ce qui a esté exposé par Mr Limousin, prevost consul, qu'il y a desja longtemps que la place de recluze de la presant ville est vacante de   Debatourne (?), pourveue a la dite place, puis le 20e avril   (1) par acte du presant hostel de ville, et d'autant qu'il est d'usage d'en nommer et pourvoir une autre au lieu et place de la decedée, il est a proposer de jetter les yeux sur une personne de bon exemple et de pieté, qui soit vertueuse et sans aulcun reproche : comme l'on a supercedé (sic) quelque tems pour pouvoir trouver une personne dohée des dictes qualités, s'est presanté Anne Lemoine, habitante de la presente ville, pour remplir la dite place. Sur quoy, l'affaire mise en deliberation, les dits sieurs prevost, consuls, d'une commune voix et accord, estant informés de la bonne vie, mœurs, religion catholique, apostolique et romaine d'Anne Le Moine, l'ont choisie pour recluze de la presente ville pour par elle jouir de la dite place aux mesmes privileges, droits, gaiges et revenus, comme a accoustumé de jouir sa devantière, et a [charge] par [la] dite Le Moyne de prier Dieu pour la prosperité desdits sieurs prevot et consulz et de tous les habitans de la presente ville pendant le cours de sa vie. Dont du tout a esté fait et dressé le present acte le jour, mois et an que dessus. Ainsin signé : J. Limousin, prevost consul ; Biais, consul ; Leonard, consul ; de Dohet, consul ; Descordes, consul ; Michel, consul, et Descordes, greffier.

Et advenant... le cinquieme juin audit an, dans la chambre du Conseil de l'hostel de ville, ou estoient assemblés Messieurs les prevotz et consuls, lesquelz ayant mandé par un des valletz de ville la dite Anne Le Moyne, icelle s'estant presentée et luy ayant fait entendre la nomination faite de sa personne pour recluze suivant l'acte de l'autre part, dont lecture luy a esté faite, icelle s'estant revestue de l'habit de recluze, les dits sieurs prevost et consulz l'on conduitte avec leurs marques dans l'esglize Saint-Michel, ou apres avoir faict séléhrer la sainte messe, elle a estée conduitte avecq la procession dans la maison ou les dites recluses font leur demeure et habitation, ou estant le dit sieur Limouzin, prevost, luy a donné les clefs de la dite maison pour y fere sa residance ainsin et demesme que ses devantieres ; et se sont les dits consuls retirés. Dont et du tout a esté dressé le presant acte, les jours,

<small>Nomination et installation d'Anne Lemoyne recluse</small>

---

(1) On a intercalé ici par erreur le nom d'Anne Lemoyne.

mois et an que dessus. *Signé* : J. LIMOUSIN, prevost consul; LEONARD, consul; DE DOHET, consul; DESCORDES, consul; MICHEL, consul, et DESCORDES, greffier (1).

Eslection et nomination de Messieurs les Consuls de la ville de Limoges, le septiesme decembre 1688 (2) :

Monsieur Jean Michel de Perierre, seigneur du Vignaud et de Chastreys, president au siege presidial de Limoges;
Mʳ Jean Pinot, sieur de La Greliere, bourgeois de la ville de Limoges;
Mʳ Jean Marchandon de Puymirat, marchand de la ville de Limoges.

Juges de police :

Monsieur Desflottes, seigneur de Leschoisier, conseiller du Roy au siege presidial;
Monsieur Dubois, seigneur de Chateauneuf, conseiller du Roy;
Mʳ Jean Pinot, consul;
Mʳ Jean Marchandon, consul;
Mʳ Teyrier (3), sieur du Breuil, juge de police;
Mʳ Martial Delomenie, marchand.

Capitaines et Lieutenants :

Consulat : Monsieur de Rillat, capitaine;
Ardent, orpheuvre, [lieutenant].
Manigne : Mʳ Dupin, gendre de Rousset, capitaine;
Lauviget, gendre de Beaubrueil, [lieutenant].

---

(1) En 1688, les Ursulines, malgré l'opposition de quelques-uns des consuls, obtinrent la permission de s'annexer un emplacement qui longeait le mur de ville et de le clore. C'était vraisemblablement un tronçon du petit chemin de ronde intérieur ménagé le long des remparts.
(2) On remarquera l'absence des mentions relatives à l'élection des consuls en 1686 et 1687. Peut-être une lettre de cachet avait-elle désigné les consuls comme cela s'était fait en 1684.
(3) Nous lisons bien Teyrier et non Veyrier.

Les Bans : Mʳ Descordes, sieur de La Bernardie, capitaine ; Martial Cibot, [lieutenant].
Le Clocher : Mʳ Rouard, sieur du Mas Bouriane, capitaine ; Clement Champalimaud, [lieutenant].
Boucherie : Monsieur Lafosse, sieur du Caillaud, capitaine ; Mʳ Grellet, marchant, lieutenant.
La Ferrerie : Mʳ Constant, sieur de Beaupeyra, capitaine ; Mʳ Senamaud, marchant, lieutenant.
Les Combes : Mʳ Crouchaud, fils, capitaine ; Mʳ Nicolas, sieur du Puymauret, lieutenant.
Lansecot : Mʳ Landon, chirurgien, capitaine ; Mʳ Roche, de Tulle, lieutenant.

De par le Roy,

Sa Majesté ayant esté informé que, bien que par le vingtiesme article du reglement du quatre novembre mil six cents cinquante un et par diverses autres ordonnances confirmatives d'iceluy, Sa Majesté ayt reglé quelz de ses sujects debvoient estre exemptés de logemens de ses gens de guerre dans ses villes et places, et que, suivant le dit reglement et ordonnances, il ne deust point y avoir sur cela de difficulté, — neantmoins il en seroit arrivé depuis peu en sa ville d'Allaçon (sic), a l'occasion du logement du regiment Dauphin, d'infanterie : aucuns officiers de l'eslection ayant pretendu en devoir estre exempts ; — et Sa Majesté voulant prevenir toutes celles quy pouroient naistre a l'avenir sur ce sujet et sous d'autres pretextes, selon que le bien de son service et le soulagement des peuples, non seulement de la dite ville d'Allençon, mais des autres du Royaume le peuvent requerir, — Sa Majesté a ordonné et ordonne qu'il n'y aura doresnavant d'exemptz de logement de ses trouppes tant d'infanterie que de cavallerie, de celles quy passeront, logeront et sejourneront dans les villes et bourgs de son royaume, que ceux quy sont de la qualité portée par le dit du 20ᵉ article du reglement du quatrieme novembre de l'année 1651, mesmes les presidents et tresoriers generaux de France aux bureaux des finances des generalitez du Royaume, et les gens du Roy esdits bureaux, qu'elle veut estre aussy exemptz du dit logement, bien qu'ilz n'ayent pas esté compris dans le dit reglement de 1651 ; et affin de fere bien particulierement connoistre l'intention de Sa Majesté sur ce qui est expliqué par le dit article 20ᵉ du dit reglement de 1651 a l'esgard des chefs des compagnies d'officiers royaux, Sa Majesté a declaré et declare, veut et entend que les

Ordonnance énonçant les officiers exemptés de logement militaire

seuls presidens, lieutenants generaux civils et criminels, les lieutenants particuliers et les gens du Roy du principal siege seulement de chaque lieu, soyent exempts du dit logement de gens de guerre, et que les autres chefs d'officiers royaux et autres justiciers, a l'exception des officiers des bureaux de tresoriers de France, comme dit est, y soient subjects sans difficultés. Enjoint Sa Majesté aux Maires, Consuls, Capitouls, Juras et Eschevins de ses villes et autres lieux de se conformer a ce quy est en celà de la volonté de Sa Majesté sur peine de desobeissance, et aux Intendants et commissaires departis en ses provinces et generalités d'y tenir la main ; et afin qu'aucun n'en pretende cauze d'ignorance, Sa Majesté veut que la presente soit registrée ez registres de l'hostel commun des dites villes et lieux pour y avoir recours en cas de besoin. Faict a Versailles, le trentiesme janvier mil six cent quatre vingt sept. *Signé* : Louis, *et plus bas* : Letellier.

<small>Exécutoire de l'Intendant</small>
André Jubert de Bouville, chevailler, marquis de Bizy, conseiller du Roy en tous ses conseils, maistre des requestes ordinaire de son hostel, Intendant de justice, police et finances en la generalité de Limoges,

Veu l'ordonnance du Roy dont coppie est cy dessus, nous ordonnons que la dite ordonnance sera executée selon sa forme et teneur, et qu'a cet effet elle sera registrée ez registres de l'hostel commun des villes et autres lieux de l'estendue de cette generalité ; et a ce qu'aucun n'en pretende cause d'ignorance et pour y avoir recours en cas de besoin. Faict a Engoulesme, le deuxiesme jour d'aoust mil six cent quatre vingt neuf. Signé en l'original : Jubert (1), et plus bas par mondit seigneur : Bechade.

Extrait des registres du Conseil d'Estat.

<small>Arrêt du Conseil relatif à la levée d'une somme de 30,000 livres</small>
Sur ce qui a esté representé au Roy en son Conseil par les Consuls de la ville de Lymoges, qu'ils se trouvent obligés de lever la somme de trante mille livres suivant la deliberation des habitants de la dite ville du douziesme aoust dernier (2), sur les dicts habi-

---

(1) André Jubert de Bouville, intendant de Limoges en 1676, 1677, 1678, y était revenu en mars 1689 et y demeura jusqu'au mois de février 1694. Il remplaçait Michel Barberie de Saint-Contest, qu'on y trouve d'avril 1686 à janvier 1689.

(2) Cette délibération n'est pas au registre. Nous avons plus haut rencontré la mention de délibérations de ville de 1657 et 1659, concernant l'hôpital général, qui ne figurent pas au deuxième registre consulaire. Il faut peut-être en conclure que le greffier de l'hôtel de ville tenait un registre spécial des assemblées générales. Ce registre a été perdu.

tants, pour estre employée a la levée de vingt compagnies d'infanterie de cinquante hommes chacune, ce qu'ils ne peuvent faire sans y estre authorisés par Sa Majesté : a quoy voulant pourvoir, ouy le rapport du sieur Le Pelletier, conseiller ordinaire au conseil royal, controlleur general des finances, le Roy, estant en son conseil, a ordonné et ordonne que la dite somme de trante mille livres sera imposée et levée conformement a la dite deliberation du douziesme aoust dernier, sur tous les habitants de la dite ville, fauxbourgs et villages compris dans les roolles de la dite ville; de laquelle imposition sera mention dans les commitions des tailles. Enjoint Sa Majesté au sieur de Bouville, M^{re} des requestes, commissaire departy en la generalité de Lymoges, de tenir la main a l'execution du presant arrest. Faict au Conseil d'Estat du Roy, Sa Majesté y estant, tenu a Versailles, le troiziesme septembre mil six cens quatre vingt neuf. *Signé* : COLBERT.

Louis, par la grâce de Dieu, Roy de France et de Navarre, a nostre amé et feal, conseiller en nos Conseils, M^{re} des requestes ordinaire de nostre hosptel, le sieur de Bouville, commissaire departy en la generalité de Lymoges, salut. Nous vous mandons et ordonnons par ces presantes, signées de nous, de tenir la main a l'execution de l'arrest dont l'extraict est cy attaché sous le contresel de nostre chancellerie, ce jourdhuy donné en nostre conseil d'Estat, nous y estant; lequel nous commandons au premier nostre huissier ou sergent sur ce requis de signiffier a tous qu'il appartiendra, a ce qu'ils n'en pretendent cause d'ignorance et de faire pour son entiere execution tous actes et exploits necessaires sans autre permission. Car tel est nostre plaisir. Donné a Versailles, le treiziesme jour de septembre, l'an de grace mil six cens quatre vingt neuf et de nostre regne le quarante septiesme. *Signé* : LOUIS; *par le Roy* : COLBERT (1).

---

(1) L'année 1689 ne fut pas bonne. Les impôts continuaient à se percevoir difficilement. L'emploi des garnisaires et des fusiliers, auquel le contrôleur général, deux ans auparavant, se montrait opposé, avait été maintenu et une lettre de M. de Bouville, du 24 mai 1689, écrite au contrôleur à la suite d'une tournée, affirme la nécessité de ces rigueurs. Toutefois, l'intendant reconnait qu'il faut porter remède à l'arbitraire des taxes. Les receveurs, en vue des bénéfices qu'ils retirent de leurs exactions, « ne se donnent aucun mouvement pour le recouvrement »; bien plus, ils ne songent qu'à le différer, « afin d'exiger davantage des contribuables ». (*Correspondance des contrôleurs généraux*, t. I, p. 183).

Eslection et nomination de Messieurs les Consuls de la ville de Limoges, le septiesme decembre 1689 :

Monsieur Mre Joseph Duboys, seigneur de Chateauneuf et de Saint-Priest, conseiller du Roy en la seneschaussée et siege presidial de Limoges;
Monsieur Me Jean Trenchant, sieur de Lacheze, advocat en la Cour et juge royal de Condat et prevoté de Saint-Lazare;
Monsieur Pierre Malavergne, sieur du Masdoumier, bourgeois et marchand.

Eslection de Messieurs les Juges de police, faicte par Messieurs les Consuls :

Mr Mre Pierre Roger, seigneur de Moyssaguet, conseiller du Roy au siege presidial;
Mr Me Jean Dupin, seigneur du Masneuf, conseiller du Roy au siège presidial;
Mr Me Jean Trenchant, sieur de Lacheze, advocat en la Cour et juge royal de Condat et prevoté de Saint-Lazare, consul;
Me Malavergne, bourgeois et marchand, consul;
Me Deverthamond, advocat, sieur de Chez Tandeau;
Mr Peyroche, bourgeois et marchand.

Ordonnance de Monseigneur de Bouville, Intendant de la presente generalité, portant imposition de la somme de trente-trois mil livres pour l'ustancille de quarente-quatre compagnies, sur la ville, fauxbourgs et Cité de la present ville, comme s'ensuit :

André Jubert de Bouville, chevalier, marquis de Bizy, conseiller du Roy en tous ses conseils, M^re des requestes ordinaire de son hostel, Intendant de justice, police et finances en la generalité de Limoges,

Veu les ordres du Roy portant qu'il sera imposé et levé sur la ville, fauxbourgs et Cité de Limoges la somme de trente-trois mil livres (1) pour l'ustancile de quarente-quatre compagnies d'infanterie qui ont servy pendant la campagne dans les armées de Sa Majesté et qui auroient deub estre envoyées en quartier dans ladite ville, fauxbourgs et Cité, lesquelles sont demeurées dans les places frontieres, — et ce a raison de cent sols par jour a chaque compagnie pendant les cent cinquante jours dudit quartier d'hyver, conformement a l'ordonnance du vingt-huitiesme octobre mil six cent-quatre-vingt-neuf ;

Nous, Intendant susdict, conformement aux dicts ordres, ordonnons aux Consuls de ladite ville, fauxbourgs et Cité de Limoges, d'imposer et faire lever sur tous les contribuables de ladite ville, fauxbourgs et Cité de Limoges, ladite somme de trente-trois mil livres pour l'ustancile des dites quarente-quatre compagnies d'infanterie, a raison de cent sols par jour a chaque compagnie durant les cent cinquante jours dudict quartier d'hyver, laquelle somme de trente-trois mil livres sera payée de mois en mois par portion egale, a commencer le vingtiesme de ce mois, sur les quittances du tresorier general de l'extraordinaire des guerres ou du sieur du Chaussy, pres de nous, en sorte que le dernier payement soit faict au vingtiesme du mois de mars prochain, a peine d'execution militaire.

Faict a Angoulesme, ce quinziesme novembre mil six cens quatre-vingt-neuf. *Signé* : JUBERT.

Receu la presente ordonnance par les mains du sieur du Chaussy, commis susdict, le (2)   decembre XVI^c quatre-vingt-neuf.

Signiffié aux sieurs Consuls de la Cité (3), le 29 decembre 1689, par Chambon, huissier.

Monsr le marquis de St-Aulaire, sur l'avis que j'eus, que le Prince de Waldeck qui commande en chef les trouppes des Estats généraux des provinces unies des Pays-Bas, avoit assemblé une armée considerable et qu'il disposoit a s'avancer du costé de la Sambre, j'ordonnay a mon cousin le Duc de Luxembourg, pair et M^{al} de France, auquel j'ay donné le commandement en chef de mon

<small>Lettre du Roi sur la victoire de Fleurus</small>

---

(1) Cette nouvelle imposition s'ajoutait à celle de 30,000 livres à laquelle se réfère l'arrêt du conseil du 13 septembre 1689.
(2) La date en blanc.
(3) On rappelle de nouveau que la ville et la Cité avaient chacune une administration municipale distincte, et étaient séparées pour la collecte des impôts.

armée de Flandres (1), de s'acheminer vers ladite riviere avec madite armée et de chercher partout celle des ennemis pour la combattre, et pour luy en faciliter les moyens, je manday au comte de Gournay de le joindre avec un corps de 4,000 chevaux ou dragons qui estoit a ses ordres, et au sieur marquis de Bouflers de detacher de l'armée qu'il commande 15 bataillons d'infanterie et 30 escadrons de cavalerie et de les envoyer a mondit cousin au jour et lieu qu'il luy manderoit. Ce qui ayant esté executté ponctuellement, mondit cousin s'avanca avec ledit renfort et quelques troupes de l'armée qu'il commande sur ladite riviere, ou d'abord il fit attaquer des redouttes qui en deffandoient le passage, et ensuitte le chasteau de Froidemont ou il prist un regiment de dragons espagnols. Cependant les ponts qu'il avoit ordonné sur la Sambre ayant esté faits, il donna les ordres necessaires pour faire passer mon armée au dela de lad. riviere, et le 30ᵉ au matin, s'estant avancé avec la brigade de gendarmerie et quelques escadrons de cavalerie et de dragons pour reconnoistre le pays, et ayant fait rencontre de deux mil chevaux des trouppes hollandoises, il les fit charger promptement de maniere que la plus grande partie fut taillée en pieces et le reste mis en deroutte et poussé jusque dans l'armée du prince de Waldeck. Et, le premier de ce mois, mondit cousin ayant esté informé, au point du jour, par des partis qu'il avoit envoyés, que les ennemis avoint passé la nuict soubs les armes et estoint en bataille pres de St-Amant, il se mit aussytost en marche pour les combattre, et ayant mis mon armée en bataille, il fit attaquer les ennemis par mes trouppes, qui chargerent si a propos que les deux aisles de lad. armée ennemie ayant esté deffaittes avec une partie de l'infanterie, il ne resta plus que 13 ou 14 bataillons; et comme ils faisoint un grand feü, il les fit attaquer et (?) battre de tous costés, de manière qu'ils ont esté taillés en pieces, estant resté sur le champ de bataille plus de huict mil morts, 7,800 faits prisonniers, entre lesquels il y a plus de six cens officiers, quarante-neuf pieces de canon demeurez en mon pouvoir, plus de deux cens chariots d'artillerie et 106 tant drapaux que estendards (2). Un avantage si considerable et dans un temps ou la plus grande partie des princes de l'Europe sont armés contre moy, faisant visiblement voir que Dieu prend en main ma deffance et celle de mes peuples, je je me trouve obligé d'en rendre et faire rendre a la divine bonté

(1) Luxembourg venait de passer plus de dix années à l'écart. Il avait été disgracié à la suite de l'affaire dit*e des Poisons* et des informations faites par la Chambre Ardente.
(2) L'armée française fit de sérieuses pertes : plusieurs officiers généraux furent tués, entr'autres le comte de Gournai. La bataille s'était donnée non loin du bourg de Fleurus.

les graces qui luy en sont deües. Pour cette fin, j'escris aux archevesques et esvêques de mon royaume et terre de mon obéissance d'en faire chanter le *Te Deum* dans leurs esglises et mon intention est que vous y assisties dans le lieu ou vous vous rencontreres. Je desire aussy que vous tenies la main a ce que les officiers de justice et autres corps qui doivent assister a semblables ceremonies ayant (*sic*) a se trouver, et qu'au surplus vous donnies les ordres necessaires dans l'estendue de vostre charge pour faire allumer des feux de joye dans les rues, tirer les canons et donner touttes les autres marques et demonstrations de rejouissance publicque accoustumées en pareil cas. Sur ce, je prie Dieu qu'il vous aye, Monsieur le Marquis de St Aulaire, en sa sainte garde. Escrit a Versailles, ce 14e jour de juillet 1690. *Signé* : Louis, *et plus bas* : Colbert.

Monsieur le marquis de Saint-Aulaire, Ayant donné ordre a mon armée navalle, commandée par le sieur comte de Tourville, vice amiral de France, d'entrer dans la Manche et d'aller même jusques a l'entrée de la Tamise pour chercher celles des Anglois et des Hollandois (1), je feüs informé, le 4e de ce mois, qu'elle les avoit trouvés a l'isle de Wicht, et qu'elle se mettoit en estat de les combattre. J'appris ensuitte que, les ennemis estant sortis des rades de cette ville sur l'avis qu'ils eurent de l'approche de mon armée, ils profitoint pour l'esvitter du vent qui leurs estoit favorable : ce qu'ils continuerent a faire jusques au 10e de ce mois, que se trouvant fortiffiez par l'arrivée de plusieurs vaisseaux qu'ils attendoint, ils firrent vent arriere sur mon armée navalle, esperant que l'avantage du vent les rendroit maistres de finir le combat sans s'exposer a la perte entiere de leur flotte. Mais appres qu'il eut duré 7 heures, les ennemys furent obligez de plier et de prendre la fuitte en desordre; ils perdirent en cette occasion le vaisseau le *Brillant*, de soixante huict canons, qui se rendit au vaisseau le *Souverain* commandé par le marquis de Nesmond, et deux autres de la mesme force furent coulez bas avec deux de leurs brulots. Cependant mon armée, profittant de son avantage, se seroit desmarée pour poursuivre les ennemis qui avoint toujours le vent favorable, et qui, se voyant pressez et hors d'esperance de pouvoir sauver les vaisseaux qui avoint esté desmatés, prinrent le party d'en faire sauter trois et d'en couler bas quatre autres (2). Le dousieme,

<small>Lettre du Roi au sujet des succès remportés sur mer par Tourville</small>

---
(1) La flotte des alliés était commandée par l'amiral anglais Herbert.
(2) Bataille navale de Beachy-Head.

les flottes ennemies estant par le travers du cap de Ferlay, a 30 lieües de l'isle de Wicht ou le combat avoit commencé, mon armée les poursuivant tousjours, le compte (*sic*) de Tourville descouvrit soubs le vent six vaissaux desmattez qui rangeoint la cotte d'Angletterre. Il destacha aussytost un escadre soubs le commandement du marquis de Villest, qui fit brusler quatre de ces vaisseaux et eschouer les deux autres. Cette action s'est passée sans que mon armée ait receut aucun dommage considerable et tous mes vaisseaux sont en estat de tenir la mer sans qu'il y en aye aucun de desmatté : en sorte que je me trouve a present le maistre de la Manche appres avoir battu les Anglois qui se ventoint despuis tant de siecles d'en estre les maistres, fortiffiés de tous les vaissaux d'Hollande. Et voulant rendre graces a Dieu de la protection que sa divine bonté continue a donner a la justice de mes armes, pour cette fin j'escris aux archevesques, esveques de mon royaume, de faire chanter le *Te Deum* dans leurs esglises, et mon intention est que vous y assisties dans les lieux ou vous vous rencontrerez ; j'ay dessain aussy que vous tenies la main a ce que les officiers de justice et autres corps qui doivent assister a de semblables ceremonies ayent a s'y trouver, et qu'au surplus vous donnies les ordres necessaires dans l'estendue de vostre gouvernement pour faire allumer des feux de joye dans les rues, tirer le canon et donner toutes les autres marques et demonstracions de rejouissance publicques accoustumées en pareil cas. Sur ce, je prie Dieu qu'il vous ayt, Monsieur le marquis de Saint-Aulaire, en sa sainte garde. Escrit a Versailles, le 20ᵉ juillet 1690. *Signé* : Louis, *et plus bas* : Colbert. — Et au dos est escrit : A Monsʳ le marquis de Saint-Aulaire, mon Lieutenant general au gouvernement de la province du Limouzin.

A Messieurs,

Messieurs les Prevost et consuls de la ville de Limoges, a Limoges, (de Louvois).

Lettre de Louvois relative au bruit d'un soulèvement des protestants

A Versailles, ce 28e aoust 1690.

MESSIEURS,

J'ay receu, avec votre lettre du 25e de ce mois, celles qui y estoint jointes, par lesquelles le Roy a veü que l'avis qui avoit esté donné d'un soulevement des religionnaires du costé de Gourdon (1), n'est pas véritable; Sa Majesté vous scait gré de ce que vous avez fait pour remettre les habittans de Limoges de l'allarme qu'ils avoint pris de cette mauvaise nouvelle, et aux peuples de ces cantons là, de l'affection qu'ils ont tesmoigné en cette occasion pour son service.

Je suis,

Messieurs,

Vostre tres affectionné serviteur :

DE LOÜVOIS.

Les Prevost, Consuls de la ville de Limoges.

Monsieur le marquis de Saint-Aulaire, mon lieutenant general au gouvernement du Haut et Bas Limosin.

Lettre du Roi sur la victoire de Staffarde

Monsieur le marquis de Saint-Aulaire, le duc de Savoye ayant preferé l'execution des traittés qu'il avoit fait avec mes ennemis pour porter la guerre en Dauphiné (2) aux propositions que je luy avois fait faire, le sieur de Catinat, auquel j'ay donné le commandement de l'armée que j'avois fait avancer vers Pignerol, s'est trouvé obligé d'agir contre luy, et comme je fus informé que mes ennemis envoyoint de tous côtés des troupes au duc de Savoye, je fis marcher en Piedmont plusieurs regimens d'infanterie et cavalarie et des dragons pour mettre le dit sieur de Catinat en etat de

---

(1) Nous ignorons absolument à quels faits se rapporte cette mention. Ne pourraient-ils pas se rattacher à l'effervescence et aux troubles excités en Querci et en Périgord par certaines mesures fiscales?

(2) Traités des 3 et 4 juin 1690.

conserver la superiorité qu'il avoit sur l'armée que le gouverneur de Milan y avoit fait passer ; et mes troupes y estant arrivées dans les dix premiers jours de ce mois, j'envoyay ordre au dit sieur de Catinat d'entreprendre ce qu'il jugeroit a propos pour faire sortir les ennemis des retranchemens ou ils s'estoint tenus jusqu'alors et de ne pas perdre l'occasion de les attaquer s'il pouvoit le faire sans desavantage : ce qu'il a si bien executté, qu'ayant avancé le 17° de ce mois le long du Po, proche d'un bourg nommé Stafarde, le duc de Savoye, qui estoit dans un camp fort avantageux pres de Villefranche, en sortit en intention apparemment de les (*sic*) poster entre Salusse et Pignerol ; de quoy le dit sieur de Catinat estant averty, marcha droit a luy le 18° de ce mois. Et l'ayant trouvé en bataille, ayant des marais et des bois sur sa gauche qui joignait le Po et des cassines remplies d'infanterie qui appuyoint sa droite, il l'a attaqué avec tant de vigueur que les bois qui couvroint la gauche de l'armée ennemie ayant estés occupés par mes troupes, l'aile gauche a esté mise en desroute et n'a pas tenu ; la resistance a esté plus grande a la droite ; mais appres un combat asses long, les cassines ont esté emportées l'espée a la main et tout ce qui etoit dedans ayant esté tué ou fait prisonnier, le reste de l'armée ennemie ayant pris la fuitte, abandonnant son canon et son bagage, desquels... (1).

Election de Messieurs les Consuls de la ville de Limoges, faicte dans la grande salle de l'hotel commun d'icelle par Messieurs les prudhommes nommés par Messieurs les Consuls en charge, a la maniere accoutumée, et ce pour l'année mille six cent quatre vingt unze, et y president (2) *Monsieur de Vincent, lieutenant general en la presante seneschaussée, et Monsieur de Ruaud, procureur du Roy en icelle, [et] Messieurs les Consuls en charge* (3), *le 7° decembre 1690.*

Monsieur M° Charles Joseph de Chastaignac, escuyer, seigneur de Maleon (4), baron de Neufvic, conseiller du Roy, grand prevot de la generalité de Limoges et provinces en despendantes ;

(1) La transcription de cette lettre n'a pas été achevée.
(2) Ces derniers mots sont de l'écriture de M. de Vincent. On avait d'abord écrit en *la présence de*.
(3) Les mots suivants : *Et de M. le juge prévôt*, ont été biffés.
(4) Nous n'avons pu trouver à quelle époque la *ville franche* de Masléon, ancienne bastide royale, fondée par Philippe IV en 1289, avait été aliénée et était devenue une simple sei-

Monsieur Martial Constant, escuyer, sieur du Mas du Bost ;
Sieur Leonard Navieres, bourgeois et marchand.

Signé : De Vincent (1).

Juges de police nommés et eleuz pour lad. année 1691, a la maniere accoutumée, par Mesd. sieurs Consuls.

Monsieur Me Mathieu Benoist, seigneur de Blesmond, conseiller du Roy, juge magistrat en la presente seneschaucée et siege presidial ;
Monsieur Me Jean Masdot, aussy conseiller du Roy, juge magistrat en la dite seneschaucée et siege presidial ;
Monsieur Martial Constant, seigneur du Mas du Bost, consul ;
Monsieur Navieres, consul ;
Monsieur Me Barthelemy Garat, sieur de La Grange, advocat ;
Monsieur Henry Lafosse, bourgeois et marchand.

Capitaines et lieutenants de chaque canton de la presente ville de Limoges, nommés de mesme, a la maniere accoutumée, pour lad. année 1691, par mesdits sieurs Consuls en charge.

Consulat :

Monsieur Peconnet, sieur du Chastenet, capitaine ;
Froment, bourgeois et marchand, lieutenant.

Manigne :

Mr Senamaud de Beaufort, bourgeois, capitaine ;
Grelet jeune, gendre de Blanchard, lieutenant.

---

gneurie (Voir notre notice sur *les Enclaves poitevines du diocèse de Limoges, le Bailliage royal de Laron et la ville franche de Masléon (Almanach limousin,* Limoges, veuve Ducourtieux, 1886).

(1) Le 2 septembre 1691, procession solennelle pour obtenir de la pluie.

Les Bancs :

Mʳ Malledent, sieur du Geneytis, capitaine ;
Pinot, sieur de Montjovis, lieutenant.

Le Clocher :

Mʳ Champalimaud, gendre de Palais, capitaine ;
Lavaud, gendre de Jayac, lieutenant.

Boucherie :

Mᵉ Delort, gendre de Garat, capitaine ;
Sazerat, dict *Paris*, lieutenant.

La Ferrerie :

Mʳ Douhet, sieur de Richebourg, (1) fils, capitaine ;
Raby, marchand espicier, lieutenant.

Les Combes :

Mʳ Periere, seigneur de Beaumond et de La Gardelle, capitaine ;
Crouchaud pere, lieutenant.

Lansecot :

Mʳ Martin pere, bourgeois et marchand, capitaine ;
Jean Pirot (*sic*) l'ayné, lieutenant.

Lettre du Roi : Prise de Villefranche

Monsieur le marquis de Saint-Aulaire, les heureux succes dont il a plut a Dieu jusques a present de benir la justice de mes armes, n'ayant encore pu resoudre mes ennemis a la paix, j'ay cru qu'il estoit necessaire de me rendre maître de la ville, du chasteau de Villefranche, et des forts de Saint-Auspice et de Mont-Alban et de la ville et citadelle de Nice : ayant pour cet effect donné mes ordres au Sʳ de Catinat, commandant mon armée de terre en Piemond et au Sʳ comte d'Estrées, vice admiral de France, commandant mon armée navale dans la mer du Levant, ils les ont si heureusement executtez que touttes ces places (2) m'ont estés soû-

---

(1) Le greffier avait d'abord écrit : *Guyernaud*.
(2) Nice, investie dès le commencement de la campagne, fut remise aux Français par les habitants. Le château fut bombardé et capitula le 5 avril.

mises en moins de trois semaines. J'en ay receu la nouvelle pendant que j'estois en personne au siege de Mons, qui s'est rendu presque dans le mesme temps; et comme des faveurs si grandes du ciel et si distinguées meritent des actions de graces separées, en attendant que je donne mes ordres pour rendre graces a Dieu de la prise de Mons, c'est pour ce sujet qu'ayant escrit aux S^{rs} archevesques et evesque de mon royaume d'en faire chanter le *Te Deum* dans leurs esglises, mon intention est que vous y assisties dans le lieu ou vous vous trouverez. Je desire aussy que vous tenies la main a ce que les officiers de justice et autres corps qui doivent assister a de semblables ceremonies ayent a s'y trouver et qu'au surplus vous donnies les ordres necessaires dans l'etendue de vostre gouvernement pour faire allumer les feüx de joye dans les rues, tirer le canon et donner touttes les demonstrations de rejouissances publicques accoustumées en pareil cas. Et la presente n'estant a autre fin, je prie Dieu qu'il vous aye, Monsieur de St Aulaire, en sa sainte garde. Fait au camp soubs Mons, le 16e avril 1691.

François-Joseph de St-Aulaire, chevaillier, seigneur marquis dud. lieu, la Grenerie, la Porcherie, Lavaud et autres places, Lieutenant general pour le Roy dans le Haut et Bas-Limousin, *(Lettre du Lieutenant du Roi sur le même sujet)*

Cette lettre dont Sa Majesté nous a honorés, apprenant a tous le sujet de la joye que nous devons faire paroistre et a ses officiers les devoirs qu'elle exige d'eux, nous ordonnons aux Consuls et Eschevins de la ville de Limoges de la faire publier et afficher et de nous rendre compte du zele qu'on aura fait parroistre a executter ses intentions. Fait en notre chasteau de la Grenerie, ce 4e may 1691. *Signé* : DE SAINT-AULAIRE, *et plus bas*, par Monseigneur : DU PERRON.

Monsieur le Marquis de St-Aulaire (1), pendant que tous mes ennemis assemblés concertoint contre mes Estatz, j'ay fait a leur veue le siege de la ville de Mons, capitale du Hainault, et je m'en suis rendu maistre en quinze jours de tranchée ouverte, sans qu'ils ayent osé tenter de la secourir, sans que j'ay interrompu le cours et le progres de mes armes en Piedmont et sans que j'ay degarny aucuns *(Lettre du Roi sur la prise de Mons)*

---

(1) Cette page a été calligraphiée et ornée avec un soin particulier.

des postes occupés pour la seureté de mes frontieres. Tant d'heureuses circonstances accompagnent cette conqueste que je me crois obligé de reconnoistre publicquement que je ne la dois pas tant a la valeur de mes trouppes et a toute la prudence humaine, qu'a Dieu seul qui m'en a inspiré l'entreprise, qui l'a conduitte, et par un si grand succes a voulut confondre les fausses idées de mes ennemis et donner a toutte l'Europe un temoignage visible de la protection qu'il accorde a la justice de mes armes. C'est aussy pour en rendre a Dieu les tres humbles actions de graces qui luy sont deües que j'escris aux archevesques et evesques de mon royaume et terres de mon obeissance, dans (sic) faire chanter le *Te Deum* dans leurs esglises, et mon intention est que vous y assisties dans le lieu ou vous vous rencontreres. Je desire aussy que vous tenies la main a ce que les officiers de justice et autres corps qui doivent assister a semblables ceremonies ayent a s'y trouver, et qu'au surplus vous donnies les ordres necessaires dans l'estendue de vostre charge pour faire allumer des feux de joye dans les rues, tirer le canon et donner touttes les autres marques et demonstrations de rejouissance publicques accoustumées en pareil cas. Sur ce, je prie Dieu qu'il vous ayt, Monsr le marquis de St-Aulaire, en sa sainte garde. Escrit a Versailles, le 20e avril 1691. *Signé :* Louis : *et plus bas*, Colbert. Et au dessus est escrit : A Monsieur le marquis de St-Aulaire, mon Lieutenant General au gouvernement du Haut et Bas-Limosin (1).

---

(1) Les habitants de Limoges n'avaient pas, en 1691, moins de cinq mille pauvres à nourrir. (*Correspondance des Contrôleurs généraux*, t. I. p. 233.) Une lettre de l'intendant de Bouville, du mois de mai, dit « près de 7,000, » (p. 248). Les aumônes étaient insuffisantes et l'intendant avait trouvé, fort à propos, entre les mains d'anciens consuls, un fonds de 2,000 livres, qu'il employa à fournir la subsistance à ces indigents. — Les fermiers généraux avaient établi à cette date des bureaux de recette à Rochechouart et à Bourganeuf pour percevoir des droits d'entrée sur les blés entre les pays « de ferme » et les provinces réputées étrangères. Ils prétendaient aussi lever des droits sur les blés passant du Poitou et de la Marche en Limousin et en Angoumois, ce qui ne s'était jamais fait. Les protestations furent si vives que la Compagnie des fermiers généraux renonça provisoirement à ces prétentions.

De 1691 sont datés les statuts des *maîtres des jeux de paume et billard et raquetiers* de Limoges (Arch. de la Haute-Vienne, C. 20).

Eslection de Messieurs les Consuls de la ville de Limoges, faite dans la grande salle de l'Hotel commun d'icelle par Messieurs les Prudhommes nommés par Messieurs les Consuls en charge, a la manière accoutumée, et ce pour l'année mille six cent quatre vingt douze: y presidant Monsieur de Vincent, Lieutenant general en la presant seneschaussée et de (sic) *Monsieur de Ruaud, Procureur du Roy en icelle, de* (sic) *Messieurs les Consuls en charge, le   (1) decembre 1691.*

Monsieur Mᵉ Charles Guinguand, sieur de Gensignat, conseiller du Roy, assesseur en l'eslection ;
Monsieur Joseph Maledent, sieur du Genety ;
Monsieur Jean Eschaupre, bourgeois et marchand.

De Vincent.

Juges de police (2) *nommés et eslus pour ladite année 1692, a la maniere accoutumée, par mesdits sieurs Consuls :*

Monsieur Mᵉ Jean Biays, seigneur de Noastres, conseiller du Roy, juge magistrat en la seneschaussée et siege presidial de Limoges ;
Monsieur Mᵉ Jean Dufaure, sieur de Vialebost, conseiller du Roy, juge magistrat en la seneschaussée et siege presidial de Limoges ;
Monsieur Pierre Veyrier, sieur du Breuil, advocat en la Cour ;
Monsieur Melchior Champalimaud, bourgeois et marchand.

De Vincent.

---

(1) La date est restée en blanc.
(2) Le nombre des Juges de police n'est plus que de quatre au lieu de six : deux magistrats et deux bourgeois. Le Consulat n'est plus représenté dans ce tribunal par deux de ses membres.

Lettre du Roi sur la prise de Montmeillan

Monsieur le marquis de Saint-Aulaire, j'ay estimé qu'il estoit necessaire pour le bien de mon service et pour mettre mes frontieres en etat de ne rien craindre des entreprises que mes ennemis avoint toujours eu en veüe de tenter du costé de ma province de Dauphiné, — d'assurer, par la conqueste de Montmelian, celle que mes armes avoint deja faite de toute la Savoye. C'est pour cet effet qu'ayant ordonné au sieur Catinat, general de mes armées (1) et commandant celle que j'ay en Italie, de bloquer cette place qui est la seule en Savoye qui ne fut pas soumise a mon obeissance, je luy ay donné depuis l'ordre de l'attaquer dans les formes, et quoyque sa situation sur un roc presq' inaccessible l'ait toujours fait regarder comme une des plus fortes places de l'Europe et qu'elle fut pourveue de toutes les munitions necessaires pour soûtenir un long siege, il a eté neammoins si bien conduit et cette place attaquée avec tant de vigueur qu'elle s'est enfin rendüe a mes troupes le vingt du mois passé, apres trente quatre jours de tranchée ouverte; et comme un succes aussi avantageux est un effet bien visible des benedictions qu'il plait a la divine providence de repandre sur la justice de mes armes, je desire qu'il ne soit rien obmis pour l'en remercier et pour lui en demander la continuation. C'est pour ce sujet qu'ayant ecrit aux archevesques et eveques de mon Roïaume d'en faire chanter le *Te Deum* dans leurs esglises, mon intention est que vous y assisties dans le lieu ou vous vous rencontreres. Je desire aussi que vous tenies la main a ce que les officiers de justice et autres corps qui doivent assister a de semblables ceremonies ayent a s'y trouver et qu'au surplus vous donnies les ordres necessaires dans l'etandue de votre charge pour faire allumer des feux de joye dans les rues, tirer le canon et donner toutes les demonstrations de rejouissance publicque accoutumées en pareil cas; et la presante n'estant a autre fin, je prie Dieu qu'il vous ayt, Monsieur le marquis de Saint-Aulaire, en sa sainte garde. Ecrit a Versailles, le 2 janvier 1692. *Signé* : Louis, *et plus bas* : Colbert.

---

(1) La Société archéologique et historique du Limousin possède près de deux cents lettres originales du maréchal de Catinat, presque toutes adressées au gouverneur du comté de Nice pour le Roi de France, et dont un certain nombre contiennent des détails intéressants sur les opérations de l'armée durant cette période.

Nous, marquis de Saint-Aulaire, lieutenant pour le Roy ez provinces du Haut et Bas Limousin, ordonnons aux Consuls de la ville de Limoges de faire executer ponctuellement les intentions de Sa Majesté, portées par sa lettre cy dessus transcrite, et de nous donner advis des marques de zele qu'auront fait paroistre les corps qui y sont designés (1). Fait a La Grenerie, le 21 janvier 1692. *Signé* : SAINT-AULAIRE, *et plus bas* : par Monseigneur, DU PERRON (2).

Capitaines et Lieutenants de chaque canton de la presant ville de Limoges, nommés de mesme a la maniere accoutumée, pour ladite année 1692, par mesd. sieurs Consuls en charge :

Consulat :

Monsieur Decordes, sieur des Farges, capitaine ;
Thevenin, marchand, lieutenent.

Manigne :

Mr Dorat, gendre de Limousin, capitaine ;
Garat, gendre de Froment, lieutenant.

---

(1) La formule est assez bizarre, et vraisemblablement de pur style et sans conséquence. Il n'est pas admissible en effet que le Lieutenant général ait pu charger les magistrats municipaux de le renseigner sur la conduite des officiers du roi et des fonctionnaires des juridictions financières.

(2) Une lettre de M. de Bouville, intendant de Limoges, datée du 12 janvier 1692, déclare au contrôleur général qu'il y a en Limousin soixante-dix mille personnes « réduites à mendier leur pain avant le mois de mars, vivant dès à présent de chastaignes à demy pourries, qui seront consommées dans le mois prochain au plus tard. » Encore l'intendant ne compte-t-il pas dans ce nombre les pauvres des paroisses situées autour de la capitale de la province et ceux des paroisses comprises entre Limoges et Angoulême. M. de Bouville proposait d'acheter à Libourne des blés et de les revendre à bas prix dans le pays, ce qui fut fait. Peu après, l'intendant de Moulins informait le gouvernement que les populations d'une partie de la Marche, comprises dans sa généralité, étaient contraintes « d'arracher des racines de fougères, les faire sécher au four et piler pour leur nourriture. » (A. DE BOISLISLE : *Correspondance des contrôleurs généraux*, t. I, p. 274). Le 2 octobre de la même année (*Ibid*, p. 297), M. de Bouville écrit une lettre intéressante au contrôleur : il y avait eu un peu de blé, mais ni châtaignes, ni blé noir, ni vin. — « Je ne pouvois pas croire ce que je vois » dit l'intendant. Et il ajoute qu'il va supprimer partout les fusiliers employés pour la rentrée de l'impôt. « Il y aurait de la cruauté à moy de laisser envoyer un fusilier en garnison chez un contribuable, duquel il mangeroit peut estre le seul pain qu'il auroit pour sa subsistance et de sa famille. » On fit venir des grains et on prit des mesures pour nourrir les indigents dans leurs paroisses respectives.

Les Bans :

Mr Veyssière, marchand, capitaine ;
Brunier, lieutenant.

Le Clocher :

Mr Thomas vieux, procureur, capitaine ;
Ardelier, lieutenant.

Boucherie :

Mr Jean Farne, marchand, capitaine ;
Grelet, marchand, gendre de Desflottes, lieutenant.

La Ferrerie :

Mr Petit, marchand, capitaine ;
Isaac Ardent, orpheuvre, lieutenant.

Les Combes :

Mr Petiot, seigneur de Gain (1), capitaine ;
David, juge de Perilhac, lieutenant.

Lancequot :

Mr Croisier, gendre de Boysse, capitaine ;
Audoin Cybot, dit *Malinaud*, lieutenant (2).

Extrait des registres du Conseil d'Estat.

Arrêt du Conseil cassant l'élection du 7 décembre 1692 et désignant d'autres Consuls

Le Roy, aiant esté informé qu'il y avoit eu des brigues et caballes dans l'hostel commun de la ville de Limoges, le septiesme du present mois, pour faire eslire les sieurs Faute et Ducloud (3),

---

(1) C'est la famille Petiot de Gain qui a fait bâtir l'intéressante maison portant le n° 8 de la rue des Combes et que le public continue à désigner sous le nom de *maison Nivet*, bien qu'elle soit devenue depuis plusieurs années la propriété M. Victorin Buffière.

(2) La *Continuation des Annales* nous apprend que le 30 juin 1692, il fut fait une procession générale où on porta les châsses des saints, en vue d'obtenir la cessation de la pluie.

(3) On remarquera que cette élection n'est pas mentionnée au registre

second et troisieme consuls, et que mesme leurs eslections estoient contraires aux arrets du conseil en forme de reglement pour celles des officiers municipaux de la dite ville, a la declaration du mois d'aoust dernier, qui porte entr'autres choses que ceux qui auront acquis des charges d'assesseurs seront nommés consuls preferablement a tous autres : a quoy estant necessaire de remedier, ouy le rapport et tout consideré, Sa Majesté, estant en son conseil, sans avoir esgard a l'eslection qui a esté faite desdits Faute et Duclou ledit jour septiesme du presant mois, qu'elle a cassée et annullée, — a ordonné et ordonne que les sieurs du Quesroix, conseiller au presidial, fera la fonction de premier consul ; Constant, procureur du Roy du juge ordinaire, celle de second ; Champalimaud, de troisiesme consul, sans consequence toutes fois de l'execution des reglemens concernant les eslections des officiers municipaux a l'avenir. Et sera le presant arret leu et enregistré dans l'hostel commun de ladite ville de Limoges. Enjoint Sa Majesté au sieur de Bouville, intendant de la province, de tenir la main a ce qu'il soit executé. Fait au Conseil d'Estat du Roy, Sa Majesté y estant, tenu a Versailles, le vingt-neuviesme jour de decembre mil six cent quatre-vingt-douze. *Signé :* COLBERT.

Louis, par la grace de Dieu, Roy de France et de Navarre, a nostre amé et feal conseiller en nos conseils, M^{re} des requetes ordinaire de nostre hostel et intendant de justice, police et finances en Limousin, le sieur de Bouville, salut. Nous vous mandons et enjoignons par ces presantes de tenir la main a ce que l'arret ce jourd'huy rendu en notre Conseil d'etat, nous y estant, touchant l'election, faite le septiesme de ce mois, des consuls de notre ville de Limoges dont l'extrait est cy attaché sous le contre scel de notre chancellerie, soit leu et enregistré dans l'hostel commun de ladite ville et executé selon sa forme et teneur. Commandons en outre au premier notre huissier ou sergent sur ce requis de faire pour raison de ce tous actes et exploits necessaires, sans pour ce demander autre permission. Car tel est notre plaisir. Donné a Versailles le vingt-neufviesme jour de decembre l'an de grace mil six cent quatre-vingt-douze et de nostre regne le cinquantiesme. *Signé :* LOUIS. *Par le Roy :* COLBERT.

Lettres conformes

<small>Election conforme a l'arrêt ci-dessus</small>

En exécution de l'arrêt du Conseil d'Estat, escrit de l'autre part, on a procedé a l'eslection de Messieurs les consuls de la ville de Limoges dans la grande salle de l'hostel commun d'icelle, en presance des prudhommes nommés par Messieurs les consuls en charge, et ce pour l'année 1693, en la presance de Monsieur Moulinier, seigneur de Puymaud, Juge royal et Prevot de la presant ville, Monsieur le Lieutenant general et Monsieur le Lieutenant particulier absants, et en presance de Mr Simon Darsonval, Procureur du Roy en icelle, et de Messieurs les Consuls en charge le (1) :

Monsieur Me Jean Baillot, seigneur du Queyroix, conseiller du Roy en la seneschaussée et siege presidial de Limoges ;

Monsieur Me Joseph Constant, sieur de Preysat, procureur du Roy en la juridiction royale de la presant ville ;

Monsieur Melchior Champalimaud, bourgeois et marchand de la presant ville (2).

Juges de police nommés et eslus pour ladite année 1693 *par mesdits sieurs les Consuls :*

Monsieur Me J. Constant, sieur de Verthamond, conseiller

---

(1) La date en blanc. — Il convient de remarquer encore une fois que l'élection a lieu en la forme ordinaire : seulement les électeurs votent pour les citoyens désignés par le roi.

(2) Un édit royal du mois d'août 1693, enregistré au Parlement de Paris le 13 du même mois d'août, confirma les édits de novembre 1656 et mars 1672 relatifs aux Francs Fiefs. La ville de Limoges avait obtenu la confirmation de ses privilèges spéciaux par arrêt du Conseil du mois de janvier 1677 (Arch. communales, C C, 12).

Nous trouvons, dans la liasse C C, 12 des Archives communales de Limoges, la délibération de ville ci-après, en original :

« Aujourd'huy, vingt-neuviesme decembre mil six cent quatre-vingt-treize, dans l'hotel commun de la ville de Limoges, ou *tous les habitants d'icelle ont été convoqués en la maniere accouttumée*, et quantité desdits habitants assemblez, faisant la plus saine partie, a eté exposé par M. le prevot, tant pour luy que pour Messieurs les Consuls presents, que Sa Majesté, par edit du mois de mars dernier, a affranchy et dechargé des droits de cens et lots et ventes, les maisons, fiefs et autres biens relevants de son domaine dans les villes et bourgs fermés, a la charge de payer les sommes pour lesquelles les possesseurs seront employés dans les rolles qui en seront arrettés au Conseil ; et depuis, par un second edit du mois de septembre dernier, Sa Majesté a pareillement affranchy toutes les maisons et autres biens de pareille qualité etants dans la censive et mouvant des autres seigneuries, a la charge de les indemnizer : ce qui causeroit un grand trouble dans la ville, Citté, fauxbourgs et Pont-Saint-Martial, si les edits y etoient rigoureusement executtés ; et, pour y obvier, lesdits sieurs consuls ont cru de leur debvoir d'assembler le corps de ville affin de trouver des moyens de meriter que Sa Majesté veuille bien les descharger de l'executien des edits.

du Roy en la seneschaussée et siege presidial de ladite ville;
Monsieur Mᵉ   (1) Moulinier, sieur de Saint-Bonnet, aussi conseiller du Roy en la seneschaussée et siege presidial de ladite ville;
Monsieur   (2) Verthamond, sieur de Tandeau, advocat;
Monsieur Anthoine Lafosse, bourgeois et marchand.

Capitaines et Lieutenans de chasque canton de la presant ville de Limoges, nommés en la maniere accoustumée pour la dite année 1693, par mesdits sieurs Consuls en charge :

Consulat :

Monsieur Recules, medecin, capitaine;
Mʳ Bourdeau du Buisson, lieutenant.

» Sur quoy, l'affaire mise en deliberation en presence du procureur du Roy, un chacun desdits habitants ayant dit son sentiment a voix intelligible. les voix recueillies, il a eté, par une uniformité de suffrages, deliberé, conclu et arretté de recourir a la protection de Monseigneur l'intendant et le supplier tres humblement de representer a Sa Majesté la misere et pauvreté des habitans de cette ville, qui, etant augmentée par la cessation du commerce et par une sterilité generale de toute sorte de fruits, continuée quatre années consecutives, oste a |tous les habitants sans exception les moyens de pouvoir porter des offres aussy loin que va leur zelle pour le service de l'Etat. On supplie tres humblement Sa Majesté d'agreer l'offre de la somme de quarante-cinq mille livres, laquelle [n'] excedant leurs forces et moyens, est neantmoints un temoignage sincere de la parfaitte soumission de tous les habitants, qui offrent de payer dans les termes qu'il plaira a Sa Majesté leur prefiger *(sic)*. Et pour y pouvoir satisfaire et en faciliter les moyens, Sa Majesté sera tres humolement suppliée d'ordonner, par l'arrest qui homologuera lesdites offres, que tous les habitants de cette ville, Cité, fauxbourgs et Pont-Saint-Martial sans exception, privilegiés et non privilegiés, exempts et non exempts, proprietairos et locataires. des maisons, communautés regulieres, seculieres, ecclesiastiques et autres qui occupent des maisons dans l'estendue desdits lieux seront tenus de contribuer par capitation, eu egard a leurs facultés.

Baillot du Queyroix, prevost; — Moulinier de Saint-Bonnet, consul; — J. Constant, consul; — Deschamps, consul; — J. Lafosse, consul; — Champalimaud, consul; — Darsonval, procureur du Roy; — Varacheau, — Benoist, — Ardilier, — C. Dalesme, — Noalhier des Bailles, — Desflottes, — De Latour, — Garat de la Grange, — Martial Delomenie, — M. E. Jayac, — Pichon, — Duteil, — Recules. — Marcialot, — Vidaud, — Rousselle, — David, — Durou. — J. Gregoire de Roulhac, — R. Garat, — David (deux signatures illisibles).

Cette offre fut acceptée. Toutefois le Roi demanda 47,500 livres : 2,500 livres de plus. La Cité dut en fournir 1,500 et la ville 46,000. Sept collecteurs furent chargés de lever cette somme, dont six pour la ville : Raymond Garat, épicier; Faute aîné, gendre de Texandier Jean Farne (?); De Lomenie, marchand; Cognasse l'aisné, marchand, et Baillot d'Etivaud ; le septieme, pour la Cité : Moulinier de Mayéras.

(1 et 2) Les prénoms des juges sont restés en blanc.

Manigne :

Monsieur Nicolas Garat, capitaine ;
Mr François Texandier, lieutenant.

Les Bans :

Monsieur Labische, capitaine ;
Mr Roulhac Traschaussade, lieutenant.

Le Clocher :

Monsieur Martialot du Puy-Mathieu, advocat, capitaine ;
Mr Jacques Lavaud, confisseur, lieutenant.

Boucherie :

Le fils de Monsieur Henry La Fosse, capitaine ;
Mr Champalimaud [lieutenant].

La Ferrerie :

Monsieur Boyol, gendre de Navieres, capitaine ;
Mr Senemaud, gendre de Romanet, lieutenant.

Les Combes :

Monsieur Poylevé fils, advocat, capitaine ;
Mr Jayat de Puislasrodas, lieutenant.

Lansequot :

Monsieur Grenier, cy-devant hoste de *la Couronne*, capitaine ;
Mr Roche de Tulle, boucher, lieutenant.

Lettre du Roi sur la prise d'Heidelberg

Monsieur le marquis de Saint-Aulaire, dans le meme temps que j'ai marché pour me mettre a la teste de mes armées en Flandres, j'ai ordonné a mon cousin, le marechal duc de Lorges, qui commande mes troupes en Allemagne, de se rendre maitre de la ville de Heidelberg, capitale du Palatinat. Et cette entreprise a esté conduite avec tant de prudence et de valeur que non seulement mes troupes seroient entrées dans cette place le 22ᵉ may dernier, apres deux jours de trenchée ouverte, mais encore le chateau s'est soumis a la capitulation qui avoit eté prescrite a la garnison par mondit cousin. Et comme un si beau commencement de campagne me fait esperer que la suite en sera tres heureuse par la protection que Dieu continue de donner a mes armes dont je souhaite que tous mes peuples lui rendent des actions de graces en lui demandant sa benediction sur mes desseins, qui ne tendent qu'a leur procurer la paix, j'ecris aux sieurs archeveques et eveques de mon Royaume d'en faire chanter le *Te Deum* et je desire que vous y assistiés dans le lieu ou vous vous rencontrerés, et que vous fassiés allumer des feux de joïe, tirer le canon et donniés toutes les autres demonstrations de joye publique accoûtumées en pareil cas. Sur ce, je prie Dieu qu'il vous aye, Monsieur le marquis de Saint-Aulaire, en sa sainte garde. Fait en mon camp de Chimeon (*sic*), le sixieme juin mil six cent quatre vingt treize. *Signé* : Louis, et *plus bas* : Colbert.

Presantée a Mr Guingand, sieur de Gensignac, prevot consul, le vingtrois (*sic*) juin 1693, par Mr Vidaud, sieur de Bosvigier (1).

Eslection de Messieurs les Consuls de la ville de Limoges, faite dans la grand salle de l'Hotel commun d'icelle, par Messieurs les Prud'hommes nommés par Messieurs les Consuls en charge, en la maniere accoustumée, et ce pour l'année mil six cens nonante quatre, en la presance de Monsieur Moulinier, seigneur de Puismaud, Juge royal et Prevot de la presant ville, — Monsieur le Lieutenant general et Monsieur le Lieutenant particulier absants, et Monsieur le Procureur du Roy aussy, — et de Messieurs les Consuls en charge, le (2) decembre mil six cens nonante quatre (3) :

Monsieur Maistre François Moulinier, sieur de Saint-Bonnet, conseiller du Roy en la seneschaussée et siege presidial de Limoges ;

---

(1) La disette de 1693 fut terrible. Une lettre du mois de mai de l'intendant de Bouville au contrôleur général, signale une mortalité considérable. Voir aussi un rapport extrêmement intéressant du même (13 octobre 1693). Il propose un projet d'ordonnance « pour protéger les grains contre tous créanciers autres que ceux qui auroient prêté des semences ou que les propriétaires des fermes; » un autre « portant que les bestiaux donnés à cheptel ou mis dans « les métairies, ne seront saisissables que par ceux qui les auront fournis. » (*Correspondance des contrôleurs généraux*, t. I, p. 341).
(2) Date en blanc.
(3) Il y a évidemment ici une erreur et 1694 est mis pour 1693.

T. IV.

Monsieur Maistre Jean Deschamps, sieur de (1) conseiller
du Roy et son assesseur en l'hostel de ville;
Monsieur Jean Lafosse, sieur du Caillaud (2).

(1) Un blanc.
(2) La liasse 86 de la série C des Archives du département de la Haute-Vienne nous fournit un précieux document; c'est l'arrêt du conseil réglant les dépenses ordinaires de la ville :

Extrait des Registres du Conseil d'Etat.

Veu au Conseil du Roy le proces verbail du sieur de Bouville, maistre des requestes, commissaire departy par Sa Majesté pour l'execution de ses ordres en la generalité de Limoges, du 27 novembre dernier, fait en execution de l'Edit du mois de juillet 1689 portant creation des offices [de recepveurs] des revenus des octroys et des villes et communautés du royaume, ledit proces verbail contenant l'etat des reveuus de la ville de Limoges, concistant quant a present en 1,540 livres des deniers patrimoniaux et 2,000 des deniers d'octroy pour la segonde moittié appartenant a laditte ville, et l'etat des charges locales ordinaires et extraordinaires de laditte ville que le s' de Bouville estime, soubz le bon plaisir de Sa Majesté, debvoir estre acquittées par chacun an sur le fonds desdits revenus; Sa Majesté desirant pourvoir a ce que les charges soient payées suivant la destination portée par ledit proces; ouy le rapport du s' Phelypeaux de Pontchartrain, conseiller ordinaire du Conseil royal, controleur general des finances, LE ROY, en son conseil, conformement audit proces verbail et l'advis du s' de Bouville, a ordonné et ordonne que la somme de 1,540 livres a laquelle montent les revenus et deniers patrimoniaux de la ville de Limoges, sera payée par chacun an, a commencer au premier janvier de la presente année, ainsin que s'ensuit, scavoir :

Celluy qui sonne les cloches pour les sermons et garnir (sic) la chaire du predicateur, dix livres, cy.. 10 livres.

Pour les trois cierges qui se bruslent jour et nuit devant l'autel de saint Martial, la somme de deux cent cinquante livres... 250 livres.

Le predicateur de l'Advent et Caresme, pour touttes choses, la somme de trois cent soixante livres... 360 livres.

Pour les torches que l'on porte aux processions; pour les cierges de Pasques et autres services, visites et aumones, la somme de cent soixante-quatorze livres........... 174 livres.

A l'executeur de la hautte justice.. 60 livres.

Pour reparations des ponts, portes, murailles, fontaines de ladite ville, dont les adjudications seront faites au rabais en presence du s' commissaire departy ou de celluy qui sera par luy commis a cet effet, en la maniere accoutumée; pour les feux de joye, vin d'honneur (*), voyages des Consuls et autres.. 686 livres (**).

Comme aussy la somme de 2,000 livres des deniers d'octroy sera employée en l'acquist des autres charges de ladite ville, scavoir :

Pour les droict et taxations du revenu des octroys, a raison d'un sol pour livre, suivant l'Edit du mois de juillet 1689 : 100 livres. Pour ce, ladite ville de Limoges doit porter pour sa part des frais du compte desdits octroys.. 50 livres.

Pour le logement du s' Comte d'Auvergne, gouverneur de la province de Limozin, mil livres... 1,000 livres.

Pour les gages et habits des six valets de ville, la somme de six cents livres.. 600 livres.

Pour la rente deue au s' chantre de l'eglize de Saint-Etienne, la somme de... 10 livres.

Pour les gages et habits de l'hermite et recluse, montant a la somme de quarante-six livres... 46 livres.

Pour les gages du tambourg de la ville, cy.. 24 livres.

Pour le bois, chandelle, papier, plumes, ancre et autres menues necessités de l'Hotel de Ville, dont le fonds sera mis entre les mains des Consuls sur leurs quittances, la somme de cent soixante-dix livres... 170 livres.

En rapportant par lesdits Recepveurs des Octroys les quittances des sommes cy dessus passées et allouées dans la depense de ses comptes, partout ou besoin sera, sans difficulté, en vertu du present arrest a l'execution duquel Sa Majesté enjoint audit s' commissaire departi de tenir la main. Fait au Conseil d'Estat du Roy tenu a Versailles, ce cinquième jour de decembre 1693. Signé par collation de lestres.

(*) La plus ancienne copie porte : Vin de Domme.
(**) 696 dans une copie de la même liasse.

Juges de police nommez et esleus pour ladite année 1694, a la maniere accoustumée, par mesdits sieurs Consuls :

Monsieur Maistre (1) Constant, sieur de Beaupeyrat, conseiller du Roy en la seneschaussée et siege presidial de la dite ville ;
Monsieur Maistre (2) Roulhat, conseiller du Roy en la seneschaussée et siege presidial de la dite ville ;
Monsieur (3) Jayat, sieur du Puislasrodas, advocat en la Cour ;
Monsieur Simon Faute, marchand.

Capitaines et Lieutenants de chaque canton de la presant ville de Limoges, nommez, en la maniere accoustumée, pour la dite année 1694, par mesdits sieurs Consuls en charge :

Consulat :

Monsieur Gregoire Thevenin, capitaine ;
Monsieur David, marchand epicier, lieutenant.

Manigne :

Monsieur Varachaud, bourgeois, capitaine ;
Monsieur Greslet, marchand, le jeune, lieutenant.

Les Bans :

Monsieur Durou, marchand, capitaine ;
Monsieur Teulier, marchand, lieutenant.

Le Clocher :

Monsieur Faute, sieur de Poulouzat, capitaine ;
Monsieur Nicolas Teulier le jeune, lieutenant.

(1, 2 et 3) Les prénoms sont restés en blanc.

Boucherie :

Monsieur Blanchard, orpheuvre, capitaine ;
Monsieur François Vidaud, potier d'estain, lieutenant.

La Ferrerie :

Monsieur Texandier, marchand, capitaine ;
Monsieur Petit, marchand epicier, lieutenant.

Les Combes :

Monsieur Rouard, sieur de Masbouriane, capitaine ;
Monsieur Dubois, sieur de Chamboursat, lieutenant.

Lansequot :

Monsieur Pierre Veyrier, capitaine ;
Monsieur Audoin Du Jalat, lieutenant (1).

---

(1) La misère continuait. M. de Bernage, le nouvel intendant de Limoges, déclare au contrôleur général, le 25 février 1694, qu'il « a été effrayé, en arrivant, de la prodigieuse foule des pauvres. » L'évêque a dit à l'intendant qu'il n'y avait là rien d'extraordinaire. — La misère augmenta à l'automne, les gelées ayant réduit à néant la récolte de blé noir et de châtaignes.
En 1694, ostension générale à Limoges. Les Récollets tinrent la même année dans cette ville un Chapitre provincial (Manuscrit du P. Élie Jacquet, cité par Nadaud).
M. de Vincent, attaqué et accusé de malversations, obtint, le 30 août 1694, du Parlement de Paris, un arrêt le renvoyant de toutes plaintes et de toutes poursuites, et le rendant à l'exercice de sa charge de lieutenant général. L'arrêt fait allusion à des faits sur lesquels nous n'avons aucun détail, mais qui semblent avoir été fort graves : mauvais traitements dont Mme de Vincent aurait été victime, pillage de la maison du lieutenant général, etc.

Eslection de M^rs les Consuls de la ville de Limoges, faitte dans la grand salle de l'Hotel commun par Messieurs les Prudhommee nommés par Messieurs les Consuls en charge, en la maniere accoutumée, et ce pour l'année 1695, en presence de mesdits sieurs les Consuls et du Procureur du Roy dudit Hotel, le septieme decembre mil six cent nonante quatre, M^r le Lieutenant general s'estant retiré :

Mr Maistre Jean Baptiste de Vincent (1), escuyer, seigneur de Thede, conseiller du Roy, lieutenant general civil et de police en la senechaussée de Limousin et siege presidial de Limoges ;

Mr Joseph Blondeau, escuyer, sieur de Larfouliere, conseiller du Roy, lieutenant en la grande prevotté du Limousin ;

Mr Gregoire Theveny, bourgeois et marchand (2).

Apres la nomination, faitte par les prudhommes, de Mr Me Jean Baptiste de Vincent, escuyer, seigneur de Thede, conseiller du Roy, lieutenant général civil et de police en la senescliaussée de Limousin et siege presidial de Limoges, et qu'il a dit ne pouvoir accepter la nomination faitte de sa personne et qu'il s'y opposoit, et s'estant retiré, lesdits prudhommes assemblés, touts d'une voix, ont percisté et requis les sieurs Consuls en charge, en presence du sieur Procureur du Roy du dit hotel de ville, que nonobstant son

Réitération du vote en faveur de M. de Vincent

---

(1) Cette élection est évidemment une protestation contre la cabale qui venait de poursuivre le Lieutenant général.

(2) On lit en marge : « Delivré coppie le 17 juin 1783 a M. Roulhac, lieutenant general, pour Madame veuve Devincent. »

Les habitants de Limoges demandaient alors à substituer à la capitation un droit d'entrée sur les denrées, pour payer non-seulement les impositions extraordinaires, mais l'ustensile, la taille et les autres charges publiques. M. de Bouville avait transmis cette demande au gouvernement dans les derniers jours de son administration (30 janvier 1694); son successeur, M. de Bernage, reçut ordre de donner satisfaction à ce vœu, au moins pour les impositions extraordinaires, mais seulement après le versement d'une somme de 40,000 livres. Les habitants acceptèrent et demandèrent que ces droits fussent perçus en régie. On voulut les obliger à les affermer : il ne se présenta pas d'adjudicataire. « Une portion de la somme fut donc répartie par impositions et l'autre payée par des particuliers, qui acquirent les charges de milice bourgeoise en s'engageant à ne jouir que d'une partie des privilèges attachés à ces charges » (*Correspondance des contrôleurs généraux*, t. 1, p. 353). — Voir p. 95 ci-après.

opposition et resistance, il leur fut donné acte de ce qu'ils percistoient a la nomination desja faitte de mondit sieur Lieutenant general pour premier Consul, dont et du tout nous avons dressé le presant acte, pour servir et valoir que de raison, dans l'hotel commun de ladite ville, le septieme decembre mil six cent quatre vingt quatorze.

Baillot du Queyroix ; J. Lafosse, consul; J. Constant, consul ; Moulinier de Saint-Bonnet, consul ; Champalimaud, consul ; Deschamps, consul; de Vincent, lieutenant general et opposant a la susdite nomination.

Juges de police nommés et esleus pour l'année 1695, *en la maniere accoutumée, par mesdits sieurs Consuls :*

Mr Me Joseph Duboys, conseiller au siege presidial ;
M^r M^e (1) De Felis, conseiller audit siege ;
M^r M^e (2) Delombardie, bourgeois ;
M (3) Dorat, bourgeois et marchand.

Capitaines et Lieutenants de chaque canton de la present ville de Limoges, nommés, en la maniere accoutumée, pour la ditte année 1695, *par mesdits sieurs Consuls en charge :*

Consulat :

Monsieur Adam, capitaine ;
Mr Bobrun, marchand, lieutenant.

---

(1) Le prénom est resté en blanc.
(2) Le prénom est resté en blanc.
(3) Le prénom est resté en blanc.

Manigne :

Mr Devoyon de Guillat, capitaine ;
Mr Grelet, marchand, lieutenant.

Les Bans :

Mr Rouilhat Traschaussade, capitaine ;
Mr Brugiere, lieutenant.

Le Clocher :

Mr Martialot du Puimathieu, capitaine ;
Mr Peyroche, marchand, lieutenant.

Boucherie :

Mr Blanchard, orpheuvre, capitaine ;
Mr Vidaud, potier d'etain, lieutenant.

La Ferrerie :

Mr Boyol, gendre de Navieres, capitaine ;
Mr Gadault, lieutenant.

Les Combes :

Mr Jayat du Peylarodas, capitaine ;
Mr Dufour, advocat, lieutenant.

Lansecot :

Mr Feuilletin, hoste du *Cheval blanc* (1), capitaine ;
Mr Cibot dit *lou piti Moussur*, lieutenant.

---

(1) On sait de quelle renommée jouissait jadis cette hôtellerie. Léonard Delauze, hôte du *Cheval Blanc* à la fin du XVIe siècle, fut un des chefs les plus ardents de la Ligue à Limoges. Il fut pendu avec plusieurs de ses amis, le 17 octobre 1589, à la suite du coup de main tenté par les Ligueurs pour s'emparer de la ville. Plusieurs de ses successeurs furent capitaines de la milice ou collecteurs. La vieille maison du *Chevval Blanc* s'écroula en 1775. Le voyageur hollandais Abraham Golnitz y avait logé.

Nomination du Prédicateur du Consulat pour 1695-1696

Nomination du R. P. Apolinaire Delobard, religieux Recolé de la province de Lyon, pour predicateur dans l'eglize collegialle Saint-Martial de la present ville, pour l'Advent prochain de l'année 1695 et Caresme ensuivant de l'année 1696. Fait et deliberé dans l'hotel commun de Limoges, ce vingtuniesme decembre 1694.

DE VINCENT, MOULINIER, DESCHAMPS, BLONDEAU, LAFOSSE, THEVENIN.

Convocation d'une assemblée de ville, sans effet

Aujourd'huy, vingt neufvieme decembre mil six cent quatre vingt quatorze, dans la chambre du Conseil de l'hotel commun de la ville de Limoges, ou etoient assemblés Messieurs les prevot, consuls et procureur du Roy dudit hotel, ils y auroient restés depuis les deux heures de relevée jusques a cinq heures, attendants les habittants, qui y etoient convoqués au son du tambour, en la maniere accouttumée, pour deliberer suivant les ordres de M⁹ʳ l'Intendant adressés et representés par M. le Lieutenant general en datte du 24 du present mois, sur les offres desja faittes de la levée des charges des capitaines et lieutenants des cantons de ladite ville, sur la signiflication faitte en nostre greffe, le 28 dudit mois de decembre, de l'arrest du Conseil du 19 novembre dernier; et comme il ne s'est presenté pas un desdits habittants, lesdits sieurs Consuls s'en remettent a ce qu'il en sera jugé a propos par mondit seigneur l'intendant. Fait et deliberé dans ladite Chambre du Conseil, en presence de mondit sieur lieutenant general, qui en a donné acte, lesdits jour, mois et an que dessus.

DESCHAMPS, consul; THEVENIN, consul; MOULINIER, consul; BLONDEAU, consul; LAFOSSE; DE VINCENT, pour avoir presidé a la susdite assemblée.

Conflit entre le Lieutenant général et les Trésoriers de France

Aujourd'huy, trentieme decembre 1694, dans l'hotel commun de cette ville, ou etoient assemblés Mʳˢ les Consuls en charge pour proceder a l'adjudication des deniers communs patrimoniaux et d'octroy, conformement aux ordres du Roy, — lesdits sieurs Consuls ayant fait advertir Mʳ le lieutenant general, conformement a ce qui s'est passé de tous temps dans ledit hotel de ville, pour recevoir les encheres et donner acte de l'adjudication qui en doit estre faitte, — sur quoy mondit sieur le Lieutenant general s'estant rendu audit hotel de ville pour cet effet, il auroit trouvé qu'on avoit desjà reçeu plusieurs encheres et que les sieurs Maleden du Puytison et Martin de La Bastide, tresoriers de France, pretendoient faire ladite adjudication a l'exclusion dudit sieur Lieutenant general; ce qui l'auroit obligé a demander quel pouvoir ils avoient pour cela et le luy communiquer ou en donner coppie. A quoy lesdits sieurs Maleden et Martin, tresoriers, auroient repondu qu'ils l'avoient monstré a qui il falloit, ce qui auroit obligé ledit sieur Lieutenant general d'interpeller le greffier s'il avoit reçu quelque signiffication pour raison de ce de la part desdits sieurs tresoriers de France; lequel greffier auroit repondu n'en avoir aucune : ce qui auroit obligé ledit sieur lieutenant general de former opposition aux entreprises desdits sieurs Maleden et Martin; mais, comme ils ont protesté et declaré avec violence et emportement qu'ils fairoient ladite adjudication nonobstant notre opposition; quoy voyant, pour evitter le retardement du service du Roy et [pour] le bien du public et que l'adjudication ne fut faitte ou retardée, nous nous serions retiré sans donner aucun acte et sans approuver ceux qui pourroient estre donnés au prejudice des droits et fonctions de nostre charge, persistant en nostre opposition et protestation.

A ces fins, avons dressé le present proces verbal en presence de Messieurs les Consuls, du sieur Receveur de deniers communs patrimoniaux et du Greffier. Fait lesdits jour, mois et an que dessus.

MOULINIER, consul; — LAFOSSE, consul; — THEVENIN; — BLONDEAU, consul; — BARTHELLEMY; — DE VINCENT, lieutenant general et president dans ledit hostel de ville.

Aujourdhuy, sixieme avril mil six cents quatre-vingt-quinze, dans la salle de l'hostel commun de Limoges, ou estoient Mes Joseph Blondeau, ecuyer, sieur de Larfouliere, conseiller du Roy en la grande prevosté de Limosin, prevot consul en exercice; François Moulinier, sieur de St-Bonnet, conseiller magistrat au siege presidial de ladite ville; Jean Lafosse, bourgeois et marchand, et Gregoire Thevenin, aussi bourgeois et marchand, prevots consuls dudit Limoges et plusieurs notables habitans de la ville, convoquez en la maniere accoutumée, y presidant Messire Jean-Baptiste de Vincens, ecuyer, seigneur de Thede, conseiller du Roy, lieutenant general civil et de police, et presents les procureurs du Roy et greffier dudit hostel de ville, sur ce qui a este representé par ledit Blondeau, prevot consul en exercice, qu'il auroit plu au Roy, par edit du mois d'octobre dernier, ordonnant que toutes les communautés regulieres et seculieres et tous les particuliers qui possedent des

Assemblée de ville.
Rachat d'une taxe sur les eaux

rivieres, ruisseaux, sources et fontaines ou autrement, soit (1)......
decoration de leurs maisons ou pour ameliorer leurs heritages, les
sommes auxquelles ils seront taxés au conseil pour (2)...... a
l'advenir dans la jouissance et possession desdites eaux; lequel
edit, et ordonnance de Monseigneur de Bernage, intendant de cette
province, rendue en consequence, ayant esté publiée pour obliger
lesdites communautés et particuliers, de quelque qualité et condition qu'ils soient, de cette generalité, de donner leur declaration
de ces eaux pour ensuite qu'il soit procedé auxdites taxes suivant le
tarif du Conseil, lesdits sieurs Consuls auroint appris qu'en diverses
provinces de ce Royaume, on auroit supplié le Roy et Nosseigneurs
de son conseil de vouloir fixer la levée desdits droits a quelque
somme pour etre exempts de ladite recherche qui, dans la discussion
qu'elle pourroit avoir de la part des traittans, causeroit des frais
considerables qui iroint a la ruine des particuliers; et ainsy il
auroit proposé aux habitans de deliberer s'il ne seroit pas plus
avantageux de suivre l'exemple desdites provinces que non pas de
laisser executer ledit edit dans toute son etendue.

Sur quoy, l'affaire mise en deliberation et ouy le procureur du
Roy, il a eté resolu d'une commune voix qu'on suppliera tres
humblement Monseigneur de Bernage, intendant en cette province, de vouloir considerer l'estat ou elle est reduite par les
grosses sommes qu'elle a payé dans les diverses occurences, qui la
mettent dans la derniere necessité et impossibilité de temoigner
comme elle voudroit la soumission et le zele qu'elle a toujours eu
pour contribuer a tout ce qu'on luy demande pour l'interest de
l'Estat et pour satisfaire aux ordres du Roy; qu'a mesme temps on
le priera de vouloir faire connoitre au Conseil sa bonne volonté et
obtenir, s'il est possible, qu'au lieu d'executer ledit edit dans les
termes d'iceluy, qu'il plaise a sa Majesté de fixer quelque somme
pour laquelle on demeurera dechargé de ladite recherche des
eaux, sources et fontaines, dont les frais acheveroint de ruiner
ladite province: laquelle somme ils le supplient de vouloir faire
reduire au moins qu'il se pourra et d'en ordonner la levée sur les
habitans et proprietaires des biens scituez dans ladite generalité,
les privilegiez et non privilegiez, sans aucune exception.

> BLONDEAU, prevost consul; — THEVENIN, consul; —
> MOULINIER, consul; — LAFOSSE, consul; — DARSONVAL,
> procureur du roy.

De laquelle deliberation nous avons donné acte et ordonné

(1 et 2) La page est déchirée.

qu'elle sera mise entre les mains de Monsieur l'intendant. Fait lesdits jour, mois et an. — DE VINCENT.

Aujourd'huy, sixieme avril mil six cents quatre vingt quinze, dans la sale de l'hostel commun de Limoges, ou estoint assemblés M^res Joseph Blondeau, escuyer, sieur de Larfouliere, conseiller du Roy, lieutenant en la grande prevosté de Limousin, prevost consul en exercice; François Moulinier, sieur de Saint-Bonnet, conseiller magistrat au siege presidial de ladite ville; Jean La Fosse, bourgeois et marchand, et Gregoire Thevenin, aussi bourgeois et marchand, tous prevosts consuls dudit Limoges, et plusieurs notables habitans de ladite ville, convoquez en la maniere accoutumée, y presidant Messire Jean-Baptiste de Vincens, ecuyer, seigneur de Thede, conseiller du Roy, lieutenant general civil et de police, et presents les procureur du Roy et greffier dudit hostel de ville, — sur ce qui a esté representé par ledit sieur Blondeau, que l'adjudication des droits qui devoint estre levés sur les denrées entrans et passans dans ladite ville, fauxbourgs, Cité et Pont-Saint-Martial, suivant le tarif qui en a esté arresté et l'arrest du Conseil donné en consequence, n'ayant pu estre faitte pour le payement des sommes dont ladite ville est chargée et particulierement de celle de dix huict mil livres, et les deux solz pour livre pour la finance des offices de colonel, major, capitaines et lieutenants des bourgeois de ladite ville, attandu qu'il ne s'est presenté aucun encherisseur, et cependant le commis au recouvrement desdits offices ayant fait commandement aux dits sieurs consuls de payer ladite somme de dix huict mil livres et les deux solz pour livre conformement a un precedent arrest du Conseil du neufvieme novembre dernier, qui a evalué lesdits offices pour la ville de Limoges a ladite somme de dix huict mil livres (1), il estoit important de deliberer sur les moyens de faire le payement de ladite somme; que ceux qui se presentent les plus convenables seroint de confirmer les anciens officiers de ladite ville dans leurs anciennes fonctions ou d'en nommer d'autres en leur place suivant la faculté qui leur est accordée. par ledit arrest du 9ᵉ novembre dernier, en payant par ceux qui seront confirmez ou nommez ladite somme de dix huict mille livres ou partie d'icelle, en sorte que l'imposition qu'on sera obligé de faire sur lesdits habitans pour la finance soit

Fixation de la finance des charges de milice

---

(1) On voit quelle ingéniosité le fisc déployait pour trouver sans cesse de nouvelles ressources,

la moins forte que faire se pourra : ce qui semble d'autant plus facile que plusieurs personnes se sont desja offertes pour prendre lesdits offices avec cette condition, neantmoins, de ne payer que partie de ladite somme de dix huict mille livres ; — sur quoy, l'assemblée a deliberé que le plus avantageux pour ladite ville estoit de nommer aucuns desdits habitans pour remplir lesdits offices, moyennant les sommes qui seront cy apres marquées, scavoir pour colonel : le sieur de Vincens fils (1), pour cinq cent cinquante livres seulement, en consideration des services que Mr de Vincens, son pere, lieutenant general, rend journellement a la ville ; — major : Nicot de La Loge, a six cents livres ; — pour capitaines : Varacheau ; Garat, marchand drapier ; La Biche, gendre de Mosnier ; Peyroche, marchand ; Ardant, gendre de Devoyon ; Texandier, marchand ; La Gardelle, advocat, et David gendre de Midy, a raison de cinq cents cinquante livres pour un chacun desdits offices de capitaines ;

Et pour lieutenans : Thevenin, marchand ; Rouillat, gendre de Meynard ; Teulier, gendre de Colin ; Pinot de La Greliere ; La Fosse, marchand ; Moulinier, gendre de Deschamps ; Jacques Lavaud ; Malavergne du Masdommier, et Teulier jeune, a raison de trois cents cinquante livres pour un chacun desdits offices de lieutenans. Revenant toutes les sommes a celle de huict mil huict cents cinquante livres, outre les deux solz pour livre qu'ils seront aussy tenus de payer, montant a la somme de huict cents quatre vingt cinq livres ; laquelle somme des huict mil huict cent cinquante livres desduite desdits dix huict mil livres, reste celle de neuf mil cent cinquante livres, qui sera incessamment imposée, avec les deux solz pour livre, sur tous les habitans de ladite ville, conformement audit arrest du Conseil et a l'ordonnance de Monseigneur l'intendant ; et pour cet effet mondit seigneur sera supplié d'authoriser la presente deliberation, a la charge neantmoins que lesdits officiers nommez ne jouiront que de l'exemption du logement effectif des gens de guerre, tutelle et curatelle et que leurs cottes de taille et ustancille ne pourront estre augmentées ni diminuées qu'au marc la livre.

Sur quoy, l'affaire mise en deliberation et ouy le procureur du Roy, il a esté resolu d'une commune voix qu'on suppliera Monseigneur de Bernage, intendant en cette province, de vouloir considerer l'estat ou elle est reduite par les grosses sommes qu'elle a payé dans les diverses occurrences qui la mettent dans la derniere necessité et impossibilité de temoigner comme elle voudroit la soumission et le zele qu'elle a toujours eu pour contribuer a tout

(1) Un autre nom avait d'abord été inscrit : il a été biffé.

ce qu'on luy demande pour l'interest de l'Estat et pour satisfaire aux ordres du Roy.

BLONDEAU, prevost consul ; — MOULINIER, consul ; — J. LAFOSSE, consul ; — THEVENIN, consul ; — DARSONVAL ; — GRASMAIGNAC, secretaire greffier.

De laquelle deliberation nous avons acte et ordonné qu'elle sera remise entre les mains de Monsieur l'intendant. Fait les jour, mois et an susdits.

DE VINCENS (1).

Mesure prise à l'égard des deux gagers dits : Capitaines de l'Hôtel de ville

Aujourd'huy, vingt septieme aoust mil six cent quatre vingt quinze, environ l'heure de neuf heures du matin, dans la Chambre du Conseil de l'hotel de cette ville de Limoges ou etoient assemblés M^{res} Jean Deschamps, conseiller du Roy, assesseur audit hotel de ville, prevot consul en exercice; François Moulinier, sieur de Saint-Bonnet, conseiller du Roy en la senechaussée du Limousin et siege presidial de Limoges; Joseph Blondeau, sieur de Larfouliere, ancien conseiller du Roy, lieutenant en la grande prevoté; Jean Lafosse, sieur du Caillaud, bourgeois et marchand ; Simon Darsonval, conseiller et procureur du Roy audit hotel de ville, et Pierre Grasmaignac, secretaire greffier de la maison commune de la present ville, pour assister en corps à la grand' messe, predication et procession solempnelle qui se fait tous les ans a pareil jour, en action de graces de ce que ladite ville fut autrefois miraculeusement delivrée d'une trahison (2) et complot qui avoit eté fait de la livrer aux Anglois qui l'estoient venus assieger, — ledit sieur Darsonval, procureur du Roy, auroit exposé que les nommés Marc et Pinot, deux des six valets vulgairement

---

(1) Une lettre de l'intendant de Bernage, du 14 avril, rend compte au contrôleur général des contestations qui se sont produites à Limoges entre les consuls de la ville et les trésoriers des octrois (*Correspondance des contrôleurs généraux*, t. I, p. 387).

En 1695, la province était écrasée d'impôts. L'intendant n'évalue pas à moins de 410,000 livres la surcharge qui lui fut imposée pour le fourrage d'un régiment de dragons et diverses taxes.

Mgr d'Urfé mourut le 1er juillet (*al.* 30 juin) 1695, au Séminaire des Ordinands, et fut enterré dans la chapelle de cette maison, sous une tombe en serpentine de La Roche-l'Abeille. Plusieurs guérisons miraculeuses furent dues, au témoignage des directeurs du Séminaire, à l'intercession de ce saint prélat (*Continuation des Annales*, p. 15).

(2) Cette procession se faisait en mémoire d'un épisode célèbre de notre histoire municipale. Un des consuls élus au mois de février 1427 trahit la ville et s'engagea à la livrer, non aux Anglais, mais à Jean de Laigle, frère et lieutenant général du vicomte. Voir les *Récits de l'histoire du Limousin*. — Limoges, Marc Barbou et Cie, in-8, 1885, — récit n° 21 : *La trahison de Gautier Pradeau*.

appellés gagés (*sic*) de cet hotel de ville, par un abus et entreprise ridicule, ozent quelquefois prendre place aux ceremonies d'eglize dans les hauttes chaizes au mesme rang et immediatement apres M^rs les prevots consuls, au lieu que leur vraye place seroit d'estre aux basses chaizes, a la teste des quatre autres gagés, ainsi que ledit procureur du Roy a lu dans un ancien recueil des uzages et ceremonies consulaires de cet hotel de ville ou il se voit au f° 36 verso qu'a une ceremonie ou lesdits sieurs consuls assisterent au mois d'octobre, en 1601 (1), dans l'eglize de Saint-Martial, en action de graces de la naissance de Louis treize, Roy de France, les capitaines et gagés dudit hotel de ville etoient placés dans les basses chaizes et les consuls dans les hauttes, et qu'il seroit de la bienseance de retablir les choses dans cet ordre; car il est de mauvais exemple que des bas officiers d'un corps prennent mesme rang et sceance que leurs superieurs : aussy ne le souffre-t-on pas dans aucune autre compagnie. Outre ce, il est encore contre les bonnes reigles que lesdits Marc et Pinot soient seuls qui n'ont aucune marque dudit corps consulaire, ce qui fait qu'ils sont sans aucune distinction du commun peuple dans la marche des ceremonies ou ils assistent a la suitte de M^rs les prevot consuls, ce qui seroit encor a reformer, estimant qu'ils debvroient, a l'instard des autres hotels de villes capitales, estre ornez chacun d'une bandoliere chargée des couleurs et armes dudit hotel de ville, qu'ils porteroient, dans touttes les ceremonies consulaires, a la suitte du corps ou ils ont accoutumé d'estre pour rendre leurs services aux occasions qui le requierent, et que, faulte par eux de se vouloir faire faire lesdites bandolieres incessamment, il leur en seroit fait et tourny aux depans et en deduction des gages qu'ils touchent annuellement des revenus dudit hotel de ville : requerant qu'il plût a M^rs le prevot et consuls vouloir deliberer sur ces deux articles.

Darsonval, procureur du Roy.

Sur quoy, mesdits sieurs les prevot et consuls ayant conferé et entendü lesdits Marc et Pinot, et veu le registre allegué par le procureur du Roy, a eté deliberé et resolu d'une commune voix que lesdits Marc et Pinot, dans touttes les ceremonies ou M^rs les prevot consuls ont coustume d'assister, se mettront, a l'advenir, dans les basses chaises et au dessus des autres quatre gagés, sans qu'ils puissent s'en separer ny occuper ailleurs d'autres places, et qu'ils porteront dans touttes lesdites ceremonies et assemblées qui se fairont, chacun une bandouliere de velours bleuf bordée d'un

---

(1) Il s'agit du second registre consulaire.

petit galon d'ort fin, sur laquelle sera mise l'image de Saint-Martial avec trois fleurs de lys d'ort en broderie, que lesdits Marc et Pinot fairont incessamment faire; et fautte par eux d'y satisfaire, il leur en sera fait et fourny une a chacun d'eux a leurs depans sur et en deduction des gages qu'ils perçoivent tous les ans sur les mandements desdits sieurs prevot consuls; leur enjoignons d'obeir a la presente deliberation, qui sera enregistrée en nostre greffe, et en cas de contravention, y sera par nous incessamment pourveü. Fait et deliberé dans ledit hotel de ville, les susdits jour, mois et an.

  Deschamps, prevost consul; Moulinier, consul; J. Lafosse, consul.

<small>Assemblée de ville pour le rachat de l'office de receveur des deniers communs</small>

  Aujourdhuy, septieme octobre mil six cent quatre-vingt-quinze, dans l'hotel commun de la ville de Limoges ou etoient assemblés M^{res} Joseph Blondeau, sieur de Larfouliere, conseiller du Roy, ancien lieutenant en la grande prevoté du Limousin; François Moulinier, sieur de Saint-Bonnet, conseiller du Roy en la senechaussée de Limousin et siege presidial dudit Limoges; Jean Lafosse, sieur du Caillaud, et Gregoire Thevenin, bourgeois et marchands, touts prevot consuls, et la pluspart des habitants convoqués en la maniere accouttumée, — il aurait eté exposé par ledit sieur Blondeau, prevot consul en exercice, que, par edit du mois d'aoust 1694, les offices des receveurs des deniers communs patrimoniaux et d'octroys creés avant le premier janvier 1689 ayant eté suprimés et au lieu d'iceux il auroit été creé d'autres offices de conseillers de Sa Majesté, receveurs des deniers communs patrimoniaux et d'octroys (1), aux gages et exemptions dont jouissent a present les receveurs etablis en tiltre par commission; lesquels offices ont été evalués a la somme de quatre mil cent quarante livres, [a] laquelle somme Monseigneur de Bernage nous auroit fait connoitre qu'il etoit de l'interet public et de l'advantage dudit hotel de prendre lesdits offices : ainsin qu'il prioit l'assemblée d'y vouloir deliberer. Sur quoy, le procureur du Roy ouy, ladite assemblée, composée des principaux habitants, ont d'une commune voix deliberé et resolu de supplier Monseigneur l'intendant de vouloir favorizer les habitants de sa protection aupres de Sa Majesté et Nosseigneurs de son Conseil pour en obtenir la plus grande moderation qui se pourra a cause des autres impositions qu'ils sont

---

<small>(1) On voit quelle inépuisable ingéniosité déployait le fisc pour trouver sans cesse de nouelles ressources et amener de l'argent dans les caisses toujours vides du Trésor.</small>

obligés d'acquitter, et que les gages attribués auxdits offices soient employés dans l'etat des finances et unis audit hotel de ville pour ayder a supporter les charges d'icelluy. Fait et deliberé dans ledit hotel de ville lesdits jour, mois et an.

MOULINIER, consul; — J. LAFOSSE, consul.

Election et nomination de Messieurs les Consuls de la ville de Limoges, faitte dans la grande salle de l'hotel commun par Messieurs les Prudhommes nommés par Messieurs les Consuls en charge, en la maniere accoutumée, en presence de mesdits sieurs les Consuls et du Procureur du Roy dudit hotel, y presidant M^r le Lieutenant general, et ce pour l'an 1696 (1) :

Mr Me Jean Dufaure, escuyer, sieur de Vialebost, conseiller du roy au siege presidial;
Mr Jean Noailler, sieur du Brueil la Vergne;
Mr Jean Maleden, bourgeois et marchand.

Juges de police nommés et eleüs, pour l'année 1696, par mesdits sieurs les Consuls, en la maniere accouttumée :

Messieurs Dufaure, escuyer, sieur de Vialebost, conseiller du Roy;
Martial Dorat, conseiller du Roy au siege presidial;
Jean Noailler, sieur du Brueil la Vergne;
Jean Maleden, bourgeois et marchand;
Martialot du Puy-Mathieu;
Jean Froment, marchand, gendre de Champalimaud (2).

---

(1) La date de l'élection n'a p s été indiquée.
(2) Nous retrouvons le nomore des juges de police porté à six; Noailler et Maleden représentent l'hôtel de ville au sein de ce tribunal.

— 101 —

Et pour predicateur de l'advent prochain et caresme de l'année 1697, le R. P. Jaumes(?), jesuiste.

<small>Désignation du prédicateur du Consulat</small>

Desquelles nominations cy-dessus nous avons baillé acte pour servir et valoir que de raison. Fait lesdits jour, mois et an que dessus. DE VINCENT.

Monsieur le Lieutenant general de Limoges et M^{rs} les Prevot, Consuls de ladite ville,

<small>Requête de Jacques Lavaud pour être reconnu lieutenant du Clocher</small>

Supplie humblement Jacques Lavaud, marchand de la present ville, disant qu'il y a longtemps qu'il a fait sa soumission pour une lieutenance des milices bourgeoises de la present ville, sçavoir pour le canton du Clocher, dont il en a payé la somme de trois cent cinquante livres et les deux solz pour livre a laquelle l'office de lieutenant dudit canton a eté evalué au conseil. Le suppliant, desirant estre receu et installé en son dit office, pour en faire les fonctions et jouir des privileges qui luy sont attribués, il a recours, Messieurs, a vostre autorité affin qu'il vous plaise de vos graces, attandu qu'il vous apert de ce que dit est par la quitance cy attachée, signée de Jacob, preposé au recouvrement de la finance dudit office, le vouloir recevoir et installer en icelluy, offrant preter le serment en tel cas requis, et ordonner (1) que les habitants dudit canton le reconnoitront et luy obeiront en cette qualité, quand il s'agira du service de Sa Majesté; et faires bien. *Signé* : JACQUES LAVAUD, suppliant.

Soit communiqué au procureur du Roy de l'hotel de ville pour, luy oui, etre ordonné ce qu'il appartiendra. Limoges, ce 29 decembre 1695. *Signé* : DE VINCENS.

Apres avoir par nous, conseiller, procureur du Roy, pris la communication de la requete cy-dessus, n'empechons qu'il soit ordonné selon les conclusions d'icelle et que le suppliant soit receu au serment, [comme] lieutenant dudit canton du Clocher, en raportant la quittance de finance du prix dudit office, pour estre, avec l'acte de sa reception, registrée au greffe de l'hotel de ville. Fait à Limoges, ce XXIX decembre 1695. *Signé* : DARSONVAL, procureur du Roy.

Les sieurs prevot, consuls, qui ont veu la presente requete appointée de M^r le Lieutenant general de cette ville, les conclusions du Procureur du Roy etant au bas d'icelle, signées de luy, ont

<small>Installation de Jacques Lavaud</small>

---

(1) Et vouloir ordonner.

T. IV.

installé et receu Jacques Lavaud, marchand confisseur de la present ville, en l'office de lieutenant de bourgeoisie du canton du Clocher, apres qu'il a eü preté le serment de fidelité au Roy, et promis aux sieurs consuls de leur obeir quand il sera employé par le service de Sa Majesté (1), [et] enjoint aux habitants dudit canton du Clocher de le reconnaitre et de lui obeir en cette qualité aux peines de l'ordonnance, et le present a eté enregistré au greffe de l'hotel de ville. Fait lesdits jour, mois et an que dessus. *Signé* : LAVAUD; DUFAURE DE VIALEBOT, prevost consul; BLONDEAU, consul et MALEDEN, consul.

Nous avons donné acte de la susdite installation et prestation de serment presentement fait pardevant nous par ledit Jacques Lavaud, pour par luy jouir des honneurs, exemptions, privileges et autres droits attribués a son dit office de lieutenant du canton du Clocher, conformement aux edit, declaration et arret de Sa Majesté; enjoignons aux bourgeois et habitants de ce quartier de lui obeir chacun en droit soy, a peine d'y estre contraints suivant la rigueur des ordonnances de milice, et audit Jacques Lavaud d'executer les ordres de Sa dite Majesté et ceux des sieurs Consuls, concernant les affaires du Roy et du public. Ordonnons que le present acte sera enregistré au greffe de l'hotel commun de la present ville pour y avoir recours en cas de besoin. Fait les dits jour, mois et an que dessus. DE VINCENT.

Lieutenance de Ferrerie

Requête de J. Moulinier

Monsieur le Lieutenant general de Limoges et M^{rs} les Prevot, Consuls de ladite ville,

Supplie humblement Jean Moulinier, bourgeois et marchand de Limoges, disant qu'il y a longtemps qu'il a fait sa soumission pour la lieutenance de milice bourgeoise du canton de la Ferrerie et payé la somme de trois cent cinquante livres, faisant l'entier payement, a laquelle somme l'office de lieutenant dudit canton de la Ferrerie a eté evalué au Conseil d'Estat, etc., etc. (2).

Installation de J. Moulinier

Les sieurs prevot, consuls, qui ont veu la susdite requete appointée par Monsieur le Lieutenant general de cette ville, ayant les conclusions du Procureur du Roy, au bas signées : Darsonval, apres que ledit Jean Moulinier a eü preté le serment de fidelité au Roy, et promis d'obeir aux sieurs consuls pour le service de Sa Majesté, l'ont receü et installé en l'office de lieutenant du canton de la Ferrerie, etc. (3).

---

(1) Il n'est plus question du service de la ville.
(2) Même requête que ci-dessus.
(3) Même ordonnance de nomination que celle pour le sieur Lavaud, ci-dessus.

— 103 —

Nous avens donné acte de la susdite installation et prestation de serment, etc. (1).

DE VINCENS.

Monsieur le Lieutenant general de Limoges et M^rs les Prevot Consuls de ladite ville, *Charges de capitaines pour le Consulat, Manigne et le Clocher — Requêtes*

Supplient humblement Blaize Varacheau, seigneur de Servigny, bourgeois de Limoges; Jean Garat, sieur du Pré-Saint-Yrieys, bourgeois de ladite ville, et Jean-Baptiste Peyroche, aussy bourgeois dudit Limoges, disants qu'il y a desja longtanps qu'ils ont fait leurs soumissions chacun pour un office de capitaine de la milice bourgeoise de la presant ville, scavoir : ledit Blaize Varacheau, pour celluy de premier capitaine pour le canton de Consulat; ledit Jean Garat, de second capitaine pour le canton de Manigne, et ledit Jean-Baptiste Peyroche, pour celluy du canton du Clocher : pour lesquels offices chacun d'eux a payé la somme de 550 livres et les deux solz pour livre a laquelle chacune desdites charges de capitaine ont eté evaluées au Conseil d'estat, suivant les quittances signées : Bertin, preposé au recouvrement de la finance desdits offices. Les suppliants, desirant, etc. (2).

Monsieur le Lieutenant general de Limoges et M^rs les Prevot Consuls de ladite ville, *Charges de capitaine et lieutenant de Boucherie*

Supplient humblement, George Ardant, bourgeois et marchand espicier, et Jean Lafosse, aussy bourgeois et marchand de Limoges, disants qu'il y a longtemps qu'ils ont fait leurs soumissions pour les offices de capitaine et lieutenant de la milice bourgeoise pour le canton de Boucherie, pour lesquels ils ont payé, scavoir : ledit Ardant, la somme de 550 livres et les deux sols pour livre, et ledit Lafosse celle de 350 livres et les deux sols pour livre, etc. (3).

Monsieur le Lieutenant general de Limoges et M^rs les prevot consuls de ladite ville. *Lieutenance de Manigne*

Supplie humblement Jean Pinot, sieur de La Grillere, bourgeois, habitant de la present ville, disant qu'il y a desja longtemps qu'il a

---

(1) Même formule que pour J. Lavaud.
(2) Même requête et même ordonnance de nomination que ci-dessus.
(3) Même requête et même ordonnance de nomination que ci-dessus.

— 104 —

fait sa soumission pour une lieutenance de milice bourgeoise de ladite ville pour le canton de Manigne, dont il a payé la somme de deux cents livres, faisant partie de celle a laquelle ladite lieutenance a été évaluée, etc. (1).

Ce 10 janvier 1696. DE VINCENS.

Lieutenance supplémentaire

A Monsieur le lieutenant general de Limoges et a Messieurs les Prevot Consuls de ladite ville.

Supplie humblement Antoine Malavergne, sieur du Masdoumié, disant qu'il y a longtemps qu'il a fait sa soumission pour l'office de neufviesme (2) lieutenant de la milice bourgeoise de la present ville creé par edit du mois de mars 1694 et en consequence payé a Bertin (30 janvier 1696), etc. (3).

Devis des reparations a faire pour la maison de ville de Limoges (4).

Premierement, il convient a faire une salle de trente pieds de longueur sur vingt pieds de largeur, qui regarde sur la basse-cour de la rue du Consulat, et y faire sur le devant de la salle un pan de bois en croix de Saint-André sur toutte la longueur de la salle ; — plus, y faire quatre grandes croizées de menuiserie a grands

---

(1) Même requête et même ordonnance d'installation que ci-dessus : l'installation est du 11 janvier, de même que les précédentes.

(2) Il s'agit ici d'une lieutenance supplémentaire. La milice bourgeoise ne comptait que huit compagnies. Le neuvième lieutenant devait être un officier sans troupe, attaché à l'état-major.

(3) Même requête et même ordonnance d'installation que ci-dessus. — On voit qu'il n'avait été soumissionné que pour une partie des charges de milice.

(4) En 1696, un différend singulier surgit entre les consuls et le curé de Saint-Pierre-du-Queyroix. On sait que l'hôtel de ville se trouvait dans la circonscription paroissiale de cette église depuis le XIII° siècle, peut-être même depuis le XII°, puisqu'en 1182, la population y avait été réunie pour prêter serment à Henri le jeune. Le clergé de cette paroisse prétendait en conséquence avoir le privilège exclusif de célébrer toutes les cérémonies ordonnées par le Consulat et d'en percevoir les honoraires (à l'exception bien entendu des cérémonies religieuses traditionnelles qui avaient lieu à Saint-Martial lors de l'élection des nouveaux consuls). En 1696, les magistrats municipaux ayant fait faire un service dans l'église de Saint-Michel-des-Lions, le curé de Saint-Pierre protesta et réclama le paiement des droits accoutumés. L'hôtel de ville consentit à les acquitter. Mais, en 1755, une nouvelle réclamation s'étant produite dans des circonstances analogues, les consuls résistèrent cette fois et refusèrent catégoriquement d'admettre les prétentions du clergé de Saint-Pierre.

carreaux de vitre commune ; — plus, y faire une cheminée boisée de menuiserie ; — plus, y faire un double planché avec des lembourdes par le dessous ; — plus, y faire un lambris au-dessus les souliveaux ; — plus, y faire faire un lambris au-dessous les croisées au-dedans de la salle, qui sont de menuiserie avec des cadres ; — plus, faire deux grandes lucanes (*sic*) dans la couverture, couvertes a thuile plat ; — plus, raccommoder la couverture qui est a demy pourrie et y mettre des lattes et des chevrons avec des tuiles ; — plus, faire deux chenaux de fert blanc pour conduire les eaux de la couverture de devant ; — plus, faire une grande porte de menuizerie de quatre pieds de largeur sur sept pieds de hautteur ; — plus, faire au bout de ladite salle une Chambre de Conseil sur vingt pieds de longueur et sur seize de largeur ; — plus, remuer touts les planchés pour les mettre a niveau de ceux la de la dite salle ; — plus, il faut couper les chambres dernieres qui joignent la Chambre du Conseil pour donner du jour sur le degré par ou l'on monte a la Cour de la Bource (1) ; — plus, il faut, dans ladite Chambre du Conseil, y faire deux grandes croisées de menuiserie qui regardent dans la rue du Consulat, et en suitte de ce y faire une porte de menuizerie conforme a celle de la salle ; — plus, il faut, dans ladite Chambre du Conseil, y faire une demy croizée pour regarder dans ladite cour en entrant dans la maison de ville, comme aussy y faire une cheminée ; — plus, y faire un double planché et un lambris au-dessus ; — plus, faire sur le devant de la couverture une lucane ; — plus, faire crepir et blanchir a chaud et a sable, tant dehors que dedans. Ledit entrepreneur desmolira et se servira des anciens materiaux, et fournira touts les materiaux necessaires audit batiment et mettra la clef en main a Messieurs les Consuls. Estimé deux mil livres. *Signé* : BEYROU, architecte.

Procès-verbal de constatation de l'état de l'hôtel de ville

Par devant nous, Jean-Baptiste de Vincent, escuyer, seigneur de Thede, conseiller du Roy, lieutenant general civil et de police en la senechaussée de Limousin et siege presidial de Limoges, le vingt huitieme jour du mois de decembre mil six cent quatre vingt quinze, dans l'hotel commun de la presente ville, ou etoient assemblés M^{rs} les prevot consuls, lesquels nous ont dit et exposé que ledit hotel de ville a besoin de plusieurs et notables reparations, pareillement la Chambre du Conseil, laquelle est entierement

---

(1) On sait que la juridiction de la Bourse, après avoir tenu ses audiences dans la salle de l'ancienne maison des Bayard (Vieille-Comédie), s'était installée à l'hôtel de ville. Le corps des commerçants eut du reste de fréquents et graves démêlés avec les Consuls.

inhabitable; pour raison de quoy ils nous ont requis vouloir en dresser nostre proces-verbal. *Signé* : Dufaure, consul ; Blondeau, consul ; Noualher, consul ; Thevenin, consul, et Maleden.

Nous avons donné acte du present exposé pour servir que de raison, et ordonné que nous procederons tout presentement au proces verbal requis ce que nous avons fait comme s'en suit :

Ayant eté conduit par lesdits sieurs consuls dans ladite chambre du Conseil dudit hotel de ville, nous a apparü ladite Chambre estre de longueur d'environ vingt pieds et sept a huit tout au plus de largeur, le devant d'icelle n'etant que de vieux bois pourri et de meschant torchis, comme aussy tout le cotté de ladite Chambre entrant dans icelle a main gauche, estant construit de mesme matiere et menaçant d'une eminente ruine ; ladite chambre extremement obscure comme placée dans un lieu fort bas et incommode, en telle sorte que lesdits sieurs Consuls ont dit que, dans les jours les plus serains, ils ne pouvoient y travailler pour les affaires de Sa Majesté et du public et se trouvoient obligés de monter dans la chambre de la jurisdiction consulaire, ce qui nous a parü vraysemblable a l'aspect de ladite chambre. Et avons encor remarqué que la muraille qui compose partie de cette chambre, en entrant a main droitte, est toute crevassée, menaçant de ruine, aussy bien que la cheminée, dont les pierres, qui sont a grand cartelage, sont entreouvertes dans les jointures, ce que lesdits sieurs consuls nous ont dit provenir de ce que la muraille est bastie contreterrier (*sic*) et que les eaux en temps de pluye inondent ladite chambre, ayant fait par le laps du temps un passage au travers des fondements de la muraille. Et en effet, etant sorty de ladite chambre pour visiter ladite muraille par le dehors, nous aurions remarqué qu'il y a un terrain joignant a elle de dix ou douze pieds de hautteur, lequel offusque tellement les fenestres qu'il n'y a presque pas de veue dans ladite chambre ; comme aussy avons aperceu diverses crevasses par le bas de la dite muraille, par lesquelles les eaux pluviales s'ecoulent dudit terrain dans ladite chambre et la rendent tout a fait inhabitable et dans un danger eminent de ruine, en sorte que lesdits sieurs Consuls nous ont remontré qu'ils ne peuvent sans danger entrer dans ladite chambre pour y faire les fonctions, que, par un prealable, les reparations ne soient faittes dans des lieux plus commodes qui se trouveront dans ledit hotel de ville (1). Dont et du tout nous avons

---

(1) L'état lamentable de la maison de la rue Fontgrouleu, où le Consulat s'était installé dans les dernières années du XVe siècle, ne doit pas surprendre, si on considère que, depuis près de cent ans, la municipalité n'avait pour ainsi dire fait exécuter au vieil immeuble aucune réparation.

dressé nostre present proces verbal. Fait lesdits jour, mois et an que dessus. *Signé* : DE VINCENS. — Veu le present proces verbal et devis cy dessus, nous ordonnons que les Consulz et habitants de la ville de Limoges seront tenus de s'assembler en la maniere accouttumée pour deliberer sur la necessité ou inutilité des dites reparations, pour, ce fait et a nous rapportté, estre pourveu ainsy qu'il appartiendra. Fait a Angoulesme, ce 3 janvier 1696. *Signé* : DE BERNAGE (1).

<small>Assemblée de ville — Même sujet</small>

Aujourd'huy, premier febvrier 1696, dans l'hotel commun de la ville de Limoges et dans la grand salle dudit hotel, ou etoient assemblés M^{rs} les prevot et consuls et plusieurs bourgeois et notables habitant de ladite ville convoqués en la maniere accouttumée, y presidant messire Jean Baptiste de Vincent, escuyer, seigneur de Thede, conseiller du Roy, lieutenant general civil et de police, il auroit esté representé par lesdits sieurs prevot consuls la ruine eminente dudit hotel de ville et la necessité qu'il y a de le reparer promptement ; et a cet effet il auroit été fait un devis des reparations dont la lecture a été presentement faitte, aussy bien que de l'ordonnance de Mgr de Bernage, du 3 janvier dernier, sur ce rendue, portant ordre de faire ladite assemblée. Sur quoy lesdits habitants assemblés ont reconnü le besoin de faire des reparations et batir des chambres necessaires pour les assemblées et propres, affin que lesdits sieurs Consuls puissent commodement travailler aux affaires du Roy et du public, [et] ont demeuré d'accord et convenü que, conformement audit devis (*sic*), d'y faire travailler incessamment.

Nous, lieutenant general susdit, avons donné acte de la deliberation presentement faitte par les sieurs consuls et habitants de la presente ville et ordonné qu'elle sera mise entre les mains de M^r l'Intendant pour y estre pourveu ainsy qu'il appartiendra: Fait les susdits jour, mois et an que dessus.

DE VINCENT, pour avoir presidé à la dite deliberation.

Nous Jean Dufaure, escuyer, sieur de Vialebot, conseiller du Roy en la senechaussée de Limousin et siege presidial de Limoges ; Joseph Blondeau, escuyer, sieur de Larfoulière, conseiller du Roy, ancien lieutenant en la grande prevoté de Limousin, et Jean Male-

<small>Création de nouveaux offices (jaugeurs) — Assemblée de ville</small>

(2) Cette ordonnance, comme la plupart de celles que nous avons eu à mentionner, est datée d'Angoulême. C'est dans cette ville, en effet, jugée plus centrale, que les premiers intendants avaient fixé leur résidence. Ils continuaient d'y habiter depuis que Saintes et Saint-Jean-d'Angély avaient été distraits de la circonscription de la Généralité.

den, bourgeois et marchand, prevots consuls de la ville de Limoges, sçavoir faisons que ce jourd'huy, premier jour du mois de juillet 1696, après avoir fait battre le tambour en la maniere accouttumée, pour indire aux habitants une assemblée a l'hotel de ville assignée a une heure de relevée, nous nous serions transportés a la dite heure audit hotel de ville ; et environ l'heure de trois heures, se seroient rendus plusieurs notables habitants, auxquels nous avons fait entendre le sujet pour lequel nous les avions fait convoquer, et ensuitte leur avons fait lecture, de mot a mot, par notre greffier, de la lettre a nous adressée par Monseigneur de Bernage, intendant en cette generalité, en datte du 24ᵉ du mois passé, laquelle nous fut rendue seulement le 30, environ les neuf heures du soir, par un homme soy disant de la part du sieur Duplessis, contenant la creation des offices de jaugeurs dans touttes les villes et lieux du royaume. Et ayant pris sur icelle la deliberation des susdits habitants, ils ont touts dit d'une commune voix qu'ils sont disposés a employer leurs vie et biens qu'ils sacriffieroient de bon cœur pour le besoin de l'Etat et pour le service de Sa Majesté ; mais que, dans le temps present, ils se sentoient tellement epuisés qu'ils etoient hors du pouvoir de faire aucunes offres par l'impossibilité de les executer, ne pouvant pas mesme payer les charges imposées l'année passée, non plus que celles qui leur ont eté imposées la presente. Pour raison de quoy, la plus part sont obligés de quitter la ville, ne pouvant plus y subsister, nous suppliant en vouloir faire nos tres humbles remontrances a Mgr l'Intendant, affin qu'il luy plaise employer son credit et son autorité pour leur soulagement : ce qui les obligera a prier Dieu pour sa prosperité et santé de toutte sa famille. Dont et de quoy nous avons dressé le present acte dans ledit hotel de ville, lesdits jour, mois et an que dessus.

DUFAURE, prevot consul: BLONDEAU, consul ; MALEDEN.

Election par les marchands de gardes jurés pour la visite et la marque des étoffes

Aujourdhuy, vint-septieme septembre 1696, a Limoges, environ l'heure de trois heures de relevée, dans la Chambre du Conseil de l'hotel commun de ladite ville, ou etoient assemblés Mʳˢ Mʳᵉˢ Jean Noailler, sieur du Brueil Lavergne, prevot consul en exercice ; Jean Dufaure, escuyer, sieur de Vialebot, conseiller du Roy en la senechaussée de Limousin et siege presidial dudit Limoges ; Joseph Blondeau, escuyer, sieur de Larfoulière, conseiller du Roy et son ancien lieutenant en la grand prevoté ; Gregoire Thevenin, bourgeois et marchand, et Jean Maleden, bourgeois et marchand, touts prevots consuls de la ville de Limoges, — seroient entrés dans ladite Chambre du conseil, sieurs Simon Dorat, Pierre Texandier, (1) Froment et Jean Dugenety, bourgeois et marchand de la presant ville, lesquels nous auroient dit et exposé que, suivant les reglements faits concernant les manufactures, arrets rendus en consequence et ordonnances de M^{rs} les Intendants en cette generalité, ils auroient été nommés, le 24 septembre 1694, par le corps des marchands, gardes jurés pour la visite et marque des estoffes qui se fabriquent et debitent en la present ville, dont ils auroient fait l'exercice et fonction pendant deux années entières, qui estant finies par l'espace du susdit temps, ils auroient fait convoquer dans la grand salle dudit hotel commun les marchands tant de ladite ville, fauxbourg que Cité, dont la plus part s'y trouvent assemblés pour proceder a une nouvelle eslection et nomination d'autres gardes jurés, et qu'icelle debvant estre autorizée de notre presence en conformité desdits reglements, arrets du conseil d'estat et ordonnances desdits sieurs Intendants, ils nous supplient d'y vouloir assister. Sur quoy, nous, susdits prevots consuls, accompagnés de notre greffier, nous serions sortis de ladite Chambre du conseil et entrés dans la salle dudit hotel ou etoient plusieurs marchands assemblés, de qui apres avoir pris les suffrages, auroient (sic) d'une commune voix, esleü et nommé pour les années suivantes, en la place desdits sieurs Dorat, Texandier, Froment et Dugenety, sieurs (2) Delomenie, (3) Vexière, Gabriel Farne le jeune et (4) Barbou pour gardes jurés. Duquel choix, eslection et nomination nous avons baillé acte et ordonné l'enregistrement en notre greffe pour y avoir recours en cas de besoin, et qu'a la diligence desdits sieurs Dorat, Texandier et Froment (5), il sera fourny aux nouveaux nommés des coppies de leur dite nomination, deuement expediées par le greffier de l'hotel commun, affin qu'ils puissent et commencent a vaquer a l'exercice et fonction de gardes jurés. Fait audit hotel de ville, lesdits jour, mois et an que dessus.

    NOUALHER, prevost consul ; MALEDEN, consul ; THEVENIN, consul.

(1) Le prénom en blanc.
(2, 3 et 4) Le prénom en blanc.
(5) Dugenéty n'est pas nommé ici.

Intervention du gouverneur dans l'élection des consuls

Extrait de la lettre ecritte par Monseigneur le comte d'Auvergne, gouverneur de cette province, a Mr Devincens, lieutenant general de Limoges.

A Paris, ce 1er decembre 1696.

Je vous fais ecrire cette lettre, ne pouvant ecrire moy mesme a cause d'une incommodité que j'ai au bras droit, qui me permet à peine de signer mon nom, pour vous dire que mon intention est qu'on nomme pour premier consul, vous, Mr Devincens, qui sera continué, et pour second consul le sieur Arbonneau, controlleur en la mareschaussée. Voilà, M^r, ce que j'avois a vous mander la dessus. Vous me faires sçavoir, par le premier ordinaire, ce qui sera executté sous mes ordres. *Signé* : le comte D'AUVERGNE (1).

———

Eslection et nomination de M^{rs} les Consuls de la ville de Limoges, faitte dans la grande salle de l'hotel commun par M^{rs} les Prudhommes nommés par M^{rs} les Consuls en charge en la maniere accouttumée, en presence de mesdits sieurs les Consuls et du Procureur du Roy dudit hotel, y presidant M^r le Lieutenant general et ce pour l'année 1697 :

Mr Mre Jean-Baptiste de Vincens, escuyer, seigneur de Thede, conseiller du Roy, lieutenant general civil et de police, president en l'hotel de ville, continué consul ;

Mr Michel Jacques Arbonneau, conseiller du Roy, controlleur en la mareschaussée ;

Mr Jean Garat, bourgeois et marchand, sieur du Pré-Saint-Irieys.

---

(1) Cette intervention du gouverneur dans la désignation des Consuls était tout à fait insolite. Quel que fut l'amoindrissement des libertés municipales, il y a lieu d'être étonné de ne pas trouver au registre sinon une protestation, du moins l'expression de certaines réserves.

Nous avons donné acte de la nomination, presentement faitte par les prudhommes appelés l'un aprés l'autre, des personnes des sieurs Jacques Arbonneau, pour second consul, et dudit Jean Garat pour troizieme consul (1), lesquels seront mandés pour prêter le serment en tel cas requis. DE VINCENS.

Aujourd'huy, douzieme may 1697, environ l'heure de trois heures de relevée, dans la salle de l'hotel commun de la ville de Limoges ou etoient assemblés Mr Jean Maleden, prevot consul en exercice; Jean Noualher, sieur du Brueil Lavergne, Michel Jacques Arbonneau, conseiller du Roy, controlleur en la mareschaussée et plusieurs notables habitants convoqués en la maniere accouttumée pour deliberer d'affaires importants au public, il auroit eté entre autres choses représenté par ledit sieur Maleden que, par une deliberation du 6 avril 1695 faitte dans ledit hotel en presence desdits habitants, il auroit esté nommé, en exécution des declarations de Sa Majesté et arrets du Conseil, un colonel, un major, huit capitaines et neuf lieutenants de milice bourgeoise des cantons de ladite ville et que le choix et eslection de colonel de la personne du sieur Devincent fils, ayant été fait du suffrage et commun consentement de l'assemblée, en consideration des services que Mr le lieutenant general, son pere, continue de rendre a la ville, il seroit de l'honnetteté et mesme de l'equité pour une marque de reconnoissance de sa maniere bienfaisante et pour conserver tousjours ses bonnes intentions, que les cinq cent cinquante livres du prix de l'office de colonel reglé par la deliberation de l'assemblée dudit jour, 6 avril 1695, fussent egalizés sur les habitants (2), comme il a eté fait pour la somme de 9,300 livres qui etoit l'excedant de 8,700 livres qui debvoient estre payés par les particuliers denommés en la susdite deliberation, sur les 18,000 livres et les deux solz pour livre a quoy la finance de colonel, major, capitaines et lieutenants se trouvoit fixée, et laquelle somme de 9,300 livres dudit excedant fut imposée sur ladite ville et levée par les consuls suivant l'arrest du Conseil du 7 juin 1695 : laissant audit sieur Devincent le fils, la disposition d'obtenir les provisions necessaires pour jouir et les

Assemblée de ville
—
Paiement par la commune du prix de l'office de colonel offert à M. de Vincent fils

---

(1) Cette formule témoigne visiblement de l'embarras du Lieutenant général, qui venait de présider à l'exécution des ordres du Gouverneur le concernant.

(2) En se reportant à la délibération dont il s'agit, on verra que le prix de 550 livres était un prix de faveur, fixé précisément en raison des services rendus à la ville par M. de Vincens père, et on trouvera sans doute comme moi que M. le lieutenant général et sa famille abusaient un peu de la situation.

siens hereditairement dudit office de colonel, aux honneurs qui y sont attribués et sans que luy ou autre ayant ses droits en puissent estre depossedés qu'en les rembourçant actuellement de la finance qui se trouvera en avoir été payée, le tout conformement a l'edit de creation dudit office, — et qu'il est encore de nostre debvoir de supplier Son Altesse Monseigneur le comte d'Auvergne, nostre gouverneur, de vouloir autoriser par son agrement le choix et la nomination dudit sieur Devincens (1). Sur quoy lesdits sieurs consuls et habitans assemblés ont unanimement resolü et convenu que, par la consideration des bons offices receus et que rend M^r le lieutenant general a la ville, de gratifier M^r son fils de la charge de colonel, pour en faire l'exercice et les fonctions aux honneurs enoncés en l'edit de creation dudit office et conformement a l'arrest du Conseil du 7 juin 1695, sans pouvoir en estre depossedé sa vefve, heritiers ou autres ayant de luy droit, qu'en un seul et actuel payement de la somme qu'il aura financé : voulant et consentant ladite assemblée que la somme de cinq cent cinquante livres a laquelle ledit office de colonel a eté fixée par la deliberation dudit jour, 6 avril 1695, soit repartie et imposée sur les habitant de ladite ville, et que le dit sieur Devincens fils s'en fasse pourvoir par Sa Majesté, touttefois et quantes que bon luy semblera ; et au surplus que son Altesse Monseigneur le comte d'Auvergne sera suppliée de confirmer nostre choix et nomination de colonel de la personne dudit sieur Devincens. Fait lesdits jours, mois et an que dessus.

MALEDEN, consul ; NOUALHER, consul ; ARBONNEAU, consul.

Assemblée électorale du 7 décembre 1697

Aujourd'huy, septieme decembre mil six cent quatre vingt dix sept (2), environ les cinq heures du soir, dans la grande salle de l'hotel commun de la present ville, ou etoient assemblés sieur Jean Garat, sieur du Pré-Saint-Yrieys, bourgeois et marchand, prevot consul en exercice ; Me M^o Jean Dufaure, escuyer, seigneur de Vialebot, conseiller du Roy au siege presidial de Limoges et son

---

(1) On pensera qu'il y a là une véritable platitude, si on jette les yeux sur la lettre du comte d'Auvergne du 1er décembre 1696, en faveur de M. de Vincent père (p. 110 ci-dessus).

(2) On démolit en 1697 la chapelle de Saint-Jacques, qui dépendait de l'ancienne léproserie dite des *ladres blancs*, située derrière l'abbaye de Saint-Augustin, non loin de la Vienne, près du faubourg actuel des Casseaux. Cette chapelle menaçait ruine depuis longtemps : on construisit, pour en conserver le souvenir, avec des matériaux provenant de la démolition, une petite chapelle sous l'invocation de Saint-Jacques, dans l'église paroissiale de Saint-Christophe, à droite de l'entrée de cette église.

assesseur en la mareschaussée ; Maitres Melchiol Champalimaud et Jean Deschamps, conseillers assesseurs dudit hotel et les prudhommes nommés pour l'eslection de M^{rs} les nouveaux consuls ; — en presence de Mr Me Martial Moulinier, seigneur du Puymaud, juge royal et prevot de ladite ville, M^r le lieutenant general en etant absent, et M^r le lieutenant particulier s'etant abstenü d'y assister, et Mr Simon Darsonval, procureur du Roy en icelle y etant : lequel auroit remontré que, sur les advis et plaintes de quelques notables habitants de ladite ville, on meditoit dans la prochaine et presente eslection desdits sieurs consuls, la continuation dans le consulat de ceux qui en debvoient sortir (1), ce qui etoit contre l'usage, les arrets du Conseil et les bonnes regles qui se sont observées d'un temps immémorial, si ce n'est l'année derniere que, par une deference a une lettre de Mgr le comte d'Auvergne, nostre gouverneur, M^r le lieutenant general fut continué (a quoy pourtant il fut obligé par le ministère de sa charge de faire et ecrire un acte de consentement a cette continuation sans tirer pour l'advenir a consequence) et que cette innovation estant prejudiciable aux interest du public, il debvoit s'y opposer et empecher l'effet de semblables abus, ce qui l'auroit obligé d'en informer Monseigneur le chancelier qui en auroit fait sa reponse a Mgr de Bernage, nostre intendant, et mandé de faire observer ce qui s'etoit anciennement pratiqué et de prevenir les brigues qui pourroient y estre contraires, affin que les suffrages de ceux qui doivent assister et faire cette nomination fussent dans une pleine liberté de les donner; que la coppie de cette lettre ayant été envoyée par mondit seigneur de Bernage a Mr de Bort, son subdelegué, il l'auroit remise audit sieur procureur du Roy certiffiée et signée dudit sieur de Bort pour estre la coppie qui lui avoit eté envoyée par M^r l'intendant ; la lecture de laquelle il requiert estre faitte par le greffier dudit hotel, pour que les prud'hommes qui sont icy presents puissent faire par leur eslection un libre choix de personnes capables de soutenir cet employ et que ladite coppie demeurera et sera enregistrée au greffe dudit hotel pour y avoir recours en cas de besoin. D'ARSONVAL, procureur du Roy (2).

Nous avons baillé acte de la requisition du procureur du Roy et de la lecture presentement faitte de la coppie de lettre representée par ledit procureur du Roy, et en consequence ordonné qu'elle

---

(1) C'était évidemment pour protester contre la continuation illégale de M. de Vincent, et contre la pression exercée à cet effet sur les prud'hommes par la lettre du comte d'Auvergne.

(2) On voit que si les bourgeois s'étaient abstenus de protestations publiques, ils n'en avaient pas moins réclamé contre l'ingérence du Gouverneur dans les élections municipales.

sera enregistrée et demeurera au greffe dudit hotel pour y avoir recours, et que les prudhommes icy presents qui seront appelés l'un apres l'autre, donneront avec une entiere liberté leurs suffrages pour la nomination des nouveaux consuls.

<small>Election des Consuls pour 1698</small>

Sur quoy et a l'instant lesdits prudhommes appelés d'un après l'autre auroient d'une commune voix nommés pour nouveau et premier consul :

Mr Me Simon Descouttures, seigneur de Bort, conseiller advocat du Roy au siege presidial ;

Mr Blaize Varachau, bourgeois — pour second consul, — seigneur de Servigny, premier capitaine de la bourgeoisie de la presante ville ;

Mr Georges Ardant, bourgeois et marchand pour troisieme consul.

(A l'exception d'un desdits prudhommes qui auroit nommé pour premier consul Mr de la Borie de Nouy, thresorier de France).

De laquelle eslection et nomination, ledit procureur du Roy a requis acte et leurs noms estre enregistrés au greffe et qu'ils soient mandés pour venir preter le serment en tel cas requis.

D'ARSONVAL, procureur du Roy.

Nous avons baillé acte de la nomination, faitte par les prudhommes appelés l'un apres l'autre, des personnes de Mr Debort pour premier consul, de Varachau pour second consul, et de Ardant pour troisieme consul ; lesquels seront mandés pour preter le serement en tel cas requis.

VARACHEAU, MOULINIER, juge et prevost royal de Limoges.

<small>Installation et prestation de serment de deux des Consuls

M. de Bort s'excuse</small>

Et a l'instant les capitaines et gagés de l'hotel de ville auroient eté depechés ches lesdits sieurs consuls nommés, qui nous auroient rapporté que Mr de Bort s'etoit excusé de venir en l'hotel de ville pour faire la fonction de consul sur son aage et sur la diversité de ses employs, qui ne lui permettoient point d'y vaquer, et qu'il remercioit les habitants d'avoir donné en sa faveur leurs suffrages, dont il temoigneroit au public sa reconnoissance dans touttes les occasions ; et lesdits sieurs Blaize Varachau et George Ardant s'y etant rendus, nous leur aurions fait preter le serment de fidelité et promettre de ne rien faire contre le debvoir de leurs charges qui puisse regarder l'interet du Roy et du public. Dont et de quoy nous avons concedé acte. Fait lesdits jour, mois et an que dessus.

Signé : MOULINIER, juge et prevost royal de Limoges.

Copie de la lettre ecritte par Monseigneur le chancelier a Monsieur de Bernage, le 22 novembre 1697.

Monsieur,

Ayant eté informé, par la lettre du 15ᵉ de ce mois du sieur Darsonval, procureur du Roy de la ville de Limoges, que quelques-uns des consuls presentement en charge pretendoient se faire continuer encore dans le consulat le 7 du mois prochain, jour auquel leur eslection doit finir, et que c'est par cabale, au prejudice des reglements et arrets du Conseil et a l'usage qui s'est toujours observé, j'ay cru qu'il convenoit vous en donner avis afin que vous prevenies les brigues, pour que tous ceux qui doivent assister a cette eslection ayent la liberté des suffrages et qu'il ne se passe rien contre les interets du Roy et du public. Je suis, etc.

La copie de lettre cy dessus est celle qui m'a été envoyé par Mʳ l'Intendant dans son paquet du 30 novembre dernier. *Signé* : DEBORT.

Election et nomination du R. P. Predicateur dans l'eglise collegiale Saint-Martial de Limoges pour l'Advent prochain de la presente année 1698 et Caresme de l'année 1699, et de Messieurs les Juges de police pour en faire les fonctions jusques au 7 decembre de ladite année 1698 :

Le Predicateur :

Le R. P. Apolinaire Mousnier, deffiniteur de la province des R.R. P.P. Recolets de Guienne;

Messieurs les Juges de police :

Mʳ (1) Constant, sieur de Verthamond, conseiller du Roy au presidial;

Mʳ (2) Rogier, sieur des Essarts, conseiller du Roy audit siege;

(1) Le prénom en blanc.
(2) Le prénom en blanc.

— 116 —

Mr Blaize Varachau, sieur de Servigny, premier capitaine de la bourgeoisie de la ville de Limoges et consul;

Mr George Ardant, bourgeois et marchand, capitaine de la bourgeoisie dudit Limoges et consul;

Mr Arbonneau le jeune, docteur en medecine;

Mr François Texandier, bourgeois et marchand, gendre du sieur Benoist.

Nous avons donné acte de la susdite nomination.

De Vincent.

Lettres du Gouverneur confirmant M. de Vincent fils dans l'office de colonel

Frederic Maurice de la Tour d'Auvergne, comte d'Auvergne, marquis de Bergues sur le Zoom, vicomte de Lanquais (*sic*), baron de Limueil, etc., et colonel general de la cavalerie de France, gouverneur et lieutenant general pour le Roy en la province de Haut et Bas-Limousin, a touts ceux qui ces presentes verront, Salut. Sçavoir faisons, sur la presentation qui nous a eté faitte par les prevot et consuls de la ville de Limoges qui auroient eü la faculté, par arrest du conseil du ixe novembre XVI{c} quatre-vingt-quatorze, de choisir et nommer des personnes capables de remplir les charges de colonel, capitaines et lieutenants et autres officiers des milices de ladite ville, elle (1) auroit fait choix et nommé a la charge de colonel le sieur Devincens, fils du sieur lieutenant general en la senechaussée et siege presidial de Limoges, en consideration des services qu'il rend journellement a ladite ville, comme il est porté par l'acte deliberatoire d'icelle du 6 avril XVI{c} quatre-vingt-quinze, lequel lesdits prevot et consuls nous ont tres humblement supplié de vouloir approuver et authorizer et d'agreer la personne dudit sieur Devincent fils; et estant pleinement informé de la fidelité et affection au service du Roy du sieur Vincens pere, par les marques qu'il en a donnees dans touttes les occasions qui se sont presentées et esperant que le fils suivra les traces de son pere, avons aprouvé et autorizé le choix que la ville de Limoges a fait de la personne dudit sieur Devincens fils, pour colonel de milice de ladite ville, par sa deliberation du 6 avril XVI{c} quatre-vingt quinze, et en tant que de besoin en confirmant icelle apres avoir receu le serment dudit sieur Devincens fils, de bien et fidellement servir le Roy dans les fonctions de ladite charge et de nous donner advis des choses qui viendront a sa connoissance qui regarderont le service

---

(2) *Elle* se rapporte à *ville*, dans l'esprit de l'auteur de la lettre.

de Sa Majesté, l'avons receu et installé en ladite charge de colonel de milice de ladite ville. Mandons et ordonnons a touts ceux qu'il appartiendra de luy obeir et entendre ez choses concernant ladite charge. En foy de quoy nous avons signé les presentes, a icelles fait mettre le scel de nos armes et contresigner par nostre conseiller et secretaire de nos commandements. A Paris, le XXIXᵉ juillet mil six cent quatre-vingt-dix-sept. *Signé* : FRÉDÉRIC MAURICE DE LA TOUR D'AUVERGNE, *et plus bas* : par Son Altesse : LAPEIROUZE et scellé.

Installation de M. de Vincent

Aujourd'huy, cinquieme febvrier XVIᶜ quatre vingt-dix-huit, dans la salle de l'hotel commun de la ville de Limoges, ou etoient assemblés Mʳˢ Mʳᵉ Simon Descouttures, sieur de Bort, conseiller et advocat du Roy au siege presidial de Limoges, prevot consul en exercice; Michel Arbonneau, conseiller du Roy, controlleur en la mareschaussée de Limousin; Blaize Varachau, seigneur de Cervigny, premier capitaine de bourgeoisie; Jean Garat, bourgeois et marchand, sieur du Pré-Saint-Yrieyx, et George Ardant, bourgeois et marchand, sieur de Ches Breyjoux, le sieur de Vincens fils a été installé en la charge de colonel a la teste des sieurs major, capitaines et lieutenants de ladite milice, et en presence de Melchiol Champalimaud, assesseur en la mairie (1), le procureur du Roy de l'hotel commun absent, estant mallade, dont a eté fait le present acte.

> DESCOUSTURES, prevost consul; J. GARAT, consul; DE VINCENT, colonel; J. PEYROCHE, capitaine; THEVENIN; LAVAUD, lieutenant; J. LAFOSSE; ESTIENNE BEAUBRUN, presant; GRASMAIGNAC; ARBONNAUD, consul; G. ARDANT; NICOT DE LA LOGE, major; J. DAVID, capitaine; J. PINOT; MOULINIER, presant; THEVENIN, enseignie colonelle; VARACHEAU; M. CHAMPALIMAUD, assesseur; J. MALEDEN, present; J. TEULIER.

---

(1) C'est la première fois, croyons-nous, que ce mot est prononcé à nos registres.

Extrait des registres du Conseil d'État.

<small>Gages du substitut du Procureur du roi</small>

Sur la requeste presantée au Roy, en son Conseil, par M⁰ Simon Darsonval, procureur de Sa Majesté de l'hostel de ville de Limoges, contenant que le Roy ayant, par edit du mois de mars 1694, creé des substituts des procureurs de Sa Majesté ez hostels des villes du royaume, et iceux reunis (?), par arrest du Conseil du 31 juillet 1696, aux charges de procureur du Roy, le suppliant auroit levé celui de Limoges aux revenus cazuels du Roy, par quittance signée BERTIN, au 30 may 1697, de la somme de 61 (1) livres, enregistrée au controlle general des finances du 22 juin, audit an, aux gages de XL^L X^s par an, pour deux quartiers de IIII^{xx} I^L, a prendre par preferance sur les deniers patrimoniaux, dons et octroys de ladite ville, et en cas d'insuffizance, sur les estats des finances et domaine de Sa Majesté ; mais lorsque le suppliant a demandé le payement des gages dudit office de substitut, il a trouvé que les revenus communs de ladite ville de Limoges n'estoient pas suffisants, suivant le certifficat et advis du sieur de Bernage, conseiller du Roy en ses Conseils, M⁰ des requestes, commissaire departy en la generalité de Limoges, du IXe octobre 1697 ; et comme il ne seroit pas juste que le suppliant fut privé du payement de ses gages escheus et a eschoir, requeroit qu'il plust a Sa Majesté sur ce luy pourvoir ; ce faisant, ordonner que le payement desdits gages sera assigné sur la recepte des tailles a compter du XXX may 1697, datte de la quittance de finance dudit office de substitut, pour estre payé au suppliant sur sa simple quittance ; — Veu ladite requeste et les pieces justifficatives d'icelle, ouy le raport du sieur Phelipeaux de Pontchartrain, conseiller ordinaire au Conseil royal, controlleur general des finances ; — Le Roy, en son Conseil, a ordonné et ordonne qu'a l'avenir, a commancer l'année mil six cent quatre-vingt-dix-huit, il sera annuellement fait fonds, dans l'un des chapitres des charges de la recepte des tailles de l'election de Limoges, de la somme de quarente livres dix sols, pour deux quartiers de quatre-vingt-une livres de gages attribués audit office de substitut de procureur du Roy de l'hostel de ville de Limoges, pour luy estre payé par le receveur des tailles de ladite eslection, chacun en l'année de son exercice. Ordonne en outre Sa Majesté que le fonds des gages dudit office, escheut depuis le trente may mil six cent quatre-

---

(1) On lit 611^L. Il est évident qu'il s'agit de plus de 61 livres, puisque les gages de l'office creé, et acquis à ce prix, excédent 40 livres par année.

vingt-dix-sept, datte de la quittance de finance dudit office, sera fait et laissé par doublement audit estat de l'année mil six cent quatre-vingt-dix-huit seulement, pour estre payés au suppliant sur sa simple quittance, en vertu de l'etat de Sa Majesté, a la charge par le suppliant de faire prealablement enregistrer le present arrest tant au bureau des finances de la Generalité de Limoges qu'en l'hostel de ville dudit lieu. Fait au Conseil d'Etat du Roy, tenu a Versailles, le vingt deux avril mil six cent quatre-vingt-dix-huit. Collationné. *Signé* : DU JARDIN.

Le present arrest a esté enregistré au greffe du bureau des finances de la Generalité de Limoges, pour jouir par Me Simon d'Arsonval, y denommé, de l'effet et contenu en iceluy, suivant l'ordonnance du bureau du seiziesme jour du mois de may mil six cent quatre-vingt-dix-huit. *Signé* : DACHES.

J'ai retiré le susdit arrest ce 16e may 1698.

D'ARSONVAL.

Aujourd'huy, cinquieme decembre mil six cent quatre-vingt-dix-huit, dans la chambre du Conseil de l'hotel commun de la ville de Limoges, ou etoient assemblés Mrs les Consuls de ladite ville l'année presente et tous les autres officiers dudit hotel, il auroit esté representé par Mr le lieutenant general en la senechaussée de Limousin et siege presidial de Limoges qu'il a esté surpris, a son arrivée en cette ville [d'Auvergne (*rayé*)] de ce qu'on avoit deliberé de faire l'oraison funebre de S. A. Mme la comtesse d'Auvergne, dans l'eglize parrochialle de Saint-Pierre-du-Queyroy, au lieu qu'elle se debvoit faire dans l'eglise cathedralle, comme il s'estoit pratiqué pour l'oraison funebre de Mgr le marechal de Turenne, aussy gouverneur de cette province et oncle de S. A. Mgr le comte d'Auvergne, d'auttant mieux qu'il ne depend que de deputer a Mrs du Chapitre de l'eglize cathedralle, qui, sur la proposition qui leur en a eté faitte ce matin en chapitre, ont touts d'une voix offert leur eglise pour faire cette ceremonie. C'est pourquoy mondit sieur le lieutenant general, apres s'en estre expliqué au long auxdits sieurs consuls et fait connoitre que c'etoit faire tort au rang de Son Altesse Mgr le comte d'Auvergne, s'oppose a ce que ladite ceremonie soit faitte dans une autre eglise que celle de la cathedrale : dont il m'a requis acte sur le registre, en presence tant desdits sieurs consuls, accesseurs, que procureur du Roy de ladite ville, et a signé avec moy, greffier, secretaire de l'hotel de ville.

DE VINCENT, GRASMAIGNAC.

Marginal note: Le Lieutenant général s'oppose à ce que le service pour la comtesse d'Auvergne soit célébré à Saint-Pierre

— 120 —

Le procureur du Roy, qui a eu communication et yeu l'opposition, dit qu'il n'a point esté appellé a la deliberation que M^rs les Consuls ont fait au sujet de la ceremonie ci-dessus et qu'il n'y a qu'un moment qu'il a esté appellé pour les suivre a l'eglise. Fait lesdits jour et an que dessus.

D'Arsonval, procureur du Roy.

Les accesseurs audit hostel, appres avoir leu l'exposé et opposition cy dessus, disent que, par les esdict de creation de leurs offices, arrests du Conseil d'estat et ordonnances de Nosseigneurs les intendants de cette generalité, rendus en consequence, le tout dheuement inthimé, il est porté entre autres choses qu'ils seront appellés a toutes les assemblées qui se feront dans ledict hostel de ville, tant ordinaires qu'extraordinaires et generales; ce neantmoins, par un pur mespris, on ne les y appelle du tout poinct, non pas mesme dans la deliberation que les sieurs Consuls en charge ont faict au subjet de la ceremonie cy dessus, dont il n'ont heue aucune cognoissance que lorsqu'on les a faict advertir pour y assister. Faict ledict jour que dessus.

M. Champalimaud, Deschamps, accesseur (1).

Dénonciation par le Lieutenant général de brigues et menées au sujet de l'élection du 7 décembre 1698

Jean-Baptiste de Vincens, escuyer, seigneur de Thede, conseiller du Roy en ses conseils, lieutenant general civil et de police en la senechaussée de Limousin et siege presidial de Limoges et presidant en l'hotel commun de la present ville, sur l'advis qui nous a eté donné que le sieur Arbonneau, l'un des Consuls qui doit sortir de charge, briguoit le consulat pour son frere et pretendoit le faire nommer la presente année a sa place; qu'a cet effet il avoit nommé des prudhommes ses parents, d'autres de ceux qu'il avoit exemptés de logement pendant son consulat, d'autres qu'il sert actuellement comme medecin et d'autres, ses amis, et qui n'ont pas pü estre nommés, attendu qu'ils n'en ont pas les qualités requises par les reglements et arrests du Conseil rendus en consequence; que, dans ladite nomination des prudhommes, les freres, beaux-freres, beaux-peres et gendres et autres proches, ne pourroient pas estre nommés ensemble comme on a fait pour composer les soixante prudhommes portés par les reglements; [que] par les memes reglements il est deffendu aux Consuls de nommer ni faire

---

(1) Nous ne pouvons dire quelle suite fut donnée à l'incident soulevé par le Lieutenant général, dans son zèle pour l'honneur du comte d'Auvergne.

nommer leurs proches parents pour leur succeder, parceque ce seroit eternizer le Consulat dans une mesme famille : ce qui est contre l'intention du Roy et du (*sic*) bien public. C'est pourquoi, nous, lieutenant general susdit, protestons de nullité tant de ladite nomination des prudhommes que de ce qui pourroit s'en ensuivre et d'en porter nos plaintes au besoin pour en demander la cassation. Dont acte, fait a Limoges, le sixiesme jour de decembre 1698. — Enjoint au secretaire et greffier de l'hotel de ville de le faire sçavoir.

DE VINCENT.

Election et nomination de Messieurs les Consuls de la ville de Limoges, faitte dans la grande salle de l'hotel commun, par Messieurs les prudhommes nommés par Messieurs les Consuls en charge, en la maniere accouttumée, en presence de mesdits sieurs les Consuls et du Procureur du Roy dudit hotel : y president Monsieur le Lieutenant General, et ce pour l'année 1699.

Et apres que les prudhommes ont nommé touts d'une voix unanime, pour le premier consul : M^r de La Bastide, tresorier de France, et pour second : Me Maurice Arbonneau, medecin, et pour troisiesme consul : sieur Simon Dorat, — le Procureur du Roy, a l'egard de Mr de Labastide, a dit ne pouvoir consentir a cette nomination, qu'au prealable on n'ayt le consentement dudit sieur La Bastide, attandü les privileges joints a sa charge, qui le dispensent des charges publiques, auxquels cette nomination paroit estre contraire ; et a l'egard dudit sieur Arbonneau, attandü aussy qu'il est frere du sieur Arbonneau, consul qui sort presentement de charge, ledit sieur Procureur du Roy n'y peut aussy consentir parce qu'elle seroit d'une consequence dangereuse, rendroit le consulat hereditaire, contre l'esprit du Conseil, parce que cella tient de la brigue et de la caballe ; et s'il y a eu de l'exemple par le passé, il est meilleur de les eviter que de les imiter ; et pour ce qui est du sieur Dorat, consent que la nomination subciste et requiert qu'il soit nommé un autre second consul que ledit sieur Arbonneau, et qu'a cet effet lesdits prudhommes icy presents donnent leurs suffrages sincerement.

D'ARSONVAL.

— 122 —

Nous, faisant droit au requisitoire du Procureur du Roy, avons donné acte de leur nomination faite par les prudhommes icy presents au nombre de quarante-quatre, les autres absents, de la personne du sieur Simon Dorat, bourgeois et marchand ; et, a l'egard de la nomination faitte des sieurs de La Bastide et Arbonneau, pour premier et second Consul, avons baillé acte de l'opposition du Procureur du Roy, ensemble de ce que les susdits prudhommes ont percisté, nonobstant icelle, a ladite nomination, et avant faire droit sur icelle et autres nullités qui pourroient se trouver dans ladite nomination, ordonnons qu'il sera sursis a ladite nomination jusques a ce que par Sa Majesté et son Conseil, sur l'advis qui en sera donné a Mʳ l'Intendant, il y soit autrement pourveü. Fait le septieme jour de decembre 1698.

DE VINCENT.

Les sieurs Arbonneau et Garat, qui doibvent sortir de charge presentement, declarent qu'ils ne pretendent plus en faire les fonctions et se dechargent du consulat. Fait les dits jour, mois et an que dessus.

ARBONNEAU l'ainé ; J. GARAT.

Nous avons pareillement baillé acte des declarations desdits sieur Arbonneau et Garat. Fait comme dessus.

DE VINCENT

Protestation du Lieutenant général — Jean Baptiste Devincens, escuyer, seigneur de Thede, conseiller du Roy en ses conseils, lieutenant general civil et de police en la senechaussée de Limousin et siege presidial de Limoges, president en l'hotel commun de ladite ville, sçavoir faisons que ce jourd'huy, septieme decembre 1698, nous estant portés dans ledit hotel de ville pour proceder a la nomination des Consuls pour l'année prochaine 1699 et ayant eté informé de la brigue et monopole qui se faisoit pour nommer certains Consuls contre les reglements, nous avons crü qu'il estoit du debvoir de nostre charge d'en dire quelque chose a l'assemblée, afin d'exciter ceux qui debvoient proceder a ladite nomination de ne point faire d'attention a touttes ces brigues et de choisir dans la ville des personnes capables de remplir le consulat, lequel ne debvoit point estre perpetué dans une famille (1), parceque cela est a charge au public par les exemptions et soulagement que donne chaque Consul a ses parents et amis :

---

(1) Bien que nous ne soyons pas entièrement fixé sur le rôle joué par M. de Vincent à Limoges, nous ne pouvons nous empêcher de trouver son langage passablement déplacé dans la bouche d'un homme qui s'était fait imposer aux suffrages des concitoyens par le Gouverneur.

ce qui tourne a la foule (1) des autres particuliers. Sur quoy le sieur Arbonneau l'ayné, l'un des consuls qui debvoit sortir de charge s'estant [levé] (2) de sa place, auroit, avec beaucoup de gesticulations indecentes et menaçanttes [proferé] (3) hautement plusieures injures contre nous qui presidions a ladite assemblée, et mesme nous auroit coupé la parolle plusieurs fois lorsque nous (4) prononcé. Dont et du tout nous avons dressé le present proces verbal aux pro (5) d'en porter nos plaintes ou besoin sera. Fait comme dessus.

DE VINCENT.

Jean-Baptiste Devincens, escuyer, seigneur de Thede, conseiller du Roy en ses conseils, lieutenant general civil et de police en la senechaussée de Limousin et siege presidial de Limoges, president dans l'hotel de ladite ville et premier consul, sçavoir faisons que le huitieme decembre mil six cent quatre-vingt-dix-huit, nous estant rendus dans l'eglise Saint-Martial pour entendre le sermon, nous nous serions placé dans le banc destiné pour la maison de ville; peu de temps apres seroient survenus Mre Simon Descoutures, advocat du Roy, et le sieur Varacheau, bourgeois, deux des consuls de ladite ville, l'un en robe et l'autre en espée, lesquels, estant venus a nous, nous auroient dit pourquoy nous estions la et qu'ils ne souffriroient pas que nous occupassions cette place. Sur quoy nous leur aurions repondu avec autant de moderation qu'ils parloient avec chaleur, que nous estions la placés pour entendre le sermon et qu'il etoit surprenant qu'ils ignorassent nos qualités et le rang que nous tenions. A quoy le dit sieur Descouttures auroit reparty avec plus de chaleur qu'il ne nous y souffriroit pas, et, a mesme temps, nous auroit pris les manches de notre robe et se seroit assis sur nos genoux : ce qui a donné lieu a beaucoup de scandalle; lequel pour eviter et les menaces de plusieurs personnes qui estoient de concert avec eux pour nous insulter, quelques-uns s'approchant de nous avec des espées, les autres battant des mains et criant : *Dehors! dehors!* Quoy voyant et ayant eté adverty plusieurs fois dans la ville et dans la campagne qu'on ne cherchoit

Plainte du Lieutenant général au sujet d'une scène qui s'est produite dans l'église de Saint-Martial

---

(1) A la charge, au dommage.
(2) Le mot manque : l'extrémité du feuillet et déchirée.
(3) *Idem.*
(4) La déchirure empêche de lire ce qui suit immédiatement.
(5) *Idem. Protestations,* sans doute.

l'occasion que de nous assassiner et que d'ailleurs il estoit de nostre prudence non seulement de l'eviter, mais encor de ne pas detourner par ce tumulte le predicateur qui estoit prest de monter en chere pour dire son sermon, nous nous serions sur le champ retiré et mis au dessous desdits sieurs Descoutures et Varacheau; et quoy que nous eussions fait cette demarche, ces mesme mutins n'auroient pas laissé de continuer a battre des mains et a crier tousjours : *Dehors! dehors!* ce qui nous auroit convaincu de leur mauvaise intention et fait prendre la resolution de sortir tout a fait de l'auditoire et de nous retirer pour mettre notre vie en seurté et pour laisser au predicateur qui arrivoit la liberté de prescher. Et comme c'est une suitte des actes faits depuis deux jours et des desordres causés par une caballe souslevée contre nous, qui dure depuis trop longtemps, qui a asses de credit et d'autorité dans la ville pour empecher que nous ne puissions prendre des actes ny faire attester nos proces verbaux, nous sommes obligés de dresser le present pour en demander justice et reparation partout ou besoin sera et de l'incerer dans le registre de l'hotel de ville affin que le greffier et secretaire le notiffie et le fasse sçavoir auxdits sieurs Descouttures et Varacheau. Fait et enregistré audit greffe, le dixiesme decembre 1698.

DE VINCENT.

Extrait des registres du Conseil d'Estat.

Annulation de l'élection du 7 décembre 1698. Le Roy, ayant esté informé par le sieur de Bernage, conseiller du Roy en ses conseils, M^{re} des requestes ordinaire de son hotel, commissaire departy pour l'execution de ses ordres en la generalité de Limoges, que, le septiesme decembre dernier, jour auquel se fait ordinairement l'eslection des Consuls de la ville de Limoges, les sieurs de La Bastide, tresorier de France, Maurice Arbonneau, medecin, et Simon Dorat, auroient été nommés Consuls de ladite ville pour la presente année 1699, au lieu des trois qui devoient sortir de charge; a laquelle nomination il auroit esté formé opposition, sçavoir de la part dudit sieur de La Bastide, qui auroit soutenu en devoir estre dechargé, attandü que les tresoriers de France sont exempts des charges publiques et notamment de la collecte des tailles, qui se trouve attachée aux fonctions de consuls de ladite ville, — et de la part du Procureur du Roy audit hotel de ville, a la nomination du sieur Maurice Arbonneau, soutenant qu'il n'avoit pü estre nommé a la place du sieur Arbonneau, son frere, l'un des Consuls sortant de charge ; — sur lesquelles oppositions les parties interesseés ayant remis les pieces et memoires audit sieur de Bernage, il les auroit envoyées a Sa Majesté avec son avis pour y estre pourveu ; — Veu la coppie des lettres patentes du mois de novembre 1659, servant de reglement pour le Consulat de ladite ville de Limoges, portant entre autres choses que les Consuls qui doivent estre nommés chacune année, le seroient par soixante prudhommes non parents desdits consuls jusques au 3º degré, sans qu'aucun desdits prudhommes puissent s'absenter sinon pour cause legittime : auquel cas, le nombre des absents sera remply pour faire que les soixante se trouvent complets pour l'eslection, a peine de nullité ; — nomination des prudhommes faitte le 5e dudit mois de decembre pour proceder a l'eslection des Consuls de cette année 1699 ; — acte de protestation du sieur de Vincent, lieutenant general en la senechaussée et siege presidial de Limoges, du 6e du mesme mois ; — nomination desdits sieurs de La Bastide, Arbonneau et Dorat, faitte par les prudhommes, au nombre de quarante-cinq seulement, les autres absents ; — acte d'opposition signiffié de la part dudit sieur de La Bastide, les 7e et 15e dudit mois, le memoire de luy signé, contenant ses moyens ; — opposition et memoire du sieur Darsonval, procureur du Roy de ladite ville de Limoges, — et memoire des anciens consuls de ladite ville, *signé :* Debort, Arbonneau, Garat, Varacheau et Ardant ; — advis dudit sieur de Bernage et autres pieces ; — ouy le raport et tout consideré, le Roy, estant en son conseil, a dechargé et decharge ledit sieur Martin de La Bastide de la nomination qui a esté faitte de sa personne pour exercer la charge de premier Consul de ladite ville de Limoges, pendant la presente année 1699, et a cassé et annullé celle qui a esté faite du sieur Maurice Arbonneau, medecin, pour second Consul, pendant ladite année ; et en consequence a ordonné et ordonne qu'il sera incessamment procedé a l'eslection de deux autres Consuls, en la maniere accoutumée et prescritte par les lettres patentes en forme de reglement du mois de novembre 1659. Enjoinct Sa Majesté audit sieur de Bernage de tenir la main a l'exécution dudit arrest, qui sera executté nonobstant opposition et appellations quelconques et sans prejudice d'icelles. Fait au Conseil d'Estat du Roy, Sa Majesté y estant, tenü a Versailles, le troisiesme jour de febvrier 1699. *Signé :* Colbert.

Louis de Bernage, chevalier, seigneur de Saint-Maurice, conseiller du Roy en ses conseils, M^re des requestes ordinaire de son hotel, intendant de justice, police et finances en la Generalité de Limoges ; — veu l'arrest du Conseil cy-dessus transcrit, nous ordonnons que ledit arrest sera executté selon sa forme et teneur ; enjoignons au Procureur du Roy de l'hotel de ville en ladite ville de Limoges d'y tenir la main, et, a cet effet, mandons a touts huissiers et sergents de faire tous les actes de sommations, requisitions et autres de justice dont ils seront requis, a peine d'interdiction. Fait a Angoulesme, ce quinziesme jour de febvrier 1699. *Signé* : de Bernage, *et plus bas* : par Monseigneur : Deval.

<small>Réquisitoire en vue d'une seconde élection pour remplacer les deux élus dont l'arrêt du Conseil a annulé la nomination</small> Le Procureur du Roy, qui a requis l'enregistrement du susdit arrest, requiert qu'en consequence, il soit incessamment procedé a la nomination d'un premier et d'un second Consul au lieu desdits sieurs La Batide et Arbonneau denomez dans ledit arrest, et qu'a cet effet il soit nomé des prudhommes aux termes des reglements. A Limoges, ce vingtieme jour de febvrier 1699.

d'Arsonval, procureur du Roy.

Nous avons baillé acte du requisitoire du procureur du Roy, et attandü l'enregistrement fait de l'arrest du Conseil d'Estat, ordonnons, conformement a icelluy, attandü l'assemblée faitte des prudhommes dans la grand salle de l'hotel de ville, qu'il sera presentement procedé a la nomination de deux nouveaux consuls. Fait lesdits jour, mois et an que dessus.

Vidaud du Dognon, lieutenant particulier.

Election (1) *et nomination de deux nouveaux Consuls pour l'année* 1699, *faitte dans la grande salle de l'Hotel commun de la present ville, par Messieurs les Prudhommes choisis par Messieurs les Consuls en charge la presente année* 1699, *en execution de l'arrest du Conseil d'Estat en datte du* 3° *febvrier audit an, dont copie est de l'autre part transcrite, la nomination faitte le* 7° *decembre dernier de la personne du sieur Simon Dorat subcistant, et celle des autres desdits sieurs Consuls, le* 21° *febvrier* 1699 :

Monsieur Me Jacques Depetiot, seigneur de La Motte de Gain, conseiller du Roy et son assesseur au siege presidial de Limoges ;
Monsieur Me Pierre Vidaud, sieur de La Brugiere, conseiller du Roy, greffier en chef de l'eslection de Limoges ;
Monsieur Simon Dorat, bourgeois et marchand de Limoges.

   Varacheau, prevot consul ; Descoutures, consul ;
   G. Ardant, consul.

Nous avons donné acte de la nomination, presentement faitte par les prudhommes, des sieurs de La Motte Petiot pour premier Consul, Vidaud de La Brugiere pour second Consul, lesquels seront incessamment mandés, ensemble le sieur Dorat nommé cy devant pour troiziesme Consul, pour preter le serment en tel cas requis. Fait dans l'hotel de ville, a Limoges, le vingt-uniesme febvrier mil six cent quatre-vingt-dix-neuf. *Signé* : Vidaud du Dognon, lieutenant particulier.

Et advenant l'heure de cinq du soir du susdit jour 21 febvrier 1699, pardevant nous, Jean Vidaud, escuyer, seigneur comte du Douignon, conseiller du Roy, lieutenant particulier en la seneschaussée de Limousin et siege presidial de Limoges, dans la Chambre du conseil de l'hotel de ville, ou les trois anciens Consuls, avec tous les autres officiers dudit hotel, etoient assemblés, seroient (*sic*) entrés dans ladite Chambre du conseil les sieurs de

<small>Prestation de serment des nouveaux Consuls</small>

---

(1) On remarquera que le Lieutenant général n'assiste pas à l'élection, à laquelle il présidait d'habitude. Nous ne trouverons plus son nom, au reste, dans le registre de la maison commune,

— 128 —

La Brugiere, l'un desdits Consuls presentement nommé, — le sieur Petiot de Lamotte s'estant trouvé absent de la ville, — et Dorat, bourgeois et marchand, Consul nommé depuis le 7 decembre dernier, auxquels sieurs de La Brugiere et Dorat, sur le requis du procureur du Roy, nous aurions fait preter le serment en tel cas requis de bien et fidellement faire les fonctions consulaires pendant le temps de leur exerice, en sorte que le Roy et le public en demeure satisfait (1) : ce qu'ils auroient promis faire. Dont et de quoy nous avons pareillement baillé acte. Fait comme dessus.

Réquisitoire pour la désignation des Juges de police et du Prédicateur

Aujourd'huy, dimanche, 22 febvrier 1699, environ sur les dix heures du matin, en la Chambre du conseil de l'hotel de ville de Limoges, ou estoient assemblés Mrs Debort, Varachaud, Vidaud, Ardant et Dorat, prevot, consuls de laditte ville ; M. Delamotte, absent ; Me Simon Darsonval, procureur du Roy audit hotel, leur auroit representé qu'il est d'usage de proceder a la nomination d'un predicateur et de quatre officiers de police annuellement, apres que l'on a fait l'eslection des trois nouveaux consuls, le 7° de chaque mois de decembre ; ce qu'ayant esté retardé, a cause des difficultés arrivées sur la nomination consulaire du 7° decembre dernier, et qu'en consequence de l'arrest du Conseil rendü sur icelles le 3° du courant, il fut le jour d'hier procédé a l'eslection desdits trois nouveaux consuls, il seroit a propos de nommer a present un predicateur pour l'Advent prochain et Caresme ensuivant, et quatre officiers de police pour y vaquer pendant la presente année avec les deux derniers Consuls (2) de cette ville, en la maniere accoustumée ; ce que ledit procureur du Roy auroit requis nosdits sieurs les Consuls presentement, pour eviter un retard qui pourroit etre prejudiciable.

---

(1) Nous voilà loin de la formule du serment qu'on trouve au fol. 10 verso de notre vieux Cartulaire du Consulat : « Messeigneurs, vous jurez sur les saints Evangiles de Dieu que vous tiendrez et garderez cette ville, etc etc. »

(2) On voit par ce passage que c'étaient les deux derniers nommés des membres du Consulat qui siégeaient au Tribunal de police.

Eslection de Messieurs les Juges de police, creés et nommés par Messieurs les Consuls le 22 febvrier 1699 (1) :

Mr Delomenie, sieur du Claud, conseiller du Roy en la senechaussée et siege presidial ;
Mr Jayat, sieur de Lagarde, conseiller du Roy en ladite senechaussée et siege presidial de Limoges ;
Mr (2) Vidaud, sieur de La Brugiere, conseiller du Roy, greffier en chef en l'eslection, consul ;
Mr Simon Dorat, bourgeois et marchand, consul ;
Mr Vigenaud, bourgeois ;
Mr Pierre Senamaud, bourgeois et marchand ;

Et pour predicateur pour l'Advent prochain et Caresme ensuivant :
Le R. P. Leonard Geay, de l'ordre des F.F. Prescheurs.

VARACHEAU, prevot consul.

Aujourd'hui, sixiesme juillet 1699, dans l'hotel de ville de Limoges, ou etoient assemblés Mrs les prevot et consuls de ladite ville, en presence du procureur du Roy, sur ce qui a eté representé que la place de l'hermite estably a l'hermitage de Montjovis etoit vacante par la mort du frere Chambinaud, decedé ces jours derniers (3), et que, comme la disposition de cette place depend de la

Nomination de Jean Valade en qualité d'ermite

---

(1) En 1699 des ateliers de charité sont ouverts. A Limoges, les habitants se chargent de nourrir leurs pauvres, qui sont au nombre de 2,000. Les indigents de la campagne reçoivent une aumône générale et sont renvoyés dans leur paroisse. Le roi envoie des secours considérables. *La Correspondance des Contrôleurs généraux*, t. I, p. 523, mentionne à ce sujet une lettre de M. d'Aguesseau, où nous relevons ce passage intéressant :

« Il ne seroit peut-estre pas mauvais que vous fissiez écrire à M. de Bernage de quitter le
» séjour d'Angoulesme pour un temps et d'aller à Limoges et autres villes du Limousin jusqu'à
» la récolte prochaine, pour y pourvoir, par tous les expédiens possibles, à la nourriture et
» subsistance des paysans. Je ne sais si vous ne trouverez point que j'aille trop loin en vous
» proposant d'y ajouter le pouvoir de prendre dans les recettes les fonds nécessaires, jusqu'à
» concurrence de telle somme qu'il vous plaira ; mais je sais bien qu'il n'y a rien de plus pré-
» cieux, ni de plus important pour le Roy, ni de plus digne de sa grandeur et de sa bonté, que
» la conservation d'un grand nombre de ses sujets qui périssent par la faim dans cette pro-
» vince. »

De telles lettres honorent et les fonctionnaires qui les écrivent et les régimes dont ils traduisent les sentiments.

(2) Le prénom est resté en blanc.

(3) Pierre Chambinaud, ermite de la ville, était mort à quarante-cinq ans, le 27 juin 1699, en odeur de sainteté. La foule se disputa les lambeaux de ses vêtements. Les Consuls assistèrent à ses obsèques.

nomination desdits sieurs prevot et consuls, il etoit important d'y pourvoir, lesdits sieurs prevot et consuls ont nommé, d'une commune voix, Jean Valade, habitant de cette ville, pour jouir de touts les droits, gages et emoluments dependants dudit hermitage, et ordonné en consequence qu'il sera mis en possession d'icelluy en prenant l'habit d'hermite et executant les regles données a ses predecesseurs. Fait comme dessus.

DESCOUSTURES, prevost consul; VARACHEAU, consul;
DORAT, VIDAUD DE LA BRUGERE, G. ARDANT.

Aujourd'huy, sixiesme juillet mil six cent quatre-vingt-dix-neuf, dans l'hotel de ville de Limoges, ou estoient assemblés Messieurs les prevot consuls de ladite ville, en presence, etc. (1).

Assemblée de ville au sujet du rachat de l'office de peseur juré

Aujourd'huy, vingt-quatriesme aoust mil six cent quatre-vingt-dix-neuf, a Limoges, dans la grande salle de l'hotel de ville, ou etoient assemblés M^{rs} les prevot, consuls et les principaux bourgeois et habitants de ladite ville, convoqués en la maniere accoutumée, en presence de Mr Vidaud, seigneur comte du Dongnon, conseiller du Roy, lieutenant particulier au siege presidial, et le sieur Darsonval, procureur du Roy audit hotel; il a eté representé par ledit sieur prevot que le droit du Poids du Roy dans cette ville, engagé il y a deja longtemps par Sa Majesté, ayant eté depuis quelque temps decreté sur la teste de Pierre Barry, possesseur d'icelluy par arrest du Parlement de Bordeaux, il auroit esté adjugé a Me Leonard Constant, conseiller honoraire audit presidial, pour en jouir ainsy que ledit Barry et ses predecesseurs en avoint jouy; mais au lieu de cella, le dit sieur Constant auroit taché, pendant quelques années qu'y a qu'il est en possession, d'introduire de nouveaux droits et de fatiguer par des saisies et des contestations touts les marchands de ceste ville qui font commerce de marchandises de nature du Poids, en sorte que, leur ayant suscité divers proces et enlevé d'autorité quantité desdites marchandises, cela auroit été un notable prejudice a leur commerce et leur en causeroit a l'advenir et a toutte la ville, s'il n'y estoit remedié : ce qui auroit obligé lesdits sieurs consuls, pour l'interêt public, d'intervenir au Conseil privé du Roy, ou est pendant la contestation d'entre ledit sieur Constant et le scindic des marchands de cette ville, pour demander la grace d'estre receus a rembourcer ledit sieur Constant de la

---

(1) Reproduction barrée, mais sans signature, de la décision précédente.

finance, affin d'eviter le desordre que ledit sieur Constant va mettre dans le commerce par le moyen de l'augmentation qu'il veut introduire et les mauvais traitements qu'il fait auxdits marchands, qui retombe sur tout le public; mais comme il est important d'avoir un acte de deliberation de la ville pour autoriser la demarche que les consuls ont fait, ils ont fait faire la presente assemblée pour que lesdits sieurs bourgeois marchands ayent a donner leurs advis.

Varacheau, prevot consul.

Sur quoy, l'affaire mise en deliberation, il a eté conclud, touts d'une commune voix, qu'on approuve l'intervention faitte par lesdits sieurs prevots consulz au Conseil privé et la requette par eux presentée pour estre receus audit remboursement, les priant de continuer leurs poursuittes comme recognoissant l'importance qu'il y a pour l'advantage du commerce et du public que ce droit du Poids du Roy ne se leve que de la façon qu'il a eté levé jusqu'a present, despuis mesme qu'il estoit en la main du vicomte de Limoges, avant l'advenement a la couronne d'Henry le Grand ; et pour parvenir a avoir les sommes necessaires pour ledit remboursement et supplement de finance offert par lesdits consulz, lesdits habitants consentent qu'ils les emprunteront ou bon leur semblera, en affectent pour cella les revenus tant desdits droits que de l'hotel de ville, avec la permission de Sa Majesté, et y agissent de la maniere qu'ils trouveront la plus avantageuse pour le public et que, dans la suitte, ils verront que cella est proffitable a toutte la ville. — J. Lafosse, sindiqc des marchands; — Raymond Garat, juge (?) des marchands; — Maritas (?) (1) Navieres, consul; — J. Lymousin ; — J. Chenaud; — Jacques Martin; — Farne; — J. Moulinier ; — J. Leyssene, conseiller; — un nom illisible; — Recules; — J. Mathieu; — P. Baud; — F. Martin; — Estienne Beaubrun; — L. Gabaud; — François Reix; — R. Cybot ; — Muret ; — G. Ardant jeune; — deux autres noms illisibles.

Apres avoir lu l'exposé cy dessus, en requerons acte, en attendant les conclusions que nous avons a donné et que nous mettrons dans le jour cy dessous. Ce dit jour, 24 aoust 1699.

D'Arsonval, procureur du Roy.

Nous avons donné acte de l'exposé du sieur prevot consul, ensemble de l'acte deliberatoire suivant qu'il y est cy dessus exposé, et des conclusions du procureur du Roy : le tout pour servir et valloir que de raison. Fait comme dessus.

Vidaud, lieutenant particulier.

---

(1) On lit très distinctement *Maritas;* impossible de lire Martial.

<small>Observations et avis du Procureur du roi sur ce sujet</small>   Et advenant le susdit jour, environ l'heure de cinq a six heures du soir, nous, Procureur du Roy de la ville et communauté de Limoges, attandu que notre ministere nous engage doublement de suivre a la lettre les intentions de Sa Majesté, expliquées dans ses edits et declarations, nous ne croyons pas qu'il nous soit permis d'approuver la proposition que fait le sieur Varachau, l'un des capitaines cartiniers (*sic*), prevot consul (1) pour ce mois, cy dessus ecrite, de faire un emprunt pour rembourcer le sieur Constant de la finance du Poids du Roy de cette ville, parceque cette proposition semble n'estre pas admissible, en ce qu'elle paroist contraire a l'esprit de l'edit de Sa Majesté du mois de mars 1695 et a sa declaration du 4 septembre 1696, concernant la vente et revenu de ses domaines engagés, par lesquels Sa Majesté a bien voulu se desister de pouvoir rembourcer les engagistes qui auront eté confirmés en la possession d'iceux moyenant finance, qu'apres l'expiration des trente années portées par les susdits edits et declarations, et comme en execution d'iceux, ledit sieur Constant a eté confirmé en la jouissance dudit Poids du Roy au moyen de la taxe qu'il a payée pour raison de ce, il est visible que la proposition du sieur prevot consul et l'approbation des marchands de le rembourcer malgré luy n'est pas recevable ; mais ce qui paroist de justice et de necessité indispensable tant pour le bien du service du Roy que pour l'interet public, est qu'il soit dressé et autorisé un tarif qui regle la qualité, espece et nature des marchandises ou denrées, les lieux prochains ou esloignés d'ou elles seront apportées et les droits qui en debvront estre payés audit Poids du Roy, et pour cella remonter le plus qu'il sera possible jusqu'au temps que le Roy de Navarre en fit la premiere alienation en qualité de vicomte de Limoges, pour avoir des memoires certains par enquestes ou autrement, a la dilligence des parties interessées, pour servir a la confection dudit tarif. C'est ce que nous avons cru debvoir judicieusement remontrer dans la conjoncture presente, a telles fins que de raison. Au surplus, trouvons estrange que les sieurs consuls ayent entrepris de presenter au Conseil une requeste d'intervention sans nous en avoir communiqué, ainsy qu'ils y etoient obligés, puisqu'il s'agit d'affaire de communauté.

D'Arsonval, procureur du Roy.

<small>(1) Nous trouvons ici réunies deux fonctions jadis incompatibles : celles de consul et d'officier de la milice.</small>

Nous, procureur du Roy, estant present a la nomination consulaire qui se doit faire aujourdhuy, septiesme x^bre 1699, pour eviter les brigues et cabales qui ont donné lieu a des arrests du Conseil qui ont cassé les nominations soubçonnées d'intrigues et d'inductions envers les prudhommes, qui doivent estre libres dans leurs sufrages, avons requis que lesdits prudhommes donnent leursdits sufrages chacun sur des billets particuliers qu'ils deposeront sur la table, pour, sur iceux, estre les voyes (*sic*) recoligées (1), et que la liberté ne soit point genée, comme elle nous paroist presentement. Dont requerons acte a M. de Beauviger, comte du Dognon, conseiller du Roy, lieutenant particulier au presidial, president en ladite assemblée. D'ARSONVAL.

<small>Assemblée électorale du 7 décembre 1699 — Le Procureur du Roi propose qu'on vote par bulletins écrits</small>

Lesdits sieurs Consuls ont dit qu'il n'y a ny brigue, ny monopolle dans l'eslection qui se doit faire, ainsy que MM. les Prudhommes le declareront a M^r le Lieutenant particulier, s'il prend la peine de le leur demander, et que M^r le Procureur du Roy a tort et (?) correction d'en avoir soubçon, et s'il presupose que l'année derniere on cassa une nomination, ce ne fut pas pour cella, mais parce qu'on fit entendre qu'un frere sortant de Consulat, on ne pouvoit pas y mettre son frere, quoy que pourtant cella ne fut pas deffendu par l'arrest du Conseil de l'année 1660, qui sert de reglement et qui porte que ces eslections seront faittes suivant l'usage, qui est que chaque prudhomme donne sa voix verbalement : en quoy il y a bien moins d'inconvenient que de la donner par scrutin qu'on pourroit apporter tout ecrit de sa maison ; aussy, comme il est important pour le service du Roy et du public de ne pas retarder ceste eslection, ils prient M^r le Lieutenant particulier de vouloir ordonner qu'elle sera faitte suivant l'usage.

<small>Les Consuls s'opposent à l'innovation proposée</small>

DORAT, prevot consul.

Et par ledit Procureur du Roy a eté dit qu'il ne croyoit pas que M^rs les consuls fissent paroitre avoir interest d'empecher que ces nominations se fissent avec une entiere liberté, qui ne se peut trouver que par le moyen des billets proposés ; attendu que, lorsque les prudhommes donnent leurs voix hautement, chacun tremble de ne pas plaire a ceux qui les ont sollicités, et bien loin que les reglements soient contraires auxdits billets, c'est leur esprit, et s'il y a eu un usage contraire, on en a tellement abusé qu'il est a propos d'eviter les inconvenients qui en arrivent dans ces nominations, et par consequent persistons, pour le Roy et le bien public, a nos requisitions cy dessus. D'ARSONVAL.

---

(1) Recueillies, de *recolligere*.

Lesdits sieurs Consuls ont dit que, si quelqu'un veut oter la liberté des prudhommes, c'est ledit sieur Procureur du Roy, qui cherche tousjours des nouveautés, et on ne croit pas qu'il ayt jamais entré dans le Conseil du Roy pour scavoir l'esprit des reglements et les innover quand bon luy semble, ayant eté en sept a huit nominations semblables, qui se sont touttes faittes de mesme. Ainsi ils percistent.

DORAT, prevot consul.

Le Lieutenant particulier décide que l'élection aura lieu conformément aux usages

Nous, sur le nouveau reglement demandé par le sieur Procureur du Roy, pour la nomination des nouveaux consuls, et opposition des sieurs consuls a ce nouveau reglement, ordonnons que les parties se pourvoiront par devers Sa Majesté et Nosseigneurs de son Conseil. Cependant, attendu que les Prudhommes sont icy assemblés pour cette nomination, ordonnons qu'elle sera faitte suivant les reglements et ancien usage : a ces fins, que chaque prudhomme se presentera par devant nous, le Procureur du Roy present, pour donner son suffrage avec une entiere liberté, lequel sera ecrit mesme par le greffier; et, ce fait, la nomination conclue a la pluralité des voix.

VIDAUD DU DOGNON, lieutenant particulier.

Le procureur du Roy requiert acte de ce qu'il y a quinze prudhommes absents des soixante qui avoient eté appelés, et par consequent la nomination est nulle et deffectueuse aux termes des reglements du Conseil, et que la fueille des prudhommes soit paraphée par M. le Lieutenant particulier, a cotté des absents, et que la fueille des suffrages des 45 soit aussy parafée pareillement et laissée au greffe, pour y avoir recours quand besoin sera.

D'ARSONVAL.

Les sieurs Consuls ont dit qu'au terme de la fueille qui contient le nombre des prudhommes, il y en a pour le moins 45 qui ont donné le mesme suffrage pour les mesmes personnes; ainsy, quand ceux qu'on pretend absents seroient icy et qu'ils nommeroient d'autres personnes, la majeure seroit tousjours pour ceux qu'on a nommé, outre que, s'il y en a quelqu'un d'absent, c'est par la faute dudit sieur Procureur du Roy, qui a retenu toutte la sceance en proces verbaux inutiles, qui ont causé que lesdits prudhommes qu'on avoit choisy de gens sur l'aage, ont eté obligés de se retirer, estant desja six heures du soir, au lieu que l'eslection, suivant l'usage, debvoit estre faitte a 4 heures.

DORAT, prevot consul.

La retraitte des prudhommes absents n'a point eu d'autre principe que d'avoir veü que la proposition des billets n'a pas esté aggreable.

D'ARSONVAL.

Lesdits sieurs Consuls ont repliqué que la proposition des billets a esté si peu agreable auxdits prudhommes qu'ils ont tous dit hautement qu'ils n'en vouloient pas et qu'il falloit s'en tenir a l'ancien usage.

DORAT, prevot consul.

Nous avons donné acte des dires desdits sieurs Consuls et du sieur Procureur du Roy, le tout pour servir et valloir que de raison, ensemble de ce que les prudhommes, au nombre de 45, suivant l'etat mis ez mains du greffier, que nous avons paraffé, ont d'une commune voix nommé pour Consuls les sieurs Decordes de Felix, conseiller, pour premier consul; Nicot de La Loge pour second consul, et François Texandier pour 3e consul. *(Election du 7 décembre 1699)*

VIDAUD DU DOGNON, lieutenant particulier.

Aujourdhuy, dix-neufviesme may mil sept cent, environ l'heure de deux heures de relevée, dans la Chambre du Conseil de l'hostel commun de la ville de Limoges, ou estoient assemblés Messieurs François Texendier, prevot consul en exercice; Descordes, sieur de Felys, conseiller du Roy au siege presidial de Limoges; Vidaud, sieur de La Brugierre, greffier en l'Eslection, et Simon Dorat, bourgeois et marchand, touts prevots consuls de ladite ville, seroient entrés dans ladite Chambre du Conseil, sieurs Durou, Mailhot, Champalimaud, gendre de Regis, et Malavergne, gendre d'Ardelier, bourgeois et marchand dudit Limoges, qui nous auroient exposé que, suivant les reglements faits concernant les manufactures et arrets rendus en consequence et diverses ordonnances de Messeigneurs les Intendants de cette generalité, ils auroient esté nommés, par le corps des marchands, gardes jurés pour la visitte et marque des estoffes qui se fabriquent ou debittent en la present ville; ils auroient fait et exercé pendant deux années cette fonction, laquelle debvant etre finie par l'espace du susdit temps qu'ils l'ont regie, ils auroient fait aujourdhuy convoquer dans la salle dudit hotel commun les marchans, tant de laditte ville, fauxbourg que Cité, dont la plus grande partie se sont assemblés pour proceder a l'eslection et nomination d'autres nouvaux *(Election par le corps des marchands de quatre gardes pour la visite et la marque des étoffes)* gardes jurés, et qu'en execution desdits reglements, arrets et ordonnances, notre presence doit authoriser la nomination qu'ils sont sur le point de faire : Ils nous supplient d'y assister.

Sur quoy nous, susdits prevots consuls, accompagnés de notre greffier, nous serions sortys de ladite Chambre du Conseil et entrés dans la salle dudit hotel ou plusieurs marchands y estants assemblés, nous aurions pris leurs suffrages, et auroient esleus et nommés pour l'année courante mil sept cent, en la place dudit sieur Durou, Mailhot, Champalimaud, gendre de Regis, et Malavergne : sieurs Jean Froment, gendre de Michel; Bordeau du Buisson; Farne, gendre de Crouseil, et Martin, gendre de Guibert, pour gardes jurés. Duquel choix, eslection et nomination, nous avons baillé acte et ordonnance, conformement aux arrets et susdites ordonnances, que l'enregistrement en sera fait au greffe dudit hotel commun pour y avoir recours, en cas de besoin, et qu'a la diligence desdits sieurs Durou, Mailhot, Champalimaud et Malavergne, il en sera fourny, aux nouvaux nommés, des coppies düement expediées par notre greffier, affin qu'ils puissent et commencent a vaquer et faire leurs fonctions de gardes jurés. Fait audit hotel de ville, lesdits jour, mois et an que dessus.

François TEXENDIER, prevost consul; DORAT, consul; DE CORDES, consul; MALAVERGNE; DUROU; B. CHAMPALIMAUD (1).

Coppie de la lettre escritte par ordre de Sa Majesté à Monsieur l'evesque de Limoges, concernant la nouvelle procession qui doit estre faitte le quinsiesme aoust, jour de l'Assomption, feste de Notre-Dame.

Versailles, le 2º novembre 1699.

MONSIEUR,

Le Roy a esté informé qu'il y a quelques villes ou l'on a negligé de faire la procession que le Roy Louis 13º a fondée le jour de

---

(1) A l'entrée de l'hiver, il y eut beaucoup de misère. La récolte des châtaignes fut presque nulle : beaucoup d'arbres avaient été endommagés par la grêle et leur produit des années suivantes se trouvait aussi compromis. L'Intendant écrit, au mois d'octobre, que les secours accordés par le Roi seront insuffisants et qu'on ne réussira pas à maintenir les pauvres dans leurs paroisses, celles-ci ne pouvant pas subvenir à leur subsistance. (A. DE BOISLISLE, *Correspondances des contrôleurs généraux*, t. II, p. 58.)

L'église de La Bregère fut réparée cette année là et dotée de beaux ornements, grâce au zèle du curé et à la générosité de Mᵐᵉ Phélypeaux du Fresnois, femme du receveur de la généralité.

l'Assomption, par une declaration du 10ᵉ fevrier 1638, lorsqu'il mit le Royaume sous la protection de la sainte Vierge ; — et, Sa Majesté voulant que cette fondation soit religieusement executtée, elle m'a ordonné de vous escrire que, s'il y a quelques endroits dans votre diocese ou elle ne se fasse pas, vous ne manquies pas, s'il vous plait, de l'y etablir. Elle veut meme estre informée sy, dans les lieux ou cette procession se fait, les officiers de justice et autres corps qui doivent se trouver à de semblables ceremonies y assistent exactement. J'attendray ces eclaircissemens pour en rendre compte a Sa Majesté et vous faire sçavoir ensuitte ses intentions.

Je suis, Monsieur, votre tres humble et tres affectionné serviteur.

Signé : DE TORCY.

Mise au greffe le   aoust 1700.

Nomination de Martial Loriget à l'emploi de tambour de ville en remplacement de son père

Aujourdhuy, 18ᵉ octobre 1700, dans la Chambre du Conseil de l'hotel commun de la ville de Limoges, ou estoient assemblés Messieurs Mʳᵉˢ Simon Dorat, bourgeois et marchand, prevot consul en exercice ; Jacques de Petiot, seigneur de La Motte de Gain, conseiller du Roy et son assesseur civil et criminel en la senechaussée de Lymousin et siege presidial de Limoges ; Martial Descordes, seigneur de Felix, conseiller du Roy en ladite senechaussée ; Pierre Vidaud, sieur de La Brugiere, conseiller du Roy, greffier en chef en cette eslection ; François Texendier, bourgeois et marchand, touts prevosts consuls, et Simon Darsonval, conseiller et procureur du Roy de la ville et communauté de Lymoges, seroient entré dans ladite chambre Martial Loriget, fils de feu Jean Loriget, qui nous auroit representé que son pere, decedé puis quelques jours en qualité de tambour de l'hotel de la present ville, y avoit rendu de longs services : il nous supplioit de luy accorder la grace de le recevoir tambour en la place de feu son pere, se soumettant aux ordres et commandemens que tant nous que nos successeurs pourroient lui donner. Sur laquelle exposition, Nous, susdits prevots consuls, en consideration des services rendus depuis un long temps a l'hotel de ville par feu Jean Loriget, en qualité de tambour, avons, du consentement du procureur du Roy et les sieurs conseillers assesseurs presents, meintenu et conservé Martial Loriget, son fils, dans la mesme fonction de tambour, pour jouir conjoinctement avec Leonard Flory, tambour-major dudit hotel, des privileges et gages attribués annuellement aux tambours de la maison de ville, suivant les etats expediés par Messeigneurs les Intendans, en conformité de l'arrest du Conseil du (1) et que le present consentement sera enregistré presentement au greffe de l'hotel de ville, pour y avoir recours quant besoin sera. Fait lesdits jour, mois et an que dessus.

   Dorat, prevot consul; De Petiot, consul; P. Vidaud; De Cordes; François Texendier, consul; Darsonval, procureur du Roy; Em. Champalimaud, accesseur; Deschamps, accesseur.

Eslection et nomination de M^{rs} les Consuls, faitte dans la grande salle de l'hotel commun, le septiesme et neufviesme decembre 1700, par M^{rs} les Prudhommes nommés par M^{rs} les Consuls en charge, en la maniere accoutumée, en presence desdits sieurs Consuls, Conseillers assesseurs et procureur du Roy, y presidant Mr Mre Jean Vidaud, comte du Dognon, conseiller du Roy, Lieutenant particulier en la seneschaussée du Limousin et siege presidial de Limoges, et ce pour l'année 1701 :

Mrs M^{res} Martial Moulinier, seigneur de Puymaud et du Breuil, conseiller du Roy, juge royal ordinaire et prevost de Limoges, premier consul;

Pierre-Maurice Arbonneau, docteur en medecine, second consul;

Sieur Pierre Senamaud, bourgeois et marchand de la presente ville, troisiesme consul.

   De Cordes; François Texendier, prevost consul.

Vœu de l'assemblée électorale pour la substitution du scrutin au vote verbal

Le procureur du Roy requiert qu'il soit donné acte de la nomination, faitte par lesdits sieurs prudhommes, des personnes de Mrs de Puymaud, pour premier consul; de Pierre-Maurice Arbonneau, pour second consul, et de Pierre Senamaud, pour troisiesme consul; sans prejudice audit sieur de Puymaud, sur sa requisition, de sa decharge pretendüe de consul, a raison des privileges attri-

---

(1) La date est restée en blanc.

— 139 —

bués par Sa Majesté aux charges de conseiller verificateur des deffauts dont il est pourveu, qui le decharge de la collecte, de se pourvoir, — ensemble de ce que touts les prudhommes ont, d'une commune voix, demandé que, conformement a ce qui s'est prattiqué aujourd'hui, ils donnent, a l'advenir, leurs suffrages par billets pour que les nominations se fassent avec plus de liberté.

Darsonval, procureur du Roy.

Nous, faisant droit de la requisition du procureur du Roy, avons donné acte de la nomination faitte par les prudhommes des sieurs de Puymaud pour premier consul, sans prejudice a luy de se pourvoir ainsy qu'il adviserat; de Pierre Maurice Arbonneau pour second consul, et de Pierre Senamaud pour troisiesme consul; — ensemble de ce que touts les prudhommes ont, d'une commune voix, demandé que, conformement a ce qui s'est prattiqué aujourd'huy, ils donnent a l'advenir leurs suffrages par billets, pour que les nominations se fassent avec plus de liberté (1); — dont et de quoy nous avons pareillement concedé acte.

Aujourd'huy, dix-huitiesme decembre mil sept cent, dans la Chambre du Conseil de l'hotel commun, ou estoient assemblés Mrs Me Martial Descordes, seigneur de Felis, conseiller du Roy en la senechaussée et siege presidial de Limoges; Martial Moulinier, seigneur de Puymaud et du Breuil, conseiller du Roy, juge prevost du dit Limoges; Pierre Maurice Arbonneau, conseiller, medecin du Roy; François Texendier, Pierre Senamaud, bourgeois et marchands du dit Limoges, touts prevosts consuls, il auroit esté exposé par ledit seigneur de Felis, prevost consul en exercice, qu'apres la nomination des trois nouveaux consuls, il est d'usage de faire le choix d'un predicateur pour remplir dignement la chere de l'eglise collegiale de Saint-Martial de la present ville pour l'Advent prochain de l'année mil sept cent un et quaresme ensuivant de l'année mil sept cent deux : il les exortoit a jetter les yeux

Nomination d'un prédicateur pour 1701-1702

---

(1) Le procureur du roi avait gagné sa cause. L'innovation proposée par lui le 7 décembre 1699 (V. ci-dessus p. 133) avait enfin été adoptée. Il faut noter ce changement au mode traditionnel de votation à l'hôtel de ville. Dès le XIIIe siècle, l'élection des consuls se faisait sur vote émis verbalement et non sur bulletin écrit. On peut consulter, à ce sujet, la très intéressante et très précieuse délibération de la commune portant règlement pour les élections consulaires : elle est insérée au fol. 28 de l'ancien Cartulaire du Consulat. Ce règlement est daté du 8 des calendes de mars 1252 (1251, v. st.).

— 140 —

et nommer une personne capable d'en faire les fonctions. Sur quoy, apres une meure deliberation, on auroit, d'une commune voix, esleu et nommé pour predicateur dans la dite eglise et pour ledit temps le R. P. Gabriel de Segur, religieux recollé et definiteur en la province d'Aquitaine; de laquelle eslection et nomination nous avons fait dresser le present acte par notre greffier pour estre fait incessamment une expedition et donné advis audit R. P. Gabriel de Segur. Fait les dits jour, mois et an que dessus.

DE CORDES, prevost consul; MOULINIER; ARBONNEAU; François TEXENDIER.

Tirage au sort pour la milice
—
Personne ne se présente

Aujourd'huy, vingt un° (1), dans l'hotel commun de la ville de Limoges, ou estoient assemblés Mrs Me Pierre-Maurice Arbonneau conseiller, medecin du Roy; Martial Decordes, seigneur de Felix, conseiller du Roy en la senechaussée et siege presidial de Limoges; François Texendier, bourgeois et marchand de la present ville; Melchior Champalimaud, assesseur audit hotel, touts prevost consuls, et Me Simon Darsonval, procureur du Roy; apres que Mr Arbonneau, prevot consul en exercice, a exposé que, conformement aux ordres de Sa Majesté et ordonnance rendue en consequence par Mgr de Bernage, intendant de cette generalité, du 10e feubvrier dernier, il auroit fait publier, au prone des paroisses despendantes du taillable de la present ville, fait battre la quaisse par touts les carrefours de la ville, fauxbourgs et pont Saint-Martial et afficher la dite ordonnance pour indiquer l'assemblée des jeunes hommes habitants et despendants dudit taillable, aux fins de se trouver à l'hotel de ville cejourd'huy, a l'heure de trois heures de relevée, pour estre enregistrés et ensuitte tirer au sort pour remplir le nombre de huit hommes que Sa Majesté veut que la ville fournisse dans la milice (2); en consequence de quoy lesdits sieurs prevot, consuls, assesseurs et procureur du Roy du dit hotel, s'y estants rendus pour executer les ordres de Sa Majesté, et apres avoir attandu dans la grande salle jusques a l'heure de six heures sans que personne se soit présenté...

François TEXENDIER, consul; ARBONNEAU, prevost consul.

(1) Le reste de la date manque.
(2) C'est, croyons-nous, la première mention relative à ce sujet qu'on trouve dans nos registres. On voit combien peu d'empressement montrait la population à répondre à l'appel qui lui était adressé. Ces miliciens étaient destinés à être envoyés en Italie. Beaucoup de jeunes gens se mutilaient déjà pour échapper au service militaire.

Ledit procureur du Roy, attandu qu'il ne s'est presenté personne a la dite assemblée, il requiert, pour le bien du service du Roy, qu'il soit incessament fait un etat des noms et qualités du nombre des personnes qui doivent estre de la dite assemblée, pour yceluy etat estre publié, a ce qu'ils ayent a se trouver a l'assemblée au jour qui leur sera indiqué pour, en leur presence ou absence, estre tiré au sort, conformement a la susdite ordonnance.

Aujourd'huy, vingt-sixiesme aoust 1701, dans l'hotel commun de la presente ville, ou estoient assemblés Mrs Me Martial Decordes, seigneur de Felix, conseiller du Roy en la senechaussée et siege presidial de Limoges ; Martial Moulinier, seigneur de Puymaud et du Breuil, conseiller du Roy, juge Royal et prevost de cette ville ; Pierre-Maurice Arbonneau, conseiller, docteur en medecine ; François Texendier et Pierre Senemaud, bourgeois et marchands de la presente ville, a esté exposé par le dit seigneur de Felix que, de dix des administrateurs de l'hopital general, M^{rs} les consuls sont en droit de pourvoir a cette vacance l'année presente ; comme cinq doivent sortir bientost de charge, et que, par les lettres pattentes du Roy pour l'etablissement dudit hopital, (1) remplir une desdites cinq places, sans prejudice de leurs plus grands autres droits, et qu'il est important de proceder a cette nomination et d'elire une personne de meritte et digne de l'importance de cette charge ; sur quoy, l'affaire mise en deliberation, lesdits sieurs prevosts consuls ont, d'une commune voix, esleü et nommé sieur Roulhat de Roulhat, advocat, pour estre administrateur du dit hopital general et, en cette qualité, entrer en charge le premier septembre prochain, exercer la dite administration pendant quatre années avec les autres administrateurs qui resteront. Dont et du tout a esté fait et dressé le present acte, lesdits jour, mois et an que dessus.

Désignation d'un administrateur de l'Hôpital

> DE CORDES, prevost consul ; DE PUYMAUD, consul ; ARBONNEAU, consul ; François TEXENDIER, consul ; SENEMAUD, consul.

(1) Il faut suppléer : *M^{rs} les Consuls sont en droit de...*

Provisions de lieutenant général pour M. Rogier

Aujourd'huy, septiesme decembre mil sept cent un (1), nous, conseiller, procureur du Roy de la ville et communauté de Limoges, estant avec M^rs les prevosts consuls assemblés dans la grande salle du dit hostel pour proceder a l'eslection consulaire, avons requis que lecture soit faitte par le greffier de ce (*sic*) hostel, tant de l'edit de creation des offices de lieutenants generaux de police que des provisions expediées en faveur de Monsieur Rogier pour cette ville, et qu'elles soint enregistrées au greffe du dit hostel de ville, pour y avoir recours en cas de besoingt, et recquis acte.

Nous, faisant droit sur le requisitoire du procureur du Roy, avons baillé acte de la lecture presentement faitte par Joseph Grasmagnat, greffier de l'hostel commun de cette ville, tant de l'edit de Sa Majesté, portant creation des offices de lieutenant generaux (*sic*) de police dans les villes de ce Royaume, contenant les privilleges et prerogatives y enoncées, que des provisions par elle accordées en nostre faveur de celluy de lieutenant general de police de cette ville ; ordonnons que l'un et l'autre demeureront registrés au greffe ez registrés du dit hostel commun pour y avoir recours lors et quant besoingt sera. Fait au dit hostel par nous, Jean Rogier, seigneur des Essards, conseiller du Roy, lieutenant general civil et de police en la seneschaussée de Limousin et siege presidial de Limoges, les jour, mois et an que dessus.

Louis, par la grace de Dieu Roy de France et de Navare, a tous ceux qui ces presentes verront, Salut. Sçavoir faisons que pour l'entiere confiance que nous avons en la personne de nostre bien aimé Mre Jean Rogier des Essarts, nostre conseiller, lieutenant general en la seneschaussée et siege presidial de Limoges, et en ses sens, suffisance, loyauté, prudomie, capacité et experiance au fait de judicature et de police, fidelité et affection a nostre service ; — pour ces causes et autres a ce nous mouvant, Nous luy avons donné et octroyé, donnons et octroyons, par ces pre-

---

(1) En 1701 eurent lieu les cérémonies de l'Ostension générale. — Une loterie au profit de l'hôpital de Limoges avait été autorisée par le roi. On n'avait placé qu'une partie des billets, et les lots avaient dû être réduits, avec l'approbation du gouvernement. Le tirage eut lieu au mois de mars 1701. Les deux plus gros lots, l'un de 750 louis, l'autre de 650, ne furent pas réclamés.

Signalons, pour les curieux, une singulière coïncidence. Le n° 8113, qui gagnait le lot de 750 louis etait « sous la devise du bienheureux saint Antoine de Pade ». On sait que saint Antoine de Padoue est invoqué pour le recouvrement des objets perdus et des sommes d'argent compromises. On pourra trouver là une nouvelle justification de la confiance toute spéciale qu'on a en lui en pareil cas.

santes, l'office de nostre conseiller lieutenant general de police de la ville et fauxbourgs de Limoges, creé hereditaire par nostre edit du mois d'octobre mil six cent quatre-vingt-dix-neuf, auquel n'a encore esté pourveu; pour ledit office avoir, tenir et dorsenavant exercer, en jouir et user par ledit Rogier hereditairement aux honneurs, authorités, prerogatives, preeminences, franchises, libertés, privilleges, pouvoirs, fonctions, gasges effectifs de six cents livres par an a prendre sur les fonds qui seront par nous ordonnés, exemptions de tailles, subcides et logement de gens de guerre, tutelle, curatelle, nomination d'icelles, du service du bant, arrierebant et de toutes charges publiques, droit de *Committimus*, franc salé, entrée, reng, sceance, voix deliberative, droits, fruits, profits, revenus et esmolumens audit office appartenant; connoistra seul, dans toute l'estandue du resort du presidial et seneschaussée de Limoges, de l'execution de la declaration du dernier aoust mil six cent quatre-vingt-dixeneuf (*sic*), touchant le trafit des bleds; recevra seul le serrement de ceux qui voudront faire le trafit des bleds et autres grains, a l'esclusion de tous autres juges; presidera aux jugements en dernier resort des proces contre les mendiants vagabons, et conformement a nostre declaration du vingt-six juillet mil sept cent, et arrest de nostre Conseil du vingt-un decembre audit an, auxquels jugemens les officiers dudit presidial et seneschaussée seront tenus d'assister, et aux deffauts desdits officiers, il luy sera permis d'appeller des gradués, au nombre requis par nos ordonnances, pour juger conjoinctement avec eux lesdits procez (1); luy appartiendra l'execution de toutes les ordonnances, arrets et reglements concernant le fait de police de la ditte ville, circonstances et despendances, et en faire les fonctions en la mesme forme et maniere que le lieutenant general de police, creé pour nostre bonne ville de Paris par nostre edit du mois de mars mil six cent soixante-sept, a l'instar duquel nous avons creé ledit office; et ce sans incomptabilité d'autres charges ny offices, et tout ainsy qu'il est plus au long porté par nostre dit edit du mois d'octobre mil six cent quatre-vingt-dixeneuf et arrest de nostre Conseil des deux octobre et vingt-un decembre dernier, et autres rendus en consequance de nostre dit edit et conformement a l'arrest de nostre Conseil du premier de ce mois : ledit Rogier ne pourra exercer la police dans la Citté (2) de laditte ville,

(1) C'est en vertu du même principe que les tribunaux civils appellent des avocats pour se compléter.
(2) L'évêque était seigneur de la Cité et ses officiers y exerçaient la police. Trois ou quatre ans avant la Révolution, on trouve, dans les dossiers de nos archives, mention du commissaire de police spécial de la Cité, exerçant ses fonctions sous la juridiction et au nom de l'évêque.

dans laquelle, neantmoins, les reglements generaux de police qui seront par luy faits, y seront publiés et executés, — pourveu touttes fois que ledit Rogier n'ust parmy les officiers de la juridiction de police de ladite ville aucuns parans, ny alliés au degré prohibé par nos ordonnances, suivant le certifficat qu'il en rapporte en datte du quinsiesme septembre dernier, et aussy pourveu qu'il n'ait dans la seneschaussée et siege presidial d'icelle ville autres parans, ny alliés aux susdits degrés, que le sieur Descoutures Debort, nostre conseiller, advocat pour nous audit siege, son beau pere, et le sieur de Petiot, notre conseiller assesseur au mesme siege, son beau frere, pour avoir espousé la sœur dudit Rogier, suivant autre certificat qu'il rapporte du cinquiesme aoust, aussy dernier; desquels degrés d'aliance d'entre luy et lesdits sieurs Debort son beau pere, et de Petiot son beau frere, il a esté relevé et dispancé par nos lettres de dispance du treize dudit mois d'aoust dernier, par luy obtenues, a l'esfait de se faire pourvoir de l'office de nostre conseiller lieutenant general audit seneschal et siege presidial de Limoges; dont il a obtenu nos lettres de provisions le unsieme decembre dernier, a condition neantmoins que la voix dudit Rogier et celle dudit Depetiot, son beau frere, se trouvant conformes dans leurs opinions, ne seront contées que pour une : les susdits certificats cy avec coppie collationnée desdittes lettres de dispance, provisions, arrests, nos dits edits et autres piesses attachées soubs le contre scel de nostre chansellerie; — le tout a paine de perte dudit office, nullité des presantes et de sa reception. Cy donnons en mandement a nos amez et feaux conseillers, les gens tenans nostre Cour de parlement de Bourdeaux, que, leur estant aparû des bonnes vie, mœurs, aage de vingt-cinq ans accomplis, conversation, religion catholique, apostholique et romaine dudit Rogier, et de luy pris et receu le serrement en tel cas requis et accoustumé, ils le reçoivent, mettent et instituent, de par nous, en pocession dudit office, ensemble des honeurs, authorités, prerogatives, preeminance, franchises, libertés, privilleges, exemptions, gages, droits, attributions, pouvoirs, fonctions, entrée, rengt, scéance, voix deliberative, fruits, profis, revenus et esmolumens susdits et audit office appartenant, pleinement, paisiblement et hereditairement, conformement a nostre dit edit, et a luy obeir et entendre de tous ceux et ainsy qu'il appartiendra ez choses concernant ledit office. Mandons, en outre, a nos amez et feaux conseillers, les presidans tresoriers de France et generaux de nos finances a (1)   que par ceux de nos

---

(1) Un mot en blanc.

officiers, receveurs, payeurs, contables et autres qu'il appartiendra, ils fassent payer et delivrer comptant audit Rogier, dorsenavant par chacun an, lesdits gages et droits audit office appartetenant, aux termes et en la maniere accoutumée, a commencer du jour de sa reception, rapportant coppie de laquelle et des presantes, duement collationnées, pour une fois seulement, avec sa quittance sur ce suffisante. Nous voulons lesdits gages et droits estre passés et alloués en la despance des comptes de ceux qui en auront fait le payement, par nos amez et feaux conseillers les gens de nos comptes a   (1) auxquels mendons ainsy le faire sans difficulté. Car tel est nostre plaisir. En temoins de quoy nous avons mis nostre scel a ces dittes presantes. Donné a Versailles, le douzieme jour de fevrier, l'an de grace mil sept cent un et de nostre regne le cinquante huitieme. *Signé sur le reply* : par le Roy, THEVENIN. Scellées du grand sceau en cire jaulne, et au dos est escrit : Enregistré le quinze fevrier mil sept cent un. *Signé* : SOUFLOT, et a costé dudit replit est escrit : — *Extrait des registres du Parlement*. — La Cour, apres que de son ordonnance Mre Jean Rogier, conseiller du Roy, lieutenant general au seneschal de Limoges, est entré dans la chambre, qu'il a eut levé la main, fait et presté le serement en tel cas requis et accoutumé, l'a receu et recoit dans la charge de conseiller du Roy, lieutenant general de police de la ville et jurisdiction dudit Limoges, luy enjoint de garder et observer les arrets et reglements de la ditte Cour, et de faire la police conformement a l'edit de creation de laditte charge. Fait a Bourdeaux, en parlement, le vingt-huitiesme fevrier mil sept cent un. Collationné. *Signé* : BIGOT, — et a costé : Monsieur LE COMTE, premier president, — et a l'autre bout dudit replit : le vingt-huitieme de fevrier mil sept cent un, en consequence de l'arret de ce jourdhuy, les susdites provisions ont eté enregistrées ez registres de la Cour pour y avoir recours quant besoingt sera. Fait a Bourdeaux, au greffe de laditte Cour, ledit jour que dessus. Collationné. *Signé* : BIGOT.

(1) Un blanc.

Eslection et nomination de Messieurs les Consuls, faite dans la grande salle de l'hostel commun, le septieme decembre mil sept cents un (1), *par M*^{rs} *les Prudhommes nommés par M*^{rs} *les Consuls en charge en la maniere accoutumée, en presence des dits sieurs Consuls, Conseillers assesseurs et Procureur du Roy, y president M*^{r} *M*^{e} *Jean Rogier, seigneur des Essarts, Conseiller du Roy, Lieutenant general civil et de police en la seneschaussée du Limosin et siege presidial de Limoges, et ce pour l'année mil sept cents deux.*

Mr Mre Michel Roger (*sic*), seigneur des Villettes, conseiller du Roy en la dite senechaussée et siege presidial de Limoges, premier consul ;

Mr Jean-François Pabot, sieur de Lavaud, second consul ;

Mr Pierre Barbou, bourgeois et marchand de cette ville, troisieme consul.

<small>Les prudhommes qui n'ont pas répondu à la convocation sont condamnés à l'amende</small> Le procureur du Roy requiert qu'il soit donné acte de la nomination faitte par les dits sieurs prudhommes des personnes de M^{rs} des Villettes, pour premier consul ; de Jean-François Pabot, pour second consul, et de Pierre Barbou, pour troisieme consul ; et

---

(1) Il n'est pas dit un mot d'une grave émeute qui éclata à Limoges au mois de septembre 1701. Elle était provoquée par l'établissement du droit de Banvin. Plusieurs habitants furent incarcérés à la suite de ces désordres, qui laissèrent pendant assez longtemps un certain trouble dans les esprits et semblent avoir causé d'assez grandes appréhensions aux autorités de la province.

Les Archives du département (série G, n° 86), nous fournissent le texte d'un arrêt du Conseil du 29 octobre 1701, modifiant les droits d'octroi arrêtés en 1695 et établissant un nouveau tarif. Malgré la longueur de ce document, il nous paraît assez intéressant pour être publié *in extenso*. Les curieux pourront rapprocher ce tarif de la pancarte des péages de 1377, qu'on trouve au plus ancien registre du Consulat (fol. 152 à 162) et du tarif actuel, si bon leur semble :

Extrait des registres du Conseil d'État.

Sur ce qui a été representé au Roy, en son Conseil, par les sindics et marchands de la ville de Limoges que, par le tarif des deniers patrimoniaux et d'octroy de la dite ville, arrêté le 2 août 1695, les pauvres se trouvoient surchargez d'autant que par iceluy toutes les marchandises et denrées portées en la dite ville soit par les marchands forains, soit pour le compte des marchands de la dite ville, doivent payer un sol par écu, a l'exception de celles

attandu que le nombre de soixante prudhommes nommez pour donner leurs suffrages sur la nomination consulaire ne s'est pas trouvé complet, a cause que plusieurs n'ont tenu compte d'y venir, requiert qu'il soit decerné executoire de dix livres d'amande envers le Roy contre les absens et qu'au payement d'icelle ils

que les marchands font venir pour leur compte dans une distance au dela de vingt-cinq lieues; qu'il s'ensuit que les marchandises et denrées qui viennent a Limoges dans cette distance sont celles plus necessaires a la subsistance des habitants et particulierement les (sic) pauvres, qui payent ces droits, et que les marchandises et denrées qui viennent au dela des vingt-cinq lieues sont moins necessaires, conviennent plus aux riches, et ce sont celles qui ne payent rien; par ces raisons, ils auroient requis tres humblement Sa Majesté qu'il luy plût ordonner, pour le bien et l'utilité des habitans de ladite ville et de leur communauté, qu'il fut arresté un nouveau tarif des droits qui doivent estre payez au lieu d'une partie de ceux portez par celuy du deux aout 1695; — l'advis du sieur de Bernage, commissaire departy en la generalité de Limoges, auquel ces remontrances auroient esté envoyées, pour concerter, avec les consuls et principaux marchands et habitans de ladite ville, un nouveau tarif au lieu de celuy arresté le deux aout 1695 : ledit advis portant qu'il auroit entendu lesdits consuls et principaux marchands et habitans et qu'il auroit trouvé qu'il y avoit lieu de faire un nouveau tarif; qu'il estoit necessaire de proceder a une nouvelle adjudication des revenus patrimoniaux et d'octroy, attendu que le bail d'iceux doit finir le dernier decembre de la presente année 1701 et qu'ayant remarqué que les baux qui en ont eté faits jusqu'à present ne suivent pas le tems porté par ceux des fermes generalles, il croit a propos de faire l'adjudication des dits revenus patrimoniaux et d'octroy de la dite ville de maniere qu'ils eschéent par rapport a ceux des fermes generalles : d'autant plus que ceux qui se presentent pour encherir, offrent ordinairement une condition meilleure pour la ville lorsque les publications se font pour un plus grand nombre d'années; — le tarif des dits droits arresté par ledit sieur de Bernage, le 16 octobre de la presente année 1701; — Ouy le rapport du sieur Fleuriau d'Armenonville, conseiller ordinaire au Conseil royal, directeur des finances, LE ROY, EN SON CONSEIL, conformement a l'advis du sieur de Bernage, commissaire departy en la generalité de Limoges, a revoqué et revoque le tarif des droits et revenus patrimoniaux et d'octroy de la ville de Limoges du deux aout 1695, suivant lequel, neanmoins, la perception des droits portez par icelui sera faite jusqu'au dernier decembre de la presente année 1701. Ordonne Sa Majesté qu'a commencer au premier janvier de l'année prochaine 1702, les droits et revenus patrimoniaux et d'octroy de la dite ville de Limoges seront perceus suivant le tarif arresté par ledit sieur de Bernage le seize octobre de la presente année 1701, que Sa Majesté veut etre annexé a la minutte du present arrest pour etre executé selon sa forme et teneur. Ordonne Sa Majesté qu'il sera procedé par devant le dit sieur de Bernage a nouvelle adjudication des dits droits et revenus patrimoniaux et d'octroy suivant le dit tarif du seize octobre de la presente année 1701 au plus offrant et dernier encherisseur, les publications prealablement faites en la maniere accoutumée, pour en jouir par l'adjudicataire pendant sept années neuf mois a commencer au premier janvier de l'année prochaine 1702 et qui finiront le dernier septembre 1709. Enjoint Sa Majesté au sieur Commissaire departy en la dite generalité de tenir la main a l'execution du present arrest. Fait au Conseil d'Etat du Roy, tenu a Fontainebleau, le vingt neuf jour d'octobre mil sept cens un. — Collationné. — *Signé* : DE LAITRE.

Ensuit la teneur du tarif.

Tarif des droits qui composent les octroys et revenus communs et patrimoniaux de la ville de Limoges, lesquels seront payez et perceus ainsi qu'il ensuit :

1º Premierement, pour chaque piece de vin de Domme qui entrera dans la ville, faubourgs, Pont-Saint-Martial et taillable de Limoges, et ce tant pour celuy qui sera amené pour le compte des marchands et habitans (*) de la dite ville et faubourg, Pont-Saint-Martial et étendue du taillable; sera payé seize sols.. 16 s.

(*) Depuis longtemps l'exemption des droits d'entrée concedée aux habitants et proclamée par une délibération de ville du mois de février 1374, avait disparu. On verra toutefois plus loin (art. 5) que les bourgeois jouissaient de certains avantages.

seront contraints, nonobstant oppositions et appellations quelconques, et sans prejudice d'icelles. Fait audit hostel les jour, mois et an que dessus.

Nous, faisant droit de la requisition du procureur du Roy, avons donné acte de la nomination faitte par les prudhommes

2° Pour chaque barrique de vin de Bergerac qui entrera comme il est expliqué cy dessus pour le vin de Domme, sera payé dix sols.. 10 s.

3° Pour chaque charge de jauge de vin de Perigord, Engoumois, Blanc en Berry, Bas-Limouzin et generalement toute sorte de vin etranger, recueilly a quatre lieues de distance de la ville de Limoges, qui entrera comme dessus, sera payé trois sols six deniers... 3 s. 6 d.

4° Pour chaque piece et charge des vins specifiez ci-dessus que les forains viendront acheter et feront sortir de ladite ville, faubourgs, Pont-Saint-Martial et taillable de Limoges, seront payez les memes droits que ceux marquez pour l'entrée par les precedens articles (*).

5° Ne sera rien payé pour le vin du cru de l'habitant de la ville et taillable, qu'il fera entrer, debitera et vendera en gros et en détail dans la presente ville, faubourg, Pont-Saint-Martial et taillable; mais sera payé par le metayer, vigneron ou autres fermiers ou exploitants les vignes des dits habitants hors du taillable, pour le vin qu'ils y feront entrer pour leur compte, deux sols par charge, cy... 2 s.

6° Sera aussi payé pareil droit de deux sols par charge pour tous les vins recueillis dans la distance de quatre lieues de la dite ville de Limoges qui entrera (sic) dans la dite ville, faubourg, Pont-Saint-Martial et taillable, et qui ne sera du cru des dits habitans, cy............ 2 s.

7° Pour chaque charge d'eau-de-vie qui entrera dans la ville, faubourgs, Pont-Saint-Martial et taillable de Limoges, soit pour le compte des habitants ou forains, dix solz, cy...... 10 s.

8° Pour chaque douzaine de faux a faucher, sera payé deux sols six deniers par ceux qui les apportent pour les vendre, depuis le mois d'avril jusqu'au mois d'aout de chaque année, cy.. 2 s. 6 d.

9° Pour chaque dindon entrant dans la ville ou passant sur le pont Saint-Martial, sera payé deux deniers, cy... 2 d.

10° Pour les cerizes venans du Bas-Limousin, sera payé six deniers pour chaque charge de cheval ou de bourique, cy.. 6 d.

11° Poires et autres fruits, idem comme pour les cerizes, six deniers, cy............... 6 d.

12° Chastaignes, idem six deniers, cy.. 6 d.

13° Pour chacun agneau entrant dans ladite ville ou passant sur le Pont-Saint-Martial, sera payé deux deniers, cy.. 2 d.

14° Lievre, idem comme pour les agneaux... 2 d.

15° Pour chaque charge d'huille de noix, sera payé dix sols, cy......................... 10 s.

16° Pour chaque charge d'huille d'olive, sera payé dix-huit sols, cy................... 18 s.

17° Savons, idem pour l'huile d'olive, cy.. 18 s.

18° Pour chaque charge de verd de gris, sera payé trente sols, cy..................... 30 s.

19° Cotton (?) et noix de galle, idem comme pour le verd de gris, cy................. 30 s.

20° Raisins, figues, oranges, citrons et grenades, dix-huit sols pour chaque charge, 18 s.

21° Pour chaque quintal de grand fromage du poid d'environ vingt livres la forme, cinq sols, cy.. 5 s.

22° Pour chaque charge de petit fromage du poid d'environ huit livres, quatre sols, cy 4 s.

23° Caboche ou vieux cloux de cheval, un sol par écu. Idem pour le fer qui se fabrique hors la ville et qui y est apporté pour etre vendu, cy... 1 s.

24° Pour chaque charge de poisson d'estang, cinq sols, cy............................... 5 s.

N'est rien deub pour le poisson de mer ou de riviere transporté de loin et ou il y a hazard et risque (**).

25° Pour chaque charge de beurre, huit sols, cy... 8 s.

26° Pour chaque balle de beurre, quatre sols, cy.. 4 s.

(*) On voit qu'au XVIII° comme au XIV° siècle, la ville prélevait un droit à la sortie des marchandises vendues aux étrangers.

(**) Le poisson de mer et le poisson de rivière étaient soumis à un péage au XIV° siècle.

des sieurs des Villettes, pour premier consul; de Jean-François Pabot, pour second consul, et de Pierre Barbou, pour troisieme consul. Ordonnons qu'a l'advenir tous les prudhommes nommez par les sieurs consuls pour assister a la nomination seront tenus doresnavant d'y assister en personne pour y donner leurs voix:

27° Pour volaille et œufs, pour chaque charge de cheval, un sol, cy .... 1 s.
— Pour chaque charge d'homme, six deniers, cy .... 6 d.
— Pour chaque pannier a bras, deux deniers, cy .... 2 d.
28° Pour chaque charetée de gros bois ou de fagots qui entrent dans la ville, vendus ou a vendre, sera payé six deniers, cy .... 6 d.
29° Pour chaque charetée de bois a bastir, un sol, cy .... 1 s.
30° Pour chaque charetée d'aix ou planches, sera payé deux sols, cy .... 2 s.
31° Charbon, *idem* comme au precedent article, cy .... 2 s.
32° Chaux, pour chaque charge de bardot, six deniers (*), cy .... 6 d.
Et cinq sols pour charetée, cy .... 5 s.
33° Pour chaque veau, un sol, cy .... 1 s.
34° Pour toutes les marchandises et denrées ci-dessus exprimées, autres que le vin, seront payez les droits marquez ou le sol par écu du prix qu'elles seront vendues, au choix du fermier.,
35° Sera payé un sol par écu des moutons, pourceaux, vaches et bœufs lorsqu'ils seront amenez par les etrangers, six deniers par écu lorsqu'ils appartiendront aux metayers des habitants, cy .... 1 s. par écu.
36° Pour les bestiaux qui seront vendus pendant les six foires de la dite ville, scavoir : des Rameaux, Saint-Loup, Grand-Martial (sic), — le dernier juin, — Petit-Saint-Martial, — le 16 du dit mois, — la Saint-Geraud, — le 10 novembre — et des Inocens, sera payé le sol par écu, a l'exception seulement des chevaux qui se vendent a la foire de la Saint-Loup, meme par les etrangers, et des bestiaux des bourgeois et habitans et de leurs metayers demeurans dans l'etendue du taillable, qui seront vendus dans toutes les foires.
37° Pour les bestiaux sortans des foires qui n'ont pas eté vendus, deux deniers pour chaque teste de toutes especes, excepté aussi ceux des bourgeois et de leurs metayers pour toutes sortes de marchandises et denrées generalement quelconques, a la reserve du sel et des grains autres que le millet, pour lequel ne sera rien payé, et des vins dont l'entrée sera payée comme il est porté cy dessus, qui seront apportés et vendus par les forains dans le cours de l'année, et meme aux foires, sera payé un sol par écu du prix que les dites marchandises seront vendues; auquel effect, ceux qui les feront apporter seront tenus de donner leur declaration au fermier ou son commis, contenant la quantité et qualité des marchandises a leur arrivée et avant de les exposer en vente, a peine de cent livres d'amande, cy .... 1 sol par écu.
38° Pour toutes les marchandises et denrées de quelque nature et qualité qu'elles soient et de quelque distance qu'elles viennent dans la dite ville, faubourgs et Pont-Saint-Martial, pour le compte des marchands et habitans d'icelle et a leurs risques, perils et fortunes, a l'exception du sel et des grains autres que millet, et des vins, comme il est porté au precedent article, sera payé un sol seulement pour chaque baile pesant cent soixante livres : chaque charge de cheval ou mulet etant reputée pour deux balles; chaque charette a deux bœufs ou mulets, pour six, a quatre bœufs ou mulets, pour dix; les chariots a quatre ou cinq chevaux, pour vingt, et celui a six chevaux pour vingt-cinq : soit que les marchandises ainsi voiturées soient emballées ou non ; lequel droit sera payé a l'entrée de la dite ville, faubourgs ou Pont-Saint-Martial en rapportant les lettres de voiture et declarant et affirmant par les dits marchands et habitans que les dites marchandises ont été acheptées ou sont venues pour leur compte ou a leurs risques, perils et fortunes.
39° Deffences sont faites aux forains et etrangers de se servir du nom des marchands et habitans de ladite ville et aux dits marchands et habitans de leur prêter leurs noms pour frauder esdits droits sur lesdites marchandises, a peine de confiscation d'icelles et de trois cens li-

---

(*) La chaux était exempte de droits au moyen âge.

autrement et a faute de ce, avons decerné contre les contrevenans l'amande de trois livres, au payement de laquelle ils seront contraints, nonobstant oppositions ou appellations quelconques et sans prejudice d'icelles. Fait audit hostel, les jour, mois et an que dessus.

Nomination du prédicateur pour 1702-1703

Aujourdhuy, dixieme decembre mil sept cent un, dans la Chambre du Conseil de l'hostel commun, ou estoient assemblés Messieurs M^{res} Martial Moulinier, seigneur de Puymaud et du Breuil, conseiller du Roy, juge prevost dudit Limoges ; Michel Rogier, seigneur des Villettes, conseiller du Roy en la seneschaussée et siege presidial de Limoges ; Pierre Maurice Arbonneau, conseiller, medecin du Roy ; Jean François Pabot, sieur de Lavaud ; Pierre Senemaud, bourgeois et marchand de cette ville, tous prevost consul (sic), — il auroit été exposé par ledit seigneur de Puymaud, prevost consul en exercice, qu'après la nomination des trois nouveaux consuls, il est d'usage de faire le choix d'un predicateur pour remplir dignement la chere de l'eglise collegiale de Saint-Martial de la present ville pour l'Advent prochain de l'année mil sept cent deux et Quaresme en suivant mil sept cent trois : il les exhortoit a jetter les yeux et nommer une personne capable d'en faire les fonctions. Sur quoy, apres une meure deliberation, on auroit, d'une commune

---

vres d'amande, tant contre les uns que contre les autres, payables solidairement, applicables moitié au Roy et moitié au denonciateur, sans qu'elle puisse etre remise ou moderée.

40° Deffences sont pareillement faites aux fermiers et leurs commis d'exiger plus grands droits a peine de concussion.

DROITS DE PEAGE.

41° Les droits de peage seront payez aux lieux accoutumez.

Sçavoir :

Pour toutes   de chariots ou charettes chargés de marchandises ou de vin, passant prez les portes de ladite ville et lieux accoutumez et qui ne seront point du cru de l'habitant, soit que ces marchandises ou vin soient vendus ou non, sera payé huit deniers, cy....   8 d.

Pour chaque bœuf, vache, cheval, mulle, pourceau et mouton, acheptez hors ladite ville et taillable, passant dans icelle, prez les portes ou par les avenues et en deça des bornes qui font la separation de la dite ville et de la Cité, pour aller ailleurs, sera payé deux deniers, cy... 2 d.

42° Et au surplus, seront lesdits droits de peage levez en la maniere accoutumée, avec les doublemens des petits peages depuis le jour de Saint-Lazarre jusqu'a la veille de Pasques et depuis le cinquieme juin jusqu'au vingt dudit mois, et pareillement huit jours avant et apres la Saint-Barnabé.

43° Deffences sont faites a tous voituriers et conducteurs de passer sans payer les dits droits, aux peines portées par les ordonnances.

Fait et arreté par nous, Louis de Bernage, chevalier, seigneur de Saint-Maurice, conseiller du Roy en ses Conseils, M^{re} des requetes ordinaire de son hotel, intendant de justice, police et finances de la generalité de Limoges, apres avoir ouy les consuls et principaux marchands et habitans de ladite ville, ce seiziesme octobre mil sept cent un. *Signé* : DE BERNAGE.

voix, esleu et nommé pour predicateur, dans laditte eglise et pour ledit temps, le reverend pere Guiton, supperieur du couvent d'Angoulesme de l'ordre des Freres Prescheurs; de laquelle eslection et nomination nous avons fait dresser le presant acte par nostre greffier, pour en estre fait incessament une expedition et donné advis au R. P. Guiton. Fait lesdits jour, mois et an que dessus.

Extrait des registres du Conseil d'Etat.

Sur la request presentée au Roy en son Conseil par les Consuls de la ville de Limoges, contenant que bien que Charles, Dauphin, alors regent du royaume, ayt permis par des lettres pattentes du mois de janvier 1421, aux Consulz de laditte ville tant en charge que hors de charge et a ceux qui, a l'avenir, exerceroient le Consulat, d'acquerir et posseder des fiefs de même que les personnes nobles (1), qu'ils ayent esté confirmez dans ce privilege par Louis unze, Charles huit, Louis douse et les Roys leurs successeurs, que par arrest du Conseil du 6e juillet 1606, et les lettres pattentes expediées en consequence le 13e desdits mois et an, il ayt eté ordonné en consideration de ce que le nombre des Consuls avoit eté reduit de douse a six, qu'eux et leurs enfans masles seroient affranchis du droit de franc fief, et que, par arrest du Conseil du 16 janvier 1677, ce privilege ayt esté etendu jusqu'a leurs veuves, a charge de payer, par les Consuls, pour les habitans en commun de laditte ville, la somme de 16,000^{ll}, a quoy ils ont satisfait; qu'ainsy ils eussent tout sujet d'esperer qu'apres des titres si authentiques, ils ne seroint plus troublés ny inquiettés dans la jouissance de ce privilege, qui est le seul qui leur reste, et qui ne leur a esté accordé qu'en consideration du zele qu'ils ont temoigné dans toutes les occasions pour le bien du service du Roy; neantmoins ils sont poursuivis a la requeste de Mre Estienne Chaplet, chargé de l'execution de la declaration de Sa Majesté du neuf^e mars 1700 pour le payement dudit droit, a cause des fiefs et autres biens nobles qu'ils possedent: ce qui est une entreprise manifeste de la part de ce traitant sur leurs privileges; dans lequel ayant interest de se maintenir, ils auroint, pour cet effet, offert de payer la somme de 8,000^{ll} dans le terme qui sera fixé par Sa Majesté; laquelle somme est d'autant

---

(1) Nous voyons revenir encore ici l'éternelle question des francs fiefs, que le fisc aux abois réveillait de temps en temps pour en tirer quelques ressources.

plus considerable, que le nombre de ceux qui y doivent contribuer est diminué de pres de la moitié depuis 1677; — a ces causes, les suppliants auroint requis qu'il plust a Sa Majesté accepter lesdites offres et en consequence maintenir les Consuls de la ville de Limoges, tant en charge que hors de charge, leurs veuves et enfans dans l'exemption du droit de franc fief, avec deffance audit Chaplet et a tous autres de faire aucunes poursuittes contre eux pour raison de ce; veü laditte requeste et les pieces jointes a icelle, la reponse dudit Chaplet et l'avis dudit sieur de Bernage, conseiller de Sa Majesté en ses Conseils, M^{re} des requetes ordinaire de son hostel, intendant en la generalité de Limoges; ouy le rapport du sieur Fleuriaux Darmenonville, Conseiller ordinaire au Conseil Royal, directeur des finances, — Le Roy, en son Conseil, conformement a l'avis dudit sieur de Bernage, a accepté et accepte l'offre faicte par les suppliants et, en consequence, ordonne qu'ils payeront dans un mois, suivant leurs offres, la somme de 8,000^{ll} et les deux sols pour livre a Me Estienne Chaplet, ses procureurs, commis ou preposés, le principal sur leur recepissé portant promesse d'en fournir la quittance du garde du tresor royal, et les deux sols pour livre sur leur simple quittance. Au moyen de quoy les Consuls en charge de la ville de Limoges, ceux qui exerceront à l'advenir le Consulat, leurs veuves et enfans et les trente-neuf particuliers compris dans l'estat fourny par lesdits Consuls seront maintenus et confirmez dans l'exemption du droit de franc fief, conformement a leur privilege. Fait au Conseil d'Estat du Roy, tenu à Marly, le 28e jour de mars mil sept cents deux. *Signé* : Gouson. Collationné.

Le vingt-huit d'apvril 1702, a la requeste des Consuls de la ville de Limoges, le present arrest a esté signiffié, d'iceluy laissé coppie, aux fins y contenues, audit Mre Estienne Chaplet, traittant des droits de francs fiefz de la ville de Limoges, en son bureau, ches le sieur Bonny, rue Plastrier, en parlant au portier dudit sieur Bonny, a ce que du contenu audit arrest il n'en ignore, par nous, huissier ordinaire du Roy et ses Conseillers en sa grande chancellerie de France, premier huissier en son grand Conseil. *Signé* : Le Grand.

Extrait des registres du Conseil d'Etat.

Veu au Conseil d'etat du Roy l'arrest rendu en iceluy le 28e mars 1702, par lequel il a eté ordonné qu'en payant, par les Consuls de la ville de Limoges, dans un mois, suivant leurs offres, la somme de huict mil livres et les deux sols pour livre a M⁰ Estienne Chaplet, chargé du recouvrement du droit de franc fief, en execution de la declaration du 9° mars 1700, ses procureurs, commis ou preposés, les Consuls en charge de ladite ville, ceux qui exerceront a l'avenir le Consulat, leurs veuves et enfans, et les trente-neuf particuliers compris dans l'etat fourny par les consuls seront maintenus et confirmés dans l'exemption dudit droit, conformement a leurs privileges et l'avis du sieur de Bernage, conseiller de Sa Majesté en ses conseils, Maitre des requettes ordinaires de son hostel, intendant de justice, police et finance en la generalité de Limoges, du sept avril 1702, par lequel il estime que ladite somme de 8000ˡˡ et les deux sols pour livre doivent estre payez par tous ceux qui sont dans le cas de jouir de cette exemption, soit qu'ils possedent des fiefs ou non; a quoy Sa Majesté desirant pourvoir, ouy le rapport du sieur Fleuriau d'Armenonville, conseiller ordinaire au Conseil Royal, directeur des finances, le Roy, en son Conseil, conformement a l'avis dudit sieur de Bernage, a ordonné et ordonne que ladite somme de 8000ˡˡ et les deux sols pour livre seront repartis, par ledit sieur intendant, sur tous ceux qui sont dans le cas de jouir de l'exemption dudit droit de franc fief, soit qu'ils possedent des fiefs ou non, et qu'au payement de leur quotte ils seront contraincts par toutes voyes deües et raisonnables, nonobstant opposition ou autres empeschemens quelconques, a la diligence des consuls en charge, qui seront tenus de remettre ladite somme audit Chaplet, ses procureurs, commis ou preposés, sçavoir le principal sur leur recepissé portant promesse d'en fournir la quittance de (sic) garde du tresor royal, et les deux sols pour livre sur leur simple quittance, et qu'au surplus ledit arrest du Conseil du vingt-huictieme mars dernier sera executé selon sa forme et teneur. Fait au Conseil d'Etat du Roy, tenu a Marly, le deuxieme jour de may mil sept cents deux. Collationné. *Signé* : DU JARDIN, *et plus bas* : Louis DE BERNAGE, chevailler, seigneur de Saint-Maurice, conseiller du Roy en ses Conseils, Maître des requestes ordinaire de son hostel, intendant de justice, police et finances de la generalité de Limoges,

Veu l'arrest du Conseil cy dessus transcrit,

Nous ordonnons que ledit arrest sera executé selon sa forme et teneur. Fait a Angoulesme, ce dix-septieme juin 1702. *Signé* : DE BERNAGE, *et plus bas*, par monseigneur : DEVAL.

Lettre escrite par le Roy a Monsieur le Marquis de Saint-Aulaire, sur le sujet de la victoire remportée en Allemagne.

Mon cousin, pendant que de tous costés l'Empereur s'efforce a me susciter de nouveaux ennemis, qu'il oblige les princes de l'Empire a violer, pour ses seuls interêts, les derniers traictés de paix, la protection de Dieu sur la justice de ma cause eclate par la victoire qu'il vient d'accorder en Allemagne a mon armée, commandée par le mareschal de Villards, sur celle de l'Empereur, conduite par le prince Louis de Bades. La bataille a esté donné le 14ᵉ de ce mois, de l'autre costé du Rhein, auprès de Fridlingue (1). L'armée des ennemis dissipée, la perte de leurs drapeaux, de leurs estendars, de leurs timbales et de leurs canons, la retraite du prince de Bades, ne luy permettent plus de rendre douteux un evenement que l'on doit regarder comme une suite des benedictions divines sur mes armes; et comme le succès des batailles ne doit estre attribué qu'au Seigneur des armées, que c'est en luy seul que j'ay toujours mis ma confiance, quoyque justement persuadé de la valeur de mes trouppes et du zelle de mes sujets, mon intention est aussy qu'on luy rende grace dans tout mon royaume et qu'en mesme temps on luy demande la continuation des avantages qui peuvent retablir le repos de la chrestienté. C'est pour ce sujet qu'ayant escrit aux sieurs archeveques et esveques de mon royaume d'en faire chanter le *Te Deum* dans leurs eglises, mon intention est que vous y assisties dans le lieu ou vous vous rencontreres. Je desire aussy que vous tenies la main a ce que les officiers de justice et autres corps qui doivent assister a de semblables ceremonies ayent a s'y trouver, et qu'au surplus vous donnies les ordres necessaires dans l'estendue de votre gouvernement, pour faire allumer des feux de joye dans les rues, tirer le canon et donner toutes les autres marques de rejouissances publiques accoutumées en pareil cas; et la presante n'etant a autre fin, je ne vous la feray plus longue que pour prier Dieu qu'il vous ait, mon cousin, en sa sainte et digne garde. Escrit a Versailles, le 27ᵉ 8ᵇʳᵉ 1692. *Signé* : Louis, *et plus bas* : Colbert.

---

(1) L'étoile du grand Roi avait déjà pâli et ses armées avaient subi de graves revers. La capitulation de Landau (9 septembre 1702) venait de livrer à l'ennemi une place bien précieuse. La victoire de Friedlingen fut fort disputée, et Villars qui, selon son habitude, avait marché avec la colonne d'attaque et n'avait pu l'empêcher, apres un premier succès, de se débander sous le coup d'une inexplicable panique, crut un moment la bataille perdue.

Le Marquis de Saint-Aulaire, seigneur dudit lieu, La Grenerie, La Porcherie et autres places, Lieutenant general pour le Roy au gouvernement du Haut et Bas-Limousin,

Veu la presente lettre du Roy, il est ordonné aux Maire (1) et Consuls de la ville de Limoges de faire allumer un feu de joye pour l'heureux succes des armes de Sa Majesté, et de donner toutes les marques de rejouissances publiques accoustumées en pareil cas, le tout conformement aux ordres de Sa Majesté. Fait en nostre chasteau de Saint-Aulaire, le 24e novembre 1702. *Signé :* SAINT-AULAIRE, *et plus bas* : par monseigneur : DAMAZAC (2).

---

*Eslection et nomination de Messieurs les Consuls, faite dans la grande salle de l'Hostel commun, le 7e decembre mil sept cent deux, par Messieurs les Prudhommes nommés et choisis par Messieurs les Consuls en charge en la maniere accoutumée, en presence desdits sieurs Consuls, Conseillers assesseurs et Procureur du Roy, y president M*re *Jean Rogier, seigneur des Essarts, Conseiller du Roy, Lieutenant general civil et de police en la seneschaussée de Limousin et siege presidial de Limoges, et ce pour l'année mil sept cent trois :*

Mrs Mre Martial Jayac, seigneur de La Garde, conseiller du Roy, juge magistrat en la seneschaussée et siege presidial de Limoges, pour premier consul ;

---

(1) Ce titre de maire reparait ici pour la première fois depuis le règne de Louis XI. Personne, après François de Pontbriant. ne l'avait porté, et pendant deux cent vingt ans le gouvernement avait laissé les magistrats municipaux de Limoges reprendre ce vieux nom de Consuls, cher à la population. Il y a lieu d'être étonné de ne pas trouver au registre de la maison commune le texte des actes du gouvernement en vertu desquels furent rétablies les fonctions abolies par Charles VIII. Toutefois, il faut penser que cette nouvelle atteinte aux libertés de notre ville résulta uniquement des mesures générales édictées à cette époque pour transformer en offices la plupart des charges municipales. Il fallait trouver de l'argent par tous les moyens.

Un édit du mois d'août 1692, avait établi un maire en titre d'office dans toutes les villes du royaume ; mais le mémoire de M. de Bernage nous apprend qu'à Limoges cette charge n'avait pas été « levée » et qu'on avait seulement établi dans cette ville un procureur.

(2) Un certain nombre d'habitants de Limoges profitèrent, cette année là et les suivantes, des dispositions d'un arrêt du mois d'avril 1702, portant aliénation des hautes justices par démembrement des justices royales des petits domaines et des droits de chasse et de pêche appartenant à la couronne, etc.

Gregoire de Roüilhac, avocat en parlement, pour second consul;
Sieur Pierre de Roüilhac, seigneur de Traschaussade, bourgeois
et marchand dudit Limoges, pour troisieme consul.

BARBOU, prevost consul; PABOT, consul.

Réjouissances pour la prise de Kehl

Le marquis de Saint-Aulaire, lieutenant general au gouvernement de Limousin;

Veü la lettre dont Sa Majesté nous a honorés, en date du 26e mars, par laquelle elle nous apprend l'importance de la prise du fort de Keel, remis sous son obeissance par Monsieur le marechal de Villars, le 9e du meme mois;

Nous ordonnons aux Maires et Consuls des villes de la presente province de faire allumer des feux de joye, faire tirer le canon et donner toutes les demonstrations de rejouissances publiques accoutumées en pareil cas, et a tous les officiers de justice et autres corps, d'assister au *Te Deum* qui sera chanté et aux ceremonies accoutumées. Fait au chateau de La Grenerie, le 5e avril 1703. *Signé* : SAINT-AULAIRE.

Désignation d'un administrateur de l'Hôpital

Aujourd'huy, dernier de may 1703, dans la chambre de l'hotel commun de la present ville, ou estoint assemblez Messieurs Mre Jean Rogier, seigneur des Essards, lieutenant general civil et de police, et lieutenant de Maire (1); Pierre de Rouillac, sieur de Traschaussade, bourgeois et marchand, prevost consul en exercice; Martial Jayac, seigneur de La Garde, conseiller du Roy, juge magistrat; Jean-François Pabot, sieur du Breuil, conseiller du Roy, payeur des gages du Bureau des finances; Gregoire de Roulhac, seigneur de Roulhac, avocat en Parlement; Pierre Barbou, bourgeois et marchand, tous prevosts consuls, — et Simeon (*sic*) Darsonval, procureur du Roy, et Joseph Grasmaignac, secretaire, greffier du dit hostel; a esté exposé par le dit sieur de Traschaussade, prevost consul en exercice, que, de dix des administrateurs de l'hopital general de cette ville, cinq doivent sortir bientot de charge et que, par lestres patentes du Roy pour l'etablissement du dit hospital general, Mrs les prevosts consuls sont en droit de pourvoir a cette vacance l'année presente et remplir une desdites cinq places sans prejudice de leurs plus grands

---

(1) Nous ne saurions dire si ce titre de lieutenant de Maire, appartenait véritablement M. Rogier des Essarts. Nous ne voyons pas, en effet, qu'il soit mentionné dans les provisions insérées plus haut (p. 142).

autres droits, et qu'il est important de proceder a cette nomination et d'eslire une personne de merite et digne de l'importance de cette charge ; sur quoy lesdits sieurs lieutenant de Maire, prevost, consuls ont, d'une commune voix, elu et nommé Mr Pierre Tardieu, lieutenant en la juridiction de la Cour royale de la present ville, pour estre administrateur du dit hopital general et, en cette qualité, entrer en charge le premier 7bre prochain, exercer la dite administration pendant quatre années avec les autres administrateurs qui resteront. Dont et du tout a esté fait et dressé le present acte, les dits jour, mois et an que dessus, pour y avoir recours.

De Roulhac, prevost consul ; de Jayac, consul ; de Roulhac, consul ; Pabot, consul ; Barbou, consul.

Réparations à faire aux dépendances de l'Hôtel-de-Ville

Nous, Simon Darsonval, conseiller du Roy, son procureur et de cette ville et communauté de Limoges, estant le jour d'hier dimanche dans l'hostel commun de la dite ville, au sujet de l'assemblée consulaire convoquée pour aller assister au *Te Deum* qui fut chanté, dans l'eglise cathedrale, par ordre de Sa Majesté, en action de graces de la prosperité de ses armes en Allemagne contre les ennemis de l'Etat, avions remarqué qu'une grande partie de la muraile de l'arcenal du dit hostel, aux costés de la croisée qui regarde sur le jardin, menace ruisne (1), et qui paroit meme au dedans dudit arcenal que le mur du costé droit, vis-a-vis la porte, s'est escarté par le haut, dont il peut arriver (?) un deperissement tres dangereux et tres considerable, s'il n'y est pas promptement remedié par des reparations necessaires : ce qui nous donne lieu de requerir qu'il plaise a Messieurs les lieutenant de Mairie, prevost et consuls de faire incessamment examiner et visiter les susdites murailles et arcenal par gens a ce connoissants, qui dresseront un devis des reparations qu'ils jugeront devoir etre faites, pour, sur ce, estre fait bail et adjudication au rabais des dites reparations, a nostre requeste et en nostre presance, et bailler le prix au moins disant, en la maniere accoustumée, comme aussy de faire garnir la Chambre du Conseil des sieges qui y sont necessaires, faire reparer les vitres des croisées d'icelle et de la grande salle et de donner ordre que le renard a crans ou a dens de fer (?)

---

(1) Il est permis de se demander si les réparations portées au devis de 1695 (voir ci-dessus p. 104 et suivantes), avaient été exécutées. Toutefois il ne s'agit pas ici des mêmes locaux. L'arsenal était placé derrière l'hôtel de ville proprement dit, au fond de la cour et non loin du petit charreyron qui s'ouvre sur la rue Cruche-d'Or et monte vers la rue Montant-Manigne, où il débouchait autrefois.

soit posé derriere la porte de l'entrée de la dite salle, ainsy et pour les raisons qu'il a esté cy devant ordonné : estimant que les susdites reparations peuvent etre faites et payées par le moyen des fonds extraordinaires revenans bons qui se trouvent ez mains de Messieurs les prevost et consuls, qui en pourront faire employ dans leurs comptes. Fait a Limoges, dans l'hostel de ville, ce 30° juillet 1703.

D'Arsonval.

<small>Lettre du Roi au sujet de la victoire d'Eckeren</small>

Monsieur le marquis de Saint-Aulaire, la confiance que les ennemis mettoint en la force de leurs armées dans les Pays Bas, leur donnoit lieu d'esperer qu'ils repareroint, par leurs entreprises en Brabant, l'etat de leurs affaires en Allemagne et en Italie. Ils ne parloint que de leurs vastes projets sur les places principales du Roy d'Espagne (1) et ils commencoint a les executer lorsque les mareschaux de Villeroy et de Boufflers, ayant appris qu'ils avoint forcé les lignes du païs de Vaës (2), le mareschal de Boufflers se mit a la tete d'un detachement de son armée pour aller fortifier celle que le marquis de Bedmar (3) commande et pour attaquer ensemble le baron d'Obdam (4), qu'ils savoint s'etre avancé jusqu'a Ekeren, aupres d'Envers. Cette marche s'etant faite avec une dilligence extraordinaire, j'ay appris que mes trouppes, en arrivant, jointes a celles du roy d'Espagne, avoint attaqué l'armée des ennemis avec tant de vigueur et de valeur que, nonobstant les postes avantageux qu'ils occupoint et la longue resistance qu'ils firent, ils les avoint enfin forcez dans leur camp, apres un combat commancé vers les trois ou quatre heures appres midy et continué jusque a unze heures du soir ; on a remporté toutes les marques d'une victoire complecte (5) : des drapeaux, des timbales ; on leur a pris six pieces de canon, un grand nombre de mortiers, leurs chariots d'artillerie ; enfin j'ay receu tant de marques en cette journée de la continuation des benedictions de Dieu sur mes armes que je veux qu'on luy en rende des actions de graces publiques dans tout mon royaume, et faire voir qu'atribuant tous mes avantages a la protection divine, c'est uniquement en elle que je mets toute ma confiance. C'est

---

<small>(1) Il est à peine nécessaire de rappeler que la couronne d'Espagne était, depuis trois ans, posée sur la tête d'un prince français, Philippe V, petit-fils de Louis XIV.
(2) Le pays de Waës, au nord-est de Gand.
(3) Général qui commandait les troupes espagnoles unies aux troupes françaises et qui avait été chargé de la défense d'Anvers et de ses approches.
(4) Obdam était le général hollandais.
(5) Peut-être l'importance de ce succès, qui du reste faisait le plus grand honneur à Boufflers, est-elle ici un peu exagérée. L'action avait eu lieu a Eckeren, le 30 juin 1703.</small>

pour cet effet qu'ayant ecrit aux sieurs archeveques et evesques de mon Royaume d'en faire chanter le *Te Deum* dans leurs eglises, mon intention est que vous y assisties dans le lieu ou vous vous rencontreres ; je desire aussy que vous tenies la main a ce que les officiers de justice et autres corps qui doivent assister a des semblables ceremonies ayent a s'y trouver, et qu'au surplus vous donnies les memes ordres dans l'etendue de votre charge, comme aussy pour faire allumer des feux de joye dans les rues, tirer le canon et donner toutes les autres marques de rejouissance publique accoutumées en pareil cas ; et la presante n'etant a autre fin, je prie Dieu qu'il vous ait, Monsieur le marquis de Saint-Aulaire, en sa sainte garde. Fait a Versailles, le 16e juillet 1703. *Signé* : Louis, *et plus bas* : Colbert.

Le marquis de Saint-Aulaire, seigneur du dit lieu, La Grenerie, La Porcherie et autres places, lieutenant general pour le Roy au gouvernement du Haut et Bas Limousin,

Veu la presante lettre, il est ordonné aux Maire et Consuls de la ville de Limoges de faire allumer des feux de joye pour l'heureux succes des armes du Roy et de donner toutes les autres marques de rejouissance publique accoutumées en pareil cas ; le tout conformement aux ordres de Sa Majesté. Fait en nostre chateau de Saint-Aulaire, le 30e juillet 1703. *Signé* : de Saint-Aulaire, *et plus bas* : par monseigneur, Damazac.

Eslection et nomination faitte de Messieurs de Blondeau de Combas, conseiller du Roy en la senechaussée et siege presidial de Limoges, pour premier consul ; Jean Descordes, sieur des Fayes, lieutenant en la juridiction des Traittes foraines, pour second consul, et Nicolas de La Chassaigne, sieur de La Chapelle, bourgeois et marchand, pour troisiesme consul : — nommés par Mrs les prudhommes, qui ont donné leurs suffrages dans des billets par eux presentés non signés ; sur laquelle eslection le procureur du Roy a requis qu'il en fut donné acte par Mr le Maire, et qu'ils seront mandés pour prester le serment dans la Châmbre du Conseil de cet hostel de ville, en la maniere accoustumée, du septiesme decembre mil sept cent trois. Election des Consuls (7 décembre 1703)

Devilloutreys, Maire. (1)

---

(1) M. de Villoutreys est le second maire connu de la ville de Limoges ; le premier, François de Pontbriand, avait porté ce titre de 1476 à 1484. Nous ignorons à quelle date M. de Villoutreys acquit l'office créé en 1692, et qui était encore sans titulaire en 1698, comme nous l'avons dit plus haut.

Nous, faisant droit sur le requisitoire du procureur du Roy, avons baillé acte de la nomination presentement faicte par les sieurs prudhommes choisis a cet effet, de Monsieur M*e* Jean Deblondeau, seigneur de Combas, conseiller du Roy en la seneschaussée et siege presidial de Limoges, pour premier consul ; sieur Jean Descordes, sieur des Fayes, lieutenant en la jurisdiction des Traites foraines, second consul, et Nicolas de La Chassaigne, seigneur de La Chapelle, bourgeois et marchand, pour troisieme consul ; et ce pour l'année prochaine mil sept cent quatre, pour servir et valoir que de raison. Ordonnons que ladite nomination sera enregistrée au greffe de l'hotel commun de la dite ville pour y avoir recours lors et quand besoin sera et que lesdits sieurs cy dessus nommés seront incessamment appelés pour prester par devant nous le serment au cas requis.

Prestation de serment des nouveaux Consuls

Et a l'instant se sont presantés en l'hotel de ville les dits sieurs Blondeau de Combas, [Descordes des Fayes et de La Chassaigne,] (1) lesquels, en execution de nostre ordonnance cy dessus, ont presté le serment par devant nous au cas requis et accoutumé, dont nous avons pareillement concedé acte ; et attandu l'absence de Messieurs Descordes, sieur des Fayes, [et] de La Chassaigne, avons remis leur prestation de serment a leur arrivée en cette ville.

Et advenant le douse decembre mil sept cent trois, ayant séu l'arrivée de M*r* des Fayes, le corps de ville assemblé, il a esté prié de se rendre dans la Chambre du Conseil pour y prester le serment accoustumé par devant nous. Fait ledit jour.

Et advenant le treise decembre mil sept cent trois, le corps de ville, assemblé dans la Chambre du Conseil de l'hotel commun, ayant eu advis de l'arrivée de Monsieur de La Chassaigne, il a esté prié de se rendre dans la Chambre du Conseil pour y prester le serment accoustumé par devant nous. Fait ledit jour.

DEVILLOUTREYS, maire ; D'ARSONVAL, procureur du Roy.

Délibération de l'assemblée de ville relative au rachat par la ville de deux offices d'inspecteurs des boucheries

Aujourd'huy, septit*s*me may mil sept cent quatre, dans la salle de l'hotel commun de Limoges ou estoient assemblés M*re* Jean Rogier, seigneur des Essarts, conseiller du roy, Lieutenant general civil et de police, et lieutenant de maire ; M*e* Martial de Jayac, seigneur de La Garde, conseiller du roy, juge magistrat, premier consul ;

---

(1) Le greffier avait probablement préparé le procès-verbal d'avance, car il avait écrit d'avance ici les noms des trois nouveaux consuls. Un seul étant présent, les noms des deux autres ont été biffés.

Mᵉ Jean Blondeau, seigneur de Combas, conseiller du roi, juge magistrat; Mᵉ Gregoire Roulhac, seigneur de Roulhac, advocat en Parlement; Mᵉ Jean Descordes, sieur des Fayes, conseiller du roy, Lieutenant en la jurisdiction des Traittes foraines; Mʳ Pierre de Roulhac, sieur de Traschaussade; Nicolas de La Chassaigne, seigneur de La Chapelle, touts prevots consuls; Mʳᵉ Simon Darsonval, procureur du roy audit hotel de ville, et la majeure partie des notables habitans de ladite ville, convoqués en la maniere accoustumée, — a esté dit que Monseigneur Rouillé (1), intendant de cette generalité, a fait connoistre qu'il estoit necessaire d'establir, sans retardement, la perception des droits attribués aux offices d'inspecteurs aux boucheries, creés par edit du mois de feuvrier dernier, ou de prendre quelque autre expediant pour fournir au Roy, dans les besoins pressants de la guerre, la somme que Sa Majesté s'estoit proposée de tirer par l'establissement des droits attribués audits offices. — Sur quoy, l'affaire mise en deliberation, ouy le procureur du Roy, et apres avoir consideré que les droits establis par le tarif sont si forts qu'on ne pouroit les lever sans augmenter le prix de la viande et particulierement des vaches, mouttons, brebis et cheuvres sur un pied si excessif que les pauvres habitans et artisans ne pourroient plus en achepter, ce qui fait prendre desja la resolution a plusieurs de quitter la ville, Monseigneur l'Intendant sera supplié de voulloir obtenir de Sa Majesté la suppression desdits droits pour ladite ville de Limoges; et neantmoins lesdits habitans, voulant continuer des marques de leurs zelles et de leurs affections pour le bien du service de Sa Majesté, offrent de lui payer par imposition sur eux, n'ayants aucuns autres moyens, en trois années, la somme de vingt mille livres et les deux solz pour livre, suivant la repartition qui en sera faitte par mondit seigneur l'Intendant, sur touts les corps et communautés de laditte ville : ecclesiastiques, chapitres, communautés de de l'un et de l'autre sexe, Tresoriers de France, officiers du presidial, eslection et touts autres habitans d'icelle, privilegiés et non privilegiés, sans exception, de quelque nature que puissent estre leurs privileges, auxquels il sera expressement desrogé par l'arrest qui interviendra sur la presente deliberation, a la reserve touttes fois des hospitaux et religieux mandiants de laditte ville et Citté; sans quoy les dites offres n'auroient pu estre faittes et demeureront de nul effet. Et pour faire connoistre a Sa Majesté que ladite somme de vingt mille livres est tout ce que les habitans peuvent payer dans ledit temps de trois années, ils la suplient tres hum-

---

(1) M. Rouillé de Fontaine paraît ne pas être arrivé à Limoges avant la fin de 1703.

blement de considerer que, quoyque les habitans de laditte ville et Citté, desductions faittes desdits ecclesiastiques, officiers et privilegiés, soient en tres petit nombre et la plus parts de pauvres artisans, ils payent neansmoins annuellement dix-sept mille neuf cent livres pour la taille, vingt trois mille livres pour l'ustancille, vingt-deux mil livres pour la capitation; le tout revenant a soixante-deux mille neuf cents livres, et les taxes que payent journellement les privilegiés pour les confirmations d'heredités, augmentations de gages, huitiesme denier; et qu'outre, ils payent actuellement la somme de quatorse milles et tant de livres imposées sur les marchands et artisans, pour la confirmation de l'heredité des scindics et auditeurs des comptes des arts et mestiers; et enfin ils sont despuis longtemps accablés par le logement extraordinaire des gens de guerre, sans que ladite ville ayt aucune ressource, ne s'y faisant presque plus de commerce : a quoy ils supplient tres humblement Sa Majesté d'avoir egard et de leurs accorder, sur touttes les charges et impositions, des diminutions proportionnées a leurs besoins. Fait et deliberé dans l'hotel de ville, les jour, mois et an que dessus.

> ROGIER DES ESSARTS, lieutenant general civil, de police et de maire; DE LAGARDE, premier consul; BLONDEAU DE COMBAS, consul; DE ROULHAC, consul; DECORDES, consul; DE ROULHAC, consul; DE LA CHASSAIGNE, consul; D'ARSONVAL, procureur du Roy; VARACHEAU; BENOIST, advocat du Roy; J. DAVID, François TEXENDIER, DORAT, M. JAYAC, DELAFONT (?) J. MOULINIER, FAULTE, VIDAUD, BARNY, MURET, BOURDEAUX, J. GRASMAIGNAC.

Lettre du Roi sur la prise de Suze

Monsieur le Marquis de Saint-Aulaire, les ordres que j'ay donnez au duc de La Feuillade, d'assieger Suze, ont eté executtez avec tant de diligence que la ville et le chateau ont eté soumis a mon obeissance le douse de ce mois, malgré les efforts que le duc de Savoye a fait pour secourir cette place. Cette marque de la benediction que Dieu repand sur mes armes, au commencement de la campagne, me donne lieu d'attendre de sa divine bonté des nouveaux avantages et des heureux succez dans mes entreprises. Comme je veux, cependant, qu'il luy soit rendu graces dans tout mon royaume, de la protection qu'il continue d'accorder a la justice de mes armes, je vous fais cette lettre pour vous dire qu'ayant ecrit aux archevesques et eveques de mon royaume, d'en faire chanter le *Te Deum* dans leurs eglises, mon intention est que vous y assisties dans le lieu ou vous vous rencontreres; je desire aussy que vous tenies la main a ce que les officiers de justice et autres corps qui doivent assister a de semblables ceremonies, ayent a s'y trouver, et qu'au surplus, vous donnies les ordres necessaires dans l'etendue de votre charge pour faire allumer des feux de joye dans les rues, tirer le canon et donner toutes les autres marques de demonstrations de rejouissances publiques accoutumées en pareil cas. Et la presente n'etant a autres fins, je ne vous la feray plus longue que pour prier Dieu qu'il vous ayt, Monsieur le Marquis de Saint-Aulaire, en sa sainte garde. Ecrit a Versailles, le 23ᵉ juin 1704. *Signé*: Lousi, *et plus bas*: Colbert.

Monsieur le marquis de Saint-Aulaire, les benedictions qu'il a plut a Dieu de repandre sur moy et sur mon Royaume, viennent d'etre augmentées par la naissance du fils dont ma petite fille, la duchesse de Bourgogne, est heureusement accouchée, le 25ᵉ de ce mois, et que je fais nommer le duc de Bretagne. Comme cette nouvelle assurance que la divine Providence veut donner a mes peuples d'une longue succession dans ma famille affermit leur bonheur, elle rend aussy ma joye plus vive, et rapportant a Dieu tous les heureux evenemens dont il luy a plut remplir le cours de mon regne, mon intention est qu'on luy en rende incessamment des actions de graces dans toute l'etendue de mon Royaume. C'est pour cet effect qu'ayant ecrit aux archevêques et evêques de mon Royaume d'en faire chanter le *Te Deum* dans leurs eglises, je desire que vous y assisties dans le lieu ou vous vous rencontreres, que vous tenies la main a ce que les officiers de justice et autres corps qui doivent assister a de semblables ceremonies, ayent a s'y trouver, et qu'au surplus vous donnies les ordres necessaires dans l'etendue de votre charge pour faire allumer des feux de joye dans les rues, tirer le canon et donner toutes les marques et demonstrations de rejouissance publique accoutumées en pareil cas. Et la presente n'etant a autre fin, je ne vous la feray plus longue que pour prier Dieu qu'il vous ait, Monsieur le marquis de Saint-Aulaire, en sa sainte garde. Escrit à Versailles, le 30ᵉ juin 1704. *Signé*: Louis, *et plus bas*: Colbert.

<small>Lettre du Roi au sujet de la naissance du duc de Bretagne</small>

Reponce a la lettre de M^{rs} les Prevost, Consuls, escrite a Monsieur le marquis de Saint-Aulaire pour raison du retardement du feu de joye de la naissance de Monseigneur le duc de Bretagne.

Messieurs, a mon retour de Fumel, j'ay trouvé la cy jointe, dont il a plu au Roy d'honnorer Monseigneur le marquis de Saint-Aulaire pour faire faire le feu de joye en rejouissance de la naissance de Monseigneur le duc de Bretagne. Si vous avies la bonté de faire porter les paquets de la Cour a leur adresse, vous recevries plus promptement les ordres qui vous concernent ; vous auriez plus tost receu la cy jointe sans mon absence, et vous aurois assuré, comme je fais, combien je suis sincèrement,

Messieurs,

Vostre tres humble et tres obeissant serviteur,

DE SAINT-ESTIENNE.

1704, ce 31 juillet.

Lettre du Roi annonçant les succès de la flotte dans la Méditerranée

Monsieur le marquis de (1) Saint-Aulaire, la flotte que j'ay armée cette année et dont j'ay confié le commandement a mon fils, le compte de Toulouze, a si bien executté mes desseins sous ses ordres, qu'apres avoir rendu les projets des ennemis inutiles dans la Mediterannée, assuré les cottes d'Espagne, soutenu les fideles sujets du Roy mon petit-fils, et dissipé les vaines esperances que les ennemis fondoint sur les intrigues de quelques seditieux, elle vient enfin de terminer glorieusement la campagne par la victoire qu'il a plu a Dieu de m'accorder dans le combat general donné le 24° du mois d'aoust dernier, a la hauteur de Malaga. Le nombre supperieur des vaisseaux d'Angleterre et d'Holande et l'avantage du vent qu'ils avoint pour eux ne les a pas empeché de fuir devant ma flotte apres un combat de dix heures et l'attention de dix heures (*sic*) qu'ils ont eu pendant ce temps d'eviter l'abordage, a fait voir la crainte que leur inspiroit la valeur des officiers et des equipages de mes vaisseaux, animés encore a bien faire par l'exemple de l'amiral. Il n'a pas tenu a luy de recommancer encores un second combat ; mais les ennemis l'ont evité deux jours avec le meme soin et les memes efforts qu'il employoit pour les joindre, ainsy avoüant eux memes leur perte et leur faiblesse. Je dois rendre graces a Dieu de cet heureux evenement

(1) On avait d'abord écrit *Ligondes*.

par des prieres publiques. C'est pour cet effect pour j'ecris aux archevesques et eveques de mon royaume d'en faire chanter le *Te Deum* dans leurs eglises, et je desire que vous y assistiés dans le lieu ou vous vous rencontreres et que vous tenies la main a ce que les officiers de justice et autres corps qui doivent assister a de semblables ceremonies ayent a s'y trouver, et qu'au surplus vous donnies les ordres necessaires dans l'etendue de votre charge pour faire allumer des feux de joye dans les rues, tirer le canon et donner toutes les autres marques et demonstrations de rejouissance publique accoutumées en pareil cas. Et la presente n'estant a autre fin, je ne la feray plus longue que pour prier Dieu qu'il vous ait, Monsieur le marquis de Saint-Aulaire, en sa sainte garde. Ecrit a Fontainebleau, le 19ᵉ septembre 1704. *Signé* : Louis, *et plus bas* : Colbert (1).

Monsieur le marquis de Saint-Aulaire, la nouvelle conqueste que mon armée, commandée par mon cousin le duc de Vendomme, vient de faire de la ville et des chateaux d'Ivrée (2), dont la garnison, composée de onse bataillons, a esté forcée de se rendre prisonniere de guerre avec cent quatre vingtz officiers, est une marque si visible de la continuation de la protection que Dieu veut bien donner a la justice de mes armes, que je ne puis asses marquer les actions de graces qui lui en sont deües. J'ecris pour cet effet aux sieurs archeveques et eveques de mon royaume d'en faire chanter le *Te Deum* dans leurs eglises, et mon intention est que vous y assisties dans le lieu ou vous vous rencontreres, que vous tenies la main a ce que les officiers de justice et autres corps qui doivent assister a de semblables ceremonies ayent a s'y trouver, et qu'au surplus vous donnies les ordres necessaire dans l'etendue de votre charge pour faire allumer des feux de joye dans les rues, tirer le canon et donner les autres marques et demonstrations de rejouissance publique accoutumées en pareil cas. Sur ce, je prie Dieu qu'il vous ait, Monsieur le marquis de Saint-Aulaire, en sa sainte garde. Ecrit a Fontainebleau, le 10ᵉ octobre 1704. *Signé* : Louis, *et plus bas* : Colbert.

Lettre du Roi sur la prise d'Ivrée

(1) Malgré les incessantes annonces de victoires que nous rencontrons dans notre registre, les armées françaises avaient subi plusieurs défaites, dont l'importance n'était pas compensée par celle des succès qu'on annonçait pompeusement aux populations.

(2) Verceil avait capitulé le 20 juillet; Ivrée fut occupée le 18 septembre; les forts se rendirent les 26 et 29; le fort de Bard fut enlevé le 7 octobre.

— 166 —

L'assemblée de ville, invitée à désigner trois adjoints aux consuls, à défaut d'acquéreurs des offices à vendre, refuse de procéder à cette nomination.

Aujourd'huy, dixneufviesme novembre 1704, dans l'hotel commun de cette ville de Limoges, ou estoient assemblés M⁰ˢ Jean Rogier des Essarts, seigneur de Beaune, conseiller du Roy, lieutenant general civil, de police et de Maire; Nicolas de La Chassaigne, prevost consul; Martial de Jayac, seigneur de La Garde, aussy conseiller du Roy au siege presidial et senechal de cette ville; Jean Blondeaud, seigneur de Combas, aussy conseiller és susdit siege; Gregoire de Roulhac, seigneur de Roulhac, advocat en la Cour; Jean Descordes, sieur des Fayes, conseiller du Roy, lieutenant en la jurisdiction des Traittes foraines, tous prevots consuls, ... (1) conseillers assesseurs, procureur du Roy et greffier, et majeure partie des habitans de ladite ville assemblés et convoqués en la maniere accoustumée, a esté dit et remontré par ledit seigneur des Essarts que, quoyque par les anciens privileges accordés auxdits habitants et l'usage observé despuis plusieurs siecles, il leur fut permis de se choisir des Consuls et en nommer chasque année trois nouveaux pour vacquer aux affaires de la communauté... (2), neantmoins, Sa Majesté ayant creé, despuis le mois de janvier dernier, des Consuls en titre d'office dans chasque hostel de ville du royaume, avec deffenses aux communautés de faire, a l'advenir, aucune eslection que ces charges n'aynt esté levées (3), et ne s'estant encore presenté aucun acquereur pour faire leur soumission, on ne peut plus, aujourd'huy, proceder a aucune nouvelle eslection, de maniere que le nombre des Consuls, qui avoient toujours esté de six personnes, se trouve presentement reduit a celluy de trois eslectifs; mais comme il ne scauroit estre suffisant dans une aussy grande ville comme celle cy pour vacquer aux affaires de la communauté, Sa Majesté, pour prevenir les inconvenients qui en pouroit arriver, auroit, par sa declaration rendue au mois de juin dernier en ampliation dudit edit, laissé la liberté aux habitans des villes de se choisir parmi eux des adjoints en nombre esgal aux Consuls eslectifs pour les soulager dans les confections des rolles des tailles et autres charges publiques imposées ou a imposer, et se charger, conjoinctement et solidairement avec eux, des deniers de la collecte; et d'autant que les commissions ont esté desja expediées

---

(1) Un mot illisible.
(2) Ici deux lignes raturées n'ayant pas trait à cette délibération.
(3) On voit que le fisc ne se décourageait pas. En 1692 sa tentative n'avait pas réussi et une partie au moins des offices municipaux créés à cette époque n'avait pas trouvé d'acquéreur on recommençait l'épreuve ; mais on avait soin d'en assurer, cette fois, le succès en proscrivant aux villes de surseoir à toute élection jusqu'au jour où les nouvelles charges auraient été levées. C'était obliger les corps de bourgeoisie à les acquérir.

et delivrées pour faire lesdites impositions sur les contribuables, il est de necessaire de proceder promptement a la nomination desdits adjoints affin que la levée desdits deniers ne soit pas retardée et que le bien du service du Roy n'en souffre point. Sur quoy, ayant fait faire lecture, par le secretaire greffier dudit hostel commun, des susdits edits et declaration, l'affaire ayant esté mise en deliberation et apres avoir pris l'advis et les suffrages desdits habitans, ils ont dit, d'une commune voix, qu'ils portent trop de respect aux edit et declarations de Sa Majesté pour n'y pas obeir avüeuglement et defferer aux deffenses y contenues, et que pour marque de leurs soumission, ils s'abstiendront de faire aucune nomination des Consuls, jusques a ce qu'il aura plu au Roy de les retablir dans leurs premiers privileges et remettre les choses dans leur estat naturel ; et qu'a l'esgard de l'eslection des adjoints portée par la decclaration rendue en ampliation dudit edit, ils ne pouvoient pareillement n'en (*sic*) faire aucune, n'extimant pas qu'il fut de l'union qui doit estre entre des compatrihotes d'en nommer aucun pour remplir des places si onereuses; lesquelles estant desnuées des honneurs et des privileges attachés au Consulat, n'auroient d'autre fonction que celle de simple collecteur; et que, dans cette situation, ils jugeoient plus convenable de laisser cette nomination a Monseigneur l'Intendant, et le supplier de choisir, par sa prudence, les adjoints qu'il croyra les plus propres pour faire ladite collecte (1); et, a ces fins, a esté resolu qu'il seroit mis a son greffe une copie signé par le secretaire greffier dudit hotel de ville de la presente deliberation. Fait et passé dans la Chambre du Conseil, les jours, mois et an que dessus.

Rogier des Essarts, lieutenant general civil, de police et de maire; de Lagarde, premier consul; de La Chassaigne, prevost consul; de Blondeau de Combas, consul; Decordes, consul; M. Champalimaud, assesseur; Deschamps, assesseur; d'Arsonval, procureur du Roy.

(1) La délibération de l'assemblée de ville ne manque ni de dignité ni d'habileté. Elle prouvait clairement que, malgré leurs protestations, les bourgeois ne prenaient pas le change, et elle devait faire une certaine impression sur un intendant nouveau venu et qui pouvait y voir la marque d'un mécontentement sérieux et l'indice de difficultés à venir.

— 168 —

Désignation d'un prédicateur pour l'Avent de 1705 et le carême de 1706.

Aujourd'huy, onsiesme decembre mil sept cent quatre (1), dans la Chambre du conseil de l'hotel commun de la ville de Limoges, ou estoient assemblés Messieurs Jean Rogier des Essarts, seigneur de Beaune, conseiller du Roy, lieutenant general civil, de police et de maire; Jean Blondeau, seigneur de Combas, conseiller du Roy en la senechaussée et siege presidial de Limoges; Jean Descordes, sieur des Fayes, conseiller du Roy, lieutenant en la jurisdiction des Traittes foraines; Nicolas de La Chassaigne, seigneur de La Chapelle, bourgeois et marchand, touts prevots consuls, il auroit esté exposé par ledit seigneur des Essarts, qu'apres le septiesme du present mois, il est d'usage de faire le choix d'un predicateur pour remplir dignement la chere de l'eglise collegialle de Saint-Martial de la presente ville pour l'Advent prochain de l'année mil sept cent cinq et Quaresme ensuivant de l'année mil sept cent six : il exhortoit lesdits sieurs prevots consuls a jetter les yeux et nommer une personne capable d'en faire les fonctions. Sur quoy, apres une meure deliberation, on auroit, d'une commune voix, esleu et nommé pour predicateur dans la dite eglise et pour ledit temps le Reverend pere David, religieux Jacobin, a present prieur du couvent de Vienne en Dauphiné; de laquelle eslection et nomination nous avons fait dresser le present acte par le secretaire greffier dudit hostel pour en estre fait incessamment une expedition et donné advis audit R. P. David, religieux Jacobin. Fait lesdits jour, mois et an.

ROGIER DES ESSARTS; DE LA CHASSAIGNE, consul; DECORDES, consul; DE BLONDEAU de Combas, prevost consul.

Délibération de ville du 14 août 1705. Refus d'acquérir les offices de consuls créés par le fisc.

Aujourd'huy, quatorsiesme aoust mil sept cents cinq, apres midy, dans la salle de l'hostel commun de cette ville, ou estoient assemblés messire Jean Rogier des Essars, seigneur de Beaune, conseiller du Roy, lieutenant general civil de police et de maire, Messieurs Nicolas de La Chassaigne, seigneur de La Chapelle; Jean de Blondeau, seigneur de Combas, conseiller du Roy en la seneschaussée et siege presidial de Limoges, et Jean Descordes, sieur des Fayes, conseiller du Roy, lieutenant en la juridiction des Traictes foraines, tous prevost, consuls; et sieurs Merquiol Champa-

---

(1) Le 7 décembre s'est passé sans qu'on ait convoqué les prudhommes et procédé à l'élection d'usage pour désigner les nouveaux consuls. On a vu plus haut pour quelle raison.

limaud, Jean Pasqual Deschamps, sieur de La Coste; Jean Grelet, conseillers et assesseurs audit hostel, et Mr Simon Darsonval, seigneur de La Vergne-Boyol, conseiller du Roy et son procureur audit hostel, et Joseph Grasmaignac, secretaire et greffier, ensemble la majeure partie des habitans, tous convoqués en la maniere accoutumée, — ledit seigneur des Essars a dit et exposé que Sa Majesté ayant creé en titre d'office formé et hereditaire trois charges de Consuls pour cette ville (1), Mr Faulte, sieur de Marsat, auroit presté le serment pour la premiere, et qu'a l'egard des autres, il s'estoit encore presenté deux particuliers, dont l'un a desja obtenu des provisions pour la seconde, et l'autre fait sa soubmission pour la troisiesme ; de maniere que ces places alloient estre incessamment remplies : ce qui renverseroit necessairement les entiens usages et privileges accordés aux citoyens de se choisir et nommer eux-mesmes leurs magistras consulaires; que neanmoins on estoit encore en estat de prevenir une chose si prejudiciable a la liberté publique et de demander la reunion de ces offices au corps de ville, en remboursant aux dits particuliers la finance et loyaux couts qui (sic) leur en a couté; que, pour faire voir que le conseil approuveroit volontiers les demarches et les engagemens que lesdits habitans voudroient prendre la dessus, il representoit une lettre que Mgr l'Intendant lui ecrivoit a ce sujet, ensemble la coppie de celle que Monseigneur d'Armenonville luy ecrit, concernant ces offices; lesquelles il a ordre de communiquer a cette assemblée, afin qu'a la veüe d'icelles on pris (sic) des resolutions convenables a la situation presente des affaires et advantage de la communauté. Sur quoy, l'affaire mise en deliberation et meurement examinée, apres avoir fait faire lecture, par le greffier secretaire dudit hostel de ville, desdites deux lettres dattées des 27e juillet dernier et 6 du courant, et pris les advis et sentimens desdits habitans, ils ont dit d'une commune voix qu'ils ne connoissent que trop les inconveniens qu'il y a de laisser tomber le Consulat dans la venalité; que dans des temps aisés et les (sic) plus heureux, ils feroient des effors pour y remedier et prendre le party de la reunion proposée cy dessus; mais que, dans l'impossibilité ou ils se trouvent de fournir aucuns deniers pour y parvenir, estant desja espuisés par les sommes considerables qu'ils sont contraincts de payer tous les jours pour acquitter les charges excessives dont ils sont accablés, ils estimoient qu'il estoit plus convenable a leur etat present de laisser lever ces charges, que d'en

---

(1) Les nouvelles créations furent, comme le fait observer M. Henri Martin (*Hist. de France*, t. XIV. p. 596), beaucoup moins une mesure politique qu'un expédient fiscal.

demander la reunion par un remboursement qu'ils ne sont pas en etat de pouvoir faire quand a present (1); de laquelle deliberation ils ont demandé acte et que le registre en demeure chargé, aussy bien que lesdites lettres, pour ensuitte en estre rendu compte a Monseigneur l'Intendant : ce qui leur a esté accordé pour servir et valoir que de raison.

   Rogier des Essarts; De Blondeau de Combas, premier
    consul; Descordes, consul; Deschamps, assesseur;
   d'Arsonval, procureur du Roi.

Coppie de la lettre ecrite a Monsieur Rouillé de Fontaine, Intendant de la generalité de Limoges, par M^r d'Armenonville, le 27e juillet 1705.

Avant que de prendre l'ordre du Roy sur les moderations des taxes faites pour la reunion des offices de Lieutenans de Maires, Consuls et Assesseurs restans a vendre, dont vous m'aves envoyé l'etat, il est a propos de vous informer de ce qui se passe a l'esgard de la ville de Limoges. Il est vray que cette ville n'est comprise dans le rolle que pour la somme de 1,000^{ll.}; mais c'est a cause qu'avant que le rolle vous eut esté envoyé, il avoit esté fait une soumission, par le sieur Ardillier, pour l'office de troisieme consul, sur le pied de 2,100^{ll.}. La quittance de finance et les provisions sont expediées et le tout alloit estre delivré, lorsque j'ay receu votre estat qui me fait connoitre que, quand bien mesme cette ville n'auroit a payer que les 1,000^{ll.}, elle auroit beaucoup de difficulté, et, dans cette situation, j'aurois cru qu'il faudroit laisser establir cet office, parce que, outre les 2,100^{ll.} et les deux sols pour livre, il faudroit encore rembourser les fraits et loyaux couts du particu-

---

(1) Ce découragement, qui se traduit ici d'une façon si expressive et si vive, était-il bien sincère ? Au fond, les bourgeois, qui voyaient sans cesse le fisc inventer de nouveaux expédients et créer de nouveaux offices, ne cherchaient-ils pas tout simplement à jouer au fin, et à obtenir du gouvernement des conditions plus avantageuses? On a vu plus haut avec quelle facilité et quel empressement le corps de ville offrait 20,000 livres au Roi pour obtenir la suppression des inspecteurs de la boucherie. Ici il s'agit d'une moindre somme, et les bourgeois déclarent ne pas pouvoir la trouver. Il est vrai que la population était devenue bien indifférente à l'endroit des libertés publiques.

On verra plus loin que la ville finit par racheter les offices municipaux aux particuliers qui les avaient acquis ; mais le procès-verbal de l'assemblée où cette délibération fut prise ne se trouve pas au registre. Peut-être l'Intendant, voyant le peu d'empressement des bourgeois, imposa-t-il d'office la ville.

lier. Mais il y a plus : ce (*sic*) que l'on vient de faire une soumission pour le cinquiesme office de consul, sur le pied des 1,000ᵘ·, et par ce moyen-la, cette ville va estre entierement soulagée. J'attends vôtre responce avant que de donner l'arrest qu'on me demande pour assurer l'etat de ces deux particuliers et empecher qu'il ne soit remboursé.

Je suis, etc.

A Angoulesme, ce 6ᵉ aoust 1705.

Voicy (1). . . . . . .

Election (2) *et nomination de six Consuls faits* (sic) *ce jourd'huy lundy, 7ᵉ décembre de l'année presente 1705, dans la grande salle de l'hostel de ville de Limoges, par les soixante prudhommes nommez pour raison de ce, savoir de :*

Mons. des Flottes, seigneur de Bonnat, conseiller du Roy au presidial et seneschaussée de cette ville, pour premier consul pendant l'année qui finira au 7ᵉ decembre 1706 ;

Mʳᵉ Jean Guillemaud, conseiller du Roy, assesseur audit hostel de ville et marchand en icelle, pendant la susdite année, pour second consul ;

Et Mʳ Leonard Grelet, gendre de Laurans, bourgeois et marchand de cette ville, pour troisieme consul de ladite année qui echerra au dit jour 7ᵉ decembre 1706 ;

Et de Mons. Martial Dorat, seigneur des Monts, aussi conseiller du Roy au presidial et seneschaussée, aussy pour premier consul, pendant deux années commançant ce jourd'huy et qui finiront a pareil jour 1707 ;

---

(1) La pièce suivante était, comme l'indique la date, une lettre de M. Rouillé de Fontaine, intendant de la généralité, relative à l'acquisition des offices par l'Hôtel-de-Ville. Cette lettre, annoncée dans la délibération ci-dessus, n'a pas été copiée et le reste de la page a été laissé en blanc.

(2) Ainsi, moins de quatre mois après le refus formel de l'assemblée de ville (v. p. 168 ci-dessus), la commune avait été amenée, vraisemblablement obligée à racheter les six offices de consuls. On voit qu'il ne fut pas donné suite à la soumission d'Ardillier pour l'office de troisième consul.

Mr Loüis Benoist, conseiller du Roy et son avocat en la juridiction royalle ordinaire de cette ville, pour second consul, les dites deux années ;

Et Mr Raimond Garat, bourgeois et marchand de cette ville, pour troisième consul, pendant les dites deux années.

La dite nomination ainsy faite en consequence de l'ordonnance rendue le 6e du present mois par Monseigneur Rouillé, intendant en cette generalité, restée au greffe de cet hostel de ville, avec la deliberation y enoncée.

Et ont lesd. sieurs de Bonnat, Guillemaud et Grelet, pour une seule année,

Et les dits sieurs Dorat, Benoit et Garat presté le serment en la manière accoûtumée, entre les mains de sieur Nicolas de Lachassaigne, seigneur de La Chapelle, bourgeois et marchand de cette ville, prevôt consul en exercice, et ce en l'absence de Mr le maire ; ouy et ce requerant Mr le procureur du Roy, en presance de Mrs les assesseurs du dit hostel de ville. Dont acte les dits jours, mois et an que dessus.

> DE LACHASSAIGNE, prevôt consul; DESCHAMPS, assesseur; DECORDES, consul; D'ARSONVAL, procureur du roy; J. GRASMAIGNAC, secretaire greffier (1).

---

(1) Nous avons signalé une émeute en 1704. De nouveaux troubles avaient suivi. La situation devenait intolérable pour tout le monde. Au commencement de mai 1705, des désordres d'une nature fort grave eurent lieu à Limoges, à l'occasion de l'imposition nouvelle établie sur les voitures. Le 8, une bande de deux cents paysans armés vint assiéger la maison de Durand, un des fermiers de l'octroi, qu'on avait représenté comme travaillant à l'introduction des gabelles en Limousin. Sa maison fut brûlée, les maisons voisines furent gravement atteintes. La perte évaluée a 33,000 livres et réglée par un arrêt du Conseil du 28 septembre 1706, fut mise à la charge de la ville en vertu du même principe qui rend, encore aujourd'hui, les communes responsables des dommages commis dans les émeutes et séditions. Le régiment de dragons de Fimarcon fut envoyé à Limoges et y demeura quelque temps, aux frais de l'habitant. Quelques prisonniers avaient été faits. Un homme fut condamné à la potence, une femme au fouet et à la marque, deux autres hommes et deux femmes au bannissement. Ordre fut donné d'instruire le procès des autres personnes les plus compromises, sauf à faire ensuite demander leur grâce par les magistrats, la noblesse et le peuple.

— « Je découvre toujours de plus en plus, écrit à cette occasion l'intendant Rouillé de Fontaine, un esprit de révolte, de sédition et de mauvaise volonté pour le service du roi dans tous les peuples de ce pays. Mais on peut dire que cela ne provient que de l'absolue impuissance où ils sont de payer les impositions et autres charges qu'on leur demande. Les paysans et autres habitants de la campagne sont continuellement pressés par les Receveurs, et ils ne peuvent pas payer, parce qu'ils ne trouvent pas à vendre leurs bestiaux qui est la seule ressource qu'ils ont pour avoir de l'argent, et s'il arrive qu'ils en vendent quelque peu, c'est à si vil prix qu'au lieu d'y profiter, ils y font des pertes considérables. Les artisans et menus peuples des villes, ne trouvant plus à travailler, parce que toute sorte de commerce est interrompu, et que les bourgeois ne font plus rien faire, ne peuvent pas vivre. Cela les met au

Aujourd'huy, neufviesme decembre mil sept cent cinq, dans la chambre du conseil de l'hôtel commun de la ville de Limoges ou estoient assemblés Messieurs M⁰ Jean Desflottes, seigneur de Bonnat, conseiller du roy en la senechaussée et siege presidial de Limoges; Martial Dorat, seigneur des Monts, aussy conseiller du roy en la dite senechaussée et siege presidial de Limoges; Jean Guilhemaud, conseiller et assesseur au present hôtel de ville, Louis Benoist, conseiller du roy et son advocat en la jurisdiction royalle ordinaire de cette ville; Leonard Grellet, gendre de Laurans, bourgeois et marchand, et Raymond Garat, aussi bourgeois et marchand de la presente ville, tous prevots consuls : — Il auroit esté exposé par le dit seigneur de Bonnat qu'après le septiesme du present mois il est d'usage de faire le choix d'un predicateur pour remplir dignement la chere de l'eglise collegiale de Saint-Martial de la present ville pour l'advent prochain de l'année mil sept cent six et quaresme en suivant de l'année mil sept cent sept. Il exhortoit les dits prevôts consuls a jetter les yeux et nommer une personne capable d'en faire les fonctions; sur quoy, après une meure deliberation, on auroit, d'une commune voix, esleu et nommé pour predicateur dans la dite eglise et pour le dit temps, le reverend pere Le Bret, religieux feuilland de l'ordre de Saint-Bernard, a present conventuel a Rouen; de laquelle eslection et nomination nous avons fait dresser le present acte par le secretaire greffier du dit hotel pour en estre fait incessamment une expedition et donné advis au dit reverend pere Le Bret, religieux feuilland. Fait les dits jour, mois et an que dessus :

Désignation d'un prédicateur pour l'avent de 1706 et le carême de 1707.

DESFLOTTES DE BONNAT, prevost consul ; DORAT, consul ; GUILHEMAUD, consul ; BENOIST, consul ; GRELLET, consul ; Raymond GARAT, consul ; J. GRASMAIGNAC, secretaire-greffier.

---

désespoir et dans la volonté de tout entreprendre, comme ils ont déjà fait. Les bourgeois, marchands et officiers, se trouvant aussi épuisés, soit par les sommes qu'ils sont obligés de payer, soit par la cessation de leurs revenus, bien loin de s'attacher à les contenir, les laissent agir, en faisant entendre qu'ils ne sont point en état de s'y opposer et qu'ils ont besoin de veiller chacun à leur conservation particulière ; les gentilhommes, qui ne supportent qu'avec peine l'imposition de la capitation et autres, comme celle qui a été faite pour la suppression des inspecteurs des boucheries, ne sont pas fâchés de tous ces mouvements, non plus que les ecclésiastiques, qui se croient pour leur compte très surchargés. En sorte que tous ensemble se flattent que cette émotion et celles qui ne manqueront pas d'arriver sur les moindres prétextes, apporteront du changement dans les affaires, ou du moins produiront des diminutions très considérables sur les impositions et autres charges (A. DE BOISLISLE : *Correspondance des Contrôleurs généraux*, t. II, p. 248).

L'incendie dont il est parlé plus haut eut lieu à la porte Montmailler. Les mesures ordonnées par l'arrêt du Conseil de 1706 pour le remboursement des dommages de ce sinistre ne furent pas exécutées. Quatorze ans plus tard, la ville devait encore de ce chef, tant en principal qu'en intérêts 23,000 fr. L'affaire ne fut entièrement réglée qu'en 1777 (Arch. com. D D 6).

L'abbé Legros signale ces troubles dans la *Continuation des Annales*, p. 31.

— 174 —

<small>Nomination de Martial Ribouille à la charge d'ermite.</small>

Aujourd'huy, vingtiesme octobre mil sept cent six, dans la chambre du conseil de l'hotel commun de la ville de Limoges, ou estoint assemblés Mrs les maire et prevôt, consuls, sur ce qui a esté representé par le procureur du roy que la place de l'hermite estably à l'hermitage de Montjovis estoit vacante par la mort du frere Valade, decedé ces jours derniers, et que comme la disposition de cette place depend de la nomination des dits sieurs maire, prevôts consuls, il estoit important d'y pourvoir; sur quoy l'affaire mise en deliberation, sur ce ouï le procureur du roy, nous, maire et prevôts consuls, avons d'une commune voix, nommé et choisy pour remplir la dite place d'hermite la personne de Martial Riboüille, habitant de la present ville, pour par luy remplir la ditte place et en jouir aux mesmes droits, gages et privileges que faisoient ses devanciers; et ayant fait interpeller le dit Martial Ribouille, yceluy s'estant presenté dans la chambre du conseil et ayant accepté la dite place et remercié les dits maire et prevôts consuls de la nomination qu'il leur a plu faire de sa personne pour hermite, avons remis au premier jour d'assemblée pour deliberer de la vesture et mise de possession suivant l'usage ordinaire. Fait les dits jour, mois et an que dessus.

Devilloutreys, maire; Grellet, prevost-consul; Bonnat, premier consul; Dorat, consul; Benoist, consul; Raymond Garat, consul; D'Arsonval, procureur du roy; J. Grasmaignac, secretaire-greffier.

Aujourd'huy, vingt-deux{e} jour du mois d'octobre mil sept cent six, Messieurs les maire, prevost, consuls et procureur du roy, a esté deliberé que lundi prochain, vingt-cinquiesme du courant, l'on vestira, en chambre du conseil du dit hostel de ville, Martial Ribouille, nommé pour remplir la place de l'hermite, et ensuite estre procedé, en la maniere accoutumée, à la mise de pocession. Fait et deliberé les dits jour, mois et an que dessus.

De Villoutreys, maire; Grellet, prevost-consul; Dorat, consul; Benoist, consul; Raymond Garat, consul; D'Arsonval, procureur.

---

(1) On trouve, dans la *Correspondance des Contrôleurs généraux*, publiée par M. A. DE BOISLISLE, t. II, p. 349, une très curieuse supplique des officiers du Présidial de Limoges, relative à l'émotion causée dans la ville par la nouvelle de l'application d'un tarif d'octroi, à l'occasion de l'abonnement qui devait remplacer la taille et autres impositions. Cette lettre semble inspirée par l'intérêt personnel et le Contrôleur général ne s'y trompe point : sa réponse en témoigne assez clairement.

Aujourd'huy, vingt-cinquiesme jour du mois d'octobre mil sept cents six, Messieurs les maire, prevost, consuls et procureur du roy assemblés dans l'hostel de ville et chambre du conseil d'iceluy, s'est presenté Martial Riboulie, nommé pour remplir la place d'hermite, lequel a tres humblement supplié l'assemblée de vouloir le vestir et mettre en possession du dit hermitage : a quoy haderant, Monsieur le maire l'a vestu des habits d'hermite, et ensuite, le corps de ville assemblé comme dessus, ayant les marques (1), se sont rendus en l'eglise paroissialle de St-Michel avec le dit hermite placé dans la marche après les deux premiers : ou etant arrivé et a l'entrée de la porte du clocher, se seroit rendu Monsieur le curé de la dite paroisse, en manteau pluvial, avec les prestres de sa paroisse, la croix en teste : lequel sieur curé auroit donné la benediction au dit hermite qui s'est mis à genoux sous le seuil de la porte ; après quoy le dit sieur curé et ses prestres marchant en procession, Messieurs du corps de ville se seroient placés dans les chaires et le dit hermite au pied du grand hostel, pour entendre la messe haute du Saint-Esprit qui a esté celebrée par M^r le curé ; apres quoy, le dit sieur curé, ses prestres, avec la croix, s'estant mis en procession avec messieurs de ville et le dit hermite, marchant comme dessus, ils auroient conduit le dit hermite dans la chapelle du dit hermitage au lieu de Monjauvy ; a l'entrée de laquelle chapelle, le curé du dit lieu de Montjauvy luy auroit donné la benediction ; et ensuite Monsieur le maire, apres le *Salve* chanté dans la dite chapelle, luy auroit remis les clefs du dit hermitage, et l'auroit mis et laissé en possession d'iceluy, le tout nonobstant les oppositions faites par les sieurs Champalimaud, Deschamps et Grellet, assesseurs du dit hostel de ville, attandu qu'ils n'ont jamais eu droit à pareille nomination, ainsy qu'il se justifie par les precedants actes faits pour raison de ce ou autres semblables affaires survenues au dit hostel de ville despuis leurs creation et reception. Lequel habit, chapellet et boitte du dit hermite, ensemble le service, procession et autres frais faits par messieurs du corps de ville pour raison de ce, ont esté par eux payés en la maniere accoutumée. Fait les jour, mois et an que dessus.

De Villoutreys, maire ; Grellet, prevost-consul ; Dorat, consul ; Benoist, consul ; Raymond Garat, consul ; D'Arsonval, procureur du roy.

Bénédiction et installation du nouvel ermite.

(1) On sait que par ce mot, on entendait les insignes du Consulat et tout spécialement le chaperon rouge.

Désignation d'un prédicateur pour remplacer le P. Lebret.

Aujourd'huy, vingt-sixieme jour du mois d'octobre mil sept cent six, Messieurs les maire, prevost, consuls, assemblés dans la chambre du conseil dud. hostel de ville, en presence du procureur du roy du dit hostel du ville, a esté procedé a la nomination du predicateur pour l'Avent et Caresme prochain, attendu que le père Le Bret, Feuillant, qui avoit esté nommé despuis le mois de decembre dernier, en la maniere accouttumée, pour prescher les dits Avant et Caresme dans l'Eglise de Saint-Martial, a marqué par sa lettre du (1) septembre dernier, deposée au greffe du dit hostel de ville, qu'il ne pouvoit remplir la dite station pour les raisons y mentionnées; sur quoy l'affaire mise en deliberation, Nous, maire, prevost et consuls, avons nommé, en presence et sur le requis du procureur du roy, le reverent pere Ciprien, des Grands-Carmes, pour prescher les sus dits Avant et Caresme prochains, suivant l'usage et a maniere accoustumée dans l'eglise dudit Saint-Martial. Fait et deliberé les dits jour, mois et an que dessus.

DE VILLOUTREYS, maire; GRELLET, prevost-consul; DORAT, consul; BENOIST, consul; RAYMOND-GARAT, consul; DARSONVAL, procureur du roy (2).

Eslection de Messieurs les Consuls de la ville de Limoges, faite dans la grande salle de l'hostel de ville, par Messieurs les prudhommes nommez par Messieurs les maire et prevost, consuls en charge, en la maniere accoutumée, et ce pour l'année mil sept cent sept, en presence de mesdits sieurs les maire et prevosts-consuls, et du procureur du roy du dit hostel, le septiesme decembre mil sept cent six :

Monsieur Mᵉ Leonard Delomenie, seigneur du Claud et de Proximard, conseiller du roy, juge magistrat en la senechaussée et siege presidial de Limoges, premier consul;

---

(1) La date est restée en blanc.
(2) Mgr de Carbonnel de Canisy, évèque de Limoges, se démit de son évêché au mois d'octobre 1706. Il fut remplacé par Antoine Charpin de Genetines, comte de Lyon et vicaire général de Saint-Flour. Le nouveau prélat, sacré le 23 janvier 1707, prit possession le 1ᵉʳ février suivant.

Monsieur Jean Grellet, conseiller et assesseur au dit hostel commun, second consul ;

Monsieur Gabriel Farne, seigneur du Fraud, bourgeois et marchand, troisieme consul ;

Signé : DE VILLOUTREYS, maire ; D'ARSONVAL, procureur du roy ; J. GRASMAIGNAC, secretaire-greffier.

Copie au long de la liquidation faitte par monseigneur l'Intendant, de la finance principale de deux sols pour livre, fraix de provisions et autres fraix de loyaux cout de l'office de premier consul dont avoit esté pourvu le sieur de Marsat, l'un des deux cent chevaux-legers de la garde ordinaire du roy (1).

Le sieur Pernet, receveur general des finances et en son absence le sieur de Silhoüette, son commis, payera au sieur de Marsat, qui avoit esté pourveu de l'office de premier consul de la ville de Limoges, la somme de trois mille trois cent cinquante-neuf livres quatre solz a laquelle nous avons liquidé la finance du dit office de premier consul de la dite ville de Limoges, deux solz pour livres, fraix de provisions, fraix et loyaux coûts generalement quelconques, attandu que le dit office a esté reuni au corps de la dite ville de Limoges ; de la quelle somme il sera tenu compte au dit sieur Pernet, sur celle de quinse mille livres adjugée au sieur Durand et autres par arret du conseil du 28 septembre dernier sur les fonds provenant de la lotterie faite à Paris en faveur des pauvres de la generalité de Limoges, et rapportant le present ordre et consentement des consuls de la ville de Limoges. Fait a Limoges, le onsiesme decembre 1706. *Signé :* ROUILLÉ.

---

(1) Nous avons dit plus haut que le rachat des offices municipaux avait été opéré, malgré le refus qu'avait tout d'abord opposé à la proposition du Contrôleur général une assemblée de ville tenue le 14 août 1705, p. 168 ci-dessus.

Je reconnois que le sieur Gramagnas m'a remis le mandeman et ordonnance an original si accosté. A Limoge, le onze dessambre mile set sen sis (sic). A. FAUTE DE MARSAT.

Remboursement à M. Faulte de Marzac, de la finance de l'office de premier consul.

Aujourd'huy, onsiesme jour du mois de decembre mil sept cent six, dans la chambre du conseil de l'hostel de ville de Limoges ou estoint assemblés Messieurs les maire, prevot, consuls et procureur du roy, a esté procedé, en conformité de l'arrest du conseil du vingt-deuxiesme juin dernier, au remboursement de l'office de premier consul du dit hostel de ville, dont avoit esté pourveu le sieur Faulte de Marsat, par lettres de provision du vingt-huit feuvrier mille sept cent cinq; auxquelles provisions sont attachées les quittances de finance et deux sols pour livre du dit office : — La première de deux mille cinq cents livres, en date du trentiesme janvier 1705. Signé : BERTIN, et au contrôle : Soubeyran, et l'autre de deux cent cinquante livres, en date du dit jour trantiesme janvier 1705. Signé : LE ROUX; — duquel remboursement la liquidation a esté faite suivant l'ordonnance de Monseigneur Rouillé de Fontaine, intendant de cette generalité, en date de ce jourd'huy, a la somme de trois mille trois cent cinquante neuf livres quatre sols. Laquelle dite ordonnance a esté presentement transcrite au long sur le registre du dit hostel de ville et remise au dit sieur de Marzat pour recevoir la dite somme de Monsieur Pernet, receveur general des finances de cette generalité, ou du sieur de Silloühette, son commis : au moyen de quoi le dit sieur de Marsat a quitté et quitte les maire, prevôt, consuls, du remboursement de la finance, deux sols pour livre, fraix et loyaux coûts a lui adjugés par l'arrest du conseil sus datté et liquidés par la susdite ordonnance. Au moyen de quoi il a presentement remis au secretaire greffier du dit hostel de ville les provisions et quittances des finances et deux sols pour livre sus dattées, ensemble l'arrest du Conseil du dit jour, vingt-deuxieme jour de juin dernier, et deux actes de sommation faits en consequence. Au moyen de quoi les dits sieurs maire, prevost, consuls, sur ce ouy le procureur du roy, consentent que le dit sieur de Marzat reçoive, en consequence du dit mandement, la dite somme de trois mil trois cent cinquante-neuf livres quatre sols ; et de sa part, le dit sieur de Marzat veut et consent que le dit office de premier consul soit et demeure reuny pour toujours au dit hostel de ville : reconnoissant, au moyen de l'acquittement du dit mandement, estre content et satisfait du tout. Fait et deliberé dans la dite chambre du conseil, les jour, mois et an que dessus, et ont signé : FAULTE DE MARSAT, DE VILLOUTREYS, maire; DORAT, prevost-consul; J. GRELLET, consul ; DELLOMENIE, consul ; BENOIST, consul ; Raymond GARAT, consul ; FARNE, consul, et DARSONVAL, procureur du roy.

Aujourd'huy, dousiesme decembre mil sept cent six, dans la chambre du conseil de l'hostel commun de la ville de Limoges ou estoint assemblés Messieurs les maire, prevot, consuls, procureur du roy et greffier secretaire, il auroit esté exposé par Monsieur le Maire, qu'après le septiesme du present mois, il est d'usage de faire le choix d'un predicateur pour remplir dignement la chere de l'eglise collegialle de Saint-Martial de la present ville pour l'Advent prochain de l'année mil sept cent et sept et quaresme en suivant de l'année mil sept cent huit; il exhortoit les dits sieurs prevot, consuls a jetter les yeux et nommer uue personne capable d'en faire les fonctions. Sur quoy, après une meure deliberation, ouy le procureur du roi, on auroit, d'une commune voix, esleu et nommé pour predicateur dans la dite eglise et pour le dit temps le reverend pere La Forgue, religieux jacobin de l'ordre des freres precheurs. De laquelle nomination et election nous avons fait dresser le present acte par le secretaire greffier du dit hôtel, pour en estre fait incessamment une expedition et donné advis au dit reverend pere La Forgue, Jacobin. Fait les dits jour, mois et an que dessus.

Désignation d'un prédicateur pour 1707-1708.

DEVILLOUTREYS, maire; DORAT, prevost-consul; DELOMENIE, consul; BENOIST, consul; R. GARAT, consul; J. GRELLET, consul; FARNE, consul; D'ARSONVAL, procureur du roy, J. GRASMAIGNAC.

Noms des capitaines et lieutenants (1) *de chasque canton de la present ville de Limoges, nommés et choisis pour l'année mil sept cent sept, par Messieurs les maire et prevot, consuls :*

Monsieur Blaise Varachaud, bourgeois, major (2).

Consulat.

Monsieur Nicolas Teuillier, gendre d'Henry La Fosse, capitaine; Monsieur le fils de la veufve Thevenin l'ayné, lieutenant.

---

(1) Depuis l'adjudication des charges de milice en 1695 et 1696, nous n'avions pas trouvé, au registre municipal, la liste annuelle des officiers des huit cantons. Nous ne saurions expliquer comment le maire et les consuls sont rentrés en possession du droit de nommer ces officiers. On sait que beaucoup d'offices furent supprimés sans être remboursés : Le mot *d'escroqueries* appliqué par Fénélon aux procédés du fisc d'alors n'a rien d'exagéré.

(2) Il n'est pas parlé du grade de colonel. Il est vraisemblable que M. de Vincent le possédait toujours. (Voir ci-dessus, p. 111).

Manigne.

Monsieur François Texendier, marchand, capitaine.
Monsieur Biaix de Nonastre, lieutenant.

Les Bancs.

Monsieur Texendier, gendre de La Chassaigne, capitaine;
Monsieur François Martin, gendre de Meiranges, lieutenant.

Le Clocher.

Monsieur Martialot de Puymathieu;
Monsieur Ardillier, gendre d'Ardant.

Ferrerie.

Monsieur Petignaud, gendre de Baud, marchand, capitaine;
Monsieur Navieres, gendre de Sicot, marchand, lieutenant.

Boucherie.

Monsieur Veyrier, sieur du Breuil, capitaine;
Monsieur La Fosse de Chandorat fils, lieutenant.

Les Combes.

Monsieur Crouchaud, procureur, capitaine;
Monsieur Roche, procureur, lieutenant.

Lanssecot.

Monsieur Raby, notaire, capitaine;
Monsieur le fils d'Audoyn Jalat, dit Malinvaud, lieutenant.

Fait et déliberé dans la chambre du conseil, le 12 decembre 1706.

DEVILLOUTREYS, maire; DORAT, prevôt-consul; DELOMENIE, consul; BENOIST, consul; J. GRELLET, consul; R. GARAT, consul; FARNE, consul; J. GRASMAIGNAC, greffier (1).

---

(1) La misère était grande à cette époque dans une partie de la généralité. Les gentilshommes eux-mêmes ne pouvaient plus payer leurs impôts. La contrainte par garnison, si redoutée naguères des populations, était couramment employée dans les Elections de Limoges et d'Angoulême et ne produisait plus aucun effet. Les espèces monnayées devenaient de plus en plus rares. — On lit dans un rapport de l'Intendant Rouillé de Fontaine, du 17 janvier 1707 (*Correspondance des Contrôleurs généraux*, t. II, p. 376), cette grave déclaration :

« Je souhaiterois que les choses fussent dans une autre situation; mais il ne vous sera pas difficile de juger qu'elles sont ainsi, si vous avez agréable de considérer que, depuis très longs temps, le roi tire de cette généralité beaucoup plus du double de l'argent qu'y entre par le commerce qui s'y fait, et cet excédent étant provenu des épargnes que les peuples pouvoient avoir faites de longtemps, ils sont enfin absolument épuisés. »

Le procureur du roi du dit hostel de ville, qui a pris communication de la nomination de l autre part, ne peut approuver la dite nomination, attandu qu'elle paraît contraire a l'edit du mois de mai 1694, et a celuy du mois de septembre dernier. Fait ce douse decembre 1706.

D'Arsonval, procureur du roy.

Aujourd'huy, second du mois de may mil sept cent sept, dans la chambre du conseil de l'hostel commun de la present ville ou estoient assemblés M^r le maire et M^{rs} les prevost, consuls de ladite present ville, en presence du procureur du roy du dit hostel de ville, a esté exposé par Monsieur le maire que, des dix administrateurs de l'hôpital general de cette ville, trois doivent sortir de charge, et que, par les lettres pattentes du roi accordées pour l'establissement du dit hospital general, M^{rs} de l'hostel de ville sont en droit de pourvoir la presente année a cette vacance, et en consequence de nommer trois habitants dignes et capables de remplir les dites trois places, suivant l'usage de la dite administration, sans prejudice de leurs plus grands droits. Sur quoi, l'affaire mise en deliberation, ouï sur ce le procureur du roy, M^{rs} les maire, prevost et consuls ont d'une commune voix eslus et nommés Mrs Mre Leonard Limousin, greffier au bureau des finances de cette generalité; Pierre Barbou, tresorier des ponts et chaussées de la dite generalité, et Louis Benoist, avocat du roy en la juridiction royale et ordinaire de la present ville et l'un des dits sieurs consuls en charge, pour administrateurs et remplir en cette qualité les dites trois places pendant quatre années a venir a commencer du premier septembre prochain, avec les autres administrateurs qui resteront. Dont et du tout a esté fait et dressé le present acte de deliberation et nomination, lequel demeurera enregistré au greffe du dit hostel de ville pour y avoir recours et servir quand besoin sera. Fait les dits jour, mois et an que dessus.

Nomination de trois administrateurs de l'Hôpital.

De Villoutreys, maire; Raymond Garat, prevost consul; J. Grellet, consul; Dorat, consul; Delomenie, consul; Farne, consul; D'Arsonval, procureur du roy.

Enregistrement du present acte et ordonnance de Monseigneur Rouillé, intendant, dont la teneur s'en suit :

<small>Honoraires du secrétaire greffier de l'hôtel de ville.</small>
Aujourd'huy, cinquiesme janvier mil sept cent sept, dans la chambre du conseil de l'hostel de ville, ou estoint assemblés Messieurs les prevot, consuls de la dite ville en charge la presente année, a esté remontré par Monsieur le prevot consul en exercice que le Sr Joseph Grasmaignac, secretaire greffier du dit hostel de ville ayant exposé a Monseigneur Rouillé de Fontaine, intendant de cette generalité, qu'il estoit seul chargé du soin de l'expedition des copies qu'il falloit faire des routes des gens de guerre qui passent, pour lesquelles il lui falloit fournir a ses frais et despans les copistes, le papier et ancre, ainsi que pour l'expedition de beaucoup d'autres affaires concernant la communauté, sans que jusques a present, il luy eut esté donné aucuns appointements (1), quoique le secretaire greffier ancien du dit hostel de ville qui exerçoit par commission, auparavant la creation de l'office du suppliant (2), fut employé pour soixante livres d'appointements annuels sur les comptes des S^{rs} prevot, consuls; et que, par l'edit de la dite creation, ses mesmes gages et appointements fussent attribués a son dit office; — mon dit seigneur l'Intendant auroit favorablement repondu la requette, et par son ordonnance du dixiesme decembre dernier, mise au bas d'icelle, il auroit ordonné que, sur la somme de cent soixante-dix livres destinée par arrest du conseil pour le papier, bois et autres menües necessités du present hostel de ville (3), il en sera annuellement payé au dit secretaire-greffier celle de soixante livres a commancer des l'année derniere 1706, au payement de laquelle somme le fermier receveur des revenus d'octroys et patrimoniaux de cette ville y seroit contraint; et qu'en payant et rapportant la quittance d'icelle, il en demeureroit bien et valablement dechargé partout ou besoin seroit : ce qui paroissant aux dits S^{rs} prevots-consuls estre tres equitablement ordonné et croyant que tous consuls presents et advenir doivent s'y soumettre, ils auroint proposé d'en passer acte deliberatoire pour estre rapporté et inscript sur le registre du present hostel de ville, affin que personne ne puisse en pretendre accause d'igno-

---

(1) Il ne faudrait pas s'imaginer néanmoins que les fonctions de secrétaire-greffier fussent gratuites ; le titulaire percevait une rétribution pour beaucoup de petits travaux : expéditions et autres ; mais il n'avait point de traitement fixe et ses honoraires consistaient uniquement en *casuel*.

(2) Ainsi le greffe de l'hôtel de ville avait été aussi érigé en titre d'office et les consuls n'avaient même plus le droit de choisir leur secrétaire.

(3) Voir l'arrêt du Conseil du 5 décembre 1693 dont nous avons donné plus haut le texte en note, p. 86.

rance et qu'en execution les fermiers receveurs des revenus d'octrois et patrimoniaux de l'hotel de ville ne fassent difficulté de payer tant pour l'année derniere mil sept cent six que pour la presente et celles qui suivront a l'advenir, la dite somme de soixante livres annuellement au dit sieur Grasmaignac ou autre proprietaire du dit office de secretaire-greffier de ce dit hotel de ville; ce qui, ayant eté mis sur le champ en deliberation, les dits sieurs prevot, consuls soubsignés ont, d'une commune voix, dit et declaré qu'aux fins de l'execution entierre de la dite ordonnance, elle sera et demeurerat enregistrée, ensemble le present acte, pour y avoir recours quand besoin sera. Fait dans la dite chambre du conseil de l'hotel de ville, les jour, mois et an que dessus.

Nous ordonnons que, sur la somme de cent soixante-dix livres, destinée par l'arrest du Conseil portant reglement des charges de la ville de Limoges, pour le papier, ancre, bois et autres necessités de l'hostel de ville, il en sera payé au suppliant pour l'expedition des routes et autres actes de l'hotel de ville, a commencer la presente année mil sept cent six et a l'avenir annuellement, la somme de soixante livres pareille a celle qui estoit payée a ceux qui faisoint les dites fonctions avant que le suppliant fut pourveu du dit office ; a quoi faire le receveur fermier des revenus d'octroys et patrimoniaux de la dite ville serat contraint. Ce faisant, en rapportant les quittances du suppliant, il en demeurera bien et valablement dechargé partout ou besoin sera. Fait a Limoges, ce dixiesme novembre mil sept cent six. — *Signé* : ROÜILLÉ, *et plus bas* : par Monseigneur, DEVAL.

> DORAT, prevost-consul; DELOMENIE, consul ; BENOIST, consul ; J. GRELLET, consul; Raymond GARAT, consul ; FARNE, consul.

Aujourd'huy, neufviesme octobre mil sept cent sept, dans la chambre du conseil de l'hotel commun de Limoges ou estoint assemblés M^{rs} les prevot, consuls, assesseurs, procureur du Roy et secretaire-greffier du dit hotel pour assister au feu de joye, suivant les ordres de Sa Majesté au sujet de la naissance du prince des Asturies; et sur la plainte qui nous a esté portée dans la dite chambre du conseil par le nommé Leonard Flory, tambour-major, de ce que le nommé Joseph Renon, valet, autrement gager, l'avoit frappé, disant qu'il n'avoit pas esté devant sa maison lui donner le salut ou

Le corps municipal fait justice des prétentions de ses gagers.

aubade avec les autres tambours de ville (1), tout comme on fait a M^rs le maire, prevost, consuls, procureur du roi, secretaire-greffier du dit hotel; — laquelle plainte a esté portée en presence du sieur procureur du roi, lequel a dit qu'il ne croyoit pas qu'ils fussent de rang d'avoir cet honneur, et, en tant que de besoin seroit, il requiert qu'il soit fait deffenses aux tambours et joüeurs de violon de donner, dans aucune ceremonie consulaire, aucunes aubades tant aux capitaines, huissiers que valets, autrement gagers. Ce qui ayant eté mis sur le champ en deliberation, [par] les dits sieurs prevot, consuls, d'une commune voix, a eté convenu qu'il seroit fait deffenses aux tambours et violons de donner aucunes aubades a l'advenir pour telles ceremonies de l'hotel de ville qui puissent estre, aux dits capitaines, huissiers, valets de ville. Pour raison de quoi a esté fait et deliberé dans la dite chambre du conseil de ville les dits jour, mois et an, pour y avoir recours en cas de besoin.

DORAT, consul; FARNE, consul; Raymond GARAT, prevot-consul; BENOIST, consul; J. GRELLET, consul; DELOMENIE, consul; D'ARSONVAL, procureur du roy; J. GRASMAIGNAC, secretaire-greffier (2).

Incident de l'élection consulaire du 7 décembre 1707.

Le procureur du roy, sur les sufrages de M^rs les prud'hommes pour la nomination de Messieurs les trois consuls pour l'année prochaine, dont vingt-huit sufrages sont pour Monsieur de la Briderie pour premier consul et vingt-cinq sufrages pour Monsieur de La Bourgade, aussi premier consul, trente-sept suffrages pour Monsieur Tardieu de Gigondas pour second consul, seise sufrages pour Monsieur Jean-Pierre Texendier et quinze pour Monsieur Peyroche pour troisiesme consul; et attendu que, par le reglement du Conseil, il est ordonné que le nombre des dits prudhommes sera complet de soixante pour la validité de la nomination consulaire et que, s'il en manque quelqu'un, il en sera nommé en leur place; et comme il en manque trois dans cette nomination, le dit procureur du roi requiert qu'il en soit presentement nommé trois en

(1) Voici un nouvel exemple des prétentions des huissiers et valets de l'hôtel de ville, que nous avons vu plus haut réclamer, dans les cérémonies publiques, un siège auprès des consuls.
(2) Le 23 novembre 1707, mourut Frédéric-Maurice de La Tour d'Auvergne, gouverneur du Limousin. Il fut remplacé, dans ces fonctions, par Jacques de Fitz-James, duc de Berwick, qui, cette année là même, sauvait le trône d'Espagne en gagnant l'importante bataille d'Almanza.

leur place pour donner leurs suffrages et rendre la dite nomination conforme aux susdits reglements; et cependant que les susdits trois absents soint multés d'amande arbitraire pour ne s'estre pas trouvés a la dite assemblée, conformement aux requisitions du procureur du roi qui sont au bas de l'état de nomination des dits prudhommes. Ce sept decembre 1707 (1).

D'Arsonval, procureur du roy.

Nous maire, prevot, consuls de Limoges, faisant droit du requisitoire du procureur du roy, avons donné acte de la nomination presentement faite par les prudhommes de la personne de Mr Mre Martial Romanet, seigneur de la Briderie, pour premier consul, ensemble de Mr Me Pierre Tardieu, sieur de Gigondas, pour second consul, et de celle de Jean-Pierre Texandier pour troisiesme; ordonnons qu'ils seront incessamment advertys de se rendre dans la chambre du conseil de l'hotel de ville pour y preter le serment en la maniere accoutumée; et attendu qu'ils manquoit au nombre de trois, savoir: Devoyon, avocat; Exchaupre, marchand et Raby, confisseur, les avons condempnés en l'amande de trois livres chascun, pour estre la dite amande procurée en faveur de l'hospital general de cette ville. Fait dans la chambre du conseil, ce 7 decembre 1707.

Benoist, maire; Garat, prevost-consul; Dorat, consul; Delomenie, consul; Raymond Garat, consul; J. Grellet, consul.

Eslection de Messieurs les Consuls de la ville de Limoges, faite dans la grande salle de l'hostel de ville par Messieurs les prudhommes nommés par Messieurs les maire et prevost, consuls, en la maniere accoutumée, et ce pour l'année mil sept cent huict; en presence de mes dits sieurs les maire, prevots, consuls, assesseurs et procureurs du roy du dit hostel, le septieme decembre mil sept cent sept.

Monsieur Me Martial Romanet, seigneur de la Briderie, conseiller du Roy et son assesseur en l'election du haut Limousin, premier consul;

---

(1) L'année 1707 est marquée par la mort de Siméon Descoutures.

Monsieur Mᵉ Pierre Tardieu, sieur de Gigondas, conseiller du Roy, lieutenant en la juridiction royale de la present ville, second consul ;

Monsieur Jean-Pierre Texandier, bourgeois et marchand, troisiesme consul ;

  Benoist, maire ; Delomenie, consul ; Farne, prevost-consul.

Noms de Messieurs les capitaines et lieutenants de bourgeoisie pour chaque canton de la present ville, choisis par Mʳˢ les maire, prevost, consuls, et ce pour l'année 1708.

Consulat.

Messieurs Bordeaux, marchand, capitaine;
Le fils de Gregoire Thevenin du Genesty, lieutenant.

Manigne.

Antoine Lafosse, capitaine ;
Simon Dorat, lieutenant.

Les Bancs.

Pierre Exchaupre fils, capitaine ;
Pierre Martin, lieutenant.

Le Clocher.

Faulte de Poulouzat, capitaine;
Jacques Lavaud, lieutenant.

Boucherie.

Veyrier, seigneur du Brueil, capitaine;
Leonard Grellet, lieutenant.

La Ferrerie.

La Conque, medecin, capitaine ;
Ruaud, procureur, lieutenant.

Les Combes.

Descordes de La Bernardie, capitaine,
Dalesme de Gorseix, lieutenant.

Lansecot.

Celiere, bourgeois, capitaine ;
Le fils de Roche de Tulle, lieutenant.

Fait et deliberé dans la chambre du conseil, le 12me decembre 1707.

   BENOIST, maire ; DELOMENIE, prevost-consul; ROMANET, premier consul; TARDIEU, consul: FARNE, consul; TEXANDIER, consul.

Aujourd'hui, dousiesme decembre mil sept cent sept, dans la chambre du conseil de l'hotel commun de Limoges ou estoint assemblés Messieurs les maire, prevot, consuls, il auroit exposé qu'après le septiesme du present mois, il est d'usage de faire le choix d'un predicateur pour remplir dignement la chere de l'eglise collegiale de Saint-Martial de la present ville pour l'Advent prochain de l'année mil sept cent huit et quaresme en suivant de l'année mil sept cent neuf. Sur quoy l'affaire, apres une meure deliberation (*sic*), on auroit, d'une commune voix, esleu et nommé pour predicateur dans la dite eglise et pour le dit temps, le reverend pere Sage, religieux Jacobin de l'ordre des freres precheurs, a present conventuel a Bordeaux; de laquelle nomination et eslection nous avons fait dresser le present acte par le secretaire greffier du dit hostel pour en estre fait incessamment une expedition et donnez advis au dit reverend pere Sage, Jacobin conventuel a Bordeaux. Fait les dits jour, mois et an.

Désignation du prédicateur pour 1708-1709.

   BENOIST, maire ; DELOMENIE, prevot-consul ; TARDIEU, consul ; ROMANET, premier consul ; FARNE, consul ; TEXENDIER, consul.

Copie de la lettre escrite a M^{rs} les maire, prevots consuls de la ville de Limoges par Monseigneur le mareschal duc de Bervick (1).

   A Valence, le 10 janvier 1708.

J'ay receu, Messieurs, votre lettre du 27 du mois passé, a l'occasion du gouvernemeut du Limousin dont le Roy vient de m'hon-

---

(1) On a vu plus haut que le maréchal duc de Berwick avait été pourvu du gouvernement du Limousin.

norer. Je vous remercie de la part que vous me temoignés y prendre, et je vous prie d'etre persuadé que, dans toutes les occasions qui s'y presenteront, je vous feray connoitre tant en general qu'en particulier l'envie que j'auray de vous faire plaisir, parce qu'on ne peut estre plus parfaitement a vous, Messieurs, que je suis. — *Signé* : le marechal duc DE BERVICK.

<small>Conflit avec l'election au sujet d'une adjudication de travaux.</small>

Aujourd'huy, sapmedy, dix-neufviesme may mil sept cent huit, a trois heures de relevée, dans la chambre du conseil de l'hotel commun de Limoges, ou estoint assemblés M^{rs} les prevot, consuls, procureur du roy et secretaire-greffier du dit hotel pour assister a l'adjudication qui devoit etre faite des reparations necessaires au pont de bois et faubourg de Saint-Martial, par Mr du Puitison, tresorier de France et subdelegué de l'Eslection de Limoges en consequence de la lettre missive de Monseigneur l'intendant, — et après avoir attendu que les charpentiers et autres ouvriers qui veulent entreprendre les reparations se soient rendus au dit hotel de ville pour faire des offres au rabais, et ayant appris qu'ils s'estoient rendus chez Mr du Puitison, qui avoit fait faire et afficher les publications a la requette du susdit procureur du roy, nous aurions dit au secretaire-greffier du dit hotel d'aller temoigner au dit Sr du Puitison que nous l'attendions dans la chambre du conseil de l'hotel de ville, avec les dits charpentiers, pour estre en icelluy procedé a l'adjudication des dites reparations ; a quoi le dit sieur du Puitison auroit repondu qu'il ne croyoit pas etre dans l'obligation de faire la dite adjudication dans le dit hotel de ville. Ce qui nous paraissant contraire aux intentions de Sa Majesté, portées par les reglements du conseil du quatorze juillet 1694, portant entre autres choses que toutes les procedures et poursuites tant en demandant qu'en deffendant pour les affaires particulieres des communautés de villes que pour la publication, renouvellement de baux de leurs revenus et aux rabais des reparations, seront faittes a la requette des procureurs du roy des dits hotels, et qu'ils assisteront aux visites, marchés et reparations, aux rabais et receptions d'ouvrages, et que mesme les secretaires greffiers des dits hotels escriront les baux affermes, encheres, prix-faits et adjudications et en garderont les minutes, generalement tout ce qui concerne les affaires des hotels communs : d'ou il s'ensuit que telles adjudication que celle dont il s'agit se doivent faire dans le dit hotel de ville. A quoy le corps consulaire ne devant pas deroger, il ne peut tolerer que la dite adjudication soit faite ailleurs que dans la chambre du conseil du dit hotel de ville, a moins que ce ne fut a l'hotel de monseigneur l'intendant et en sa presence; d'autant que la depense doit estre faite sur les mandements du dit corps de ville et aux despens des revenus d'ycelluy. Dont a esté dressé le present acte par le secretaire-greffier pour servir et valoir que de raison.

> Texendier, prevot-consul; Farne, consul; Romanet, consul; Tardieu, consul; D'Arsonval, procureur du roy; J. Grasmaignac, secretaire-greffier (1).

Eslection de Messieurs les Consuls de la ville de Limoges, faite dans la grande salle de l'hostel de ville, par Messieurs les prudhommes nommés par Messieurs les maire, prevost, consuls en la maniere accoutumée et ce pour l'année 1709, en presence des sieurs maire, prevost, consuls, assesseurs et procureur du roy du dit hostel, le 7me decembre 1708 :

Monsieur Me Mathieu (2) de Morel, seigneur de Chabannes et de Saint-Leger, president au presidial de Limoges, premier consul;

Monsieur David-Igniace Rogier, seigneur de Janaillac, second consul;

Monsieur Jean-Baptiste Bordeaux, bourgeois et marchand, troisiesme consul.

> Rogier, lieutenant-general; Romanet, premier consul; Deschamps, assesseur; Champalimaud, assesseur.

Aujourdhuy, dix septiesme decembre mil sept cent huit, dans la chambre du Conseil de l'Hotel commun de Limoges, ou estoint assemblés Messieurs les maire, prevots consuls, conseillers assesseurs, procureur du Roy et secretaire greffier, il auroit esté

---

(1) Au cours de l'année 1708 fut presque entièrement rebâtie l'église du prieuré-cure de Saint-Gérald, qu'il faut bien distinguer de l'ancienne église de l'hôpital Saint-Gérald.
(2) On avait d'abord mis Pierre.

exposé par Monsieur le lieutenant general qu'apres le septiesme du present mois, il est d'usage de faire le choix d'un predicateur pour remplir dignement la chere de l'eglise collegiale de Saint-Martial de la present ville, pour l'Advent prochain de l'année mil sept cent neuf et Quaresme en suivant de l'année mil sept cent et dix, il exhortoit lesdits sieurs prevots consuls a jetter les yeux et nommer une personne capable d'en faire les fonctions. Sur quoy, apres une meure deliberation, ouy le procureur du Roy, on auroit, d'une commune voix, esleu et nommé pour predicateur dans ladite eglise et pour ledit temps, le Reverend Pere David, religieux jacobin de l'ordre des Freres Precheurs : de laquelle nomination et eslection nous avons fait dresser le present acte par le secretaire greffier dudit hotel, pour en estre fait incessamment une expedition et donné advis audit Reverend Pere David, jacobin. Fait lesdits jour, mois et an que dessus.

ROGIER, lieutenant general ; TARDIEU, consul ; MOREL, president ; ROMANET, prevost consul ; ROGIER DE GRENOUILLAC, consul ; CHAMPALIMAUD assesseur ; D'ARSONVAL, procureur du Roy ; J. GRASMAIGNAC (1).

Désignation des citoyens qui doivent composer un détachement chargé d'escorter un convoi de grains.

Aujourdhuy, trentiesme avril mil sept cent neuf, dans la chambre du conseil de l'Hotel commun de Limoges, ou estoint assemblés Messieurs les prevots consuls, procureur du Roy et secretaire greffier du present Hotel, il a esté exposé par Monsieur le prevot consul en exercice qu'en consequence des ordres de Monseigneur l'Intendant et pour le bien public, il estoit important de faire choix d'une vingtaine de personnes d'habitans de cette ville avec quelques officiers de quartier de milice bourgeoise pour se transporter a cheval a la terre de Mr de Fromental, pour y escorter des bleds qui doivent estre pris dans les greniers de ladite terre pour estre amenés et conduits seurement au marché de cette ville, affin d'y estre vendus en la maniere accoustumée ; sur quoy l'affaire mise en deliberation, sur ce ouy le procureur du Roy, a esté nommé pour officiers commandants : les sieurs Beaubreuil, capitaine ; Malavergne de Masdoumié, ayde major ; Moulinier, lieutenant, — et pour cavailliers les sieurs Barbou pere ;

---

(1) En 1708 il y eut disette, ou tout au moins très grande cherté. Les forléaux de Limoges indiquent comme prix du setier de froment 5 ll. 1 s., au lieu de 2 ll. à 2 ll. 10 s., prix moyen ; le prix du setier du seigle s'éleva au triple du cours moyen ; le vin coûta presque toute l'année très cher.

Teullier, gendre de Lafosse; Thevenin, marchand, gendre de Farne; Raymond Garat, pere ou fils; le fils d'Antoine Lafosse; Faulte fils; le cadet Disnematin, sieur des Salles; Baud, gendre de Dupré; Exchaupre fils; Nouhailler, gendre de La Michelon; Guerin, gendre de Sicot; Deperet pere ou fils; Vexierre jeune ou l'ayné; Navieres, gendre de Sicot; Ardent, chez Jacques Martin, ou le fils de Jacques Martin; Pouyat, gendre de Grellet; Bernard Lafosse fils; le fils du sieur Veyrier du Breuil; La Geneste, gendre d'Ardent; le fils de la veufve de Ventenat; Felines fils, droguiste, — auxquels il sera envoyé incessamment des billets pour partir ensemble a onze heures du matin demain, et suivant les ordres qui leurs seront donnés par les officiers susnommés, a peine de prison et d'estre responsables des evenements prejudiciables au public, attandu l'importance de la matiere dont il s'agit; et ce sans tirer a consequence. Fait et deliberé les jour, mois et an que dessus.

> TEXENDIER, prevost consul; ROMANET, p. consul; B. BOURDEAUX, consul; ROGIER DE GENOUILLAC, consul; D'ARSONVAL, procureur du roy; J. GRASMAIGNAC, secretaire greffier (1).

Nomination de Michel Martialot ermite de Pierrebuffière aux fonctions d'ermite municipal de Montjovis.

Aujourd'huy, dernier jour du mois de octobre mil sept cent neuf, dans la chambre du Conseil de l'hotel commun de Limoges, ou estoint assemblés Messieurs le Maire, prevots consuls, conseillers, assesseurs, procureur du roy et greffier; sur ce qui a eté representé, par M. le maire, que la place d'hermite estably a l'hermitage de Montjovis estoit vacquante par le deces du frère Martial Ribouïlle, decedé ces jours derniers (2) et que comme la disposition de cette place despend de la nomination des dits sieurs maire, prevots consuls et autres officiers dudit hotel, il estoit important dy pourvoir; sur quoy l'affaire mise en deliberation et sur ce ouy et consen-

---

(1) La disette s'aggravait et menaçait de devenir une famine véritable. Le Gouvernement et les Parlements prennent des mesures rigoureuses pour empêcher l'accaparement des grains. Le Parlement de Bordeaux défendit, par un arrêté du 17 décembre, à toutes personnes autres que les marchands, de faire des approvisionnements de grains excédant les besoins de leur consommation, et prescrivit à tous marchands de mettre leurs blés en vente au fur et à mesure de leur acquisition. Tout le monde fut tenu d'ouvrir ses greniers et magasins à l'autorité à première réquisition; ni les gentilshommes ni les communautés religieuses ne furent exemptés de cette obligation. On ouvrit des registres pour recevoir les déclarations des particuliers, relativement aux quantités de grains qu'ils possédaient. Ces registres, paraphés par les juges des lieux, furent centralisés au siège des sénéchaussées.

(2) Les registres de la paroisse de Saint-Martial de Montjovis nous apprennent que Ribouïlle mourut à soixante-quinze ans et fut enterré, le 18 octobre 1709, dans la chapelle de l'Ermitage.

tant le procureur du Roy, Nous, maire, prevots consuls, avons d'une commune voix nommé et choisy, pour remplir ladite place d'hermite, la personne de Mychel Martialot, natif de la present ville, deservant a present l'hermitage de la ville de Pierrebuffieres (1) pour par luy remplir la dite place et en jouir aux mesmes droits, gages et privileges que faisoint ses devanciers; et ayant fait interpeller ledit Michel Martialot estant de present en ville, et icelluy s'estant presenté dans ladite chambre du Conseil et ayant accepté ladite plasce et remercié tres humblement lesdits sieurs maire, prevot, consuls et autres officiers de la nomination qu'il leur a plu faire de sa personne pour hermite, avons remis a (2) prochain pour son installation, vesture et prise de possession suivant l'usage ordinaire. Fait lesdits jour, mois et an que dessus.

DE VILLOUTREYS, maire; ROGIER, lieutenant de maire; ROMANET, premier consul; TARDIEU, consul; ROGIER DE GENOUILLAC, consul; D'ARSONVAL, procureur du roy; DESCHAMPS, assesseur; J. GRELLET, assesseur; GRASMAIGNAC, secretaire-greffier; Michel MARTIALOT, hermitte.

Installation de l'ermite.

Auourdhuy, quatriesme jour du mois de novembre mil sept cent neuf, Messieurs les maire, prevots consuls, conseillers assesseurs, procureur du Roy et greffier, assemblés dans la chambre du conseil dudit hotel de ville, s'est presenté ledit Michel Martialot, cy dessus nommé, lequel a tres humblement supplié vouloir l'installer et mettre en possession du susdit hermitage de Montjauvis; a quoy adherant, nous avons ledit Michel Martialot conduit et mis en possession du susdit hermitage avec les ceremonies et formalités qui furent observées a lesgard de son predecesseur, suivant qu'elles sont designées au long dans le present registre, au folio 113, en datte du 25 octobre 1706 (3). Fait lesdits jour, mois et an que dessus.

DE VILLOUTREYS, maire; ROMANET, premier consul; GENOUILLAC, consul; J. GRELLET, assesseur; CHAMPALIMAUD, assesseur; D'ARSONVAL, procureur du roy.

(1) On sait qu'il existait autrefois des ermites dans beaucoup de petites villes de la province : à Aixe, à Pierrebuffière et à Noblat Saint-Léonard, notamment.
(2) Un blanc.
(3) V. ci-dessus p. 175.

Eslection de Messieurs les Consuls de la ville de Limoges, fait dans la grande salle de l'Hostel de ville, par Messieurs les prudhommes nommés par Messieurs les maire, prevots-consuls en la maniere accoutumée, et ce pour l'année 1710, en presence de Messieurs et sieurs maire, prevots consuls et procureur du roy du dit hostel, le 7 decembre 1709 :

Monsieur M° Joseph de Roulhac, seigneur du Gondaud et de Courbiat, conseiller du roy et son procureur en l'election de Limoges, premier consul ;

Monsieur M° Joseph Lamy, seigneur de Luret, conseiller et assesseur en la mareschaussée, second consul ;

Monsieur Antoine Malavergne, sieur du Masdoumier, bourgeois et marchand, troisiesme consul.

Rogier, lieutenant general et de maire ; Morel, prevost consul ; Rogier de Genouillac, consul ; B. Bourdeaux, consul ; Champalimaud, assesseur ; J. Grellet, assesseur ; Deschamps, assesseur ; Guilhomaud, acesseur ; D'Arsonval, procureur du roy (1).

Aujourdhuy, huitiesme decembre mil sept cent neuf, dans la chambre du conseil de l'hotel commun de Limoges, ou estoint assemblés Messieurs les maire, prevots consuls, conseillers, assesseurs, procureur du roy et secretaire greffier, a esté procedé à la nomination du Reverend pere Roulhac l'ayné, jesuiste (2), pre-

---

(1) Legros, dans la *Continuation des Annales*, à laquelle nous empruntons, comme nous l'avons dit, beaucoup de notes, nous apprend qu'à cette epoque un S' de La Chapelle était chargé de la recherche de la fausse noblesse dans l'étendue de la généralité, en vertu d'une ordonnance de l'intendant Rouillé de Fontaines, datée d'Angoulème, le 1ᵉʳ août 1708.

(2) On attribue au P. Roulhac et à son frère le consul, signataire et vraisemblablement inspirateur de l'acte de nomination ci-dessus, un coup d'autorité qui produisit un certain émoi dans la ville. Jusqu'à 1711 et vraisemblablement depuis de longues années, le prédicateur désigné par l'Hôtel-de-Ville avait parlé dans la grande salle capitulaire de l'abbaye de Saint-Martial. En cette année 1711, raconte Legros dans la *Continuation des Annales*, « la chaire fut
» changée de place et transportée dans l'église d'autorité, par l'intendant et les consuls, qui
» avoient obtenu un ordre de la Cour (p. 361) ».

Cette chaire fut probablement rétablie dans la salle capitulaire et le prédicateur de l'Hôtel-de-Ville s'y fit entendre de nouveau. C'est ce qui semble résulter du passage suivant d'une très curieuse description des bâtiments de Saint-Martial, écrite en 1752 par M. Le Duc,

chant actuellement dans la ville d'Agen, et ce pour l'Advent et Caresme des années 1710 et 1711, et qu'a cet effet il luy sera donné advis incessament, sans qu'il en puisse estre donné un autre en sa plasce qu'a son deffaut et sur la nomination qui en sera faitte par le corps consulaire, sur ce ouy et requerant le procureur du roy. Fait les dits jour, mois et an que dessus.

Rogier, lieutenant general ; Morel, consul prevost; De Roulhac, consul; Rogier de Genouillac, consul ; Bourdeaux, consul ; Masdoumier, consul ; Champalimaud, assesseur ; Deschamps, assesseur ; J. Grellet, assesseur ; Guilhomau, assesseur ; D'Arsonval, procureur du roy; J. Grasmaignac, secretaire-greffier.

Nouveau scrutin pour le remplacement du second consul élu. — Aujourdhuy, onsiesme decembre mil sept cent neuf, dans la chambre du conseil de l'hotel commun de Limoges, ou estoint assemblés Messieurs les maire, prevots consuls, a esté exposé par Monsieur le lieutenant de maire, que, dans la nomination consulaire faitte le septiesme du present mois, en la maniere accoustumée, suivant l'acte inscere dans ce registre pour les années 1710 et 1711, le sieur Lamy Deluret auroit esté nommé pour second consul ; mais que, par les raisons deduittes par Monsieur le lieutenant general et de Maire, il est important que la dite nomination du dit sieur Deluret ne subsiste pas et que, par certeines considerations cy presentement exposées, il est de l'obligation de faire rassembler les sieurs prudhommes pour proceder a nouvelle nomination du second consul a la place du dit sieur Deluret ; et sur ce ouy et requerant le procureur du roy, les dits prudhommes ont esté mandés de se rendre audit hotel de ville pour proceder a

---

curé de Saint-Maurice en la Cité, et reproduite par l'abbé Texier, dans son édition de l'ouvrage de Bandel sur *la Dévotion à saint Martial* (p. 221) :
« Le Chapitre est si beau et si grand que c'est l'auditoire où s'assemble toute la ville pour entendre les prédications de l'Avent et du Carême. C'est un grand édifice dont la voûte, en ogive, est un peu basse, supportée dans le milieu par trois pilliers fort minces et délicats, et tout à l'entour sont des tribunes pour placer tous les états à la prédication : MM. les abbé, chanoines et vicaires ; MM. les consuls et officiers de ville ; MM. du présidial et sénéchal ; MM. les trésoriers de France, les élus, le Corps des marchands et les confrères de la grande Confrérie de Saint-Martial y ont chacun leur place, et le reste est ou par terre, ou dans le cloître, qui est encore debout... »
Des réparations furent faites, cette même année, à la chapelle de Saint-Benoît, qui dépendait de la basilique de Saint-Martial. Cette chapelle de Saint-Benoît pourrait être la « basilique d'Isambert » à laquelle était adossée notre maison commune dans les premières années du règne de Saint Louis.

la dite nouvelle nomination de second consul : lesquels s'y estant rendus, unanimement et d'une commune voix auroint nommé et esleu sieur Martial Navieres, greffier des roolles, pour second consul, en la place du dit sieur Deluret : Et en consequence iceluy sieur Martial Navieres sera presentement adverty de se rendre en cet hotel de ville pour y pre¹er le serement en la maniere accoustumée et recevoir les marques consulaires (1). Fait les dits jour et an que dessus.

Rogier, lieutenant general et de maire; Morel, prevost consul; Rogier de Genouillac, consul; De Roulhac, consul; Bourdeaux, consul; Malavergne du Masdoumier, consul; D'Arsonval, procureur du roy; Grasmaignac, secretaire greffier.

Et advenant le mesme jour, onsiesme du dit mois de decembre mil sept cent neuf, le dit sieur Martial Navieres, greffier des roolles, ayant esté adverty de se rendre en cet hotel de ville et ainsy qu'il est marqué dans l'acte escrit de l'autre part, et s'y estant rendu, a preté le serement de fidelité es mains de nous, lieutenant general et de maire, de bien exercer la dite charge de second consul pour les années 1710 et 1711, en ce qui conserne le bien du service de Sa Majesté et utilité publique. En foy de quoy il a signé avec nous (2).

Martial Navieres; Rogier, lieutenant general et de maire; Morel, prevost consul; Bourdeaux, consul; Rogier de Genouillac, consul; Malavergne du Masdoumier, assesseur; Champalimaud, assesseur; Deschamps, assesseur; Grellet, assesseur.

Nous, Simon Darsonval, conseiller, procureur du roy en cet hotel de ville, consentons pour Sa Majesté et le public, par les raisons es considerations cittées de l'autre part, a lélection faite de la personne du dit sieur Navieres pour second consul des deux années 1710 et 1711, sans pourtant qu'elle puisse servir d'exemple ni tirer a consequence pour l'avenir, attendu qu'il est d'uzage,

---

(1) On remettait donc au nouveau consul les insignes de sa charge après qu'il avait prêté le serment d'usage.

(2) Mentionnons, pour la rareté du fait, d'après Nadaud et Legros, la mort, en 1709, au village de Savignat près d'Evaux, d'un paysan nommé Augustin Galand, âgé de cent quinze ans.

fondé sur les reglements que les places de seconds consuls ne doivent estre remplies que par des personnes qui soient du second rang, comme officiers, avocats ou nottables habitans, et non pas des bourgeois marchands qui ne sont aussi ordinairement nommés que pour remplir les places de troisiesme et dernier consul, selon le susdit usage que nous requerons estre conservé dans les eslections avenir (1). Fait le present jour, onziesme decembre mil sept cent neuf.

D'ARSONVAL, procureur du roy (2).

Aujourdhuy (3), neufviesme may mille sept cent dix, Messieurs les maire, prevots, consuls, assesseurs et procureur du Roy, assemblés dans la chambre du Conseil de l'hotel de ville de Limoges pour deliberer sur les affaires dudit hotel de ville, Monsieur le Maire a proposé qu'atendu le deces du sieur Gramaignat, secretaire-greffier dudit hotel de ville, il est a propos d'y pourvoir un commis pour faire les fonctions dudit office jusques a ce qu'il y ayt un titulaire ou autre commis. Sur quoy l'affaire mis en deliberation, sur le requis du procureur du Roy, lesdits sieurs, maire, pre-

---

(1) Cet usage existait peut-être à cette époque, mais point d'ancienne date, à coup sûr.

(2) Il est bien remarquable que nous ne trouvions pas ici un seul mot relatif aux inoubliables misères de l'hiver de 1709. Cent ans plus tôt, les magistrats municipaux n'auraient pas manqué de consigner sur leurs registres le détail des mesures prises par leur sollicitude pour secourir les pauvres. En 1709, la centralisation est achevée et l'administration de la ville n'agit que sur l'impulsion de l'intendant et d'après ses ordres. L'insignifiance du registre consulaire à une semblable date suffirait à attester la ruine complète de la vie municipale.

Les denrées avaient atteint des prix plus élevés encore qu'en 1708. L'hiver fut un des plus rigoureux dont on ait gardé le souvenir. « Le froid fut si grand et si violent, dit l'auteur d'un
» manuscrit cité par l'abbé NADAUD, au t. I, p. 205 de ses *Mélanges* qu'il gela tous les bleds.
» A peine y eut-il pour ensemencer; la plus grande partie des arbres gelèrent, le vin et
» les vignes. La neige et la glace étoient si fortes que les perdrix, les oiseaux et les lièvres
» tomboient tout gelés. Il y eut une si grande disette de bled, d'huile, d'argent et de toutes
» choses que les pauvres et la plus grande partie du monde mourut de faim. Ce grand froid
» commença le 6 de janvier et la neige resta dix-sept jours sur la terre. »

« L'hiver fut si rude, dit LEGROS dans la *Continuation des Annales* (mss. du Séminaire,
» p. 35), que les personnes de ce temps qui vivent encore, disent que jamais on n'en a
» éprouvé de pareil ni avant ni après. A Limoges, on étoit obligé de se renfermer dans les
» caves pour y jouir d'un air plus tempéré, quoique beaucoup plus malsain. On trouvoit les
» pauvres morts de froids dans les rues, d'autres furent privés de quelque membre ». — Les secours ne manquèrent pas et les riches ouvrirent généreusement la main. Le gouvernement et les pouvoirs locaux firent de leur côté de grands efforts pour diminuer la misère. La charité et la sollicitude de d'Aguesseau sont restées célèbres.

Il faut regretter que les observations météorologiques recueillies par l'abbé Legros et dont il parle à cette page de la *Continuation des Annales* soient perdues.

(3) Les magistrats municipaux oublient de consigner les réjouissances par lesquelles on feta, a Limoges, la naissance de l'enfant qui devait être Louis XV, — 15 février 1710.

vots, consuls ont nommé d'une commune voix le sieur Monneyron pour faire les fonctions dudit office de secretaire greffier dudit hotel de ville jusques a ce qu'il y ayt un tittulaire ou qu'il y soit autrement pourveu. Et ce fait, ledit Monneyron s'estant presenté, après avoir de luy pris le serrement au cas requis, nous l'avons commis aux dites fonctions de secretaire-greffier dudit hotel de ville.

A été pareillement proposé par Monsieur le Maire dans la meme assemblée qu'atendu le deceds du nommé Marc, premier capitaine de l'hotel de ville, il est a propos de nommer a sa place une autre personne capable de remplir les fonctions dudit employ. Sur quoy, l'affaire mis en deliberation, ouy sur ce le procureur du Roy, les dits sieurs maire, prevots consuls ont nommé d'une commune voix, pour certaines considerations, Hillaire Petit, habitant de cette ville, pour remplir, sa vie durant, laditte place de premier capitaine dudit hotel de ville que tenoit et exersoit ledit defunt Marc; lequel Hallary (sic) Petit s'estant a l'instant presenté, nous avons de luy pris et receu le serrement de bien et fidellement faire les fonctions dudit employ aveq respect, soumission et assiduité, et ce fait l'avons receu et installé au dit employ de premier capitaine dudit hotel de ville, pour jouir, sa vie durant, en faisant le service comme il est dit cy dessus et qu'il est acoutumé, des gages, droits, exemptions et privileges dont ont jouy et jouissent les autres pourveus de pareils employs. Et ce fait, luy avons remis la bandolliere, qu'il a mis sur son corps pour marque de ladite installation. Fait ledit jour et an que dessus.

Nomination d'un capitaine de l'hôtel de ville.

      Rogier, lieutenant general; Malavergne du Masdoumier, consul.

Comme aussy a été proposé par Monsieur le Maire, dans la meme assemblée, qu'atendu le deceds du nommé Limousin, l'un des gagers et vallets dudit hotel de ville, il est a propos de pourvoir une autre personne capable pour remplir ladite place. Sur quoy, l'affaire mise en deliberation, sur ce ouy le procureur du Roy, lesdits sieurs maire, prevost et consuls ont, d'une commune voix, nommé et choisy le nommé Jean Berger, habitant de cette ville, pour remplir, sa vie durant, la place de gager et vallet dudit hotel de ville qu'avoit tenu ledit defunt Limousin; lequel Berger s'estant a l'instant presenté, nous avons pris et receu de luy le serrement de bien et fidellement remplir ledit employ de gager aveq respect, soumission et assiduité. Et ce fait, l'avons receu et installé audit employ, et

Nomination d'un valet de ville.

pour marque luy avons fait prendre la cazacque, tocque et baton (1), pour par ledit Berger jouir pandant sa vie, en fesant le service comme il est dit cy-dessus, des gages, droits, privilleges et exemptions dont ont jouy et jouyssent les pourveus de pareils employs et du même logement dont a jouy ledit Limousin. Deliberé a Limoges, dans ledit hotel de ville, ledit jour, mois et an que dessus.

   De Villoutreys, maire; de Roulhac du Gondaud, consul; Navieres, consul ; Masdoumier, consul ; J. Grellet, assesseur dudit; Rogier de Genouillac, prevotconsul ; M. Champalimaud, assesseur ; Deschamps, assesseur; d'Arsonval, procureur du Roy.

Constatation de l'état de ruine où se trouve l'hôtel de ville.

 Et advenant ledit jour, neufviesme may mille sept cents dix, heure de deux heures de relevée, Messieurs les Maire, Prevot, Consuls, Assesseurs et Procureur du Roy etant assemblés dans la chambre du Conseil de l'hotel de ville de Limoges, pour deliberer sur les affaires dudit hotel de ville, Monsieur le Procureur du Roy a proposé que tous les bastiments, salles, chambres, arcenal, cour, jardins et dependances dudit hotel de ville sont en tres mauvais état et les bastiments presque ruinés ; a quoy etant necessaire de pourvoir, il a eté convenu de faire tout presentement un procès-verbal de l'etat desdits bastiment et dependances, et ensuitte un devis des reparations necessaires et convenables, pour communiquer le tout a une assemblée de ville, et chercher, par une deliberation generalle, un fonds ou des moyens pour fournir aux frais desdites reparations afin d'eviter la ruine tottalle des bastiments et depandances dudit hotel de ville.

 Sur ce ouy le procureur du Roy, Nous, maire, prevost, consuls et assesseurs, d'une commune voix, avons convenus qu'il sera presentement fait par nous et en presence dudit procureur du Roy, proces-verbal de l'etat desdits bâtiments et dependances de l'hotelde ville et ensuitte un devis des reparations necessaires et convenables.

 Et à l'instant, nous, maire, prevost, consuls, assesseurs et le procureur du Roy, nous sommes portés a la porte de l'entrée dudit hotel de ville et avons observé deux breches d'environ deux brasses dans le mur qui est entre la rue et la cour d'entrée dudit hotel de ville, et que les creneaux qui sont au-dessus du dit mur ont eté demolis, soit par las (2) du temps ou par la chute de deux

---

(1) On voit que la bandoullière était réservée aux capitaines de la maison commune.
(2) Pour *laps*.

maisons voisines et vis a vis du dit hotel de ville, apartenents a Monsieur Decordes et Dalesme. Et avons aussi remarqué que le pavé de ladite cour et les trois portes qui sont dans icelle sont entierement ruinés, le pavé etant brisé et ruiné et les portes pourries et tombant d'elles-même ; apres quoy, sommes entrés dans la grand salle dudit hotel de ville, ou nous avons veu le planché poury et brisé par le moyen de ce que (ainsy qu'on nous l'a fait remarquer) les cheveaux des officiers de recrue, entrant dans ladite salle, y ont fait des ordures, lesquelles ont poury ledit planché et rendu la salle presque inhabitable. Avons pareillement observé, dans ladite salle, que tous les bans haut et bas qui sont dans icelle sont ruinés et brisés et hors d'etat qu'on puisse s'en servir aucunement. — De plus, avons remarqué qu'il n'y a aucunes fenettre ni vitre dans les quatre croisées de ladite salle. — Et ensuitte sommes entrés dans une des chambres dudit hotel de ville, apellée l'Arsenat, dont l'entrée est dans ladite salle, et avons trouvé que la voute du dit arsenat menasse de ruine, y ayant plusieurs clefs de la voute detachées, et que le mur qui sert de separation entre ledit arsenat et la grand salle a une fente crevassée depuis le pié jusques en haut et que la voute et autres chambages de la croisée dudit arsenat sont ruinés par le las du temps, et les pierres de ladite voute toutes egrenées, sans qu'il y ait dans la croisée aucunes fenettres ny vitres : et a l'egard du planché du dit arsenal, partie des planches ont etés enlevées et celles qui restent sont pouries et hors d'etat de servir aucunement. — Et ensuitte sommes entrés dans la chambre qui sert de bureau de recette et avons veu en entrant un petit porche qui est entre la grand salle et ledit bureau, lequel nous avons veu entierement ruiné, sans aucun pavé, couverture ny porte. Dans ledit bureau de recette, avons trouvé le foyer et cheminée d'iceluy, ensemble les murs, vitres et couverture, le tout entierement ruiné, en telle sorte que les matheriaux qui y restent seroient innutilles et hors d'etat de servir, s'il n'estoit incessament pourveu aux reparations necessaires. — Et, ce fait, sommes montés sur une espece de terasse ou jardin qui est a l'entour dudit bureau, ou nous avons veu que les murailles qui en soutiennent le terrain et qui le separe d'une espece de petite rue de l'autre côté de laquelle sont les derrieres des maisons de Monsieur de Fonjaudrand et de la damoizelle veufve Guiber, sont entierement ruinés, et étaiés par des piveaux (?) dans ladite petite rue ; en sorte que le dit bureau de recette et autres chambres et batiment dudit hotel de ville sont sans aucune cloture ny sureté, et qu'ainsy on ne peut repondre des titres et papiers, ensemble des hardes et autres choses depandantes dudit hotel de ville. — Et finallement etant montés dans les chambres depandantes dudit hotel de ville, au-dessus de la grand salle, nous avons observé que les couvertures qui sont au-dessus sont en tres mauvais etat et ont besoing d'une promte reparation. — Dont et du tout nous avons fait et dressé le present procès-verbal en presence du Procureur du Roy, les jours, mois et an que dessus.

De Villoutreys, maire ; Rogier, lieutenant de maire ; de Roulhac, premier consul ; Masdoumier, consul ; Rogier de Genouillac ; Bourdeaux, consul ; Navieres, consul ; Champalimaud, assesseur ; J. Grellet, assesseur ; Deschamps, assesseur ; d'Arsonval, procureur du Roy ; Monneyron, greffier commis.

Devis des réparations à executer.

Ce fait, avons a l'instant mandé les nommés Pierre Rousset dit Julie, maitre charpantier, et Jean Beyran, maitre masson, architectes et entrepreneurs d'ouvrages publics, ensemble plusieurs autres personnes a ce connoissant, auxquels ayant fait faire lecture de nostre present proces verbal et verifié en leur presence le contenu en iceluy, ils ont unanimement dit et declaré qu'il convient de faire promtement les reparations cy après, tant pour la conservation et maintien dudit hotel de ville que pour d'autres ornements qui y sont necessaires, sçavoir :

Reparer les deux breches et les creneaux qui sont a la muraille de la rue ; crepir le tout a neuf aveq chau et sable et faire les joints des cartiers, tant au dehors que dans le dedans de la cour ; et ensuitte la faire paver a neuf, faire crepir et blanchir de même le devant de l'hotel de ville qui est sur la porte de la grand salle ; faire passer une couleur sur tous les bois, tant sur le devant dudit hotel de ville que sur les deux cotés ou   (1), et refaire comme dessus tous les joints dans la pierre de taille qui s'y trouverrat ; faire une porte neuve a l'entrée de ladite rue, qui soit doublement renforsée et garnie de gros cloux a pointe carrée comme ceux de la vieille porte, aveq un guichet ferment : le tout bien ferré ; — faire sollidement reparer les deux autres portes de ladite cour, sçavoir : celle qui entre dans la grand salle et celle qui entre dans l'apartement du gager, et faire passer sur lesdites portes une bonne et double couleur a l'huille ; faire plancher la grand salle partout ou besoing sera, et faire reparar et ajuster par le menuzier tous les bans haut et bas qui sont dans ladite salle ; faire mettre seize panneaux de vitre blanche, sçavoir : huit dans les deux croisées qui sont sur

---

(1) Un mot illisible.

le devant de ladite salle et huit autres de même dans les deux croisées qui sont au bou d'icelles : touttes lesquelles croisées seront garnies de bandelettes de fer fort epeces et le plus sollidement qu'yl se pourat; faire blanchir deux fois les murs de ladite salle et filleter les croisées ; faire fermer un armoire qui est dans ladite salle; faire peindre a fresque entre les deux croisées du bou de ladite salle et de la main d'un bon peintre, un ange de grandeur naturelle qui suporteroit les armes de la ville (1), et, dans le retour de la cartouche, devant les portes et suspendues par deux anneaux, les ecussons et armories de M^r le Maire a la droite et celles de M^r le Lieutenant de Maire a la gauche, et ensuitte celles du procureur du Roy (2); et ensuitte faire autour de ladite salle une bande d'azur de la hauteur de deux pieds, dans le milieu de laquelle on fera peindre a fresque et de la main d'un bon peintre les ecussons et armories de Messieurs les six Consuls en charge, et, annuellement, celles des trois consuls nommés suivant le rend de leur nomination; et ainsy sucessivement a l'avenir, sans laisser aucun vuide ny faire d'autres ornements que les premiers, sous quelque pretexte que ce soit. Et sera fait au milieu des trois ecussons, par le bas, un demy rouleau qui porterat l'année de la nomination ; — faire reparer la couverture du porche qui est entre la salle et le bureau de la recette ; le faire paver de pierre de taille, et raccomoder la porte qui entre de la grand salle dans ledit porche; faire crepir et blanchir tant en dedans qu'en dehors dudit porche; faire une porte en balustrade de couleur verte qui fermerat l'allée et menerat droit a la chambre du conseil qu'on ferat de ce qu'on apelle presentement l'arsenat, en y fesant les reparations cy apres sçavoir : une porte double dans le mur a plain pié de ladite chambre et de l'allée ; la croisée qui s'y trouve serat baissée et refaitte, on y mettrat quatre grand panneaux de vitres a grand carreau ; faire a neuf dans ladite chambre une cheminée de pierre de taille, prise dans l'epesseur de la muraille, de la largeur de cinq pieds, qui jeterat la fumée par le derriere de celle de la chambre de la Bource ; faire dans ladite chambre un planché uny et galleré aveq un mianis (3) de menbrouzet (*sic*) (4), et dans lequel on ferat une porte qui entrerat dans une entichambre servant de depence ou decharge, et de l'autre coté dans un bûcher separé par un sem-

---

(1) Sur les sceaux en usage à l'hôtel de ville au XVIIe siècle, on voit dans le haut un ange ailé qui paraît supporter l'écu municipal (Voir notre notice sur les *Sceaux et armes des deux villes de Limoges*).

(2) Le Procureur avait été oublié, c'est un renvoi qui le mentionne ici.

(3) *Méanis* ou cloison légère.

(4) Pour membreuses ; il s'agit des pièces de bois destinées à former la séparation.

blable mianis de ladite depence, dans lequel bûcher on entrerat par la porte qui se trouve presentement faitte pour entrer de la grand salle dans ledit arsenat ; — faire retablir la voute tant de la dite chambre que de la croisée d'icelle et mettre le tout en bon etat de seureté ; et ensuitte faire crepir a chau et a sable ladite voute, fenettres et croisées, ensemble les murs de ladite chambre et de la depence et decharge et bûcher ; faire blanchir deux fois le tout et filleter la porte et croisées ; placer un portrait du Roy au naturel dans une grande bordure dorée a la Romaine sur le milieu de la cheminée. On ferat, dans ladite chambre faire a plain pié de la dite hallée et vis a vis de la chambre cy dessus mantionnée, un perron de trois marches de pierre de taille, et aux deux côtés une muraille de la hauteur de quatre ou cinq pieds, couverte de pavé de pierre de taille pour soutenir le terrain qui s'y trouve. Faire au bou du jardin ou terrasse, du coté de la petite rue, une muraille a neuf a cheau et a sable par le bas en forme de peron, et dans ladite muraille une porte comme celle qui s'y trouve presentement pour sortir dans la petite rue. Pour ne pas rendre ledit jardin ou terrasse innutilles, on y planterat des charpres (1) autour qui seront une espece de cloture aveq quatre hallées en carré, dont l'une conduirat aux lieux communs qui se trouveront dans le bout et seront cachés par le moyen desdits charpres et ensuitte une hallée en croix dans le milieu de laquelle on metrat un gazon aveq une table de pierre de taille et quatre compartiments aux quatre coins. — Faire crepir et blanchir tant en dedans qu'en dehors tous les murs du bureau des recette ; — racommoder la cheminée et le foyer, ensemble le planché et la croisée ; ensemble y mettre des fenettres, et vitrer, et remettre le tout en bon etat ; faire porter la cloche de la tour de Manigne et la placer sur le frontespice de la maison de ville aveq deux potances de fer. Le tout sollidement fait pour faire sonner et se servir de ladite cloche lors des serremonies ou occasions necessaires, et pour un horloge que Messieurs de Ville pourront y faire mettre a leurs frais et depans quant bon leur semblerat ; — faire reparer la couverture au dessus de la grand salle, pour ce qui conserne l'hotel de ville seullement, attendut que les juges de bource et sindicq des marchands (2) sont tenus d'entretenir les couvertures de leur apartement, qui est sous le même toy et au dessus dudit arsenat.

(1) Charmilles ?
(2) On sait que la juridiction de la Bourse (Tribunal de commerce) occupait le premier étage de l'hôtel de ville.

Pour tous lesquels susdits ouvrages, ledit de Jullie, Beyran et autres personnes a ce connaissant ont extimé et affirmé qu'il en coûterat au moins trois mille livres. Sur quoy nous, Maire, prevost, consuls et assesseurs, sur le requis du procureur du Roy, avons remis a la huittaine pour faire l'adjudication desdits ouvrages au rabais : a l'effet de quoy il sera fait trois publications du devis cy dessus, et une assemblée generalle de ville pour faire l'adjudication et convenir des moyens les plus convenables pour trouver les fonds necessaires soit par emprun ou autrement, attendut que les revenus dudit hotel de ville provenant de la moitié des octrois et des patrimoniaux sont destinés par arrest du Conseil pour des charges annuelles, ordinaires et indispensables, et necessaires a la ville, en sorte qu'il ne reste pas de quoy fournir aux depances extraordinaires et non comprises audit arrest, ny par consequant aux reparations susdites. Fait dans ledit hotel de ville, le dit jour, neufviesme may mille sept cent dix.

>PIERRE ROUSSET; LEONARD DUROUX, faisant pour mon pere dit BEYRAND; DE VILLOUTREYS, maire ; ROGIER, lieutenant de maire ; DE ROULHAC DU GONDAUD, premier consul; ROGIER DE GENOUILLAC, B. BOURDEAUX, consul; NAVIERES, consul; MASDOUMIER, consul ; CHAMPALIMAUD, assesseur; J.GRELLET, assesseur; DESCHAMPS, assesseur; D'ARSONVAL, procureur du Roy ; MONNEYRON, greffier commis.

Et advenant le dix septiesme may mille sept cents dix, environ les neuf heures du matin, Messieurs les maire, prevost, consuls et assesseurs assemblés, Monsieur le procureur du Roy a raporté les trois publications du proces verbal et devis du neufviesme du courant, faittes par Dutreix huissier, le dixiesme, treiziesme et seiziesme du courant, dhuement controllés par Roger, portant que ce jourdhuy, heure presente, il serat procedé a l'adjudication des ouvrages mantionnés au susdit devis, a l'effet dequoy, ayant fait convoquer une assemblée generalle de ville a l'heure presente pour voir faire ladite adjudication et trouver les fonds necessaires ; a laquelle assemblée se sont rendus Messieurs Varacheau, bourgeois et premier capitaine de bourgeoisie; Dorat, sindicq des marchands ; Petignaud, syndicq du corps des marchands; Jean Lafosse, juge de bource ; Grellet, major de bourgeoisie; Veyrier Dubreuil, bourgeois ; Exchaupre, marchand ; Lafosse, marchand ; Pinot, bourgeois et lieutenant de bourgeoisie; Beaubreuil, capitaine de bourgeoisie; François Texandier, marchand ; Pierre Origet, marchand; de Beaubreuil, procureur au presidial de la present ville ;

Assemblée de ville pour l'adjudication des travaux.

Celliere, bourgeois; Farne jeune, marchand; Baillot, marchand et consul de bource; Ardant, capitaine de bourgeoisie; Martin, marchand; Midy, marchand; Thevenin, lieutenent de bourgeoisie; Pouyat jeune, marchand, et Reix, marchand; — ensemble Leonard Durou dit Beyran, Martial Mamy, François Charles, Martial Gipoule et Pierre Rousset dit Jullie, tous entrepreneurs et tous officiers bourgeois et principeaux marchands de la present ville, ensemble plusieurs autres ouvriers et entrepreneurs; a laquelle assemblée ayant fait faire lecture des proces verbaux et devis fait le neufviesme du courant et conferé sur le tout, il a eté convenu par ladite assemblée que les reparations mentionnées audit devis sont necessaires et convenables et que, le revenu de la ville ne pouvant y fournir, il est a propos de faire un emprunt particulier; mais que n'y ayant pas de fonds pour assoir l'interest dudit emprunt, l'on pouvoit donner et accorder par forme d'interest et jouissance a celuy qui voudroit prêter la somme pour laquelle l'adjudication sera faitte, une exemption de logement de gens de guerre, taille, ustancile, et touttes autres impositions, soit par impositions, contributions ou de quelque autre maniere que ce puisse être, faittes par Messieurs les maire, prevost, consuls, adjoins et cantonniers nommés et choisis a l'efet desdites impositions; et, pour le bien de la communauté, il a eté convenu dans ladite assemblée d'accorder lesdites exemptions a celuy des presteurs qui se trouverat le moins chargé desdites impositions; et avons continué ladite assemblée, tant pour l'adjudication desdits ouvrages que pour regler et convenir dudit emprunt en la forme cy dessus, a ce jourdhuy trois heures de relevée; de laquelle prolongation et convocation ladite assemblée est convenue. Fait ledit jour, mois et an que dessus.

> De Villoutreys, maire; Rogier, lieutenant de maire; De Roulhac du Gondaud, premier consul; Masdoumier, consul; B. Bourdeaux, consul; Rogier de Genouillac, Navieres, consul; Champalimaud, assesseur; Deschamps, assesseur; J. Grellet, assesseur, D'Arsonval, procureur du Roy; Monneyron, greffier commis.

Et advenant ledit jour, dix septiesme may mille sept cents dix, heure de trois heures de relevée, Messieurs les maire, prevost, consuls, assesseurs aveq le procureur du Roy et autres principeaux officiers, bourgeois et marchands, comme aussy les ouvriers, architectes et entrepreneurs denommés au proces verbal de la premiere seance de ce jourdhuy, Monsieur le procureur du Roy a raporté tout ce qui a eté fait a l'occasion des reparations de l'hotel de ville et la remise a l'heure presente pour l'adjudication desdits ouvrages et ensuitte recevoir touttes offres sur l'emprunt proposé. Sur quoy Jean Beyran et Martial Mamy, architectes et entrepreneurs d'ouvrages publicqs, ont offert de remplir et executer le devis arresté le neuviesme du courant, dans trois ans au plus tart, pour la somme de deux mille huit cents livres, et ont signé : Leonard Duroux, faisant pour mon père dit Beyrand, Martial Masmy.

François Charles et Martial Gipoule, architectes et entrepreneurs, ont offert de faire lesdites reparations suivant ledit devis dans lesdits trois ans, pour la somme de deux mille six cents cinquante livres, et ont signé : François Charles, Marsialts Gipoule.

Pierre Rousset dit Juille, charpantier et entrepreneur d'ouvrages publics de la present ville, a offert de faire lesdites reparations en conformité dudit devis et non autrement, dans les trois ans au plus tart, pour la somme de deux mille cinq cents livres, et a signé : Pierre Rousset di Julie.

Adjudication des travaux à Rousset dit Julie.

Apres quoy, ayant atendut un fort longtemps sans que personne se soit presenté pour faire les reparations a moindre prix et dans moins de temps, Nous, maire, prevost et assesseurs, sur le requis du procureur du Roy et du consentement de l'assemblée, avons adjugé et adjugeons audit Rousset dit Juille, lesdites reparations a faire dans trois ans au plus tart, conformement au devis du neufviesme du courant et non autrement, pour la somme de deux mille cinq cents livres, de laquelle il sera payé par emprunt qu'on ferat, sçavoir : un tiers dans un an, un autre tiers un an apres, environ deux ans, — et le dernier tiers, parfesant ladite somme de deux mille cinq cents livres, lorsque touttes les reparations et ouvrages seront finis, et que le tout aura eté veu et examiné par gens a ce connoissant et en presence de Messieurs les maire, prevost, consuls, assesseurs et procureur du Roy ; — et avons signé avecq ledit Rousset.

<blockquote>
Pierre Rousset dit Julie ; De Villoutreys, maire ; Deroulhac, prevost consul ; Rogier, lieutenant de maire ; Malavergne du Masdoumier, consul ; Rogier de Genouillac, consul ; Navières, consul ; Bourdeaux, consul ; Grellet, assesseur ; Deschamps, assesseur ; Champalimaud, assesseur ; D'Arsonval, procureur du roy ; Monneyron, greffier commis.
</blockquote>

<small>Offres des prêteurs.</small> Et ce fait, Monsieur le procureur du Roy a proposé a l'assemblée, suivant la deliberation cy devant faitte, qu'on recevroit presentement les offres de ceux qui voudroint preter ladite somme de deux mille cinq cents livres a la communauté pour l'execution dudit devis.

Sur quoy, le nommé Helie Souton, taxé pour la taille de mille sept cents neuf a la somme de quarante deux livres dix sols et pour les autres impositions a proportion, a offert de preter a la communauté ladite somme de deux mille cinq cents livres pour employer aux reparations mentionnées audit devis, moyennant que ledit Souton, ses enfans et leurs successeurs, jouiront de l'exemption de logement de gens de guerre, taille, ustancille et touttes autres impositions dont les rolles seront fais par Messieurs les maire, consuls, leurs adjoins et cantonniers, tout ainsy et de meme qu'il a eté cy devant enoncé au proces verbal, et a signé :

Souton.

Jean Leysenne, bourgeois de cette ville, taxé pour la taille de l'année mille sept cents neuf, a la somme de vingt livres quinze sols, et des autres impositions a proportion, a offert de preter a la communauté ladite somme de deux mille cinq cents livres, pour employer comme dessus, meme d'entretenir en bon etat et a perpetuité et ses successeurs a leurs depans les bastiments et depandances dudit hotel de ville, suivant et conformement au devis seullement du neufviesme du courant, et que le tout aurat eté mis en bon etat, sans neantmoingt que, sous pretexte dudit entretien, il soit en aucune maniere tenu de reparer ledit hotel de ville et depandances en cas d'insendie, demolition ou ruine de murs et charpante par accidant ou autres cas fortuits generallement quelconque : lesdites offres apres ainsy faittes par ledit Leysenne moyennant que luy, son heritier et leurs successeurs, herittiers en chef les uns des autres, jouiront des exemptions de logement des gens de guerre, taille, ustansille et de touttes autres impositions de quelque nature qu'elle puisse estre, dont les rolles seront fais et arretés par Messieurs les maire, prevost, consuls, leurs adjoints et cantonniers, sans qu'il puisse etre privé ny troublé dans aucuns desdits privileges pour quelque pretexte que ce soit, sy ce n'est en luy remboursant comptant et en un seul et meme payement ladite somme de deux mille cinq cents livres qu'il n'entend preter qu'aux susdites conditions, et que lesdites reparations adjugées audit Rousset dit Juille luy serviront de seureté et d'employ pour ladite somme. Et a signé : P. Leyssene.

Et attendut qu'il ne s'est presenté, apres avoir attendu asses longtemps, aucune autre personne pour preter ladite somme aux susdites conditions et que ledit Leyssenne est beaucoup moins taxé auxdites impositions que ledit Souton et que ses offres sont plus avantageuses a la communauté, — Nous, maire, prevost, consuls et assesseurs, sur le requis du procureur du Roy et du consentement de toutte l'assemblée, avons acepté es dits noms et quallité de maire, prevost, consuls et assesseur, les offres dudit Leyssenne, aux charges, clauses, conditions mantionnées; moyenant quoy et de l'avis unanime de toutte l'assemblée, nous consentons, tant pour nous que pour nos successeurs es dites charges, que ledit Leyssenne, son herittier et leurs successeurs de l'un a l'autre, pourveu toutte fois qu'il n'y en ait qu'un seul privilegié sucessivement dans la famille, jouisse, sous le bon plesir du Roy et de son Conseil, a perpetuité et pour toujours, a commenser en la presente année, jouisse des exemptions de logement de gens de guerre, taille, ustancille et touttes autres impositions de quelque nature qu'elles puissent etre dont les rolles seront faits par nous et nos successeurs, adjoints ou cantonniers, sans que ledit Leysenne, son herittier et successeurs, choisis et nommés de l'un a l'autre pour jouir desdits privileges, qui demeureront, comme il est dit cy-dessus, restraint a un seul par succession (1) dans sa famille, puissent y etre troublé pour quelque cause ou pretexte que ce puisse etre, sy ce n'est en par nous ou nos successeurs remboursant audit Leysenne ou a ses herittiers et ayant cause, ladite somme de deux mille cinq cents livres en argent comptant et en un seul et meme payement, reconnoissant en outre, même de l'avis de toutte l'assemblée, que ledit Leysenne, et ses successeurs doivent estre regardés par nous et nos successeurs comme de bons cittoyens, affectionnés a la communauté, priant nos successeurs d'y avoir egard par leur prudence. Et pour rendre le tout ferme et stable pour toujours, nous consentons, de l'avis de toute l'assemblée, que les presentes soyent homologués, aprouvés et confirmés partout ou besoing serat, a la dilligence, frais, perils, risques et fortunes dudit Leysenne, ainsy qu'il a été convenu : a l'effet de quoy les presentes serviront de touttes procurations et pouvoirs de nostre part; et avons chargé ledit Leysenne de payer au nommé Rousset dit Juille, entrepreneur, ladite somme de deux mille cinq cents livres, pour laquelle les reparations en question luy ont eté adjugées, et ce dans les termes de ladite adjudication et de nous raporter quittance finalle; a quoy faire il s'est obligé

Adjudication du paiement à Jean Leyssenne en échange d'une exemption perpétuelle d'impositions.

---

(1) On aurait mieux dit : *par génération.*

et consent d'y etre contraint en vertu des presentes, après la reception et acceptation desdits ouvrages par gens a ce connoissant et en presence, comme dit est, des sieurs maire, prevost, Consuls, assesseurs et procureur du Roy. Lesquelles demeureront attachées pour plus grande seureté audit Leysenne a ces presentes, pour luy servir et valloir ainsy que de reson; dont et du tout a été donné acte audit Leysenne, et lui serat delivré coppie par nostre secretaire greffier. Fait a Limoges, dans la chambre du Conseil de l'hotel de ville, ledit jour, dix-septieme may mille sept cents dix.

> DORAT, sindic des marchands, present a l'assemblée; PETINIAUD, sindic du corps des marchands, present à l'assemblée; VEYRIER; DUBRUEIL, present a l'assemblée; LAFOSSE, present a l'assemblée; BEAUBRUEIL, capitaine; CELIERE; MARTIN; ARDANT, capitaine; THEVENIN; NAVIERES, consul; MASDOUMIER, consul; ROGIER DE GENOUILLAC; DE ROULHAC DU GONDAUD, prevost consul; ROGIER, lieutenant de maire; François TEXANDIER; DE BEAUBREUIL; FARNE; DESCHAMPS, assesseur; GRELLET, assesseur; CHAMPALIMAUD, assesseur; LEYSSENE; LAFOSSE, juge de Bourse; VARACHEAU, premier capitaine de bourgeoisie; GRELLET, major; DURAND; BAILLOT; POUYAT jeune; BOURDEAUX, consul; DE VILLOUTREYS, maire; D'ARSONVAL, procureur du Roy; MONNEYRON, greffier commis (1).

(1) Ce n'était pas seulement l'hôtel de ville qui tombait en ruines. Les fontaines, les égouts, les remparts, tout avait besoin d'urgentes réparations. Les fontaines surtout étaient dans un état déplorable et qui soulevait les plus vives plaintes. En 1686, M. de Saint-Contest, intendant, avait sollicité l'autorisation d'appliquer aux travaux indispensables pour assurer le service d'alimentation d'eau les *revenants bons* de l'exercice 1684. — « Comme cette ville est extraordinairement peuplée, écrivait-il au contrôleur général, les rues y sont fort étroites; toutes les maisons élevées de trois ou quatre étages, joignantes les unes aux autres, sans séparation, et toutes de bois du haut en bas, l'incendie d'une maison causerait un incendie général. » (A. de Boislisle, *Correspondance des contrôleurs généraux*, t. I, p. 78). L'état de choses qui excitait la sollicitude de M. de Saint-Contest ne s'était pas sensiblement modifié quinze ans plus tard.

Les murs d'enceinte et les tours avaient été, en 1698, l'objet de réparations bien insuffisantes. La ville avait payé la moitié de la dépense, sur le produit de l'octroi; le Domaine le reste.

Rappelons que, depuis la fin du XVII° siècle, la police avait été enlevée aux consuls. La voirie et les eaux n'étant plus d'autre part de leur ressort, on voit à quoi se réduisaient leur influence et leur action.

— 209 —

Aujourd'huy, vingtiesme jour du mois de juin mille sept cents dix, Messieurs les maire, prevost, consuls, assesseurs et procureur du Roy estant assemblés dans la chambre du Conseil de l'hotel de ville de Limoges pour deliberer sur les affaires dudit hotel de ville, Monsieur le Maire a proposé qu'atendut le deceds du nommé Pierre Malissen, maître armurier de cette ville et cannonnier du present hotel de ville, il est a propos de nommer en son lieu et place une autre personne capable de faire ladite fonction de cannonier dudit hotel de ville ; sur quoy l'affaire mis en deliberation, sur ce ouy le procureur du Roy, lesdits sieurs maire, prevost, consuls, assesseurs, ont nommé d'une commune voix Pierre Delignieres, habitant de cette ville, present, qui s'est chargé de tirer, sa vie durant, dans touttes les occasions ou besoing serat, et qu'il serat commandé par Messieurs les maire, prevost, consuls, — les fauconneaux de l'hotel de ville, les faire porter et raporter dans les lieux qu'il conviendrat, ensemble les tenir et entretenir en bon etat, le tout a ses frais et depans, cy ce n'est la poudre qu'on sera obligé de luy fournir ; et en consideration de ses paines et frais que ledit Delignieres ferat pour ce que dessus, il demeurerat sa vie durant exempt de taille, ustancille, logement de gens de guerre et de touttes autres impositions dont les rolles seront faits par nous et nos successeurs. Fait a Limoges, dans l'hotel de ville, ledit jour, mois et an que dessus.

Nomination d'un maître armurier et canonnier de la ville.

> DE VILLOUTREYS, maire ; ROGIER, lieutenant general ; DE ROULHAC, premier consul ; NAVIERES, consul ; ROGIER DE GENOUILLAC, consul ; MASDOUMIER, consul ; D'ARSONVAL, procureur du Roy ; DESCHAMPS, assesseur ; CHAMPALIMAUD, assesseur ; DELIGNIERES ; MONNEYRON, greffier commis.

Aujourdhuy, vingt troiziesme jour du mois d'octobre mille sept cents dix, apres midy, dans la chambre du conseil de l'hotel commun, ou estoint assemblés Messieurs Me Joseph Rogier, seigneur du Buisson, conseiller du Roy, lieutenant general en la seneschaussée et siege presidial de Limoges, lieutenant de maire audit hotel de ville ; Joseph Rouillac, seigneur du Gondeau et de Courbiat, conseiller et procureur du Roy en l'Eslection dudit Limoges ; David Igniasse Rogier, seigneur de Genouillac ; Martial Navieres ; Anthoine Malevergne du Masdoumier, prevost et consuls dudit hotel de ville ; Leonard Melquiot Champalimaud ; Jean Pascal Des-

Réception et installation d'Etienne Grasmaignac pourvu de l'office de secrétaire greffier

champs, assesseurs audit hostel, et Simon d'Arsonval, seigneur du Masboyer, procureur du Roy dudit hotel, s'est presenté sieur Estienne Gramaignac (1), pourveu de la charge de secretaire-greffier audit hotel, que tenoit et exersoit defunt sieur Joseph Gramaignac, son frere, ainsy qu'il parroist par ses provisions qui luy ont esté acordés par Sa Majesté en dattes du vingt huitiesme septembre dernier, signées sur le reply *par le Roy* : Aubourg ; ensemble la requeste presentée a Messieurs les maire, prevost, consuls, appointée dudit Monsieur Rogier, lieutenant general et lieutenant de maire audit hotel, avec les conclusions de Monsieur le procureur du Roy du mesme jour, *signées* : d'Arsonval, procureur du Roy, et attestation des vie, mœurs, religion catholique, apostolique et romaine du mesme jour, *signée* Boyer, Pigné *et* Rogier, *lieutenant général*, requiers qu'il nous plaise vouloir recevoir son serrement et l'installer audit office de secretaire greffier audit hotel. — E. Grasmaignac.

Nous avons baillé acte du requis dudit sieur Gramaignac, ensemble de la requisition du procureur du Roy, et après que, de nostre ordonnance verbale, il a levé la main, et moyennant son serrement, l'avons reçeu et installé en l'office de secretaire greffier audit hotel de ville, pour jouir des honneurs, privileges, exemption de taille, logement de gens de guerre et autres attribuez a sondit office, de mesme qu'en a jouy ou deu jouir ledit feu sieur Gramaignat, son frere, et que ces provisions demeureront registrées au greffe de l'hotel commun pour y avoir recours quant besoing serat. Fait dans la chambre du Conseil dudit hotel de ville, le jour, mois et an que dessus.

Rogier, lieutenant général (2); de Roulhac, premier consul ; Rogier de Genouillac, consul; Martial Navieres, consul; Malevergne du Masdoumier, consul; Champalimaud, assesseur ; Deschamps, assesseur; d'Arsonval, procureur du Roy; Monneyron, greffier commis.

(1) On se souvient que Monneyron n'avait été nommé pour exercer les fonctions de secrétaire greffier à la mort de J. Grasmaignac qu'à titre provisoire (voir p. 196 ci-dessus).

(2) M. Rogier, qui avait rencontré d'assez sérieuses difficultés à l'Hôtel de ville, se trouvait d'autre part en lutte avec le premier président Périère. Celui-ci se plaignit au chancelier des mauvais procédés du lieutenant général. On trouve une lettre de Pontchartrain relative à cette affaire dans la *Correspondance administrative sous le règne de Louis XIV*, publiée par G.-B. Depping. t. II. p. 169.

— 211 —

Aujourd'huy, quatriesme jour du mois de decembre mille sept cents dix, Messieurs Rogier, seigneur du Buisson, lieutenant general et lieutenant de maire; Antoine Malevergne du Masdoumier, prevost consul; Rouillac du Gondaud, procureur du Roy en l'Election ; Igniasse Rogier, seigneur de Genouillac, et Martial Navieres, tous prevost consuls, et M. Simon Darsonval, procureur du Roy ; — ledit sieur du Masdoumier, prevost consul, auroit presenté une lettre de Monseigneur Bosc du Bouchet, intendant de cette generalité, escripte de Chabanois, le quatriesme du present mois, dont la teneur s'en suit :

Il faut, s'il vous plaît, Messieurs, surseoir a la nomination des consuls de vostre ville jusqu'a nouvel ordre : j'en ay de la Cour que je vous communiquerez a mon retour a Limoges; ainsy il ne faut rien faire jusqu'alors.

Je suis, Messieurs, entierement a vous. *Signé* : Bosc du Bouchet, et sur l'adresse est escript : *A Messieurs, Messieurs les Consuls de Limoges, a Limoges*.

Laquelle dite lettre a eté deposée au greffe et paraffée *ne varietur* par Monsieur du Masdoumier, prevost-consul, porteur d'icelle. Fait ledit jour, mois et an que dessus, a six heures du soir, dans ledit hotel de ville.

Rogier, lieutenant general; Malavergne du Masdoumier, premier consul; Navieres, consul ; De Roulhac, consul; Rogier de Genouillac; D'Arsonval, procureur du Roy; Grasmaignac, secretaire-greffier, pour avoir l'original.

Communication d'une lettre de l'intendant ordonnant de surseoir à l'élection des consuls.

A Monsieur le Lieutenant general de Limoges et a Messieurs les Prevost, Consuls de ladite ville.

Supplie humblement Pierre Jean Baptiste Bourdeaux, bourgeois de Limoges, disant que feu Jean Baptiste Bourdeaux, son pere, aussi bourgeois de ladite ville, est mort pourveu de l'office de septiesme capitaine de la bourgeoisie de ladite ville, et comme le suppliant est son heritier et fils ayné, et qu'il desire se faire recevoir et installer dans ledit office pour en faire les fonctions et jouir des exemptions de logemens effectifs de gens de guerre, et autres privileges attribués audit office, conformement a l'edit de creation d'iceluy, du mois de mars 1694, le suppliant a recours, Messieurs, a vostre authorité, afin qu'il vous plaise vouloir le recevoir et installer dans ledit office, pour en jouir aux honneurs,

Installation de J.-B. Bourdeaux dans la charge de capitaine des Combes.

exemptions de logemens effectifs et autres privileges en dependans et y attribués, offrans de prester le serment au cas requis, et fairés bien. *Signé* : BOURDEAUX.

Soit communiqué au procureur du Roy, scindicq (1) de l'hostel de ville, pour, ses conclusions vües, estre ordonné ce qu'il appartiendra. A Limoges, le 4 decembre 1710. *Signé :* ROGIER, lieutenant general et de maire.

Le procureur du Roy, qui a pris communication de la presente requeste, estime qu'il est des reigles, que le suppliant justifie des provisions et reception de feu son pere, et du tittre qui luy attribue la survivance audit office, soit par testament, arrest ou autrement, pour, yceux veüs, estre requis ce qui sera de justice. A Limoges, le 4 decembre 1710. *Signé* : D'ARSONVAL, procureur du Roy.

Et apres, le suppliant s'estant presenté en la chambre du conseil, et ayant fait apparoir de la quittance de finance de son dit office en faveur dudit feu son pere, et son testament qui justifie de l'heredité alleguée en ladite requete, n'empeschons, pour le Roy et la ville, que ledit sieur Pierre Jean Baptiste Bourdeaux soit receu et installé audit office de capitaine dont est question, a la charge de prendre des provisions de Sa Majesté incessamment et ce sans tirer a consequence, attendu la necessité d'officiers. Fait le susdit jour, mois et an que dessus. *Signé* : D'ARSONVAL, procureur du Roy.

Veu par Messieurs les maire, prevost, consuls de Limoges la requete cy dessus, et conclusions du Procureur du Roy, avec la quittance de finance y annexée, acte de la nomination, ensemble l'edit de creation du mois de mars 1694 et l'aveu du conseil donné en consequence, le 23ᵉ dudit mois, et apres que ledit sieur Pierre Jean Baptiste Bourdeaux, suppliant, s'est presenté en la chambre du conseil et qu'il a presté en nos mains le serment de fidelité et d'executer les ordres du Consulat, avons yceluy receu et installé en l'office et fonction de capitaine des huict de bourgeoisie pour le canton des Combes de cette ville, et en faire les fonctions portées par ledit edit et arrest, informé de ses vie et mœurs, aage et religion, sans prejudice par luy de se pourvoir pour obtenir des provisions de Sa Majesté s'il y escheoit ; et en consequence jouira des privileges, prerogatives et exemptions portées par ledit edit et arrest. Enjoignons a tous collonels, major, capitaines, lieutenans et autres, de le reconnoistre pour capitaine du canton des Combes, a peine de desobeissance et de tous depens,

---

(1) Nous ne croyons pas avoir rencontré avant cette date la qualification de procureur-syndic donnée ici à M. d'Arsonval.

dommages et interests. Fait dans la chambre du conseil de l'hostel commun, a Limoges, le quatriesme decembre mil sept cent dix. — Soit le present acte de reception et installation enregistré au greffe dudit hotel pour y avoir recours en cas de besoin. *Signé* : ROGIER, lieutenant general.

A Monsieur le Lieutenant general de Limoges et a Messieurs les Prevost, Consuls de ladite ville.

Supplie humblement Jean Thevenin, bourgeois de Limoges, disant que feu Gregoire Thevenin, son pere, aussi bourgeois de la meme ville, est mort pourveu de l'office du premier lieutenant de la bourgeoisie de ladite ville, et comme le suppliant est son heritier et fils ayné, et qu'il desire se faire recevoir et installer dans ledit office pour en faire les fonctions et jouir des exemptions de logemens effectifs de gens de guerre et autres privileges attribués au dit office, conformement a l'edit de creation d'iceluy du mois de mars 1694, le suppliant a recours, Messieurs, a vostre authorité, affin qu'il vous plaise vouloir le recevoir et installer dans ledit office, pour en jouir aux honneurs, exemptions de logemens effectifs et autres privileges en despendans et y attribués, offrant de prester le serment au cas requis, et faires bien. *Signé* : THEVENIN.

<small>Installation de Jean Thevenin dans la charge de lieutenant de Consulat.</small>

Soit communiqué au Procureur du Roy, scindicq de l'hotel de ville pour, ses conclusions vües, estre ordonné ce qu'il appartiendra. A Limoges, le 4 decembre 1710. *Signé* : ROGIER, lieutenant general.

Le procureur du Roy, qui a pris communication de la presente requete, estime qu'il est des regles que le suppliant justifie des provisions de feu son pere et du tittre qui luy attribue la survivance, soit par testament, arrest ou autrement, pour, yceux veüs, estre requis ce qui sera de justice. A Limoges, le 4 decembre 1710. *Signé* : D'ARSONVAL, procureur du Roy.

Et apres, le suppliant s'estant presenté en la chambre du conseil, et ayant fait apparoir de la quittance de finance de son dit office en faveur de son dit pere et son testament qui justiffie de l'heredité alleguée en ladite requete, n'empeschons pour le Roy et la ville que ledit sieur Jean Thevenin soit receu et installé audit office de lieutenant dont est question, a la charge de prendre des provisions de Sa Majesté incessamment, et ce sans tirer a consequance, attendu la necessité d'officiers. Fait le susdit jour, mois et an que dessus. *Signé* : D'ARSONVAL.

Veu par Messieurs les maire, prevost, consuls de Limoges, la requeste cy dessus et conclusions du procureur du Roy, avec les quittances de finance y énoncé, acte de la nomination, ensemble l'edit de creation du mois de mars 1694 et l'arrest du Conseil donné en consequence le 23e dudit mois, et apres que ledit sieur Jean Thevenin s'est présenté en la chambre du conseil, et qu'il a presté en nos mains le serment de fidelité et d'executer les ordres du Consulat, avons yceluy reçeu et installé en l'office et fonction de lieutenant des neuf lieutenans de bourgeoisie, pour le canton du Consulat de cette ville, et en faire les fonctions portées par ledit edit et arrest, informés de ses vie, mœurs, aage et religion, sans prejudice par luy de se pourvoir pour obtenir des provisions de Sa Majesté s'il y eschcoit; et en consequence jouira des privileges, prerogatives et exemptions portées par ledit edit et arrest; enjoignons a tous collonels, major, capitaines, lieutenans et autres de le reconnoistre pour lieutenant du canton de Consulat, a peine de desobeissance et de tous despens, dommages et interests. Fait dans la chambre du conseil de l'hotel commun, a Limoges, le quatriesme decembre mil sept cent dix. — Soit le present acte de reception et installation enregistré au greffe dudit hotel pour y avoir recours en cas de besoin. *Signé* : ROGIER, lieutenant general.

Noms de Messieurs les Prudhommes choisis par Messieurs les Maire, Prevot, Consuls, pour la nomination de Messieurs les nouveaux Consuls pour la presante année 1710.

Consulat.

MM. Thevenin, lieutenant;
Chastaignac;
Beaubreuil, mary de la Truffy;
Reyx, gantier;
Varachaud, cappitaine;
Lessenne, gendre d'Ardant;
Nicolas, gendre a Barbou;
Thevenin, gendre a Farne;
Champalimaud, gendre a Bravard;
Barbou, gendre a Senamaud.

Manigne.

MM. Joseph Senamaud ;
Raymont Garat ;
Rouilhac du Rouvaix ;
Limousin, gendre a Michelon ;
Farne, gendre a Moulinier ;
Rasaix, bourgeois ;
Mousnier, procureur ;
Rouilhac de Rouilhac.

Fauxbourg Manigne.

MM. Disnematin Dessalles ;
Baud, gendre a Dupré ;

Pont Saint-Martial (1).

MM. Muret, marchand ;
Hervy jeune, marchand.

Les Bancs.

MM. Texandier, colonel ;
Lauriget, marchand ;
Jean Deperet, marchand ;
Boutaudon, marchand ;
Dupré Jaquilin (*sic*) de Maledant.

Le Clocher.

MM. Ardilier, gendre d'Ardant ;
Mallet, marchand espissier ;
Petignaud, gendre a Romanet ;
Peyroche, cappitaine ;
Nicot, marchand.

Boucherie.

MM. Lafosse du Cailliaud ;
Hanry Lafosse ;
Grelet, major ;
Reyx, marchand gresseur (*sic*) ;
François Vidaud ;
Geneste, gendre a Ardant ;
Froment, gendre a Teullier ;
Champalimaud, gendre a Michel.

---

(1) On remarquera que, contrairement aux anciens usages, des prud'hommes sont désignés pour représenter, au sein du corps électoral, les principaux faubourgs.

Fauxbourg Boucherie.

MM. Saserat dit Paris ;
Gaudon, gendre a Thevenin ;
Rolland, gendre a Reyx ;

Ferrerie.

MM. Coulomb l'esné ;
Farne, libraire ;
Ruaud, procureur ;
Devoyon, advocat ;
Pouyat, gendre a Grelet ;
Hymbert, gendre a Midy ;
Baralier, marchand ;
Petignaud, gendre a Baud.

Les Combes.

MM. Pouyat, gendre a la Gorse ;
Geral, apothicaire ;
Salot, gendre a Ribiere ;
Rouard, advocat ;
Javat, du Puylarodas.

Fauxbourg Montmalier.

MM. Baillot, marchand ;
Muret, marchand.

Lansecot.

MM. Jean Martin, espicier ;
Martin, gendre a Rollant (1).

Nous, maire, prevot, consuls de Limoges, approuvons l'eslection et nomination des dits sieurs prudhommes, et qu'elle soit communiquée au procureur du Roy de l'hotel commun. Fait et deliberé dans la chambre du conseil du dit hotel commun, a Limoges, ce 9ᵉ decembre 1710.

Election de Messieurs les Consuls de la ville de Limoges, faitte dans la grand salle de l'hotel de ville par Messieurs les prudhommes nommés par Messieurs les

---

(1) On voit que la répartition est très inégale entre les divers cantons et que le nombre des prud'hommes de certains cantons, Lansecot et Le Clocher par exemple, a été diminué.

maire, prevost, consuls, en la maniere acoutumée, pour l'année mille sept cent onze, en presence de Messieurs les maire, prevost, consuls, assesseurs, et sur ce ouy le procureur du Roy du dit hotel, ce mercredy dixiesme decembre mille sept cent dix.

Monsieur M⁰ Guilhaume de Rouilhat, seigneur d'Eytivaud, conseiller du Roy en la seneschausée et siege presidial de Limoges, premier consul ;

Monsieur M⁰ Psalmet Faute, seigneur du Puydautour, controlleur des decimes, second consul ;

Monsieur Joseph Durand, bourgeois et marchand, troiziesme consul.

Lesquels dits sieurs nouveaux consuls ont presté le serment de fidelité entre les mains de Monsieur le lieutenant general et de maire en la maniere acoutumée, et ont signé, le susdit jour, mois et an que dessus.

>   Deroulhac, prevost consul ; Naviere, consul ; Malavergne du Masdoumier, consul ; Rogier, lieutenant general ; De Roulhac, consul ; Faulte, consul ; Grellet, assesseur ; Deschamps, assesseur ; M. Champalimaud, assesseur ; D'Arsonval, procureur du Roy ; Grasmaignac, secretaire-greffier.

Nomination d'un prédicateur pour 1711-1712.

Aujourd'huy, dixiesme decembre mille sept cents dix, dans la chambre du conseil de l'hotel commun de Limoges, ou estoient assemblés Messieurs les maire, prevost, consuls, conseillers assesseurs, procureur du Roy et secretaire-greffier, a esté procedé a la nomination du Reverend pere dom Francoïs de La Rodde, de l'ordre de saint Benoist, congregation de Saint Maur, et ce pour precher l'Advant et Caresme des années mille sept cents unze et mille sept cents douze, et qu'a cet effet, il luy serat donné avis incessamment sans qu'il en puisse estre donné un autre en sa place qu'a deffaud et sur la nomination qui en serat faitte par le corps consulaire, sur ce ouy et requerant le procureur du Roy. Fait ledit jour, mois et an que dessus.

>   Rogier, lieutenant general ; Deroulhac, prevost-consul ; Navieres, consul ; Malavergne du Masdoumier, consul ; De Roulhac, consul ; Faulte, consul ; Deschamps, assesseur ; Champalimaud, assesseur ; J. Grellet, assesseur ; Grasmaignac, secretaire-greffier.

Nomination d'un valet de ville.

Aujourd'huy, vingtiesme jour du mois d'avril mil sept cent onze, Messieurs les maire et prevost, consuls et le procureur du Roy, assemblés dans la chambre du conseil de l'hotel de ville, Monsieur le maire a proposé que le nommé Jean Berger, gager ou vallet de ville, ne pouvant faire le service, il est a propos de pourvoir une autre personne capable et en estat de remplir laditte place de gager ou vallet de ville. Sur quoy, l'affaire mise en deliberation, sur ce ouy le procureur du Roy, lesdits sieurs maire et prevost, consuls, ont d'une commune voix nommé et choisy Jean Papon, habitant de cette ville, pour remplir sa vie durant la place de gager ou vallet de ville que tenoit ledit Berger. Lequel Papon s'etant a l'instant presenté, nous avons pris et reçu de luy le serrement de bien et fidellement remplir et exercer ledit emploit de gager, avec respets, soumission et assuduité. Et ce fait, l'avons reçu et installé au dit emploit, et pour marque luy avons fait prendre la quasaque, toque et baton, pour par ledit Papon jouir pendant sa vie, en fesent le service comme il est dit cy dessus, des gages, droits, privileges et exemptions dont ont jouy et jouissent les pourveus de parail emplois et du mesme logement dans les dependances du dit hostel de ville dont a jouy le dit Berger. Deliberé a Limoges, les dits jours, mois et an que dessus.

DE VILLOUTREYS, maire; Martial NAVIERES, consul; ROULHAC D'ETIVEAUX, consul; MADOUMIER, prevot-consul; DEROULHAC-DUGONDAUD, consul; DURAND, consul.

Désignation de trois administrateurs de l'hôpital général.

Aujourd'huy, douziesme jour du mois de may mille sept cent unze, dans la chambre du conseil de l'hotel commun de la present ville, ou estoint assemblés Monsieur le maire, Mr le lieutenant de maire et Messieurs les prevost, consuls et assesseurs de la dite presente ville, en presence du procureur du Roy dudit hotel de ville, a esté exposé par Monsieur le maire que, des dix administrateurs de l'hopital general de cette ville, trois doivent sortir de charge, et que, par les lettres pattentes du Roy accordées pour l'etablissement du dit hopital general, Messieurs les maire et prevost, consuls du dit hotel de ville sont en droit de pourvoir la presente année a cette vaccance, et en concequance de nommer trois habitans dignes et capables de remplir les dites trois places suivant l'uzage de la dite administration, sans prejudice de leurs plus grands droits. Sur quoy, l'affaire mise en deliberation, ouy sur ce le procureur du Roy, Messieurs les maire, lieutenant de maire, prevost, consuls et assesseurs, ont d'une commune voix eslu et nommé Messieurs Martial Romanet, seigneur de La Briderie, conseiller du Roy, eslu en l'election de Limoges; Simon Dorat, marchand, et Jacques Petignaud, aussy marchand de cette ville, pour administrateurs et remplir en cette qualité les dites trois places, pandant quatre années a venir, a commancer du premier septembre prochain, aveq les autres sieurs administrateurs qui resteront. Dont et du tout a esté fait et dressé le present acte de deliberation et nomination, lequel demeurerat enregistré au greffe du dit hotel de ville pour y avoir recours et servir quant besoing serat. Fait le dit jour, mois et an que dessus.

DE VILLOUTREYS, maire; MASDOUMIER, consul; DEROU-
LHAC DU GONDAUD, consul; DURAND, prevost consul.

Messieurs les maire, lieutenant de maire, prevost et consuls de la ville de Limoges,

Supplie humblement Jean Recules, bourgeois et marchand de cette ville, disant que, par contrat du 20 octobre 1710, il fit acquisition de la charge et office de l'un des neuf lieutenans de bourgeoisie de cette ville, duquel estoit pourveu feu Jean Pinot, sieur de la Grilière, dernier titulaire et pocesseur; laquelle vente fut consentie en sa faveur par sieur Barthelemy Pinot, fils et héritier dudit feu sieur de la Grilière; et s'estant pourveü en consequence devers sa Majesté, il a obtenu des provisions pour exercer ledit office a titre de survivance, luy et les siens, et jouir des honneurs, authorité, privileges, exemptions, profits, revenus et emolument y attribués. Ce consideré, Messieurs, veü l'edit de creation du mois de mars 1694, arrest du Conseil du 9ᵉ novembre mesme année, avec celuy de confirmation du premier mars 1706, les quittances de confirmation de l'heredité, l'edit du Roy portant retablissement desdits offices du mois de juin 1708, procuration (1) du 26ᵉ decembre 1710, *signé*: CHAVEPEYRE, notaire royal, et au controlle, ROUGIER, a la legation (2), ROGIER, lieutenant general; extrait baptistaire du supplement du 14ᵉ septembre 1676, *signé* : PIGNÉ et ROUSSAUD, notaires royaux; a la legation : ROGIER, lieutenant

Réception de Jean Reculés à l'office de Lieutenant de bourgeoisie pour le canton de Manigne.

---

(1) Un mot illisible. Je crois lire : *ad resignandum*.
(2) Ce mot n'est-il pas mis pour *légalisation ?*

general; quittance de survivance et de marc d'ort? des 9 et 10 juillet dernier, ensemble lesdites provisions du 11° du mesme mois signées sur le replit : Aubourt, scellée de cire jaune, le tout cy attaché en bonne forme; — il vous plaise de vos grâces vouloir recevoir ledit sieur Recules en ladite charge et ordonner qu'il jouira des honneurs, fruits, profits, revenus, exemptions, autorité et privileges accordés a icelle, tout ainsy et de mesme qu'en a jouy ou dhut jouir ledit feu sieur Pinot et autres lieutenants de la present ville; et feres justice. *Signé* : Recules.

Soit communiqué au procureur du Roy, sindic de l'hotel de ville, pour, sur ses conclusions veües, estre ordonné ce qu'il appartiendra. A Limoges le 7° septembre 1711, *signé* : Rogier, lieutenant de maire.

Veu par nous, conseiller, procureur pour Sa Majesté, la presente requete, les lettres de provisions y enoncées du 11 juillet dernier, avec les pieces y attachées sous le contre scel, qui sont la quittance de finance de 350¹ du 24° octobre 1695 en faveur du sieur Pinot, l'un des neuf lieutenants de bourgeoisie et habitants de Limoges; procuration *ad resignandum* dudit office en faveur du suppliant par Barthelemy Pinot, du 26° decembre 1710; l'acte baptistaire du suppliant, du 14 septembre 1676; quittance de vingt quatre livres, un sol, trois deniers pour survivance au profit du suppliant, du 9 juillet 1711: autre de 42ᵤ pour droit de marc d'ort, du 10° dudit mois de juillet, — n'empechons que ledit sieur Jean Recules, suppliant, soit receü et installé audit office de l'un des neuf lieutenants de bourgeoisie de cette ville, apres information premierement faite de ses vie, mœurs, religion et aage, et prestation de serment conformement et au desir desdites lettres de provisions que nous requerons estre enregistrées avec l'acte de sa reception dans le registre du greffe et non sur feüille volante, pour y avoir recours quand besoin sera. Fait ce 8° septembre 1711, a Limoges. *Signé* : D'Arsonval, procureur du Roy.

Veu par Messieurs les maire, prevost et consuls de Limoges, la requete cy dessus et conclusions du procureur du Roy, ensemble les lettres de provision y enoncées du 11° juillet dernier, avec les pieces y attachées sous le contre scel, apres que ledit sieur Jean Recules, suppliant, s'est presenté en la chambre du conseil de l'hotel de ville et qu'il a fait pardevant nous son attestation de bonne vie et mœurs, religion catholique, apostolique et romaine, ensemble presté en nos mains le serment en la maniere accoutumée et pro-

mis d'executer les ordres du Consulat pour le service du Roy et du
public, avons iccluy receu et installé en l'office et fonction de l'un
des neuf lieutenants de bourgeoisie pour le canton de Manigne de
cette ville, et en faire les fonctions portées par les edits et arrests,
et en consequence jouir des privileges, prerogatives, exemptions
portées par lesdits edits et arrests; enjoignons a tous colonel, major,
capitaines, lieutenants et autres de le reconnoistre pour lieutenant
dudit canton de Manigne, a peine de desobeissance, de tous
despens, domages et interets. Fait dans la chambre du Conseil de
l'hostel commun, a Limoges, ce 9 septembre 1711.

Signé : ROGIER, lieutenant de maire; FAULTE, prevost
consul; ROULHAC DU GONDAUD, consul; NAVIERES, consul;
MASDOUMIER, consul, et GRASMAIGNAC, secretaire-greffier.

Louis, par la grace de Dieu roy de France et de Navarre, a tous *Provisions*
ceux qui ces presentes lettres vairont, sçavoir faisons que, pour *royales*
les bons et louables raport qui nous a esté fait de notre bien amé *pour le sieur Reculés.*
sieur Recules le jeune, et de ses sens, suffisence, probité, prud-
hopmie, experiance et capacité, fidelité et affection a notre
service, a ces causes nous luy avons donné et octroyé, donnons et
octroyons par ces presentes, l'office de lieutenant des bourgeois
et habitans de la ville de Limoges que tenoit et exersoit deffunct
Jean Pinot, dernier paisible pocesseur d'iceluy; au lieu et place
duquel Barthelemy Pinot, son fils et heritier, nous y auroit nommé
ledit Recules, qui, en execution de notre Edit du mois de decembre 1709 et de notre declaration du 14 janvier 1710, auroit payé
en nos revenus cazuels le droit de survivance actribué audit office
comme il appert par la quittance dont coppie est cy attachée aux
autres pieces sous le contre scel de notre chancellerie, — pour
ledit office avoir, tenir doresnavant, exercer, en jouir et uzer par
ledit Recules, a titre de survivance, aux honneurs, autorités, privileges, exemption, franchise, libertés, pouvoir, fonctions, droits,
fruits, profits, revenus et emolument appartenans audit office;
tels et semblables qu'en a jouy ou dü jouir ledit deffunt Pinot et
qu'en jouissent les autres pocesseurs de pareil office, pourveu toutes fois que ledit Recules ait atteint l'age de vingt-cinq ans accomplis, conformement a son estraict baptistaire du 14 septembre 1676,
cy attaché sous notre contre scel, a peine de perte dudit office,
nullité des presentes et de sa reception. Cy donnons en mendement

a nos chers et bien amés les maire et consuls de la ville de Limoges, que, leur estant aparut des bonne vie, mœurs, age susdit de vingt-cinq ans accomplis   (1) et religion catholique, appostolique et romaine dudit Recules, et de luy pris et receu le serment en tel cas requis et accoutumé, ils le recoivent, mettent et instituent de par nous en pocession dudit office, l'en faisant jouir et uzer, ensemble des honneurs et autorités, privileges, exemptions, franchise et libertés, droits, fruits, profits et revenus et emolument susdits plainement, paisiblement, et luy obeir, entendre de tous ceux ainsy qu'il appartiendra es choses concernant et touchant ledit office. Car tel est notre plaisir. En tesmoins de quoy nous avons fait mestre notre scel aux dites presentes. Donné a Paris, le onziesme jour du mois de juillet, l'an de grace 1711 et de notre regne le 69°. *Signé sur le replit* : par le Roy, AUBOURG.

Enregistrement des provisions cy dessus fait en consequence de l'ordonnance de reception du 8 septembre dernier, enoncée au bas de la requete de reception joincte a la liace des originaux du greffe ; lesdites ordonnances rendues par Messieurs les maire, prevost, consuls et procureur du Roy, en présences de Messieurs les major (?), capitaines, lieutenans et autres offices de bourgeoisie.

ROGIER, lieutenant de maire ; NAVIERES, consul ; MASDOUMIER, consul ; D'ARSONVAL, procureur du Roy ; TEXANDIER, colonel ; VARACHEAU, premier capitaine ; GRELLET, major ; PEYROCHE, capitaine ; P. LAVAUD, lieutenant ; THEVENIN, lieutenant ; MOULINIER ; B. BOURDEAUX, capitaine.

Casernement des compagnies de cavaliers envoyées a Limoges.

Le trent'un octobre 1711, apres midy, dans l'hostel de ville, ou estoint assemblés les maire et prevaud, consuls : sur l'ordonnance de Monseigneur l'intendant representée par M. Malevergne du Masdoumier, prevaud et consul, en datte du dit jours, portant hordre de chercher des endroit, cazernes pour hyverner les deues compagnies du rigiment d'Audicour qui doivent rester en cette ville pendant ce hiver ; le dit sieur du Madoumies, prevost consul, ayant a ce (?) et fait convoquer une hassemblée generale de cette ville au son du tambour public, ou hil ne s'est trouvé personne que le dits sieurs

(1) Un mot effacé.

maire, prevost, consuls, il a esté resolu qui serex nommé des bourgois, habitant dans chaque canton, pour charcher et trouver des quasernes dans chaque endroit et les meubles necessaires portés par la ditte ordonnance pour les fournir; a quoy a esté procedé, et faute par lesdits sieurs cantonniers et habitant d'avoir fourni les casernes et meubles, a esté procedé par les dits sieurs maire, prevost, consuls, qu'ils s'en pourvoiroient par devant mondit seigneur l'Intandant comme ils veront bon estre pour y estre procedé comme de raison.

CANTONNIER (*sic*) :

Consulat : Mrs Bernard Lafosse et Hardelier, pour six quavalier.
Manigne : Mrs Cibot Martin, du Moulin Blanc, et Hervy jeune, pour dix cavalier.
Les Bancs : Mrs Gery et Lauriget, pour dix cavalier.
Le Clocher : Mrs Maumy et Poylevet, gendre de Jauffre, pour cinq cavalier.
Boucherie : Mrs Felines Bargas, libraire, gendre a Clusaud, et Maury, gendre d'Ardant, dix cavalier.
La Fererie : Mrs Ardant, orphevre; Baptiste Montegut et Rouard, aux Arenes, pour neuf cavalier.
Les Combes : Mrs Dalesme, Degorsaix, Segond, gendre de Martin, pour dix cavalier.
Lansequot : Mrs Martin, Seliere et Roche, dit Tulle, six cavalier (1).

Enregistrement des lettres de provisions de sieur François Adrien Dupont, bourgeois et marchand, a la charge de capitaine du canton de la Ferrerie.

Louis, par la grace de Dieu Roy de France et de Navarre, a tous ceux qui ces presentes vairont scavoir faisons que, pour les bons, louables raport qui nous a esté fait de la personne de notre bien amé Me François-Adrien Dupont, marchand bourgeois de la ville de

---

(1) Les cantonniers traitaient en général avec une auberge où les soldats étaient couchés deux et souvent trois par lit.

Limoges, de ses sens, capacité, experience au fait des armes et affection a notre service, pour ces causes et autres a ce nous mouvans, nous luy avons donné et octroyé, donnons et octroyons par ces presentes, l'office de capitaine des bourgeois du canton de la Ferrerie en ladite ville de Limoges, creé hereditairement par notre edit du mois de mars 1694, uny au corps des maire, consuls et habitants dudit Limoges, par arrest du Conseil du 9 octobre 1694; despuis desuny de leur consentement; lequel office tenoit et exersoit Pierre Texandier, dernier pocesseur, et lequel office ledit Texandier auroit vendu audit Dupont par contract cy aveq autres pieces attachées sous notre contre scel; lequel Dupont nous auroit en consequence payé la finance pour le droit de survivance dudit office, en execution de nos edits et declarations des mois de decembre 1709, 14 janvier et octobre 1710, suivant la quittance du tresorier de nos revenus casuel dont l'ampliation est aussy cy attaché, pour ledit office avoir, tenir et doresanavant l'exercer, en jouir et uzer par ledit Dupont, ses hoirs, successeurs et ayant cause, a tiltre de survivance, et estre dispensé a l'avenir de la rigueur des quarante jours portés par nos reglements; ensemble aux honneurs, autorités, prerogatives, pouvoir, fonctions, exercices, attributions, facultés, franchises, libertés, privileges, exemptions, sans incompatibilité d'autres charges et negoce, pouvoir d'assembler les bourgeois habitants et leur faire faire l'exercice du mousquet, fusil et autres armes, au moins quatre fois l'année; les mener, conduire et commander au gué et garde de ladite ville, aux entrées et ceremonies publiques suivant les differents uzages, mesme toutes fois que le cas le requiera pour le bien de notre service; tenir les registres exapts des noms, surnoms des habitans demeurant dans son cartier, mesme des estrangiers y establis et de leur logement et estat de leurs familles pour en informer le gouverneur de notre dite province ou de ladite ville; estre appellé et avoir voix deliberative aux assemblées dudit hostel de ville lors de l'election des enseignes et sergents qui sont a la nomination des habitans et dans les assemblées qui se feront pour les entrées ou ceremonies publiques, estre receu aux charges de consul et eschevins et autres charges publiques qui sont a notre nomination ou a celle des habitants de ladite ville, sans difficulté ny incompatibilité, faire corps avec les autres officiers de milice bourgeoise de la mesme maniere, a pied ou a cheval, ainsy que feront les maires, eschevains et consuls de ladite ville, qui seront tenus de le faire avertir des jours et heures de ceremonies, qui (1) auront la droite et ceux de milice la gauche;

---

(1) Il s'agit des maire et consuls.

— 225 —

— aura voix deliberative dans toutes les assemblées dudit hostel de ville et principalement dans celle des elections desdits eschevins et consuls (1), conformement a l'arrest de notre conseil du 3 novembre 1708 et aux autres droits, fruits, profits, revenus et emoluments y accoutumés audit office appartenant et y attribué, tels et semblables qu'en a jouy ou du jouir ledit Texandier et qu'en jouissent les pourvües de pareils offices de notre royaume : le tout ainsy qu'il est plus au long porté par notre dit edit et arrest de notre conseil sus dattés et autres rendus en consequence. Sy donnons en mandement a notre gouverneur du haut et bas Limousin ou son lieutenant general pour nous et en leurs absences au gouverneur, maire et autres officiers dudit hostel de ville de Limoges que, leur estant apparu des bonnes vie, mœurs, aage competant, religion catholique, apostolique et romaine dudit Dupont, et de luy pris et receu le serment en tel cas requis et accoutumé, ils le reçoivent, mettent et instituent de par nous en pocession dudit office, l'en faisant jouir et uzer aux honneurs, autorités et prerogatives, pouvoirs, fonctions, exercices, facultés, attributions, franchises, libertés, privileges, exemptions et autres droits, fruits, profits, revenus et emolument susdits, plainement, plaisiblement (sic) et au tiltre de survivance, et luy obeir et entendre de tous ceux et ainsy qu'il appartiendra ez choses touchant et consernant ledit office. Car tel est notre plaisir. En temoins de quoy, nous avons fait mestre notre scel a ces dites presentes. Donné à Versailles, le 4 octobre, l'an de grace 1711 et de notre regne le 69e. *Signé sur le replit*: par le roy, CARPOT.

Réception du sieur Dupont à l'office de capitaine de Ferrerie.

Aujourdhuy, neufviesme jour du mois de novembre mil sept cents onse, dans la chambre du conseil de l'hostel de ville de Limoges, deux heures de relevée, ou estoient assemblés Messieurs les maire, prevost, consuls, procureur du Roy, — Monsieur le maire a dit qu'il a pleu a Sa Majesté de pourvoir François Adrien Dupont de l'office de capitaine des bourgeois du canton de La Ferrerie, suivant les lettres de provision du 4 octobre dernier, signées sur le registre (?) *par le Roy*, CARPOT, en vertu desquelles il a presenté sa requete aux fins d'estre receu et installé audit office. Laquelle a esté repondue d'un soit communiqué au procureur du Roy, lequel a [donné] ses conclusions; et ensuitte a esté procedé par M^r le maire a

---

(1) On voit que l'érection en titre d'office des grades de la milice avait modifié la composition du corps électoral. Il nous a été impossible de retrouver l'arrêt du Conseil de 1708, dont il est parlé plus loin.

l'enqueste de vie et mœurs dudit Dupont. En sorte qu'il s'agit presentement de proceder a ladite reception et installation. Sur quoy, ouy le procureur du Roy et ayant mandé ledit Dupont, nous avons fait faire lecture desdites provisions par le secretaire-greffier dudit hostel de ville, et ensuitte pris dudit Dupont le serment requis et accoutumé ; ce fait l'avons recu audit office de capitaine des bourgeois du canton de Ferrerie pour en faire les fonctions suivant l'uzage, edits, arrest et reglements sur ce rendus, et jouir des droits, privileges et prerogatives portés par lesdits edits, arrest, et reglement ; a l'effect de quoy, tant les lettres de provision dudit Dupont que notre presente ordonnance, seront et demeureront enregistré au greffe de l'hostel de ville, pour estre executés et y avoir recours lors et quand besoin sera.

Ce fait, Monsieur le maire a conduit ledit Dupont dans la salle dudit hostel de ville, ou estoient assemblés Messieurs les colonel major, capitaines, lieutenants et autres officiers subalternes, ou Mr le maire, ayant fait baptre trois differents bans, a installé ledit Dupont audit office de capitaine du canton de Ferrerie. Dont et du tout a esté donné acte pour servir et valoir que de raison, en presence desdits sieurs officiers, lesdits jour, mois et an que dessus.

De Villoutreys, maire ; Durand, prevost consul ; M. Roulhac, consul ; Masdoumier, consul ; Rouilhac d'Etiveaux, consul ; Navieres, consul ; D'Arsonval, procureur du Roy ; Grasmaignac, secretaire-greffier.

Eslection de Messieurs les nouveaux Consuls de la ville de Limoges, faite dans la grand salle de l'Hostel de ville, par Messieurs les prudhommes nommés par Messieurs les maire, prevost, consuls, en la maniere accoutumée, pour l'année mil sept cents douse, en presence de Messieurs lesdits maire, prevost, consuls, assesseurs, et sur ce ouy le procureur du Roy dudit hostel, ce lundy huictiesme de decembre mil sept cent onze :

Monsieur maistre (1) Barny, conseiller au presidial de Limoges, premier consul ;

(1) Le prénom est resté en blanc.

— 227 —

Monsieur Hierosme Texandier de la Jourdanie, colonel de bourgeoisie, second consul ;

Monsieur Jacques Petignaud, bourgeois et marchand, troisiesme consul.

Lesquels dits sieurs nouveaux consuls ont presté le serment de fidelité entre les mains de Monsieur le maire, en la maniere accoutumée. Et ont signé, le susdit jour, mois et an que dessus :

> De Villoutreys, maire ; Durand, prevost consul ; J. Petiniaud ; Roulhac d'Etiveaux ; Texandier de la Jourdanie ; Barny ; Champalimaud, assesseur ; Deschamps, assesseur ; D'Arsonval, procureur du Roy ; Grasmaignac, secretaire-greffier.

Aujourd'huy, huictiesme decembre mil sept cent onze, dans la chambre du conseil de l'hostel commun de Limoges, ou estoient assemblés Messieurs les maire, prevost, consuls, conseliers assesseurs, procureur du Roy et secretaire greffier, a eté procedé a la nomination du Reverend pere Cyrille, de l'ordre des Carmes des Arresnes (1), pour precher l'Avant et Caresme des année prochaine mil sept cent douze et treize ; et qu'a cet effect il luy sera donné avis incessamment, sans qu'il en puisse estre donné un autre en sa place qu'a son deffaut et sur la nomination qui en sera faite par le corps consulaire, sur ce ouy et requerant le procureur du Roy. Fait lesdits jours, mois et an que dessus. *Désignation du prédicateur pour 1712 et 1713*

> De Villoutreys, maire ; de Roulhac ; Barny ; Texandier, consul ; Durand, consul ; M. Champalimaud, assesseur ; Deschamps, assesseur ; Petiniaud, consul ; D'Arsonval, procureur du Roy ; Grasmaignac, secretaire-greffier.

Aujourd'huy, vingt deuxiesme juin mil sept cent douze, dans la chambre du conseil de l'hostel de ville de Limoges, ou estoint assemblés Messieurs Psalmet Faulte, conseiller du Roy, controlleur des decimes ; Hierosme Texandier, colonel de la milice bourgeoise *Renouvellement des conventions faites avec le sieur Monneyron receveur de l'hôtel de ville*

---

(1) De la famille carmélite à laquelle appartenait le couvent des Arènes ; on sait que les Carmes déchaussés avaient une maison dans la Cité depuis 1625.

de cette ville ; Joseph Durand et Jacques Petignaud, marchands, prevosts consuls ; Messieurs Guilliaume Roulhac, seigneur d'Eytiveaux, et Barny, conseiller du Roy au presidial de ladite ville, aussy consuls, absents de ladite ville, — ledit sieur Faulte a exposé qu'il est d'uzage, comme les precedents consuls l'ont pratiqué, au sujet de la recette des impositions contenues dans leur roolle, d'en charger le sieur Monneyron pour en faire le recouvrement dans une des chambres de la maison de ville, pour la commodité publique des habitants, aux sallaires, clauses et conditions portées par les doubles passés entre eux despuis un long temps ; et comme ledit Monneyron neglige de vacquer a ladite recette a cause qu'il n'a point de sureté de Messieurs les consuls de l'année presente, et que cette negligence apporte un grand retardement et est visiblement prejudiciable aux interets de Sa Majesté, qu'il estoit de necessité indispensable d'y pourvoir sans retardement et deliberer sur cette matière. Sur quoy, l'affaire mise en deliberation, en presence du procureur du Roy et de son consentement, il a esté resolu qu'il sera passé un double avec le sieur Monneyron incessamment, conforme a ceux qui ont esté passés entre luy et nos predecesseurs consuls, pour vacquer avec seureté et exaptitude a ladite recette, et a en rendre compte a la maniere ordinaire. A cet effait, ledit sieur Monneyron ayant esté mandé pour sçavoir de luy s'il ne veut pas bien continuer a faire ledit recouvrement de toutes les impositions dont lesdits sieurs consuls seront chargés pour la presente année, comme il a fait avec Messieurs les precedents consuls, qu'il a declaré accepter avec honneur, et a signé avec nous le present acte. Fait lesdits jour, mois et an que dessus.

FAULTE, consul ; TEXANDIER, consul ; DURAND, consul ; J. PETINIAUD, consul ; D'ARSONVAL, procureur du Roy ; MONNEYRON, aceptant aux conditions precedantes.

Lettre du roi sur la victoire de Denain. Monsieur le marquis de Saint-Aulaire, il a plu a Dieu de tenir les intentions sinceres que j'ay et que j'ay fait voir pour le retablissement du repos de l'Europe et de renverser les projets de ceux qui s'opposent encore a la paix. Mes ennemis, nonobstant la separation des troupes angloises, avoint formé le siege de Landrecy, lorsque mon armée, commandée par les marechaux de Villard et de Montesquiou, a marché suivant mes ordres pour attaquer le camp retranché qu'ils avoint a Denain, sur l'Escaut (1). Le poste, deffendu par dix sept bataillons, a eté forcé, les troupes ennemies entierement defaites et leur perte a eté suivie peu de jours aprez de la prise du poste de Marchienne, deffendu par six bataillons, cinq cent hommes d'infanterie detachez de la garnison de Douay, et trois escadrons de cavalerie, qui n'ont eu d'autre capitulation que celle de se rendre prisonniers de guerre. Le nombre de ceux qui ont eu le meme sort en ces differentes occasions monte a sept mille soldats et a plus de quatre cents officiers, et plusieurs generaux des troupes ennemies se trouvent aussy dans le meme nombre; outre trente-sept drapeaux et trois etendarts pris, il s'est encore trouvé dans les postes beaucoup de canon, toute sorte de provisions, et une grande quantité de munitions de guerre et de bouche. Enfin mes ennemis, affoiblis par ces pertes, ont levé le siege de Landrecy. Comme je ne puis attribuer des succès aussi importants et qui doivent faciliter la conclusion de la paix qu'a Celuy qui tient les cœurs des roys en ses mains et qui connoit mes sentiments, je desire qu'il luy soit rendu grace dans tout mon royaume de ces derniers avantages. C'est pour cet effet qu'ayant ecrit aux archeveques et eveques d'en faire chanter le *Te Deum* dans leurs eglises, mon intention est que vous y assistiez dans le lieu ou vous vous rencontrerez ; je desire aussy que vous teniez la main a ce que les officiers de justice et autres corps ayent a s'y trouver, et qu'au surplus vous donniez les ordres necessaires dans l'etendue de votre departement pour faire allumer des feux de joye dans les rües, tirer le canon, et donner toutes les demonstrations de rejouissance publique accoutumée en pareil cas. Et la presente n'etant a autre fin, je prie Dieu qu'il vous ayt, Monsieur le marquis de Saint-Aulaire, en sa sainte garde. Ecrit a Fontainebleau, le 5ᵉ aoust 1712. *Signé* : Louis, *et plus bas* : COLBERT.

Veu la lettre du Roy ci-dessus transcrite, il est ordonné aux maire et consuls de la ville de Limoges de faire allumer un feu de joye pour l'heureux succez des armées de Sa Majesté et de donner toutes les marques de rejouissance publique accoutumées en pareil cas : Le tout conformement aux ordres de Sa Majesté. Fait en notre chateau de Saint-Aulaire, le 20ᵉ aoust 1712. *Signé* : DE SAINT-AULAIRE, et plus bas : *par Monseigneur*, DAMAZAC. Remis la lettre a Mʳ Petiniaud, le 7ᵉ novembre. Ordre conforme du Lieutenant général au gouvernement.

---

(1) La victoire de Denain (26 juillet 1712) remportée sur le Prince Eugène, est assez connue pour que nous n'ayons pas à donner ici de détails sur cet important évènement. Villars sauva la France ce jour-là et rendit possible une paix honorable.

— 230 —

Lettre du roi sur la prise de Douai.

Monsieur le marquis de Saint-Aulaire, aussy tost que mes ennemys eurent eté forcez dans le camp de Denain, que les munitions de guerre et de bouche qu'ils avoint assemblés a Marchiennes eurent eté prises et qu'ils eurent levé le siege de Landrecy, je fis investir la ville de Douay, et la tranchée ayant eté ouverte devant cette place le 14° du mois dernier, le siege en a eté conduit si vivement par les mareschaux de Villars et de Montesquiou que la garnison, forcée de ceder a la valeur de mes troupes, s'est renduë prisonniere de guerre le 8° de ce mois. Ainsy cette ville importante est retournée soubs mon obeissance, et comme cette reduction est l'effect de la suitte des benedictions qu'il a plu a Dieu de repandre sur mes armes, je desire qu'il luy en soit rendu graces dans toute l'etendue de mon royaume. C'est pourquoy j'ecris aux archeveques et eveques de faire chanter le *Te Deum* dans leurs eglises, et mon intention est que vous y assistiez dans le lieu ou vous vous rencontrerez. Je desire aussy que vous teniez la main a ce que les officiers de justice et autres corps qui doivent assister a de semblables ceremonies ayent a s'y trouver, et qu'au surplus vous donniez les ordres necessaires dans l'estendue de votre departement pour faire allumer des feux de joye dans les rües, tirer le canon, et donner toutes les demonstrations de rejouissance publique accoutumée en pareil cas. Et la presente n'etant a autre fin, je prie Dieu qu'il vous ait, Monsieur le marquis de Saint-Aulaire, en sa sainte garde. Ecrit a Fontainebleau, le 12° septembre 1712. *Signé* : Louis, *et plus bas* : Colbert.

Réjouissances ordonnées par le Lieutenant général au gouvernement.

Veu la lettre du Roy ci-dessus transcritte, il est ordonné aux maire et consuls de la ville de Limoges de faire allumer un feu de joye pour l'heureux succes des armées de Sa Majesté et de donner toutes les marques de rejouissance publique accoutumées en pareil cas. Le tout conformement aux ordres de Sa Majesté. Fait en notre chateau de Saint-Aulaire, le 30° septembre 1712. *Signé* : De Saint-Aulaire, et plus bas : *par Monseigneur*, Damazac. Remis la lettre a Monsieur Petiniaud, le 7° novembre.

Provisions royales données à Jean Thevenin pour l'ofice de Lieutenant de bourgeoisie.

Louis, par la grace de Dieu, roy de France et de Navarre, a tous ceux qui ces presentes vairont, salut. Scavoir faisons que, pour la pleine et entiere confiance que nous avons en la personne de notre bien aimé Jean Thevenin et en ses sens, suffisence, capacité et experience, fidelité et affection a notre service, pour ces causes nous luy avons donné et octroyé, donnons et octroyons par ces presentes l'un de nos offices de lieutenant de bourgeois et habitant de la ville de Limoges, creés hereditairement par notre edit du mois de mars 1694, uny et incorporé au corps des maires, echevains et habitant de ladite ville par arrest de notre conseil du 9 novembre de ladite année 1694, et dont la finance auroit eté payée en nos revenus cazuels du consentement desdits maire et echevains par deffunct Gregoire Thevenin, son pere, qui avoit jouy dudit office sans prendre nos lettres de provisions, l'en ayant dispencé par notre dit arrest du 9 novembre suivant et conformement a la quittance de finance du 24 octobre 1694, apres le decez duquel, Anne Tuilier, sa veuve et heritiere pour une moitié, nous avoit nommé ledit Thevenin, son fils, heritier pour l'autre moitié dudit deffunct, son pere, etc. (1).

Lettre du roi sur la prise du Quesnoy

Monsieur le marquis de Saint-Aulaire, j'ay fait assieger, immediatement aprez la reduction de Douay, la ville du Quesnoy dont mes ennemis estoint maitres au commencement de cette campagne; la garnison etoit composée de six bataillons, l'artillerie et les provisions de guerre etoint en abondance dans cette place ou leurs generaux avoint laissé soixante dix pieces de gros canon et quarante mortiers aprez la levée du siege de Landrecy; toutes fois il a plû a Dieu de me la livrer aprez quinze jours de tranchée ouverte, et ceux qui la deffendoint n'ont demandé d'autres conditions que celles qu'il plairoit au marechal de Villars de leur accorder. Comme il y a lieu d'espérer que ces nouveaux avantages faciliteroint encore la conclution de la paix, mon intention est, en remerciant la divine providence de ses nouvelles graces, de luy demander aussy le prompt retablissement de la tranquilité publique. C'est pour cet effect que j'ecris aux archeveques et eveques de mon royaume de faire chanter le *Te Deum* dans leurs eglises, et je desire que vous y assistiez dans le lieu ou vous vous rencontrerez, et que vous teniez la main a ce que les officiers de justice et autres corps qui doivent assister a de semblables ceremonies ayent a s'y trouver, et qu'au surplus vous donnies les ordres necessaires dans l'etendue de votre departement pour faire allumer des feux de joye dans les rües, tirer le canon, et donner toutes les autres marques et demonstrations de rejouissance publique accoutumées en pareil cas. Et la presente n'etant a autre

---

(1) Comme ci-dessus pour Reculès et Dupont (p. 219 et 223) : l'acte de réception est du 9 novembre 1712.

fin, je prie Dieu qu'il vous ayt, Monsieur le marquis de Saint-Aulaire, en sa sainte garde. Ecrit a Versailles, le 9e octobre 1712. *Signé* : Louis, *et plus bas* : Colbert.

Nous, lieutenant general pour le Roy au gouvernement du haut et bas Limousin, ordonnons que l'ordre cy dessus soit executé dans l'etendue de notre charge, lu, publié et affiché aux lieux accoutumez. Fait a Limoges, ce 20e octobre 1712. *Signé* : Saint-Aulaire, *et plus bas* : par Monseigneur, Dupin. — Remis la lettre à M. Petiniaud, le 5e decembre 1712 (1).

Election de Messieurs les nouveaux Consuls de la ville de Limoges, faitte dans la grande salle de l'hotel de ville, par Messieurs les prudhommes nommés par Messieurs les maire, prevost, consuls, en la maniere accoutumée pour l'année mille sept cents treize, en presence de Messieurs les maire, prevost, consuls, assesseurs, et sur ce ouy le procureur du Roy du dit hotel, ce mescredi septiesme decembre mille sept cents douze :

Monsieur Me François Duverdier, ecuyer, seigneur des Courades et de Narmond, conseillier et advocat du Roy en la seneschausée et siege presidial de Limoges, premier consul ;

Monsieur Me Joseph Lamy, seigneur de Luret, conseiller du Roy, assesseur en la mareschausée du Limousin, segond consul ;

Monsieur Me Jean Baptiste Peyroche l'ayné, sieur du Reynou, marchand, troiziesme consul ;

Lesquels dits sieurs nouveaux consuls ont presté le serrement de fidelité entre les mains de Monsieur Joseph Rogier, seigneur du

---

(1) En 1712, l'intendant d'Orsay fit faire la *Terrasse* de la tour Branlant et probablement la rue dite encore aujourd'hui de *la Terrasse*, qui y aboutissait. La pyramide qu'il y fit placer et qui était décorée de ses armes, a donné son nom au boulevard qui fut pratiqué an-dessous. Cette année-là, les prix des denrées dépassèrent ceux du grand hiver. Le setier de froment se vendit plus de 8 livres et celui de seigle atteignit 7. Le vin fut aussi à un prix très élevé : 9 l. le setier. Toutefois on en récolta un peu plus qu'en 1711, où le prix du setier avait atteint, taux du forléal de Limoges, *quinze* livres. — Le prix moyen, avant les grandes gelées de 1680 à 1710, était de 1 l. 15 s. à 2 l. 10 s.

Buisson, lieutenant general et de maire, en la maniere accoutumée, et ont signé, le susdit jour, mois et an que dessus.

> Rogier, lieutenant de maire; Barny, prevost consul; Texandier, consul; Du Verdier, consul; Lamy de Luret, consul; Peyroche l'esné, consul; J. Petiniaud, consul; E. M. Champalimaud, assesseur; Deschamps, assesseur (1).

Aujourd'huy, septiesme decembre mille sept cents douze, dans la chambre du conseil de l'hotel commun de Limoges ou estoint assemblés Messieurs les maire, prevost, consuls, conseilleurs assesseurs, procureur du Roy et secretaire greffier, a esté procédé a la nomination du Reverend Pere Dom Chevaille, feuillant et prieur du couvent de Bordeaux, et ce pour precher l'Advant et Caresme des années mille sept cents treize et mille sept cents quatorze, et qu'a ce effet il lui serat donné avis incessamment, sans qu'il en puisse estre donné un autre a sa place; et a son defaut la nomination en serat faitte par le corps consulaire, sur ce ouy et requerant le procureur du Roy. Fait ledit jour, mois et an que dessus.

Désignation du prédicateur pour 1713-1714.

> Rogier, lieutenant de maire; Du Verdier, consul; Barny, prevost consul; Texandier, consul; J. Lamy de Luret, consul; J. Petiniaud, consul; E. M. Champalimaud, assesseur; Deschamps, assesseur.

---

(1) Vers cette époque, les travaux de terrassements de la place d'Orsay furent commencés à l'aide des fonds de secours mis, en 1712, à la disposition de l'Intendant pour la création d'ateliers de charité. Ce fut surtout au cours des années 1714 et 1715 que ces terrassements s'exécutèrent et que les plantations (en ormeaux et frènes) furent effectuées. On fut obligé d'acquérir plusieurs immeubles sis entre le faubourg des Arènes et le Cimetière, entr'autres l'auberge de la *Coquille d'or*. La promenade fut construite sur les débris mêmes de l'amphithéâtre. Ces travaux amenerent bientôt la démolition du Reclusage, et les repertoires de la communauté de prêtres de Saint-Michel, aux Archives départementales, signalent cette démolition. Il demeura toutefois encore des vestiges de ce petit édifice et ils ne disparurent complètement que vers 1760.

Dès le mois de mai 1712, on voit les consuls, en vertu d'une commission de l'intendant, passer des contrats avec divers particuliers pour acquérir les maisons et terrains placés le long du faubourg, en face des Grands Carmes, entr'autres un immeuble confrontant au jardin de l'hermitage de la recluse (Arch. de l'Hôtel de-Ville, DD 2).

Ajoutons que c'est à l'année 1713 que remonte le plus ancien plan connu de notre amphithéâtre. Il fut relevé par Jean Cluzeau, prêtre communaliste de Saint-Michel-des-Lions et architecte, a qui on doit plusieurs travaux d'une certaine importance et qu'on voit souvent commis comme expert à cette époque.

Envoi de deux membres du Corps de ville aux Cars pour complimenter le nouveau lieutenant général.

Aujourd'huy, deuxieme may mil sept cent treize, sur l'avis qu'on a eü que Monsieur le marquis des Cars avoit eü l'agrement du Roy pour la charge de son lieutenant general du haut et bas Limousin sur la demission de Monsieur le marquis de Saint-Aulaire, et qu'il estoit arivé dans son chateau des Cars, distant de quatre lieux de cette ville, se sont assemblés Messieurs les (1) prevost, consuls et procureur du Roy pour deliberer des députés, et sur ce oy le procureur du Roy, les sieurs consuls on tous d'unne voix nommé M. Barny de Romanet, conseiller du Roy en sa senechaussée et presidial de Limoges, premier consul de l'année 1712, et M. Lamy de Luret, conseiller du Roy, assesseur en la marechaussé de Limoges, segond consul de la presante année 1713, pour lui aller rendre incessamment visite au nom de la ville, en son chateau des Cars, avec la suitte ordinaire. Fait et deliberé dans la chambre du conseil dudit hotel de la ville de Limoges.

BARNY, premier consul; J. PETINIAUD, prevost consul; TEXANDIER, consul; DU VERDIER, consul; PEYROCHE, consul; J. LAMY, consul; DARSONVAL, procureur du Roy; GRASMAIGNAC, secretaire-greffier.

Remplacement du prédicateur désigné plus haut.

Aujourd'huy, vingt uniesme juillet mille sept cents treize, Messieurs les maire, prevost, consuls, assesseurs, et procureur du Roy et greffier extraordinairement assemblés dans la chambre du conseil dudit hotel de ville, a eté procedé a la nomination d'un predicateur pour l'Advant et Caresme prochain, attendu que le Pere Dom Chevaille, prieur des Feuillans de Bourdeaux, qui avoit eté nommé depuis le mois de decembre dernier, en la maniere accoutumée, pour precher lesdits Advant et Caresme dans l'eglise de Saint-Martial, a marqué par sa lettre du premier du present mois, deposée au greffe dudit hotel de ville, qu'il ne pouvoit remplir ladite station pour les raisons y mentionnées. Sur quoy, l'affaire mis en deliberation, Nous, maire, prevost, consuls, assesseurs, avons nommé, en presence et sur le requis du procureur du Roy, le R. P. Jullien Gringaud, religieux Augustin, pour precher le susdit Advant et Caresme suivant l'uzage, en la maniere accoutumée, dans l'eglise dudit Saint-Martial, dont il luy serat donné

---

(1) Il n'est fait ici mention ri du maire ni du lieutenant de maire.

avis incessamment en la ville de Toulouse, ou il est actuellement conventuel. Fait et deliberé ledit jour, mois et an que dessus.

> BARNY, premier consul; TEXANDIER, consul; J. LAMY DE LURET, consul; PEYROCHE, consul; E. M. CHAMPALIMAUD, assesseur; DU VERDIER, prevost consul, declarant que la presente nomination a eté faite par la majeure des susdits sieurs vocaux (1) contre mon avis; J. PETINIAUD, consul, declarant que la presente nomination a esté faitte par la majeure des susdits sieurs vocaux contre mon avis; GRASMAIGNAC, secretaire-greffier.

Nous, procureur du Roy, bien loin d'avoir requis la nomination cy-dessus, estimons ne pas devoir consentir a son execution, mais plutost de nous y opposer formellement comme nous fesons, parce que cette nomination blesse extremement le respect et la deference düeu a la priere que Monsieur le marquis des Cars, lieutenant general pour le Roy de cette province, a faitte par sa lettre adresente a Messieurs le maire et prevost, consuls, et par eux leu presentement sur le bureau, par laquelle il les prie de nommer pour predicateur de l'Avent et Caresme prochain, le Reverend Pere Jassinte Careyre, religieux Jacopin, predicateur en reputation; et, aux lieux d'y satysfaire, les dits sieurs consuls en nomment un autre par la susditte deliberation. Ce procedé paroit honereux et prejudiciable a la ville et au public, qui ne desire rien tent que d'embracer les occasions de donner des marques, a Monsieur le lieutenant du Roy, de sa profonde obeisance et soumision a ses ordres avec une affetion tres cordialle, comme il a aparu ces derniers jours, lors de sa premiere entrée dans cette ville (2). Segondement, cette deliberation semble avoir esté presipitée, d'autan c'on a pas voulu attendre le retour du sieur Deschamps, l'un des assesseurs, qui ne s'est pas trouvé en ville, pour oppiner; au lieu que sy l'on avoit attendu son arrivée, qui doit estre d'eure a autre, il auroit sans doute donné sa voix conforme a son devoir et a la deference düe a la lettre de Monsieur le marquis des Cars. Ainsy, il y a lieu de presumer que la deliberation cy-dessus est cabaliste (3) de la part de ceux qui paroissent avoir nommé le predicateur y enoncés sans avoir voulu faire aucune attansion a la susditte lettre. C'est pourquoy nous protestons de nullité de la ditte nomination et de

Protestation du procureur du Roi.

---

(1) Qui ont voix. On dirait aujourd'hui: des votants.
(2) Les consuls du XVIe siècle n'auraient pas manqué de nous conserver le récit de cette entrée sur leur registre.
(3) C'est-à-dire le résultat d'une cabale.

tout ce qu'il sera fait et geré pour son execution. Requerons, pour l'interest de la ville et du public, qu'a l'arivée dudit sieur Deschamps, il soit convocqué unne nouvelle assemblée consulaire au suget de la susditte nomination d'un predicateur, dont acte. Fait le susdit jour, mois et an que dessus.

D'Arsonval, procureur du Roy.

Nous avons donné acte de la susdite opposition, a laquelle nous adherons avec les soubsignés, pour servir et valoir ce que de raisons. A Limoges, ledit jour et an que dessus.

> Rogier, lieutenant de maire, J. Petiniaud, consul, adherent a la ditte opposition : laditte nomination ayant esté faitte contre toute justice et raison, attandu que les sieurs Barny et Texendier s'adressoient de moment a autre au sieur Champalimaud, assesseur, attandant l'arrivée de Monsieur le lieutenant general, et Monsieur D'Arsonval, luy disant que, s'il ne donnoit pas son suffrage et voix pour le predicateur Augustin, il le pourroit bien payer dans la suitte. J. Petiniaud, consul.
> Guilhomaud, acesseur, aderant a la dite oposition (?) par les resons susdites.

Messieurs les maire, prevost, consuls de la ville de Limoges.

Requête du sieur Leyssenne pour la vérification et la réception des travaux de l'hôtel de ville.

Supplie humblement Jean Leissenne, bourgeois et marchand de la present ville, dizant qu'ayant entrepris de faire faire a ses fraix et despens les reparations qui estoint necessaires pour prevenir et empescher la ruine totalle des bastiments de l'hostel commun de cette ville, aux condictions portées par la deliberation consulaire du 17° may 1710 (1), il avoit donné ses soins et fourny l'argent a l'entrepreneur, suivant et conformement au bail et adjudication a luy faite, ce dont et du tout il a retiré quittance finalle apres que tous les ouvrages et reparations ont esté finis conformement au devis qui en avoit esté dressé ; en sorte qu'il ne reste plus, pour la consommation et execution de ladite deliberation, qu'a faire examiner et visiter lesdits ouvrages, par raport au dit devis et a la susdite deliberation, par gens a ce connoissent. C'est pourquoy le suppliant a esté conseillé de vous donner la presente requete,

---

(1) Voir ci-dessus, page 207.

a ce qu'il vous plaise, Messieurs, faire proceder en votre presence, quand il vous plaira, a l'exament, vizite et verifications desdits ouvrages specifiés audit devis et deliberation, par tels arbitres ou experts a ce connoissant qu'il vous plaise choisir et nommer, pour en dresser leur raport, certificat et acceptation desdits ouvrages, et en donner acte, et en consequence ordonner que le suppliant jouyra des exemptions a luy accordées par la susdite deliberation et aux termes d'icelle; et feres justice. *Signé* : Leissenne.

Soit la presente requete communiquée au procureur du Roy de l'hostel de cette ville, pour, ses conclusions veues (?), estre fait droit sur les fins de ladite requete, ainsi qu'il appartiendra. Fait a Limoges, le dixieme juillet mil sept cent treise. *Signé* : Rogier, lieutenant de maire.

Veu par nous, procureur du Roy, la requete cy dessus, requerons que l'assemblée de Messieurs les maire et consuls soit convoquée et faite dans la salle du conseil de cette ville, a tel jour et heure de relevée qu'il leur plaira, pour, en notre presence, estre convenu et nommé tels experts qu'il sera jugé a propost pour proceder a la visite, reception des ouvrages et reparations specifiés dans les deliberations et devis enoncés en ladite requete et du tout en estre donné acte ainsy qu'il appartiendra. Fait ledit jour, dixiesme juillet 1713. *Signé* : D'Arsonval, procureur du Roy.

Soit fait comme il est requis par le procureur du Roy et assigné a deux heures de relevée de demain, jour du mardy, pour faire l'assemblée dans ledit hostel de ville, aux fins contenues en ladite requete et conclusions du procureur du Roy. Fait a Limoges, les dits jour, mois et an. *Signé* : Rogier, lieutenant de maire.

Et advenant ledit jour, onsiesme juillet 1713, en la chambre du conseil de l'hostel de ville, ou estoint assemblés Messieurs les maire, prevost, consuls, assesseurs, pour deliberer sur le contenu en la requete, il a esté convenu qu'on procedroit a la nomination d'archiptette, charpentier et experts pour voir et examiner si les reparations faites par le sieur Leissenne sont conformement au traité qu'il en a passé avec Messieurs les maire, prevost, consuls, assesseurs et principeaux habitants de la ville de Limoges, en datte du 17 may 1710. Sur quoy ont esté preposés et choisis d'une commune voix par Messieurs les maire, consuls et assesseurs, Mr Charles Lemoyne, archiptette du Roy et ingenieur pour les ponts et chaussées en la generalité du Limousin, et le nommé Baptiste

<small>Désignation d'experts à cet effet.</small>

Masson, charpentier, de Limoges, pour, après qu'ils auront presté le serment entre les mains de Monsieur le lieutenant de maire, et que leurs procez-verbeaux aurons esté veus et examinés, estre ordonné ce qu'il appartiendra; et pour cet effait, lesdits sieurs maire, prevost, consuls, assesseurs ont convoqué et assigné l'assemblée a jeudy prochain, treize du courant, a deux heures de relevée. Fait et deliberé en presence et ouy le procureur du Roy, le susdit jour, 11e juillet 1713.

Signé : ROGIER, lieutenant de maire; DUVERDIER, prevost consul; BARNY, premier consul; TEXANDIER, consul; LAMY, consul; PETIGNAUD, consul; PEYROCHE, consul; CHAMPALIMAUD, assesseur; DESCHAMPS, assesseur; D'ARSONVAL, procureur du Roy.

Et a l'instant, ledit jour, onziesme juillet 1713, ont esté mandé par Messieurs les lieutenant de maire, prevost, consuls, assesseurs et procureur du Roy, Monsieur Charles Lemoyne, archiptette du Roy et ingenieur pour les ponts et chaussées en la generalité du Limousin, demeurant a present audit Limoges, rue Consulat, et Baptiste Masson, charpentier, demeurant au fauxbourg de Montmailler, paroisse de Monsjovy, qui se sont rendus en la chambre du conseil de l'hostel de ville, ou, apres que lecture leur a esté faite de la nomination que Messieurs les lieutenant de maire, prevost et consuls, assesseurs et procureur du Roy, avoint fait de leurs personnes pour examiner si les ouvrages faits en ladite maison de ville enoncés dans la deliberation faite le 17e may 1710, dans ledit hostel de ville, (1) avec le devis des dites reparations, ils ont presté le serment entre les mains de Monsieur le lieutenant de maire, et ont promis et juré de ne rien raporter qui ne fust conforme a la verité; et a ledit sieur Le Moyne signé avec nous, et ledit Masson a declaré ne scavoir signer, de ce enquis deuement. Fait en la chambre du conseil de l'hostel de ville, ledit jour, mois et an que dessus.

Signé : LEMOYNE; ROGIER, lieutenant de maire; DUVERDIER, prevost consul; BARNY, premier consul; TEXANDIER, consul; LAMY, consul; PETIGNAUD, consul; PEYROCHE, consul; CHAMPALIMAUD, assesseur; GUILLOMAUD, assesseur; DESCHAMPS, assesseur; D'ARSONVAL, procureur du Roy.

(1) Il y a évidemment ici un mot oublié : *s'accordent, se rapportent.*

— 239 —

L'an mil sept cents treise et le treise juillet, en vertu de l'ordonnance rendue par Messieurs les lieutenant de maire, prevost, consuls, assesseurs et procureur du Roy de l'hostel de ville de Limoges, en datte du onze du present mois, a nous representé par le sieur Jean Leissenne, bourgeois et marchand de cette ville, en vertu de laquelle, Nous, Charles Lemoyne, archiptette du Roy et ingenieur pour les ponts et chaussées de la generalité de Limoges, et Baptiste Masson, charpentier, entrepreneur d'ouvrage public, avons le mesme jour presté le serment par devant Monsieur le lieutenant de maire ; a l'effait de quoy, pour l'execution de ladite ordonnance, nous nous serions transportés dans ledit hostel de ville, ou estant en presence de Messieurs le lieutenant de maire, prevost, consuls, assesseurs, procureur du Roy et principeaux habitants de ladite ville et dudit sieur Leyssenne, avons procedé a la visite de tous les ouvrages de massonnerie, charpenterie, victrerie, pintures et autres portées en l'adjudication qui en a esté faite a Pierre Rousset dit Julie, charpentier et entrepreneur d'ouvrages public, dont ledit sieur Leysenne est subrogé aux droits pour la somme de deux mil cinq cents livres portées par ladite adjudication faite a l'hostel de ladite ville audit Pierre Rousset dit Juillie, en date du 17e may 1710, a nous representé, contenant quatorze feuillets non compris le verso, sur papier timbré, *signé* : MONNEYRON, leur greffier commis, — dans laquelle adjudication le devis desdits ouvrages est expliqué, que nous avons examiné article par article, et avons reconnu que tous lesdits ouvrages y mentionnés sont bien et deument faits et parfaits au desir dudit devis et adjudication. En foy de quoy nous avons signé le present raport. Fait dans la chambre du conseil dudit hostel de ville, ledit jour, treize juillet 1713.

Procès-verbal de vérification des travaux.

Signé : LE MOYNE ; ROGIER, lieutenant de maire ; DUVERDIER, prevost consul ; BARNY, prevost consul ; TEXANDIER, consul ; LAMY, consul ; CHAMPALIMAUD, assesseur ; DESCHAMPS, assesseur ; GUILLOMAUD, assesseur et D'ARSONVAL, procureur du Roy.

Monseigneur l'intendant de la generalité de Limoges.

Supplie humblement Jean Leissenne, bourgeois de la present ville de Limoges, dizant que, l'hostel de ville menassant ruine de tous costés et tous les dedants estants en si mauvais estat que non seulement il estoit inhabitable, mais encore il y avoit un danger eminent qu'il ne s'ecroulat, en sorte qu'il n'auroit esté plus possi-

Supplique du sieur Leyssenne à l'Intendant pour l'exécution des clauses de son adjudication.

ble de le rediffier, les maire, prevost, consuls et principeaux habitants de la ville s'assemblerent le 9e may 1710, et firent une deliberation en presence du procureur du Roy a l'effet de pourvoir aux dites reparations, dont il fust fait un devis extimatif montant a la somme de trois mil livres ; et ensuitte firent proceder par devant eux a l'adjudication desdits ouvrages, les publications en ayant esté prealablement faites, au nommé Rousset dit Jullie, pour la somme de deux mil cinq cents livres. Mais d'autant que la ville n'avoit aucun fond pour pourvoir au payement de ladite somme, ny mesme aux interets, a ceux qui en feroint le prest, il fust pris un autre acte de deliberation par lequel il fust dit, sur les offres faites par le suppliant, de prester ladite somme de deux mil cinq cent livres, et qu'il jouiroit, luy et l'un de ses heritiers successivement, de l'exemption de logement des gens de guerre, taille, ustancille, et autres charges publiques jusques a l'actuel remboursement ; et en outre qu'il seroit obligé d'entretenir ledit hostel de ville de toutes menues reparations. A quoy le suppliant a satisfait de sa part par le payement qu'il a fait a l'adjudicaire despuis lesdites reparations, conformement a son adjudication, ainsy qu'il est plus au long expliqué par le proces-verbal desdits maire, prevost, consuls, assesseurs et procureur du Roy et principeaux habitant, dudit jour, 9e may 1710, et autres jours suivant ; et d'autant que le suppliant a interet (?) que le tout soit autorizé et homologué par votre grandeur, ce consideré, Monseigneur, il vous plaise a donner acte au suppliant de la representation qu'il vous fait dudit procez-verbal des maire, prevost, consuls, assesseurs, procureur du Roy et principeaux habitants de la ville de Limoges, contenant le devis, adjudication, convention et deliberations cy dessus enoncées, et en consequence ordonner que le tout sera executé selon sa forme et teneur, et que l'ordonnance qui sera par vous rendue sera enregistrée au greffe dudit hostel de ville, pour y avoir recourt en tems et lieu ; et le suppliant continuera ses prieres pour votre grandeur. *Signé* : Leissenne.

Soit communiqué aux maire, consuls et procureur du Roy de l'hostel de ville de Limoges, pour, eux ouy ou leur reponce veüe, estre ordonné ce qu'il appartiendra. Fait a Limoges, ce 24e septembre 1712. *Signé :* Boucher Dorsay.

Les maire, prevost, consuls et procureur du Roy, qui ont pris communication de la presente requete, ensemble des traictés et devis enoncés en ycelle, n'empeschent que le suppliant se pourvoit ainsy qu'il advisera pardevers Sa Majesté et nos seigneurs de son

Conseil, pour demander en sa faveur l'homologation des dits traictés et devis, apres que les reparations specifiées en iceux seront achevées, et que la verification et reception d'ouvrage en aura esté fait par gens a ce connoissent, en la maniere accoutumée. Fait dans la chambre du conseil de l'hostel de ville, a Limoges, ce cinquiesme octobre 1712.

> *Signé* : Rogier, lieutenant de maire ; Texandier, prevost consul ; Faulte, consul ; Durand, consul ; Petignaud, consul ; D'Arsonval, procureur du Roy.

Veu la presente requeste et la reponce cy dessus ; le procez verbal des maire et consuls, assesseurs et procureur du Roy de la ville de Limoges, du 9e may 1710, et autres jours suivants, contenant les devis des reparations qu'il estoit necessaire de faire a l'hostel de ville de Limoges ; — l'adjudication des dites reparations faite au nommé Pierre Rousset dit Juille, entrepreneur d'ouvrage public de ladite generalité, pour la somme de deux mil cinq cents livres, aux charges, clauses et condictions y contenues ; — acte passé entre les maire, consuls et habitants de ladite ville et Jean Leissenne, bourgeois, y demeurant, par lequel, attendu que ladite ville n'avoit aucun fond pour payer la somme de deux mil cinq cents livres, a laquelle se trouvoit monter le prix de l'adjudication, il a esté convenu que ledit Leyssenne en feroit le payement audit entrepreneur, et qu'il entretiendroit ledit hostel de ville en bon estat a l'avenir, sans aucun interest, a condiction que luy, son heritier et ses successeurs en chef jouiront de l'exemption de logement de gens de guerre, taille, ustancille et autres charges publiques, et ainsy qu'il est plus au long porté par les actes ; — proces verbal de vizite, fait en presence des sieurs maire et consuls, par les experts nommés a cet effait, dont il resulte que toutes les reparations ont esté bien et deuement faites, conformement au devis du 10 juillet dernier et autres jours suivant ;

Nous, ayant egard a la requete, et du consentement des sieurs maire, consuls et habitants de la ville de Limoges, avons autorizé et approuvé l'acte passé entre eux et ledit Leyssenne, et en consequence, ordonnons qu'il sortira sont plaint et entier effait : ce faisant, que ledit Leyssenne, son heritier et leurs successeurs de l'un a l'autre successivement, jouiront de l'exemption du logement de gens de guerre, taille, ustancille et autres impositions qui seront faites sur les habitants de ladite ville, suivant qu'il est porté par lesdites conventions ; au moyen de quoy, ledit Leyssenne ny ses successeurs ne pouront pretendre aucun remboursement de la

Ordonnance conforme de l'Intendant.

somme de deux mil cinq cents livres ny interest d'icelle, et seront tenus d'entretenir ledit hostel de ville en bon estat, aux exceptions des cas expliqués dans les conventions. Et sera la presente ordonnance enregistrée ez registres du greffe dudit hostel de ville pour y avoir recours en tems et lieu. Fait a Limoges, le trentiesme juillet mil sept cents treize. *Signé* : BOUCHER DORSAY, *et plus bas* : par Monseigneur, DUVAL.

Election des Messieurs les nouveaux Consuls de la ville de Limoges, faite dans la grand saile de l'hostel de ville, par Messieurs les prudhommes nommés par Messieurs les maire, prevosts consuls, en la maniere accoutumée, pour l'année mil sept cents quatorse, en presence de Messieurs les maire, prevosts consuls, assesseurs, et sur ce ouy le procureur du Roy dudit hostel de ville, ce jeudy, septiesme decembre mil sept cent treize :

Monsieur M⁰ Antoine Noüallé, seigneur des Bailles, conseiller du Roy et son president en l'election de Limoges, premier consul ;
Monsieur M⁰ Jean Pascal Deschamps, avocat et assesseur au present hostel, second consul ;
Monsieur Pierre Midy, marchand, troisiesme consul ;
Lesquels sieurs nouveaux consuls ont presté le serment de fidelité entre les mains de Monsieur Joseph Rogier, seigneur du Buisson, lieutenant general et de maire, en la maniere accoutumée, et ont signé, les susdits jour, mois et an que dessus.

> ROGIER, lieutenant general et de maire ; DENOALHIÉ (*sic*), consul ; J. LAMY consul ; PEYROCHE, consul ; DESCHAMPS, consul.

Désignation du prédicateur pour 1711-1715.

Aujourd'huy, septiesme decembre mil sept cent treize, en la chambre du conseil de l'hostel commun de Limoges, ou estoint assemblés Messieurs les maire, prevost, consuls, conseillers, assesseurs, procureur du Roy et secretaire-greffier, a esté procedé a la nomination du Reverend Pere Julien Gringaud, religieu Augustin (1), et ce pour prescher l'Advant et Caresme des années mil sept cents quatorze et mil sept cents quinze, et qu'a cet effect, il lui sera donné avis incessamment, sans qu'il en puisse estre donné un autre a sa place; et a son deffaut, la nomination en sera faite par le corps consulaire, sur ce oüy le procureur du Roy. Fait lesdits jour, mois et an que dessus.

Rogier, lieutenant general et de maire; Denoalhié, consul; J. Lamy, consul; Peyroche, consul; Deschamps, consul (2).

Désignation de Louis Benoist pour l'intérim de procureur du Roi.

Aujourd'huy, vingt septiesme jour du mois de juin mille sept cents quatorze, Messieurs les maire, prevost, consuls, assesseurs, assemblés dans la chambre du conseil de l'hotel de ville de Limoges, pour deliberer sur les affaires dudit hotel de ville, Monsieur le lieutenant de maire a proposé qu'atandut la malladie de Monsieur Simon Darsonval, procureur du Roy dudit hotel de ville, qui luy empeche de faire les fonctions de sa charge, il seroit a propos d'y pourvoir d'une personne digne et capable d'en faire les fonctions jusqu'a ce que ledit sieur Darsonval fut en etat de s'en aquitter. Sur quoy, l'affaire mis en deliberation, lesdits sieurs maire, prevost et consuls ont nommé d'une commune voix le sieur Louis Benoist, advocat du Roy en la jurisdiction royale de cette ville, pour faire les fonctions dudit office jusqu'a la convalescence dudit sieur Darsonval; et, ce fait, ledit sieur Benoist, ayant bien voulu acepter la commission de ladite charge, s'est présenté et a promis d'en faire les fonctions jusqu'a ce qu'il y soit autrement pourveu. Fait et deliberé dans l'hotel de ville, ledit jour, mois et an que dessus.

Rogier, lieutenant de maire; du Verdier, prevot consul; Midy.

Nomination d'un capitaine de l'hôtel de ville.

Aujourd'huy, vingt huitieme jour du mois de juin mille sept cents quatorze, Messieurs les maire, prevost, consuls, assesseurs, et le sieur Benoist, faisant pour le procureur du Roy, assemblés

---

(1) La nomination de ce religieux, désigné une première fois le 21 juillet 1713, avait été l'objet d'une protestation, fondée sur ce que le nouveau lieutenant général avait appelé le choix du corps municipal sur un autre prédicateur (v. p. 235 ci-dessus). Il n'est pas invraisemblable qu'on l'ait alors rapportée.

(2) Une page et demie en blanc.

dans la chambre du conseil de l'hotel commun de la ville de Limoges, pour deliberer sur les affaires dudit hotel de ville, Monsieur le lieutenant de maire auroit proposé qu'atandut le deced d'Hilaire Petit, hopte de Sainte-Catherinne (1), vivant premier capitaine de l'hotel de ville, il seroit a propos de nommer a sa place une autre personne qui fut capable de remplir les fonctions et employ de capitaine ; sur laquelle proposition ayant mis plusieurs fois l'affaire en deliberation, et a l'instant, Catherinne Monteil, veufve dudit Hilaire Petit, se seroit presentée dans la chambre, laquelle nous auroit suplié et requis de vouloir luy accorder la survivance en faveur de Pierre Petit, son fils, et dudit Hillaire Petit, son defunt mary, comme etant capable d'exercer les fonctions dudit employ. Sur ce, ouy le sieur Benoit, faisant pour le procureur du Roy, les sieurs maire, prevost, consuls, en consideration du peu de temps que ledit feu Petit, son mary, a jouy de ladite charge, voulant favorablement tretter ladite Catherinne Monteil, sa veufve, et luy accorder la survivance, par autres sertaines considerations, ont tous, d'une commune vois, nommé comme ils nomment Pierre Petit, hopte de Sainte-Catherinne, fils dudit defunt Hillaire Petit, capitaine, son pere, pour remplir sa vie durant ladite place de premier capitaine dudit hotel de ville, que tenoit et exersoit son defunt pere ; lequel Pierre Petit, s'estant a l'instant presanté, nous avons de luy pris et receu le serremant en tel cas requis, de bien et fidellement faire les fonctions dudit employ, aveq tout le respet, soumission et assiduité a ce necessaire ; apres lequel serremant, nous avons receu et installé ledit Pierre Petit dans l'employ de premier capitaine dudit hotel de ville, pour jouir sa vie durant, en faisant le service suivant la coutume ordinaire, des gages, droits, exemptions, honneur, prerogatives et privileges dont ont jouy et jouissent actuellement les autres pourveus de pareils employs ; et, ce fait, luy avons remis la bandolliere, qu'il a mis en nostre presance sur son corps pour marque de son installation. Fait ledit jour, mois et an que dessus.

    Rogier, lieutenant de maire ; du Verdier, prevot consul ;
    Midy, consul.

(1) C'est de cette hôtellerie que le boulevard Sainte-Catherine tenait son nom. Cette auberge vit naitre le général Beyrand Le boulevard Sainte-Catherine s'appelle aujourd'hui boulevard Gambetta : il y avait cinquante nouvelles voies auxquelles on pouvait donner ce nom sans inconvénient. — Qu'il nous soit permis de déplorer, d'une manière générale, la tendance des administrations et des conseils municipaux à remplacer par des appellations banales, ou tout au moins sans rapport avec les localités et l'histoire locale, des dénominations anciennes, significatives, et dont le maintien serait utile à tous les points de vue ; les changements de cette nature devraient etre tout à fait exceptionnels, et l'intérêt du public, comme celui des particuliers, exigerait que le gouvernement se montrât très réservé dans la consécration des volontés, ou plutôt des caprices des administrations locales sur ce point.

Election de Messieurs les nouveaux Consuls de la ville de Limoges, faitte, dans la grand salle de l'hotel de ville, par Messieurs les prud'hommes nommés par Messieurs les maire, prevost, consuls, en la maniere acoutumée, pour l'année prochaine mille sept cents quinze, en presance de Messieurs les maire, prevost, consuls, assesseurs, et sur ce ouy Monsieur Champalimaud, assesseur, faisant pour le procureur du Roy dudit hotel de ville, ce vendredy, septiesme decembre mille sept cents quatorze.

Mr Me Joseph Pigné, seigneur de Manderesses, conseiller et secretaire du Roy, premier consul ;

M^o Me Leonard de La Conque, medecin, conseiller du Roy aux Traittes foraines, segond consul ;

Mr Nicolas Ardant, bourgeois et marchand, troizieme consul.

Lesquels sieurs nouveaux consuls ont presté le serrement de fidelité entre les mains de Monsieur Joseph Rogier, seigneur du Buisson, lieutenant general et de maire, en la maniere acoutumée, et ont signé, les susdits jours, mois et an que dessus.

ROGIER, lieutenant de maire ; MIDY, consul ; N. ARDANT, consul ; LACONQUE, consul.

Aujourd'huy, septieme decembre mille sept cents quatorze, en la chambre du conseil de l'hotel commun de Limoges, ou estoint assemblés Messieurs les maire, prevost, consuls, conseillers assesseurs, sieur Melchiol Champalimaud, assesseur, faisant pour le procureur du Roy, et secretaire-greffier, a esté procedé a la nomination du Reverend Pere   (1), religieux jacobin de l'ordre des Freres precheurs, et ce pour precher l'Advant et Caresme des années mille sept cents quinze et mille sept cents seize ; et qu'a cet effet, il luy serat donné avis incessamment, sans qu'il en puisse estre donné un autre a sa place ; et a son defaut la nomination en

Désignation d'un prédicateur pour 1715-1716.

(1) Le nom est resté en blanc.

serat faitte par le corps consulaire, sur ce ouy ledit sieur Champalimaud, pour le procureur du Roy. Fait ledit jour, mois et an que dessus.

Rogier, lieutenant de maire ; Miny, consul ; N. Ardant, consul ; Laconque, consul (1).

Nomination d'une recluse. Aujourd'huy (2), vingt sixieme mars mil sept cent quinze, a Limoges, dans la chambre du conseil de l'hotel de ville, où estoient assemblez Messieurs le lieutenant de maire et prevost, consuls, pour deliberer des affaires publiques, sur ce qui a été exposé par Mr Nicolas Ardant, marchand, prevot consul, qu'il y a dejas longtemps que la place de recluse de la present ville est vacante de (*sic*) Anne Lemoyne, pourveuë a ladite place puis le 20e avril 1688 (3), par acte du present hotel de ville ; et d'autant qu'il est d'usage d'en nommer et pourvoir une autre au lieu et place de la decedée, il est a propos de jetter les yeux sur une personne de bon exemple et de pieté, et qui soit vertueuse et sans aucun reproche, (4) supercedé quelque temps pour pouvoir trouver une personne douée de ces qualitez, s'est presenté Petronille Menager, habitante de la present ville, pour remplir ladite place. Sur quoy, l'affaire mis en deliberation, lesdits sieurs prevost, consuls, d'une commune voix et accord, estant informez de la bonne vie, mœurs, religion catholique, apostolique et romaine de Petronille Menager, l'on choisisse (*sic*) pour recluze de la present ville, pour par elle jouir de ladite place, aux memes privileges, droits, gages, revenus, comme a accoustumé de jouir sa devanciere ; et a ladite Petronille Menager [promis] de prier Dieu pour la prosperité desdits sieurs lieutenant de maire et prevot, consuls, et

---

(1) L'église de Saint-Gérald, dont la reconstruction avait été commencée en 1661, fut achevée en 1743 et consacrée en 1714 par Mgr de Genetines. Le prieuré fut uni en 1761 à l'hôpital général, mais les religieux n'avaient pas encore évacué les bâtiments conventuels à l'époque de la Révolution. Il y avait eu autrefois, d'après Legros, deux églises de Saint-Gérald distinctes : celle du prieuré et celle de la paroisse, plus petite mais plus ancienne (*Limousin ecclésiastique*, p. 246).

(2) Pas un mot du grand incendie des Combes (4 février 1715) qui brûla un certain nombre de maisons, entr'autres une partie de l'Election et une partie de l'immeuble Lavergne, où était installé l'hôtel des monnaies. Un accident épouvantable suivit cet incendie : une voûte, sur laquelle s'étaient placés beaucoup de curieux, s'effondra et plusieurs furent ensevelis sous les décombres.

(3) Voir page 61 ci-dessus.

(4) Un blanc.

— 247 —

de tous les habitants de la presente ville pendant le cours de sa vie. Du tout a esté fait et dressé le present acte, le jour, mois et an que dessus. Ainsi signé :

  Rogier, lieutenant general ; N. Ardant, prevost consul ; Denoalhié, premier consul ; Laconque, consul ; Pierre Midy, consul ; M. Champalimaud, assesseur ; Grasmaignac, secretaire-greffier.

  Dans la chambre du conseil de l'hotel de ville, ou estoient assemblez Messieurs les lieutenant de maire et prevot, consuls, lesquels ayant mandé par un des vallets de ville a laditte Petronille Menager, ycelle s'estant presentée, et luy ayant fait entendre la nomination presente de sa personne pour recluze, suivant l'acte de l'autre part, dont lecture luy a esté faitte, ycelle s'estant revetue de l'habit de recluze, lesdits sieurs lieutenant de maire et prevot, consuls l'ont conduite, avecq les marques, dans l'eglise de Saint-Michel (1), ou, apres avoir fait celebrer la sainte messe, elle a esté conduite, avec la procession, dans la maison ou lesdittes recluzes font leur demeure et habitation ; ou estant, lesdits sieurs lieutenant de maire et prevot, consuls luy ont donné les clefs pour y prendre sa residence, ainsi et de meme que ses devancieres, et lesdits sieurs lieutenant de maire et prevot, consuls se sont retirez. Dont du tout a eté dressé le present acte, les jours, mois et an que dessus (2). *Installation de la nouvelle recluse.*

  Rogier, lieutenant general ; N. Ardant, prevost consul ; Laconque, consul ; Pierre Midy, consul ; M. Champalimaud, assesseur ; Guilhomaud, acesseur, en l'absence du procureur du Roy ; E. Grasmaignac, secretaire-greffier.

Donné copie a la recluse, le 8ᵉ juin 1716.

  Aujourd'huy, sixiesme du mois d'avril mil sept cents quinze, en la chambre du conseil de l'hostel commun de Limoges, ou estoint assemblés Mʳˢ les maires, prevost, consuls, conseillers assesseurs, — Mʳ Melchior Champalimaud, assesseur, fesant pour le procureur du Roy — et secretaire greffier, a esté procedé a la nomination du Reverand Pere Barthelemy, religieux de l'ordre des Grands Carmes, attendu que le Reverand Pere   (3), religieux Jacobin de *Remplacement du prédicateur désigné plus haut.*

---

(1) Saint-Michel des-Lions ; on sait que l'ancienne paroisse de Notre-Dame des Arènes avait été, au xiiiᵉ ou au xivᵉ siècle, reunie à cette paroisse.
(2) Pétronille Menager est la dernière recluse qui ait habité la cellule des Arènes. Nous avons dit plus haut que le reclusage avait été démoli entre 1714 et 1720.
(3) Le nom est resté en blanc, comme ci-dessus à la nomination, p. 245.

l'ordre des Freres prescheurs, nommé par acte du septiesme decembre dernier, se trouve engagé ailhairs (sic) pour prescher l'Avant et le Caresme des années mil sept cents quinze et mil sept cents seize, et qu'a cet effet, il luy serat donné advis incessament, sans qu'il en puisse estre donné un autre a sa place; et a son deffaud la nomination en serat faitte par le corps consulaire, sur ce ouy le sieur Champalimaud, pour le procureur du Roy. Fait ledit jour, cinquiesme avril mil sept cents quinze.

N. ARDANT, prevost consul; LACONQUE, consul; Pierre MIDY, consul; E. M. CHAMPALIMAUD, assesseur; GUILHOMAUD, acesseur, en l'abssance du procureur du Roy; E. GRASMAIGNAC, secretaire greffier.

Lettre du roi à l'occasion de la mort de Louis XIV

A Messieurs, Messieurs les Maires, Echevins et habitans de la ville de Limoges, a Limoges.

A nos chers et bien amés les maire, echevins et habitans de nostre ville de Limoges.

A Versailles, le 5 septembre 1715.

Messieurs, la lettre que le Roy vous escrit, vous informent (sic) des intentions de Sa Majesté, tant au suget des prières publiques qu'elle a ordonnés pour le repos de l'ame du feu Roy, que sur ce qu'elle desire de vous dans la conjunture present, il ne me reste qu'a vous assurer que je suis, Messieurs, vostre tres affectionné serviteur. *Signé* : DE TORSY.

DE PAR LE ROY,

Chers et bien amés, la juste douleur que nous ressentons de la perte que nous venons de faire du feu Roy, nostre tres honoré seigneur et bisayeul, est d'autan plus vive qu'en mesme temps que la divine Providance nous a privé, en le retiran du monde le premier de ce mois, des avantages que nous devions attendre de sa tendresse pour nous, son exemple et son experiance consommée dans l'art de regnier auroient esté des lescons vivantes dont nous aurions pu proffiter, sy Dieu avoit etendu ses jours autant qu'il luy avoit donné de vertus chrestiennes et heroiques. Au milieu de l'affliction que nous cause une perte si grande et qui nous est commune avec tous nos sujets, nous esperons de la misericorde divine qu'elle recompensera eternellement sa pieté, sa justice et son zele pour la religion. C'est aussy l'objet de nos vœus et de nos prieres a Dieu; et comme nous desirons qu'elles soient accompagnées de celles de nos peuples, nous avons escrit aux archeveque et evesques de nostre royaume d'ordonner des prieres publiques dans leurs dioceses, et nous vous fesons cette lettre, par laquelle nous vous mandons et ordonnons d'y assister. Au surplus, nous nous prometons de votre fidelité que vous seres attentifs a maintenir, en ce qui vous conserne, la tranquilité dont nos peuples jouissent et a nous rendre les devoirs et l'obeissance que vous nous deves : sy n'y faittes faute. Donné a Versailles, le 5º septembre 1715. *Signé* : LOUIS, et plus bas : COLBERT (1).

Election de Messieurs les nouveaux Consuls, faite dans la grand salle de l'hostel de ville par Messieurs les prudhommes choisis par Messieurs les maire, prevost, consuls, en la maniere accoutumée, pour l'année prochaine mil sept cent seize, en presence de Messieurs les maire, prevosts consuls, assesseurs, et sur ce ouy le procureur du Roy dudit hostel de ville, ce septiesme decembre mil sept cent quinze.

Monsieur Mᵉ Joseph Martin, seigneur de La Bourgade, conseiller du Roy en la seneschaussée et siege presidial de Limoges, premier consul;

Monsieur Mᵉ Joseph Labiche, conseiller du Roy et controleur en la prevoté generale du Limosin;

Monsieur Pierre Faulte, bourgeois et marchand, troisiesme consul;

Lesquels sieurs nouveaux consuls ont presté le serment de fidelité entre les mains de Monsieur Joseph Rogier, seigneur du Buisson, lieutenant general et de maire, en la maniere accoutumée; et ont signé, les susdits jour, mois et an que dessus.

  ROGIER, lieutenant de maire; PIGNÉ DE MANDELESSE, premier consul; ARDANT, consul; LACONQUE, consul; J. LABICHE; FAULTE, consul; J. DE MARTIN DE LA BOURGADE, premier consul; D'ARSONVAL, procureur du Roy.

---

(1) L'original de cette lettre existe aux archives de l'hôtel-de-ville (A A³). On sait quelles mesquines funérailles on fit au grand Roi, et comment, dans la séance solennelle du Parlement du 2 septembre 1715, le duc d'Orléans et ses amis réussirent à faire modifier les dernières dispositions de Louis XIV.

Désignation d'un prédicateur po ir 1716-1717.

Aujourd'huy, septieme decembre mil sept cent quinze, en la chambre du conseil de l'hotel commun de Limoges, ou estoint assemblés Messieurs les maire, prevost, consuls, consellier asseceurs, procureur du Roy et secretaire greffier, a esté procedé a la nomination du Reverand Pere Dom Rousseau, de l'ordre de Saint-Benoist, congregation de Saint-Maur, a present a Saint-Maixant, et ce pour precher l'Advent et Caresme des années mil sept cent seize et mil sept cent dix sept; et qu'a ce effet il lui serat donné avis incessament sans qu'il en puisse estre donné un autre a sa place; et a son defaut la nomination en sera faitte par le corps consulaire, sur ce ouy et requerant le procureur du Roy. Fait ledit jour, mois et an que dessus.

  ROGIER, lieutenant de maire; PIGNÉ DE MANDELESSE, premier consul; LACONQUE, consul; J. DE MARTIN DE LA BOURGADE, premier consul ; J. LABICHE; ARDANT, consul ; D'ARSONVAL, procureur du Roy.

Artillerie de la ville.

Aujourd'huy, huitieme janvier mil sept cent seize, en la chambre du conseil de l'hotel commun de Limoges, ou estoit assemblés Messieurs les maire, prevost, consuls, consellier assesseurs, procureur du Roy et secretaire-greffier, Monsieur Rogier, lieutenant general et de maire, a rapporté que messire Charles Boucher, chevalier, seigneur d'Orsay, conselier du Roy en ses conseils, maistre des requestes ordinaire de son hotel, intendant de justice, police et finances de cette generalite, luy a dit que lorsqu'il estoit venu dans cette generalité, il a trouvé qu'il n'y avoit a l'hotel de ville qu'un petit canon de fonte (1) en estat de tirer aux festes et rejouissences publiques et quelques petis fauconnaux crevés et hors de service; que cella l'avoit desterminé, pour l'ornement et decoration de laditte ville, de faire fondre ces petit fauconnaux, ensemble deux petites cloches, dont l'une estoit a la tour de la porte des Arrenes et l'autre ches Mr Limousin, ou elle avoit esté deposée par Messieurs les consuls (2); et que du tout et en y fesant ajouter la matiere necessaire, il auroit fait faire cinq canons pesent ensemble huit

---

(1) On voit à quoi se trouvait réduite la belle artillerie que possédait la ville au XVIe siècle. Etienne Guibert, dans ses *Commentaires sur la Coutume de Limoges*, rapporte que l'arsenal de la ville avait été littéralement mis au pillage et que beaucoup d'armes avaient été emportées à la campagne par des particuliers.

(2) S'agit-il ici de l'ancienne cloche du Consulat à laquelle on avait donné, au XIVe siècle, le nom d'*Edouard*, avec l'assentiment du roi d'Angleterre ?

quintaux sept livres, sur lesquelles sont enprentes les armes de la ville et celles de Monsieur d'Orsay, et qui, avec le petit canon, fait le nombre de six canons qu'il a fait apporter a l'hotel de ville pour s'en servir dans les ocasions, et qu'il souhetoit qu'il en feu dressé un acte et que Messieurs les maire, prevost, consuls en exercice en demeurent chargés pour les remettre a leurs sussesseurs, et ainsin sussessivement, affin d'empecher qu'il ne puisse estre divertis. Sur quoy, lesdits Messieurs les consuls se sont chargés desdits cannons et ont promis de les remetre a leurs sussesseurs, dont il en sera fait acte, a la requette et en presance du procureur du Roy dudit hotel de ville, ainsin sucessivement a l'avenir.

> Rogier, lieutenant de maire ; Pigné de Mandelesse, premier consul; Laconque, consul; J. Labiche, consul; Ardant, consul; J. De Martin de la Bourgade, premier consul; Faulte, consul ; D'Arsonval, procureur du Roy.

Copie de la lettre escrite a Messieurs les maire et consuls de la ville de Limoges par Monsieur de Thorcy.

(Suit une nouvelle copie de la lettre de M. de Torcy et des lettres royales du 5 septembres 1715, que nous avons déjà données ci-dessus, page 248).

Copie de la lettre escrite a Messieurs les maires et consuls de la ville de Limoges, par Monseigneur Philippe d'Orleans, regent du Royaume.

A Paris, le 8° mars 1716.

Messieurs, j'ay receu vostre lettre du 21° fevrier ; j'approuve et je loüe fort le dessein que vous avez de faire metre le portrait et les armes du Roy sur le frontispice de la porte qui meine a la nouvelle place que vous aves fait construire (1). Ce monument conservera a la posterité des marques de vostre zele et de vostre fidelité. Je seray fort aise de trouver occasion de vous donner des marques que je suis,

  Messieurs,
    Votre affectionné ami,
      Signé : Philippe d'Orleans.

(1) Il s'agit de la place d Orsay.

Eslections et nominations de Messieurs les nouveaux Consuls de la ville de Limoges, faite dans la grand salle de l'hosptel de ville par Messieurs les prud'hommes nommés par Messieurs les maires, lieutenent de maire, prevost, conseuls, en la maniere accoustumée, pour l'année prochaine mil sept cents dix sept, en presance de Messieurs les maires, lieutenent du maire, prevost, conseuls et assesseurs, sur ce ouy le procureur du Roy dudit hosptel de ville, ce lundy septiesme dexambre mil sept cents seise.

Monsieur M⁰   (1) Dufeynieu, seigneur de la Maronniere, conseiller du Roy, president en l'eslection de Limoges, premier conseuls ;

Monsieur Mᵉ Leonard de Voyon, seigneur de Bosgerau, advocat en la Cour, segond conseuls ;

Monsieur Joseph Limouzin, bourgois et marchand, troisiesme conseuls ;

Lesquels sieurs nouveaux conseuls ont presté le sermant de fidelité entre les mains de Mʳ Mᵉ Joseph Roger, seigneur du Buisson, lieutenant general et de maire, en la maniere acoustumée ; et ont signés, les susdits mois et an que dessus.

    ROGIER, lieutenant de maire; J. DE MARTIN DE LA BOURGADE, premier consul; J. LABICHE, consul; FAULTE, consul; DEVOYON; D'ARSONVAL, procureur du Roy; M. CHAMPALIMAUD ; E. GRASMAIGNAC, secretaire greffier.

Désignation du prédicateur pour 1717-1718.

Aujourdhuy, septiesme dexambre mille sept cents seize, en la chambre du conseil de l'hosptel commun de Limoges, ou estoint assemblés Mʳˢ les maire, lieutenant de maire, prevost, conseuls, conseilliers assesseurs, procureur du Roy et secretaire greffier, a esté procedé a la nomination du Rᵈ Pere Michel, religieux Recollet, et ce pour prescher l'Advant et Caresme des années mil sept cents dix sept et mille sept cents dix huit, et qu'a cet effait il lui sera donné advis incessament, sans qu'il en puisse estre donné un autre

(1 Le prénom en blanc.

— 253 —

a sa place ; et a son deffaut la nomination en sera faite par le corps conseullaire, sur ce ouy et requerant le procureur du Roy. Fait le mesme jour, mois et an que dessus.

> Rogier, lieutenant de maire; J. de Martin de la Bourgade, premier consul; Devoyon, consul ; J. Labiche, consul; Faulte, consul; D'Arsonval, procureur du Roy ; E. M. Champalimaud, assesseur, E. Grasmaignac, secretaire greffier.

Aujourd'huy, premier jour du mois de mars 1717, jour de lundy, environ les trois heures de relevée, M⁻ le maire et Messieurs les prevost, consuls et procureur du Roy et assesseurs et autres officiers dudit hotel, assemblés en execution de la convocation generalle faite a ce jourdhuy, heure presente, pour la communication de l'ordre de Nosseigneurs les duc de Bourbon et prince de Conti, ensemble de la requete et memoire de nos seigneurs les princes du sang, au sujet de l'edit du mois de juillet 1714 et la declaration du Roy du 23ᵉ may 1715 (1), les quels ordre, requete et memoire ont etés communiqués a l'assemblée, apres que lecture a eté faite du tout, ledit jour, mois et an que dessus.

Communications relatives aux princes du sang.

> De Villoutreys, maire (2); Defenieux, premier consul ; Devoyon, consul; Faulte, consul; De la Bourgade, premier consul.

Aujourd'huy, cinquiesme du mois de decembre mille sept cent dix sept, dans la chambre du conseil de l'hostel commun de la ville de Limoges, ou estoint assemblés Monsieur maistre Joseph Rogier, seigneur du Buissont, conseiller du Roy, lieutenant general en la seneschaussée et siege presidial de Limoges, president dudit hostel, assisté de Messieurs Joseph Martin de la Bourgade, conseiller du Roy au dit siege ; Jean du Feinieux, seigneur de la

Désignation des prud'hommes pour élire les nouveaux consuls après la suppression des offices municipaux.

---

(1) Il s'agit de l'édit déclarant les fils légitimes de Louis XIV aptes à succéder à la Couronne après les princes du sang, et de la scandaleuse déclaration par laquelle le grand Roi, presque à la veille de sa mort, avait donné à ces fils : le duc du Maine et le comte de Toulouse, le titre de princes du sang.

(2) Nous voyons ici reparaitre M. de Villoutreix après plusieurs années d'absence. C'est du reste pour la dernière fois. Il est vraisemblable que l'acquéreur de la charge de maire n'habitait pas la ville.

Maronniere, president en l'eslection; Joseph de Labische, conseiller du Roy et son controlleur en la prevoste generalle; Leonard Devoyont, advocat, et Pierre Faute, marchand, — en presence de M. Jean-François de Maledant de Fonjaudrant, subdélegué de Monsieur l'intendant, — suivant l'arrest du Conseil du 28ᵉ aoust 1717 et commission du 30ᵉ novembre dernier, convoqués pour faire la nomination des prud'hommes qui doivent eslirent les consuls le septiesme du present mois, suivant les reiglements et usages de ladite ville, — Mᵉ Martial Romanet, procureur du Roy en ladite seneschaussée, siege presidial et maison commune, est entré et a dit que Sa Majesté ayant, par son edit du mois de juin dernier (1), estein et suprimé, a commencer du premier jeanvier prochain, les offices de maire, lieutenant de maire, consuls, advocats et procureur du Roy, assesseurs et commissaires, aux .... et logement de gent de guere, secretaires et greffier des hotels de ville et autres enoncés audit edit; au moyent de laquelle supression, Messieurs les baillifs et seneschaux, ensemble les autres juges sont restablis dans tous les droits et prerogative dont jouissoit, par le privillege de leur charge, avant la creation et l'establissement desdits offices suprimés; et par la declaration du 17ᵉ juillet dernier, rendue en interpretation dudit esdit, Sa Majesté a ordonné que l'eslectiont des consuls et autres officiers municipaux serat faite dans les villes et communautés, au jour et en la maniere qu'elle se faisoit avant la creation desdits offices suprimés; et comme l'antien usage estoit que Monsieur le lieutenant general preside a touttes assemblée ordinaire et extraordinaire de la ville, soit pour l'eslection ou nomination des consuls que autres, sans qu'aucun autre officier en pû cognoistre que le procureur du Roy, qui prenoit place au siege de Monsieur le lieutenant general en conformitté du reiglement fait aux requeste de l'hostel au (?) Souverain, entre les officiers du presidial, confirmé par arrest du conseil d'Estat, Sa Majesté lors reignant y estant, — il est presentement question, a Monsieur le lieutenant general et audit sieur procureur du Roy, de rentrer dans leurs antiens droits et privillege audit hostel de ville, puisque c'est l'intantion de Sa Majesté et l'interest dudit sieur procureur du Roy de faire executer les esdit et declarations de Sa Majesté et de tenir la main a ce que aucun desdits officiers suprimés ne soient continués dans leurs fonctions, parce que ce seroit d'une dangereuse concequence par raport a la contravantion aux ordres de Sa Majesté, qui doivent estre scrupuleusement observés. C'est

(1) Un édit du mois de juin 1716 avait en effet supprimé les offices héréditaires municipaux et rendu aux communautés des villes leurs anciens droits d'élection.

pour quoy ledit sieur procureur du Roy requier qu'il soit ordonné que les edits et declaration de Sa Majesté seront executés suivant leur forme et teneur, et que, conformement a iceux, il soit fait deffence a tous les officiers dudit hostel de ville suprimés, de faire aucune fonction et qu'ils ayent a se retirer de la chambre du conseil et sans qu'aucun d'iceux puisse estre continués sous pretexte de commission ny autrement : n'enpeschant pas qu'il soit procédé aux choix d'un greffier et secretaire du dit hostel de ville, autre que celluy qui a esté suprimé ; — au surplus que, suivant les reiglemens, il soit presentement procédé a la nomination des prudhommes pour eslire les nouveaux consuls.

ROMANET, procureur du Roy.

Nous, lieutenant general en la seneschaussée et siege presidial de Limoges et president en l'hostel de ville, faisant droit sur le requisitoire du procureur du Roy, ordonnons que les esdits, arest et declaration de Sa Majesté seront executés suivant leurs forme et teneur ; et ce faisant et conformement a iceux, faisons tres expresse inhibition et deffences a tous les officiers dudit hostel de ville suprimés de faire aucune fonction, sans qu'aucun d'iceux puisse estre continué sous pretexte de commission ny autrement; et au surplus ordonnons qu'il serat tout presentement nommé, aux choix desdits sieurs consuls, un greffier secretaire dudit hostel de ville, par provisions, autre touttes fois que celluy qui a esté suprimé, qui serat tenut de ce presenter tout presentement pour prester le serment en tel cas requis et acoustumé, pour ensuite estre procedé sur le champ, suivant les reiglemens, a la nomination des prudhommes pour eslire les nouveaux consuls. Fait dans l'hostel de ville, le cinq decembre 1717.

ROGIER, lieutenant general et president ; MALEDEN, subdelegué, presen.

Nous (1), prevost et consuls, avons nommé, par provisions et sans tirer a consequence, sieur Hiacainte Pallier, pour faire les fontion de secretaire et greffier dudit hostel de ville pour faire l'estat des prudhommes et acte de nomination des consuls, pour ceste fois seullement et sans tirer a concequence a l'avenir ; lequel serat tenu de prester le serment en la maniere acoustumée. Fait dans l'ho.... (2).

Nomination d'un secretaire greffier à titre provisoire.

J. DE LA BOURGADE, premier consul; DE FENIEUX, premier consul ; J. LABICHE, consul ; DEVOYON, consul ; FAULTE, consul.

(1) Cinq lignes biffees.
(2) La formule n'a pas été achevée.

Nous, lieutenant general et president en l'hostel de ville, avons, du consentement du procureur du Roy, baillé acte de la nomination faite par lesdits sieurs prevost et consuls cy dessus, et en consequence ordonnons que ledit Paillier se presentera pour prester le serment en tel cas requis et acoustumé; et icelluy ayant esté mandé, lequel s'estant a l'instant presenté, auquel Pallier avons fait lever la main en nostre presence et de celle dudit sieur procureur du Roy, promestre et jurer moyenant serrement par luy fait de biens et fidellement faire la fonction de secretaire dudit hostel de ville pour ceste foy seullement et sans tirer a concequence; de quoy nous avons concedé acte. Fait dans ledit hostel de ville, le cinq decembre 1717.

> ROGIER, lieutenant general et president; ROMANET, procureur du Roy; PAILLIER.

Eslections et nominations de Messieurs les nouveaux Conseuls de la ville de Limoges, faite dans la grand salle de l'hostel de ville par Messieurs les prudhommes nommés a cet effait, pour l'année mil sept cent dix huit, assistant Monsieur le lieutenant general; M. de Fonjaudrant, subdelegué de Monsieur l'intandant; Monsieur le procureur du Roy de la presant ville.

SÇAVOIR :

Monsieur Nicolas Juge de Saint-Martin, conseillier, premier conseul ;
Monsieur Joseph Reculles, medecin, second conseul ;
Monsieur Jacques Martin, gendre de Lafosse, troisiesme consul ;
Lesquels sieurs nouveaux conseulz ont presté le sermant de fidelité entre les mains de Mr Me Joseph Roger, seigneur du Buisson, conseiller du Roy, lieutenant general et president dudit hostel de ville, en la maniere acoustumée : lesquelles ont signé, ce mardy, septiesme decembre 1717.

> ROGIER, lieutenant general et president; DEFENIEUX, prevot consul; DEVOYON, consul; MALEDEN, subdelegué, presen ; RECULES, consul; MARTIN, consul; JUGE; ROMANET, procureur du Roy; PAILLIER, greffier secretaire commis.

— 257 —

Désignation d'un prédicateur pour 1718-1719.

Aujourd'huy, septiesme dexambre mille sept cents dix sept, en la chambre du conseil de l'hoptel de ville de Limoges, ou estoint assamblés Mesieur le lieutenant general, prezidan dudit hoptel, M^r le procureur du Roy, prevost et conseulz, a esté procedé a la nomination du R. Pere Bonnaventure David, relligieux cordellier, elu (?) pour precher l'Advent et Caresme des années mille sept cents dix huit et mille sept cents dix neuf, et qu'a cet effait il luy en sera donné advis incessamment sans qu'il en puisse estre donné un autre a sa place ; et a son deffaut la nomination en sera faite par le corps conseullaire. Fait le mesme jour et an que dessus.

Signé : DEFENIEUX, prevot consul; DEVOYON, consul; JUGE; RECULES, consul; MARTIN, consul; PAILLIER, greffier secretaire commis.

Compétition de deux procureurs du Roi

Aujourd'huy, cinquiesme jour du mois de dexambre mille sept cents dix sept, a onz'eures du matin, dans l'hosptel et maison commune de la ville de Limoges, ou estoint assamblés Monsieur Mre Joseph Roger, seigneur du Buissont, conseiller du Roy, lieutenant general cyvil et de pollice en la seneschaussée et siege presidial du haut Limouzin et president dudit hosptel de ville, Messieurs M^{res} Joseph Martins, seigneur de la Bourgade, conseiller du Roy au presidial ; (1) Dufeynieu, president en l'eslection ; de Labiche, advocat du Roy au bureaux des tresoriers de France; Devoyons, advocat audit siege presidial, et prevot conseuls de la ville de Limoges, et Mr Mre Jean de Ruaud, conseiller du Roy et son entien procureur en la seneschaussée et siege presidial, et actuellement pourveu et receu en l'office de procureur du Roy audit hosptel de ville, retably dans ses fonctions par esdit du mois de juin dernier, et Mr Mre Martin Romanet, sieur de la Briderie, aussy conseiller et procureur du Roy en ladite seneschaussée et siege prezidial; lesquels sieurs Ruaud et Romanet, en consequence des actes d'oppositions par eux respectivement faits le troiziesme du presant mois, — et celluy de M^{rs} les conseuls fait le quatriesme du mesme mois, — sur leurs pretantions de s'eslire l'un ou l'autre dans les fonctions de procureur du Roy audit hosptel de ville, tant sur le choix et nomination des prudhommes que sur l'eslection des consuls qui se doibvent faire le septiesme du presant mois, — Nous, Lieutenant general susdit, apres avoir veu les actes sus-mantionnés, avons donné acte auxdits

(1) Le prénom est resté en blanc.

— 258 —

sieur Ruaud et Romanet de leurs oppozitions et protestations respetives, sur lesquelles ils se pourvoyront ; cependant ordonnons que le sieur Romanet faira les fonctions de procureur du Roy audit hosptel de ville. Sur quoy, ledit sieur de Ruaud a protesté de neullité et de tout ce qu'il peut et doibt protester, et c'est retiré. Fait audit hosptel de ville, ledit jour, cinquiesme dexambre mille sept cents dix sept (1).

Du 21ᵉ janvier 1718.

Lettre de l'Intendant au sujet de l'exemption de logements militaires en faveur des officiers de maréchaussée et archers.

A Limoges, le trante dexambre 1717. — Je vous donne advis, Messieurs que le Conseils a decidé que, par provizions, les officiers et archers des mareschaussées jouiront de l'examption du logement des gens de guerre, a l'exception de ceux qui pouroint ne pas remplir exactement leurs devoirs et qui par conceqent ne meritent poin jouir d'aucunes exemptions. Lors qu'un archer tient une grosse hosptellerie, c'est a dire qui sont les principaux logements des villes, ils ne peuvent estre examps ; mais quand ils ne tiennent q'un cabaret, ils doibvent jouir de l'examption. Conformes vous, s'il vous plait, a cette decision pour l'advenir et faittes enregistrer ma lettre dans le registre de l'hosptel de ville. Et suis, messieurs, tout a vous. *Signé* : DE LESSEVILLE, *et au dos est escript* : A Messieurs les Conseuls de Limoges (2).

Affaire Leyssenne : prêt à la ville.

Aujourd'huy, huitiesme may mil sept cents dix huit, dans la chambre du conseil de l'hopstel commun de cette ville ou estoint assemblés Messieurs Martin, Devoyon, Reculles, il a esté fait lecture de la lettre de Monseigneur d'Argenson, garde des sceaux, qui sera transcripte cy apres, portant responce de ce qu'on avoit eu l'honneur de luy escrire au subjet de deux actes signiffiés au sieur Paillier, greffier commis dudit hosptel de ville, a la requeste de damoiselle Catherine Ardant et les heritiers du feu sieur Leyssene,

---

(1) Il est possible que l'office de procureur du Roi eût été déjà rétabli. On sait combien dura peu l'état de choses créé par l'édit du mois de juin 1716.

(2) Un ordonnance de police de l'année 1718 remit en vigueur les règlements relatifs aux registres à tenir par tout maitre d'hôtellerie et logeur, obligation déjà imposée à ces derniers dans l'antiquité. On en trouve trace dans plusieurs auteurs anciens, dans Apulée entre autres, si nous ne nous trompons. En 1774, ces règlements furent rappelés et le lieutenant général de police de Limoges prescrivit à tous les aubergistes de lui remettre chaque jour un extrait de ce registre, mentionnant les étrangers reçus dans leur établissement depuis la veille.

marchand de cette ville, des neuf et dix mars derniers (1) : le premier portant inctimation d'un arrest du Conseil du huitiesme janvier dernier qui declare ladite Ardant creantiere de la ville de Limoges, de la somme deux mille cinq cents livres, interest d'icelle, avec les frais et couts de l'arrest, lesquelles seroint impozées sur tous les habitans et contribuables de ladite ville au marc la livre de la taille pendant l'année 1718 et 1719. Le segond acte est la copie de l'ordonnance de Mr de Lesseville, intendant de cette generalité, du 9e mars dernier, portant que ledit arrest sera executé selon sa forme et teneur. Sur le veu des quelles piesses, voyant que la ville n'estoit neullement en estat de faire le remboursement, on feut d'advis d'escrire a Monsieur le Garde des sceaux, le 24e mars dernier, pour l'instruire de ce qui s'estoit passé au subjet de ce prest pretandu fait a la ville de Limoges, par feu Jean Leysene, de la somme de 2,500 l. pour la reparation dudit hosptel de ville, avec tres humble remontrance que les formalités pour raison de ce prest ne parroissoint pas avoir esté faites conformement aux reglement donnés sur cette matiere, nottament en ce que Monsieur l'Intandant qui estoit pour lors dans la province, n'a point donné son advis et raporté la dessus les ordres de la Cour; que, par une inspection juste des examptions dont ledit feu Leyssene et sa veufve ont jouy, qui ont tourné a la surcharge de la communauté, ils se trouveroint peut estre remboursés au dela; enfin, que la ville estoit hors d'estat de faire ce remboursement apres l'epuissement que la longueur des guerres a cauzé; ce qui fait qu'elle doibt plus de 100,000 ll. d'arresrages d'impositions. Par toute ces raisons, on supplioit Sa Grandeur de destourner cette surcharge particulliere qui accableroit des habitans qui sont dans l'impuissance d'acquitter les deniers royeaux, — ou bien d'avoir la bonté qu'elle soit differée dans des temps plus commodes et de nous prescrire des ordres affin que nous nous y conformions. Sur quoy, Monseigneur d'Argenson nous auroit fait l'honneur de nous escrire la lettre suivante qui nous servira de regle; attendu l'arrest qu'il nous annonce qu'il fera expedier pour cela :

A Paris, le 4e may 1718.

Messieurs, l'affaire dont vous m'avez escript a esté examiné au Conseil de finance, et le soulagement qu'on a peu vous donner a esté de mettre en dix années l'imposition de 2,500 ll. dus a la

Lettre du garde des sceaux sur cette affaire.

---

(1) Voir plus haut, page 207 : Leyssenne avait payé pour le compte de la ville, moyennant une exemption perpétuelle de toutes charges et impositions, la somme de 2,500 ll. nécessaire pour les réparations urgentes de l'Hôtel-de-Ville.

— 260 —

veuve et aux héritiers du sieur Leyssene, au lieu de deux années portées par l'arrest du 8⁰ janvier dernier (1); il sera expedié pour cela un nouvel arret. Au surplus Mʳ d'Orsay avoit certiffié au conseil que les 2,500 ll. prestés par le sieur Leyssene, ont esté utilement employés aux reparations de la maison de ville. Je suis, Messieurs, vostre affectionné a vous faire service. *Signé* : D'ARGENSON. *Et au dos est escript* : A Messieurs, Messieurs les juges Conseuls de Limoges, a Limoges.

Nomination d'un garde du gouverneur. — Jacque Fitz-James, duc de Fitz-James, de Bervik, de Livia, de Xeriqua, pair et mareschal de France, grand d'Espaigne, chevailler des ordres de la Jarrettiere et de la Toison d'or, gouverneur et lieutenant general de la province du haut et bas Limouzin, general des armées du Roy, commandant en chef pour Sa Majesté dans la province de Guyenne : — Le nommé Gilbert Jouanade, l'un de nos gardes dans nostre gouvernement, dans la province du haut et bas Limouzin, estant decedé, sur le raport qu'il nous a esté fait de bonne vie, mœurs et capacité du nommé Buisson de la Riviere, de la paroisse de Sereilhac (2), nous l'avons nommé et estably comme nous le nommons et establissons par ces presantes pour remplir l'employ de l'un de nos gardes dans nostre dit gouvernement, a la place dudit Jouanade, pour par luy jouir des honneurs, prerogatives, exemptions et privilaiges qui sont attribués a cet employ. Fait a Bourdeaux, le 4⁰ fevrier 1718. *Signé* : BERWICK, *et plus bas* : par Monseigneur, HENRY.

Enregistré le trante may 1718, en presance de Mʳ Martin, prevost conseul, Juge de Saint-Martin, Devoyons et Reculles, conseuls, assamblés a cet effait en l'hosptel de ville, ledit jour.

MARTIN, prevot consul; JUGE DE SAINT-MARTIN, consul; DEVOYON, consul; RECULES, consul.

Assemblée de ville pour le remboursement du prix des offices supprimés. — Aujourd'huy, neufviesme juin 1718, a deux heures de relevée, dans la grand salle de l'hosptel commun de cette ville de Limoges, ou estoint assamblés Messieurs Nicollas Juge de Saint-Martin,

(1) En se reportant à l'adjudication, on constatera que ce remboursement par à-compte était absolument contraire aux engagements de la ville.
(2) Aujourd'hui commune du canton d'Aixe. Les fonctions de gardes du gouverneur étaient, en temps ordinaire, purement honoraires, ou à peu près.

conseiller du Roy au presidial et seneschal de cette ville ; Leonard
Devoyons, advocat en la Cour; Joseph Reculles, docteur en medecine; Joseph Limouzins, tresorier de France, tous quatres conseuls,
en presance du sieur Romanet, procureur du Roy au presidial et
seneschal de ladite ville et maison commune de ladite ville, ou,
suivant la convocation qui a esté faite au sons du tambourg, suivant la coustume, se sont trouvés grand nombre d'abitans de
ladite ville, des plus notables, en consequence des ordres de
Mʳ l'intandant de cette generalité, indiqués par une lettre missive
de Mʳ Malledent de Fonjaudran, conseiller du Roy audit prezidial
et seneschal, son subdelegué, adressée a Messieurs les maires et
conseuls, le 3ᵉ du presant mois, portant que l'esdit du mois de juin
a supprimé tous les officiers municipeaux des villes, et qu'il a esté
nommé des commissaires pour faire la liquidation de leur finance
sur la represantation de leurs titres, et que le conseil travaille
a faire un arrangement a cet egard ; il a esté decidé qu'au
prealable il seroit fait une assemblée generalle dans chaque ville
et communauté pour deliberer sur les moyens qu'elles estimeront
les plus convenables pour le remboursement de ces officiers, si
mieux elles n'ayment qu'on les retablisse ; la dite lettre signée :
DE MALLEDENT. Laquelle ayant esté leue et communiquée a tous
les habitans assamblés, lesquels ont estés, d'une commune voix,
d'advis de represanter a Sa Majesté que les habitans de ladite
ville de Limoges ayant estés epuisés des tailles et autres impozitions
dont il est resté des arresrages de plus de cents mille livres, dont
on n'a peu encore en faire le recouvrement, et d'ailleurs n'y ayant
aucun fond de telle nature qui soit dans ledit hosptel de ville ; et
que, par ces raisons, la ville et communauté dudit Limoges ne
scauroit contribuer au remboursement des officiers municipeaux :
se soumettant avec soumission au retablissement d'iceux et a tout
ce qu'il plaira a Sa Majesté d'en ordonner (1). Deliberé dans ladite
salle de l'hosptel de ville, le jour, mois et an que dessus.

> JUGE DE SAINT-MARTIN, consul; ROMANET, procureur du
> Roy; LIMOUSIN, consul; DEVOYON, consul; RECULES,
> consul; MIDY; MOULINIER; BOISSE; GRELLET, major; AR-
> BONNEAU; B. BOURDEAUX; J. GRELLET; PETINIAUD; MAR-
> TIN; VARACHEAU; LAVAUD; DE ROULHAC; MURET; DISNE-
> MATIN DE SALLES; NAVIERES; JAYAC; SEGOND; FAULTE;
> CHAMBON; DELAFOSSE.

(1) On voit que la restitution aux villes de leurs libertés municipales ou plutôt du droit d'élire leurs magistrats n'avait pas été gratuite.

Lettre de nomination de M. Jean Rogier des Essarts à la charge de lieutenant général

Louis, par la grace de Dieu, roy de France et de Navarre, a tous ceux qui ces presantes lettres verront, scalut. Scavoir faisons que, pour la plaine et entiere confiance que nous avons en la personne de nostre cher et bien aymé Mre Jean Rogier des Essart, advocat en parlement, en ses sens, suffisance, probité, prudhomie, experience et capacité au fait de judicature, fidelité et affection a nostre service, pour ces cauzes, nous luy avons donné et octroyé, donnons et octroyons par ces presantes, l'office de nostre conseiller, lieutenant general en la seneschaussée et siege presidial de Limoges, que tenoit et exersoit Mr Joseph Rogier, sieur du Buisson, son oncle, dernier pesible possesseur d'icelluy, qui a fait le rachap du prest et droit annuel; en concequence duquel il s'en seroit vollontairement demis avant son deces en faveur dudit sieur Rogier des Essart, son neveu, qui, en executions de nostre edit du mois de dexambre 1709, et de nos declarations sur ce intervenues, auroit payé en nos revenus cazuels le droit de survivence atribué audit office, comme il apert par la quittance du sieur Bertin, dont coppie collationnée est cy attachée avec la quittance dudit rachap, l'acte de resignation et autres piesses sous le contre scel de nostre chancellerie, pour ledit office avoir et tenir et d'oresnavant exercer et jouir et uzer par ledit sieur Rogier des Essart, a tittre de survivance et aux honneurs et otorités, prerogatives, preeminances, privilaiges, examption, franchizes, libertés, pouvoir, fonctions, gages, droits, fruits, profits, revenus et emolumens audit office appartenent, tels et semblables qu'en a jouy ou dub jouir ledit deffunt sieur Rogier du Buisson, et qu'en jouissoint les pourveus de pareil office, pourveu toute fois que ledit s^r Rogier des Essart aye atteint l'age de vingt sept ans dix mois, conformement a son extrait baptistaire du 13e octobre 1690, aussy cy attaché sous nostre contre scel, qu'il n'aye en ladite seneschaussée et siege presidial aucuns parans ny alliés au degré prohibé par nos ordonnances, et qu'il aye satisfait aux conditions portées par nos edit et declaration consernant les estudes de droit; le tout a peine de perte dudit office, neullité des presantes et de la reception. Et quant au deffaut de deux ans deux mois qui luy manquent de l'age de trante ans requis par nos ordonnances, nous l'en avons relevé et dispensé par nos lettres de cejourd'huy, a la charge toute fois qu'il ne poura faire aucune fontion reservée au chef des baillages et seneschaussées qu'il n'aye attaint ledit age de trante ans acomplis. Et donnons en mandement a nos amez et feaux conseilliers, gens tenant nostre cour de Parlement de Bourdeaux, que, leur estant aparu de bonne vie, mœurs, age susdit, conversation et religion catholique, apostolique et romaine dudit

Jean Rogier des Essart, de luy pris et receu le serment a tel cas requis et accoutumé, ils le recoivent, mettent et instituent de par nous en possession dudit office, l'en faisant jouir et uzer, ensemble des honneurs, hotorités, prerogatives, preeminance, privilaiges, examptions, franchizes, liberté, pouvoir, fonctions, gages, droits, fruits, profits, revenus, esmolluments susdits, plainement, paisiblement et a luy obeir et entandre de tous ceux et ainsy qu'il appartiendra et es chauses consernant ledit office. Mandons en outre a nos amez et feaux conseillers, les president tresoriers de France et generaux de nos finances a Limoges, que, par ceux de nos receveurs payeurs comptables qu'il appartiendra, ils fassent payer et delivrer comptant audit sieur Rogier des Essarts, lesdits gages et droits audit office appartenant doresenavant par chacun an, en la maniere acoustumée, a commencer du jour de sa reception : raportant coppie de laquelle et des presentes dhuement collationnée pour une fois seullement avec sa quittance sur ce suffizante, nous voulons lesdits gages et droits estre payés et alloués en la despence des comptes de ceux qui en auront fait le payement, par nos amez et feaux conseillers, les gens de nos Comptes a Paris, auxquels mandons ainsin le faire sans difficulté, car tel est nostre plaisir. En tesmoing de quoy, avons fait mettre nostre scel a ces presentes. Donné a Paris, le huitiesme jour d'aoust, l'an de grace mil sept cents dix huit, et de nostre reigne le troisiesme. *Signé* : par le Roy, Aubourg. Dhuement collationné et scellé.

Louis, par la grace de Dieu, Roy de France et de Navarre, a tous ceux qui ces presantes verront, scalut. Scavoir faisons que, pour la plaine et entiere confiance que nous avons en la personne de de nostre cher et bien amé Jean Pierre Rogier des Essart, advocat en Parlement, et en sa science, suffisence, probité, prudhomie, experience et capacité au fait de judicature, fidelité et affections a nostre service, pour ces causes nous luy avons donné et octroyé, donnons et octroyons par ces presantes, l'office de nostre conseillier lieutenant general de police de la ville et faubourgs de Limoges que tenoit et exersoit deffunt Mre Joseph Rogier, son oncle, dernier paisible possesseur d'icelluy, lequel avant son deces en auroit disposé en faveur dudit sieur Rogier des Essart, son neveu, qui, en execution de nostre edit du mois de dexembre 1709 et de nos declarations données en concequence, auroit payé en nos revenus cazuels le droit de survivance atribué audit office comme

Lettre de nomination de J.-P. Rogier des Essarts à la charge de Lieutenant de police.

il apert par la quittance du sʳ Bertin, dont coppie collationnée est cy attachée avec l'acte de demition dudit office et autres piesses sous le contre scel de nostre chancellerie, pour ledit office avoir et tenir, et doresenavant exerser et jouir et uzer pour luy, a tittre de survivence, aux honneurs, authorités, prerogatives, preeminence, privilaiges, exemptions, franchises, libertés, pouvoir, fonctions, gages, droits, fruits, profits, revenus et esmollument audit office appartenant, tels et semblables qu'en a jouy ou deub jouir ledit deffunct sieur Rogier du Buisson et qu'en jouissoint les autres pourveus de pareils offices, pourveu toute fois que ledit sieur Rogier des Essart aye (1).

Eslections et nominations de Messieurs les nouveaux Conseuls de la ville de Limoges, faite dans la grand salle de l'Hosptel de ville, par Messieurs les prudhommes nommés a cet efait, pour l'année prochaine mil sept cents dix neuf, assistant Monsieur le lieutenent general, Monsieur le procureur du Roy de la presant ville, ce septiesme dexambre 1718:

Monsieur Mʳᵉ Jean Gregoire de Rouilhac, conseiller du Roy au siege presidial et seneschal de cette ville ;

Monsieur Pierre Descordes-Desfayes, advocat en la cour ;

Monsieur Jean-Baptiste Thevenin du Geneytit, bourgeois et marchand ;

Lesquels nouveaux conseuls ont presté le serment de fidelité entre les mains de Monsieur Jean-Pierre Roger, seigneur des Essart et president dudit hosptel de ville, en la maniere acoustumée; lesquels ont signé, ce mairedy (*sic*), septiesme dexambre 1718.

    Rogier des Essarts, lieutenant general, president; Romanet, procureur du Roy; Juge de Saint-Martin, prevost-consul; Martin, consul; De Roulhac, consul; Recules, consul; Decordes, consul; Thevenin, consul; Paillier, greffier.

---

(1) Le copiste s'est arrêté là : on trouve plusieurs pages en blanc à la suite.

Il convient de rappeler que, depuis une vingtaine d'années, la police avait été enlevée à l'hôtel de ville, qui, par suite, s'était vu privé de sa dernière juridiction Celle-ci avait été remise au lieutenant de police, dont la charge fut créée en 1699. Mais il n'y avait pas de revenus attachés à ce service, et l'intendant n'avait pu mettre à la disposition du nouveau chef de la police qu'une somme insignifiante, produit d'une taxe de deux deniers par livre de beurre porté au Poids du Roi pour être vendu.

Nomination du prédicateur pour 1719-1720.

Aujourd'huy septiesme decembre mil sept cents dix huit, en la chambre du conseil de l'hosptel de ville de Limoges, ou estoint assemblés Monsieur le lieutenant general, president dudit hosptel de ville; Mᵣ le procureur du Roy; prevost et conseuls, — a esté procedé a la nomination du Reverand Pere dom Paterne, de l'ordre de Saint-Benoist, congregations de Saint-Mor, pour prescher l'advant et caresme des années mil sept cents dix neuf et mil sept cents vingt, et qu'a cet effait il luy en sera donnée advis incessamment, sans qu'il en puisse estre donné a sa place; et a son deffaut la nomination d'un autre sera faite par le corps conseulaire. Fait le mesme jour et ans que de l'autre part.

    Juge de Saint-Martin, prevost consul; De Roulhac, consul; Recules, consul; Decordes, consul; Martin, consul; Thevenin, consul; Paillier, greffier.

Chute des remparts près la porte Boucherie.

Aujourdhuy, vingt six du mois de dexembre 1718, Nous, prevost et consuls assemblés en l'hostel de ville pour nous rendre, suivant la coustume, en l'eglise cathedralle de cette ville, affin d'assister aux vespres et sermon qui y doibt estre prononcé par le predicateur de la ville (1), sur l'advis que nous avons eu de la chute d'une partie des murs de la ville pres la porte Boucherie (2), nous avons deliberé de nous transporter sur les lieux a l'issue de la ceremonie, pour en faire et dresser un etat et proces verbal.

    Juge de Saint-Martin, prevost consul; De Roulhac, consul; Recules, consul; Martin, consul; Decordes, consul; Thevenin, consul.

Et revenant ledit jour de ladite ceremonie, nous nous serions porté au lieu de la chute dudit mur, et attandu qu'il est trop tard pour proceder audit proces verbal, la nuit estant survenue, nous avons icelluy remis au landemain, que nous compterons vingt sept du presant mois.

    Juge de Saint-Martin, prevost consul; Recules, consul; Martin, consul; De Roulhac, consul; Decordes, consul; Thevenin, consul.

---

(1) Nous avons déjà dit que le prédicateur de la ville, outre les stations de l'Avent et du Carême, devait encore donner quelques sermons qui de tradition lui étaient réservés. On voit que les magistrats municipaux s'y rendaient en corps.

(2) C'était la partie de la muraille à gauche en entrant dans la ville : en face, par conséquent, du débouché actuel du boulevard de la Promenade. Cet accident avait eu lieu le 25 décembre, à huit heures du soir. (*Chron. de D. Col*, citée par l'abbé Legros).

Procès-verbal
de
l'architecte
touchant la chute
du rempart.

Et advenant le vingt septiesme de dexambre mil sept cent dix huit, apres mydy, nous, prevost et conseuls soussignés, estant assemblés en l'hostel commun de la ville de Limoges, en suivant et executant la deliberation par nous faite le jour d'hier, nous nous sommes portés, en compaignie de Mr Jean Cluzeau, prestre communaliste de l'esglize de Saint-Michel des Lions de ladite ville, ingenieur et architecte (1), a la porte Boucherie de ladite ville, ou estant arrivés, le s^r Cluzeau nous auroit fait remarquer que le mur de la ville servant de courtine a l'emplacement qui est despuis la tour servant de porte a la ville du costé du faubourg Boucherie jusque a l'autre tour (2), a gauche en entrans dans la ville, sous laquelle est l'esgoust nommé communement le Canard : entre lesquelles dites deux tours, lesdits murs contigus a celle de Boucherie se sont egroullés et tombés en entier despuis le rez de la chaussée jusque a l'entiere hauteur qui estoit de six toises, vallant trante six pieds, et la longeur de trante une, montant a cents quatre vingt six pieds, le tout mezuré en nostre presence par ledit sieur Cluzeau ; — laquelle estandue de murs estoit de six pieds d'epaisseur jusque au dessus des clef des arches qui portoint ledit mur : est epais, du rez de chaussée de l'escharpe (3) jusque à la hauteur des crenaux, de celle de cinq, et sept pieds par la teste pour soutenir le mur du parapet servant de deffance a l'esplanade dudit mur ; lequel, sur toute l'estandue de cents quatre vingt six pieds, estoit soustenu par quatre pilastres (4) de dix pieds de face sur six d'epaisseur servant de laz (sic) decharge aux quatres arches, de trante six pieds et demy chacun, dont le demy diamettre estoit de dix huit pieds et trois pouces, surbaissés sur les dix-huit pieds d'environ d'un quart d'un demy diamettre, qui sont quatre pieds et demy, ce qui faisoit que lesdites arches n'ayant pas asses de coupe et n'estant pas soutenu par un terrain solide et rocher vif, les clef desdites voutes ont manqué, ce qui a causé en partie la precipitation de cette ruine ; lesdites clefs, nottament celle de l'arche qui estoit contigue a la tour de Boucherie, ayant tombé avant la ruine dudit mur, ce qui se voit par les materiaux existant, qui sont tous entierement destruits, pendant que la plus grande partie des autres est en masse jusque aux arches, mesure sans avoir en l'un... leurs ceintre. Ledit s^r Cluseau nous auroit fait observer de plus que le dit mur

---

(1) On a conservé plusieurs plans et dessins de l'abbé Cluzeau. Nous avons dit plus haut qu'il avait relevé le plan des Arènes lors des terrassements de la place d'Orsay.

(2) C'est l'ancienne tour dite de Vieille-Monnaie.

(3) Pour escarpe : c'est le talus du fossé placé au pied du rempart et lui servant pour ainsi dire de soubassement.

(4) On peut encore constater cette disposition sur les murs des terrasses du boulevard des Ursulines, aupres de l'endroit où débouche la rue Vigne-de-Fer.

servant de clousture a la ville, portoit dans la partie intérieure un terrain d'une hauteur d'environ seize pieds (1) ; lequel terrain, de la largeur de huit a dix, servoit de communication aux maisons qui confrontoint audit mur (2), pavé seulement de la largeur de six pieds pour servir d'escoullement aux eaux pluvialles des toits de toute l'estandue de la rue ; lesquelles dites eaux ne s'escoulloint pas tellement par le panchant du costé de la tour de Boucherie et du costé du cartier du Canard, qu'elles ne se filtrassent dans le terrain qui estoit entre le mur et le pavé, lequel terrain n'estoit pas tuf bastard, ce qui ne laissoit pas de l'emmolir beaucoup et ce qui n'a pas peu contribué a cette cheute ; au reste, comme il y avoit un conduit existant a trante quatre pieds de distance de la tour de Boucherie jusque a la maison de la nommée Begouigne, lequel conduit ou aqueduc menoit les eaux d'un porche commun a plusieurs maisons de la ville, lequel ayant esté sondé, a esté trouvé de la profondeur de vingt trois pieds a prendre du niveau de la rue jusque dans son fond, laquelle rue dans cet endroit n'est eslevée du fond du fossé que de dix pieds par dessus : ce qui laisse un creux au-dessous des murs de traise pieds de profondeur, dans lequel y a quatre pieds d'eau ; lequel aqueduc passe de trante pieds de ladite tour sous le fossé et va diagonalement s'escouller sous le baloir et avant porte de Boucherie sans qu'on aye peu decouvrir son cours plus avant : ce qui fait juger que cette eau qui croupit n'a pas laissé, par le laps de temps, d'emmolir intérieurement le terrain sur lequel estoit fondé la première arche qui, de notorieté publique, est tombée la premiere. Et comme les murs susdits estoint fort entiens et destruits dans leur parement de l'espaisseur d'un pied en plusieurs endroits, lesquels estoint plus epaix par la teste a raisons des crenaux et du mur servant de parapet, le tout portant sept pieds d'epaisseur en haut pandant qu'audessus *(sic)* (3) il y en avoit que cinq, dont il y en avoit un qui, par le laps du temps, auroit dejas pery en pluzieurs endroits de la face, cela n'a pas laissé d'advancer de beaucoup son eboullement imprevu : joint a ce que divers particuliers qui jouissoint de l'emplacement dudit fossé qui est de ladite tour de Boucherie a celle du Canard, et de la largeur despuis le chemin qui contourne ledit fossé jusque a la muraille de ladite ville, en vertu de baux et assenses perpetuels a eux concedilés par les fermiers du domaine dudit emplacement, qu'ils se sont appropriés ; lesquels particulliers, pour se rendre cet emplacement plus commode, ont applany l'escarpe affin de rendre le

---

(1) C'est-à-dire avait à supporter un terrain en contre haut de seize pieds.
(2) Il s'agit de l'ancien chemin de ronde.
(3) Au-dessous. — Il y avait un lapsus évident.

terrain a niveaux et cela de la hauteur d'environ huit pieds ; ce qui a laissé lesdites arches et pilastres qui les soustiennent en partie hors d'œuvre et tout avand (?) du costé du fossé : en sorte que lesdits pilastres et murs, ne se trouvant pas egallement soustenus et se trouvés par la affeblis, sont enfins tombés. Dont et du tout nous avons dressé nostre present proces verbal, a Limoges, lesdits jours, mois et ans que dessus.

Juge de Saint-Martin, prevost consul ; Recules, consul ; Martin, consul ; De Roulhac, consul ; Decordes, consul ; Thevenin, consul ; J. Cluzeau (1).

Coppie d'un acte d'apel interjetté par Messieurs les prevost et consuls, de certaine ordonnance randue au Bureaux des finances de cette generalité.

A la requeste de Messieurs les prevost et consuls de la ville de Limoges, soit signifié et declaré a Mr Salmet (2) Faulte, procureur du Roy au bureaux des finances de la generalité de Limoges, qu'ils ont lieu d'estre surpris de l'ordonnance inconsiderée qu'il a fait rendre le vingt neuf du present mois audit bureaux des finances et signifiée le mesme jour, par laquelle il est enjoint auxdits sieurs prevost et consuls de veiller a la conservations des materieaux des murs de la presant ville qui sont tombés en ruine, a peine d'en repondre a leurs propre et privé noms : lesdits sieurs du bureaux n'ayant aucune juridiction pour faire une pareille injonction auxdits sieurs prevost et consuls, dont les fonctions sont autres que d'estre gardiens desdits materiaux ; partant declarent qu'ils sont appellants de ladite ordonnance comme a eux injurieuze et rendue par juges incompetens : protestant de se pourvoir pour la faire casser et annuller avec tous depans, domages et interet. Dont acte, et ce fait au domicille dudit sieur Faulte, situé rue Manigne, en la paroisse de Saint-Pierre-du-Queyroix, ou je, Louis Nouaillier, premier huissier audientier en la seneschaussée et siege presidial de Limoges, y demeurant pres la fontaine des Barres, en la

---

(1) De l'autre côté de la porte Boucherie, les remparts avaient été rasés et remplacés en partie par ce qu'on appelait la *Terrasse du Collége*. Il y avait encore des restes de deux tours. Celle dite de *La Chaufferette*, dont la démolition avait été commencée en 1661, ne fut complètement terminée qu'en 1780. (Arch. dép. D 26, fonds du Collége).

(2) Pour Psalmet.

paroisse de Saint-Michel-des-Lions, — je me suis expres porté, et, parlant a sa personne, je luy ay laissé coppie du presant acte d'apel. Fait par moy, le trantiesme dexembre mil sept cents dix huit.

Signé: Juge de Saint-Martin, prevost consul; de Rouilhac, consul; Reculles, consul; Descordes, consul; Martin, consul, et Nouailher, huissier. Controllé a Limoges, le 30ᵉ dexembre 1718. *Signé* : Baresges.

Aujourd'huy, cinquiesme du mois de may mil sept cents dix neuf, dans la chambre du conseil de l'hotel de ville, ou estoint assamblés Mʳ Martin, prevost consul; Juge; de Rouilhac; Reculles; Descordes, consuls; — Mʳ Martin, prevost consul, a dit qu'il est d'uzage que Mʳˢ les consuls nomment trois administrateurs de l'hopital general de cette ville, a la place de ceux qui doibvent sortir de charge, et a demandé qu'il fut procedé a ladite nomination. L'affaire mise en deliberation, les consuls ont nommé d'une commune voix, pour administrateurs dudit hopital: Mʳ Joseph Reculles, medecin, un des consuls en charge; Jean Baptiste Labiche de Reignefort, advocat du Roy au bureaux des finances, et Pierre Goudins, conseiller du Roy au presidial de ladite ville, pour remplir lesdites charges pendant quatre ans, a commancer du premier septambre prochain. Dont acte. Dressé le present acte.

Nomination d'administrateur de l'hôpital.

Martin, prevost consul; Decordes, consul; Juge de Saint-Martin, consul; De Roulhac, consul.

Aujourd'hui, huitiesme du mois de may, dans l'hotel commun de la ville de Limoges, ou les sieurs habitants avoint estés convoqués a la maniere accoustumée, Mʳ Juge de Saint-Martin, prevost consul, a remontré a l'assemblée que les consuls de ladite ville, leurs veufves et enfants, avoint jouy, despuis plusieurs siecles, de l'examptions du droit de franc fiefs (1) et que, cependent, au prejudice desdits privilaiges, confirmés par plusieurs Rois predeces-

Assemblée de ville pour la confirmation de l'exemption du droit de francs fiefs.

---

(1) Depuis deux siècles nous avons vu reparaitre périodiquement cette affaire. De temps en temps, le fisc revenait à la charge. et réussissait presque toujours à tirer quelque argent de la commune. On sait que le roi ou le seigneur supérieur pouvaient réclamer le droit de francs fiefs toutes les fois que bon leur semblait.

seurs de Sa Majesté, le traittant chargé du recouvrement des droits de franc fiefs, exersoit tous les jours des contraintes contre lesdits privilegiés; pour raisons de quoy les sieurs consuls de ladite ville, s'estant pourveu par devant Mʳ l'Intandant de cette generalité, mondit sieur l'intandant auroit ordonné que les roolles arrestés au Conseil au sujet des franc fiefs seroint executés, sauf auxdits habitans privilegiés a se pourvoir au Conseil. Sur quoy il a representé a l'assemblée qu'il est de l'interest de ladite ville de se pourvoir au Conseil pour y obtenir la confirmation dudit privileige. L'affaire mise en deliberation, il a esté convenu, d'une commune voix, qu'il faloit se pourvoir au Conseil pour y obtenir la confirmation dudit privilaige de l'examption du droit de franc fiefs, et a cet effait lesdits sieurs habitans ont donné plain pouvoir a Messieurs les conseuls a present en charge de faire pour cela toutes les chauses requises et necessaires, s'en remettant a leurs sagesse et prudence, et ont promis de leurs rembourser tous les frais qu'il conviendra faire pour parvenir a ladite confirmation et de les relever indempne de tous les evesnement generalement quelconques.

   Juge de Saint-Martin, prevost consul; De Roulhac, consul; Decordes, consul; Recules, consul; Martin, consul; De Lomenie, lieutenant particulier; Pigné de Mandelesse, conseiller du Roy; Varacheau; Dorat; De Noalhié; Garat; Baillot; Texendier; Maledent; M. Decorde; Durand; Champalimaud; Durand jeune; J. Petiniaud; Roulhac de Roulhac.

Assignation donnee aux conseuls par Barbou imprimeur à Paris au sujet de l'office de courtier des vins.

Aujourd'huy, dans l'hotel commun de cette ville, ou estoint assamblés Mʳˢ (1), tous conseuls en charge, — Mᵉ Juge de Saint-Martin, prevost consul, a representé aux sieurs habitants de ladite ville convoqués expres a la maniere ordinaire dans ledit hotel, que le sieur Barbou, imprimeur a Paris, auroit assigné lesdits sieurs consuls au Conseil d'Estat du Roy, pour proceder sur l'apel interjetté par ledit sieur Barbou d'une ordonnance du sieur de Lesseville, lors intandant en la presente generalité, qui fixe le montant de la finance de l'office de courretier des vins et eaux de vies a la somme

(1) Une ligne et demie laissée en blanc.

de quinze cents livres, et les deux sols pour livre, en conformité de l'arrest du Conseil du vingt huit septembre mil sept cents six, qui reunit ledit office a l'hotel de ladite ville : ledit Barbou pretandant que la finance dudit office doibt estre reglée sur le pied de la pretandue acquizition qu'il a faite dudit office de Louis Sellier, qui en auroit esté le premier pourveu ; lequel dit office a esté delaissé au sieur Durand et autres par une deliberation de ladite ville pour luy tenir lieu de partie de l'imposition (1) ordonnée estre faite sur les habitans de ladite ville en leur faveur par arrest du Conseil dudit jour ; lequel arrest du Conseil et deliberation de ladite ville ledit sieur prevost ayant communiqué auxdits habitans et remontré qu'il estoit de l'interest de ladite ville de soustenir l'ordonnance de mondit sieur de Lesseville, laquelle est d'alieur fort regulliere, estant conforme audit arrest du Conseil dudit jour, 28º septembre 1706. Sur quoy, l'affaire mise en deliberation, il a esté convenu d'un commun advis qu'ils soutiendroint ladite ordonnance, et pour cet effait les habitans ont donné plain pouvoir aux sieurs consuls de faire tout ce qui appartiendra pour parvenir a faire confirmer ladite ordonnance et ont promis de les relever indempne de tous evenements. Et ont lesdits sieurs habitans signés, le jour et ans que dessus.

JUGE DE SAINT-MARTIN, prevost consul ; DE ROULHAC, consul ; RECULÈS, consul ; DECORDES, consul ; MARTIN, consul ; DORAT ; TEXENDIER ; ARDILIER ; PETINIAUD ; J. PETINIAUD ; P. THEVENIN ; GARAT ; DURAND jeune.

Louis, par la grace de Dieu Roy de France et de Navarre, a tous ceux qui les presantes verront, scalut. Le sieur de Nyert, marquis de Gambias, gouverneur de nostre ville et cyté de Limoges, l'un de nos gentilshommes ordinaires, nostre bailly d'Aumont et l'un de nos premiers vallets de chambre, nous a tres humblement supplié de vouloir accorder au sieur Louis Denyert de Gambias, son fils, la survivence du gouvernement de Limoges, en consideration des longs et assidus services qu'il a rendu au feu Roy, nostre bisayeul, et qu'il continue de nous rendre, avec zelle, fidelité et affection ; et voulans luy en marquer nostre satisfaction, — a ces causes et autres a ce nous mouvans, de l'advis de nostre tres cher et tres amé oncle

Lettres du roi relatives à la survivance de la charge de gouverneur de Limoges donnée à M. de Nyert fils.

(1) Il s'agit de la somme accordée à titre d'indemnité aux victimes de l'incendie occasionné par l'émeute du 8 mai 1705. Voir ci-dessus la note de la page 172.

le duc d'Orléans, petit fils de France, Regent, nous avons audit sieur de Ganbias donné et otroyé, donnons et otroyons par ces presantes, signées de nostre main, la charge de gouverneur de nostre ville de Limoges, sur la demission que ledit sieur Deniert, son pere, en a faite en nos mains en sa faveur, a conditions toute fois de survivence, pour, par ledit sieur de Gambias, l'advoir et exercer en l'absence et survivence du dit sieur son pere, en jouir et uzer aux honneurs, authorités, prerogatives, preeminance, gages, droits, etats et apointements qui y appartiennent, tels et semblables qu'en [a] jouy ou deub jouir le sieur Deniert, a ce pouvoir de commander aux habitants de nostre ville et cyté, aux gens de guerre qui y sont ou seront cy apres establis en garnizons, tout ce qu'il y auroit a faire pour la conservation d'icelle sous nostre obeissance; d'enpescher qu'il ne s'y fasse aucune entreprise contre nostre authorité; faire vivre lesdits habitants en paix et concorde et lesdits gens de guerre dans la dicipline portée par nos reglements et ordonnances millitaire, et generallement faire et ordonner tout ce qu'il jugera necessaire pour le bien de nostre service et la suretté de ladite ville et cyté : le tout sous l'authorité du gouverneur de notre province de Limousin, et, en son absence, de nostre lieutenant general audit gouvernement; et ce, tant qu'il nous plaira, sans qu'advenant le deces dudit sieur Denyert, ou dudit sieur de Ganbias, son fils, ladite charge puisse estre reputée vaquante ny inpetrable sur le survivant, attendu le dons que nous luy en faisons des a presant, sans qu'il soit tenu de prester autre serment que celluy qu'en a cy devant fait ledit sieur Deniert et celluy qu'en faira ledit sieur son fils en vertu des presantes. Sy donnons en mandement a nostre tres cher et feal chevallier, gardé des sceaux de France, le sieur de Voyer de Palmy, marquis d'Argenson, qu'apres qu'il luy sera appert de bonne vie, mœurs et religion catholique, appostollique et romaine du sieur de Ganbias, et qu'il aura pris de luy et receu le serment a tels cas requis et accoutumé, il le mette et institue ou fasse mettre et instituer de par nous en possession et jouissance de ladite charge et d'icelle, ensemble de tout le contenu cy dessus le fasse jouir et user plainement et paisiblement, obeir et entendre de tous ceux et insin qu'il appartiendra es chauses qui le consernent. Mandons aussi a nos amés et feaux les presidents, tresoriers generaux de France, de l'Extraordinaire, des guerres et autres comptables qu'il appartiendra, que les dits gages, droits, ils continuent de faire payer audit sieur Deniert, et apres son deces, de son consentement pandant sa vie, audit sieur de Ganbias, son fils, aux termes et en la maniere accoustumée; et raportant par eux coppie collationnée des presantes pour une fois seullement, avec quittances sur ce suffisantes, nous voulons lesdits gages et droits estre payés et alloués en la despance des comptes de ceux qui en auroint fait le payement, par nos amez et feaux conseillers, les gens de nos Comptes qu'il appartiendra ; auxquels mandons ainsin le faire sans difficulté. Car tel est nostre plaisir. Et en tesmoing de quoy nous avons fait mettre nostre scel à ces presantes. Donné a Paris, le premier jour de may, l'an de grace mil sept cents dix neuf et de nostre regne le quatriesme. *Signé* : LOUIS, *et sur le reply desdites lettres* : par le Roy, le duc d'Orléans, Regent, PHELIPEAUX. *Plus est escript au reply* : Aujourd'hui, dix huit du mois de may 1719, le sieur Louis Denyert de Gambias, desnommé au presant, a fait et presté le sermant dont il estoit tenu envers le Roy pour raison de la charge de gouverneur de la ville et cyté de Limoges, en survivence du sieur Deniert, son pere, entre les mains du sieur de Voyer de Palmy, marquis d'Argenson, clerc garde des sceaux de France. Moy, conseiller secretaire de Sa Majesté, Maison, Coronne de France et de ses finances et premier secretaire de mondit seigneur presant. *Signé* : NOBLET.

Aujourd'hny, quatriesme du mois de juillet mil sept cents dix-neuf, dans la grand salle de l'hoptel de ville, ou estoint assemblés Messieurs les prevost et consuls d'icelle et Monsieur Mre Jean-Pierre Roger des Essard, seigneur de Beaune, conseillier du Roy et son lieutenant general en la seneschaussée et siege prezidial de ladite ville, Monsieur Mre Martial Romanet, sieur de la Briderie, aussi conseiller du Roy et son procureur esdits scieges, — a esté exposé par ledit sieur prevost et consuls que Monsieur Denyert de Ganbais, premier vallet de chambre du Roy, a esté pourveü par Sa Majesté a la charge de gouverneur de cette ville et cyté, suivant les provizions expediées en sa faveur, lesquelles ont estées mises en mains de M^r le procureur du Roy pour estre levées et enregistrées au greffe du presant hostel de ville : ce qu'il requiert pour ledit sieur Denyert.

Enregistrement des lettres de M. de Nyert.

DE ROULHAC, prevot consul.

De Romanet, pour le procureur du Roy, a dit avoir veü lesdites provizions de gouverneur de cette ville et cyté accordées par le Roy en faveur de Monsieur Denyert de Gambais, qui sont en bonne forme ; et a ces fins le procureur du Roy requiert l'enregistrement desdittes provisions pour jouir du contenu en icelles.

ROMANET, procureur du Roy.

Nous, faisant droit de l'exposé desdits sieurs prevost et consuls et requizitoire du procureur du Roy, apres que, de nostre ordonnance, lecture a esté faite par le greffier de cet hosptel de ville desdites provisions de gouverneur de ladite ville et cyté de Limoges, ordonnons qu'elles seront enregistrées au greffe pour y avoir recours quand bezoins sera, et que ledit sieur Deniert de Gambais jouira des privilaiges conformement a icelles.

Rogier des Essarts, lieutenant general.

Assemblée de ville : exemption du droit de francs fiefs.

Aujourd'huy, quatorzieme jour du mois de juillet mil sept cents dix neuf, dans la chambre du conseil de l'hotel de ville de Limoges, ou estoint assemblés extraordinairement Messieurs le habitans de la ville de Limoges en la maniere accoustumée et dhuement convoqués, a esté represanté par Monsieur de Roulhac, prevost consul, que il auroit eû advis qu'il avoit pleu a Sa Majesté de confirmer les habitans de ladite ville qui ont estés consuls ou qui le seront dans la suite, ensemble leurs veufves et enfans, dans le privilaige de l'exemption des droits de franc fief et generallement dans tous les privilaiges dont lesdits habitans consuls, veufves et enfans ont jouis ; et d'autant qu'il est necessaire de lever ledit arrest, le faire enregistrer a la Chambre des Comptes de Paris et au Parlement de Bourdeaux, ce qui ne se peut faire sans beaucoup de fraix et que ladite maison de ville ne jouy d'aucun revenu, il a proposé a Mrs les habitans qu'il seroit necessaire d'advancer les sommes necessaires pour la levée et enregistrement des trois patantes qu'il a pleu a Sa Majesté d'accorder, ensemble pour payer les honnoraires du sieur de Largentiere, advocat au Conseil ; et audit cas que mesdits sieurs les habitans ne jugassent pas a propos d'advancer quant a presant lesdites sommes, il leurs pleut nommer et choisir quelques uns d'entre eux pour emprunter en leurs noms la somme huit cents vingt livres, et plus grande somme s'il y eschoit, s'en remetant a la prudence de ceux qu'ils choisiront. Sur quoy, l'affaire mise en deliberation, lesdits sieurs habitans ont tous unanimement prié et choisy Mrs les consuls en exercice la presante année, qui ont travaillé avec tant de soins pour obtenir lesdites patantes, de continuer leurs soins pour l'expedition et enregistrement des lettres patantes par eux obtenues, et, pour cet effait, leurs ont donné plain pouvoir d'enprunter, au nom de ladite ville, la somme de huit cents vingt livres et plus grande s'il y eschoit : s'en raportant a ce qu'ils jugeront a propos de faire et a l'estat qu'il

— 275 —

donneront des fraix par eux advancés. De laquelle somme par lesdits sieurs consuls enpruntée, il a esté convenu par lesdits sieurs habitans qu'il en sera fait une repartition sur les habitans qui doibvent y contribuer, ce qui sera jugé par lesdits sieurs consuls : le tout sous l'agrement du Roy et de Monseigneur l'Intandant.

> De Roulhac, prevost consul; Decordes, consul; Martin, consul; Rogier des Essarts; Romanet; Moulinier de Saint-Bonnet; Pigné de Mandelesse; Constant-Beaupeyrat; J. Lamy de Luret; Barny; Moulinier; M. Arbonneau; Dorat; Thevenin; Ardilier; Navieres; Maleden; Martin de la Bourgade; Varacheau; Decordes de Felis; Devoyon; Roulhac de Roulhac; Benoist de Blesmond; Regnier du Brueil; Barbou; Baillot; Malevergne; Midy; Teulier; Cogniasse; Navieres; Ardilier; Cusson; Du Gondaud.

Et a l'instant a esté convenu de choisir et nommer Monsieur Descordes Desfayes pour advocat dudit hoptel de ville, le priant de continuer ses soins en ladite qualité pour les interest dudit hotel de ville : consentons qu'il jouisse des privilaiges dont ses predecesseurs ont jouy en semblables fonctions.

Nomination de M. Descordes en qualité d'avocat de la ville.

> Rogier des Essarts, lieutenant general; de Roulhac, prevost consul; Martin, consul; Constant-Beaupeyrat; Du Verdier; M. Champalimaud; M. Arbonneau; Midy; Roulhac de Roulhac; Cogniasse; Navieres; Decordes, acceptant; Dorat; Faulte; Chambon; Duclout; Nicot; Martial Bourdeau; Romanet, procureur du Roy; Pigné de Mandelesse; J. Martin de la Bourgade; Benoist, sieur du Bouy; Malevergne; Moulinier; Barbou; M. Decordes; Teulier; Baillot; Martin; F. Naviere; Laconque; B. Faure; Lamy de Luret; Guybert; Sazeyrat; Duclou; Faulte; Cusson; Vidaud.

Aujourd'huy, dix septiesme octobre mille sept cent dix et neuf, a Limoges, dans la chambre du conseil de l'hotel de ville, ou etoint assemblés Mrs les prevost et consuls de ladite ville soussignés, pour deliberer des affaires publiques, a été exposé par Mr Martin, prevot consul, que la nomination d'une personne pour hermite de la presente ville, lorsque celuy qui tient laditte place

Nomination d'un ermite de la ville.

vient a deceder, depend de M^rs les consuls en charge; que celui qui tenoit laditte place est decedé (1), et par ainsy estre necessaire en pourvoir un autre en son lieu; que l'on doit faire nomination d'une personne vertueuse et de bon exemple. Sur quoy, l'affaire mise en deliberation, lesdits sieurs prevot et consuls, d'une commune voix et accord, ont nommé et choisy, pour remplir laditte place d'hermite, Jean Bonnet, habitant dudit Limoges, en la paroisse de Saint-Michel, pour en jouir aux meme droits, gages et privileges que fesoit frere Michel Martialot, dernier hermite, decedé.

MARTIN, prevôt consul; DE ROULHAC, consul; DECORDES, consul; RECULÈS, consul; THEVENIN, consul.

Installation de Jean Bonnet ermite.

Et advenant le vingt trois octobre mil sept cents dix neuf, a Limoges, dans la chambre du conseil de l'hoptel de ville, où estoint assemblés M^rs les prevost et consuls de ladite ville, soussignés, ils auroit mandé ledit Jean Bonnet, par un vallet de ville, de se rendre audit hostel de ville; ou estant arrivé, on luy auroit declaré la nomination qui avoit esté faite de sa personne pour remplir la place d'hermite; laquelle il auroit acepté, et, apres avoir tres humblements remersié Messieurs les prevost et consuls, il les auroit priés de le vouloir installer et mettre en possession du susdit hermitage; a quoy adherant, nous avons ledit Jean Bonnet conduit et mis en possession du susdit hermitage avec les seremonies qui furent observées par les predecesseurs, folio 113, en date du 25 octobre 1706 (2). Fait les jour, mois, an que dessus.

MARTIN, prevot consul; DE ROULHAC, consul; DECORDES, consul; RECULÈS, consul.

Assemblée de ville : Casernement.

Dans l'assemblée generalle des habitans de la ville de Limoges, convoqués en la maniere ordinaire par Monsieur Martin, prevost consul, le deuxieme de novembre 1719, en presence de Monsieur de Fonjodrans, subdelegué de Monseigneur l'intandant, — Monsieur le prevost consul a dit que Monseigneur l'intandant luy avoit donné ordre de dire que l'intention du Roy et de son Conseil estoit que la communauté et habitans de la ville de Limoges se chargasse de

(1) Michel Marcialot, ermite de la ville, était mort à cinquante et un ans, au commencement du mois d'octobre.
(2) Voir ci-dessus, page 175.

payer la location des maisons qui ont servy pour les cazernes et le loyer des licts qui ont estés fournis dans lesdites cazernes, a commencer despuis le 15ᵉ may 1718 jusque au 12ᵉ janvier dernier exclusivement et despuis le louage desdites maisons, suivant ce qui sera arbitré pour ledit temps, jusque a ce que les maisons seront libres pour en estre disposé par les proprietaires, et que la somme arbitrée sera imposée suivant que Monseigneur l'intendant le jugera a propos, et ce par un roolle separé. Et l'assemblée, d'une commune voix, a déclaré qu'elle vouloit bien se conformer aux intentions du Roy et a celle de Monseigneur l'intendant, et prié Messieurs le prevost et consuls de faire des memoires pour servir aux estats qui seront arrestés, affin que le quite (?) soit conservé (?) tant a l'esgard de ceux qui ont fournis qu'a l'esgard de ceux qui devront payer, et que tous ceux qui ne sont pas examps du logement des gens de guerre, quoy que examps de la taille, soint aussy compris dans le roolle pour leurs part et portion.

  MARTIN, prevôt consul; DE ROULHAC, consul; RECULÈS, consul; MARTIN, consul; ARDILLIER, sindic des marchands; DORAT; LAVAUD; BOISSE; DURAND jeune; MAILHOT; DELAFOSSE; J. FROMENT; P. COLOMB; ARDANT; COGNIASSE; BARBOU; VIDAUD; JUGE DE SAINT-MARTIN, consul; MALEDENT, subdelegué; THEVENIN, consul; BAILLOT, juge de Bource; THEVENIN, assesseur de la Bourse; ROULHAC DE ROULHAC; MADOUMIER; LAFOSSE; CHASTAIGNIER; PETINIAUD; LA GENESTE; DISNEMATIN DE SALLES; PEYROCHE; FARNE; DEPERET le jeune; CROUZEIX; G. ARDANT; NICOT; ROUSSET.

Demande d'un emplacement pour la construction de casernes.

Et ledit jour, dans la mesme assamblée, Monsieur Martin, prevost consul, a dit que Monseigneur l'intendant luy avoit ordonné de faire cognoitre aux habitans les intantions de Sa Majesté au subjet du logement des troupes qui passeront ou sejourneront dans ladite ville; qu'elle vouloit exampter le particullier du logement actuel et effectif, et pour cet effait, elle vouloit qu'il fut estably des cazernes dans lesquelles les soldats seront logés sans estre incommode a l'habitant; que le Roy vouloit fournir les sommes necessaires pour cette constitution, en par les habitans fournissant un emplacement convenable (1) : lequel emplacement devoit

(1) Le gouvernement décida, en 1719, la construction de casernes dans un certain nombre de villes: Limoges était de ce nombre. On va voir avec quel empressement l'assemblée générale se prêta aux vues qui lui furent communiquées par l'Intendant. Par malheur, l'état des finances s'opposa aux constructions projetées. Après avoir, pendant six ans, fait attendre l'exécution de ses engagements, le gouvernement fut contraint de déclarer qu'il n'avait plus d'argent et de remettre les terrains acquis pour l'emplacement des casernes projetées, à la disposition des villes qui les avaient achetés.

estre fourny a leurs fraix et depans ; et qu'il estoit du devoir desdits habitans de segonder par leurs suffrages les intantions de Sa Majesté, qui estoit un soulagement dans la suitte. Sur quoy la communauté, d'une commune voix, a declaré qu'il faloit se conformer aux intantions de Sa Majesté et a offert de consentir qu'il fut prins tel emplacement qu'il peut convenir aux dessains des ingenieurs envoyés pour cela, et, suivant ce qu'il seroit ordonné par Monseigneur l'intandant, pour bastir lesdites cazernes et mesme de faire les fraix dudit emplassement. Deliberé en l'hostel de ville, le 2e novembre 1719.

MARTIN, prevôt consul ; JUGE DE SAINT-MARTIN, consul ; RECULÈS, consul ; MARTIN, consul ; ARDILLIER, sindic des marchands ; ROULHAC DE ROULHAC ; MADOUMIER ; COGNIASSE ; LAVAUD ; ROUSSET ; BOISSE ; J. FROMENT ; CHASTAIGNER ; DORAT ; G. ARDANT ; CHABODIE ; MALEDEN, subdelegué ; DE ROULHAC, consul ; THEVENIN, consul ; BAILLOT, juge de Bource ; THEVENIN, assesseur (1) a la Bource ; DURAND jeune ; P. COLOMB ; PEYROCHE ; DISNEMATIN DE SALLES ; BARBOU ; FARNE-CROUZEIX ; NICOT ; LAGENESTE ; ARDANT ; MAILHOT ; PETINJAUD ; VIDAUD ; DEPERET le jeune ; B. VEYSSIERE.

Nomination d'un procureur de la ville.

Dans la chambre du conseil de l'hostel de ville de Limoges, ou estoint assemblés Mrs les prevost et consul soussignés, sur ce qui a esté representé par Mr Thevenin, prevost consul, que Mre Jean Mousnier, procureur de l'hostel de ville, estoit decedé et qu'il estoit a propos d'en nommer un autre a sa place, l'affaire mise en deliberation, mesdits Srs les prevost et consul ont nommé et choisy d'une commune voix Mre (2) Rouchaud, procureur en la seneschaussée et siege presidial de Limoges, pour procureur dudit hotel de ville. Fait a l'hotel de ville, le vingt septiesme novembre 1719.

THEVENIN, prevot consul ; DE ROULHAC, consul ; DECORDES, consul ; RECULÈS, consul ; MARTIN, consul.

(1) Ce mot a été rayé.
(2) Il s'agit ici d'un simple procureur pour représenter la ville en justice.

Eslection et nomination de Messieurs les nouveaux Consuls de la ville de Limoges, faite dans la grand salle de l'hotel de ville par Messieurs les prudhommes nommés a cet esfait, pour l'année prochaine mil sept cents vingt, assistant M^r le lieutenant general, M^r le procureur du Roy de la presant ville, ce septiesme dexambre 1719 :

Monsieur Rogier, seigneur des Essard, lieutenant general, pour premier consul; — [par ordre du Conseil, Mr Mre Joseph Hugon, conseiller du Roy au seneschal de Limoges, a esté nommé a la place de Monsr Rogier] (1);

Monsieur Faulte de Poulouzat, advocat en la Cour, pour segond conseul;

Monsieur Garat, bourgois et marchand, pour troisiesme consul;

De laquelle nomination et eslections nous, lieutenant general susdit, president dudit hotel de ville, avons consedé acte sur le requisitoire du procureur du Roy, pour servir et valloir que de raisons. Fait dans l'hotel de ville, ce septiesme dexambre 1719.

  Rogier des Essarts, lieutenant general, presidant dudit hotel de ville; Du Verdier, avocat du Roy; De Roulhac, prevot consul; Thevenin, consul; Faulte, consul; Decordes, consul; Paillier, secretaire greffier.

Sur quoy, le lieutenant general a dit publiquement qu'il s'oppose a l'eslection presantement faite de sa personne, attandu qu'au moyen de ses offices de lieutenant general de la seneschaussée et de celluy de lieutenant general de police de cette ville (2), il est examp de la collecte qui est anexée au consulat et que mesme ses ocupations importantes et continuelles ne luy permettent pas de vacquer aux fonctions du consulat : les sieurs prud'hommes eussent a nommer un autre; au moyen de quoy, il declare former oposition a ladite nomination faite de sa personne, protestant de desduire ses plus emples moyens par devant les juges a qui la cognoissance en appartient; laquelle opposition nous avons requis monsieur du Verdier, advocat du Roy, faisant la fonc-

Protestation du Lieutenant général.

---

(1) Les mots entre crochets ont été ajoutés à une date postérieure.

(2) Il est de toute évidence qu'il y avait incompatibilité entre les deux fonctions. Le Conseil du Roi le reconnut puisqu'il prescrivit une nouvelle élection pour pourvoir au remplacement de M. Rogier des Essarts; mais il n'en imposa pas moins au Lieutenant général l'obligation d'accepter le Consulat l'année suivante.

tion de procureur du Roy, de signer avec nous au presant registre.

Rogier des Essarts, lieutenant general ; Du Verdier, advocat du Roy ; Paillier, secretaire greffier.

<small>Désignation d'un prédicateur pour 1720-1721.</small>

Aujourd'huy, septiesme dexambre mil sept cents dix neuf, dans la chambre du conseil de l'hotel de ville de Limoges, ou estoint assemblés Monsieur le lieutenant general, president dudit hotel de ville, M. le procureur du Roy, prevost et consuls, a esté procedé a la nomination du Reverend Pere Nicollas Bermond, prieur des Reverends Freres Prescheurs de cette ville pour prescher l'Advant et le Caresme des années mil sept cents vingt et mil sept cents vingt un. A cet effait, il luy en sera donné advis incessamment, sans qu'il en puisse estre donné a sa place ; et a son deffaut la nomination d'un autre sera faite par le corps consullaire. Fait le mesme jour et ans que dessus.

De Roulhac, prevost consul; Decordes, consul ; Faulte, consul ; Thevenin, consul.

<small>Assemblée de ville : Emplacement a acquérir pour les casernes.</small>

Dans la chambre du conseil de l'hotel de ville, ou estoint assamblés messieurs les prevost et consuls soubssignés et les sieurs habitants de ladite ville, dhuement convoqués en la maniere accoustumée, — sur ce qui a esté representé par Monsieur de Roulhac, prevost consul, que l'intantion du Roy est que la ville fournisse l'emplacement necessaire pour bastir des casernes pour le logement des troupes et qu'il faut pour cela convenir avec les proprietaires pour cet emplacement, (1) — l'affaire mise en deliberation, scavoir s'il estoit plus expedient pour le bien public de convenir avec les proprietaires de gré a gré ou de prendre des arbitres pour l'extimation dudit terrain, tous les habitans, apres avoir veu l'arpantement dudit terrain fait par Dechaumex (?), arpenteur juré, ont donné plain pouvoir a Messieurs les consuls en charge de convenir de gré a gré avec lesdits proprietaires et ont promis d'approuver et ratifier tous les contrats qu'ils passeront avec eux soit

---

(1) Il n'y avait pas eu jusqu'alors de casernes proprement dites. Les troupes envoyées à Limoges pour passer leurs quartiers d'hiver ou pour se reformer étaient logées, comme les troupes de passage, chez les habitants, et surtout dans les auberges des faubourgs.

pour l'acquisition dudit emplacement, en desdomagement des proprietaires ; et [au cas] ou lesdits proprietaires ne voudroint convenir de gré a gré avec eux, audit cas il sera libre a mesdits sieurs les consuls de choisir tels arbitres que bon leur semblera pour l'extimation dudit terrain (1). Deliberé le 23ᵉ dexambre 1719.

  De Roulhac, prevot consul ; Faulte, consul ; Baillot, juge de Bource ; Navieres, juge consul ; Thevenin ; Laconque ; Duclou ; Vidaud ; J. Berger ; Guybert ; Decordes, consul ; Thevenin, consul ; Pigné de Mandelesse ; Martin, juge consul ; Dorat ; J. Lavaud, (2) ; Nicot ; Chambon ; Martial Bourdeaux ; Duclou jeune.

François Victor Le Tonnelier Breteuil, chevaillier, marquis de Fontenay, Designy, seigneur des Chapelles, Breteuil, Villebert, Villenevotte, Plaiseau, Boitrons et autres lieux, conseiller du Roy en ses conseils, maistre des requestes ordinaires de son hotel, intandant de justice, pollice et finance de la generalité de Limoges,

  M. Rogier lieutenant général est déchargé du consulat et remplacé par M. Hugon.

Nous, en executions des ordres de Monsieur le controlleur general a nous adressés le 13ᵉ de ce mois,

Avons ordonné et ordonnons qu'en faisant par le sieur Rogier, lieutenant general de pollice de cette ville, sa soumission de passer par le consulat l'année prochaine 1721, il en sera deschargé pour cette année par des raisons particullieres, et sans tirer a consequence ;

Et avons, en consequence des mesmes ordres, nommé en son lieu et place le sieur Hugon, conseiller au presidial, pour en faire les fonctions. Fait a Limoges, le 22ᵉ mars 1720. *Signé* : De Breteuil, — et plus bast :

Nous, Jean Pierre Rogier des Essarts, conseiller du Roy, lieutenant general de pollice en la seneschaussée du Limousin et siege prezidial de Limoges, nous soumetons, en executions de ce qui est cy dessus, d'acepter le consulat de Limoges pour l'année mil

---

(1) Les termes de cette délibération prouvent qu'on avait en vue un emplacement déterminé. Cet emplacement n'est pas désigné ici d'une façon précise : on verra plus loin qu'il se trouvait à peu près au-dessus des Feuillants, en face des murailles, à l'angle que forment actuellement le boulevard de la Pyramide et la rue des Vénitiens.

(2) Deux noms illisibles.

sept cents vingt un. En foy de quoy nous avons signé, a Limoges, le vingt mars mil sept cents vingt. *Signé :* Rogier des Essarts.

Nous, en concequence des ordres qui nous ont estés donnés par Monseigneur l'intandant, avons enregistré la nomination faite de la personne de Monsieur Joseph Hugon, conseiller au presidial de cette ville, pour premier consul de la presante année mil sept cents vingt, en execution des ordres de Monseigneur le controlleur general adressés a Monsieur de Breteuil, intandant en la presante generalité. Fait en l'hotel de ville, le vingt quatriesme mars mil sept cents vingt.

Faulte, prevost consul; De Roulhac, consul; Decordes, consul; Hugon, consul; Garat, consul; Thevenin, consul.

Le 4° dexambre 1720.

Remplacement d'un gager de la ville.

Le huitiesme jour du mois de juillet mil sept cents vingt, dans la chambre du conseil de l'hotel de ville de Limoges, où estoint assemblés Messieurs les prevost et consuls soussignés, pour deliberer des affaires de ladite ville, a ce dhuement convoqués, Monsieur de Roulhac, prevost consul, a representé que Jean Papon dit Grenier, l'un des gagers et vallets de ladite ville, demeurant dans l'hotel de ville, n'estoit plus en estat de faire le service accoustumé a cause de son grand age et infirmités : ce qu'il auroit recognu luy mesme par l'acte qu'il a fait nottifier ce jourd'huy par Nicollas, notaire royal, par lequel il a supplié Messieurs les consuls d'en nommer un autre a sa place. La chose mise en deliberation, attandu qu'il est de notorité publique que ledit Papon n'est plus en estat de faire le service, lesdits sieurs prevost et consuls ont d'une commune voix nommé, a la place dudit Papon, le nommé Joseph Tixier, rotisseur de cette ville, lequel s'estant a l'instant presenté, lesdits sieurs prevost et consuls ont pris et receu de luy le serment de bien et fidellement remplir et exercer ledit employ, ce qu'il a promis de faire avec respect, soumissions et assiduité ; et, ce fait, il a esté installé audit employ, luy ayant fait prendre la casaque, toque et baston, pour, par ledit Joseph Tixier, jouir pendant sa vie, en faisant le service accoustumé, des gages, droits, privilaiges et exemption dont ont jouy et jouissent les pourveus de pareils employs. Deliberé ledit jour et ans que dessus.

> *Signé* : DE ROULHAC, prevost consul; HUGON, consul; DESCORDES, consul; FAULTE, consul; GARAT, consul; THEVENIN, consul. Le tout dans l'original, qui est dans une feuille de papier marqué qui a resté au greffe dudit hostel de ville.

Confirmation de privileges pour les consuls et habitans de la ville de Limoges (1).

Louis, par la grace de Dieu roy de France et de Navarre, a tous presens et a venir, salut. Nos bien amés les consuls et habitans de la ville de Limoges, nous ont tres humblement fait remontrer que le roy Charles sept, voulant reconnoitre la fidelité et l'affection que les habitans de ladite ville avoint temoigné dans toutes les occasions qui s'etoint presentées pour son service, particulierement de ce qu'apres avoir secoüé le joug de la domination angloise, ils s'etoint mis sous son obeissance, et a leur exemple le reste de la province du Limousin,--leur auroit accordé, par ses lettres patantes du mois de janvier l'an mil quatre cent vingt un, plusieurs privileges, franchises, immunités, libertés, exemptions de droit et notament aux consuls de ladite ville, et a ceux qui leur succederoint a perpetuité l'exemption du droit de franc fiefts; lesquels privileges ont esté confirmés successivement de reigne en reigne par les roys nos predecesseurs, meme par le feu roy notre tres honoré seigneur et bisayeul de glorieuse memoire, par autres lettres patantes du mois de novembre mil quatre cent quatre vingt trois, juin mil quatre cent quatre vingt dix huit, mars mil cinq cent cinquante deux, mars mil cinq cent soixante cinq, feuvrier mil cinq cent soixante dix neuf, juin mil cinq cent quatre vingt dix, juillet mil six cent six, avril mil six cent treize, et feuvrier mil six cent soixante dix sept : par toutes lesquelles lettres lesdits consuls de ladite ville de Limoges, leurs veufves et enfans ont esté confirmés en touts leurs droits, privileges et exemptions desdits droits et franchises; desquels privileges ils ont toujours jouy jusqu'a present. Et desirans en obtenir la confirmation, ils nous ont tres humblement fait suplier de leur vouloir accorder nos lettres sur ce necessaires.

(1) Voir plus haut, page 274.

A ces causes, apres avoir fait voir les lettres de concessions et confirmation desdits privileges cy dessus, cy attachées sous le contre scel de notre chancellerie, de l'avis de notre tres cher et tres amé oncle le duc d'Orleans, petit-fils de France, regent, de notre tres cher et tres amé oncle le duc de Chartres, premier prince de notre sang; de notre tres cher et tres amé cousin le duc de Bourbon; de notre tres cher et tres amé cousin le prince de Conti, prince de notre sang; de notre tres cher et tres amé le comte de Toulouse, prince legitimé, et autres pairs de France, grands et notables personnages de notre royaume, et de notre certaine sciance pleine puissance et autorité royale, nous avons continué et confirmé, et par ces presentes signées de notre main, continuons et confirmons touts et chacuns les privileges, concessions, franchises, libertés, immunités et exemptions des droits de franc fiefs portés par lesdites lettres patentes accordées aux dits consuls de la ville de Limoges, leurs veuves et enfans, pour, par eux et leurs successeurs, en jouir et user a l'avenir pleinement et paisiblement, tout ainsy qu'ils en ont cy devant bien et duement jouy et usé, jouissent et usent encore a present. Si donnons en mandement a nos amés et feaux conseillers, les gens tenant notre cour de Parlement a Bourdeaux, Chambre des Comptes à Paris, senechal de Limousin et son lieutenant, et a touts autres nos officiers et justiciers qu'il appartiendra, que les presentes ils fassent enregistrer et du contenu en icelles jouir et user les exposants pleinement et paisiblement, cessant et faisant cesser touts troubles et empechements au contraire; car tel est notre plaisir. Et afin que ce soit chose ferme et stable a toujours, nous avons fait mettre notre scel a cesdites presentes. Donné a Paris, au mois de juin, l'an de grace mil sept cent dix neuf et de notre regne le quatrieme. *Signé* : Louis, *et sur le replit* : par le Roy, le duc D'Orleans, regent, present, *Signé* : Phelypeaux. *Visa*, Le Voyer d'Argenson.

Enregistrement de la confirmation des privileges des consuls et habitans de la ville de Limoges a la Chambre des Comptes.

Veu par la chambre les lettres patentes du Roy données à Paris au mois de juin de l'année derniere mil sept cent dix neuf, signées : Louis, et sur le reply : par le roy, le duc d'Orleans, regent, present, Phelypeaux, et scellées, en lacqs de soye rouge et verte, du grand sceau de cire verte, obtenues par les consuls et habitans de la ville de Limoges, par lesquelles et pour les causes y contenues Sa Majesté les a continués et confirmez dans tous et chacuns les privileges, concessions, franchises, libertés, immunités et exemptions des droits de francs fiefs portez par les lettres patentes accordées auxdits consuls de la ville de Limoges par les roys predecesseurs de Sa Majesté, pour, par eux, leurs veuves, enfans et successeurs en jouir et user à l'avenir pleinement et paisiblement tout ainsy qu'ils en ont cy devant bien et deuement jouy et usé, jouissent et usent encore a present comme plus au long le contiennent les dittes lettres addressantes tant a la Chambre qu'au Parlement de Bordeaux, la requeste a elle presentée par   (1) de Roulhac, prevost consul, et   (2) Decordes, aussy consul de ladite ville de Limoges, tant pour eux que pour les autres consuls et habitans de ladite ville, aux fins de verification et enregistrement desdittes lettres, ensemble de celles de confirmation des mesmes privileges du feu roy dernier decedé, données à Saint Germain en Laye le treizieme fevrier mil six cent soixante dix sept, signées et scellées; veu aussy aucunes des auttres lettres dattées et enoncées es susdittes lettres et notamment celles des mois de juillet mil six cent six et avril mil six cent treize, registrées en la chambre les sept avril mil six cent sept, et trois may mil six cent treize, attachées sous leur contre scel conjointement avec celle dudit jour, treize fevrier mil six cent soixante dix sept, addressantes a la chambre seulement, conclusions du procureur general du Roy, et tout consideré, — la Chambre a ordonné et ordonne lesdites lettres du treize janvier mil six cent soixante dix sept et celles du mois de juin mil sept cent dix neuf, etre registrées pour jouir par les impetrans de l'effet et contenu en icelles selon leur forme et teneur, ainsy qu'ils en ont bien et deuement jouy et usé par le passé, jouissent et usent encore presentement. — Sans approbation de l'adresse au Parlement de Bourdeaux avant la Chambre. Fait le vingtiesme avril mil sept cent vingt, collationné.

Extrait des registres de la chambre des comptes. *Signé* : RICHER.

Nous, soussignés, faisant tant pour nous que pour les autres incendiés du faux bourgt de Monmailler de cette ville, pour eviter le remboursement de la somme de ving trois mille neuf livres et quatre sols a nous dûe par ladite ville, suivant l'arrest du Conseil du vingt neuf septembre mil sept cent six et le traitté fait entre

<small>Déclaration des incendiés de Montmailler auxquels la ville a cédé les produits de la charge de courtier des vins.</small>

(1) Un mot en blanc.
(2) *Id.*

nous et Messieurs les consuls lors en charge du vingt trois du mois de decembre de la meme année, et des interets montant a la somme de six cent soixante quatorze livres a nous dûe par ladite ville pour la cessation du payement des gages attribués aux offices de premier consul et conseiller garde scel des octrois de ladite ville, lesquels gages nous avoient eté cedés par Messieurs les consuls lors en charge, lequel rembourcement ils etoient en droit de nous faire en billets de la Banque royalle (lequel rembourcement nous auroit eté tres prejudiciable); — nous declarons nous contenter a l'avenir pour ladite somme de vingt trois mille neuf livres et quatre sols et interets d'icelle du passé, de la charge de couretage de vins, d'aux de vie et autres liqueurs, reuni a la communauté de ladite ville, sans que nous puissions a l'avenir demander autre chose a ladite ville; l'adjudication du bail duquel office demeurera toujours reservé a Messieurs les consuls de ladite ville, ce qui a été accepté par nous, consuls en charge soussignés ; promettons au surplus de reiterer le present traitté par devant notaire, toutes fois et quantes que nous en serons requis. Fait a Limoges, en l'hotel de ville, le trente octobre mil sept cent vingt.

Signé : SIMONE SEGOND, veuve du sieur Muret; DURAND; BAILLOT; CUSSON; THEVENIN, prevost consul; DE ROULHAC, consul; DECORDES, consul; FAULTE, consul; HUGON, consul; GARAT, consul.

Nomination d'un avocat de la ville. Dans la chambre du conseil de l'hotel de ville, ou estoint assemblés M^{rs} le prevost et consuls pour deliberer des affaires de la ville, Mr Garat, prevot consul, a exposé qu'il etoit a propos de choisir un avocat pour prendre soin des affaires de ladite ville a la place de Mr Decordes des Fayes, decedé les jours derniers. Sur quoy, l'affaire mise en deliberation, lesdits sieurs consuls, d'une commune voix, ont choisy et nommé pour conseil de ville, M. Devoyon, avocat en la Cour, pour par luy jouir des honneurs et privileges dont ont jouy ses predecesseurs. Fait en l'hotel de ville, le 4e decembre 1720.

GARAT, prevost consul; DE ROULHAC, consul; HUGON, consul; FAULTE, consul; THEVENIN, consul (1).

(1) Le grand évènement de l'année 1720 est la réorganisation de la maréchaussée dans la province et son rattachement au corps de la gendarmerie. La maréchaussée avait été supprimée pendant un certain temps, et cette mesure avait excité des réclamations nombreuses.

— 287 —

Achat d'un terrain auprès des Feuillants pour l'emplacement des casernes.

Le quatriesme du mois de decembre mil sept cent vingt, apres midy, dans l'hotel de ville de Limoges, pardevant le notaire royal et les tesmoingts soussignés, furent presents MM. Reiymond Garat, prevost consul ; Jean Gregoire de Roulhac, conseiller du Roy au siege presidial de ladite ville ; Joseph Hugon, aussy conseiller du Roy audit siege ; Pierre Faulte, sieur de Poulousat, et Jean Thevenin, tous consuls de ladite ville, pour eux et leurs successeurs audit consulat d'une part ; et Mr Me Leonard des Flottes, sieur des Bordes, advocat en la Cour, habitant de cette ville, pour luy et les siens, d'autre part ; desquelles parties a esté dit que le Roy ayant ordonné qu'il seroit construit des cazernes en cette ville pour le logemant des troupes, et que la communauté fourniroit l'emplassement d'icelles, et a cet effet, le jardin du sieur Desbordes, scittué pres les Reverends Pere Feuilhants, paroisse de Saint Paul Saint Laurans, confrontant au chemin qui est le long des fossés de ladite ville, par lequel on vat des Peres Cordeliers a la porte Montmailler d'une part, a autre chemin par lequel on vat dudit couvent desdits Peres Cordeliers aux terres de Poislevé d'autre, et au jardin du sieur Vauveix d'autre (1) ledit jardin de la contenance de trois sesterées suivant l'arpentemant que mesdits sieurs les consuls en firent faire par Dechaumeix, arpenteur juré de la ville d'Aixe ; du prix duquel jardin lesdits sieurs consuls, en consequance de la deliberation prise dans ledit hotel de ville, le vingt trois decembre de l'année derniere mil sept cent dix neuf, auroient verbalement convenu, avec ledit sieur Des Bordes, a la somme de quinze cent livres, et se seroint, outre ce, chargés lesdits sieurs consuls de payer annuellement les rentes deües sur ledit jardin, qui concistent en douze livres de rente segonde annuellement deüe a la dame Dupin ; plus celle de cinq livres, aussy de rente segonde, deüe a la dame Rogier des Essards, et celle de vingt sols de rente fonciere et directte deüe aux Reverends Peres Feuilhants ; de laquelle ditte somme de quinze cent livres, ledit sieur des Flottes a declaré avoir esté cy devant payé de M^{rs} les consuls, scavoir de celle de cinq cent livres depuis le vingt un aoust dernier, et de celle de mil livres depuis le vingt deux septembre aussy dernier, suivant les quittances d'ecriture privée que ledit sieur des Bordes en avoit donné, lesquelles luy ont esté presentemant remises ; de laquelle somme de quinze cent livres ledit sieur des Bordes quitte lesdits sieurs consuls, ensemble de celle de vingt livres qui luy a esté payée presantement pour les interets qui luy estoient deübs jusques aux jours desdits payements

---

(1) On voit que cet emplacement était situé très exactement sur les terrains occupés actuellement par les immeubles Texier, Lamy de La Chapelle et veuve Péret.

qui luy ont estés faits, avec promesse de n'en rien plus demander et de garantir le susdit jardin cy dessus delaissé de tous troubles et evictions quelconques : ledit jardin franc et quitte de toutes autres charges, debtes, hipotheques, arrerages des susdites rentes, droits et debvoirs seigneuriaux du passé generallement quelconques, jusques au mois de janvier de ladite année mil sept cent vingt, que ledit jardin a esté pris pour ledit emplassement; duquel susdit jardin le sieur des Bordes s'est demis et desaisy et d'icelluy a saisy en toute proprieté lesdits sieurs consuls. Dont et du tout a esté concedé acte en presance de Jaques Laroche et Jean Auconsul, praticiens, habitant dudit Limoges, temoingts a ce appelés, et qui ont signé a l'original des presantes avec lesdites parties et moy, notaire royal, soussigné. Deuement controllé. *Signé* : NICOLAS, notaire royal.

Noms de Messieurs les prudhommes (1) *choisis et nommés par Messieurs les prevost et consuls pour la nomination de Messieurs les nouveaux consuls, pour l'année prochaine 1721, en presence de Monsieur Rogier, lieutenant general, president en l'hotel de ville, et de Monsieur de la Brideric, procureur du Roy.*

Monsieur Senemaud, juge de Bource.

Consulat.

Monsieur Benoit de Blesmond, gendre de Dhouet;
Moransanne, gantier ;
Nicolas Ardant ;
Cusson ;
Dumas, gendre de Rousselle ;
Bernard Lafosse ;
Reculet, medecin ;
Durand jeune ;
Hyasinthe Beaubreuil ;
Froment, gendre de Teuillier ;
Barbou, gendre a Senemaud ;
Bourdeaux, gendre de Recullet.

Manigne.

Ruaud Duchalard ;
Mousnier, procureur ;
Jacques Pouyat ;
Farne, gendre de Crouzeyx ;
Cybot, quinquallieur ;
Roulhac de Roulhac ;
Bourdeaux, gendre de Senemaud ;
Dorat, marchand.

(1) Cette liste n'a pas été insérée au registre depuis 1710.

Faubourg Manigne (1).

Truffy, marchand ;
Dematias, gendre a Boyol ;
Disnematin des Salles ;
Beaud, gendre de la Bernardie.

Les Bancs.

Jean Deperet ;
Recullet, marchand ;
Francois Martin, marchand ;
Guerin, gendre de Cycot ;
Cybot, gendre de Roulhac.

Le Clocher.

Volondat, bourgeois ;
Nicot, marchand ;
Malevergne, gendre d'Ardillier ;
Durand, medecin ;
Clement, bourgeois ;
Estienne, notaire ;
Constant, gendre de Michel.

Boucherie.

Veyrier Dubreuil ;
Felines, droguiste ;
Farne, gendre de Moulinier ;
La Fosse, mary de la Colomb ;
Reix, marchand epissier ;
Blanchard, orfeuvre, gendre de Leralde ;
Borie, medecin ;
Goudin, gendre de Durou.

Faubourg Boucherie (2).

Duclou, mary de la Merigot ;
Moulinier, gendre de Lafosse ;
Claude Michel ;
Mallevergne du Masdoumier.

Ferrerie.

Deperet, gendre d'Ardant ;
Ardant, gendre de Chabrou ;
Navieres, gendre de Moreaux ;
La Conque, medecin.

Les Combes.

Crouchaud, procureur ;
Tanchons, procureur ;
Delosmenie, procureur ;
Muret, advocat.

Faubourg Monmailler.

Baillot, epissier ;
Izac Juryiol.

Lansecot.

Raby jeune, confisseur ;
Martin, gendre d'Artigeas.

Fait et aresté dans la chambre du conseil de l'hotel de ville de Limoges, le cinquiesme dexembre 1720.

Signé : GARAT, prevost consul ; DE ROULHAC, consul ; HUGON, consul ; FAULTE, consul ; THEVENIN, consul.

---

(1) On en était arrivé à donner une place dans le corps électoral aux habitants des faubourgs, au détriment de certains anciens quartiers, tels que Lansecot, La Porte, etc.

(2) Le faubourg Boucherie a sa représentation spéciale, comme plus haut le faubourg Manigne.

Nous avons donné acte de la nomination sy dessus : ordonnons qu'elle sera communiquée au procureur du Roy, pour, ses conclusions veües, estre ordonné ce qu'il appartiendrat. Fait le jour, mois et an que dessus. *Signé* : ROGIER DES ESSARTS, president.

Le procureur du Roy, qui a pris communication de la nomination cy dessus, ensemble de l'ordonnance de soit communiqué, n'enpeiche que les prudhommes cy dessus nommés ne s'assamblent dans la sale de l'hotel de ville pour proceder semmedy, septieme du present mois, a la nomination des consuls pour l'année 1721, avec toute sorte de liberté de suffrages. Fait le jour, mois et an que dessus. *Signé* : ROMANET, procureur du Roy.

Soit fait comme il est requis. A Limoges, ledit jour, mois et an que dessus. *Signé* : ROGIER DES ESSARTS, president (1).

Eslection et nomination de Messieurs les Consuls, faite dans la grande salle de l'hotel commun, le septiesme dexembre 1720, par Messieurs les prudhommes nommés par Messieurs les consuls en charge, en la maniere acoustumée, en presence des dits sieurs consuls, du consentement du procureur du Roy, y presidant Monsieur Me Jean Pierre Rogier, seigneur des Essard, lieutenent general, et ce pour l'année 1721 :

Monsieur Mre Jean Pierre Rogier, seigneur des Essard, lieutenent general cyvil et de pollice en la presente seneschaussée, pour premier consul (2);

Monsieur Durand, docteur en medecine, pour second consul;

Monsieur Baillot, bourgeois et marchand, pour troiziesme consul.

GARAT, prevost consul; HUGON, consul ; FAULTE, consul.

---

(2) Nous avons vu en 1718 une brèche s'ouvrir entre la porte Boucherie et la tour du Canard; en 1720 ou 1721, la toiture de la porte Manigne tomba. La tour resta découverte un demi-siècle et ne fut démolie qu'en 1767. — On en voit encore quelques traces, place Manigne, dans le mur de la maison qui forme le coin de la rue Manigne.

(1) Il convient de rappeler que M. Rogier des Essarts, élu premier consul l'année précédente, n'avait obtenu d'être déchargé de ce mandat que sur l'engagement formel d'accepter le consulat l'année suivante.

Le procureur du Roy requiert qu'il soit donné acte de la nomination faite par lesdits sieurs prudhommes des personnes de Messieurs Rogier des Essard, pour premier consul; Durand, pour second consul, et Baillot pour troiziesme consul. En consequence, requiert qu'ils soient apellés pour prester le serment.

                    ROMANET, procureur du Roy.

Nous, faisant droit sur le requizitoire du procureur du Roy, avons donné acte de la nomination presentement faite des personnes de Monsieur Rogier des Essard, pour premier consul; Durand, pour second consul, et Baillot pour troiziesme consul, pour l'année 1721. En consequence, ordonnons qu'ils se presenteront pour prester le serment en tel cas requis. A Limoges, le septiesme dexembre 1720.

        ROGIER DES ESSARD, president; PAILLIER, secretaire greffier.

Désignation d'un prédicateur pour 1721-1722.

Aujourdhuy, septiesme decembre mille sept cents vingt, dans la chambre du conseil de l'hostel de ville de Limoges, ou estoient assemblés Monsieur le lieutenent general, president dudit hostel de ville, Monsieur le procureur du Roy, prevost et consul, a esté procedé a la nomination de la personne de Monsieur Bellai, prieur de Chancellade, pour prescher l'Advant et le Caresme des années mil sept cents vingt un et mil sept cents vingt deux. A cet effait, il luy en sera donné advis incessament, sans qu'il en puisse estre donné a sa place; et, a son defaut, la nomination d'un autre sera faite par le corps consullaire. Fait le mesme jour et an que dessus.

        HUGON, prevost consul; ROGIER DES ESSARTS, consul; FAULTE, consul; DURAND, consul; GARAT, consul; BAILLOT, consul; PAILLIER, secretaire.

Estat des armes que Monsieur de la Collonge, commissaire ordinaire des Guerres en la generalité de Limoges, a fait remettre a Messieurs les consuls de la ville de Limoges, provenant de la reforme qui a esté faite audit Limoges, le six et septiesme juin 1721, par Monsieur le marquis de Chatillons, inspecteur general, de saize maistres par compaignie. des regimens de carallerie de Nouailles et Berringhen, en quartiers dans cette generalité :

Du regiment de Nouailles :

De la compagnie maistre de camp.	6	mousquetons et	4	paires pistollets.
—	lieutenant collonelle...	6	—	4	—
—	de Champerin (?).	6	—	4	—
—	de Lavai........	6	—	4	—
—	d'Estapin	5	—	3	—
—	de Beaufremont..	5	—	3	—
—	de Combour.....	5	—	3	—
—	de Luidre.......	5	—	3 1/2	—
		44		28 1/2	

Du regiment de Berringhen :

De la compagnie maistre de camp.	10	mousquetons et	10	paires pistollets
—	de Lanzieres....	10	—	10	—
—	lieutenant collonelle...	10	—	10	—
—	Saint-Louis.....	10	—	9	—
—	du Dorat........	10	—	9	—
—	de Saint-Esteve.	9	—	9	—
—	de Saint-Juliens	9	—	9	—
—	de Courez.......	9	—	9	—
		77		75	

Recapitulation.

Regiment des Nouailles...	44	mousquetons et	28 1/2	paires pistollets.
Regiment de Berringhen..	77	—	75	—
	121		103 1/2	

Vérification des armes remises au Consulat. Vingt huit paires et demy de pistollets du regiment de Nouailles, desquels il y en a dix sept qui ont bezoin d'anture, baguettes et porte baguettes; un qui a bezoin d'une avis (*sic*) a la platine; deux qui ont bezoins de monture entiere avec la piece du pouce, un qui manque du grand ressort. Il manque plusieurs porte bagette et plusieurs vis.

Quarante quatre mousquetons, parmy lesquels il y en a (*sic*) qu'onze de bons; tous les autres ont bezoin, la plupart d'enture, d'autres de monture entiere, quelques uns manquent de batterie, du grand ressort et de plusieurs vis, baguettes et porte baguettes.

Il y en a sept qui ont les garnitures de fert ou d'acier.

Soixante quinze paires de pistollets du regiment de Berringhen, dont il y en a sept qui ont bezoin d'entures, de quelques vis et porte baguettes, un qui manque de platine, quatre qui manquent de la piece du pouce, un qui a crevé; deux ont bezoin de monture entiere; deux manquent de chapiteaux, et divers autres, il y manque plusieurs vis et baguettes.

Soixante dix sept mousquetons, dont il y en a six qui ont bezoins d'enture, un qui manque de porte pierre; deux qui manque de la piece du pouce; plusieurs manquent de vis, de bagettes et porte bagette; deux qui ont bezoins de monture entierre; un qui est crevé.

Je, Jean Malissens, maitre armurier de cette ville, recognois avoir fait la susdite verification a Limoges, le septiesme juin 1721.

Jean M<small>ALISSANT</small>.

Nous, prevost et consuls de la ville de Limoges, recognoissons que Me de la Collonge, commissaire des guerres en la generalité de Limoges, nous a remis en mains la cantité de cents vingt un mousquetons et cents trois peires et demy de pistollets, provenant de la reforme qui a esté faite aux regiments de Nouailles et Berringans cavallerie; auxquelles armes il manque plusieurs piesses, suivant la veriffication que nous en avons fait faire par ledit Malissens, maitre armurier de cette ville, conformement a l'acte ci dessus, de luy signé; desquelles armes nous nous chargeons pour en rendre compte a Sa Majesté, toutes et quantes fois que nous en serons requis. A Limoges, le septiesme juin 1721.

Récépissé délivré par les consuls.

H<small>UGON</small>, consul; R<small>OGIER DES</small> E<small>SSARTS</small>; B<small>AILLOT</small>, consul; G<small>ARAT</small>, consul; F<small>AULTE</small>, consul; D<small>URAND</small>, consul (1).

(1) Le vin fut, cette année, d'une cherté excessive. Le prix de la charge atteignit 14 livres alors qu'il ne dépassait pas 5 à 6 livres les années précédentes.

Eslection et nomination de Messieurs les Consuls, faite duns la grande saile de l'hostel commun, le septiesme dexambre 1721, *par Messieurs les prudhommes nommés par Messieurs les consuls en charge, a la maniere accoustumée, en presence des sieurs consuls, du consentement du procureur du Roy, y prezidant Monsieur M° Jean Pierre Rogier, seigneur des Essard, lieutenant general, et ce pour l'année* 1722.

Monsieur Mre Gregoire Coignasse, sieur du Carrier, lieutenant en l'eslection, premier consul;
Monsieur (1) Moulinier, entiens eslu, segond consul;
Monsieur Georges Ardant, troiziesme consul.

  Rogier des Essarts; Durand; Baillot; Moulinier; G. Ardant.

Le procureur du Roy requiert qu'il soit donné acte de la nomination faite par les dits sieurs prudhommes des personnes de Messieurs Coignasse du Carrier pour premier consuls; Monsieur Jean Moulinier, pour second consul: Monsieur Georges Ardant, pour troisiesme consul. En consequence, requiert qu'ils soient appellés pour preter serment.

  Romanet, procureur du Roy.

Nous, faisant droit sur le requisitoire du procureur du Roy, avons donné acte de la nomination presentement faite des personnes de Monsieur Coignasse du Carrier, pour premier consul; Monsieur Jean Moulinier, pour second consul; Monsieur Georges Ardent, pour troisiesme consul, pour l'année 1722. En consequence, ordonnons qu'ils se presenteront pour prester serment a tels cas requis. A Limoges, le septiesme dexambre 1721.

  Rogier des Essarts, president; Pailler, secretaire greffier.

(1) Le prénom est resté en blanc.

Aujourd'huy, septiesme dexembre mil sept cent vingt un, dans la chambre du conseil de l'hostel de ville de Limoges, ou estoient assemblés Monsieur le lieutenant general, president dudit hostel de ville ; Monsieur le procureur du Roy, prevost et consuls, a esté procedé a la nomination de la personne du Reverend P. dom René Darsleresle (?), benedictin, pour prescher l'Advant et le Caresme des années mil sept cent vingt deux et mil sept cent vingt trois. Et a cet effait, il luy en sera donné advis incessament sans qu'il en puisse être donné a sa place ; et a son deffaut la nomination en sera faite par le corps consulaire. Fait ledit jour, mois et an que dessus.

<small>Désignation du prédicateur pour 1722-1723.</small>

Rogier des Essarts, prevost consul; Durand; Moulinier, consul; G. Ardant ; Paillier, secretaire greffier.

Copie de la lettre escrite par Monsieur de Breteuil, intandant de Limoges, a Messieurs les consuls.

A Angoulesme, ce 7e mars 1722.

Il peut y avoir, Messieurs, beaucoup d'abus dans la repartition qui s'est faite jusqu'icy de la taille pour les biens des campaignes qui sont comprises dans vostre roolle, et il seroit desirable d'y remedier. Mais j'entrevois, sur ce que vous me dites, beaucoup d'inconvenians dans le remede ; il est difficile, pour ne pas dire impossible, que je puisse de loin decider sur ce chapitre. Cependent, comme on ne peu differer plus longtemps la faction du roolle, si vous ne convenes poin entre vous de vos faits, je crois plus expedian de suivre pour cette année ce qui s'est pratiqué depuis si longtemps, sauf d'icy au departement prochain a examiner la chause avec attantion pour y avoir lors egards (1).

Je suis, Messieurs, tres parfaitement a vous.

Signé : De Breteuil.

(1) Nous ignorons sur quel point s'était produite la divergence d'opinions à laquelle fait allusion la lettre de l'Intendant.

Descharge des mousquetons et paires de pistollets des regiments de Berraingain et Nouailles, dont le proces-verbal est en l'autre part (1).

Nous, Jean-François Malledent, seigneur de Fonjaudrant, conseiller du Roy au presidial de Limoges, subdelegué de Monsieur l'intandant et en son absence, certiffions que Messieurs les consuls de cette ville nous ont remis les mousquetons et pistollets mantionnés au present estat, dont ils avoient esté chargés, et qu'ils ont estés renvoyés, en consequence des ordres de mondit seigneur l'intaudent, au chateau d'Angoulesme : au moyen de quoy lesdits sieurs consuls demeureront deschargés. Fait a Limoges, ce 10° juillet 1721.

Signé : MALLEDENT, subdelegué.

J'ay l'original de la presente descharge (2).

<small>Assemblée de ville :
L'affaire du droit de francs fiefs reparait.</small>

Aujourdhuy, vingt cinq aoust 1722, dans l'hostel de ville, ou les sieurs habitans avoient estés convoqués, a esté remontré que sur les contrainctes que le traittant des francs fiefs vouloit exerser journellement contre lesdits habitans, il seroit a propos de faire toutes les diligences possibles pour se pourvoir pour raison de ce : a cet effait nommer un ou plusieurs desdits habitans pour agir ; mesmo de prier Mʳ l'intandant de vouloir leur accorder sa protection dans cet affaire. Ils ont nommé Messieurs Rogier, Malledent de Fonjoudrans, Roulhac Dugondeau et Pabot, pour poursuivre la continuation des privilaiges du droit des franc fief, souit *(sic)* par remboursement de finances ou autrement, promettans lesdits sieurs habitans d'avoir le tout pour agreable et ne revenir jamais au contraire. En foy de quoy ils ont signé.

ROGIER DES ESSARTS ; DENOALHIÉ ; DE CORDES DE FELIS ;
DESFLOTTES DE BONNAT ; MALEDENT ; PABOT DU BRUEIL ;
BARBOU ; DEVOYON ; PEYRIERE DU BRUEIL ; F. LAMY ;
ROULHAC DE ROULHAC ; MASDOUMIER ; DE ROULHAC DE
TRACHAUSSADE ; BENOIST.

(1) V. ci-dessus, page 292.
(2) Note du secrétaire-greffier.

Aujourd'huy, onziesme aoust mille sept cents vingt deux, dans l'hostel de ville de Limoges, ou estoient assemblés Messieurs les prevost, consuls de ladite ville de Limoges, le procureur du Roy est entré et a dit qu'il est obligé, pour le devoir de son ministaire, de nous remontrer que le nommé Barthelemy Pinot, second capitaine dudit hostel de ville (1), est actuellement prisonnier dans les prisons royales d'Engoulesmes pour crimes capiteaux, et que mesme despuis longtemps sa conduite n'estoit pas exempte de repreantion et auroit merité qu'on eû pourveu a cet employ si on n'avoit toujours esperé qu'il seroit plus exat a l'advenir a remplir ses obligations ; mais comme il ne convient pas absolument de laisser dans cet employ un homme dont la reputation est mal famée et que d'ailleurs le service actuel de la maison de ville doit estre fait, le procureur du Roy est obligé de requerir qu'il soit choizi et nommé une personne capable au lieu et place dudit Pinot pour remplir la place de second capitaine et rendre le service accoustumé audit hotel de ville, en par luy prestant le sermant au cas requis.

Remplacement d'un capitaine de l'hôtel de ville emprisonné.

ROMANET, procureur du Roy.

Nous soubsignés, prevost et consuls de Limoges, assemblés dans l'hostel de ville et dhuement convoqués, adherans et faisant droit du requisitoire du procureur du Roy, avons nommé et nommons d'une commune voix le nommé Jean Roche, habitant de cette ville, pour remplir pendant sa vie la place de second capitaine dudit hostel de ville, exercée par Barthelemy Pinot, dont est parlé au susdit requisitoire; lequel dit Jean Roche s'estant a l'instant presenté, nous avons de luy prins e receu le serment de bien et fidellement faire les fonctions dudit employ, avec respect, soumission et assiduité; et, ce fait, l'avons installé audit employ de second capitaine dudit hostel de ville, pour jouir pendant sa vie durant, en faisant le service de sa charge, des gages, droits, exemption et privilaiges desquels ont jouy et jouissent les autres pourveus de pareils emplois; et, ce fait, lui avons remis la bandouliere qu'il a mis sur son corps pour marque de ladite installation. Fait a Limoges, dans l'hostel de ville, le douziesme aoust mil sept cents vingt deux.

Signé : DURAND, prevost consul; ROGIER DES ESSARD, consul; COIGNASSE, consul; MOULINIER, consul; BAILLOT, consul; ARDANT, consul. Le tout dans l'original, qui est dans une feuille de papier marqué qui reste au greffe dudit hostel de ville.

(1) Rappelons encore une fois que les deux capitaines de l'hôtel de ville n'étaient que de simples huissiers.

Extrait de la commission sur la ville de Limoges pour l'année 1721.

Paiement d'un à compte a la veuve Leyssenne.

... Plus, nous imposons la somme de quatre cents et vingt trois livres six sols huit deniers pour le sixiesme de celle de deux mille cinq cents livres adjeugée au profit de Catherine Ardant, veuve de Leyssene, par arrest du Conseil d'Estat du huitiesme janvier 1718, ensemble celle de trante trois livres pour les interets du restant de ladite somme principalle, a raison de deux pour cents, conformement a larrest du Conseil ; lesquelles sommes vous payerés a ladite veuve Leyssene, après la partie du Roy acquittée. *Signé* : DE BRETEUIL.

Je soussignée, Catherine Ardant, veuve de Leyssene, recognoist avoir receu de Messieurs les prevost, consuls de l'année derniere 1721, par les mains du sieur Paillier, et des deniers de son recouvrement, la somme de quatre cents soixante six livres, a moy ordonnée d'estre payée pour le troisiesme pacte de celle de deux mille cinq cents livres, payable en six années, et adjugée a mon profit pour les cauzes enoncées en l'arest du Conseil du 8ᵉ janvier 1718, y compris celle de trante trois livres pour les interets de ladite somme principalle restante a raison de deux pour cents, conformement a l'arrest du Conseil, insin qu'il est expliqué par la commission si-dessus transcrite ; de laquelle somme de quatre cents cinquante six livres je quitte les dits sieurs consuls. Fait a Limoges, dans l'hostel de ville, le deux septambre 1722. *Signé* : Catherine ARDANT, veuve de LEYSSENE.

Eslection et nominations de Messieurs les Consuls, faite dans la grande salle de l'hostel commun, ce septiesme dexembre 1722, par Messieurs les prudhommes nommés par Messieurs les consuls en charge a la maniere accoustumée, en presence desdits sieurs consuls et du consentement du procureur du Roy, y president Mʳ Mʳᵉ Jean Rogier, seigneur des Essard, lieutenant general, et ce pour l'année 1723 :

Monsieur   (1) Dalesme, seigneur de Rigoullene, conseiller du Roy, lieutenant general d'espée, premier consul ;

(1) Le prénom est resté en blanc.

Monsieur   (1) Blondeau, seigneur de Lage, entien lieutenent en la prevosté generalle, segond consul :

Monsieur   (2) Jayat, sieur du Puy las Rodas, bourgois et marchand, troisiesme consul.

MOULINIER, consul ; BLONDEAU DE LAGE ; JAYAT, consul ; G. ARDANT, consul.

Le procureur du Roy requiert qu'il soit donné acte de la nomination faite par lesdits sieurs prudhommes, des personnes de Messieurs Dalesme, seigneur de Rigoulesne, pour premier consul ; Monsieur Blondeau, seigneur de Lage, pour segond consul ; Monsieur Jayat du Puy las Rodas, pour troisiesme consul. En consequence, requiert qu'ils soient apellés pour prester sermant.

ROMANET.

Nous, faisant droit sur les requisitoires du procureur du Roy, avons donné acte de la nomination presentement faite des personnes de Monsieur Dalesme, seigneur de Rigoulesne, pour premier consul ; Monsieur Blondeau, seigneur de Lage, pour second consul ; Monsieur Jayac du Puy las Rodas, pour troisiesme consul, pour l'année 1723, — et en consequence ordonnons qu'ils se presanteront pour prester le serment a tel cas requis.

ROGIER DES ESSARTS, president (3).

Aujourd'huy, septiesme dexembre 1722, dans la chambre du conseil de l'hostel de ville de Limoges ou estoint assamblés Monsieur le lieutenant general, president dudit hostel de ville, Monsieur le procureur du Roy, prevost et consuls, a esté procedé a la nomination du reverend pere Jean Baptiste Collomb, de l'ordre des Freres Prescheurs, pour prescher l'Advant et le Caresme des années mil sept cents vingt trois et mil sept cents vingt quatre. A cet effait, il luy en sera donné advis incessamment, sans qu'il en

<small>Désignation du prédicateur po'ir 1723-1724.</small>

(1) Le prénom est resté en blanc.
(2) *Id.*
(3) Un édit du mois de novembre 1722 créa de nouvelles maitrises d'arts et métiers.

puisse estre donné a sa place; et a son defaut la nomination en sera faite par le corps consulaire. Fait lesdits jour, mois et an que dessus.

BLONDEAU DE LAGE; COGNIASSE DU CARRIER; JAYAC, consul; MOULINIER; G. ARDANT, consul; P. COLOMB, consul; PAILLIER, secretaire greffier.

<small>Assemblée de ville au sujet de l'élection de M. Dalesme contre laquelle il s'est pourvu.</small>

Aujourd'huy, premier avril mil sept cent vingt trois, dans la grand salle de l'hotel commun de la ville de Limoges, ou estoient assemblés Messieurs les consuls de la dite ville, a esté exposé par les sieurs consuls a Messieurs le lieutenant general, procureur du Roy et autres habitants dhuement convoqués, que Mr Dalesme, lieutenant general d'espée, ayant esté esleu consul pour la presente année, il se seroit pourveu par devant Monsieur le controleur general pour estre dechargé de ladite nomination, attendu qu'il est fils et petit fils de tresorier de France, qui luy donne la qualité de gentilhomme, par consequent exempt de collecte; que, par l'edit de creation de sa charge de lieutenant general d'espée, il doit jouir de la meme exemption que le sieur Martin de La Bastide, tresorier de France (ayant esté esleu consul, il en fut dechargé par arrest du Conseil), — et il demande la même grace. Ces memoires ont estés communiqués a Monseigneur de Breteuil, intendant en cette generalité, qui les a envoyés a Messieurs les consuls pour y repondre, de consert avec les habittans convoqués par une assemblée de corps de ville; et apres une meure deliberation il a esté conclu qu'il seroit tres humblement remontré a Monseigneur le controlleur general que la qualité de consul de Limoges n'est pas derogeante a noblesse ; qu'ils sont constitués en dignité par le rang qu'ils tiennent dans les actions publiques; qu'ils jouissent des privileges de noblesse par l'exemption que les Roys, depuis Charles sept, leur ont accordée du droit de franc fief; que ces charges ont esté de tous temps remplies par des gentishommes, des tresoriers de France, presidents et lieutenants generaux, advocats et procureurs du Roy et presidents des elections, prevost generaux et visenechaux; que par leur charge sont exempts de collecte; que l'election du sieur Dalesme n'a esté que parce qu'estant du corps du presidial, il devoit estre eleu et substitué au lieutenant general qui sortoit de charge. Il a si bien reconnu la validité de son election qu'il n'y forma aucune opposition : estant d'usage d'elire chaque année un officier du Presidial, de l'Election ou un

— 301 —

gentilhomme (1) ou autre privilegié, comme il parroist par les actes de nomination contenus au present registre; que l'arrest du Conseil rendu en faveur du sieur Martin de La Bastide, tresorier de France, ne peut estre tiré (sic) aucune consequence parcequ'il est rendu sur requeste et sans contrediteur, et se trouve solitaire et tacytement revoqué par l'arrest du Conseil rendu en (2) contre le sieur Pigné, demandeur, secretaire du Roy, qui fut esleu a la maniere accoutumée, et nonnobstant son privilege et touttes ses raisons, fut maintenu dans ladite charge de consul; les sieurs consuls et habittants esperent la meme decision contre ledit sieur Dalesme, avec d'autant plus de raison que le rolle de la taille de cette année est clos et finy, apres que les sieurs consuls ont requis par acte le sieur Dalesme de travailler conjointement avec eux a la confecsion dudit rolle et qu'ils l'ont rendu responsable de tous les evenements.

> ROGIER DES ESSARTS, lieutenant general; ROMANET, procureur du Roy; BLONDEAU DE LAGE, prevost consul; COGNIASSE DU CARRIER, consul; MOULINIER, consul; J. ARDANT, consul; JAYAC, consul; MALEDENT; PEYRIERE DU BREUIL; PABOT; DURAND; BAILLOT; GARAT.

Désignation de trois administrateurs de l'hôpital.

Aujourd'huy, deuxieme du mois de may mil sept cent vingt trois, dans la chambre du conseil de l'hotel de ville de Limoges, ou estoient assamblés M^rs les prevot, consuls, en presence de Monsieur maitre Jean Pierre Rogier des Essard, lieutenant general, president dudit hotel de ville, et Monsieur maitre Martial Romanet de la Briderie, procureur du Roy en la seneschaussée et siege presidial dudit Limoges, a esté exposé par le sieur prevot consul qu'en conformité des anciens usages et statuts de l'hospital general de cette ville, il doit sortir de l'administration trois de M^rs les administrateurs, lesquels doivent estre ramplacés par trois officiers ou bourgeois, au chois et nomination desdits sieur prevot, consuls; et l'affaire ayant esté mise en deliberation, lesdits sieurs prevost, consuls, sur ce ouy le procureur du Roy et de son consantement, ont d'une com-

---

(1) Ce n'est point tout à fait exact. Il était d'usage, en effet, d'élire au nombre des consuls des officiers des juridictions royales de Limoges, nobles ou non; mais nous n'apercevons nulle part que le choix du corps électoral se soit porté sur un gentilhomme à cause de sa qualité. On sait, du reste, combien peu, en dehors des familles consulaires, toutes bourgeoises d'origine et d'existence, il y avait de maisons d'ancienne noblesse à Limoges.
(2) Un blanc.

mune voix choisy et nommé pour ramplir lesdites places d'administrateur, les personnes de Messieurs François Moulinier de Saint-Bonnet, conseillier du Roy au siege presidial ; Mʳ Leonard de Fressange, tresorier de France, et Mʳ François Ardant, bourgeois et marchand, et ce pendant l'espace de quatre années a venir, a commancer du premier septembre prochain, avec les autres sieurs administrateurs quy resteront. Dont et du tout a esté fait et dressé le present acte pour y avoir recours quand besoin sera. Fait ledit jour, mois et an que dessus.

   G. Ardant, prevot consul ; Cogniasse du Carrier, consul ; Blondeau de Lage, consul ; Jayac, consul ; Rogier des Essarts, president ; Romanet, procureur du Roy ; Paillier, secretaire greffier.

Extrait des registres du Conseil d'Estat.

Arrêt du Conseil cassant l'élection de P. Dalesme. Sur la requete presentée au Roy en son Conseil par Pierre Dalesme, chevallier, seigneur de Rigoulesne, son conseiller, lieutenent general d'espée au presidial de Limoges, contenent que, le septiesme decembre 1722, jour auquel se fait ordinairement l'eslection de trois des six consuls de la mesme ville de Limoges, il a esté nommé pour remplir la place de l'un de ceux qui doibvent sortir de charge ; mais la noblesse que le sieur Pierre Dalesme, son ayeul, [et] Jean Dalesme, son pere, luy ont acquise par l'exercice qu'ils ont fait, avec l'aprobation du public, pandant plus de quatre vingt années, des charges de tresoriers de France au Bureau des finances de la generalité de Limoges, et les privilaiges de celle de lieutenant general d'espée dont il est luy mesme presentement revetu, rendent inconpatible en sa personne les fonctions de consul, dont la principalle est de faire la collecte des tailles ; en esfait, il est sans exemple qu'un gentilhomme, distingué des roturiers par sa naissance et surtout celuy qui, comme le supliant, a la preseance sur les autres et le commandement de la noblesse avec le droit de presider dans ses assamblées, aye jamais esté ny chargé de faire l'imposition et le recouvrement des tailles, ny par consequent assujetif aux suites desagreables des contraintes par corps que le receveur peut decerner en cette occazion (1). Insin

---

(1) Nous verrons plus loin le receveur Pinot protester, dans des termes aussi singuliers, contre le choix que les prud'hommes ont eu la témérité de faire de sa personne.

Louis quatorze, bisayeul de Sa Majesté, de glorieuse memoire, n'a pas fait de difficulté de decharger, par arrest de son Conseil, le 3 fevrier 1699 (1), le sieur Martins de la Bastide, de la nomination de sa personne pour consul de la mesme ville de Limoges, dans un cas beaucoup moins favorable que celluy ou se trouve le supliant, qui tient son exemption encore plus de sa naissance que de sa charge, au lieu que le sieur de la Bastide n'en avoit d'autre que celle attribuée a la charge de tresorier de France, qu'il avoist mesme nouvellement acquis. A ces causes, requiert le supliant qu'il pleut a Sa Majesté de [le] maintenir et de [le] garder dans les droits, privilaiges et prerogatives de sa naissance et attribués à l'office de lieutenent general d'espée au presidial de Limoges ; ordonner que l'arrest du Conseil du 3 feuvrier 1699 sera executé selon sa forme et teneur, et, en consequence, que le supliant sera et demeurera deschargé purement et simplement de la nomination qui a esté faite de sa personne pour exercer la charge de consul de la ville de Limoges pendant la presante année 1723, et qu'il sera procedé incessamment a une nouvelle eslection d'un autre consul a la maniere accoustumée ; faire deffance de nommer a l'advenir le supliant pour consul de la mesme ville a peine de telles amandes qu'il plairat a Sa Majesté arbitraire (sic), et ordonner que l'arrest qui interviendra, sur lequel toutes lettres necessaires seront expediées, sera leu et publié et affiché en la ville de Limoges et enregistré au greffe de la ville de Limoges et executé nonobstant opposition et autre empeschement quelconques ; donc, si aucuns interviennent, la cognoissance demeurera reservée a Sa Majesté et ycelle interdite a toutes cours et juridictions. — Veu la dite requete ; l'edit d'octobre 1703 portant creation d'un lieutenent general d'epée en chaque bailliage, seneschaussée et autres justices ressortissent nommement es cours de parlement ; coppie tant dudit arrest du Conseil du 3 février 1699 que des provisions accordées au supliant le 23 juillet 1713 de l'office de lieutenent general d'espée au presidial de Limoges et de l'arrest du Parlement de Bourdeaux du 7 decembre suivant, de reception audit office ; ensemble l'advis du sieur de Breteuil, intandant de Limoges ; ouy le rapport du sieur Daudun, conseiller ordinaire au conseil royal, controlleur general des finances, le Roy, en son conseil, a ordonné et ordonne que l'arrest du 3 feuvrier 1699 sera executé selon sa forme et teneur, et en consequence que le supliant sera et demeurera deschargé purement et simplement de la nomination qui a esté faite de sa personne pour

---

(1) Voir plus haut, pages 124 et suivantes.

exercer la charge de consul de la ville de Limoges pendant la presante année 1723; au moyen de laquelle descharge veut Sa Majesté qu'il soit procedé a l'eslection d'un nouveau consul en la forme et maniere accoustumée, au lieu et place du supliant. Fait Sa Majesté deffances a toutes personnes preposées pour l'eslection des officiers dudit hotel de ville, de nommer a l'advenir le supliant pour consul de la mesme ville, tant et si longuement qu'il exercera ledit office et qu'il ne fera pas d'actes derogent a noblesse. Enjoint Sa Majesté au sieur Intandant de la province de tenir la main a l'execution du present arrest, qui sera enregistré au greffe de l'hostel de ladite ville, pour servir au supliant insin que de raison. Veut au surplus Sa Majesté que le present arrest soit executé selon sa forme et teneur nonobstant toutes oppositions ou autres empeschements quelconques. Donc, si aucuns interviennent, Sa Majesté s'en a reservé et a son conseil la cognoissance et ycelle interdite a toutes ces cours et autres juges. Fait au Conseil d'Estat du Roy, tenu a Meudons, le sixiesme jour de juillet mille sept cents vingt trois. *Signé :* RAUCHIN. Collationné.

Louis, par la grace de Dieu Roy de France et de Navarre, a nostre amé et feal conseiller en nostre conseil le sieur intandant et commissaire desparti pour l'execution de nos ordres en la generalité de Limoges, salut. Nous te mandons et enjoignons de tenir la main a l'execution de l'arrest dont l'estrait est cy attaché sous le contresel de nostre chancellerie, sur la requeste a nous y presentée par Pierre Dalesme y denommé, commandons au premier nostre huissier ou sergent sur ce requis, de signifier ledit arrest a tous qu'il appartiendra, a ce que personne n'en ignore et faire, pour son entiere execution, a la requete de sieur Dalesme tous commandements, sommations, deffances et autres actes et exploits requis et necessaires, sans autres permissions. Voulons que ledit arrest soit enregistré au greffe de l'hostel de ville de Limoges et qu'il soit executé selon sa forme et teneur, nonobstant toute oposition et autres empeschements quelconques. Donc, si aucuns interviennent, nous nous en reservons et a nostre conseil la cognoissance, d'icelle interdisons a toutes nos cours et autres justices ; car tel est nostre plaisir. Donné sur mandement, le sixiesme juillet, l'an de grace mil sept cents vingt trois et de nostre regne le huitiesme. Par le Roy, en son Conseil, *Signé:* RAUCHIN. Scellé le quatorze juillet 1723.

Exécutoire de l'Intendant.

Jean-François de Malledent, seigneur de Fonjaudran, conseiller du Roy en la seneschaussée et siege presidial de Limoges, subdelegué de M^r l'intandant, veu l'arrest du Conseil cy dessus transcrit, nous ordonnons qu'il sera executé selon sa forme et teneur. Fait a Limoges, le 26 juillet 1723. *Signé* : MALLEDENT, subdelegué.

— 305 —

Et advenent le vingt huitieme jour du mois d'aoust 1723, les prud'hommes, convoqués par ordre de M^{rs} les consuls, a la maniere acoustumée, pour proceder a la nominations d'un consuls, en execution de l'arrest cy dessus, ils ont nommé, a la place dudit sieur Pierre Dalesme, la personne de Monsieur Jean Garat, controolleur au bureau des finances de la generalité de Limoges (1) ;

Élection d'un consul pour remplacer M. Dalesme.

De laquelle nomination, nous, lieutenent general en la seneschaussée de Limoges et president dudit hostel de ville, avons donné acte, ouy et ce requerant le procureur du Roy, pour servir et valloir que de raison. A Limoges, dans l'hostel de ville, ce 28 aoust 1723.

ROGIER DES ESSARTS, lieutenant general, president dudit hotel de ville; MOULINIER, prevost consul ; BLONDEAU DE LAGE, consul; JAYAC, consul; G. ARDANT, consul; ROMANET, procureur du Roy ; PAILLIER, secretaire greffier (2).

(1) On remarquera que le Conseil du Roi ordonne de procéder à de nouvelles élections. Quelques années plus tôt le contrôleur général avait agi avec plus de sans-façon en désignant lui-même un magistrat pour remplacer M. Rogier des Essarts, qui avait protesté lui aussi contre sa propre élection.

La température fut extraordinaire pendant tout l'été de 1723. Il gela les 6, 7 et 8 juillet, et le 9 août, il s'éleva un orage violent, accompagné d'un vent épouvantable, qui brisa beaucoup d'arbres. L'automne fut très chaud et on vit des pruniers en fleurs à la fin de novembre.

(2) Une ordonnance portant règlement général de police fut publiée cette année-là même. Nous ne pouvons être surpris de n'en pas trouver trace à notre registre : les magistrats municipaux n'avaient plus, à cette époque, la police de la ville : elle appartenait au lieutenant général.

Nous avons trouvé aux Archives du Département (C. 53) un exemplaire imprimé de ce règlement : il ne nous a pas paru sans intérêt de le reproduire.

REGLEMENT GENERAL DE LA POLICE DE LIMOGES

Sur ce qui nous a été representé par le Procureur du Roy qu'il a été cy-devant fait et publié, dans cette ville, plusieurs Ordonnances et Reglemens de Police, également avantageux au public et à chaque particulier, qui ont resté dans l'inexecution depuis assez long tems, et pourroient tomber dans le mépris et l'oubli, s'il n'y étoit pourvû en les renouvellant, et procurant à cette ville, par leur execution, le bon ordre, la propreté et la decense convenable : A ces causes requeroit, que les Ordonnances et Reglemens de Police fussent renouvelez et executez nonobstant oppositions ou appellations quelconques et sans préjudice d'icelles, attendu qu'il s'agit de fait de Police. Et aux fins que personne n'en pretende cause d'ignorance, qu'elles soient lûes, publiées et affichées aux lieux accoutûmez ; et qu'il soit enjoint au Juge de la Cité de les faire publier et executer dans le détroit de sa Juridiction, et aux Commissaires de Police de tenir la main à leur execution. Fait à Limoges, ce 12 août 1723.

Signé : MOULINIER, procureur du Roy.

Nous, faisant droit sur le requisitoire du Procureur du Roy, Ordonnons que les anciennes et nouvelles Ordonnances de Police, ainsi qu'elles sont cy-après, seront executées suivant leur forme et teneur, dans l'étendue de cette ville, fauxbourgs, pont saint Martial et banlieuë, sous les peines y portées. Enjoignons à tous habitans d'y obéir, et aux Commissaires de tenir la main à leur execution ; et afin que personne n'en ignore,

Eslection et nomination de Messieurs les Consuls, faite dans la grand salle de l'hostel commun, le septiesme dexembre 1723, par Messieurs les prud'hommes nommés par Messieurs les consuls en charge, a la maniere accoustumée, en presance desdits sieurs consuls et du consentement du procureur du Roy : y president Mr Mre Jean Roger, seigneur des Essards, lieutenent general, et ce pour l'année 1724.

Mr Mre François Muret, sieur de Paignac, conseiller et advocat du Roy au presidial;

seront lesdites Ordonnances lûes, publiées et affichées aux lieux accoûtumez. Enjoignons au Juge de la Cité de les faire publier et exécuter dans l'étenduë de sa Juridiction. Et sera nôtre presente Ordonnance et celle cy après executées nonobstant oppositions ou appellations quelconques, et sans préjudice d'icelles, attendu qu'il s'agit de fait de Police. Fait à Limoges les jour, mois et an que dessus.

Signé : ROGIER DES ESSARTS, lieutenant general de police, et NAVIERES, greffier. Pro Rege.

ARTICLE I. — Faisons deffenses trés-expresses à toutes personnes de jurer et blasphemer sous les peines portées par les Ordonnances.

ART. II. — Deffendons les danses publiques suivant les Edits et Declarations de Sa Majesté; et à tous maîtres de jeux de paume, jeux de billard, de boules et autres jeux, de les ouvrir, et permettre que personne y joue les jours de dimanche et fêtes, n'y donner cartes et dez pendant le service divin. Comm'aussi à tous cabaretiers et hoteliers de recevoir dans leurs logis aucun des habitans de ladite ville et autres des environs, pour y boire pendant le tems cy-dessus; a l'exception des etrangers, — a peine de dix livres d'amende contre chaque contrevenant.

ART III. — Deffendons à tous marchands, negotians et voituriers de cette ville et des environs, dans l'étenduë de dix lieües à la ronde, de porter ni raporter, charger ni décharger aucune marchandise lesdits jours de Fêtes et de Dimanches, ni passer ou repasser, avec leurs chevaux ou charrettes chargées, à peine de confiscation desdits chevaux, bœufs et marchandise, et de pareille amande que dessus. Deffendons aussi à tous lesdits marchands de vendre ni d'ouvrir leurs boutiques lesdits jours de fêtes et dimanche à peine de la même amende.

ART. IV. — Deffendons aussi à tous hôtes, cabaretiers et patissiers, d'apprêter la viande ou en donner à manger aussi bien que des œufs, aux jours que l'usage en est prohibé par l'Eglise, et aux bouchers d'en exposer en vente, à l'exception de ceux qui en auront permission pour les malades, aux mêmes peines que dessus.

ART. V. — Deffendons aux bouchers, rotisseurs, patissiers et autres, d'exposer en vente, ni même de garder en leurs maisons aucunes viandes, volaille, ni gibier, passez et corrompus, à peine de dix livres d'amende.

ART. VI. — Deffendons à tous cabaretiers, hôtes, rotisseurs, revendeurs, revenderesses, d'aller hors de ladite ville et au devant de ceux qui y apportent du gibier, volaille, œufs, beure, fromage, poisson, marée et autres denrées et vivres, de telle nature qu'ils soient, pour iceux acheter, vendre et regrater, à peine de dix livres d'amende et confiscation des denrées, même ausdites revenderesses d'être atachées au carcan en

Mͬͤ Leonard des Flottes, sieur de Fonbesse, advocat en la Cour ;
Mͬ Pierre Collomb, bourgeois et marchand.

GARAT, controlleur et prevot consul; BLONDEAU DE LAGE, consul ; MOULINIER, consul ; JAYAC, consul ; MURET, consul ; DES FLOTTES DE FONBESSE, consul ; COLOMB, consul.

cas de recidive. Faisons aussi deffenses aux uns et aux autres, d'entrer dans le marché et y achetter aucun gibier et autres choses cy-dessus spécifiées, avant les dix heures, aux mêmes peines que dessus.

ART. VII. — Enjoignons à tous etrangers et autres qui portent les denrées en la présent ville, de ne les debiter ailleurs que dans le marché, à peine de confiscation et de trois livres d'amende.

ART. VIII. — Deffendons à toutes sortes de personnes, même à ceux qui tiennent des etangs à ferme, et qui portent leur poisson dans les caves et reservoirs qui sont en la present ville pour les conserver, de les debiter et vendre dans lesdites caves et reservoirs : Leurs enjoignons de le faire porter au marché pour y estre vendu, avec deffenses aux revendeurs et revendeuses de l'acheter ailleurs, et qu'après l'heure de midy, à peine de confiscation et de dix livres d'amende.

ART. IX. — Faisons deffenses aux regrattiers et hôteliers, d'acheter le pain blanc qui vient d'Aixe, Solomniat et autres lieux circonvoisins, qu'après neuf heures du matin, à peine de confiscation et de trois livres d'amende.

ART. X. — Commandons à tous boulangers de faire le pain bourgeois de seigle, tant blanc que noir, bien cuit, appresté et conditionné, du poids accoûtumé, sçavoir, le pain d'hôtel de deux livres quatre onces seize deniers, et la tourte du poids de dix livres. Leurs enjoignons de marquer lesdits pains, d'une marque qui soit particuliere et differente à chaque boulanger, dont ils en mettront une semblable au greffe de la police pour servir que de raison ; — et de tenir leurs boutiques ouvertes pour les vendre à ceux qui en voudront au prix qui leur sera ordonné chaque samedi, auquel jour seront tenus les bailes desdits boulangers d'apporter un etat de ce qu'aura valu le bled, tant seigle que froment, au marché pendant la semaine pour mettre le prix au pain, et de tenir dans leurs boutiques, balances et poids justes et bien reglez, afin que les acheteurs les puissent peser ; ensemble de tenir leurs mesures marquées tant pour le bled que pour le son, à peine de livres d'amende et de confiscation desdits pains, poids et mesures.

ART. XI. — Les meuniers, leurs femmes ni autres personnes pour eux, n'entreront, ni même approcheront du Cloitre ou marché où se vend le bled, qu'après midy : Leurs enjoignons de faire mettre dans leurs moulins des balances et poids aux frais des proprietaires d'iceux, et ce dans le mois, pour rendre aux particuliers qui auront porté moudre leurs grains, la farine au poids, le seizième deduit et précompté pour le droit : le tout à peine de dix livres d'amende.

ART. XII. — Faisons aussi deffenses à toutes personnes d'aller au devant des grains qui viennent en la present ville pour les acheter et vendre dans l'étenduë de la banlieüe, à peine de confiscation desdits grains et chevaux et de punition exemplaire.

ART. XIII. — Deffendons pareillement aux boulangers d'entrer au marché pour acheter, qu'après les dix heures, à l'exception des bailes de leur maitrise, qui pourront y entrer à toutes heures, pour s'informer seulement du prix desdits grains ; sans qu'ils puissent se servir de ce pretexte pour en acheter avant l'heure cy-dessus indiquée, et aux uns et aux autres d'encherir les grains après le premier prix qui sera par nous fixé, le tout à peine de dix livres d'amende et confiscation des grains achettez.

Le procureur du Roy requiert qu'il soit donné acte de la nomination faite par lesdits sieurs prud'hommes des personnes de Messieurs François Muret, pour premier consul; Mr Leonard des Flottes, pour second consul; M. Pierre Collomb pour troisiesme consul. En consequence, requiert qu'ils soient appelés pour prester le serment.

ROMANET.

Art. XIV. — Enjoignons aux bailes des bouchers de tenir la main à l'execution de tous les articles qui regardent leur maitrise et de garder et faire garder le reglement, copie duquel, signée desdits bailes, ils mettront au greffe de la police dans huit jours pour y avoir recours quand besoin sera. Ordonnons que le taux sera fait de la livre de la viande en chaque espèce et qu'à cet effet l'épreuve en sera faite, a quoy chaque livre pourra revenir, avec deffenses aux bouchers de la vendre plus chere qu'au prix reglé, sur peine de trente livres et de plus grande s'il y échoit. Et neanmoins permis à toutes personnes d'acheter les viandes à la vûë, comme au passé.

Art. XV. — Ordonnons que tous les veaux de Gueret et lieux circonvoisins seront menés à la place des Bans pour y estre exposez en vente, avec deffenses à tous bouchers et autres d'aller au devant d'iceux et les acheter autre part qu'audit marché, à peine de confiscation d'iceux et de dix livres d'amende, même de plus grande en cas de recidive.

Art. XVI. — Et d'autant que nous sommes avertis que plusieurs desdits bouchers, en fondant leur suif, y melent de la graisse de cochon et de tripes, ce qui va au préjudice du public et des particuliers, leurs deffendons très-expressement de faire à l'avenir de pareils mélanges à peine de confiscation et de dix livres d'amende. Enjoignons aux bailes desdits bouchers de tenir exactement la main à l'execution du present article sur peine de la même amende, et au commissaire le plus proche de la boucherie de faire la visite dudit suif après la fonte d'iceluy deslors qu'il sera figé et ce en presence d'un desdits bailes.

Art. XVII. — Comm'aussi faisons deffenses ausdits bouchers de faire fondre leur suif ailleurs que dans le bas de leurs maisons ou autres lieux non préjudiciables et où il n'y aura danger du feu, à peine de trois livres d'amende et de plus grande s'il y échoit.

Art. XVIII. — Est aussi deffendu ausdits bouchers et à tous autres de mener ou faire mener paitre les moutons, brebis, bœufs, vaches, pourceaux et autres betail dans les cemetieres, vignes, prez et oziers de la present ville, ou aux environs d'icelle, s'ils n'ont pouvoir ou permission des proprietaires, à peine de confiscation du bétail et de dix livres d'amende pour la premiere fois et de vingt livres pour la seconde.

Art. XIX. — Commandons à toutes femmes, vivant scandaleusement et dans le desordre, de sortir incessamment de la ville et lieux cy-dessus à peine du fouet, et à ceux qui les retirent de les congedier et les mettre dehors à peine de trente livres d'amende.

Art. XX. — Deffenses de vaguer la nuit dans les ruës et d'y commettre aucun desordre ni bruit qui puisse troubler le repos public, à peine de cinquante livres d'amende et d'estre procédé extraordinairement contre les contrevenans.

Art. XXI. — Deffenses d'endommager les bassins et tuyaux des fontaines, d'y laver la lessive et linge sale n'y jetter aucune chose dans lesdits bassins, et aux bouchers de laver les tripes ausdites fontaines, à peine de dix livres d'amende, du payement des dommages, confiscation du linge, bassin et choderon qui serviront à cet usage, même du carcan à l'égard des lavandieres et d'estre procedé extraordinairement contre les contrevenants.

Art. XXII. — Deffenses de faire aucun dommage aux portes, murs, fortifications, chaussées des étangs, peles d'iceux, ni aucunes ouvertures, demolitions, fouille de terres

Nous, faisant droit sur le requisitoire du procureur du Roy, avons donné acte de la nomination presentement faite des personnes de Mr Mre François Muret, pour premier consul; Mr Leonard des Flottes, sieur de Fonbesse, pour segond consul; Mr Pierre Collomb, bourgeois et marchand, pour troisiesme consul, pour l'année 1724. En consequence, ordonnons qu'ils se presenteront pour prester le sermant au cas requis.

Rogier des Essarts, lieutenant general, president;
Paillier, secretaire greffier.

ni autres deteriorations dans les fossés, murs et autres ouvrages publics de cette ville et sur les bords des grands chemins, à la même peine que dessus.

Art. XXIII. — Deffenses d'acheter ou de prendre en gage aucuns meubles, hardes, marchandises, ny autres choses de femmes mariées, d'enfans en puissance de leurs peres et meres, ou tuteurs, gens de guerre et sans aveu, à peine de dix livres d'amende pour la premiere fois; et en cas de recidive sera procedé extraordinairement.

Art. XXIV. — Enjoignons à tous les habitans de la ville et lieux cy-dessus de faire racler et ramoner les cheminées où l'on fait ordinairement du feu, au moins deux fois l'année, et aux maçons, charpentiers et autres artisans, d'accourir avec leurs outils au premier coup de cloche qui sonnera ou de tambourg qui battra, au feu, aux lieux qu'il y aura incendie, afin d'en arrester le cours de toutes leur force et industrie, à la charge du salaire qui leurs sera par nous ordonné, à peine de dix livres d'amende contre les proprietaires ou locataires, même contre chacun des artisans qui aura negligé de faire son devoir en ces occasions, même de prison.

Art. XXV. — Faisons deffenses à toute sorte de personnes de battre le tambourg sans nôtre permission, à peine de prison.

Art. XXVI. — Et sur l'avis qui nous a été donné que divers ecoliers et enfans se battent journellement à coup de pierres sur les remparts et places publiques de cette ville, dont il peut s'ensuivre beaucoup d'accidens, comme il en est arrivé en effet: Nous faisons inhibitions et deffenses, tant à cette jeunesse, qu'à tous autres, d'user à l'avenir de tels procedez, à peine de prison et du foüet sur le carreau. Enjoignons aux peres et autres qui les ont sous leur direction d'y tenir la main pour empescher ces désordres, à peine d'en répondre en leurs noms et des accidens qui arriveront.

Art. XXVII. — Deffendons à toutes personnes faisant trafic de poudre à tirer, d'en tenir dans leurs maisons au dela de quinze ou vingt livres, qu'ils placeront dans les galetas au plus haut des maisons, à peine de confiscation desdites poudres et de trente livres d'amende.

Art. XXVIII. — Enjoignons à tous ceux qui viennent vendre du bois dans ladite ville d'en attendre la vente et débit dans les dehors d'icelle, avec deffenses d'y faire entrer leurs charetes, que pour conduire ledit bois dans les maisons de ceux qui l'auront acheté, à peine de confiscation dudit bois et charrettes et de trois livres d'amende.

Art. XXIX. — Deffendons à tous particuliers et proprietaires des maisons, d'avoir et tenir des latrines et lieux communs suspendus en dehors desdites maisons. Leurs enjoignons de les faire démolir dans huitaine et dans le même délay faire nettoyer l'ordure qui en est provenuë; autrement, le délay passé, sera permis au Procureur du Roy de le faire faire à leurs frais et depens, dont il luy sera délivré exécutoire. Leurs deffendons pareillement d'avoir aucunes évieres que les eaux d'icelles ne soient conduites par canaux jusqu'au bas du pavé, en sorte que personne n'en puisse estre incommodé.

Art. XXX. — Deffenses à toutes personnes de jetter aucunes inmondices et ordures

Désignation d'un prédicateur pour 1724-1725.

Aujourd'huy, septiesme dexcembre 1723, dans la salle du conseil de l'hostel de Limoges, ou estoient assamblés Mr le lieutenant general, president du dit hostel de ville, M. le procureur du Roy, prevost et consuls, a esté procedé a la nomination de la personne du Reverand Pere Brigueil, religieux de l'ordre des Cordelliers de cette ville, pour prescher l'Avant et le Caresme des années mil sept cents vingt quatre et mil sept cents vingt cinq. A cet effait, il luy en sera donné advis incessamment, sans qu'il en puisse etre donné a sa place; et a son deffaut, la nomination en sera faite par le corps consulaire. Fait ledit jour, mois et an que dessus.

GARAT, controlleur, prevot consul; MURET, advocat du Roy; BLONDEAU DE LAGE, consul; DESFLOTTES DE FONBESSE, consul; JAYAC DU PUYLARODAS, consul.

dans les étangs, même aux enfans d'y jetter des pierres; le tout à peine de dix livres d'amende dont les peres et meres seront tenus pour leurs enfans.

ART. XXXI. — Avons fait et faisons inhibitions et deffenses à toutes personnes de porter ou faire porter d'oresnavant dans la rue et ruisseau aucunes terres, bois, debris et decombres de maisons et pailles des embalages des marchandises, y mettre aucuns fumiers, ni jetter aucunes immondices ni autres ordures, à peine de trois livres d'amende contre chacun des contrevenans et de plus grande s'il y écheoit. Enjoignons à tous proprietaires ou locataires des maisons au devant desquelles on a jetté ou porté des terres, bois, debris de maisons, fumiers, ordures et autres immondices, de donner ordre à ce que les ouvriers et maneuvres qui travailleront pour eux, relevent lesdits decombres et terres au devant de leursdites maisons, afin qu'elles ne découlent pas dans le ruisseau; et de les retirer du devant de leurs maisons et faire enlever dans trois jours, à pareille peine que dessus et les faire transporter dans le creux de la place Royale (a) à proportion qu'on démolira; autrement et à faute de ce faire, ledit délay passé, avons permis au Procureur du Roy de faire enlever les matieres suz énoncées aux frais et dépens desdits proprietaires et locataires et de les faire transporter dans ledit creux, dont il lui sera delivré executoire, sans préjudice de la susdite amende. Enjoignons aux commissaires de tenir la main à l'execution du present article: Comm'aussi à ce que les particuliers, chacun en droit soi, fassent netoyer au devant de leursdites maisons et ce après que la clochette aura passé, à peine de vingt sols d'amende contre un chacun des contrevenans. Et à l'égard des balieures des chambres, elles ne seront portées dans le ruisseau que lorsque l'eau des étangs sera donnée les jours indiquez. Pour ce qui est des rues où l'eau des étangs ne coule pas, seront obligez les habitans, chacun en droit soi, d'assembler les boües à côté de leurs maisons afin qu'elles sechent et puissent ensuite estre transportées par les conducteurs des tombereaux dans le creux de la place Royale, excepté néanmoins le bout des rues, où les habitans pourront facilement pousser lesdits boües, de l'un à l'autre, jusqu'où l'eau des étangs passera, ce qui ne sera permis qu'aux jours qu'on donnera l'eau.

ART. XXXII. — Faisons deffenses aux habitans de souffrir que leurs enfants ou autres, fassent des ordures, tant dans les ruisseaux qu'au bord des rues et autour des eglises et places publiques, à peine de l'amende cy-dessus. Comm'aussi de jetter ou faire jetter par leur fenetres, dans les rues, aucunes eaux sales, immondes et puantes au mêmes peines et la nuit aux heures induës, qu'ils n'ayent crié par trois fois: garre l'eau!

(a) Il s'agit ici de la place des Bancs.

Aujourd'huy, vingt quatre janvier mil sept cents vingt quatre, dans l'hostel de ville de Limoges, ou estoient assamblés Messieurs Muret, conseiller, advocat du Roy, prevost consul; Mʳ Garat, controlleur au bureau des finances; Mʳ Blondeau, seigneur de Lage; Mʳ des Flottes, seigneur de Fonbesse, advocat en la Cour; Mʳ Jayac, bourgeois, et Mʳ Collomb, aussy bourgeois, et y president Mʳ Mʳᵉ Jean Pierre Rogier, seigneur du Buisson, lieutenant general au siege presidial et seneschal de la presente seneschaussée, et Monsieur Romanet de la Briderie, procureur du Roy, s'est presanté Mʳᵉ Jean Baptiste Boisse, greffier en cette seneschaussée, assisté de Mʳᵉ Estienne David, son procureur, lequel a dit et exposé que ledit Boisse a esté pourveu par Sa Majesté des deux charges de conseiller du Roy, secretaire greffier du dit hostel de ville (1), suivant les provisions en datte du seize decembre dernier, et fait son attestation de bonne vie et mœurs, et, le tout communiqué au procureur du Roy, requiert qu'il nous plaise vouloir le recevoir aux fonctions des deux charges, pour jouir des privilaiges, exemptions et autres droits y attribués, sous l'offre qu'il fait de prester le serment en tel cas requis et accoustumé.

BOYSSE; DAVID.

Installation de J.-B. Boisse pourvu de l'office de secrétaire-greffier de l'hôtel de ville.

(1) Les mots « et de la generalité de Limoges » portés aux provisions ci-après, p. 313, ne sont-ils pas omis ici?

ART. XXXIII. — Deffendons pareillement à toute sorte de personnes, de nourrir, tenir, ni faire conduire dans la ville aucun pourceau ou cochon pour évitailler (sic), sous tel pretexte que ce soit, à peine de confiscation d'iceux, et de dix livres d'amende. Enjoignons à ceux qui en ont dans les étables, de les faire sortir de ladite ville incessamment sous peine de pareille amende et confiscation : Et afin que le present article soit exactement observé, déclarons tous les pourceaux qui seront trouvez dans l'enceinte de la ville, fauxbourg, et pont saint Martial, confisquez au profit de l'Hôpital general. Permettons à ces fins aux pauvres d'icelui, gardes et halebardiers, de les prendre et les y amener, et à tous autres habitans de les tuër dans les ruës où ils les trouveront. Et attendu les frequentes contreventions, au moyen desquelles le present article demeure dans l'inexecution, enjoignons au Maître des Oeuvres, de les tuër pour estre emportez audit Hôpital : auquel cas lui sera fait taxe de trente sols pour chaque grand cochon et vingt sols pour les petits.

ART. XXXIV. — Faisons deffenses aux conducteurs des tombereaux de s'en servir à d'autres usages que ceux qui regardent la police, à peine de retranchement de leurs gages et d'estre déchûs de leurs traitez.

ART. XXXV. — Enjoignons très expressement à tous cabaretiers, hôtes, et autres vendant vin, de faire poinçonner toutes les mesures d'étein servant à mesurer le vin, depuis le pot jusqu'au demi setier, du sceau de nos armes, dont l'empreinte est entre les mains de Bachelier, maître potier d'étein, lequel verifiera et reglera lesdites mesures sur les matrices qui sont aussi entre ses mains. Comm'aussi tiendront lesdits hôtes et cabaretiers, toutes leurs bouteilles de verre dans les mesures, suivant la difference de la quantité du vin que chaque particulier voudra, lesquelles seront aussi étalonnées par ledit Bachelier, auquel sera payé pour chaque marque six deniers, sans qu'il en puisse exiger davantage : ce qu'ils seront tenus de faire dans quinzaine, à peine de confiscation des-

Nous, faisant droit de l'exposé ci-dessus, et sur ce ouy le Procureur du Roy, avons, de son consentement, receu le dit Boisse aux fonctions des deux charges; ordonnons en consequence qu'il jouira des privilaiges et exemptions conformement aux dites provisions et à l'esdit de creation, et par icelluy prester le serment en tel cas requis et accoustumé. Et acte de ce que, a l'instant, ledit Boisse a levé la main, promis et juré, moyenant sermant par luy fait, de bien et fidellement vacquer aux fonctions des deux charges: Ce que nous luy avons enjoin de faire. Ordonnons, en consequence, que lesdites provisions seront enregistrées au greffe de l'hotel de ville pour y avoir recours quand besoin sera. Fait le dit jour, vingt quatre janvier mil sept cents vingt quatre.

> Rogier des Essarts; Muret, prevot consul; Garat, controlleur, consul; Blondeau de Lage, consul; Desflottes de Fonbesse, consul; Jayac du Puilarodas, consul; Colomb, consul; Romanet, procureur du Roy; Boysse, conseiller du Roy, secretaire greffier.

dites bouteilles de verre, mesure d'étein et trois livres d'amende pour la première fois et double amende en cas de recidive.

Art. XXXVI. — Enjoignons pareillement à tous marchands, tant en gros qu'en détail, de tenir dans leurs boutiques des aunes et demi-aunes dans les mesures prescrites, qui seront ferrées par les deux bouts ensemble, des balances et poids juste; lesquelles aunes, demi-aunes, poids et balances seront étalonnez et poinçonnez au cachet de nos armes dans quinzaine et réglées par Bardonnand, balanciers, que nous avons commis à cet effet, auquel il sera payé pour chaque marque et empreinte, sçavoir, six deniers pour la marque de chaque poids de cinquante livres et au dessus, trois deniers pour ceux qui se trouveront au dessous, dix sols pour les aunes qu'il vendra neuves et huit sols pour les demi-aunes, un sol pour celles qu'il ne fera que marquer des dites armes. Leurs deffendons de se servir d'autres aunes, poids et balances qui ne soient marquées comme il est dit cy-dessus, à peine de confiscation et de vingt livres d'amende.

Art. XXXVII. — Ordonnons pareillement à tous marchands grossiers, gresseurs et chandeleurs, faisant commerce et trafic d'huile, de tenir aussi des mesures justes et bien reglées, lesquelles seront marquées de même cachet et empreinte par ledit Bachelier, auquel sera payé pour cét effet cinq sols chaque marque du setier et demi-setier d'huile, et six deniers pour chacune des autres mesures, avec deffenses d'en tenir d'autres sous les mêmes peines que dessus.

Art. XXXVIII. — Deffenses à toutes personnes d'ouvrir boutique et de faire aucune entreprise sur les ruës et places publiques, ni mettre aucunes enseignes, bouchons, auvens, étaux et étalages, ni de tenir cabaret, café, billard, jeux de paume et autres jeux publics, sans nôtre permission par écrit, à peine de confiscation, et de vingt livres d'amende.

Art. XXXIX. — Enjoignons aux marchands ciergiers, de faire tous leurs cierges et flambeaux de cire pure, sans aucun melange de suif, beure ni autre matiere, à peine de dix livres d'amende et confiscation des cierges et flambeaux.

Fait et arresté à Limoges, les jours, mois et an que dessus. *Signé* : Rogier des Essarts, lieutenant general, Moulinier, procureur du Roy, et Navieres, greffier. *Pro Rege.*

(*Imprimé chez Jacques Farne, rue Ferrerie*).

Louis, par la grace de Dieu Roy de France et de Navarre, a tous ceux qui ces presentes verront, salut. Par edit du mois d'aoust 1722, registré ou besoin a esté, nous avons fixé et retabli es titre d'officiers formés (?), les offices de gouverneurs, de lieutenents pour nous et de majors dans touttes les villes clauses de nostre Royaume ; les offices de maires, lieutenents de maires, assesseurs, echevins, capitouls, jurats, secretaires, greffiers des hotels de ville et leurs controlleurs anciens, alternatifs et triannaux, et les offices de nos avocats et procureurs et autres de pareille nature qui avoient estés suprimés par edits des mois de juin et aoust 1717. Et estant necessaire de pourvoir auxdits offices, scavoir faisons que, pour la pleine et entiere confiance que nous avons en la personne de notre amé et feal Jean Baptiste Boysse, greffier en chef du presidial de Limoges, et en ces sens, suffisance, louyauté, prudhomie, capacité, experiance, fidellité et afection a nostre service ; pour ces causes et autres considerations a ce nous mouvant, nous luy avons donné et octroyé, donnons et octroyons par ces presentes l'office de notre conseiller secretaire greffier ancien et mi-triannal de la ville et communauté de Limoges et generalité de Limoges, creés par edit du mois d'aoust 1722, auquel office n'a encore eté pourveu ; pour ledit office avoir doresnavant, tenir et exercer et jouir et user par ledit sieur Boysse, aux gages de deux cents quarante livres pour chacun an, dont sera fait fond annuellement sur les revenus et octrois de laditte ville de Limoges ; ensemble aux honneurs, authorités, prerogatives, privilleges, exemptions, rang, sceance, droits, fruits, profits, revenus et emolumants dont ont jouit ou eu droit de jouir les pourveus de pareils offices avant la suppression ordonnée par edit du mois de juin 1717 : — Le tout ainsy qu'il est plus au long porté par les edits des mois d'aoust 1722, juillet 1690 et mars 1709, tant qu'il nous plaira, pourveu touttes fois que le dit sieur Boysse ayt atteint l'age de vingt-cinq ans accomplis, suivant son extrait baptistaire du 17 septembre 1681, deument legalissé et attaché sous le contresel de notre chancelerie, a peine de perte dudit office, nullité des presentes et de sa reception. Sy donnons en mandement au maire de la ville de Limoges en charge ou autres officiers dudit hotel de ville qu'il appartiendra, que leur estant apparu des bonnes vie et mœurs, age susdit et conversation religieuse, catholique, appostolique et romaine du dit sieur Boysse, et de luy pris et receu le serment en tel cas requis et accoustumé, ils le recoivent, mettent et instituent de par nous en possession et jouissance dudit office, l'en faisant jouir et user, ensemble des honneurs, prerogatives, privileges, exemptions, pouvoirs, fonctions, rang, sceance, gages, droits, fruits, profits, revenus et emoluments susdits plainement,

Provisions de J.-B. Boisse.

paisiblement et conformement aux edits, et a luy obeir et entendre de tous ceux et ainsy qu'il appartiendrat es choses touchant et concernant le dit office. Mandons en outre a nos amés et feaux conseillers les presidents tresoriers de France et generaux de nos finances, que par ceux de nos officiers, receveurs, payeurs et autres comptables qu'il appartiendrat, ils fassent payer et delivrer comptant audit sieur Boysse par chacun an, aux termes et en la maniere accoutumée, les gages et droits audit office appartenants, a commancer du jour et datte des presentes; et, rapportant par ledit sieur Boysse coppie collationnée pour une fois seullement de la quittance de finance dudit office, des presentes lettres de provision, avec sa quittance sur ce suffisante, nous voulons lesdits gages et droits estre passés et alloués en la despence des comptes de ceux qui en auront fait le payement par nos amés et feaux les gens de nos Comptes a Paris, auxquels mandons ainsy le faire sans difficulté; car tel est notre plaisir. En temoin de quoy nous avons fait mettre notre scel a ses dites presentes. Donné a Paris, le seize jour de decembre l'an de grace 1723, et de notre reigne le IXe. *Signé sur le reply* : par le Roy, DELAMET et scellé de sire jeaulne; et au dos : enregitré au controlle, le 16 decembre 1723. *Signé* pour Mr de Saint-Hilaire : MOURET, *et plus bas* : Deposé aux minuttes, le 16e decembre 1723. *Signé* : HALLE (1).

Provisions de l'office de greffier du rôles des tailles pour le sieur Midy.

Louis, par la grace de Dieu Roy de France et de Navarre, a nos chers et biens amés conseillers, lieutenents, esleus en l'eslection de Limoges, salut. Par edit du mois d'aoust 1722, registré ou besoins a esté, nous avons creé et retably les offices de scindicq des paroisses, de greffiers des rolles des tailles et des impots, d'archers, herault, hoqueton, valets de ville, tambour, portier, concierges et autres offices de pareille institution qui avoient estés supprimés par edit du mois de juin 1717 ; pour lesquels offices nous avons ordonné qu'il seroit expedié des commissions de nostre grand sceaux ; a quoy estant necessaire de pourvoir, pour ses causes et autres a ce nous mouvans, nous avons commis et estably, commettons et establissons la personne de nostre amé Pierre Midy pour dorenavent faire les fonctions de l'office de greffier des rolles des tailles de la paroisse de Limoges (2), eslection et generallité

---

(1) Suit une autre copie de la même pièce.

(2) On voit par les termes de ces lettres, que les commissions de ce genre étaient délivrées sans aucun avis préalable des fonctionnaires provinciaux ou locaux. — Il y avait dès lors à Limoges plusieurs collectes, tout au moins celles de la ville et de la Cité.

de Limoges, par luy acquis par quittance du 23 septembre 1723, auquel office n'a point esté commis despuis sa creation, pour le dit office incessamment exercer, en jouir, user par ledit Midy, aux privilleges, exemptions acordées par edit du mois d'octobre 1703 et retabli par celluy du mois d'aoust 1722 : ensemble de trois deniers par livre de la finance du montant des tailles et autres revenus ordinaires et extraordinaires de la dite paroisse de Limoges, et ce sur le pied du denier de la finance du prix principal dudit office et des autres droits, fruits, profits et emoluments attribués au dit office par le fait des edits, tout ainsy et de la mesme maniere qu'en a jouit ou eu droit de jouir les pourveus de pareils offices avant la suppressiont ordonnée par edit du mois de juin 1717 et ce temps qu'il nous plaira. Sy vous mandons que les presentes nos lettres de commission vous ayes a faire registrer es registres ordinaires de nostre jurisdiction et a faire recognoistre ledit Midy de tous ceux et ainsi qu'il appartiendra en ce qui concerne les fonctions et exercisse dudit office, l'en faisant jouir et user et du contenu en ces presentes pleinement, paisiblement. Mandons en outre a ceux de nos receveurs, payeurs et autres comptables qu'il appartiendra, de payer et delivrer comptant audit Midy, par chascun an, aux termes et en la maniere acoustumée, les droits audit office appartenant, a commancer du jour et datte des presantes; et en raportant par le dit Midy, pour une fois seulement, copie collationnée de la quittance de finance dudit office, des presentes lettres de commission, avecq sa quittance sur ce suffisante, nous voulons lesdits droits estres passés et alloués en la despence des comptes de ceux qui en auront fait le payement, par nos amés et feaux conseillers les gens de nos comptes a Limoges, auxquels [nous ordonnons] inssi le faire sans difficulté; car tel est nostre plaisir. A Paris, le 28ᵉ jour d'octobre l'an de grace 1723 et de nostre reigne le neufvieme. *Signé* : par le Roy en son conseil, DELAMET, *et au dos* : Enregistré au greffe de l'eslection de Limoges, le 10ᵉ janvier 1724. *Signé* : BELLUT, commis du greffier.

Enregistré la commission cy dessus, ouys et requerant le procureur du Roy, pour jouir par ledit sieur Midy du contenut en icelle, suivant l'intantion de Sa Majesté. Fait dans la chambre du conseil de l'hostel de ville, le huict fevrier 1724.

  ROGIER DES ESSARTS, lieutenant general, president de l'hotel de ville; GARAT, controlleur, prevot consul; MURET, consul; DESFLOTTES DE FOMBESSE, consul; COLOMB, consul; JAYAC, consul; ROMANET, procureur du Roy; BOYSSE, consellier du Roy, secretaire greffier.

Installation de Jean Brugière pourvu de l'office de hoqueton de la ville.

Aujourdhuy, vingt-sept may mil sept cent vingt quatre, dans l'hostel de ville de Limoges, ou estoient assemblés Messieurs Colomb, bourgeois et marchand, prevost consul; Garat, controlleur au bureau des finances; Muret, conseiller, advocat du Roy, et Jayat, consul : y president Mre Rogier, seigneur des Essards, conseiller du Roy, lieutenant general en la seneschaussée et siege presidial de Limoges, et Mr Romanet, seigneur de la Briderie, conseiller du Roy et son procureur en ladite seneschaussée, — c'est presenté Jean Brugiere, qui a dit et exposé qu'il a cté pourveu de la commission du grand sceaux pour faire les fonctions d'ocquetont (1) de l'hostel de ville suivant qu'il conste par icelle, dattée du 23 may dernier, ayant a cet esfect fait son atestation de bonne vie, mœurs, suivant l'acte du 5e du courant, requier qu'il nous plaise vouloir le recepvoir aux fonctions d'ocqueton, pour jouir des privilleges et exemption y attribués sous l'offre qu'il fait de prester le serment en tel cas requis et acoustumé.

Nous, faisant droit de l'exposé cy-dessus, et sur ce ouy le procureur du Roy, avons, de son consentement, reçu ledit Brugiere aux fonction d'ocqueton; ordonnons qu'il jouira des privilleges et exemption y atribués conformément a ladite commission, en par icelluy prestant le serrement en tel cas requis et acoustumé; et acte de ce que a l'instant ledit Brugiere a levé la main, promis et juré moyenant serment par luy fait de vacquer aux fonction d'ocquetont : ce que nous luy avons enjoin de faire. Ordonnons en conceqence que sa commission sera enregistrée en ce greffe pour y avoir recours quan besoint serat. Fait le jour et an que dessus.

  Rogier des Essarts, president; Colomb, prevost consul; Garat, controlleur, consul; Muret, consul; Jayac, consul; Romanet; Boysse, conseiller du Roy, secretaire greffier; Jean Brugiere, hoquetton.

Provisions de hoqueton pour J. Brugière.

Louis, par la grâce de Dieu Roy de France et de Navarre, au Maire de la ville de Limoges en charge ou autres officiers dudit hostel de ville qu'il appartiendra. Par edit du mois d'aoust 1722, registré ou besoin a esté, nous avons creé et establi les offices des scindics des paroisses et greffier des rolles de la ville et autres impositions; d'archers, herault, hocquetons, valets de ville, tambour, portiers, concierges et autres officiers de pareille nature qui avoint

---

(1) Jamais il n'avait existé, de notre connaissance, à l'hôtel de ville, d'officier inférieur portant ce titre. Toutefois les valets de ville avaient, aux xve et xvie siècles, rempli les fonctions d'archers et d'auxiliaires du Prévôt criminel.

esté suprimés par edit du mois de juin 1717 (1); pour lesquels offices nous avons ordonné qu'il seroit expedié des commissions de nostre grand sceaux, a quoy estant necessaire de pourvoir, pour ces causes et autres a ce nous mouvan, nous avons commis et estably, commettons et establissons la personne de nostre amé Jean Brugiere, pour dors en avant faire les fonctions de l'office d'ocqueton de l'hostel de ville de Limoges, par luy acquis par quittance du 10e feuvrier de la presente année 1724, auquel office n'a point esté commis depuis sa creation, pour ledit office avoir, tenir et doresnavant en jouir et user par le dit Brugiere, aux gages de douze livres par chacun an, dont serat fait foy annuellement, sur les revenus et octrois de ladite ville de Limoges, ensemble les prerogatives, privilleges, exemptions, rang, droit et profit et emolument dont ont jouy et ont [eu] droit de jouir les pourveus de pareil offices avant la supression ordonnée par edit du mois de juin 1717, et conformement aux edits du mois d'aoust 1722 et mars de l'année 1709; et ce, temps qu'il nous plairat. Sy nous mandons qu'apres qu'il vous sera apparu des bonnes vie, mœurs, conversations, religions catholique, appostolique et romaine dudit Brugiere, de luy prist et receu le serment en tel cas requis et acoustumé, vous ayes a le faire reconnoistre de tous ceux et ainsi qu'il appartiendra en ce qui conserne les fonctions dudit office, l'an faisant jouir et user et du contenut en ses presentes pleinement et paisiblement. Mandons en outre a ceux de nos recepveurs, payeurs et autres comptables qu'il appartiendrat, de payer et delivrer comptant audit Brugiere et par chasquun an, aux termes et en la maniere acoustumée, les gages et droits audit office appartenant, a commencer du jour et dattes des presentes, en raportant par ledit Brugiere, pour une fois seullement, copie collationnée de la quittance de finance dudit office, des presentes lettres de commission, avec sa quittance sur ce suffisante, nous voulons lesdits gages et droits estre passés et alloués en la despence des comptes de ceux qui en auront fait le payement par nos amés et feaux conseillers les gens de nos comptes, auxquels mandons ainsy le faire sans difficulté; car tel est nostre plaisir. Donné ce jour, le xxiiie jour de may, l'an de grace 1724 et de notre Regne le neuf^e. *Signé*, par le Roy en son conseil : Delamet.

(1) Sous le règne de Louis XIV, le fisc, qui était cependant à cette époque allé bien loin, n'avait pas poussé jusque-là ses créations. Les humbles gages assignés au titulaire disent assez combien peu important et peu relevé devait être l'office.

Remise d'une réunion pour le remplacement du prédicateur.

Aujourd'huy, 21 septembre 1724, Messieurs les prevost et consuls, assemblés extraordinairement dans la chambre du conseil de l'hostel de ville, et apres y avoir attendu M^{rs} le lieutenant general et procureur du Roy jusques a l'heure de dix du matin, quoy que l'assemblée dut estre faite a l'heure de huict heures, suivant que lesdits sieurs l'avoient ainsy reiglés le jour d'hier, et apres avoir envoyé deux differentes foys les nommés Roche et Petit, capitaines dudit hostel de ville, lesquels nous ont raporté avoir parlé audits sieurs lieutenant general et procureur du Roy qui leur ont déclaré n'estre en commodité de se rendre audit hostel de ville et de l'assemblée faite pour proceder a la nomination d'un predicateur pour prescher dans l'esglise collegialle de Saint-Martial suivant l'usage, pendant l'Avan et Caresme prochain, au deffaut du reverand perre Brigueil, religieux cordellier, par nous nommé le 7e decembre dernier pour prescher dans ladite Eglise, qui n'a peu obtenir soumission de Monsieur nostre esveque (1), comme nostre dit S^{gr} Esveque s'en est expliqué auxdits sieurs consuls de vive voix; et attendu l'urgente necessité ou nous sommes de remplir ladite place pour le peu de temps qui nous reste et pour ne nous pas attirer le reproche de nos concitoyens, et apres avoir attandu comme il est dit cy dessus et avoir convoqués lesdits sieurs Lieutenant general et Procureur du Roy pour assister a ladite assemblée et pour proceder a ladite nomination,— sur quoy l'affaire mise en deliberation par lesdits sieurs prevost et consuls, qui n'ont en cella que la veu du biens publicq, nous dicts, prevost et consuls, avons remis a demain ladite nomination, a dix du matin, pour faire reinterpeller d'abondant les sieurs Lieutenant general et procureur du Roy pour assister et voir faire ladite nomination.

DESFLOTTES DE FOMBESSE, prevost consul; MURET, consul; GARAT, controlleur, consul; JAYAC, consul; P. COLOMB, consul.

Nomination du P. David pour prêcher l'Avent de 1724 et le Carême de 1725.

Et advenant le vingt deux septembre audit an, a dix heures du matin, nous, dits prevost et consuls, estan assamblés dans ledit hostel de ville, avons nommé, en l'absence desdits sieurs lieutenant general et procureur du Roy d'hument interpellés, tous d'une commune voix, le reverend pere David, religieux, sous prieur des freres prescheurs de la present ville, pour prescher le susdit Advan de l'année 1724 et le Caresme de l'année 1725, suivant l'usage, en

---

(1) Nous n'avons malheureusement aucun détail là-dessus. Le fait se rapporterait-il aux querelles religieuses suscitées par la fameuse bulle *Unigenitus*?

la maniere acoustumée, dans ladite esglise de Saint-Martial; auquel dit reverend pere David il sera donné advis incessament de ladite nomination. Fait le jour et an que dessus.

    DESFLOTTES DE FOMBESSE, prevost consul ; GARAT, controlleur, consul ; MURET, consul; JAVAC, consul ; P. COLOMB, consul (1).

Eslections et nomination de Messieurs les Consuls faite dans la grand salle de l'hostel commun de Limoges, le septiesme dexambre 1724, par Messieurs les prud'hommes et habitans nommés par Messieurs les consuls en charge, a la maniere accoustumée, en presence desdits sieurs consuls et du consentement du procureur du Roy : y president Mr Mre Jean Rogier, seigneur des Essards, lieutenent general, et ce pour l'année 1725.

Mr Mre Jean De Dhouet, escuyer, seigneur de La Courtaudie, Le Sursol et autres places, president au siege prezidial de Limoges ;

M^r   (2) Barbout, sieur des Courrieres, greffier en l'eslection de Limoges ;

Mr Ardillier, bourgois et marchand dudit Limoges.

    MURET, prevost consul; DE DOUHET, president, consul ; DESFLOTTES DE FOMBESSE, consul; BARBOU DES COURRIERES, consul; P. COLOMB, consul; ARDILIER, consul.

---

(1) L'année 1724 est signalée par les administrateurs de l'hôpital comme le commencement d'une période de difficultés et de gêne. L'établissement avait prêté au clergé du diocèse, au denier vingt, c'est-à-dire à 5 0/0, une somme de 61,000 ll. Les intérêts des emprunts de cette nature furent réduits, en vertu d'un arrêt du Conseil du 31 mai 1723, à 2 p. 0/0, ce qui priva l'hôpital de 1,800 livres de revenu. Cette perte, s'ajoutant au retrait des subventions du gouvernement, creusa dans la caisse de l'hospice un déficit annuel, auquel on essaya de parer au moyen d'économies souvent regrettables.

Les édits et ordonnances relatifs à l'observation du repos dominical furent plusieurs fois rappelés au cours du XVIIIe siècle. Notons, entr'autres, un arrêt du Parlement de Bordeaux du 28 avril 1724, enregistré à Limoges le 16 mai, et un autre du 14 mars 1753, enregistré à Limoges le 5 avril suivant. Ces arrêts interdisent le travail du dimanche, défendent de tenir foires ou marchés les jours de dimanches et de fêtes et prescrivent la fermeture, pendant la durée des offices, des auberges, cabarets, jeux de paume, salles de billard, d'escrime et autres.

(2) Le prénom est resté en blanc.

Le procureur du Roy requiert qu'il soit donné acte de la nomination faite par lesdits sieurs prud'hommes de la personne de Mr Mre Jean de Dhouet, escuyer, sieur de la Courtaudie, president au siege presidial de Limoges; Mr Barbou, sieur des Courrieres, greffier en l'eslection de Limoges; Mr Ardillier, bourgeois et marchand. En consequence, requiert qu'ils soient appellés pour prester le serment, comme aussy de recevoir les sommes dheues a la maison de ville employées dans les etats (?) du Roy de l'eslection de Limoges.

Nous, faisant droit sur le requisitoire du procureur du Roy, avons donné acte de la nomination presentement faite des personnes de Mr Mre Jean de Dhouet, escuyer, sieur de La Courtaudie, president au siege presidial de Limoges; Mr Barbou des Courrières, greffier en l'eslection, et Mr Ardillier, bourgeois et marchand, pour consuls, pour l'année 1725, et pour recevoir les sommes qui seront dheues à la maison de ville. En consequence, ordonnons qu'il se presenteront pour prester le serment au cas requis.

    Rogier des Essarts, lieutenant general, president; Paillier, secretaire greffier (1).

Lequel serment a esté a l'instant pris et receu desdits sieurs de Dhouet, Barbout et Ardillier. En consequence, a esté donné pouvoir par lesdits prud'hommes et habitans auxdits sieurs Barbout et Ardillier.

    Romanet.

Désignation d'un prédicateur pour 1725-1726.

Aujourd'huy, septiesme dexembre 1725, dans la salle de l'hotel commun de la ville de Limoges, ou estoint assemblés Mr le lieutenant general, president dudit hostel de ville, Mr le procureur du Roy et Mrs les prevost et consuls, a esté procédé a la nomination de la personne du reverend pere Gil, religieux Jacobin, de presant a   (2), pour prescher l'Advant et le Caresme des années mil sept cents vingt cinq et mil sept cents vingt six. A cet effet, il luy en sera donné incessament advis, sans qu'il en puisse estre

---

(1) Nous ne nous expliquons pas la réapparition de Paillier; on a vu plus haut (p. 311) que l'office de secrétaire-greffier avait été donné à J.-B. Boisse.
(2) Le mot est resté en blanc.

donné d'autre a sa place ; et, a son deffaut, la nomination en sera faite par les consuls. Fait ledit jour, mois et an que dessus.

   Muret, prevot consul ; De Douhet, president, consul ; Desflottes de Fonbesse, consul ; Barbou des Courrieres, consul ; Ardilier, consul ; P. Colomb, consul.

A Messieurs les prevost et consuls de la ville de Limoges, supplie humblement Noel Jauvie, vous remontre tres humblement, Messieurs, qu'il a esté pourveu, soubs le bon plaisir de Messieurs vos predecesseurs, d'une des places de gager et valet de ladite ville ; qu'il en a fais les fontions pendant plusieurs années ; mais se trouvant aujourd'huy hors d'etat de pouvoir en continuer les devoirs, attendu ses infirmittés, mais d'autant qu'il se trouve chargé d'une nombreuse famille et hors d'etat de fournir a leurs subsistance, parmy lesquels il a Pierre Jauvie, son fils aîné, capable de remplir ladite place, il vous supplie, Messieurs, attendu sa misere notoire, de vouloir luy accorder ladite place, et il priera le Seigneur pour la santé et prosperité de vos familles et posterité.

Remplacement de Pierre Jauvie valet de la ville par son fils.

          N. Jauvie.

Aujourd'huy, le premier du mois de feuvrier mil sept cents vingt cinq, en la chambre du conseil de l'hostel de ville, ou estoint assemblés M^{rs} les prevost et consuls soubsignés, convoqués extraordinairement pour deliberer des affaires de la ville, a esté exposé par Mr de Douhet, escuyer, seigneur de la Courtaudie, president au siege presidial de Limoges et prevost consul, que le nommé Noel Jauvie, encien vallet de ville et gager, luy avoit tres humblement remontré qu'il n'estoit plus en etat de faire le service accoutumé a cause de ses infirmités, le priant tres humblement d'en nommer un autre. Sur quoy, la chose mise en deliberation, lesdits sieurs prevost et consuls ont a l'instant mandé le dit Noel Jauvie, lequel, s'estant alors presanté, auroit persisté dans sa demission apres avoir esté interrogé par M^{rs} les prevost et consuls sur ce fait, ensin qu'il résulte par la requete cidessus transcripte, signée par Jauvie, a laquelle demissions lesdits sieurs prevost et consuls inclinent, poussés en cela par un seul motif de charité, ont tous d'une commune voix nommé a sa place Pierre Jauvie, son fils ; lequel s'estant a l'instant presanté, lesdits sieurs prevost et consuls auroint pris de luy le serment de bien et fidellement remplir et exercer ledit employ avec respect, fidellité, soumission et assiduité. Ce fait, a esté installé audit employ, luy ayant fait prendre la casaque, toque et baton, pour, par ledit Pierre Jauvie, jouir pandant le temps qu'il fera le service de vallet de ville avec fidellité et assiduité, des gages, droits, privilaiges, exemptions dont jouissent les pourveus de pareil employ. Deliberé a Limoges, dans l'hostel de ville, ledit jour, mois et ans que dessus.

> De Douhet, sieur de la Courtaudie, president, prevost consul; Muret, consul; Des Flottes de Fonbesse, consul; Colomb, consul; Barbou des Courrieres, consul; Ardilier, consul.

Nomination d'Antoine Laloy à la charge d'ermite.

Aujourd'huy, quatriesme jour du mois d'avril 1725, dans la chambre du conseil de l'hotel commun de la present ville, ou estoint assemblés Messieurs les prevost et consuls, en presence de Mrs le lieutenent general et procureur du Roy au presidial de Limoges, Mr Mre Jean Barbout, sieur des Courrieres, prevost consul, auroit representé que, depuis un certain temps, le nommé Jean Bonnet, cy devant hermite de Monjauvis (1), seroit decedé et qu'il seroit a propos de nommer a ladite place une personne capable de la remplir dignement. Sur quoy, l'affaire mise en deliberation, les susdits sieurs consuls ont, tous d'une commune vois, nommé Anthoine Laloy, bourgois et habitant de la presente ville.

> Barbou des Courrieres, prevot consul; De Douhet de Lacourtaudie, consul; P. Colomb, consul; Des Flottes de Fonbesse, consul; Ardilier, consul.

Nous avons donné acte de la nomination presantement faite par les sieurs consuls de la personne dudit Anthoine Laloy; ordonnons que le tout sera communiqué au procureur du Roy pour, ses conclusions veues, estre ordonné ce qu'il appartiendra. Fait le jour, mois et an que dessus.

> Rogier des Essarts, lieutenant general, president de l'hostel de ville.

(1) Jean Bonnet, ermite de Montjauvy, fut inhumé le 7 février 1725, dans la chapelle de l'ermitage, en présence de ses deux fils (Registres de la paroisse de Saint-Martial de Monjauvy, au supplément de l'*Inventaire des archives communales*).

Le procureur du Roy, qui a pris communication de la nomination faite de la personne de Anthoine Laloy, pour remplir la place d'hermite qu'occupoit feu frere Jean Bonnet, par Mrs les prevost consuls, ensemble de l'ordonnance de *soit communiqué*, requiert qu'avant qu'il soit receu et installé, il se fera attester de bonne vie et mœurs et raportera son extrait baptistaire pour, le tout fait et communiqué au procureur du Roy, requerir ce qu'il appartiendra. Fait dans l'hostel de ville, ce 4 avril 1725.

Romanet.

Nous, faisant droit sur le requisitoire du procureur du Roy, ordonnons que ledit Anthoine Laloy fera attestation de ses bonne vie et mœurs, religion catholique, apostolique et romaine : en execution de quoy, ledit Anthoine Laloy nous a presenté sieur Hyacinthe Beaubreuil, bourgois et marchand de cette ville, lequel après que, de notre ordonnance verballe, il a levé la main, promis et juré moyenent son serment de dire verité, a dit estre agé de quarante cinq ans environs et cognoistre le dit Anthoine Laloy pour estre de bonne vie et mœurs, conversation catholique, apostolique et romaine : ce qu'il atteste pour luy avoir veu frequenter les sacrements et assister a l'esglise. En foy de quoy il a signé.

Hy. Beaubreuil.

Pareillement s'est presenté sieur Leonard Adam, aussy bourgois et marchand : après que, de nostre ordonnance verballe, il a levé la main, promis et juré moyenent son serment de dire verité, d'estre agé de vingt huit ans environ et cognoistre ledit Anthoine Laloy pour estre de bonne vie et mœurs, conversation, religion catholique, apostolique et romaine, pour l'avoir veu frequenter les sacrements et assister aux esglises. Et a signé.

Leonard Adam.

De laquelle attestation nous avons donné acte. Ordonnons que le tout sera communiqué au procureur du Roy. Fait ledit jour et an que dessus.

Rogier des Essarts.

Le procureur du Roy, qui a pris communication de l'attestation de bonne vie et mœurs, profession de religion catholique, apostolique, romaine du nommé Anthoine Laloy, habitent de cette ville, n'empeche qu'il ne soit receu et installé, en par luy prestant le serment en tel cas requis entre les mains de M^r le lieutenant general, après que le prevost-consul luy aura fait cognoistre son estat et ses obligations. A Limoges, dans l'hostel de ville, ce 4 avril 1725.

ROMANET.

Nous, faisant droit des conclusions du procureur du Roy, avons donné acte de la nomination presentement faite de la personne dudit Anthoine Laloy pour hermite de la present ville, ordonnons qu'il se presentera par devant nous pour prester le serment en tel cas requis; en consequence, avons mandé ledit Anthoine Laloy, lequel s'est a l'instant presenté, auquel ayant fait prester serment de bien et fidellement remplir ces fonctions, avons ledit Anthoine Laloy receu et installé dans ladite calité d'hermite. Fait a Limoges, le quatre avril 1725.

> ROGIER DES ESSARTS, lieutenant general, president dudit hotel de ville; PAILLIER, secretaire greffier.

Arresté le present registre cejourdhuy, ce dousiesme avril 1725. Fait dans l'hostel de ville, sur le requis de Mr Muret, consul, et la presence de Mr de Fonbesse, de M^r des Courrieres et de Mr Ardillier, qui ont signé avec ledit sieur Muret et moy.

> MURET; DES FLOTTES DE FONBESSE, consul; BARBOU DES COURRIÈRES; ARDILIER, consul; PAILLIER, secretaire greffier.

Accord entre les consuls pour assurer le travail de préparation des billets de logement

Nous, Leonard des Flottes, sieur de Fonbesses, entien conseiller du Roy et son advocat en la mareschaussée generalle du Limouzin, et Jean Barbout, sieur des Courrieres, aussy conseiller du Roy, greffier en chef en l'eslection de Limoges; Pierre Colomb, bourgeois et marchand en cette ville, et Jean Baptiste Ardillier, aussy bourgeois et marchand, tous deux entiens juges de Bource, — tous consuls en charge la presente année, nous estant randus, le 17 du present mois, dans l'hotel commun de cette ville pour deliberer sur les affaires qui peuvent la concerner : ce que nous n'aurions voulu faire sans au prealable avoir fait convoquer, par un valet de ville, le sieur de La Courtaudie, president et premier consul, ladite convoquation faite le 17 dudit mois; auquel vallet on auroit fait responce que le sieur de La Courtaudie estoit absent; pour a laquelle absance obvier, attandu qu'il s'agit de faire le logement du regiment Depeyre (?) cavallerie, dont l'ordre fust adressé auxdits sieurs consuls le 21 du mois de may pour en faire ledit logement, sommes convenus de ce qui suit : s'est a scavoir que nous soussignés, pour ne point retarder le service du Roy et pour empescher que celluy qui se trouve prevost, par lequel le logement doibt estre fait, ne s'absante (1), — promettons et nous engageons sur l'obligation de tous et un chacun nos biens, de signer tous les billets qui conviendra faire pour les logements desdits gens de guerre, ce que nous promettons d'executer a peine de tous depens, dommages et interets : les conventions faites pour l'année presente. Fait dans l'hostel de ville, le 17 juin 1725.

BARBOU DESCOURIERES, consul ; ARDILIER, consul ; DESFLOTES DE FONBESSE, consul ; P. COLOMB, consul (2).

Aujourd'huy, vingt troisiesme aoupt mil sept cents vingt cinq, dans la chambre du conseil de l'hotel de ville, ou estoint assemblés Messieurs Rogier des Essards, lieutenant general du Limousin, procureur du Roy, Mrs de Fombesse, present, consul, Barbou des Courrieres, Collomb et Ardillier, tous prevost et consuls de ladite année, — Mr de Fonbesse a exposé que le nommé Martial Faure, vallet de l'hostel de ville, est hors d'estat de faire son ser-

Remplacement d'un valet de ville par son fils.

---

(1) Nouvelle preuve du peu de zèle avec lequel les officiers municipaux s'occupaient à cette époque de leurs fonctions.

(2) De nouvelles maîtrises furent créées à l'occasion du mariage du Roi, par un édit donné à Versailles, au mois de juin 1725. L'édit rappelle qu'une seule création analogue a été faite par le souverain régnant en 1722, « pour tenir lieu de celles qui avoient esté faites par le feu Roy pour son avenement à la Couronne, pour la régence de la Reyne sa mère, pour son sacre et pour sa majorité ». Le document officiel ajoute que la mesure, outre qu'elle est conforme aux traditions, aura pour effet de fournir à la Couronne un supplément de ressources qui remplacera une augmentation d'impôts, et d'abaisser le prix des produits industriels en multipliant le nombre des maîtres et par suite la concurrence.

Les promesses de ces beaux considérants n'étaient pas toujours réalisées dans la pratique. Ainsi, on vit maintes fois la corporation acheter elle-même les nouvelles maîtrises, comme il arrive encore de nos jours que les notaires ou les avoués d'une ville achètent à frais communs une charge vacante, afin de diminuer la concurrence. D'un autre côté, les maîtres admis dans ces circonstances étaient le plus souvent dispensés de fournir des preuves de leur capacité. Ainsi dans l'édit de Henri IV, créant deux maîtrises de chaque corps d'arts et métiers dans toutes les villes, faubourgs et bourgs jurés du royaume, à l'occasion de la naissance du duc d'Anjou, son troisième fils, il est dit que les nouveaux maîtres « ne seront tenus de faire aucun chef d'œuvre, espreuve, experience, examen, payer banquets, droits de confrérie et de boistes. » — La *boîte* était la caisse de la communauté.

En 1725, dans toutes les villes qui étaient le siège d'un présidial, chaque corporation s'augmenta de trois maîtres. Il dut en être ainsi à Limoges.

vice dans l'hostel de ville, a cause de ses infirmités, et ledit Faure supplie de vouloir accorder cette place a son fils, nommé Leonard Faure. La chause mise en deliberation, sur la demission du pere, faite en faveur de son fils, tout presentement, nous, lieutenant general, president dudit hotel de ville, prevost et consuls, du consentement du procureur du Roy, avons (*sic*) donné gratuitement la place de son pere, et, en consideration des services rendus par Martial Faure, son pere, nous avons reçu a ladite place de gager, le nommé Leonard Faure, son fils, lequel, apres qu'il a esté revetu de l'habit et de gager et apres avoir pris le serment au cas requis, l'avons reçu audit office de gager pour jouir des privileges et autres droits attachés a ladite place. Fait audit hostel de ville, lesdits jour, mois et an que dessus.

ROGER DES ESSARTS; DES FLOTTES DE FOMBESSE, prevost consul; BARBOU DES COURIERES, consul; COLOMB, consul; ARDILLIER, consul; PALLIER secretaire-greffier.

Lettre du Roi pour annoncer son mariage.

Monsieur le marquis des Cars, l'empressement que mes sujets ont toujours tesmoigné de me voir assurer par un prompt mariage la tranquillité de l'Etat, estoit trop juste pour diferer de respondre a leurs veux par un choix propre a les remplir : j'ay creu que nos communes esperences ne pouvoint estre mieux fondées que sur les vertus et la pieuse education de la princesse Marie(1). Le traitté de nostre mariage, conclud avec le Roy son pere, a esté accomply dans ma ville de Strasbourg, ou mon oncle, le duc d'Orleans, l'epousa en mon nom, le 15 du mois passé et l'a cellebrée (*sic*) aujourd'huy. Il ne me reste qu'a demander a Dieu de me continuer sa protection. J'escris a cet effet aux archeveques et evesques de mon royaume, de faire chanter le *Te Deum* dans toutes les eglises de leurs dioceses, et je vous fais cette lettre pour vous dire d'assister a celluy qui sera celebré dans celle des villes de vostre departement ou vous vous trouveres et de vous faire accompagner des officiers qui ont coustume d'y assister; faire allumer les feux de joy et autres rejouissances pratiquées en pareilles occasions. Sur ce, je prie Dieu qu'il vous aye, Monsieur des Cars, en sa sainte garde.

Escrit a Fontainebleau, le 5 septembre 1725. *Signé* : LOUIS, *et plus bas* : PHELIPPEAUX. *Et au dos* : a Monsieur le marquis des Cars, mon lieutenant general au gouvernement de Limousin.

(1 Marie Leckzinska, fille de Stanislas Leckzinski, élu roi de Pologne en 1704 et renversé en 1709.

A Fontainebleau, le 5 septembre 1725.

Je vous envoy, Monsieur, la lettre du roy, qui vous fera cognoistre les intentions de Sa Majesté sur les prieres et les rejouissances publiques qu'il a ordonné a l'occasion de son mariage. Vous scavez Messieurs, que je vous suis plus parfaitement acquis que personne du monde. *Signé* : MEAURPAS.

<small>Lettre d'envoi de M. de Maurepas.</small>

Aujourd'huy, dix neuf septembre mil sept cents vingt cinq, dans la chambre du conseil de l'hostel de ville, ou estoint assamblés Monsieur le lieutenant general, president de l'hostel de ville ; Messieurs Ardilier, premier consul ; Des Flottes de Fombesse, Barbou des Courieres, Coulomb, consuls ; le procureur du Roy est entré et a dit qu'il luy auroit esté remis une lettre par le Pere prieur des Jacobins de cette ville, par laquelle il paroit que le Pere Gil, dominicain, qui avoit esté nommé pour prescher l'Advent de la presente année et le Caresme pour mil sept cent ving six, ne peut se rendre par rapport a ses infirmités ; et comme il est important de pourvoir incessamment a une personne capable de remplir sa place, et que la nomination appartient au corps consulaire, le procureur du Roy requier qu'il y soit presentement procedé en la maniere accoutumée et qu'il luy soit donné acte de la remise de la lettre du pere general pour estre mise au greffe de la maison de ville.

<small>Remplacement du P. Gil par le P. Forestier pour prêcher l'Avent de 1725 et le Carême de 1726.</small>

ROMANET, procureur du Roy.

Nous, faisant droit du requisitoire de procureur du Roy, avons donné acte de la remise prealablemente faicte par ledit procureur du Roy, de la lettre du pere Gil, ordonnons qu'elle restera au greffe de l'hostel de ville de ceans (?), paraphée *ne varietur;* au surplus que lesdits sieurs consuls procederont suivant l'usage a la nomination d'un predicateur pour l'Advent de la presente année et Caresme mil sept cent vingt six. Fait a Limoges, dans l'hostel de ville, le jour et an que dessus.

ROGIER DES ESSARTS, president dudit hotel de ville.

Et a l'instant, en execution de la presente ordonnance, lesdits sieurs prevost et consuls, d'une commune voix et consentement, en presence de Messieurs le lieutenant general et procureur du Roy et de leurs consentement, ont choisy et nommé le reverand

Pere Forestier, de la compagnie de Jesus, pour prescher l'Advent de la presente année et le Caresme de l'année mil sept cent vingt six, a ces fins qu'il luy en sera par l'assistance donné advis, et a deffaut de sa personne, qu'il en sera choisi un autre par ledit corps consulaire sans qu'il soit permis audit Pere Forestier d'en substituer a sa place. Fait a l'hostel de ville, jour et an que dessus.

> Rogier des Essarts, lieutenant general, president dudit hotel de ville; Ardillier, prevost consul; Des Flottes de Fombesse, consul; Barbou des Courierés, consul; Colomb, consul; Romanet, procureur du Roy; Paillier, greffier.

Réparation de la fontaine de Saint-Pierre. Offres du sieur Lafosse. Monseigneur l'Intendant de la generalité de Limoges, supplie humblement Jean Lafosse, marchand a Limoges, disant qu'il a esté employé depuis quelques   (1) a faire racommoder la fontaine de Saint-Pierre qui estoit entierement ruinée, et en dernier lieu par Monseigneur de Breteuil, comme il paroit par la commission cy attachée, aucy bien que par Monseigneur le lieutenent general, comme il paroit pareillement par sa commission : :y bien qu'ayant fait faire bien des reparations et n'ayant esté remboursé de la somme de 138ᵗ 15ˢ 6ᵈ qui luy est dhue pour advances, sans comprendre des tuyeau de plomb qui sont dheus au nommé Bachellier; ce qui obligea le supliant de cesser de faire travailler : si bien que des femmes ont destruit partie du conroy de la may (2) pour y laver du linge, et d'autres particulliers ont pressé des tuyaux pour avoir de l'eau et gaté presque tout ce qui avoit esté fait : ce qui empesche les eaux de couler. Insin la fontaine ne va pas despuis environs quatre mois; ce qui est d'un prejudice notable au public, mesme aux forains a cause du marché du poissons (3). Cependent le supliant s'oblige a la faire aller pourveu qu'il plaise a vostre Grandeur de l'exampter de logement de gens de guerres effectifs, qui est un petit objet par raport a la grandeur de la ville;

(1) Un mot omis.
(2) Meat, *meatus*, — de *meare*, couler : conduit.
(3) Le marché au poisson ou *Gras* était encore, au XVIIIᵉ siècle, sur la place Saint-Pierre, où il avait été établi au moyen-âge. Turgot eut le premier l'idée de transporter ailleurs ce marché, qui donnait lieu a beaucoup de plaintes. Il avait en vue un terrain situé en face de la maison curiale de Saint-Pierre, près la porte Tourny, et « qui offrait à l'entrée de la ville un aspect » dégoûtant et désagréable ». (P. Ducourtieux : *Limoges d'après ses anciens plans*, p. 135). — Plus tard seulement, en 1789, le marché au poisson, que l'on continuait à appeler *le Gras* bien qu'il ne fût plus au *Gras*, fut transféré sur le petit étang d'Aigoulène.

et qu'il luy soit permis de faire une queste dans le voysinage, comme cela s'est pratiqué pour ayder a remettre ladite fontaine dans la situation qu'elle estoit auparavant; — et de deffendre au surplus de destruire la may pour laver du linge (1), et a certains particuliers de gater les tuyaux et laisser le cours entien de la fontaine libre, sous telles peines qu'il plaira a vostre Grandeur, et a tous particulliers qui ont fait hausser des pavés et des terres qui empeche le cours de l'eau ordinaire, de la remettre dans leurs premier estat, chascun en droit soi ; et le supliant offre de entretenir ladite fontaine pandant le temps qu'il plaira a votre Grandeur l'exempter des logements effectifs (2). Il continuera ses vœux pour la prosperité de vostre Grandeur. *Signé* : LA FOSSE, supliant.

Soit la presante requeste leue dans une assamblée de ville convoquée a cet effet, pour y estre deliberé, et, la deliberation a nous raportée, estre ordonné ce qu'il apartiendra. Fait a Limoges, le 10 novembre 1725.

Signé : BOUCHER D'ORSAY.

Les consuls, qui ont pris communication de la requete et ordonnance de Monseigneur l'Intandant, apres avoir fait convoquer la ville en presence et du consentement de M^r le Lieutenant general et procureur du Roy, vous remontrent, Monseigneur, qu'il y a lieu de descharger le supliant du logement de gens de guerre, en par luy, neanmoins, entretenent la fontaine de Saint-Pierre et y faisant toutes les reparations necessaires; et qu'a ces fins le supliant viendra faire sa soumission, consentant lesdits consuls que le supliant fasse la queste dans son cartier. Deliberé dans l'hostel de ville, le 13 novembre 1725. Assemblée de ville à ce sujet.

Signé : ARDILLIER, prevost consul; DE DHOUET; DES FLOTTES DE FONBESSES, consul; BARBOUT DES COURIERES, consul; COLLOMB, consul; DURAND jeune; ARDILLIER jeune; BAILLOT; PETINIAUD; NICOT; ARDANT; DISNEMATIN DES SALLES; DE ROUILHAC; DURAND encien (*sic*); TEUILLIER; BEAUD.

Veu la presente requete, nostre ordonnance de l'autre part, la responce des consuls de cette ville de Limoges, portant consente- Ordonnance conforme de l'Intendant.

---

(1) Dès le commencement du XVIIe siècle, il existait à Limoges des ordonnances de police interdisant de laver le linge aux fontaines.

(2) On voit que, pour payer les dépenses extraordinaires, on avait toujours recours au même procédé : un particulier consentait à faire l'avance, et on le remboursait en l'exemptant de tout ou partie des charges communes.

ment, nous ordonnons que le supliant jouira de l'exemption esfectifs du logement de gens de guerre, avec deffance aux consuls de laditte ville de luy en envoyer a l'advenir tant et si longuement qu'il entretiendra a ses depans la fontaine de Saint-Pierre de cette ville. Fait a Limoges, le 17 novembre 1725. *Signé* : BOUCHER D'ORSAY (1).

<small>Engagement du sieur Lafosse.</small> Je soussigné, en conformité de la deliberation de Messieurs les consuls du treize novembre 1725, m'oblige et m'angage d'entretenir la fontaine de Saint Pierre de la present ville aux conditions portées par ladite deliberation; et en cas, chasque fois que je feray oster ou remettre quelque tuyaux, j'advertiray Messieurs les consuls pour estre presents. A Limoges, le 17 novembre 1725. J. LAFOSSE.

Et declare avoir l'original en main pour le representer en cas de besoing. J. LAFOSSE (2).

Eslection et nomination de Messieurs les Consuls, faite dans la grand salle de l'hotel commun de Limoges, le septiesme decembre 1725, par Messieurs les prudhommes nommés par Messieurs les consuls en charge, a la maniere accoutumée, en presence desdits sieurs consuls et du consentement de Monsieur le procureur du Roy, y president Mr Anthoine Nouailler, seigneur des Bailles, lieutenent particulier, pour l'année 1726 :

M^r M^{rs}   (3) Peyriere, seigneur de Lagardelle, eslu en la presente eslection;
Mr Rouard, seigneur de La Boissarde, bourgeois;
Mr Farne, gendre de Crouzeyt.

BARBOU DES COURIERES; ARDILLIER, consul; PERIERE DE LAGARDELLE, consul; ROUARD, consul; FARNE, consul.

<small>(1) Voici une délibération d'assemblée de ville qui n'a été étendue à notre registre qu'en expédition. Il ne paraît cependant pas qu'il y eût d'autre registre pour inscrire le procès-verbal de ces sortes d'assemblées, puisque nous en avons trouvé plus haut un certain nombre en original. Au surplus on voit, par la mention mise à la fin de cette pièce, que l'original, dressé sur une feuille volante, avait été remis à Lafosse.
(2) En 1725, il y eut un grand incendie dans la rue des Petites-Pousses. Plusieurs maisons furent brûlées; une partie de ces immeubles étaient grevés de rentes au profit de l'hôpital, et le sinistre entraina pour cet établissement des pertes sérieuses. Le Roi lui alloua à cette occasion un secours en argent assez considérable.
(3) Un blanc.</small>

Le procureur du Roy requiert qu'il soit donné acte de la nomination faite par lesdits sieurs prudhommes de la personne de MM.   (1) Peyriere, seigneur de Lagardelle, eslus en l'eslection de Limoges; Mʳ Rouard de Laboissarde, bourgeois; Mʳ Farne, gendre de Crouzeil, bourgeois et marchand. Et en consequence, requiert qu'ils soit apellés pour prester le serment.

Nous, faisant droit sur le requisitoire du procureur du Roy, avons donné acte de la nomination presentement faite des personnes de Mʳ Peyriere, seigneur de Lagardelle, eslus en l'eslection de Limoges; MM. Rouard de Laboissarde, bourgeois et marchand; Mʳ Farne, gendre de Crouzeil, bourgeois et marchand, pour consuls l'année 1726. En consequence, ordonnons qu'ils se presenteront pour prester le serment au cas requis.

   De Noalhie, lieutenant particulier; Paillier, secretaire greffier.

Nomination d'un prédicateur pour 1726-1727.

Aujourd'huy, septiesme decembre 1725, dans la salle de l'hostel commun de la ville de Limoges, ou estoint assamblés Messieurs le lieutenant particulier, president audit hostel de ville, et procureur du Roy, et Messieurs les prevost et consuls, a esté procedé a la nomination du Reverend Pere Chavau (?), religieux Cordellier conventuel en cette ville, pour prescher l'Advant et le Caresme des années mil sept cents vingt six et mil sept cents vingt sept. A cet effet, il luy en sera donné incessament advis, sans qu'il en puisse estre donné d'autres a sa place; et a son deffaut, la nomination en sera faite par le corps consulaire. Fait ledit jour, mois et an que dessus.

   Periere de Lagardelle, consul; Rouard, consul; Farne, consul; Ardillier, consul; Barbou des Courrieres, prevot consul.

Nomination d'un canonnier de la ville.

Aujourd'huy, dix-huitiesme decembre 1725, dans la chambre du conseil de l'hostel de ville de Limoges, ou estoit assemblé le corps consullaire, sur ce qui a esté representé par le nommé Clement Borde, faiseur de canolles (2) de la present ville, qu'il se chargoit

---

(1) Un blanc.
(2) On donnait ce nom à un gâteau, très apprécié autrefois, dont on faisait, à certaines grandes fêtes, des distributions aux pauvres et aux enfants de l'hôpital. — Voilà, on en conviendra, un singulier artilleur.

de tirer dans toutes les occasions ou besoin seroit et qu'il sera commandé par Messieurs les prevost et consuls, les fauconneau de l'hostel de ville; les faire porter et reporter dans les lieux qu'il conviendra; ensemble les tenir et entretenir en bon estat; le tout a ses frais et depens, si ce n'est la poudre qu'on luy sera obligé de fournir; — ce qui, ayant esté mis en deliberation, en presence et du consentement du procureur du Roy, a eté convenu ce que dessus. Et en consideration de ses peines et fraix que ledit Borde fera pour ce que dessus, il demeurera a l'advenir exe[m]ps de logement de gens de guerre, et non de taille et autres impositions, qu'il sera obligé de payer suivant les teaux qui luy seront fait.

Fait et arresté le present acte, pour estre enregistré en l'hotel de ville, pour y avoir recours en cas de besoin, ledit jour, mois et ans que dessus.

<blockquote>
Rogier des Essarts, lieutenant general, president dudit hotel de ville; Romanet, procureur du Roy; Clement Borde; Periere, premier consul; Barbou des Courieres, consul; Rouard, consul; Ardillier, consul; Farne, consul (1).
</blockquote>

Eslection et nomination de Messieurs les Consuls, faite dans la grand salle de l'hostel commun de Limoges, le septiesme decembre 1726, par Messieurs les prud'hommes nommés par Messieurs les consuls en charge, en la maniere acoustumée, en presence desdits sieurs consuls et du consentement du procureur du Roy: y president M. Jean Pierre Rogier, seigneur des Essards, lieutenent general en la presente seneschaussée, et ce pour l'année 1727:

MM. Pierre Joseph Goudin, conseiller du Roy au presidial et seneschal de Limoges;

---

(1) L'inventaire des Archives (E 1) de l'Hôpital donne, à la date de 1726, d'intéressants détails sur la quête faite à la porte des églises, à certains jours déterminés, par les membres du Bureau de l'hôpital général. Ils quêtaient aussi à domicile, avec le concours d'un certain nombre de dames, comme avaient fait de tout temps les bailes de l'hôpital Saint-Gérald. — On se rappelle les quêtes à domicile que faisaient, chaque année, il y a peu de temps encore, les membres du Bureau de Bienfaisance, assistés de conseillers municipaux. Ils suivaient en cela une ancienne et respectable tradition

Mʳ Pierre Baignol, sieur de Sousrue, segond consul;

Mʳ Pierre Durand jeune, bourgois et marchand, troisiesme consul.

  PERIERE, consul; BARBOU DES COURIERES, consul; FARNE, consul; ROUARD, consul; ARDILLIER, consul; DURAND jeune.

Le procureur du Roy requiert qu'il soit donné acte de la nomination, faite par lesdits sieurs prudhommes, de la personne de MM. Joseph Goudin, conseiller; Pierre Baignol et Pierre Durand. En consequence, requiert qu'ils soint appelés pour prester serment, comme aussy plain pouvoir de toucher les sommes qui sont dhues a la ville.

  ROMANET, procureur du Roy.

Nous, faisant droit sur le requisitoire du procureur du Roy, avons donné acte de la nomination presentement faicte des personnes de MM. Pierre Joseph Goudin, conseiller; Mʳ Pierre Baignol, pour segond consul, et Mʳ Durand jeune, pour troisiesme consul, pour l'année 1727. En consequence, ordonnons qu'ils se presenteront pour prester le serment au cas requis.

  ROGIER DES ESSARTS, lieutenant general, president de l'hotel de ville; PAILLIER, secretaire greffier.

Nomination d'un prédicateur poır 1727-1728.

Aujourd'huy, septiesme decembre 1726 (1), dans la salle de l'hostel commun de la ville de Limoges, ou estoint assamblés Messieurs le lieutenent general, president dudit hostel de ville, et procureur du Roy, et Messieurs les prevost et consuls, a esté procedé a la nomination de la personne du Reverend Pere Verdillac, jesuiste (2) pour prescher l'Advant et le Caresme des années mil sept cent vingt sept et mil sept cents vingt huit. A cet effet, il luy en sera incessament donné advis, sans qu'il en puisse estre

---

(1) C'est à l'année 1726 que remonte le premier essai de fonctionnement du système de recrutement par le tirage au sort. L'ordonnance du 26 février 1726 dispose qu'il y aura cent bataillons de milice, forts de 600 hommes chacun. On sait combien ce système, qui du reste était vicié par un nombre exageré de causes d'exemption et par trop de rigueur formaliste dans son application, effraya les campagnes et causa de maux. On compta toujours en Limousin une très forte proportion de réfractaires; ils diminuèrent grâce aux efforts de Turgot.

(2) Un blanc.

donné d'autre a sa place; et a son deffaut, la nomination en sera faite par le corps consulaire. Fait ledit jour, mois et an que dessus.

Farne, consul; Periere, consul; Rouard, consul; Durand jeune, consul.

Nomination de trois administrateurs de l'hôpital.

Aujourd'huy, cinquiesme du mois de may mil sept cent vingt sept, dans la chambre du conseil de l'hostel de ville de Limoges, ou estoint assemblés Messieurs les prevost, consuls, et en presence de Monsieur Maistre Jean Pierre Roger des Essards, lieutenant general, president dudit hostel de ville, et Mr Maistre François Muret, advocat du Roy, en conformité des anciens usages et statuts de l'hopital general de cette ville, il doibt sortir de l'administration trois de Messieurs les administrateurs, lesquels doivent etre remplacés par trois officiers ou bourgeois au choix et a la nomination desdits sieurs prevost, consuls; et l'affaire ayant été mise en deliberation, lesdits sieurs prevost, consuls, sur ce ouy le procureur du Roy et de son consentement, ont, d'une commune voix, choisi et nommé pour remplir lesdites places d'administrateur les personnes de Messieurs (1) Rouilhac, seigneur de Rasés, assesseur au presidial; Mr Pierre Farne, actuellement prevost consul, et Mr Jean Joseph Rouard, aussi consul; et ce pendant l'espace de quatre années, qui commenceront le premier septembre prochain, avec les autres sieurs administrateurs qui resteront. Dont et du tout a esté fait et dressé le present acte pour y avoir recours quand besoin sera. Fait ledit jour, mois et an que dessus.

Rogier des Essarts; Farne, prevost consul; Goudin, consul; Rouard, consul; Baignol, consul; Durand jeune, consul; Paillier, secretaire greffier.

(1) Le prénom a été laissé en blanc.

Eslection et nomination de Messieurs les Consuls, faite dans la grand salle de l'hotel commun de Limoges, le septiesme decembre 1727, par Messieurs les prudhommes nommés par Messieurs les consuls en charge, en la maniere accoustumée, en presence des dits sieurs Consuls et du consentement du procureur du Roy, y president MM. Pierre Jean Rogier, lieutenant general en la seneschaussée, president dudit hotel de ville, et ce pour l'année 1728 :

Mr Pierre Berny, seigneur de Noyeras, conseiller du Roy, eslus en l'eslection de Limoges ;
Mr Leonard Boisse, bourgeois ;
Mr Simeon Romanet, bourgeois et marchand,

  Goudin, prevost consul ; Periere, consul ; Baignol, consul ; Farne, consul ; Rouard, consul ; Durand jeune, prevost consul.

Le procureur du Roy requiert qu'il soit donné acte de la nomination presentement faite des personnes de Mrs Pierre Berny, conseiller du Roy, esleû en l'eslection de Limoges ; Mr Leonard Boisse, bourgeois, et M. Simeon Romanet, bourgeois et marchand ; et, en consequence, requiert qu'ils soit appelés pour prester serment, comme aussy de pouvoir toucher les sommes qui seront dhues a la ville.

        Romanet.

Nous, faisant droit sur le requisitoire du procureur du Roy, avons donné acte de la nomination faite des personnes de Mr Pierre Berny, Mr Leonard Boisse et Mr Romanet, pour consuls pour l'année 1728, et en consequence ordonnons qu'ils presteront le serment au cas requis.

  Rogier des Essarts, lieutenant general, president de l'hotel de ville.

Désignation d'un prédicateur pour 1728-1729.

Aujourd'huy, septiesme decembre 1727, dans la salle de l'hostel de ville de Limoges, ou estoint assemblés Messieurs le lieutenent general, president dudit hostel de ville, et procureur du Roy, et Messieurs les prevost, consuls, a eté procedé a la nomination de la personne du R. P. Hilaire Feral, gardien des Peres Cordeliers de la ville de Saint-Junien, pour prescher l'Advant et Caresme des années mil sept cent vingt huit et vingt neuf; a cet effait, il luy en sera incessament donné advis, sans qu'il en puisse estre nommés d'autres a sa place; et a son deffaut, la nomination en sera faite par le corps consullaire. Fait le jour et ans que dessus.

    GOUDIN, prevost consul; BERNY, consul; ROMANET, consul; DURAND jeune, consul.

Echange de deux fauconneaux brisés.

Aujourd'huy, quatorze avril 1728, dans la chambre du conseil ou estoint assemblés extraordinairement Monsieur de Saint-Bonnet, conseiller au siege presidial, en l'absence de M⁷ le lieutenent general et des officiers qui luy president (?); M⁷ le procureur du Roy (1) et Messieurs les prevost, consuls soussigné, — M⁷ Durand, prevost consul, a exposé qu'il y a deux fauconneaux de fonte qui sont brisés (2) et rompu, qu'il seroit necessaire de les faire refondre ou eschanger avec deux qui sont actuellement entre les mains du nommé Boisse, fondeur, qui offre de les changer et de recevoir en payement ceux qui sont rompus, moyenant soixante cinq livres de matiere exedent le pois de ceux qu'il a remis : ce que ayant esté mis en deliberation, du consentement du procureur du Roy, il a esté convenu de faire l'eschange cy dessus, apres que l'espreuve en aura esté faite en presence desdits sieurs consuls, aux conditions cy dessus enoncés. Et a l'instant, ayant fait peser les deux fauconneaux cassés, ils ont pezé deux cents vingt-huit livres, et les deux qui ont été fournis par ledit Boisse deux cents cinq livres (sic), qui resteront audit hostel de ville, apres que l'espreuve en aura esté faite. Fait dans l'hostel de ville, ledit mois et ans que dessus.

    MOULINIER; ROMANET, procureur du Roy; DURAND jeune, prevost consul; ROMANET, consul; BERNY, consul; BOISSE, consul; BOYSSE, fondeur.

---

(1) Une ligne en blanc.
(2) Les fauconneaux de l'hôtel de ville avaient été refondus en 1716 (voir plus haut, p. 250). Ils ne faisaient pas long service. Peut-être était-ce un peu la faute du canonnier de la ville. Nous avons vu plus haut, p. 331, nommer à cet emploi un pâtissier.

Arrest du Conseil d'Estat du Roy au subjet des cazernes dont la construction auroit esté ordonnée par l'ordonnance de Sa Majesté du 25 septembre 1719, dans les vingt generalités et pays d'eslection du Royaume, du 11ᵉ octobre 1724 (1).

EXTRAIT DES REGISTRES DU CONSEIL D'ESTAT

Le Roy s'estant fait representer en son conseil son ordonnance du 25 septembre 1719, par laquelle il avoit ordonné qu'il seroit incessamment construit differants corps de cazernes dans vingt generalités du royaume et villes et lieux designés par l'estat et suivant les devis joint a ladite ordonnance, et que, pour pouvoir parvenir a ladite construction, lesdites villes et lieux seront tenus de fournir le terrain necessaire pour l'emplacement, que la fouille des terres et le transport des materiaux seroit faite par courvée par les habitants des lieux voysins, et que les communautés, tant regullieres que secullieres, qui auroit des bois a portée des lieux designés pour ladite construction, pouroint en vendre pour estre apliqués a cet usage; en execution de laquelle ordonnance il auroit esté abattus, en plusieurs forest et bois, une quantité d'arbres considerables dont une partie auroit esté travaillés et conduits au lieux de leur destination et l'autre partie seroint restét brutte dans lesdits bois et forest. Il auroit esté aussy assemblé quelques materiaux soit en chaux, sable, pierres ou briques, dont partie auroist aussy esté voyturée par corvée sur les lieux destinés pour la construction et l'autre partie seroit restée dans les briqueries, les fours a cheau et les carrieres. — L'impossibilité de fournir, quant a present, les fonds necessaires a une despance aussy estandue, la rareté survenue dans les bois de construction et la surcharge que les voytures et journées de corvée auroit peu causer aux habitants de la campaigne, auroit cy devant obligé Sa Majesté de faire cesser lesdites constructions et il a jugé depuis qu'il estoit convenable de pourvoir a l'indempnité des proprietaires des terrains et emplacements pris pour lesdites constructions et la restitution desdits terrain et emplacements et au payement des entrepreneurs, marchand, ouvriers, ingenieurs et autres interessés; ce qui ne pouvant s'efectuer qu'apres que Sa Majesté aura plainement

---

(3) Le lecteur se reportera à la délibération ci-dessus, page 277 et à la page 287. Nous verrons la question des casernes préoccuper jusqu'à la fin du siècle l'administration provinciale et l'administration locale, sans que celles-ci puissent arriver à mettre à exécution un des projets proposés.

esté informée de leurs pretentions et de la valleur des materiaux employés ou destinés a cet ouvrage dans chaque province ou generalité de son royaume; tout consideré, Sa Majesté estant dans son conseil, a ordonné et ordonne que les sieurs intandant et commissaires despartis pour l'execution de ses ordres dans les generalités de Paris, Amiens, Soissons, Chaleons, Orleans, Bourges, Moulins, Riom, Grenoble, Montauban, Auch, Bourdeaux, Limoges, La Rochelle, Poitiers, Tours, Rouans, Caen et Allançon, les proprietaires des lieux sur lesquel aura esté pris un terrain ou emplacement pour la construction desdites cazernes soint incessament mis en possession et en jouissance dudit terrain et emplacement pour en disposer ainsin qu'ils adviseront bon estre. Veut pareillement Sa Majesté que, par lesdits sieurs intandants ou ceux qui seront par eux commis a cet effet, il soit dressé des invantaires exacts de tous les materiaux employés ou destinés a ladite construction, tant de ceux qui sont dans les briqueries et sur les carrieres que dans les bois et forest, espars ou assamblés, ouvragés ou non ouvragés; qu'il soit procedé aussy incessament devant eux a la liquidation desdits materiaux, soit en tout ou en differentes parties, au plus offrant et dernier encherisseur, a la maniere accoustumée, et que le pris en soit remis es mains de gens solvables qui seront a ce proposé par les sieurs intandants, a la diligence desquels veut Sa Majesté qu'il soit dressé et arresté des estat de ce qui se trouvera deub tant aux entrepreneurs, marchands, ouvriers, ingenieurs et autres interessés et employés a la construction desdites cazernes qu'aux proprietaires dudit emplacement pour dedomagement de non jouissances et degradation de leurs terrains, pour, sur le veu desdits inventaires, proces-verbeaux d'adjudication et estat de ce qui est dub, estre par Sa Majesté ordonné ce qu'il appartiendra. Fait au Conseil d'Estat du Roy, Sa Majesté y estant, tenu a Fontainebleau, le 11ᵉ jour du mois d'octobre 1724. *Signé*: DE BRETEUIL.

Louis, par la grace de Dieu roy de France et de Navarre, dauphin de Viennois, compte de Valentinois, Diiois, Provence, Forcalquier, a nos amez et feaux conseillers en nos conseils, les sieurs intandant et commissaires despartis pour l'execution de nos ordres dans les provinces et generalités de nostre royaume, salut : nous vous mandons et ordonnons par ces presentes, signées de nostre mains, de vous employer et tenir soigneusement la main chacun a vostre egard a l'execution de l'arest cy attaché sous le contrescel de nostre chancellerie, ce jourduy donné en nostre Conseil d'Etat, nous y estant ; commandons a nostre premier huissier ou sergent sur ce requis de faire, pour l'execution dudit arrest et de ce que nous pouvons ordonner en consequence, tous exploits, significations et autres actes requis et necessaires sans pouvoir demander d'autre congé ny permission, nonobstant clameur de *haro*, chartre normande et autres chauses a ce contraire ; voulons qu'aux copies dudit arrest et des presentes, collationnés par un de nos amés et feaux conseillers secretaires d'estat, foy soit adjoutée comme audit original. Car tel est nostre plaisir. Donné a Fontainebleau, le 11ᵉ jour du mois d'octobre l'an de grâce 1724 et de nostre regne le 10ᵒ. *Signé* : Louis, *et plus bas* : Par le Roy, dauphin, compte de Provence, *signé* : De Breteuil, et cellé du grand sceaux de cire jeaune. Collationné aux originaux par nous, escuyer, conseiller secretaire du Roy, Maison, Coronne de France et . . . . . . (1)

Eslection et nomination de Messieurs les Consuls, faite dans la grande salle de l'hotel commun de Limoges, le septiesme decembre 1728, par Messieurs les prudhommes nommés par Messieurs les consuls en charge, en la maniere acoustumée, en presence desdits sieurs consuls et du consentement du procureur du Roy, y president Mʳ Pierre Jean Rogier, lieutenent general en la presente seneschaussée, president dudit hostel de ville, et ce pour l'année 1729 :

Monsieur   (2) Garat, sieur du Buisson, conseiller du Roy, controlleur au bureau des finances ;
Monsieur Pierre d'Arsonval, seigneur du Masboyol, advocat en la Cour ;
Monsieur Joseph Grellet, bourgeois et marchand.

Berny, prevost consul ; Boisse, consul ; Romanet, consul ; Goudin, consul ; Durand jeune, consul.

Le procureur du Roy requiert qu'il soit donné acte de la nomination presentement faite des personnes de Mʳ Garat, sieur du

---

(1) Deux mots illisibles.
(2) Le prénom est resté en blanc.

Buisson, controlleur au bureau des finances, premier consul; Pierre Darsonval, pour second consul; Mr Joseph Grellet, bourgeois et marchand [pour troisieme]. En consequence, requiert qu'il soint appelés pour prester le sermant, comme aussy de pouvoir toucher les sommes qui seront dhues a la ville pour les années mil sept cents vingt cinq et vingt sept et suivantes.

ROMANET.

Nous, faisant droit sur le requisitoire du procureur du Roy, avons donné acte de la nomination faite des personnes de Mr Garat, controlleur au bureau des finances, pour premier consul; Mr Pierre Darsonval, advocat en la Cour; Mr Joseph Grellet, bourgeois et marchand, pour consuls, pour l'année 1729. En consequence, ordonnons qu'ils se presenteront pour prester le serment au cas requis.

ROGIER DES ESSARTS, lieutenant general, president dudit hotel de ville,

---

Désignation d'un prédicateur pour 1729-1730.

Aujourd'huy, septiesme decembre 1728, dans la salle de l'hotel de ville de Limoges, ou estoint assemblés Messieurs le lieutenant general, president de l'hotel de ville, et procureur du Roy, et Messieurs les prevot et consuls, a esté procedé a la nomination de la personne du Reverend Pere Gil, prieur des Reverends Peres Jacobins de cette ville, pour prescher l'Advant et Caresme des années mil sept cents vingt neuf et mil sept cents trante; et a ce esfet, il lui en sera donné incessamment advis, sans qu'il en puisse estre nommé d'autre a sa place; et a son defaut, la nomination en sera faite par le corps consulaire. Fait ledit jour, mois et an que dessus.

BERNY, prevost consul; GARAT, consul; BOISSE, consul; DARSONVAL, consul; ROMANET, consul; J. GRELLET, consul (1).

Revente de l'emplacement acheté pour les casernes. Assemblée de ville.

Aujourd'huy, deuxiesme jour du mois de may de l'année mil sept cents vingt neuf, environs les trois heures apres mydy, dans l'hostel de ville de Limoges, ou estoint assamblés Messieurs les prevot et consuls de ladite ville, il a eté exposé a Mrs Anthoine

---

(1) L'hiver de 1728 à 1729 fut extrêmement rigoureux. Beaucoup de châtaigniers perdrent aux alentours de Limoges et dans le Bas-Limonsin.

Nouaillier, seigneur des Bailles, lieutenent particulier en cette seneschaussée du Limousin et au siege presidial de Limoges ; MM. Martial Romanet, seigneur de Labriderie, procureur du Roy audit siege et present hostel de ville, que Monseigneur l'intandant en cette generalité ayant proposé auxdits sieurs prevost, consuls, d'entrer dans l'adjudication qu'on proposoit de faire au sieur Thevenin Dugeneytit, du fond et emplacement destiné aux cazernes de cette ville de Limoges, ou autrement luy en faire et consentir vente, comme plus ofrant et dernier encherisseur dudit, [pour] la somme en provenent estre employée aux plus pressant besoin et necessités les plus urgentes de ladite ville ; ce qui fait que lesdits sieurs prevost et consuls, ayant fait convoquer une assamblée de tout ce qu'il y a de notables bourgeois et principeaux habitans de ladite ville, a cejourd'huy, a deux heures de relevée, et ce par ordre expres de Monseigneur l'intandant, pour deliberer sur l'exposé cy dessus, il demande que, sur les conclusions du procureur du Roy, a la deliberation des habitants cy assamblés, il soit dit et pourvu ainsi qu'il appartiendra.

Romanet, prevost consul ; Berny, consul ; Garat, consul ; Boisse, consul ; Grellet, consul ; d'Arsonval, consul.

Nous avons donné acte de l'exposé cy dessus, qui sera communiqué au procureur du Roy et a l'assamblée pour, sur les conclusions du procureur du Roy et deliberation de l'assamblée, etre ordonné ce qu'il appartiendrat. Fait le jour et an que dessus.

Noalhier, lieutenent particulier.

Le procureur du Roy, qui a pris communication de l'exposé cy dessus, fait par Messieurs les consuls au sujet de l'alienation de l'emplacement acquis par les habitants de la presente ville pour la construction des cazernes, attandu que Sa Majesté a jugé a propos de n'en point faire continuer la confection, comme il est prohibés par les edits du Roy aux villes desdites generalités enoncées dans ledit edit, de faire aucune vanthe, alienation, ny anprunt que pour les causes contenues dans lesdits edits, il n'y peut consantir qu'a condition que la somme provenant de la vanthe qui sera faite du susdit emplacement, les formalités en pareil cas dhuement observées, restera entre les mains de l'aquereur, qui en peyera les interets entre les mains des sieurs consuls jusques a ce qu'il aura plu a Sa Majesté permettre d'employer la somme provenant de laditte vanthe aux reparations des couvertures des portes et tours de la ville qui menacent antierement de ruine (1), et que, conformement aux edits de Sa Majesté, la deliberation qui en sera faite et signée des principaux habitants de ladite ville icy presents et dhuement convoqués, sera presentée par les sieurs consuls à Monseigneur l'intendant pour, apres l'avoir vue et examinée, etre supplié de l'aprouver et d'obtenir de Sa Majesté la permission d'anployer la somme provenant de ladite vanthe de l'emplacement des cazernes aux reparations des quatre portes et tours de laditte ville. Fait dans l'hostel de ville, le deuxieme may mil sept cents vaintg et neuf.

ROMANET, procureur du Roy.

Et apres que lecture a eté faite tant dudit exposé que des conclusions du procureur du Roy, il a eté resolu et deliberé à la majeure par tous les habitans icy assemblés, lesquels autorisent les sieurs consuls a cet effet, et leur donnent tout pouvoir expres et special, et leurs donnent leur consentement, sous le bon plaisir de Monseigneur l'intendant, d'entrer dans l'adjudication qu'on propose de faire audit sieur Thevenin du Genety, de l'anplacement destiné aux cazernes de cette ville de Limoges, ou autrement luy en faire et consantir vanthe comme plus offrant et dernier encherisseur dudit fonds, pour la somme en provenant etre employée aux reparations des tours des quatre portes de cette ville, comme etant le plus pressant besoing. Fait et deliberé dans la salle de l'hotel de ville de Limoges, le deuxiesme may mil sept cents vingt et neuf.

DELAFOSSE ; BAILLOT ; FAULTE, ancien consul ; THEVENIN ; FROMENT ; DURAND jeune ; BAILLOT ; J. PEYROCHE jeune ; G. ARDANT ; ARDILLIER ; DURAND jeune ; FARNE ; NICOT ; LAFOSSE ; CLEMENT ; ALEXENDRE ; BRUNIER ; MARTIN ; MARTIN ; GUERIN ; Martial ARDANT ; BOURDEAUX ; TEXENDIER ; MARTIN (2).

Nous avons donné acte de l'exposé cy dessus, conclusions du procureur du Roy et presente deliberation, laquelle sera presentée par MM. les prevots consuls a Monseigneur d'Orsay, intendant en cette generalité, pour vouloir bien y estre agréé (*sic*). A Limoges,

---

(1) Les toitures de plusieurs des portes étaient déjà tombées.
(2) Une signature illisible. — Cette année-là le clergé fit, sur la demande du corps de ville comme c'était l'usage, pour obtenir la cessation de la sécheresse, une procession solennelle ou furent portées les reliques de saint Martial. — 1729 était du reste une année d'ostensions.

dans la chambre commune de l'hostel de ville, le deuxieme may mil sept cents vaingt et neuf.

NOALHIÉ, lieutenent particulier.

Veu : BOUCHER D'ORSAY.

Lettre du Roy, escripte à Messieurs les consuls de la ville de Limoges, au subjet de la naissance de Mr Monseigneur le Dauphin.

DE PAR LE ROY,

Tres chers et bien ametz, de toutes les graces qu'il a plut a Dieu de repandre sur nous despuis nostre advenement a la couronne, celle qu'il nous acorde aujourdhuy par la naissance d'un fils dont nostre tres chere epouse et compeigne vient d'estre hereusement delivrée, est la marque la plus sensible que nous ayons encorre reçu de sa protection, et nous y sommes d'autant plus sansibles qu'en comblant nos veux et ceux de nostre peuple, elle assure le bonheur de nostre Estat. C'est dans ces justes sentiments de la juste recognoissance que nous avons d'un evenement si advantageux que nous croyons ne pouvoir trop tost rendre a la divine Providence les actions de grace qui luy sont deues, et nous donnons nos ordres aux archevesques et evesques de nostre royaume d'en faire chanter le *Te Deum* dans toutes les eglises de leurs diocese et nous faisons cette lettre pour vous mander et ordonner de vous rendre a celluy qui sera celebré dans l'esglise principalle de vostre ville de Limoges, ainsi qu'a la procession generalle et autres prieres publiques que nous avons pareillement ordonnées ; ensuite faire faire des feux de joye et tirer le canon, ainsi qu'il est acoustumé pour marque de rejouissance publique. Donné a Versailles, le quatriesme jour de septembre 1729. *Signé* : LOUIS, *et plus bas* : PHELYPEAUX ; *et au dos est escript* :

A nos tres chers et biens ametz les consuls de nostre ville de Limoges (1).

---

(1) C'est au mois de septembre 1730 que Mgr de Genetines, évêque de Limoges, donna sa démission. Il ne résidait plus au chef-lieu du diocèse depuis quatre ou cinq ans et était remplacé par son auxiliaire, Mgr de La Roche-Aymon, évêque *in partibus* de Sarepta, et qui paraissait désigné pour recueillir sa succession ; mais il n'en fut pas ainsi. On sait que Mgr de La Roche-Aymon, homme assez médiocre d'ailleurs, fut envoyé à Tarbes et devint plus tard, grâce à un concours de circonstances exceptionnellement favorables, archevêque de Reims, cardinal et grand aumônier de France.

— 344 —

Assemblée de ville : choix d'un receveur et contrôleur des deniers de la ville (office supprimé).

Aujourd'huy, unsiesme du mois de novembre mil sept cents vingt neuf, dans l'hostel de ville ou estoint assamblés Mʳ Rogier, seigneur des Essard, lieutenent general en la seneschaussée et siege presidial de Limoges; Mʳ Martial Romanet, seigneur de la Briderie, procureur du Roy audit hostel de ville et plusieurs habitants de cette ditte ville, convoqués dès le jour d'hier en la maniere accoustumée, il a eté exposé, de la part de MMʳˢ les prevost et consuls, que Sa Majesté ayant, par arrest de son conseil du septiesme juin dernier, suprimé les offices de receveur et controlleur des octrois et deniers patrimoniaux de ladite ville et communauté de Limoges, et s'agissant de la part de Messieurs les consuls de faire exerser lesdits offices par des personnes solvables et capables d'en faire les fonctions suivant la disposition dudit arrest; et d'autant que lesdits consuls se trouvent avoir toute la liberté de prendre telles personnes qu'ils jugeront utiles pour exercer ladite charge, ils ont fait chois de la personne de Mʳ Joseph Grellet, consul en charge de ladite ville, qu'ils ont desjas proposé a Monseigneur l'Intandant de cette generalité pour remplir lesdites fonctions pandant l'année de son exersice, requerant lesdits sieurs consuls ladite assamblée de deliberer sur ce, iceux dits consuls declarant ledit sieur Grellet solvable et capable de faire et exerser ledit employ et charge, de rendre tous comptes a la descharge de mesdits sieurs consuls et de leurs en fournir et remettre toutes quittances; ce qu'il sera tenu et obligé de faire. Fait ledit jour, mois et ans que dessus.

Signé : Boisse, consul; Darsonval, consul; Romanet, consul.

Soit le present exposé montré aux habitants icy assamblés et ensuite communiqué au procureur du Roy. A Limoges, le onsiesme novembre 1729. *Signé* : Rogier des Essard, lieutenent general president dudit hostel de ville.

L'assemblée de ville s'oppose au choix du sieur Grellet fait par les consuls.

Les habitants assamblés declarent s'opozer comme ils s'opozent a la nomination personelle du sieur Grellet, consul, et demendent auxdits sieurs consuls s'ils veulent ensemble et sans separation (1) faire la levée des susdits droits, soit par eux ou leurs commis, et successivement les sieurs consuls qui seront en charge ou soit leurs

---

(1) C'était, on s'en souvient, le mode traditionnel : chaque consul ou les consuls, deux à deux, étaient chargés de la levée des taxes dans un ou plusieurs cantons de la ville; mais tous en étaient solidairement responsables.

commis; et faulte de ce et faire la susdite acceptation, en ce cas, les susdits habitants assemblés proposent des a present le sieur Guillaume Martin le jeune, gendre de feu Monsieur Biais de Nonastre, qui se charge de faire ladite recepte gratis, en par ledit sieur Martin donnant bonne et sufizante caution. Et les susdits habitants persistant en leur premiere oposition de la personee dudit sieur Grellet, consul, demandent qu'il leurs en soit donné acte de même que de tout ce qui pouroit estre dit et fait a ce contraire (1).

Signé : Disnematin des Salles, juge de Bource; Teuillier; Petiniaud; Durand jeune; Garat; Ardillier; Ardillier; Dorat; Mollas (?); Ardant; La Fosse; Thevenin; Teuillier; Nicot; Pigné; Peyroche; Barbout; Joseph Durand jeune; Froment; Martin; Bourdeaux.

Le procureur du Roy, qui a pris communication de l'exposé de l'autre part de Messieurs les consuls, ensemble de la deliberation des principaux habitants de cette ville, n'enpesche que la recepte des deniers d'octrois et patrimoniaux ne soit faite par les consuls en charge successivement ou par leurs secretaires dont ils repondront, si mieux ils n'ayme qu'elle soit faite par le sieur Martin du Moulin blanc : en ce qu'il fera la recepte gratis suivant la deliberation des habitans et par luy donnant bonne et suffisante caution ; et qu'a ces fins, ils feront leur soumission requise en pareil cas pardevent Monsieur l'Intandant, et que au surplus la presente exposition et ordonnance qui interviendra sera presentée a Monsieur l'Intandant, pour le suplier d'agreer le tout et l'autorizer. A Limoges, ce unsiesme novembre 1729. *Signé* : Romanet.

Nous avons donné acte de l'exposé desdits sieurs consuls, ensemble de la deliberation des habitants de la presente ville, et y faisant droit, ensemble sur les conclusions du procureur du Roy, ordonnons que la recepte des octrois et deniers patrimoniaux sera faite par les sieurs consuls en charge ou par leurs secretaires et successivement par ceux qui viendront apres eux, lesquels demenreront responsables de la gestion de leurs dits secretaires; et au deffaut desdits sieurs consuls ou de leurs secretaires, que ladite recepte sera faite par le sieur Martin du Moulin blanc jeune,

---

(1) On voit que les assemblées de ville n'acceptaient pas toujours le rôle passif dont on les voit le plus souvent se contenter.

en ce qu'il fera ladite recepte gratis, conformement a la susdite deliberation, et par luy donnant bonne et sufisante caution, lequel sera tenu de se presenter pardevant Monsieur l'Intandant pour faire les soumissions en pareil cas requises. Ordonnons au surplus que le tout sera presenté par lesdits sieurs consuls a Monsieur l'Intandant, pour l'authorizer et avoir agreable. A Limoges, ledit jour et ans que dessus. *Signé* : ROGER DES ESSARD, lieutenent general, president dudit hostel de ville.

Eslection et nomination de Messieurs les consuls, faite dans la grande salle de l'hostel commun de Limoges, le septiesme decembre 1729, par Messieurs les prudhommes nommés par Messieurs les consuls en charge, en la maniere accoustumée, en presence desdits sieurs consuls et du consentement du procureur du Roy, y president Mr Pierre Jean Rogier, lieutenant general en la presente seneschaussée, president dudit hostel de ville, et ce pour l'année 1730 :

Mr Jean-Baptiste Amable Saig[u]e de Buxerolles, conseiller du Roy en l'Eslection ;
Mr Ruaud Chalard, segond consul ;
Mr François Ardant, bourgeois et marchand.

GARAT, prevost consul ; BERNY, consul ; BOISSE, consul ; GRELLET, consul ; ROMANET, consul.

Le procureur du Roy requiert qu'il soit donné acte de la nomination presentement faite des personnes de Mr Jean Baptiste Amable de Buxerolles, pour premier consul ; de Mr Ruaud du Chalard, pour second consul, et Mr François Ardant, bourgeois et marchand, pour troisiesme consul. En consequence, requiert qu'ils seront appellés pour prester le serment comme aussy de pouvoir toucher les sommes qui seront dhues a la ville pour les années 1728 et suivantes.

ROMANET.

Nous, faisant droit sur le requisitoire du procureur du Roy, avons donné acte de la nomination faite des personnes de M̄ Jean-Baptiste Amable de Buxerolle pour premier consul ; M̄ʳ Ruaud du Chalard, pour segond consul ; M̄ʳ François Ardant, bourgeois et marchand, pour troisiesme consul, pour l'année 1730. En consequence, ordonnons qu'ils se presenteront pour prester le serment au cas requis.

      ROGIER DES ESSARTS, lieutenent general, president dudit hotel de ville.

Aujourd'huy, septiesme decembre 1729, dans la salle de l'hostel de ville de Limoges, ou estoint assamblés Messieurs le lieutenent general, president dudit hostel de ville, et procureur du Roy, et Messieurs les prevost et consuls, pour estre procedé a la nomination de la personne du Pere de   (1) jesuiste, pour prescher l'Advant et Caresme des années de mil sept cents trante et mil sept cents trante un ; a cet effet il luy en sera donné incessement advis sans qu'il en puisse estre nommé d'autres a sa place, et a son defaut, la nomination en sera faite par le corps consulaire. Fait ledit jour, mois et an que dessus.

Désignation du prédicateur pour 1730-1731.

      GARAT, prevost consul; RUAUD DU CHALARD, consul; GRELLET, consul; SEGUE DE BUXEROLLES, consul; ARDANT, consul (2).

Jacques Fietz, duc de Fitz Jammes, de Bervick, de Livia, Xerica, pair et mareschal de France, grand d'Espagne, chevaillier des ordres du Saint-Esprit, de la Jarretiere et de la Toison d'or, gouverneur de la province du haut et bas Limouzin, general des armées du Roy.

Nomination d'un garde du gouverneur.

Les bons tesmoignages qui nous sont revenus du nommé Dignac, nous ont determiné a en faire choix pour l'un de nos gardes dans

---

(1) Il est assez difficile de lire ce nom. On croit lire *de Saulz* ou *de Laubre* (?).

(2) Le roi nomma, au mois de janvier 1730, à l'évêché de Limoges, Benjamin de l'Isle du Guast, alors vicaire général de Chartres. Le nouveau prélat, qui était d'une mauvaise santé, ne prit possession de son siège que le 28 octobre. Il se fit donner trois années plus tard l'abbaye de Saint-Martial, dont le titulaire, M. de La Cropte de Bourzac, ecclésiastique très vertueux et très édifiant, avait été nommé à l'évêché de Noyon.

nostre gouvernement du Limouzin et a luy accorder la presente patante avec une bandouliere de nostre livrée pour l'hautoriser en ses fonctions.

Fait a Versaille, le six janvier mil sept cents trante. *Signé:* Bervick, *et plus bas,* par Monseigneur, Fayet.

Enregistré le vingt février 1730, en presence de Mʳ Darsonval, prevost consul; Mʳ Garat, consul; Mʳ Seigue de Buxerolles, consul; Mʳ Ruaud du Chalard, consul; Mʳ Grellet, consul, et Mʳ Ardant, consul, assemblés a cet efait a l'hostel de ville, ledit jour, mois et an que dessus.

D'Arsonval, prevost consul; Garat, consul; Segue de Buxerolles, consul; Ruaud du Chalard, consul; Grellet, consul; François Ardant, consul.

Clôture de la place d'Orsay: utilisation des herses et chaînes des portes. Assemblée de ville

Aujourd'huy, vingt un avril 1730, environs les dix heures du matin, dans l'hostel de ville de Limoges ou estoint assemblés Messieurs les prevost et consuls de laditte ville, il a esté exposé a Mʳ Mʳᵉ Anthoine Nouaillier, seigneur des Bailles, lieutenent particulier en la seneschaussée et siege presidial de Limoges, et a Mʳ Martial Romanet, seigneur de la Briderie, procureur du Roy auxdits siege et hostel de ville, il a esté exposé par lesdits sieurs consuls que Monseigneur l'intendant en cette generalité, ayant, par ses soins, mis la place d'Orsay, l'un des plus baux ornement de nostre ville et de la province, dans l'estat ou elle est, il y manqueroit encore, pour luy donner un nouveau degré de perfection, qu'il fust posé a l'antrée de cette place une grille de fert pour luy tenir lieu de portail, afin de le *(sic)* fermer et pour y conserver les arbres qui sont en grand nombre et la charmille qui forme des allées; et comme il y a dans plusieurs endroit de cette ville des herses et quelques chaines de fert qu'on volle journellement, qui ne servent d'ailleurs a aucuns uzages et qui peuvent d'ailleurs estre employés d'une maniere utile a former cette grille de fert, lesdits sieurs consuls ont proposé a l'assemblée des habitans ici convoqués a cet effet, de deliberer sur ce, et requis Monsieur le lieutenent particulier de donner acte, sur les conclusions de Mʳ le procureur du Roy, de la deliberation qui sera sur ce faite, pour qu'on aye sous le bon plaisir de Mʳ l'intendant a s'y conformer. Fait ledit jour, mois et an que dessus.

Soit communiqué au procureur du Roy pour, sur ses conclusions, estre ordonné ce qu'il apartiendra. A Limoges, le vingt un avril mil sept cents trante.

Le procureur du Roy, qui a pris communication du present exposé, fait par M^{rs} les consuls, ensemble de l'ordonnance de soit communiqué, remontre que ledit exposé est plain de justice et digne de leurs attantions pour conserver la place d'Orsay, qui a esté rendue parfaite par les soins de Monseigneur Dorsay; mais comme il n'y a pas de plus grand defaut que le deffaut de pouvoir, il ne croit pas qu'on puisse donner le consentement requis sans qu'au prealable il ne soit fait proces verbal de l'estat ou se trouvent lesdites portes, pour, ce fait et raporté, estre presenté a monseigneur D'Orsay par M^{rs} les consuls, pour le suplier de vouloir ordonner ce qu'il y aura a propos, tant pour empescher la ruine totalle desdites tours que pour prandre les moyens de faire faire la grille et porte de fer, si necessaire pour empescher qu'on ne destruise les arbres nouvellement plantés dans ladite place et a son parfait embellissement. Fait dans l'hostel de ville, le 21ᵉ avril 1730.

Et apres que lecture a esté faite tant dudit exposé que des conclusions du procureur du Roy, il a esté resolu et deliberé d'une commune voye que lesdits sieurs habitants consentent a ce que lesdites erces et chaines de fer soit retirées des lieux ou elles sont pour estre employées comme grille de fer, qui sera posée a l'antrée de la place d'Orsay pour luy servir de portail affin de la renfermer et pour la conservation des harbres qui sont en grand nombre. Fait et deliberé dans l'hostel de ville, ledit jour, mois et an que dessus. *L'assemblée adopte le projet*

   J. Lafosse; Garat; Faulte; Farne; J. Petiniaud; Durand jeune; Lavaud; Boisse; Rouard; Lafosse; Colomb; Barbou; Roger; Delafosse (1).

Nous avons donné acte de l'exposé cy dessus, conclusions du procureur du Roy et presente deliberation, laquelle sera presentée par les sieurs prevost, consuls, a Monseigneur d'Orsay, intandant en cette generalité, pour vouloir bien icelle agreer. Dans la chambre commune de l'hostel de ville, a Limoges, ledit jour 21 avril 1730.

(1) Une signature illisible.

Choix du sieur Paillier pour les fonctions de receveur des deniers communs. L'assemblée de ville l'agrée.

Aujourd'huy, vingt un du mois d'avril mil sept cents trante, environ les dix heures du matin, ou estoint assamblés Messieurs les prevost et consuls de ladite ville, il a esté exposé a MM. Anthoine Nouaillier, seigneur des Bailles, lieutenent particullier de cette seneschaussée du Limousin et siege presidial de Limoges, MM. François Romanet, seigneur de la Briderie, procureur du Roy audit siege et present hostel de ville, aussy present; et d'autant que pour l'execution de la declaration du Roy du quinziesme janvier mil sept cents trante, lesdits sieurs consuls sont tenus de presenter une personne solvable pour faire la recepte des deniers d'octrois et patrimoniaux de cette ville, dont la charge, estat et office de receveur desdits deniers ont estés estaint et suprimés par la susdite delaration, ils presentent la personne du sieur Paillier, leur secretaire, qui sera tenu de fournir bonne et sufizante caution pour la sureté des fonds et deniers publics, de faire et faire faire toutes les soumissions de ce, conformement aux reglement, et rendre ses comptes dans les formes prescriptes et de tout en decharger lesdits sieurs consuls en charge et advenir, et les garantir de tous evenements ce concernant. Lesdits sieurs consuls ont proposé à l'assamblée des habitants icy convoqués a cet effait de deliberer sur ce, requis Mr le lieutenent particullier de donner acte, sur les conclusions de Mr le procureur du Roy, de la declaration qui sera sur ce faite, pour qu'on aye a s'y conformer sous le bon plaisir de Monseigneur l'intendant. Fait ledit jour, mois et an que dessus (1).

Signé : GRELLET, prevost consul; GARAT, consul, DARSONVAL, consul; RUAUD DU CHALARD, consul; ARDANT, consul.

Soit communiqué au procureur du Roy pour, sur ses conclusions, estre ordonné ce qu'il apartiendra. A Limoges, le vingt un avril mil sept cents trante. *Signé* : NOUAILHER.

Le procureur du Roy, qui a pris communication du present exposé, ensemble de la declaration du Roy y enoncées et ordonnance de soit communiqué, requiert qu'il soit donné acte de la nomination qu'ils font du sieur Paillier pour faire la recepte des octrois de ladite ville, en ce qu'il donnera bonne et sufisante caution et que tout le contenu en la presente declaration du Roy sera executé suivant sa

---

(1) Voir ci-dessus la délibération de l'assemblée de ville du 11 novembre 1729, p. 344.

forme et teneur, laquelle nous requerons estre enregistrée au greffe de l'hostel de ville. Fait a Limoges, le 21 avril 1730. *Signé :* ROMANET.

Et apres avoir fait lecture du susdit exposé en l'autre part, lesdits sieurs habitans, d'une commune voix, consentent que le sieur Paillier fasse la susdite recepte en donnant bonne et suffisante caution. Fait a l'hostel de ville, le mesme jour, mois et ans que dessus.

Signé : LAFOSSE; FAULTE; ROUARD; FARNE; GARAT; BOISSE; COLLOMB; DURAND jeune; BARBOUT; LAFOSSE; PETINIAUD; LAVAUD.

Nous avons donné acte de l'exposé cy-dessus, conclusions du procureur du Roy et presente deliberation, laquelle sera presentée par les sieurs prevost et consuls a Monsieur D'Orsay, intandant en cette generalité, pour vouloir bien icelle agreer. A Limoges, dans la chambre commune de l'hostel de ville, le vingt un avril mil sept cents trante. *Signé :* NOALHIER, lieutenent particulier.

Declaration du Roy concernant les comptes qui doibvent estre rendus par les receveurs des octrois, etc. Donné a Versaille le 15 janvier 1730, registré a la chambre des comptes.

Louis, par la grace de Dieu, Roy de France et de Navarre, a tous ceux que ces presentes lettres verront, scalut. Nous avons, par nostre esdit du mois de juin 1725, estains et supprimés tous les offices de receveurs, payeurs, argentiers, massard, controlleurs, verificateurs et autres pareils officiers tant generaux que particulliers, sous quelques titres et denominations qu'ils puisse avoir esté creés, dont les titulaires faisoint la recepte et le controlle des deniers communs, d'octrois patrimoniaux, bien et revenus des communautés, deniers du pays, dons, concessions, centz, rentes, redevences, subventions, subsides, collectes, levées et autres qui se persoivent, imposent et levent au nom et au proffit des provinces, villes et communautés, pour l'acquitement de leurs charges ordinaires et extraordinaires, deptes, et par raport a leurs affaires en quelque fasson et maniere que ce puisse estre, ensemble les gages, taxation, droits de controlle et de quittance, et generallement tous autres droits et emoluments, profits, prerogatives qui auroint estés atribués ausdits offices, tant dans le pays d'eslection que dans ceux d'estat et autres pays de nostre royaume et domination, par quelques esdits et en quel temps qu'ils ayent estés creés, soit que l'acquisition desdits offices aye esté faite par des particuliers ou par les provinces, pays et ville, bourg, lieux et communautés, soit qu'ils leurs ayent esté reunis ou a d'autres offices ; et nous avons par le mesme esdit creé et esrigé a tittre d'office, dans chacune ville et communauté de nostre royaume, sans aucune exception, deux offices de nos conseilliers tresorier receveurs des deniers, fruits et revenus patrimoniaux d'octrois, dons, concessions, tarifs, subventions, impositions ordinaires et extraordinaires qui s'elevent et persoivent au profit desdites villes et communautés ou a celluy des particuliers pour l'acquitement de leurs charges et deptes et par raport a leurs affaires, — et deux de nos conseilliers controlleurs verificateurs desdits tresorier et receveur, les uns sous le titre d'encien et mitriannaux, et les autres d'alternatif et mitriannaux ; et leurs avons attribué les mesmes privilaiges et prerogatives dont jouissoint et avoint droit de jouir les entiens titulaires, avec deux sols pour livre en dedans sur tous les deniers patrimoniaux, d'octrois, tarifs, subvention, imposition et autres deniers qui se levent et se leveront au proffit et pour l'aquitement des debtes desdites villes et communautés ; et un sol pour livre en dehors sur tous les dits deniers patrimoniaux; desquelles atribution il en apartiendra, scavoir : les deux sols en dedans sur les octrois, tarifs, subvention et autres impositions ordinaires et extraordinaires, aux tresoriers receveurs en exercice, et un sol pour livre en dedans aux controolleurs aussy en exercisse ; et sur les deux sols pour livre en dedans des revenus patrimoniaux, seise deniers au receveur et huit deniers au controlleur en exersice, lesquels controlleurs jouiront en outre des droits de quittance qui estoint attribués aux entiens titulaires, a l'exception des vigeries et communautés de Provence, de la ville de Marseille et terres adjacentes, pour lesquelles nous avons fait des dispositions particullieres par les articles VI et VII de nostre esdit, et encore a l'exeption de nos provinces de Flandre, Aynaut, Artois, pays conquis ou cedés aux Pays Bas, auxquels nous avons pourveu par nostre declaration du 4 decembre de la susdite année 1725. En consequence de cet esdit, de l'execution duquel Gabriel Nicollas Bourier a esté chargé, a titre de regie, par les resultat et arrest de nostre conseil du premier dudit mois de juillet 1725, partie de ces offices a esté levée par les entiens titulaires ou par d'autres particuliers ; une autre partie auroit esté acquise par les villes et communautés, et nous avons, par differents arrets de nos tre conseil et nos lettres patantes expediées sur iceux, estains seullement le titre de plusieurs autres de ces offices et reuny les fonctions d'iceux a nos provinces et generalités au moyen des sommes dont nous avons par lesdits arrest et lettres patantes ordonné l'imposition, en sorte qu'il reste peu de ces offices a vandre; et voulans que nostre dit esdit et les resultat et arrest de nostre conseil susdits ayent leur entiere execution, et que les acquereurs de ces offices jouissent des taxations attribuées a iceux et ledit Bourier des remises que nous lui avons accordées; voulans aussy pourvoir tant aux dificultés qui s'estoint formées sur l'espoque de la suppression des entiens office et la jouissance des gages et taxation qui y estoint attribuées, et sur les tiltres des nouveaux officiers et les années de leurs exercice et sur les differentes natures de deniers qui s'imposent, se levent et se leveront au profit des villes, provinces et communautés [tant] pour l'acquittement de leurs debtes et pour leurs uzages particuliers, que sur celles qui pouroint estre a l'advenir, il nous a pareu necessaire d'expliquer sur ce nos intentions, comme aussi de statuer sur la redition des comptes a commencer de l'année 1725, afin de retablir le bon ordre qui doibt estre gardé dans l'administration de ces deniers, et que ceux qui en feront la maniement n'ayent aucun pretexte pour se dispenser de rendre leurs comptes, soit en nos chambres des Comptes pour les deniers communs et d'octrois, soit aux villes et communautés pour les deniers patrimoniaux. A ces causes, de l'advis de nostre conseil et de nostre certaine science, plaine puissance et authorité royalle, nous avons, par les presentes, signées de nostre main, dit, declaré et ordonné, disons, declarons et ordonnons, voulons et nous plait ce qui suit :

Article premier.

Le tittre de tous les offices de tresorier, receveurs, payeur, argentier, massard, misseurs (1), controlleurs verificateurs et autres pareils offices tant generaux que particuliers, sous quelques titres et denomination que ce soit et par quelques esdits qu'ils ayent estés creés, soit que l'acquisition desdits offices aye esté faite par des particuliers, par des provinces et pays, estat, ville, bourg, lieux et communautés, soit qu'ils ayent estés reunis auxdite provinces, pays, estat, villes, bourgs, lieux et communautés ou a d'autres offices et dont les questions estoint remplies par des titulaires ou par des

---

(1) Probablement *miseurs*, de l'ancien mot *mise* : capital, fonds.

commis qui fesoint la recepte et le controolle des deniers communs
d'octrois, patrimoniaux, biens et revenus des communautés, deniers
du pays, dons, concessions, tarif, subvention, cens, rentes, redevences, subsides, collecte, levée, foüage, impositions ordinaires et
extraordinaires, generalement de tous les autres revenus sans
aucune exception qui se levent et persoivent au profist des provinces, pays d'estat, chastellenie, villes, bourg, lieux et communautés
de nostre royaume, dans les pays d'eslection et d'estat, pour l'acquittement de leurs charges et debtes, demeure estain et supprimé
a conter du premier janvier 1726, encore bien qu'aucuns desdits
offices ne soit pas expressement designé dans ledit esdit sous la
denomination locale et particulliere sous laquelle ils estoint exersés
dans les lieux de leurs etablissement.

II

Les officiers supprimés jouiront des gages qui estoint atribués a
leurs entiens offices jusque audit jour premier janvier 1726, suivant
les fonds qui en ont esté faits dans nos estat, jusque et compris
l'année 1725; passé lequel temps il n'en sera plus fait aucun employ, a l'exception seullement de ceux des offices de receveurs des
octrois de la generalité de Montaubans reunis aux offices de receveur des tailles qui ont estés retablis dans leurs fonctions, droits,
remises et gages, qui continueront d'estre employés dans nos estat,
conformement a l'arrest de nostre conseil du 16 septembre 1727 et
nos lettres patantes expediées sur icelluy.

III

Nous avons entendu comprendre dans la creation ordonnée par
l'article 2 de nostre esdit du mois de juin 1725, la recepte et le
controolle de tous les deniers communs d'octrois, patrimoniaux,
biens et revenus, deniers du pays, dons, convention, tarif, subvention, cens, rentes, redevences, subsides, collectes, levées,
taillons, foüage, impositions ordinaires et extraordinaires et generallement tous autres revenus, sans aucune exeption, qui se levent
et persoivent au profit des provinces, estat desdittes provinces,
villes et estat particuliers desdittes villes, bourg, lieux et communautés ou des particuliers, pour l'acquisition de leurs charges et
debtes et a quelque uzage qu'ils soint destinés, encore bien qu'ils
n'ayent estés nommés, designés dans ledit esdit du mois de juin
1725, quand mesme il n'auroit point esté precedement cré ny
estably d'office pour raison düe (sic) dans lesdites province, pays,
estat, villes, bourg, lieux et communautés.

IV

Les titulaires des entiens offices qui ont achevé l'exersice de l'année 1725, compteront, si fait n'a esté, ladite année en entier en la maniere accoustumée; ils employeront en despence dans leurs comptes leurs taxation de ladite année sur le pied dont ils en jouissoint avant nostre esdit de suppression.

V

Ceux desdits entiens titulaires qui n'ont pu achever l'exercice de ladite année 1725, compteront pareillement de l'année entiere ; a l'esfet de quoy ledit Bourier et ses procureurs, commis et preposés, seront tenus de leurs rendre compte du maniement par eux faits sur ladite année et des fonds qu'ils peuvent avoir receu sur les années anterieures, et de leurs en remettre les acquis et expresses justifications, lesquels nous avons a cet effait validé et validons par ces presentes et a charge desdits entiens titulaires, lesquels employeront en la despence dudit compte leurs taxation sur l'entien pied jusque au jour de leurs depossession, ensemble celles qui apartienent audit Bourier pour lesdits offices de receveurs controolleurs, a compter du jour de l'instalation de ces commis, conformement a l'arrest de nostre conseil du premier juillet 1725, sur les sommes effectives qui auront esté receües par luy ou ses commis. En consideration de quoy ledit Bourier leur fera raisons sur les dites taxations de ce qu'ils auroint eû sur ledit entien pied s'ils avoint achevé ledit exercice 1725, au moyen du compte de clerq a mestre (1), que ledit Bourier, ses procureur ou commis rendront auxdits entiens titulaires pour les fonds qui estoit entre leurs mains lors de la supression, suivant les comptes par bref estat qu'ils en ont rendus en execution de l'art. X de nostre dit esdit, seront passées et allouées sans difficulté en compte ou elles se trouveront employées.

VI

Ceux desdits entiens titulaires qui, ayant achevé l'exercice de l'année 1725, n'en ont point neanmoins rendu compte, seront tenus, insin que ceux qui ne l'ont pas achevé, auxquels ledit Bourier rendra compte, de presenter en nos chambres les comptes de ladite année 1725, au plus tard dans le mois de janvier de

---

(1) On appelle encore ainsi les comptes que rend un intérimaire au comptable titulaire qui reprend possession de son emploi.

l'année 1731 (1), sans qu'ils puissent estre condempnés a aucune amande pour le retard de la presentation desdits comptes; et il en sera uzé de mesme a l'esgard des deniers patrimoniaux dont les comptes se rendront aux villes et communautés.

VII

Les acquereurs des nouveaux offices de receveur des deniers communs et d'octrois, s'ils sont aussy receveurs des tailles, compteront desdits deniers communs et d'octrois, a commancer de l'année 1726, et chacun pour les années de ses exercices, conjointement avec les deniers desdites tailles et autres impositions; a l'esfet de quoy ils se feront remetre par ledit Bourier, ses commis ou preposés, les acquis de leurs recepte et despance, lesquelles nous avons validés et validons en leur descharge, ensemble des fonds qui pouroit estre entre leurs mains; et lesdits nouveaux acquereurs, soit qu'ils soint receveurs des tailles ou non, seront pareillement tenus de presenter leurs comptes jusque et compris celluy de l'année 1728, dans le mois de janvier de l'année 1731; au moyen de quoy ils ne seront subjest a aucune amande.

VIII

A l'esgard des comptes de l'année 1729 et suivantes, lesdits nouveaux acquereurs, s'ils sont receveurs de tailles, seront tenus de presenter ceux de l'année 1729, conjointement avec les deniers des tailles et autres impositions de ladite année, dans le mois de juillet 1731, et ceux des années suivantes conformement a l'ordonnance de 1669, en la maniere accoustumée; et lesdits nouveaux acquereurs, qui ne sont point receveurs des tailles, rendront leurs comptes dans les delays cy dessus marqués et suivant qu'il est reglé par l'ordonnance du feu Roy, nostre tres honoré seigneur, du mois d'août 1669.

IX

Les offices qui ont estés acquis par les villes et communautés ou dont le titre a esté estain par diferents arrest de nostre conseil et les fonctions reunies a nos provinces et generalités, seront exersées

---

(1) On voit combien de temps s'écoulait avant l'apurement de la gestion d'un exercice. Nous avons déjà fait cette remarque en ce qui concerne la comptabilité communale d'autrefois. Les comptes des consuls n'étaient parfois apurés que sept ou huit années après la fin de leur administration; alors seulement leurs successeurs, au nom de la communauté, leur délivraient un *quitus*.

par des particuliers que les maires [et] eschevains nommeront par une deliberation en forme ; lequel acte de nomination lesdits maires [et] eschevains seront tenus d'envoyer au greffe de nos chambres, trois mois apres la date de ladite nomination, et ce pour toute prefixion et delay ; faulte d'y satisfaire, lesdits maires [et] eschevains demeureront responsables, en leurs propres et privés noms, du maniement de ceux qu'ils auront nommés ; et ceux qui auront estés et seront nommés seront tenus de faire registrer leurs commissions au greffe du bureau des finances de la generalité de leurs ressort, et ils compteront, a l'exeption des patrimoniaux, de tous les revenus dont ils auront fait la recepte au profist des villes et communautés pour les années 1726, 1727 et 1728, pour un seul estat au vray, devent les officiers dudit bureau des finances et en nos chambres des comptes, par un mesme compte qu'ils seront ainsin que les autres tenus de presenter dans le mois de janvier 1731 ; et a l'esgard de l'année 1729 et suivantes, ils en presenteront le compte, scavoir 1729 dans le mois de juillet 1731, et ceux des années suivantes, conformement a l'ordonnance de 1669.

X

Dans les comptes que les titulaires et les commis preposés par les villes et communautés rendront, ils employeront en despance les taxations, tant des offices de receveur que des offices de controlleur, ensin qu'elles sont reglées par nostre esdit du mois de juin 1726, et par nostre declaration du 4e decembre auxdit ans pour ce qui conserne nos provinces de Flandre, Haynaut et Artois, pays conquis ou ceddés au Pays-Bas : elles y seront passées et allouées en vertu dudit esdit, et de ladite declaration et du resultat et arrest de nostre conseil du premier juillet suivant, sur les quittances dudit Bourrier, ses procureurs ou commis, a compter du jour de leurs instalation, jusque a celuy de (*sic*) la jouissance en apartient auxdits acquereurs.

XI

Les acquereurs desdits offices de receveurs et controlleurs jouiront des vacations qui leurs sont atribuées par ledit esdit du mois de juin 1725 et de nostre declaration du mois de decembre audit an ; le montant desquelles les receveurs retiendront par leurs mains, chacun dans leurs année d'exercice, et ils payeront celle a eux attribuée sur leurs quittances qui seront passées et allouées sans difficulté dans la despance des comptes qu'ils rendront.

XII

Voulons, conformement a l'arrest de nostre Conseil du 5 février 1736, que ceux qui ont acquis ou acquereront les offices de receveur et controlleurs des octrois et deniers communs et patrimoniaux d'une mesme ville, puissent les posseder et exerser, mesme les faire exerser conjointement, sans que pour ce il soit besoin de nos tittres de comptabilité, donc nous les avons dispencés et dispensons : aprouvant tout ce qui s'est fait a cet egard, les acquisition qui peuvent en avoir esté faite par une mesme personne et les provisions qui leurs ont estés expediées pour les offices de receveurs et controolleurs d'une mesme ville, sur lesquels ils seront receus auxdits offices par les officiers de nos chambres des comptes, sans difficulté.

XIII

Ceux qui acquereront les offices de receveurs qui restent a vendre, seront chargés de compter du temps qui aura precedé leurs acquisitions, a commancer de ladite année 1726; a l'esfet de quoy, nous avons validé des a present a leurs descharge les acquits des payements faits par ledit Bourrier ou ses commis.

XIV

Pour establir de l'uniformité dans les titres des offices de receveur des octrois et les office de receveur des tailles, volons que ceux de receveur des tailles qui ont acquis ou acquereront les offices de receveurs des octrois et deniers patrimoniaux, en fassent l'exersice dans l'année de laquelle ils feront le recouvrement des tailles, a l'esfet de quoy les quittances de finance desdits offices de receveur des octrois et deniers patrimoniaux leurs seront expediées sur les mesmes titres que ceux sous lesquels ils possedent leurs office de receveur des tailles, et ce, nonobstant que par l'article II de nostre esdit de juin 1725, nous n'ayons ordonné que les acquereurs des offices entiens et mitriannaux feroint l'exercice de ladite année 1726 : auquel article nous avons derrogé et derrogeons par lesdites presentes, pour ce regard seulement.

XV

Au moyens de ce que les acquereurs des nouveaux offices et les commis proposés par les villes et communautés qui les ont unies, soint deschargés de compter en nos chambres des comptes, pour les années qui auront precedé leurs acquisitions ou la reunion, a compter de l'année 1726, nous avons, conformement au resultat de nostre Conseil du premier juillet 1725, dispencé et dispencons ledit Bourier, ses cautions, procureurs, commis et preposés, de compter, en nos chambres des Comptes, du maniement qui aura esté fait des deniers communs et d'octrois des villes et communautés dont les offices de receveurs auroint estés vandus ou a vendre, a la charge par eux de leur rendre compte et aux nouveaux acquereurs de clerq a maistre, de leurs receptes et despance et de leur en remettre expresses justifications que nous avons validées et validons par ces presentes, a la descharge desdits nouveaux acquereurs, villes et communautés, ensemble des deniers comptant qui se pouroint trouver en leurs mains; sur lesquels, neanmoins, les taxations apartenentes audit Bourier seront retenues suivant qu'elles sont reglées par nostre esdit du mois de juin 1725 et nostre declaration du 4 decembre audit ans, lesquelles seront passées en la despance des comptes qui seront rendus desdites années, sur ses simples quittances ou celles de ses procureurs, commis ou preposés.

XVI

N'entendons, au surplus, desroger a nostre esdit du mois de juin 1725, lequel sera executé suivant sa forme et teneur, en ce qui n'est point contraire aux presentes, ensemble le resultat et arrest de nostre Conseil du premier juillet audit ans et lettres patantes sur iceux, qui seront pareillement executés selon leurs forme et teneur; en consequence, voulons que ledit Bourier jouisse des remises et taxations que nous luy avons accordées, sans qu'il soit tenu d'en compter a nostre conseil, en nos chambres des Comptes ny allieurs; dont nous l'avons expressement deschargé et dispencé, deschargeons et dispençons par ces presentes. Ne sera pareillement tenu ledit Bourier et ses cautions de compter, en nos chambres des comptes, ny allieur, du montant de son recouvrement, mais seullement en nostre Conseil par bref estat et sur les ampliations des quittances de finances qui auront estées expediées sur les roolles arrestés en nostre conseil, imposant sur tout ce que dessus silence a nos procureurs generaux et a tous nos autres officiers. Si donnons en mandement a nos amés et feaux conseilliers les gens tenent nostre chambre des Comptes a Paris, que ces presentes ils ayent a faire lire, publier et enregistrer, et le contenu en icelles garder, observer et executer selon leurs forme et teneur, nonostant tous esdits, declaration, reglements, arrest et autres chauses a ce contraires, auxquels nous avons derogé et derogeons, par ces presentes, aux copies desquelles, collationnés par un de nos amez et feaux conseillers secretaires, voulons que foy soit adjoutée, comme a l'original; car tel est nostre plaisir. En tesmoin de quoy, nous avons fait mettre notre scel a ces dites presentes. Donné a Versailles, le quinziesme jour de janvier, l'an de grace 1730 et de nostre regne le quinziesme. *Signé* : Louis, *et plus bas*, par le Roy: Phelypeaux. Veu au Conseil : Lepeletier.

Registré en la chambre des Comptes, ouy et ce requerant le procureur general du Roy, pour estre executés selon leurs forme et teneur, a la charge par les maires et eschevins des villes et communautés qui ont acquis et reuny a leurs corps les offices de receveurs des deniers communs et d'octrois, de nommer pour faire la recepte desdits deniers des personnes bonnes et solvables, de prendre d'eux des cautions bonnes et suffizantes et de leurs faire faire acte d'eslection de domicile en cette ville, en la maison de l'un des procureurs de la chambre, conformement au reglement du 19 février 1687; lesquels actes de cautionnement et d'eslection de domicile lesdits maires, eschevins seront tenus d'envoyer en la chambre, avec les actes de nomination, trois mois apres la datte desdites nominations; sinon et a faute d'y satisfaire, lesdits maires et eschevins demeureront garants et responsables, en leurs propres et privés noms, du maniement de ceux qu'ils auront nommés pour faire la recepte desdits deniers communs et d'octrois : — les bureaux assemblés, le sixiesme fevrier mil sept cent trante. *Signé* : Du Cornet.

Collationné aux originaux par nous, escuyer, conseiller, secretaire du Roy, Maisons, Couronne de France et de ses finances.

Le sieur Paillier secrétaire-greffier de l'hôtel de ville est proposé pour remplir les fonctions de receveur des deniers communs

Aujourd'huy, vingt un du mois d'avril mil sept cents trante, environ les dix heures du matin dans l'hostel de ville, ou estoint assemblés Messieurs les prevost et consuls de ladite ville, il a esté exposé a MM. Anthoine de Noualher, seigneur des Bailles, lieutenent particulier en cette seneschaussée du Limouzins et siege presidial de Limoges, et a Mʳ Mᵉ François Romanet, seigneur de La Briderie, procureur du Roy auxdit siege et presant hostel de ville, que, d'autant que pour l'execution de la declaration du Roy du quinze janvier mil sept cents trante, lesdits sieurs consuls seront tenus de presenter une personne solvable pour faire la recepte des deniers d'octrois et patrimoniaux de cette ville, dont la charge et office de receveur desdits deniers ont estés estain et suprimé par la susdite declaration, ils presentent la personne du sieur Paillier, leurs secretaire, qui sera tenu de fournir bonne et sufisante caution pour la seuretté des fonds et deniers publics ; de faire et faire faire toutes les soumissions de ce conformement aux reglements ; de rendre ses comptes dans les formes prescriptes, et du tout en descharger lesdits sieurs consuls en charge et advenir, et les garantir de tout evenement consernan lesdits sieurs consuls (sic). — On a proposé a l'assamblée des habitans icy convoqués a cet effait de deliberer sur ce, et requis M^r le lieutenant particulier de donner acte, sur les conclusions de M^r le procureur du Roy, de la declaration qui sera sur ce faite, pour qu'on aye a s'y conformer sous le bon plaisir de Monseigneur l'Intandant. Fait ledit jour, mois et an que dessus.

> GRELLET, prevost consul ; D'ARSONVAL, consul ; RUAUD DU CHALARD, consul ; ARDANT, consul.

Soit communiqué au procureur du Roy pour, sur ses conclusions, estre ordonné ce qu'il apartiendra. A Limoges, le vingt un avril mil sept cents trante.

> NOALHIÉ, lieutenent particulier.

Le procureur du Roy, qui a pris communication du present exposé, ensemble de la declaration du Roy y enoncée et ordonnance de *soit communiqué*, requiert qu'il soit donné acte de la nomination qu'ils font du sieur Paillier pour faire la recepte des octrois de ladite ville, en ce qu'il donnera bonne et sufisante caution et que tout le contenu en la presente declaration du Roy sera executé suivant sa forme et teneur, laquelle nous requerons estre enregistrée au greffe de l'hautel de ville. Fait a Limoges, le vingt un avril mil sept cents trante.

> ROMANET.

Et apres avoir pris lecture dudit exposé et conclusions, lesdits sieurs habitant, d'une commune voix, consentent que le sieur Paillier fasse la susdite recepte en donnant bonne et sufisante caution. Fait a l'hostel de ville, le mesme jour, mois et an que dessus (1).

Nous avons donné acte de l'exposé cy dessus, conclusions du procureur du Roy et presente deliberation, laquelle sera presentée, par les sieurs prevost consuls, a Monsieur D'Orsay, intandant en

---

(1) L'espace réservé aux signatures est resté en blanc.

cette generalité, pour voloir bien icelle agreer. A Limoges, dans la chambre commune de l'hostel de ville, le vingt un avril mil sept cents trante (1).

Projet de vente des herses et chaines des portes de la ville.

Aujourd'huy, dans l'hotel de ville de Limoges, environ les neuf heures du matin, le dix neuf juillet mil sept cents trante, ou estoint assemblés M^{rs} les prevost, consul, il a esté exposé a MM. Anthoine Nouaillier, seigneur des Bailles, conseiller du Roy, lieutenent particullier en la seneschaussée et siege presidial de cette ville, et a Mr Mre Martial Romanet, seigneur de la Briderie, que, suivant la deliberation qui fust faite le vingt un avril dernier, il fust arresté que lesdits sieurs consuls fairai (*sic*) retirer les herses et les chaines qui estoint plassées aux portes de cette ville et autres endroits pour estre employés a l'usage destiné par la deliberation (2); de laquelle il fust donné acte sur les conclusions de M^r le procureur du Roy; et en execution de laquelle lesdites herses et chaines ayant esté demolies et portées dans le present hostel de ville ou elles sont, elles furent pezées par le sieur Bardonnaud, maitre peseur juré de cette ville, le vingt cinq juin dernier, en presence desdits sieurs consuls : de quoy il fust fait acte le mesme jour; et comme du despuis il y a eu ordre de Monseigneur l'intandant, par sa lettre du trante du mesme mois de juin, de faire faire proces verbal du tout en presence de M^r le procureur du Roy, lesdits sieurs prevost et consuls requierent acte de leur present exposé. Et qu'en conceequence il soit fait proces verbal desdites herses et chaines, et en leur presence mesme estimation et prisée de la valleur et du prix dudit fert par expert qui seront mandés pour vaquer a ladite estimation, sermant par eux prealablement presté. Fait ledit jour, mois et an que dessus.

D'Arsonval, consul; Ruaud du Chalard, consul; Grellet, consul; Ardant, consul.

Soit communiqué au procureur du Roy pour, sur ses conclusions et de l'advis de Messieurs les consuls, estre statué ce qu'il apartiendra. A Limoges, le dix neuf juillet mil sept cents trante.

Noalhié, lieutenent particulier.

---

(1) Les signatures manquent.
(2) On se proposait de les utiliser pour la confection d'une grille et d'un portail destinés à clore la place d'Orsay (voir page 318 ci-dessus).

Le procureur du Roy, qui a pris communication de l'exposé cy dessus, ensemble de l'ordonnance de soit communiqué, persiste dans son requisitoire du vingt un avril mil sept cents trante, et remontre que le proces verbal requis par les sieurs consuls auroit esté plus regulier s'il avoit esté fait lors et au tems en sa presence, lorsqu'ils ont fait oster les herses ou portes de fert qui estoint posées aux quatre tours de cette ville et qui ont estées portées dans l'hostel de ville, apres avoir estées demolies, aussy bien que des chaines de fert; mais il n'enpesche pas qu'il ne soit fait presentement, ou en sa presence, proces verbal des barres de fert montées et traversiers qui forment chaque grille et porte, ensemble de leurs hauteurs et largeurs, et que le poids en soit constaté par Bardounaud, M° ballancier juré de l'hostel de ville, pour, ledit proces verbal fait, estre envoyé a Paris, a Monsieur D'Orsay, intandant en cette generalité, par les sieurs consuls, qui en mesme temps le prieront tres humblement de vouloir agreer tant le proces verbal qui sera fait, que la deliberation de la ville du vingt un avril dernier, — et en consequence vouloir obtenir de Sa Majesté un arrest qui authorise la susdite deliberation et proces verbal qui sera fait et qui permette aux sieurs consuls de vendre le fert provenent desdites herses ou portes de fert (les formalités observées qui sont requises en pareil cas), et d'enployer l'argent provenent de la vente du contenu au proces verbal qui en sera fait, a faire faire une grille a la porte de la place d'Orsay, necessaire pour la conservation des arbres qui y ont esté plantés et pour l'enbelissement, et aux reparations des portes, tours de cette ville qui sont en tres mauvais estat, surtout la porte de Monmaillier et celle de Manigne qui menasent d'une ruine iminente. — C'est a quoy conclud le procureur du Roy, pour l'interest de Sa Majesté et du public, — et a ce que lesdits consuls demeureront chargés du contenu au proces verbal jusque a ce qu'il aura plu a Monsieur D'Orsay d'y pourvoir. Requiert en outre qu'il soit mandé a deux mettres serruriers pour faire l'estimation de la valleur du fert desdites herses ou portes et des chenes, conformement a l'exposé desdits consuls. Fait a Limoges, le dix neuf juillet mil sept cents trante.

ROMANET.

Nous avons donné acte de l'exposé cy dessus, ensemble du requisitoire du procureur du Roy. En concequence et du consentement des sieurs cousuls qui signeront avec nous, nous ordonnons qu'il sera fait comme il est requis par le procureur du Roy. Fait le jour, mois et an que dessus.

D'Arsonval, consul; Ruaud du Chalard, consul; Grellet, consul; Ardant, consul; Noalhié, lieutenent particulier.

Procès-verbal du mesurage et pesage desdites herses, crampons et chaines.

Et a l'instant, executant nostre dite ordonnance, en compaignie du procureur du Roy et desdits sieurs consuls, nous serions entrés dans la salle dudit hostel de ville, ou sont les dites herses ou grilles de fert aussy bien que les chaines, et ayant fait peser le tout par Bardonnaud, M⁰ ballancier juré de l'hostel de ville, et ensuite fait compter les piesses qui composent lesdites grilles de fert, icelles mesurées, celle de la porte Boucherie s'est trouvée de la hauteur de trese pieds sur dix pieds et demy de largeur et composé de vingt deux montant et vingt cinq travers, le tout pesant deux mil trante cinq livres;

Celle des Arresnes s'est trouvé de la hauteur de quatorze pieds et demy (1) sur unse pied et demy de largeur, composé de vingt deux montant et de vingt un traversiers, du poid de deux mil trante livres;

Celle de Manigne, de la hauteur d'onse pied sur dix pied et demy de largeur, composé de vingt deux montant et vingt deux traversiers pesent dix sept cents soixante quinse livres;

Celle de Montmaillier, de la hauteur de unse pied et demy sur dix pied et demy de largeur, composé de vingt trois montant sur vingt six traversier, du poid de seise cents trante livres; — desquels montant et traversiers desdites quatre portes il y en a quelques unes qui sont rompues en les demontant.

Avons ensuite fait peser les crampons qui servent a soutenir lesdites quatre herses ou grilles de fert, lesquels se sont trouvés du poid de cents livres; comme aussi nous avons fait peser les chaines que lesdits sieurs consuls nous ont dit estre celles qu'ils ont fait arracher, en consequence de ladite deliberation, lesquelles se sont trouvées du poid de quatre cents soixante quinse livres.

Toutes lesquelles herses ou grilles de fert, crampons et chaines se trouvent au poid de quatre vingt quinteaux quarante cinq livres.

Evaluation des fers provenant des portes.

Et, ce fait, avons mandé les nommés Arnaud et Coussidière, maitres serruriers de cette ville, lesquels s'estant randus dans

---

(1) Il résulte de ces indications que la baie de la porte des Arènes était la plus haute des quatre entrées de la ville.

la salle de l'hostel de ville ou nous sommes, et apres que
nous avons d'eux pris serment a tels cas requis, leur avons enjoint
d'estimer en leurs honneur et conscience la valleur du fert esnoncé
cy-dessus; lesquels apres en avoir fait la visite et examiné, il nous
ont dit l'estimer a raison de quatorze livres le quintal, l'un pourtant l'autre. Donc et du tout nous avons dressé nostre present
proces verbal et laissé le tout dans la salle de l'hostel de ville et
au pouvoir desdits sieurs consuls, qui ont signé avec le procureur
du Roy; ledit Bardonnaud, M^e ballancier; Arnaud et Coussidiere,
M^{rs} serruriers, et nous soussignés, le jour, mois et ans que dessus :

BARDONNAUD; ARNAUD; COUSSEDIERE; D'ARSONVAL, consul;
RUAUD DU CHALARD, consul; ARDANT, consul; GRELLET,
consul; NOALHIÉ, lieutenent particulier; ROMANET, procureur du Roy; PAILLIER, secretaire greffier (1).

Lettre du Roy, escripte a Messieurs les consuls de la ville Limoges au subjet de la naissence de Monseigneur le duc d'Enjou.

DE PAR LE ROY,

Tres chers et biens amez, les tendres tesmoignages que nous
avons receus en toutes occasions de l'amour et du zelle de nos
subjets nous rendent encore plus sensible aux evenements de
nostre regne qui peuvent contribuer a leur bonheur. Rien n'est
plus capable d'en assurer la durée que la naisance d'un second fils
dont la Raine, nostre tres chere epouse et compaigne, vient d'estre
heureusement delivrée. C'est l'evenement et une suite des benediction qu'il plait a Dieu de rependre sur nous et sur nostre estat; il
exite de plus en plus nostre juste recognoissance envers la Providence
divine, et c'est pour luy rendre les actions de grace qui luy en sont
deues, obtenir de sa bonté par les plus fervantes prieres la continuation de ses precieux dons, que nous donnons ordre aux archeveques et evesques de nostre royaume de faire chanter le *Te Deum*

(2) Legros semble donner à entendre que le projet d'utiliser les herses des anciennes portes pour la clôture de la place d'Orsay ne fut pas étranger au remplacement de M. d'Orsay dans ses fonctions d'intendant. Il n'y a pas lieu de le penser. On voit d'ailleurs, par le procès-verbal même que nous donnons, qu'à la date du 19 juillet 1730, M. d'Orsay était déjà parti pour Paris, sans toutefois être remplacé encore.

dans toutes les eglises de leurs diocese, et nous vous faisons cette lettre pour vous mander et ordonner de vous rendre a celluy qui sera celebré dans l'esglise principalle de nostre ville de Limoges, et ensuite faire des feux de joye et tirer le canon insin qu'il est acoustumé en pareil cas pour marque de rejouissance publique. Donné a Versaille, le 30 d'aoust 1730. *Signé* : Louis *et plus bas* : Phelypeaux.

Et au dos est escript : a nos chers et bien amés les consuls de nostre ville de Limoges.

Eslection et nomination de Messieurs les Consuls, faite dans la grand salle de l'hostel commun de Limoges, le septiesme decembre mil sept cents trante, par Messieurs les Prudhommes nommés par Messieurs les Consuls en charge, en la maniere accoustumée, en presence desdits sieurs Consuls, et du consentement du procureur du Roy, y president Mr Mre Pierre Jean Rogier, lieutenent general en la presente seneschaussée, president dudit hostel de ville, — et ce pour l'année 1731.

Mr Mre Joseph Pinot, sieur de Magret, controlleur au bureau des finances, receveur du Domaine et Bois de la generalité de Limoges ;
Mr François Favard, sieur des Moulins, bourgois de Limoges ;
Mr Simond Nicot, bourgois et marchand.

Segue de Buxerolle, prevot consul ; Garat, consul ; d'Arsonval, consul ; Grellet, consul ; Ardant, consul ; Ruaud du Chalard, consul.

Le procureur du Roy requiert qu'il soit donné acte de la nomination presentement faite des personnes de Mr Mre Joseph Pinot, sieur de Magré ; Mr François Favard, sieur des Moulins, segond consul et Mr Simond Nicot, bourgois et marchand, pour troisiesme consul.

En consequence, requiert qu'ils soint apellés pour prester le serment, comme aussy du pouvoir *(sic)* a eux donné par les habitant de toucher les sommes qui seront dheues a la ville, compris dans l'estat du Roy pour les années mil sept cents ving neuf et suivantes. Romanet.

Nous, faisant droit sur le requisitoire du procureur du Roy, avons donné acte de la nomination faite des personnes de Mr Mre Joseph Pinot, sieur de Magré, pour premier consul ; Mr Favard, pour segond consul, et Mr Simond Nicot pour troisiesme consul, — pour consuls pour l'année 1731. En consequence, ordonnons qu'ils se presenteront pour prester le serment au cas requis et avons donné acte du pouvoir qui leurs a esté donné de toucher les sommes qui seront dheues a la ville sur les estats du Roy pour les années mil sept cents vingt neuf et suivantes.

  ROGIER DES ESSARTS, lieutenant general, president dudit hostel de ville.

Aujourd'huy, septiesme decembre mil sept cents trante, dans la salle de l'hostel de ville de Limoges, ou estoint assamblés Messieurs le lieutenent general, president dudit hostel de ville, et procureur du Roy, et Messieurs les prevost et consuls, pour estre procedé a la nomination de la personne du Reverend Pere Joseph Calmard, religieux Jacobins, pour prescher les Advent et Caresme de mil sept cents trant'un et de mil sept cents trante deux ; et a cet effet, il luy en sera donné incessament advis, sans qu'il en puisse estre donné d'autre a sa place ; et a son deffaut la nomination en sera faite par le corps consulaire. Fait ce dit jour, mois et an que dessus.

  SEGUE DE BUXEROLLE, prevot consul ; RUAUD DU CHALARD, consul ; DE FAVARD, consul ; ARDANT, consul ; NICOT, consul (1).

Désignation du prédicateur pour 1731-1732.

---

(1) « Vers ce temps ci, dit l'abbé Legros (*Continuation des Annales*, p. 56), mourut à Limoges le nommé Tindareau, habile serrurier de cette ville, qui avoit embrassé cette profession après avoir fait toutes ses études, meme de theologie. Il a fait beaucoup d'ouvrages mechaniques qui lui firent honneur dans le tems ; mais, ce qui lui en fait beaucoup plus, c'est d'avoir donné toute sa boutique, avec tous les instruments de son métier, à l'hopital general de cette ville, à condition que celui qui s'en chargeroit seroit obligé de prendre un apprentif de l'hopital meme, de tenir ladite boutique et d'en entretenir les outils pendant dix ans, au bout desquels, sortant de là, il acquerroit le droit de maitrise dans la ville, malgré les oppositions de la jurande des serruriers. Tindareau fit son testament olographe en latin et l'établissement susdit a été autorisé par la Cour. »

Ajoutons que Tindareau appartenait à une famille exerçant de longue date la profession de serrurier. Nous avons trouvé un Tindareau, m{e} serrurier, à la fin du XVIe siècle, et Jean Tindareau, serrurier, figure au rôle de la taille de 1635 (Arch. du dép., C 146).

Le récit de Legros est confirmé par les pièces des Archives de l'hôpital (A. LEROUX : *Inventaire*, B 497, E 1, etc.). Les outils de Tindareau furent estimés 1,224 ll. Le Bureau de l'Hospice fit apposer des affiches en ville et proposa à un garçon serrurier de prendre la boutique aux conditions indiquées ; celui-ci répondit qu'il « n'aspirait pas à la maîtrise ». On se décida, ne pouvant exécuter les volontés du testateur, à tirer parti des objets laissés par lui de la façon la plus avantageuse pour l'hospice : on mit notamment en loterie sept tournebroches trouvés dans la boutique. Le prix des billets était de 12 sols. Cette loterie produisit 392 ll.

Organisation des secours en cas d'incendie. Assemblée de ville : Proposition de l'Intendant.

Monseigneur de Tourny, intandant de cette generalité, ayant donné ses ordres pour convoquer suivant les formes ordinaires a ce jourd'huy, quinziesme decembre mil sept cents trante, onze heures du matin, une assemblée generale de la ville de Limoges dans l'hostel commun de ladite ville, il s'y seroit transporté a ladite heure, et s'y seroint trouvés Mᵉ Rogier des Essard, lieutenant general; Mʳ Romanet de La Briderie, procureur du Roy; les prevost, consuls en charge la presente année; les deputés des corps et compaignies (1) et la majeure partie des bourgois et marchands et autres habitans de ladite ville, — auxquels mondit seigneur l'Intandant auroit remontré que les maisons de cette ville estant toutes construites de bois et fort pressées les unes des autres, ayant jusque a trois et quatre estages remplies de peuple, elles estoint exposées a des insandies qui pouvoint en consommer en peu de temps une grande partie; qu'il luy paraissoit etonnant que jusque a present on n'eu point songé a prendre aucune precaution pour prevenir ou du moins arrester des malheurs aussy considerables : d'autant plus qu'il scavoit qu'il n'y avoit presque point d'année que l'image ne s'en fust présenté aux yeux de tout le monde par des commencements qui pouvoint aller beaucoup plus loin; que les precautions qu'il y auroit a prendre estoint d'avoir plusieurs pompes, une certaine quantité de sceaux d'ozier doublés de cuir, des echelles, des haches, des crochets et des cordages, le tout deposé tant dans l'hostel de ville qu'en differants endroits connus pour y avoir recours; que toutes les villes du royaume bien pollicées estoint ainsy munies de ponpes et autres instruments de precaution contre les insandies; que Limoges en sentiroit d'autant plus ayzement l'utilité que, par le moyens de ses rezervoirs, il n'estoit pas difficille de faire aller l'eau ou l'on vouloit; que l'attantion qu'il avoit a la conservation de la ville ne luy per[m]ettoit pas de la laisser plus longtemps desnuée de ces secours, qu'il la prioit de deliberer sur leurs utilité, et, en cas qu'elle la reconnut, comme il n'en doutoit pas, et qu'elle se portat a vouloir faire la despence necessaire pour cela, qu'elle examinat a quelle somme cette despence pouroit monter et par quelles voys il seroit plus aisé et moins onereux d'en percevoirs les deniers, pour ensuite obtenir du Conseil la permission de les levers (2).

(1) Voilà une formule que nous n'avions encore rencontrée dans aucun procès-verbal. Les citoyens assistaient en leur nom personnel ou plutôt comme chefs de maison, à l'assemblée de ville : mais nous ne voyons pas les groupes sociaux, les corporations s'y faire représenter par des délégués.

(2) Notons cette proposition. Voilà la première tentative sérieuse qui ait été faite à Limoges en vue de l'organisation des secours en cas d'incendie, depuis qu'au XIIIᵉ siècle on avait

— 369 —

Sur quoy, la chose mise en deliberation, lesdits sieur lieutenent general, procureur du Roy, consuls et deputés des corps, compaignies, bourgeois, marchands et autres habitans assamblés, ayant meurement reflechi, ont tous unanimement demeuré d'accord que la construction des maisons de la ville l'exposoit plus qu'en aucune autre du royaume a des insandies qui pouvoint en peu de temps consommer une partie de la ville ; qu'il estoit tres inportant de prendre des precautions contre de pareils malheurs ; qu'ils souhatoint despuis longtemps qu'il y eu dans la ville des ponpes et autres instruments capables d'aporter du secours; que si la ville avoit des octrois ou des deniers patrimoniaux qui puissent fournir a cette depence, ils ne pouroint pas estre mieux employés ; mais que le peu qu'elle en a pouvant a peine suffire aux charges ordinaires, il n'y avoit aucuns habitans, soit proprietaire ou loqataire, qui ne fournissent avec plaisir leurs contingens de cette despence, les uns pour la conservations de leurs maisons, les autres pour celle de leurs meubles, et tous pour mettre en seuretté leurs personnes et leurs famille ; qu'ils imaginoint que cette despence pouroit aller autour de six mille livres, d'autant qu'il y faloit comprendre les reparations a faire aux reservoirs et fontaines pour les mettre en estat de donner l'eau aux endroits necessaires; qu'ils consentiroint que cette despence fust levée sur tous les habitans de la ville, privilegiés et non privilegiés, de la fasson la plus esgalle et plus proportionnée a l'utilité qu'en tireroint lesdits habitans et en mesme temps la moins a charge a la ville ; que cette fasson leurs paraissoit estre de lever ladite somme en deux années et de faire payer pour cet effet, pandant lesdites deux années, par tous proprietaires des maisons, le vingt cinquieme du revenu de ladite maison, pour laquelle levée il seroit aisé de suivre la cotte du cinquantiesme; — et pour les loqataires le vingt-cinquiesme en sus des loyers qu'ils payent; — qu'il faudra observer de comprendre dans ladite inposition les maisons des communautés qui ne se trouveront pas dans le roolle du cinquantieme, estant juste qu'elles contribuent, attandu qu'elles partissiperont a l'utilité; qu'il faut aussy y faire contribuer la Cyté, qui, se trouvant jointe a la ville, a la mesme creinte et les mesmes besoins. Et ont lesdits deliberants prié Monseigneur l'Intandant de presenter leur deliberation au Con-

<small>Vote conforme de l'assemblée de ville</small>

établi les bassins de la Motte à la suite des incendies de 1244 et notamment de celui qui avait consumé vingt-trois maisons dans la rue du Clocher (Bibl. nat., mss. lat. 5,452, fol. 5). On va voir combien il s'écoulera de temps avant que cette organisation soit un fait accompli.

On remarquera que l'Intendant assiste à l'assemblée et présente lui-même sa proposition, qu'il ne veut laisser à personne le soin de formuler et de défendre. D'ordinaire, c'était par lettre qu'il saisissait l'assemblée de ville.

seil pour obtenir un arrest qui ordonne ladite levée de deniers conformement a ce que dessus ; laquelle levée les consuls seront obligés de faire et en rendront compte a Monseigneur l'Intandant, et [dans le cas] ou lesdites deux années du vingt cinquième du revenu desdites maisons yroit a quelque chause de plus que la depence desdites ponpes et autres instruments et que celle des reservoirs et fontaines, le surplus s'enployera par les consuls, sur les ordres de Monseigneur l'Intandant, aux necessités presentes de la ville.

   Aubert de Tourny; Rogier des Essarts; Romanet, procureur du Roy; Segue de Buxerolle, prevost consul; Ruaud du Chalard, consul; Ardant, consul; Nicot, consul; Defavard, consul (1).

Requête du sieur Lafosse secrétaire de l'hôpital pour être exempté du logement des gens de guerre.

Monseigneur l'Intandant de la generalité de Limoges ou Monsieur son subdelegué, suplie humblement Mathieu Lafosse, bourgeois et marchand de cette ville, disant qu'estant pourveu de la charge de secretaire de l'hospital general de cette ville suivant les provisions du 28 mars 1719, enregistrées en la seneschaussée de cette ville le 26 novembre 1722, *signé* : Boisse, greffier, le tout en bonne et dheue forme, et qu'il nous represente, — et en cette qualité de secretaire, le supliant a droit de jouir de l'exemption de logement des gens de guerre suivant que Sa Majesté l'accorde a tous ceux qui travaillent pour l'advantage des pauvres suivant les patantes accordées par Sa Majesté en faveur des hospitaux. Dans cette situation, le supliant a recours a nostre authorité et justice affin que ce consideré, Monseigneur, il vous plaise de vos graces vouloir maintenir le supliant dans les privilaiges accordés a ceux

(1) L'année 1730 est signalée en Limousin par de notables transformations industrielles; un arrêt du Conseil du 12 décembre édicte un reglement pour la fabrication des papiers dans la contrée. A rapprocher de cet arrêt une ordonnance de 1740 de l'Intendant de Tourny relative aux papeteries (Arch. du Département, C 19).

Une recrudescence des grandes querelles religieuses qui avaient déjà causé tant de maux marque les années 1730, 1731, 1732. Une nouvelle phase commence, celle des faits merveilleux. Dès 1725 on commence à colporter le récit de guérisons instantanées, et, particularité singulière, le procès-verbal constatant un de ces « miracles » arrivé au faubourg Saint-Antoine, est signé par Voltaire (Henri Martin, *Histoire de France*, t. XV, p. 68). La mort du diacre Paris est du 1er mai 1727. Les pelerinages à son tombeau commencent presque aussitôt, et sont signalés par les faits prodigieux que tout le monde connait. Au mois de janvier 1732 seulement, l'autorité se décide à faire fermer le cimetière Saint-Médard, devenu le théâtre quotidien de scènes scandaleuses et qui menaçaient de se répéter indéfiniment. — Il ne paraît pas que ces faits aient eu aucun écho à Limoges.

qui travaillent a l'advantage des pauvres de l'hospital general de cette ville et ordonner qu'il sera examps de logement de gens de guerre en conformité des patantes de Sa Majesté ; et le supliant priera Dieu pour la conservation de votre santé. *Signé:* Mathieu LAFOSSE.

Soit là la presente requeste, ensemble les piesses y esnoncés, communiquées aux sieurs consuls, pour, leurs reponce [vue], estre ordonné par Monseigneur l'intendant ce qu'il appartiendra. A Limoges, 14 aoust 1730. *Signé* : MALLEDENT, subdelegué.

Les prevost, consuls de la ville de Limoges, qui ont pris communication de la requeste du sieur Lafosse et de l'ordonnance de soit a eux communiqué, n'empeschent que le sieur Lafosse jouisse des privilaiges a luy attribué en sa qualité de secretaire de l'hospital general de cette ville de Limoges, mesme de logement de gens de guerre, si le cas y eschoit; mais comme cette immunité n'est pas nommement portée par les lettres patantes de Sa Majesté qui atribuent lesdits privilaiges, ils suplient tres humblement Monseigneur l'intendant d'y avoir esgard, s'en remettant au surplus a ce qu'il luy plaira ordonner. Fait dans l'hostel de ville de Limoges, le 4 decembre 1730. Avis favorable des consuls.

Signé : D'ARSONVAL, consul; GARAT, consul; SEGUE DE BUSSEROLLE, consul ; GRELLET, consul ; RUAUD DU CHALARD, consul.

Veu la presente requeste ; l'ordonnance de soit communiqué du sieur Malledent, nostre subdelegué, aux sieurs consuls de cette ville et leurs reponce, ensemble l'acte de nomination faite du supliant pour secretaire de l'hospital general et lettres patantes du Roy pour l'establissement de l'hospital, qui accorde aux administrateurs et autres officiers l'exemption de toutes charges publiques, nous ordonnons que le supliant jouira de l'exemption de logement de gens de guerre tant et si longtemps qu'il exercera les fonctions de secretaire de l'hospital general de Limoges. Fait a Limoges, le 12 decembre 1730. *Signé* : AUBERT DE TOURNY, *et par* Monseigneur : DUPIN. Ordonnance conforme de l'Intendant.

Je declare avoir retiré l'original de la requeste et ordonnance ci dessus pour les representer quan besoin sera. Fait a Limoges, le 21 janvier 1731.

Mathieu LAFOSSE, rue Magnine.

Extrait des registres du Conseil d'Estat.

Arrêt du Conseil annulant à la requête du receveur général Pinot l'élection de lui faite aux fonctions de consul

Sur la requeste presantée au Roy en son Conseil par Joseph Pinot, receveur general antien, alternatif et triannal de la generalité de Limoges, receveur particulier des bois de la mestrise de Bellac et commissaire general des poudres et salpestre au mesme departement de Limoges, contenent qu'il est obligé de porter ses plaintes a Sa Majesté au subjet d'une entreprise des prevost, consuls de la ville de Limoges, lesquels, par un esprit de caballe et de mauvaise vollonté (1), ont osé le nommer consul de cette ville au prejudice des privilaiges attribués a ses offices par differants esdits; il observe, dans l'esfait, qu'on procede tous les ans a l'eslection de trois consuls de la ville de Limoges, pour faire, avec trois antiens qui reste en place, le nombre de six : leurs fonctions consistant principallement dans la repartition les tailles et autres impositions et logement de gens de guerre, par la sont subjets aux suites desagreables des contraintes par corps que le receveur des tailles peut decerner contre eux. Cette nomination de trois consuls se fait a la pluralité de soixante prudhommes choisis et nommés par les consuls en charge, le sept decembre de chaque année. Le supliant ayant apris avec surprise que les consuls en place avoint formé le dessains de le nommer consul, se pourveu au sieur intandant, qui, sur sa requeste, rendit son ordonnance le premier du present mois de decembre, portant que l'article 14 de l'esdit du mois de decembre 1727 seroit executé suivant sa forme et teneur; en consequence, que le supliant jouiroit de ses privilaiges et exemption qui y sont atribués, avec deffence a toutes personnes d'y donner atainte a peine de tous despans, domages et interests. Cette ordonnance fust signiffiée aux consuls de Limoges par exploit du 4ᵉ du mesme mois, et par autre exploit du 7 dudit mois, signiffiée aux consuls assamblés pour proceder a l'eslection des nouveaux, le supliant leurs renouvella ses protestations de nullité et d'ateinte (?) (2), si, auprejudice de ses privilaiges et exemptions aux commis, et des deffances portées par l'ordonnance du sieur intandant, il estoit nommé a la place de consul. Ces deffances et ces actes n'ont pas eté capable d'arrester les consuls ; ils ont le mesme jour, 7ᵉ decembre, nommé le supliant un des consuls de la ville de Limoges : ce qui l'oblige de recourir a Sa Majesté et de luy representer que, par les prerogatives de sa charge de receveur general du Domaine

---

(1) On voit avec quel empressement la bourgeoisie de robe et de finance, qui, cent cinquante ans plus tôt, briguait les charges consulaires, cherchait alors à les esquiver. Les termes un peu ridicules de la protestation n'en sont pas moins intéressants.

(2) Peut être : *d'attenta*.

et Bois de Limoges, il doit etre exempt du consulat et de toutes autres charges publiques. Les privilaiges, exemptions dont le supliant a droit de jouir, sont establies par l'esdit d'avril mil six cent quatre vingt cinq et par les esdits et declarations rendus en consequence en fevrier 1705, may 1710 et decembre 1714, et ils ont eté maintenus et confirmés par l'esdit du mois de decembre mil sept cent vingt sept, par lequel il est expressement porté que les receveurs generaux du Domaine ne sont pas subjets a residence dans leurs departement, et qu'ils jouiront des exemptions des tailles, ustancille, logement de gens de guerre et generallement de toutes charges publiques et nomination a icelle. Cette exemption generalle de toutes charges publiques s'aplique particulierement au consul (sic), qui est une charge publique et onereuse, puisqu'elle exige une residence actuelle et non interrompue, tandis que le supliant est obligé par le devoir de sa charge d'estre journellement en campaigne, pour estre present et assister aux vantes des bois de Sa Majesté et de ceux des ecclesiastiques et communautés, a la reception de caution, et par les autres fonctions indispensables de sa charge, et que Sa Majesté a actuellement recognu qu'elle a expressement dispensé les receveurs generaux des domaines de la residence dans leurs departement, et les a, par ces raisons, exemptés de toutes charges publiques qui exige une residence actuelle, tel que le consulat. Le Roy, en son Conseil, ayant esgard a la requeste, a ordonné et ordonne que les esdits et declaration et reglement consernant les fonctions et les privilaiges des receveurs generaux des Domaines et Bois, ensemble l'ordonnance du sieur intandant et commissaire desparty en la generalité de Limoges, du 1er decembre dernier, seront executés, et en consequence descharge le supliant de la nomination faite de sa personne pour consul de la ville de Limoges par acte d'assamblée du 7 decembre dernier. Ce faisant, ordonne que, dans huitaine a compter du jour de la signiffication du present arrest au greffe de l'hostel commun de leur ville, il sera procedé a l'eslection d'un autre consul au lieu et place du supliant ; et sera le present arrest executé nonobstant toutes opositions faites ou a faire, pour lesquelles il n'y sera differé. Fait au conseil d'estat du Roy, tenu a Versailles, le 30e jour de janvier 1731. *Signé* : Voigny, collationné. Scellé du grands ceaux en sire jeaune, et plus bas : Veu le present arrest, nous ordonnons que le present arrest sera executé suivant sa forme et teneur. Fait a Paris, 1731. *Signé* : Aubert de Tourny.

Louis, par la grace de Dieu, Roy de France et de Navarre, au premier nostre huissier ou sergent sur ce requis, nous ordonnons et commandons que l'arest dont l'extrait est cy attaché sous le contre-scel de nostre chansellerie, ce jourd'huy rendu en nostre conseil d'Estat, sur la requeste a nous presentée en icelluy par Joseph Pinot, receveur general alternatif et triannal de la generalité de Limoges, receveur particulier des bois de la mestrise de Bellac et commissaire general des poudres et salpestre au mesme departement de Limoges, tu signiffies a tous qu'il appartiendra, affin qu'on n'en ignore, et faire en outre pour son entiere execution, a la requeste du sieur Pinot, tous commandement, sommation et autres exploits necessaires sans autre permission, nonobstant toutes opositions faites ou a faire, pour lesquelles il ne sera differé. Donné a Versailles, le 30 janvier, l'an de 1731 et de nostre regne 16. — *Signé*, par le Roy en son conseil : DE VOGNI. Cellé le 15 fevrier 1731, en sire jeaune.

Signification de l'arret aux consuls.

L'an mil sept cents trant'un et le vingt un fevrier, certifie je, huissier audiencier en la juridiction du domaine, receu immatriculé au au bureau des finances de la generalité de Limoges, demeurant reue des Combes, paroisse de Saint-Michel des Lions, qu'a la requeste de Mr Mre Joseph Pinot, conseiller du Roy, receveur general entien, alternatif et triannal de la generalité de Limoges, receveur particullier des bois de la maistrise de Bellac et commissaire general des poudres et salpestres au meme departement de Limoges, demeurant rue vieille du Temple, paroisse de Saint-Pierre du Queyroix, ou il fait eslection de domicile en ses maisons, — par note d'arrest et commission sur icelluy esmanné du conseil d'estat du Roy en datte du 30 janvier 1731, *signé*, par le Roy en son conseil : DE VRIGNY et cellé de cire jeaune, je me suis porté par devers et en la maison commune de l'hostel de ville, scise reue du Consulat, ou estant et parlant a la personne du sieur Paillier, secretaire de M^{rs} les prevost consuls de la presente ville (1), auquel j'ay dhuement intimé et signifié le susdit arrest et commission, avec injonction de le notifier et faire scavoir à M^{rs} les prevost consuls, avec sommation de s'y conformer et y obeir aux peines que de droit, protestant ledit sieur requerant de tout ce qu'il peut et doibt plus emplement protester et de tous ses depens, dommages et interets. Auquel dit sieur Paillier, parlant comme dessus, je luy ay laissé la presente copie, ensemble de mon present acte, le tout fait par moy apres mydy. *Signé* : BARDY, huissier audiencier.

(1) On voit que Paillier a bien réellement et complètement repris possession du secrétariat de la mairie, et qu'il n'est plus question de Boisse, pourvu par le Roi de cet office en 1723 (p. 311). Toutes les délibérations depuis le 5 décembre 1724 sont de la main de Paillier.

Et advenant le vingt deuxieme fevrier audit an 1731, les prud-hommes convoqués par ordre de Mrs les consuls a la maniere accoutumée pour proceder a la nomination d'un consul en execution de l'arrest cy dessus, ils ont nommé, a la place dudit sieur Pinot, la personne du sieur François Martiallot, seigneur du Puy Mathieu, conseiller du Roy, juge royal en la jurisdiction ordinaire de cette ville.

Election d'un consul pour remplacer Pinot.

De laquelle nomination, nous, lieutenant general en la seneschaussée de Limoges et president dudit hotel de ville, avons donné acte, ouy et ce requerant le Procureur du Roy, pour servir et valloir que de raison. A Limoges, dans l'hotel de ville, le jour, mois et an que dessus.

> Rogier des Essarts, lieutenant general, president dudit hotel de ville; Romanet, procureur du Roy; Ruaud du Chalard, prevot consul; Segue de Buxerolle, consul; De Favard, consul; Ardant, consul; Nicot, consul; F. Marcialot du Puy Mathieu, consul.

Aujourdhuy, cinquiesme du mois de may mil sept cents trant'un, dans la chambre du conseil de l'hôtel de ville de Limoges, ou estoint assemblés Messieurs les prevost, consuls, et en presence de Monsieur Mre Jean Pierre Roger des Essard, lieutenant general, president dudit hotel de ville et Monsieur Me Martial Romanet, seigneur de la Briderie, procureur du Roy au siege presidial et seneschal et present hotel de ville, les sieurs prevost, consuls ont exposé qu'en conformité des entiens usages et estatus de l'hospital general de cette ville, il doibt sortir de l'administration trois de Messieurs les administrateurs, lesquels doibvent estre remplacés par trois officiers ou bourgeois au choix et a la nomination desdits sieurs prevost consuls. Sur ce ouy le Procureur du Roy et de son consentement, ont d'une commune voix choisy et nommé pour remplir lesdites places d'administrateurs les personnes de Messieurs Descourrieres, greffier alternatif; Mr Rouard continué; Monsieur Mallevergne du Masdoumier fils, et ce pendant l'espace de quatre années qui commenceront au premier septembre prochain, avec les autres sieurs administrateurs qui resteront. Dont et du tout a esté

Désignation de trois administrateurs de l'hôpital.

fait et dressé le present acte pour y avoir recours quand besoin sera. Fait ledit jour, mois et ans que dessus.

>ROGIER DES ESSARTS, lieutenant general, president dudit hotel de ville; ROMANET, procureur du Roy; ARDANT, prevost consul; SEGUE DE BUXEROLLE, consul; F. MARTIALOT DU PUYMATHIEU, consul; RUAUD DU CHALARD, consul: DE FAVARD, consul; NICOT, consul; PAILLIER, secretaire-greffier.

Chute de la toiture de la porte Montmailler.

Aujourd'huy, cinquiesme may mil sept cents trant'un, environ les sept heures du matin, dans l'hostel de ville de Limoges, pardevant nous, Jean Pierre Rogier, seigneur des Essards, conseiller du Roy, lieutenant general en la seneschaussée et siege presidial de Limoges, et president dudit hostel de ville, Messieurs les prevost, consuls en charge la presente année present, s'est presenté Mr Mre Martial Romanet, procureur du Roy, qui a dit, en persistant en ces precedents requis par lequel il a demandé, attandu le danger imminent de la porte de Monmaillier (1), qu'elle fut desmolie, et que, des le jour d'hier, il seroit tombé partie de ladite couverture, et, sur les ordres par nous au besoin donnés, le sieur Nourissard, ingenieur du Roy (2), s'y seroit porté, qui nous auroit raporté le danger iminent de ladite porte; cependant et du despuis, pendent cette nuit, la plus grande partie de ladite couverture seroit tombée en ruine et que le reste d'icelle pouroit tomber et ecraser tant les maisons qui sont voysines que les passants soubs icelle ; et comme celle de la porte Boucherie est pareillement en danger : ce qui pouroit pareillement causer un domage considerable tant au maisons voysines qu'aux passants, et pour eviter des suites facheuses, il requiert nostre transport tant a la porte de Monmaillier que celle de Boucherie, pour en dresser proces-verbal de l'estat d'icelles, avec telles personnes qu'il nous plaira commettre a ce cognissant, comme aussy que les tours qui sont sur la porte Manigne soint dessandues et tous lesdits materiaux estre deposés entre mains sceures pour les representer toutes fois et quantes, offrans a ces fins de nous y accompaigner. *Signé* : ROMANET.

(1) On avait commencé depuis longtemps — nous avons pu le constater dès 1709, — à vendre certaines portions des fossés et de la contre-escarpe de la porte Montmailler. Les familles Alluaud, Lacombe, Dechabacque, Liron, Rougerie, Villette, Brousseaud firent bâtir de ce côté les premières maisons. Il y en avait déjà quelques-unes édifiées en 1740.

(2) M. Naurissart, que nous voyons nommé un peu avant cette époque dans divers documents administratifs, y est en général qualifié seulement d'*Entrepreneur des ponts et chaussées*.

Procès-verbal de l'état de la porte et tour Montmaillier.

Nous, faisant droit du requis du procureur du Roy, lesdits sieurs prevost, consuls presents, et de leur consentement, ordonnons que nous nous transporterons tout presentement en ladite porte de Monmaillier en leurs compaignie, et a cet effet avons mandé au sieur Nourissard, ingenieur du Roy, et aux nommés Martial Jouliage, charpentier [et] François Demartial dit *la France*, maitre recouvreur de cette ville; lesquels s'estant randus aupres de nous et ayant d'eux presté (*sic*) serment au cas requis, nous sommes portés, en compaignie desdits sieurs consuls, du procureur du Roy, dudit sieur Nourissard, desdits Jouliage, la France et du greffier, a la porte de Monmaillier, ou y estants, avons trouvé la moytié de la couverture de la tours de ladite porte de Monmaillier affeicée et entierement tombée, et qu'en tombant elle a entrainé beaucoup de pierres de ladite tours et que l'autre moytié de couverture menasse d'une ruine iminente et a besoin d'estre mise a bast aussy bien que les murs qui soustiennent la charpente, de la hauteur d'environs trois a quatre pieds, tant pour esviter le deperissement des materiaux que pour prevenir les accidents qui pouroit arriver aux maisons voysines et aux passents par la cheute du restant de ladite couverture,—et, sur le requis du procureur du Roy present, ordonnons qu'il sera tout presentement procedé a la desmolition desdites tours, de ladite couverture et des murs qui soustenoit et soustiennent ladite charpente de ladite couverture, transportés (*sic*) dans la maison du sieur Dumay, hoste audit faubourg de Monmaillier, pour estre par luy fait bonne et sceure garde d'iceux; et a l'esgard des portes Boucherie et de Manigne, il sera incessament procedé au proces verbal requis pour esviter le deperissement des materiaux et suites facheuses.

Signé : Rogier des Essards; Romanet; Ardant, prevost consul; Ruaud du Chalard, consul; De Favard, consul; Nicot, consul; Martialot du Puymathieu, consul; Nourissard; Jouliage; François Demarsiat et Paillier, secretaire greffier. Scellé a Limoges, le 7 may 1731. *Pro Rege.*
Signé : Baresges.

Désignation du ciergier de l'hôtel de ville.

Sur ce qui a esté proposé par Alexis Poncet, sy devant assossiée avec Senamaud, son nevef, servant tous les deux de siergier pour l'hostel de ville (1) et qu'a present leurs societé estant finie, il est

(1) Le ciergier de l'hôtel de ville fournissait les trois cierges que la ville entretenait jour et nuit devant les reliques de Saint-Martial. L'arrêt du Conseil du 5 décembre 1693 réglant les dépenses de la ville (voir ci-dessus, p. 86), avait inscrit au budget municipal un crédit annuel de 250 livres pour les frais de ce luminaire.

expedient de convenir de l'un des deux pour le service de l'hostel de ville, d'autant mieux que leurs teaux (*sic*) (1) doibvent estre separés pour l'interest public, il a esté dit d'un commun advis que ledit Alexis Poncet serviroit a l'advenir de siergier de l'hostel de ville en seul et qu'il jouiroit des privilaiges accoustumés : estan tres comptens et satisfaits de son service. Deliberé dans l'hostel de ville, le dernier may 1731.

    Nicot, prevost consul; F. Marcialot du Puymathieu, consul; Ruaud du Chalard, consul; De Favard, consul; Ardant, consul; Alexis Poncet.

Le bureau de la généralité somme les consuls de réparer les portes et tours.

Les presidents tresoriers de France, generaux des finances, chevalliers, conseillers du Roy, juges directeurs du domaine, grand voyeurs en la generalité de Limoges.

Sur ce qui a esté remontré par le procureur du Roy qu'ayant pris communication du proces verbal fait a la porte de Monmaillier par le sieur Benoist de Lostande et Limousins, tresoriers de France, le 5° de ce mois, qu'il a esté establi par icelluy et par la notorietté publique que la cheutte et renversement de la couverture de la tours de la porte de Monmaillier provient uniquement de la negligence de ceux qui sont chargés d'y veillier et faire la despence; et d'autant que les consuls de la ville de Limoges jouissent des deniers d'octrois et patrimoniaux de ladite ville, et que, par arrest du conseil du 5 decembre 1693, il est donné reglement pour les despenses ordinaires, et par expres il y a une somme de six cents quatre vingt livres destinée annuellement pour l'entretien des tours, des portes et fontaines de la ville et autres despences y esnoncés, requiert qu'il soit ordonné que les consuls de la present ville de Limoges ayent a faire retablir incessament et sans aucun retardement la charpente et couverture, le parapet et autres murs endommagés de la tours de Monmaillier, ensemble les reparations necessaires des autres tours des portes de ladite ville, sous peine d'y estre contrains par les voys de droit; et que cependent il soit enjoins audits consul de veillier a la conservation desdits materiaux, a peine d'en respondre en leurs propre et privé nom. Fait au parquet du bureaux des finances, en chambre du Domaine et Voyrie. A Limoges, le 7 may 1731. *Signé* : Faulte du Puy d'Autour, procureur du Roy.

(1) Leurs cotes d'imposition.

Le Bureaux, faisant droit du requisitoires du procureur du Roy, a ordonné et ordonne aux consuls de la ville de Limoges de faire retablir incessament et sans aucun retardement la charpante et couverture et parapet et autres murs endommagés de la tours de Monmaillier, ensemble les reparations necessaires des autres tours et portes de ladite ville, a peine d'y estre contrains par les voys de droit: ordonne en outre auxdits consuls de veillier a la conservation de tous materiaux, a peine d'en respondre en leurs propre et privé nom ; qu'a ce faire la presente ordonnance leurs sera signifiée a la diligence du procureur du Roy. Fait au Bureaux des Finances, chambre du Domaine et Voyrie, a Limoges, le 7° jour de may 1731.

Signé : Chavaignac de Vertamond; Texandier de Losmosnerie; Benoist de Lostande; De Martin La Bastide; Limousin; Guingand de Saint-Mathieu; Pigné de Montignac; Benoist de Venteaux et Garat de Saint-Yrieyx.

L'an 1731 et le dixieme jour du mois de may, certiffie je, huissier au bureau des finances de Limoges, y immatricullé, demeurant rue des Combes, paroisse de Saint-Michel des Lions, qu'a la requeste de Mr Mre Pierre Faulte, escuyer, seigneur du Puyd'autour, conseiller, procureur du Roy au bureaux des finances de la generalité de Limoges, y demeurant en sa maison scise rue Manigne, paroisse de Saint-Pierre du Queyroix, je me suis porté expres au domicille du sieur Nicot, prevost consul de la ville de Limoges, en sa maison scize rue pres l'Eglise de Saint-Martial, icelle paroisse de Saint-Michel, ou estant et parlant a sa personne, je luy ay leu et dhuement signiffié l'ordonnance de nos seigneurs les presidents tresoriers generaux de France dudit bureau des finances de Limoges, rendu le septiesme du present mois de may a l'encontre des consuls de la ville de Limoges, avec injonction audit sieur Nicot de le faire scavoir aux autres consuls ses collegues, tous lesquels j'ay sommé qu'ils ayent a obeir a ladite ordonnance: et, afin que ledit sieur Nicot et ses collegues n'en ignorent, j'ay audit sieur Nicot, en parlant comme dessus, laissé copie au long tant du requisitoire de M^r le Procureur du Roy que de l'ordonnance de nosdits seigneurs du bureau cy dessus datté et du present acte. Fait par moy. *Signé* : Papon.

<small>Signification de la délibération du Bureau des Finances au prévôt-consul.</small>

Contre-signification donnée au procureur du Roi au Bureau des Finances par les consuls qui protestent contre la sommation du Bureau.

Le unsiesme du mois de may 1731, avant mydy, certiffie je, Estienne Dupré, premier huissier audientier receu et immatricullé au greffe de la juridiction consulaire de la ville de Limoges, demeurant place du Palais, paroisse de Saint Michel des Lions, qu'a la requeste de M^{rs} les prevost, consuls de la ville de Limoges en charge, qui ont eslus pour domicille l'hostel commun de la ville de Limoges, rue du Consulat, paroisse de Saint Pierre du Queyroix, m'estre *(sic)* porté par devant et au domicille de Mr Me Pierre Faulte, procureur du Roy au bureaux des finances de la generalité de Limoges, rue Manigne, susdite paroisse de Saint Pierre, — ou estant et parlant a sa personne, je luy ay dit et declaré que, de l'ordonnance rendue par le bureau et sur le requis dudit sieur Faulte, le septiesme may, presentement signifié par acte du jour d'hiers a Mr Nicot, l'un des requerants, par Papon, huissier, les requerants en sont apellants et apellent par le present acte, comme rendue par juges inconpetens et par entreprise aux usages et coustumes de ladite ville de Limoges, suivant lesquelles les requerants sont en droit de faire tous proces verbeaux le cas arrivant des portes de ladite ville, comme ils ont fait a celle de Monmaillier et auparavant que le bureau s'y soit porté, et cy devant de la cheute de la couverture de la porte Manigne arrivée despuis les dix années dernieres et des portes de fert en *(sic)* grille, insin qu'il se justiffie par les deliberations et proces verbeaux qui en sont inserrés sur les registres de l'hostel de ville, sans que le bureau se soit avisé de former aucune oposition ny se soit porté pour en dresser aucun verbal. Les motifs de la dite ordonnance fondés sur l'arrest du conseil du 3 decembre 1693, estably d'autant plus l'incompetence du bureaux qu'ils voudroint soumettre a leurs juridiction les requerants en les rendants leurs comptables, qui ne le sont qu'au Roy et a M^{rs} les intendants : protestant au surplus les requerents de tout ce qu'ils peuvent et doibvent protester avec tous depens, domages et interets. Fait et delaissé copie au domicille dudit sieur Faulte, en parlant a sa personne, aux injonction de le faire scavoir a M^{rs} les officiers ordonnateurs. Et ont les requerants signé tant a l'original qu'a la copie. Fait par moy.

Signé : Nicot, prevost consul ; Martiallot du Puymathieu, consul ; Ruaud du Chalard, consul ; De Favard, consul ; Ardant, consul ; Dupré, huissier. Et controllé par Baresges, le 11 may 1731.

A Monseigneur l'Intandant en la generalité du Limouzins, a Limoges, suplie humblement Joseph Guerins, bourgois et marchand de cette ville, disant qu'il est chargé de l'employ d'esconome de l'hospital general de cette ville suivant ses provisions du 18 janvier 1729, enregistrées au senechal de cette ville, et qu'il exerce avec assiduité; au moyens desquelles, suivant les lettres patantes de Sa Majesté de l'année 1683, accordées audit hospital de Limoges, il se trouve exemps de toutes tutteles, curatelle, garde aux portes et generallement de toutes charges publiques de quelque calité qu'elles soint, quoyque non exprimées et specifiées ; neanmoins M^{rs} les consuls de cette ville ne laissent pas de donner des gens de guerre au supliant, quoyque ses predecesseurs en ayent esté examps et que cela soit la volonté de Sa Majesté ; ce qui fait que le supliant a recour a vostre authorité et justice affin que, ce consideré, Monseigneur, il vous plaise de vos graces, veu l'acte de nomination du supliant en la charge d'esconome de l'hospital general de cette ville et lettres patantes de Sa Majesté, faire deffences aux sieurs consuls de cette ville de l'année presente et autres années advenir, de donner au supliant aucun logement de gens de guerre, tant et si longtemps qu'il exersera ladite commission d'esconome de l'hospital, et le supliant priera Dieu pour la santé et prosperité de Vostre Grandeur. — Soit la presente communiquée aux consuls de la ville de Limoges pour, leurs responce veue, estre par nous ordonné ce qu'il apartiendra. Fait a Limoges le 13 may 1730. *Signé* : BOUCHER D'ORSAY.

Requête de l'économe de l'hôpital pour être exempté du logement militaire.

Les prevost, consuls de la ville de Limoges, qui ont pris communication de la requeste du sieur Guerin et de l'ordonnance de soit a eux communiqué de Monseigneur l'Intandant, n'enpeschent que le sieur Guerin jouisse des privilaiges a luy atribués en sa qualité d'esconome de l'hospital general de cette ville de Limoges, mesme de logement de gens de guerre si le cas y eschoit ; mais comme cette immunité n'est pas nommement portée par les lettres patantes de Sa Majesté qui atribue lesdits privilaiges, ils suplient tres humblement Monseigneur l'Intandant d'y avoir esgard, s'en remetant au surplus a ce qu'il luy plaira d'ordonner. Fait dans l'hostel de ville de Limoges, le quinziesme may 1731 (1).

Avis favorable des consuls.

Signé : ARDANT, prevost consul ; D'ARSONVAL, consul ; RUAUD DU CHALARD, consul ; GRELLET, consul.

(1) Cette date est évidemment inexacte puisque l'ordonnance de l'Intendant est de décembre 1730, et que ce millésime est corroboré par celui de la déclaration qui suit.

Ordonnance conforme de l'Intendant.

Veu la presente requeste et l'ordonnance de soit communiqué de Mr d'Orsay aux sieurs consuls de cette ville et leurs responce, ensemble l'acte de nomination faite du supliant pour esconome de l'hospital general, et les lettres patantes du Roy pour l'establissement de l'hospital, qui accorde aux administrateurs et autres officiers l'exemption de toutes charges publiques, nous ordonnons que le supliant jouira des exemptions de logement de gens de guerre tant et si longuement qu'il exersera les fonctions d'esconome de l'hospital general de Limoges. Fait a Limoges, le 1er decembre 1730.

Signé : AUBERT DE TOURNY, *et plus bas :* par Monseigneur, DUPIN.

Je declare avoir retiré l'original de la requette et ordonnanse cy dessus pour la remetre quand besoin serat. Fait a Limoges, ce 18e juillet 1731. J. GUERIN fils.

Réparations aux portes et tours Assemblée de ville.

Aujourd'huy, dixiesme aoust mil sept cents trant'un, dans l'hostel commun de la ville de Limoges, ou estoint assamblés Messieurs le lieutenent general et en cette qualité y president, les prevost, consuls en charge la presente année et autres principaux habitans de ladite ville, s'est presenté le procureur du Roy, qui a dit qu'il est obligé, pour remplir les devoirs de son ministaire, d'exposer dans cette assamblée dhuement convoquée avec permission de Monsieur l'Intandant, qu'il est inportant de deliberer sur les moyens les plus convenables pour enpescher la ruine totalle des quatre portes de cette ville en les faisant incessament reparer. Il croit devoir exposer dans cette assamblée qu'il seroit a propos de suplier Monseigneur l'Intandant de vouloir, par son authorité et son attachement aux interest de cette ville, de donner les ordres necessaires pour y parvenir ; qu'il seroit a propos pareillement luy remontrer que l'on pouroit employer a ces reparations urgentes les fonds qui sont entre les mains du sieur Thevenin, provenent de la vente de l'emplacement des cazernes, capiteaux et interest, ensemble les fonds qui pouroit estre entre les mains de ceux qui ont geré les octrois et deniers patrimoniaux et autres affaires apartenant a la ville. Il sera encore suplié de permettre de vendre au plus offrant et dernier encherisseurs les grilles de fert qui estoint au portes et qui ont estées ostées et remises dans l'hostel de ville par ordre de Monsieur d'Orsay, suivant le proces verbal du dix neuf juillet mil sept cents trante (1), permettre au sieurs consuls, du consentement des principaux habitans icy present, de faire desmolir jusque au niveau de la hauteur des murs, certaines tours qui se destruisent d'elles mesme, pour [applique] l'argent en provenent de la vente des materiaux aux reparations et enbelissement desdites quatre portes, et mesme pour l'embelissement permettre aux sieurs consuls de faire desmolir les avant portes qui menassent de ruine et enployer aussy les materiaux aux reparations et enbelissement desdites portes, en ce qu'il ne sera porté aucun prejudice a ceux qui ont des maisons dans les entredeux des portes. A ces fins, requiert qu'il soit deliberé sur son exposé, et la deliberation faite estre portée a Monsieur de Tourny, intandant en cette generalité, par les sieurs consuls, qui le suplieront de vouloir l'agreer et l'authoriser.

ROMANET, procureur du Roy.

Et apres que lecture a esté faite dudit exposé et requisitoire du procureur du Roy, les habitans icy assemblés ont unanimement deliberé entr'eux et convenu qu'il est a propos que les fonds provenant de la vente de l'emplacement des cazernes (2), tant en capital qu'interest, seront employés, sous le bon plaisir de Monsieur de Tourny, aux reparations des quatre portes de la ville, mesme qu'il soit permis aux sieurs consuls de vendre au plus offrant et dernier encherisseur les herses desdites portes qui ont esté remises a l'hostel de ville par l'ordre de M^r d'Orsay, mesme et permettre que les tours des murailles seront desmolies jusque au nivaux du rempard, et l'argent provenant de la vente des materiaux estre employé aux reparations desdites portes ; a ces fins, que Mr de Tourny sera tres humblement prié de vouloir authoriser la presente deliberation.

> RUAUD DU CHALARD, prevost consul; ARDANT, consul ; NICOT, consul; F. MARCIALOT DU PUYMATHIEU, consul; DE FAVARD, consul ; PEYROCHE, juge consul; GRELLET, juge de Bource; ARDILIER l'ayné; G. MARTIN; ROULHAC DE ROULHAC; CHABROL; PIGNÉ, en ce que les fonds de Mr Thevenin demeureront entre ses mains. ROULHAC DE TRACHAUSSADE, sans approuver que l'on retire les fonds du sieur Thevenin; G. LAFOSSE; J. GUERIN; ROMANET; BOYSSE; BAILLOT; DELAUZE.

(1) Voir ci-dessus. p 362.
(2) L'adjudication avait eu lieu devant l'Intendant, le 10 mai 1729. Le terrain fut vendu mille livres et les matériaux quatorze cents.

Nous avons donné acte de l'exposé cy dessus, conclusion du procureur du Roy et presente deliberation, laquelle sera presenté par MM. les prevost, consuls, a Mʳ de Tourny, intandant de cette generalité, pour vouloir bien icelle agreer. A Limoges, dans la chambre commune de l'hostel de ville, ladit jour, dixiesme aout mil sept cents trant'un. — Controllé le 11 aoust par Baresges.

ROMANET, DES ESSARTS.

Veu *signé* : AUBERT DE TOURNY.

Eslection et nominations de MM. les Consuls, faite dans la grand salle de l'hotel de ville de Limoges, le septiesme dexembre mil sept cents trant'un, par MM. les prudhommes nommés par MM. les consuls en charge, en la maniere accoustumée, en presence desdits sieurs consuls et du consentement du procureur du Roy, y president Mʳ Mʳᵉ Pierre Jean Rogier, lieutenant general en la seneschaussée de Limoges, president dudit hostel de ville, et ce pour l'année 1732 :

Mʳ Mʳᵉ (1) Labiche, escuyer, seigneur de Reignefort, advocat du Roy au bureau des finances ;
Mʳ Hanry Lafosse, bourgeois ;
Mʳ Leonard Navieres, bourgeois et marchand.

> NICOT, prevost consul ; SEGUE DE BUXEROLLE, consul ; F. MARCIALOT DU PUYMATHIEU, consul ; RUAUD DU CHALARD, consul ; FAVARD DES MOULINS, consul ; ARDANT, consul.

Le procureur du Roy requiert qu'il soit donné acte de la nomination presentement faite des personnes de Mʳ Mʳᵉ (2) Labiche, escuyer, seigneur de Reignefort, advocat du Roy au bureau des finances ; — Mʳ Hanry Lafosse, bourgeois, et Mʳ Leonard Navieres, bourgeois et marchand.

ROMANET, procureur du Roy.

(1) Le prénom est resté en blanc.
(2) *Id.*

En consequence, requiert qu'ils soint apellés pour prester le serment, comme aussy du (*sic*) pouvoir a eux donné par les habitans de toucher les sommes qui seront dhues a la ville, comprises dans l'estat du Roy, pour les années mil sept cents trante et suivantes.

ROMANET, procureur du Roy.

Nous, faisant droit du requisitoire du procureur du Roy, avons donné acte de la nomination presentement faite des personnes de Mr Mre Labiche, escuyer, seigneur de Reignefort, advocat du Roy au bureaux des finances; Mr Hanry Lafosse, bourgeois, et Monsieur Leonard Navieres, bourgeois et marchand, pour consuls, pour l'année 1732. En consequence, ordonnons qu'ils se presenteront pour prester le serment au cas requis, et avons donné acte du pouvoir qui leurs a esté donné de toncher les sommes qui seront dhues a la ville sur l'estat du Roy, pour les années mil sept cents trante et suivantes.

ROGIER DES ESSARTS, lieutenant general, president dudit hotel de ville.

Aujourd'huy, septiesme dexembre mil sept cents trante uns, dans la salle de l'hostel de ville de Limoges, ou estoint assemblés Messieurs le lieutenant general, president dudit hostel de ville, le procureur du Roy et Messieurs les prevost, consuls, pour proceder a la nomination de la personne du Reverend Pere Lamy, gardien des Cordeliers de Sainte-Fois, pour prescher les Advants et Caresme des années mil sept cents trante deux et mil sept cents trante trois, et a cet effet, qu'il luy en sera incessamment donné advis, sans qu'il en puisse estre donné d'autre a sa place; et a son deffaut, la nomination en sera faite par le corps consulaire. Fait ledit jour, mois et an que dessus.

Désignation d'un prédicateur pour 1732-1733.

NAVIERES DU TREUIL, consul; LAFOSSE, conssul; F. MARCIALOT DU PUYMATHIEU, prevost consul; FAVARD DES MOULINS, consul; NICOT, consul.

Aujourdhuy, septiesme decembre mil sept cents trant'un, dans l'hostel commun de la ville de Limoges, ou estoint assemblés M^{rs} le lieutenent general, procureur du Roy, et prevost, consuls, avec les habitans de ladite ville, au nombre de soixante, nommés

Protestation contre l'élection de M. Labiche de Reignefort.

et choisis pour proceder a l'eslection de trois nouveaux consuls, conformement a l'arest du Conseil du treize aoust mil six cents cinquante neuf (1), servant de reglement pour l'eslection de six consuls, par lequel Sa Majesté laisse aux habitans la liberté de choisir tels officiers qu'ils jugeront a propos, soit de justice, soit de finance; et comme, par le choix desdits prudhommes, le sieur Labiche de Reignefort, advocat du Roy au bureaux des finances, a esté nommé, a la pluralité de quarante huit voix, premier consul pour l'année mil sept cents trante deux, on luy auroit envoyé deux capitaines de l'hostel de ville pour lui notiffier son eslection et le sommer de se rendre audit hostel de ville pour acepter le consulat et prester le serment au cas requis; lesquels capitaines nous auroint raporté n'avoir poin trouvé ledit sieur de Reignefort ches luy, mais seullement la dame de Reignefort et le sieur Benoist de Lostande, tresorier de France au bureaux des finances, lesquels auroint respondu que le sieur de Reignefort estoit examps par sa qualité d'advocat du Roy au bureaux, et qu'il se pourvoyroit contre ladite eslection. Et comme une pareille responce doibt estre regardée comme une rebellions aux ordres de Sa Majesté, contenue en l'arest de reglement rendu en contradictoires deffences (?) entre les habitans de ladite ville, et notamment avec le sieur Pierre Dalesme, tresorier de France et consul, nous avons du tout fait et dressé le present proces verbal pour servir et valloir que de raisons, aux protestations de nous pourvoir insin qu'il apartiendra.

    Rogier des Essarts; Romanet, procureur du Roy; F. Marcialot du Puymathieu, prevost consul; Favard des Moulins (2), consul; Nicot, consul; Ruaud du Chalard, consul; Ardant, consul; Lafosse, consul; Segue de Buxerolle, consul (3).

(1) Voir tome III (second registre) page 391.

(2) On voit que pendant la durée de son consulat, M de Favard n'a pas modifié moins de deux fois sa signature; on l'a vu signer successivement: *de Favard, de Favard des Moulins* et *Favard des Moulins*.

(3) Une ordonnance de l'intendant, du 17 décembre 1731, renouvelle la défense faite aux aubergistes, cabaretiers, revendeurs et autres, d'aller au-devant des personnes qui apportent des denrées au marché et de leur acheter leurs provisions partout ailleurs que dans les endroits à ce destinés, c'est-à-dire au Gras et à la place des Bancs. L'intendant interdit la vente de la volaille et du gibier à la « Porte Poulaillère ». Ordre est donné à tous aubergistes, cabaretiers et rôtisseurs d'avoir une enseigne et de se faire inscrire chez le commissaire de police du quartier. Les revendeurs doivent aussi se faire inscrire chez le commissaire. Ils ne peuvent acheter au marché avant dix heures en hiver et neuf heures en été.

A cette époque, il y a huit commissaires de police à Limoges, un par quartier. Ce sont d'honorables citoyens de la ville, exerçant gratuitement leurs fonctions et désignés, à ce qu'il semble, par le lieutenant de police Voici les noms de ces *quarteniers* : Froment, marchand (quartier du Consulat). Pouyat, marchand drapier (Manigne et faubourg); Joseph Durand et

— 387 —

Aujourd'huy, le quinsiesme mars mille sept cent trente deux, a esté procedé a l'eslection d'un consul en la maniere accoustumée, dans l'hostel de ville, par soixantes prudhommes, au lieu et place du sieur Labiche de Regnefort, qui avoit esté nommé le 7ᵉ decembre dernier ; lequel a esté deschargé par arest du conseil du Roy, donné a Marly, le 26ᵉ feuvrier dernier, dhuement signifié au greffe de l'hostel de ville, le 13ᵉ du courant. Et a la pluralité des voix, le sieur Guillaume Gregoire Roulhiac de Boisseuil, advocat en parlement, [a été élu] pour remplir la place du sieur Labiche.

Élection d'un consul pour remplacer M. Labiche de Reignefort dont la nomination a été annulée.

ROGIER DES ESSARTS, lieutenant general, president dudit hostel de ville ; ROMANET, procureur du Roy ; LAFOSSE, prevost consul ; F. MARCIALOT DU PUYMATHIEU, consul; FAVARD DES MOULINS, consul; NAVIERES DU TREUIL, consul; NICOT, consul.

Aujourd'huy, troisiesme juillet 1732, a esté signifié un arrest d'omologation de la cour du Parlement de Bourdeaux, d'un contrat de transaction passé entre Mʳ Jean Farne, bachellier en theologie, promoteur metropolitain au present diocese, prestre, curé de Saint Paul Saint Lorans d'une part, et Mʳᵉ Gregoire Dumas, docteur en theologie, prestre, curé de Saint Maurice de la Cyté de cette ville, par lequel il paroist que la maison du sieur Jean Muret, bourgois et marchand tinturier de la ville de Limoges, est scituée dans le destroit de la paroisse Saint Paul Saint Lorans (1), non comprise au roolle des tailles de la present ville ; duquel arrest d'omologation et de ladite transaction a esté laissé copie : le tout signifié au sieur Paillier, receveur et secretaire de l'hostel de ville, par Avril, huissier, attaché au present registre.

Homologation d'une transaction entre les curés de deux paroisses.

Coulomb fils, marchand (les Bancs) ; Petiniaud, marchand (Ferrerie et les Arènes) ; Rouard de la Boissarde (les Combes et Montmailler) ; Nicot, marchand (le Clocher) ; Mallevergne fils (Boucherie et faubourg) ; Martin, marchand (Lansecot et les Boucheries). — La Cité avait ses commissaires spéciaux : pour la Haute-Cité, le sieur Petit, et pour la Basse-Cité : les sieurs Faudr:, pour le Pont Saint-Martial, et Vergnole, pour le Pont Saint-Etienne.

Il résulte d'une autre pièce des Archives de la Haute-Vienne (C, 53), qu'en 1732 il y avait seulement deux commissaires de police dans la Cité : tous deux étaient à la nomination de l'Evêque, qui garda, jusqu'en 1789, la juridiction de police exclusive dans la Cité et partie tout au moins du Pont Saint-Martial.

(1) On rencontre quelques actes de ce genre, notamment une transaction entre le curé de Saint-Pierre et celui de Saint-Michel au sujet de l'ancien bâtiment de la halle aux grains, à *La Cloutre*, acheté en 1774 par M. Romanet.

Copie de la lettre escritte a M^{rs} *les consuls de Limoges,*
par Monsieur le comte de Saint-Florentin

De Fontenebleau, le 31° octobre 1732.

<small>Enregistrement a l'hôtel de ville des provisions du nouveau lieutenant du Roi.</small>

Messieurs, j'ay receu vostre lettre du 24° du mois dernier sur les raisons qui vous ont empeché d'enregistrer les provisions de Monsieur Dudognon. Le deffaut d'une adresse de ses lettres a l'hotel de ville n'est pas valable, puisque jamais cela ne s'est pratiqué, et qu'il nous suffit qu'elles ayent esté adressée et enregistrée au Parlement. Vostre superieur, les sieurs Roger et Romanet, auroit put se dispenser de signer vostre lettre, puisque ne faisant point corps avec vous, n'ayant pas de voix deliberative a l'hotel de ville et qu'ils (*sic*) n'y vont que recevoir vos sermens (1). Je suis, Messieurs, vostre tres affectionné serviteur. *Signé* : Saint-Florentin.

Aujourdhuy, septiesme jour de novembre mille sept cent trente deux, sur la representation qui nous a esté faitte en qualité de consul prevost de la presente ville, des lettres patentes et provisions de lieutenant du Roy de Haut-Limouzin concedée par Sa Majesté en faveur de Mr Jean Vidaud, comte du Doignon, par Mr Dupeyrat, baron de Touron, aux fins de l'enregistrement d'icelles en l'hotel de cette ville, apres que nous, consuls, assemblés a cet effet, en avons pris la lecture, et icelles veues, avec honneur nous les avons faite enregistrer sur le present registre de l'hotel de ville, tout du long, pour y avoir recours quand besoin sera, ainsi que s'en suit :

<blockquote>
Nicot, prevost consul ; De Favard, consul ; Lafosse, consul ; F. Marcialot du Puymathieu, consul ; Navieres du Treuil, consul ; De Roulhac, consul.
</blockquote>

<small>Provisions royales données à Jean Vidaud nommé lieutenant du Roi pour le Haut-Limousin.</small>

Louis, par la grace de Dieu, Roy de France et de Navarre, a tous ceux que ces presentes verront, sçalut. Apres les services que nous a rendus nostre cher et bien amé le sieur Jean Vidaud, compte du Douignon, barron Duris (*sic*), chevaillier de nostre ordre royal et militaire de Saint Louis, cy devant chambellan de feu nostre tres cher et tres amé oncle, le duc de Berry, non seullement en qualité de nostre lieutenant en nostre gouvernement de

---

(1) Ce n'est pas tout à fait ce qui se passait. Nous avons vu le lieutenant général remplir en réalité les fonctions de maire et présider constamment les réunions des consuls comme les assemblées de ville.

Flandre ou du departement de Bergue, mais encorre en qualité de mestre de camp d'infanterie, de brigadier de nos armées, nous avons cru devoir luy donner nostre agreement pour la charge de nostre lieutenent au departement de Haut Limousin et despendence creée par esdit du mois de feuvrier et avril seise cents nonante deux, persuadés que nous sommes qu'il ne laissera rien a desirer dans la charges de la vigilence et du zelle que demandent les fonctions qui y sont attachées et qui l'ont distingué dans toutes les occasions qu'il a eû de signaller sa valeur et son attachement a nostre service; a ces causes et pour autres considerations, nous avons audit sieur Jean Vidaud, compte du Dugnon, donné et octroyé, donnons et octroyons par ces presentes, signées de nostre main, la charge de nostre lieutenant establie au departement du Haut Limousin, creé par les esdits du mois de feuvrier et avril 1692 et levée en nostre revenu cazuelle six mars 1719, par le sieur François Joseph Beaupoil de Saint Aulaire, qui en a obtenu nos lettres de provision et qui despuis l'a remise en nos mains, en consequence de l'arrest de nostre Conseil du sept septambre 1728, pour en disposer par nous comme avant qu'elle eut esté levée a nostre revenu cazuel, pour ladite charge avoir, tenir et exerser, en jouir et uzer par ledit sieur Vidaud, comte du Dognon, a tittre de survivence, sans inconpatibilité d'autres charges, et aux honneurs, authorités, prerogatives, preeminances, reng, sceance, preseance, franchises, libertés, y apartenentes, tittres, et tout insin qu'en jouissent et doibvent jouir les autres pourveus de pareille charge, avec plain pouvoir de representer nostre personne et commander sous nostre authorité dans toute ladite ville et lieux dudit departement en l'absence du gouverneur en chef et de nostre lieutenent general en nostre province, contenir nos subjests en la fidelité et obeissance qu'ils nous doibvent, passifier et faire cesser tout debast et querelles qui pouroint survenir entre eux, faire punir par nos jugés ceux qui s'en trouveront coupables, comme aussy ceux qui contreviendront a nostre ordonnance; icelle faire garder et observer inviolablement, convoquer toutes fois que besoin sera le (sic) gens d'esglise, la noblesse, maire, eschevin et habitans de ville pour leurs faire entendre et ordonner ce qu'ils auront a faire pour le bien de nostre service; enpescher qu'il ne se fasse aucune levée de troupes sans nostre commission, signée de l'un de nos secretaires d'Estat et scellés de nostre grand sceaux; commander aux gens de guerre tant de pied que de cheval qui sont ou seront en garnison; ordonner de la garde et conservation des places du gouverneur en chef et de nostre lieutenant general, insin .(?) que nous pourions faire si nous y estions en personne, et aux gages et apointemens dont sera fait fond (?) dans nostre estat; le tout insin qu'il est plus au long porté par l'edit du mois de feuvrier et avril 1692, et par les declaration et arrest rendus en consequence. Cy donnons en mandement a nos amés et feaux conseillers les gens tenent nostre cour de Parlement a Bourdeaux, que ledit sieur Vidaud, comte du Dognon, duquel nous nous sommes reservés de prendre et recevoir en nos mains le serment en ce cas requis et accoutumé, ils fassent jouir et user de ladite charge plainement et paisiblement, aux honneurs, authorités, prerogatives, preeminence, reng, sceance, preseance, gages, apointements, profis, revenus, emoluments susdits et y apartenent, et luy fassent obeir et entendre a tous ceux qu'il apartiendra des chauses consernent ladite charge; mandons en outre a nos amés et feaux les presidents tresoriers de France et generaux de nos finances a Limoges, que par les tresoriers, receveurs, payeurs et autres comptables qu'il apartiendra, et de ce faire au destinés, ils fassent payer et delivrer comptant audit sieur Vidaud, compte du Dognon, d'ores en avant par chacun an, aux termes et en la maniere accoustumée, les gages, apointements et droits apartenent a ladite charge, a commencer du jour et dattes des presentes, raportant lesquelles ou copies d'icelles dhuement collationnées pour une fois seullement avec quittances de luy sufisentes, nous voulons lesdits gages, apointements et drois estre passés et alloués en la despence des comptes desdits tresoriers, receveurs, payeurs et autres comptables qui auront fait le payement, par nos amez et feaux les conseillers, les gens de nos Comptes a Paris, auxquels mandons insin ce faire sans difficulté; car tel est nostre plaisir. En tesmoin de quoy nous avons fait mettre nostre scel a ces presentes. Donné a Versaille, le quinse jour d'octobre, l'an de grace mil sept cents trante un et de nostre regne le dix septiesme. *Signé* : Louis. Par le Roy : PHILIPPEAUX.

Certificat de prestation de serment.
Aujourd'huy, vingt du mois d'octobre 1731, le Roy estant a Versaille, le sieur Jean Vidaud, compte du Dognon, denommé aux presentes, a presté entre les mains de Sa Majesté le serment qu'il estoit tenu de luy faire pour la charge de son lieutenant au departement du Haut-Limousin, dont elle l'a pourveu par ces presentes. Moy, conseiller secretaire d'estat .... (1) et finances, present. *Signé* : PHELIPPEAUX.

Mention de divers enregistrements.
Le premier decembre 1731, en consequence de l'arrest de ce jourd'huy, ces presentes ont estées enregistrées es registres de la

(1) Quelques abréviations. Probablement : *Maison, Couronne de France*, etc.

Cour pour y avoir recour quand besoin sera. Fait a Bourdeaux, au greffe de ladite Cour. *Signé :* (1) et collationné le 8 decembre.

Aujourd'huy, segond jour du mois de novembre 1731, ces lettres de provision ont esté enregistrées es registres du greffe du bureaux des finances de la generalité de Limoges, sur le requis du procureur du Roy, de son consentement, suivant l'ordonnance dudit bureaux de ce jourd'huy, pour jouir par ledit sieur Jean Vidaud, compte du Doignon, cy denommé, de l'estat et contenu en icelles, ensemble des gages, apointements et droits y attachés. Ledit jour, mois et an susdit. *Signé* : Dacher.

Aujourd'huy (2), huitiesme novembre mil sept cent trente deux, nous, Jean Pierre Rogier des Essarts, conseiller du Roy, lieutenent general civil en la seneschaussée et siege presidial de Limoges, et en cette qualité president audit hotel de ville, et Martial Romanet de la Briderie, conseiller et procureur du Roy audit siege, et en cette qualité procureur du Roy audit hotel de ville, estant informés que Mre Jean Vidaud, comte du Dognon, ayant esté pourveû par Sa Majesté de la charge de lieutenant du Roy dans la province du Haut-Limosin, avoit fait presenter le jour d'hier sesdites provisions a MM. les consuls, avec requisition de les enregistrer, ce que lesdits sieurs consuls auroient fait, — nous nous serions transportés audit hotel de ville, ou etant arrivés, nous aurions fait rencontre de Mª Hyacinte Paillier, secretaire dudit hotel de ville, lequel, sur la requisition que nous luy aurions faitte, nous auroit representé un gros livre servant de registre, dans lequel sont incerés touts les actes concernant la ville, et ou nous avons trouvé ledit enregistrement en ces termes : « Aujourdhuy,
» septieme jour du mois de novembre mil sept cent trente deux,
» sur la representation qui nous a esté faitte en qualité de consul,
» — prevost de la present ville, des lettres pattentes et provisions
» de lieutenant du Roy du Haut-Limosin, concedées par Sa Majesté
» en faveur de Mr du Dognon, par Mr Dupeyrat, baron de Touron,
» aux fins de l'enregistrement d'icelles. Apres que nous, consuls,
» assemblés a cet effet, en avons pris lecture et icelles receues avec
» honneur, nous les avons faittes enregistrer sur le present
» registre de l'hotel de ville tout du long, pour y avoir recours
» quand besoin sera, ainsy qu'il s'en suit.

» *Signé* : Nicot, prevost consul; Martiallot du Puymathieu,
» consul; de Rouilhac, consul; Lafosse, consul;
» Navierres, consul. »

Protestation du lieutenant général et du procureur du roi.

---

(1) Le nom en blanc.
(2) Toute cette protestation et la remontrance qui suit sont de la main de M Rogier des Essarts.

— 392 —

Et comme ledit enregistrement est contraire aux ordonnances tant anciennes que nouvelles, arrets et reglements, qui font deffances aux consuls de faire aucunes assamblées ny deliberations sans que le principal officier et procureur du Roy y soient appellés pour requerir et ordonner, lesdits sieurs consuls n'ayant aucune jurisdiction, qualité, ny caractere pour pareille chose, nous declarons protester comme nous protestons contre ledit enregistrement comme nul et non advenu, et contraire aux prerogatives de nos charges et aux anciens usages, comme il est justiffié par les registres : protestant au surplus de nous pourvoir par devant les juges a qui la connoissance en appartiendra, et contre qui nous aviserons bon estre.

ROGIER DES ESSARTS, lieutenant general, president de l'hotel de ville ; ROMANET, procureur du Roy.

Remontrance du procureur du Roi au sujet de l'enregistrement ci-dessus et du projet d'entrée solennelle du nouveau lieutenant du Roi.

Aujourd'huy, unzieme jour du mois de novembre mil sept cent trente deux, dans l'hotel de ville de Limoges, ou estoient assamblez Messieurs le lieutenant general, president dudit hotel de ville, les prevot et consuls, a l'exception des sieurs Martiallot du Puymathieu et Favard,

Le procureur du Roy est entré et a dit : « Vous avez peû, Messieurs, vous appercevoir de notre surprise par les protestations que nous avons esté obligés d'inserer, Monsieur le lieutenant general [et moi], sur les registres de l'hotel de ville, contre la forme de l'enregistrement que vous avés fait, de votre authorité, des provisions de lieutenant du Roy du Haut-Limosin, accordées par Sa Majesté a M. du Dognon, sans que nous ayons esté entendus, et que M. le lieutenant general aye ordonné. Vous ne pouviés pas ignorer les ordonnances et arrests de reglement qui vous deffandent de faire aucune assamblée ny deliberation sans que les sieurs lieutenant general et procureur du Roy ne soient appellés, l'usage etably sur vos registres ne vous permettoient pas d'ignorer vos obligations : les provisions des gouverneurs de cette ville, grand seneschal et autres, ayant toujours esté enregistrées sur les conclusions du procureur du Roy, de l'ordonnance du lieutenant general, en presence des consuls.

» Nous ne sommes pas moins surpris, Messieurs, d'apprendre par le publicq que vous adherés a la demande de M. du Dognon, et que vous voullés entreprendre de faire mettre les habitants sous les armes, pour luy faire une entrée qui n'est deuë qu'aux gouverneurs de la province, au lieutenant general pour le Roy dans la province, aux eveques et aux intendants, comm' il s'est toujours pratiqué, estant sans exemple qu'on aye fait mettre les habittants sous les armes dans cette ville, ny dans aucune ville de la generalité, pour faire une entrée a ceux qui ont esté pourveûs et le sont actuellement de la meme charge que M. du Dognon. C'est ce qui oblige le procureur du Roy de demander que les usages soient observés et qu'il soit surcis a toutte entreprise de nouveauté jusqu'a ce qu'il aye plû a Sa Majesté d'en ordonner; qu'a ces fins, les consuls, le colonel et autres officiers de bourgeoisie, avant de passer plus avant ny donner aucuns ordres, communiqueront le tout a M. le Marquis des Cars, lieutenant general pour le Roy dans la province, et a M. l'intendant, l'un et l'autre estant dans la province, puisque, aux termes meme des provisions de M. du Dognon, il ne peut rien ordonner qu'en l'absence de M. le lieutenant general pour le Roy, qui est dans son chateau des Cars, a quatre lieux de Limoges.

» Le procureur du Roy, au surplus, ne pretend en rien s'opposer a ce que touts les devoirs et honneurs qui seront deus a M. du Dognon, en qualité de lieutenant du Roy, ne luy soient rendus, mais uniquement qu'il soit fait aucune innovation contre l'authorité du Roy, la subordination et l'interest publicq ; qu'a ces fins, lesdits sieurs consuls prieront M. du Dognon de s'en tenir aux usages, aux memes honneurs qui ont esté rendus et sont rendus partout a ceux qui ont occupé et occupe les memes charges. »

» ROMANET, qui a laissé le present exposé en forme entre les mains du greffier et s'est retiré. »

Nous, lieutenant general susdit, en presence des sieurs prevost et consuls, avons donné acte de l'exposé et requisitoire cy-dessus du procureur du Roy. En consequence, ordonnons qu'il sera communiqué à M. du Dognon par le ministaire desdits sieurs consuls, et parellement sera communiqué par le secretaire de l'hostel de ville tant au colonel qu'au major de la bourgeoisie, affin qu'ils n'en pretende cause d'ignorence et ayent a s'y conformer. Fait a Limoges, dans l'hostel de ville, ce unsiesme novembre 1732. Lesdits sieurs consuls presents n'ayant voulu signer.

  ROGIER DES ESSARTS, lieutenant general, president de
   l'hotel de ville.

Copie (1) de la lettre escrite a Monsieur le lieutenant general par M. le Marquis d'Escars, lieutenant general pour le Roy dans la province.

<small>Lettre du lieutenant général au gouvernement au sujet de l'entrée de M. Vidaud</small>

Je vous suis tres obligé, Monsieur, de votre attention a m'apprendre ce qui se passe dans la ville de Limoges, pour ce qui est de l'entrée que Monsieur du Dognon demande. Je ne sçay point si elle luy est deüë; c'est a vous, Monsieur, a vous informer des usages, et de ce qui se pratique en pareilles occasions; mais je sçay bien que, moy dans le gouvernement, personne n'est en droit d'y donner des ordres, et que la bourgeoisie ne doit prendre les armes que sur les miens. Je vous remercie de l'interest que vous voullés bien prendre a ce qui me regarde : j'en ay toutte la reconnaissance possible, et je suis tres parfaitement, Monsieur, votre tres humble et tres obeissant serviteur. *Signé* : d'ESCARS. Ce unze novembre 1732.
— A Monsieur, Monsieur Rogier, lieutenant general en la seneschaussée et siege presidial de Limoges.

Aujourd'huy, douze novembre 1732, la lettre cy-dessus a esté leuë dans l'hotel de ville en presence des sieurs consuls et du colonel, major et aide-major de la bourgeoisie, affin qu'ils n'en pretendent cause d'ignorance.

ROGIER DES ESSARTS.

Eslection et nomination de Messieurs les Consuls, faite dans la grand salle de l'hostel de ville de Limoges, ce septiesme decembre mil sept cent trante deux, par Messieurs les prudhommes nommés par Messieurs les consuls en charge, en la maniere accoustumée, en presence desdits sieurs consuls et du consentement du procureur du Roy, y president Mr Mre Pierre Jean Rogier, lieutenant general en la seneschaussée et siege presidial dudit Limoges et president dudit hostel de ville, et ce pour l'année 1733.

Mr Mre Iriex Lafont, sieur du Queyroir, president de l'Eslection ;

---

(1) Cette copie est encore de la main du lieutenant général.

Mr Mre Jacque Juge, advocat en la Cour ;
Mr François Martin, bourgeois et marchand.

> Roulhac, prevost consul ; Lafosse, consul ; Naviere du Treuil, consul ; F. Marcialot du Puymathieu, consul ; Favard des Moulins, consul ; Nicot, consul.

Le procureur du Roy requiert qu'il soit donné acte de la nomination presentement faite des personnes de Mr Mre Iryeyx Lafont, sieur du Queyroir, president en l'Election ; Mr Mre Juge, advocat en la Cour, et Mr François Martin, bourgeois et marchand.

En consequence, requiert qu'ils soint appellés pour prester le serment comme aussy du pouvoir *(sic)* a eux donné par les habitants de toucher les sommes qui seront dhues a la ville, comprises dans l'estat du Roy pour les années   (1) et suivantes.

Romanet, procureur du Roy.

Nous, faisans droit du requisitoire du procureur du Roy, avons donné acte de la nomination presentement faite des personnes de Mr Mre Irieyx Lafont, sieur du Queyroir, president en l'Eslection ; Mr Mre Juge, advocat en parlement, et Mr François Martin, bourgeois et marchand, pour consuls pour l'année 1733. En consequence, ordonnons qu'ils se presenteront pour prester le serment au cas requis, et avons donné acte du pouvoir a eux donné de toucher les sommes qui seront dhues à la ville sur l'estat du Roy (2), et suivantes.

> Rogier des Essarts, lieutenant general, president de l'hotel de ville.

Nomination d'un prédicateur pour 1733-1734.

Aujourd'huy, septiesme decembre mil sept cents trante Jeux, dans la salle de l'hostel de ville de Limoges, ou estoint assemblés Messieurs le lieutenant general, president dudit hostel de ville, et procureur du Roy, et Messieurs les prevost, consuls, pour proceder a la nomination de la personne de François Azemard, religieux jacobins, pour prescher pandant l'Advent et Caresme des années mil sept cents trante trois et mil sept cents trante quatre, et a cet effet qu'il luy sera incessament donné advis, sans qu'il en puisse estre

---

(1) Les chiffres en blanc.
(2) Une demi-ligne a été laissée en blanc au registre.

donné d'autres a sa place; et a son defaut la nomination en sera faite par le corps consulaire. Fait ledit jour, mois et ans que dessus.

DUQUEYROY, consul; ROULHAC, prevost consul; LAFOSSE, consul; JUGE, consul; NAVIERES, consul; F. MARTIN, consul (1).

<small>Ordonnance royale pour la réception du lieutenant du Roi.</small> Aujourdhuy, dix sept novembre mil sept cents trante trois, dans l'hostel de ville de Limoges, s'est présenté Mr Dupeyra, escuyer, barron de Thouron, au nom de Messire Jean Vidaud, escuyer, compte du Dognon, barron du Ris, chevaillier de l'ordre millitaire de Saint-Louis, brigadier des armées du Roy, mestre de camp d'infanterie, commandant pour le Roy a Brest en Bretaigne, lieutenent pour le Roy du Haut-Limousin, lequel nous a représenté une ordonnance du Roy en datte du treise may mil sept cents trante trois, a Versaille, signée LOUIS, et de laquelle il nous a demandé enregistrement insin qu'il suit :

Extrait de l'ordonnance du Roy.

DE PAR LE ROY,

Sa Majesté ayant esté informée de la contestation qui s'est eslevé entre le sieur du Dognon, l'un de ses lieutenents au gouvernement du Limousin, et les officiers du presidial de Limoges, au subjet de la reception dudit sieur du Doignon dans ladite ville, des honneurs qui doibvent alors luy estre rendus par raport a ladite charge et les drois et privilaiges dont il doibt jouir en l'absance du gouverneur et du lieutenent general de la province, et s'estant fait rendre compte des raisons des uns et des autres, — voulant faire cesser lesdites contestations, Sa Majesté a ordonné et ordonne ce qui suit :

<small>(1 Le principal évenement qui signala, à Limoges, l'année 1733, fut l'exécution de quelques *faux saulniers*. — On appelait ainsi les gens qui faisaient la contrebande du sel. — Il y eut aussi, le 6 avril, un commencement d'incendie dans les infirmeries et la chapelle du Refuge. — L'inventaire des Archives hospitalières, dressé par M. A. Leroux, nous apprend qu'à cette époque des filles, atteintes de maladies vénériennes, se trouvaient renfermées dans l'établissement par ordre de l'Intendant. On sait qu'en province les intendants exerçaient à l'égard des femmes de mauvaise vie le pouvoir discrétionnaire qu'avait, à Paris, le lieutenant de police.

Notons que cette année fut le point de départ d'une période des plus difficiles pour les finances de l'hôpital. Les subventions accordées par le gouvernement ayant été supprimées, il fallut renvoyer des pauvres et reduire le personnel payé. Cette année-là et les années suivantes, on prit des mesures pour debarrasser la ville des mendiants étrangers qui pullulaient.</small>

Article premier.

Que, lorsque ledit sieur du Doignon sera arrivé dans la ville de Limoges, il fera scavoir au presidial le jour qu'il souhaiteroit estre installé; que, ce jour-là, les maires et eschevains le viendront prendre en sa maison pour l'accompagner au presidial et le reconduire chez luy apres son installation.

II

Qu'a son passage, en allans au presidial et en revenent chez luy, la millice bourgeoise sera sur les rues en aye, et fera chasque fois une descharge de mousqueterie.

III

Que, ce mesme jour, le presidial et autres corps des Compagnies(?) de ladite ville et des autres de son departement seront tenus et obligés d'envoyer des deputés scaluer et complimenter le sieur du Doignon, et qu'ils se serviront en luy parlant de termes respectueux.

IIII

Que, dans la ville de Limoges et autres de son departement, en l'absence du gouverneur et du lieutenant du Roy de ladite province, ledit sieur du Doignon aura le reng et la presceance au-dessus de ceux desdits corps et compagnies, dans tous les endroits ou ils se trouveront ensemble, mesme dans les chœurs des esglises, indistintement de la ville de Limoges et autres dudit departement.

V

Que les maires et eschevins desdites villes, en l'absence du gouverneur et du lieutenant general, ne pourront faire prendre les armes aux bourgois sous quelque preteste que ce soit sans l'ordre dudit sieur du Dougnon.

Mande et ordonne Sa Majesté aux officiers de presidial, aux corps de villes et a tous les autres corps et compaignies de ladite ville de Limoges et autres dudit departement dudit sieur du Doignon, d'enregistrer la presente ordonnance, de l'observer et de la faire executer; et affin que personne n'en pretende cause d'ignorence, veut et entend qu'elle soit luee, publiée et afichée partout ou besoin sera. Fait a Versaille, le trante may 1733. *Signé* : Louis, *et plus bas* : Philipeaux, et scellé.

> Duqueyroy, consul; Martin, prévost consul; Juge, consul; Navieres, consul; Lafosse, consul.

Eslection et nomination de Messieurs les Consuls, faite dans la grand salle de l'hostel de ville de Limoges, le septiesme decembre mil sept cents trante trois, par Messieurs les prud'hommes nommés par Messieurs les consuls en charge, en la maniere accoustumée, en presence desdits sieurs consuls et du consentement du procureur du Roy : y president Mr Mre Pierre Jean Rogier, lieutenent general en la seneschaussée et siege presidial de Limoges et president dudit hostel de ville, et ce pour l'année 1734.

Mr Oton (1) Gregoire de Benoist de Venteaux, conseiller, procureur du Roy de la pollice de Limoges;
Mr Moreil des Chabanes, segond consul;
Mr L. Dorat, bourgois et marchand.

> Duqueyroy, prevost consul; Roulhac, consul; Lafosse, consul; Navieres consul; Juge, consul; Martin, consul.

Le procureur du Roy requiert qu'il soit donné acte de la nomination presentement faite des personnes de Mr Oton Benoist, conseiller, procureur de la pollice, pour prevost consul; Mr Moreil des Chabanes pour segond consul; Mr L. Dorat, bourgeois et marchand. En consequence requiert qu'ils soint apellés pour prester le serment comme aussy du pouvoir a eux donné par les habitants de toucher les sommes qui seront dhues a la ville, comprises dans l'estat du Roy, pour les années mil sept cents trante deux et suivantes.

> Romanet, procureur du Roy.

---

(1) Le prénom d'Othon est commun dans la famille Benoist dès le milieu du XIVe siècle.

Nous, faisant droit du requisitoire du procureur du Roy, avons donné acte de la nomination presentement faite des personnes de M⁵ Oton Benoist, conseiller, procureur du Roy pour la pollice, pour prevost consul (1); Mʳ Moreil des Chabanes, bourgois, pour segond consul, et Mʳ L. Dorat, bourgois et marchand, pour consuls pour l'année 1734. En consequence, ordonnons qu'ils se presenteront pour prester le serment au cas requis, et avons donné acte du pouvoir a eux donné de toucher les sommes qui seront dhues a la ville sur l'estat du Roy, pour les années mil sept cent trente deux et suivantes.

Rogier des Essarts.

Désignation d'un prédicateur pour 1734-1735.

Aujourd'huy, septiesme decembre mil sept cents trante trois, dans la salle de l'hostel de ville de Limoges, ou estoint asssamblés MM⁵ˢ le lieutenent general, president dudit hostel de ville, procureur du Roy, et Messieurs les prevost, consuls, pour proceder a la nomination de la personne du Rᵈ P. Pʳᵉ Peyroche, cordelier, pour prescher l'Advent et Caresme des années mil sept cents trante quatre et mil sept cents trante cinq. Et a cet effet, il luy en sera incessament donné advis, sans qu'il en puisse estre donné d'autre a sa place; et a son defaut, la nomination en sera faite par le corps consulaire. Fait ledit jour, mois et ans que dessus.

Moreil de Chabanes; De Benoist de Venteaux; Dorat, consul; Duqueyroy, prevost; Juge, consul; Martin, consul.

Detail de ce qui s'est passé a l'instalation de Monsieur du Dognon, en concequence de l'ordre du Roy transcrit au precedent feuillet du present registre, en datte du 30ᵉ may dernier, redigé pour servir de memoire, le 7ᵉ decembre 1733.

Les consuls, assemblés pour obeir a l'ordre de Sa Majesté, ont, d'abord apres l'enregistrement d'icelluy, député les sieurs Rou-

---

(1) Notons cette qualification de prévôt consul donnée au premier élu. C'est la première fois que nous la rencontrons. — Nous avons eu déjà l'occasion d'expliquer que le prévôt consul était le consul de service. Au temps où il y avait douze consuls à l'hôtel de ville, chacun à tour de rôle exerçait les fonctions de prévôt pendant un mois. Plus tard, le nombre des magistrats ayant été réduit à six, chacun dut faire deux fois au moins son mois de prévôté.

lhiac et Juge, advocats, leurs collegues, pour aller, avec les marques (1), precedés d'un capittaine et de deux valets de ville, demender a Monsieur du Dognon, dans sa maison sur la place des Bans, le jours et hoeure de son instalation, et l'ordre qui seroit observé dans cette ceremonie; et lesdits deputés ayant raporté qu'elle estoit fixée au jeudy 19e novembre de laditte année, de neuf a dix hoeures du matin, on le fit sçavoir au sieur Texendier, collonel, et au sieur du Masdoumier, major, afin d'advertir les capittaines de la bourgeoisie et de faire assembler les habitants sous les armes pour la susdite ceremonie; ce qui fut observé par les officiers et les bourgeois, lesquels defilerent suivant le rang de leurs compaignie; et pandant que les consuls monterent en corps, avec leurs chaperon, prendre Monsieur du Dognon dans sa maison, la bourgeoisie fut rengée sur deux lignes depuis sa porte jusqu'a celle du Palais, au millieu desquelles Monsieur du Dognon, marchent entre les deux premiers consuls, qui avoient leurs capittaines et gagers a leur teste, et auxquels succedoient les autres consuls, sans interuption d'aucune autres personnes, pas mesme de domestiques, il se rendirent au palais, et le sieur du Dognon, chemin fesant, repandit et jestat plusieurs pognées de pieces et monoyes d'argent aux pauvres et bas poeuple. Arivés au palais, les consuls prirent seance a sa droite et sa gauche, avec cette observation que les gardes du sieur du Dognon n'y eurent pas d'entrée; que la noblesse qui l'acompaignoit n'y eust rang ny place marquée, et que, pour toutte distinction de seance, Monsieur du Dognon avoit un fauteuil, et les consuls de simples chaises tapissées et a dossier; apres quoy, la ceremonie de l'installation faitte, on se retira dans le mesme ordre qu'on estoit venu, et les canons ou fauconnaux qui avoient tiré dans la place des Bans, comme Monsieur du Dognon sortoit de sa porte, tirerent aussi a son retours; lors duquel Monsieur du Dognon les fit porter dans sa maison. Sur quoy les consuls, rendus a l'hotel de ville avec la bourgeoisie qui les reconduisit, apres les salves faittes au sieur du Dognon, ayant prié le sieur Martin, l'un d'entr'eux, d'aler sçavoir de Monsieur du Dognon s'il entendoit garder les canons ches luy, il repondit qu'il les vouloit retenir pour tout ce jour la et les retint effectivement, de telle maniere que, dans le cours du souper qu'il donna a ceux des deputés des corps invités a l'instalation qui voulurent y assister, aussi bien qu'aux consuls, qui l'avoient priés *(sic)*, les canons ou fauconnaux tirerent

(1) Nous avons déjà dit qu'on appelait ainsi les insignes consulaires, qui consistaient surtout dans le chaperon rouge.

plusieurs fois, mais ce fut aux frais de Monsieur du Dognon, qui, sur la representation verbale desdits consuls, les fit remestre des le mesme soir a la maison de ville. Et le 29º du susdit mois, premier dimenche de l'Advent, Monsieur du Dognon s'estant trouvé au sermon de Saint Martial, fit advertir le sieur Martin, prevot consul, de luy faire tenir un fauteuil pret dans l'auditoire, a la teste des sieurs consuls ; ce que le sieur Martin executa en l'abssence de ses collegues, et sans leurs en avoir communiqué, quoy qu'il soit d'usage que l'un des consuls ne fait rien de son seul mouvement, sans une assemblée precedente et deliberation avec les autres. Et aussi a noter que, lorsque les consuls ont parlé par deputation ou en corps, ils l'ont traitté de Monseigneur.

Martin, prevost consul; Roulhac, consul; Lafosse, consul; Duqueyroy; Juge, consul; Navieres, consul (1)

Description (2) exacte de la seremonie du service et oraizon funesbre que M^{rs} les prevost, consuls de cette ville ont fait faire dans l'eglise cathedralle, le vingt trois du presant mois d'aoust mille sept cens trente quatre, pour Tres haut et Tres puissant seigneur Monseigneur Jacques Fits-James, duc de Bervick, de Fits-James, de Liria et de Xerica, pair de France, pair d'Angletaire, grand d'Espagne, marechal de France, general de l'armée du Roy en Allemagne, chevailler des ordres du Roy, de celui de la Jarretiere et de celui de la Toizon d'or, gouverneur du Haut et Bas Limouzin et de la ville de Strasbourg, decedé au camp devant Philisbourg (3), le douze juin dernier, dans la soixente sixiesme année de son age.

Les prevost, consuls de la ville de Limoges ayant apris la rapide

---

(1) Peu de faits à signaler à Limoges en 1733. Notons toutefois la cherté du vin.
(2) Nous voici revenus au récit des événements et au compte-rendu des cérémonies. Notre registre reprend un peu de vie; mais ce n'est pas pour longtemps. Et puis quelle différence, au point de vue de l'intérêt qu'ils offrent, entre les faits relatés par les consuls du xvie siècle et les cérémonies de parade et les petits incidents rapportés ici.
(3) Le maréchal de Berwick avait été tué par un boulet devant les murs de Philipsbourg,

quoyqu' infiniment glorieuze mort de Mgr le mareschal duc de Bervick, arrivée le douze juin, a la teste de la tranchée du siesge de Philisbourg, panserent d'abord que, comme les louanges de celuy qui n'est plus adoucicent les regrets de ceux quy le pleurent, et que c'est de la part de ceux qui publient ses louanges une preuve de leur affection et de leur reconnoissance pour la personne qui leur a esté ravie, — ils devoient s'apliquer a faire publier, par une oraison funesbre, les grands exploits et les vertus de leur defunt gouverneur, afin de donner cette preuve de leur respectueuse estime et de leur inviolable fidelité envers luy.

Mr l'Intendant, senciblement touché de cette perte, et d'ailheurs tres disposé a marquer ses sentiments pour la memoire de cet illustre mort, ne se contanta pas d'approuver ce dessein, que les consuls furent luy communiquer; mais il recommanda encore qu'on la fit executer avec tout l'eclat qu'on pouroit y donner.

Le jour de la seremonie fut fixé au vingt trois du mois d'aoust 1734, et l'on disposa tout ce qu'on put de mieux pour en former la decoration dans l'eglise cathedralle de cette ville.

Le Presidial, Mrs du Bureau des finances, les officiers de l'Election, de la Cour des monnoyes, des jurisdictions royalles, le clergé des deux chapitres, des trois abbeyes, des douze parroisses, des deux seminaires et de unze communautés de religieux, et toutes les personnes de distinction furent invitez d'y assister par Mrs les consuls, et les officiers de la bourgeoisie furent avertis d'y accompagner la maison de ville, avec vingt bourgeois des plus notables de chaque canton ; mais la memoire de Mgr le mareschal de Bervick etoit si precieuse aux habitans, qu'au lieu de ce nombre qu'on avoit voulu reduire pour eviter la confusion que la multitude occasionne, il s'en presanta plus que du double, qu'on fut obligé de ranger chacun sous son capitaine; et de la ils se rendirent au palais, sur les neuf heures du matin, pour y prendre le Presidial qui vien (sic) passer devant l'hostel de ville, lequel etoit tandu en noir, et les tentures semées d'ecussons aux armes de feu Mgr son Gouverneur.

Là, Messieurs les consuls ayant pris leur reng, la marche ce fit dans cet ordre :

L'etat-major des trouppes bourgeoises se mit a leur teste avec les drappeaux ; ces trouppes suivoient sur deux lignes, distribuées

qu'il assiègeait. La ville fut prise le 12 juillet suivant. Le fils ainé du maréchal, François de Fitz-James, qui avait déjà obtenu la survivance du gouvernement du Limousin, succéda à son père ; mais, au bout de peu de temps, il entra dans les ordres et son frère Henri devint gouverneur a sa place.

en plusieurs compagnies, qui etoint composées d'environ quatre cens bourgeois, presque tous habillés de noir, ainsy que leurs officiers; ils portoient leurs armes renversées, et chaque compagnie avoit ses tembours dont les caisses etoint revetuës de deuil.

Immediatement après cette milice, venoit le presidial et la maison de ville, sur deux colomnes, le presidial a la droite, precedé par ses huissiers, et les consuls precedés par leurs vallets de ville, capitaines et cecretaires ; le garde de M^r le compte des Cars, lieutenent du Roy de la province, qui avoit concouru par ses ordres a la pompe de la seremonie, et les gardes de feu Mgr le marechal de Bervick, qui etoit vetu de noir et apportoint de longs crespes.

La marche etoit fermée par d'autres gardes, pour contenir la foulle du peuple, en qui l'on voyoit pein l'amour et la veneration dont ils etoint penetrés pour le heros qu'ils avoient eu le malheur de perdre. Les tembours, pendant toute la marche, rendoint de sons lugubres qui augmentoint le deüil que les cloches avoint annoncé dez la veille, et continuerent d'annoncer dans toute la ville, jusques a ce qu'on fut arrivé a l'eglise cathedralle.

La principalle porte de cette eglise etoit gardée par deux brigades de la marechaussée ; on avoit eu soin de la faire tendre en noir par dedans ainsy que par dehors. Une double, et en plusieurs androits une triple seinture funebre entouroit toute la nef, qui est tres etandue. Les piliers qui soustiennent la voutte, la galerie ou sont les orgues, le jubé (1), la tribune de M^{rs} les chanoines, la chere du predicateur, les fauteuils et les chezes, placés par ordre de M^{rs} les consuls, etoint tous revetus de noir.

Quand ont eû traversé la nef, le presidial et la maison de ville se separerent pour entrer, en meme temps, par des portes differentes, dans le chœur, ou s'estoit auparavant randu M^r l'Eveque qui assistat a l'office ; Mr de Tourny, intendant de cette generalité, et Madame de Tourny, que la ville avoit prié de vouloir bien faire les honneurs de la ceremonie.

Deja le clergé, les communautés ceculieres et regulieres, et les personnes de condiction qui avoint eté priés, avoient occupés leurs places.

Le chœur, tout vaste qu'il soit, etoit tendu de noir dans toute sa circonferance jusques a la hauteur d'environ quarante pieds; les formes (*sic*) et le trosne episcopal l'etoit aussy.

Entre le chœur et le centuaire, l'on avoit placé le catafalque, qui

---

(1) Le jubé était encore à sa place, au-devant du chœur. En 1789 seulement, Mgr d'Argentré le fit transporter contre le mur provisoire qui fermait l'église du côté du clocher. Il subit en ce moment même un nouveau déplacement. Nous espérons qu'il sera moins détérioré dans sa translation de 1888 que dans celle de 1789.

etoit elevé de plus de quinze pieds; la representation etoit couverte d'un drap mortuaire de velour avec des galons et des franges d'argent; sur ce drap etoit la coronne ducale, le baton de marechal, le cordon blœuf et autres marques d'honneur de feu Mgr le duc de Bervick, envelopés dans un crespe. Ces deux gardes se tinrent debout pendant tout le service, aux deux coins de la premiere face de ce catafalque, sur les degres duquel on avoit rengé, dans des chandeliers d'argent et de vermeil magniffique, plus de cent flanbeaux de la plus belle cire, qui demeurerent alumés jusques a la fin de l'oraison funesbre.

Le sanctuaire etoit tendu de drap noir melé de velours et il etoit orné de plusieurs lustres, garny de quantité de flambeaux, qui, avec ceux de l'hostel et du catafalque, faisoit un luminaire eclatant.

Sur toutes les tentures l'on avoit rependu, par intervalles proportionnés, un grand nombre d'ecussons aux armes de feu Mgr le gouverneur, et l'on avoit posté des archers en differents androits afin d'empescher que l'afluence du peuple n'embarassat ou ne troublat l'office divin.

Apres que le presidial et la maison de ville furent placés, l'on commença la grand'messe, qui fut solemnellement celebrée par M^{rs} les chanoines de Saint Estienne, et qui fut chantée par une nombreuse muzique, M^{rs} les consuls ayant eü attanction d'assembler les muzitiens, voix et instruments de la cathedralle, collegialle (1) et autres de la ville, meme d'en faire venir des villes voizines.

Monsr l'eveque, M^r l'intendant, Madame l'intendante, les officiers du presidial, les consuls et autres, chacun a son reng, furent a l'offrende, et, a la fin du cervice, ils furent dans le meme ordre jetter l'eau benitte sur le catafalque.

Ensuitte, le Reverand Pere Machat, de la Compagnie de Jesus, prononça l'oraison funesbre, dont il prit pour texte ces parolles du 43 verset du chap. 12 au liv. 1er des Machabées : *Accepit eum cum honore, et dedit ei munera, et præcepit exercitibus suis ut obedirent ei sicut ipsi.*

Comme l'autheur flatte (2) le publicq de luy communiquer cet ouvrage ou il detailla les avantages que Mgr de Bervick avoit reçu de la France, et ceux que la France avoit reçu de Mgr de Bervick, il suffit de dire que son oraison exita, meme au dela d'une esperance commune, les sentiments de ses auditeurs.

En effet, lorsqu'on se retira dans le meme ordre qu'on etoit

---

(1) La collégiale de Saint-Martial.
(2) Fait espérer au public.

venu, tout retantissoit d'expressions de reconnaissance et de respec pour l'illustre mort, dont on venoit d'honnorer la memoire, et ce qui randit la ceremonie plus touchante fut le tendre temoignage de la sincere affliction des assistans. Il etoit facille de rémarquer en eux que, si le coup fatal qui termina la glorieuze vie de Mgr le marechal de Bervick a faît vercer des larmes a toute la France, c'est la province du Limozin qui en a ressenty les doulleurs les plus vives et les plus justes, puisqu'elle pert en luy un gouverneur qui non seulement l'illustroit par son heroïsme, mais qui la favorisoit encore par son auguste protection et qui s'y faisoit autant adorer par ses liberalités envers les pauvres, qu'il y etoit honoré par son merite et respecté par son authorité. La consolation qui reste a cette province est de se voir sous le gouvernement d'un fils, digne successeur des eminantes qualités et des sublimes vertus d'un tel pere, de la meme fidelité pour son Roy, d'un egal zelle pour la deffance et [le soustien de l'Etat, et d'une semblable bonté pour ceux qui ont l'avantage de luy obeir.

JUGE, prevot consul; DUQUEYROY, consul; MOREL DE CHABANNES, consul; MARTIN, consul; DORAT, consul (1).

Aujourd'huy, quatriesme septembre mil sept cent trente quatre, a Limoges, dans la chambre du conseil de l'hostel de ville, ou etoint assemblés Mr le lieutenent general, Mr le procureur du Roy et Mrs les prevost, consuls, pour deliberer des affaires publiques, il a eté exposé par Mr Jugé, avocat en la Cour, prevost consul, qu'il y a deja quelque temps que la place de recluze de la presant ville est vaccante par le deceds de Petronille Menager, pourveuë a la ditte place puis le vingt six mars mille sept cent quinze par acte du present hostel de ville; et d'autant qu'il est d'uzage d'en nommer et pourvoir une autre au lieu et place de la decedée, il est a propos de jetter les yeux sur une personne de bon exemple et de pieté, qui soit vertueuse et sans aucun reproche; et comme on avoit suspendu ce choix afin de pouvoir plus seurement trouver une personne douée de ces qualités, c'est presantée Suzanne Maumont, habitante de la presant ville, pour rem-

Nomination de Pétronille Ménager à la place de recluse.

---

(1) Nous apprenons par une lettre à l'intendant de Tourny, du 30 octobre 1734 (Archives de la Haute-Vienne, C 86), que la part de la ville dans le produit de l'octroi, fixée autrefois à 1,550 livres, avait été portée, sous l'administration [de M. d'Orsay, à 1950. L'adjudicataire demandait que cette somme fut ramenée à l'ancien chiffre.

plir laditte place. Sur quoy, l'affaire mis en deliberation, lesdits sieurs prevots, consuls, d'une commune voye et accord, estant informés de la bonne vie, mœurs, religion catholique, apostolique et romaine de laditte Suzanne Maumont, l'ont choizie pour recluze de la presante ville, pour par elle jouir de laditte place, aux privileges et droits et emoluments ou aumones accoutumées, et a la charge par laditte Suzanne Maumont de prier Dieu pour la prosperitté desdits sieurs officiers et prevosts consuls et de tous les habitans de la presant ville pendant le cours de sa vie. Dont du tout a eté fait et dressé le presant acte, les jour, mois et an que dessus. Ainsi signé :

  Rogier des Essarts, lieutenent general, president dudit hotel de ville ; Romanet, procureur du Roy; Juge, prevot consul; Morel de Chabannes, consul; Martin, consul ; Duqueyroy, consul; Dorat, consul.

Installation de la recluse.

 Et a l'instant, dans la chambre du conseil dudit hostel de ville, ou estoint assemblés Messieurs le lieutenent general, procureur du Roy, prevost et consuls, lesquels ayant mandé par un des vallets de ville ladite Suzanne Maumont, icelle s'estant presentée, et luy ayant fait entendre la nomination de sa personne pour recluse, suivant l'acte de l'autre part, dont lecture lui ayant esté faite, icelle s'estant revestue de l'habit de recluse, lesdits sieurs prevost, consuls l'ont conduite dans l'esglise de Saint Michel avec les marques, ou, apres avoir fait celebrer la sainte messe, elle a esté conduite avec la procession suivant l'usage (1).

  Rogier des Essarts, lieutenent general, president susdit; Romanet, procureur du Roy; Juge, prevost consul; Morel de Chabanes, consul; Duqueyroy, consul; Martin, consul (2).

(1) Suzanne Maumont, — appelée Aumont aux registres paroissiaux de Saint-Martial de Montjauvy, — était veuve de Jean Laby, et mère de l'ermite qui occupait alors la maisonnette de Montjauvy. Elle mourut peu de semaines après, et son fils la fit enterrer dans la chapelle de l'Ermitage (Leroux : *Supplément à l'Inventaire des archives communales de Limoges*. — Il faut noter qu'il n'est pas dit ici que la recluse a été mise en possession de sa cellule. On sait que le reclusage avait été démoli entre 1715 et 1720. Il en restait quelque chose à cette époque

(2) On trouve, en 1734, une ordonnance du lieutenant de police, enjoignant à tous marchands, voituriers et autres, de ne pas décharger le blé ailleurs qu'au marché public et interdisant à tous boulangers et minotiers d'aller au-devant des voitures de grains, de les acheter avant leur arrivée au marché et de faire décharger les sacs dans les maisons particulières. Cette ordonnance fut provoquée par une requete du syndic des pauvres de l'hôpital, qui se trouvaient ainsi frustrés du produit du droit de *cuillerée* prelevé de temps immémorial à leur profit sur chaque charge de blé mise en vente.

De semblables ordonnances furent rendues à plusieurs époques, au cours des XVIIe et XVIIIe siècles, tant par le juge de la Cité que par le lieutenant général.

Aujourd'huy, quatriesme decembre mil sept cents trante quatre, dans la chambre du conseil de l'hostel de ville de Limoges, ou estoint assamblés Messieurs le lieutenent general et prevost consuls en charge la presente année, le procureur du Roy de la seneschaussée et dudit hostel de ville s'est presenté et a dit que, conformement a l'uzage et a l'arrest de reglement pour la nomination des consuls, il requiert que nous ussions a faire choix parmi les habitans, de soixante prudhommes pour estre par eux fait choix de trois consuls mardy prochain, septiesme du present mois, en la maniere accoustumée.

Les consuls surseoient à la désignation des prud'hommes.

Signé : ROMANET, procureur du Roy.

Les sieurs consuls qui ont pris communication du present requisitoire, ont exposé que, despuis peu de jours, Mr de Tourny, intandant de cette generalité, leurs a communiqué une lettre du sieur de Baudry, intandant des finances, contenent que l'intantion du Roy est que les oficiers qui seront actuellement en place continue leurs fonctions jusqu'a ce que il aye pleu a Sa Majesté d'y pourvoir ; ils estiment qu'il y a lieu de suspendre tant la nomination des prudhommes que des consuls jusque a ce qu'ils ayent reçu des ordres plus precis sur les tres humbles remontrances qu'ils ont eu l'honneur d'adresser a M^r le controlleur general.

Signé : JUGE, consul; DUQUEYROY, consul; MOREIL, consul; MARTIN, consul.

Nous avons donné acte de l'exposé et requisitoire du procureur du Roy, ensemble de la responce et remontrance des sieurs consuls ; en consequence ordonnons que la lettre de Mr de Baudry, adressente a Mr de Tourny, sera enregistrée es registres de la maison de ville, et que, conformement a icelle, il sera surcis a la nomination des consuls jusque a ce qu'il soit ordonné par Sa Majesté. Faict le jour, mois et an que dessus.

Signé : ROGIER DES ESSARDS.

Aujourd'huy, septiesme decembre mil sept cents trante quatre, dans la salle de l'hostel de ville de Limoges, ou estoint assamblés M^{rs} le lieutenent general, president dudit hostel de ville de Limoges, procureur du Roy, et Messieurs les prevost consuls, le procu-

Désignation d'un prédicateur pour 1735-1736.

reur du Roy a dit que, quoyque en execution des ordres de Sa Majesté adressés a Mʳ de Tourny, intendant de cette province, il aye eté surcis a la nomination des consuls, neanmoins estant d'un usage incon..... observé de proceder a la nomination d'un predicateur pour prescher dans l'eglise de Saint-Martial l'Avent de mil sept cents trente cinq et le Caresme de mil sept cent trente six, a ces causes requiert qu'il soit procedé tout presentement a la dite nomination. La chose mise en deliberation, lesdits sieurs ont d'une commune voix nommé la personne du R. P. Joseph Roux, ex provincial des freres prescheurs de la province de Tholoze et un des douze conventuels du grand couvent de la rue Saint Jacques, a Paris; et a cet effect qu'il luy en sera incessamment donné avis, sans qu'il en puisse etre donné d'autres a sa place; et a son deffaut, la nomination sera faitte par le corps consulaire. Fait le jour, mois et an que dessus.

   Rogier des Essarts; Romanet, procureur du Roy; Dorat, prevot consul; Martin, consul; Duqueyroy; Morel; Juge.

Nomination de Louise Laloy à la place de recluse. — Et le meme jour, dans la meme assemblée, il a eté exposé par Mʳ Dorat, prevot consul, que la place de recluse de cette ville etant vacante par le decès de Susanne Maumont, nommée le 4 septembre dernier, il est a propos de jetter les yeux sur quelque personne de bonnes mœurs et qui puisse remplir cette place avec edification. Sur quoy s'est presentée Louise Laloy (1); et la chose mise en deliberation, lesdits sieurs consuls, bien informés de sa pieté, sagesse et religion catholique, apostolique et romaine, l'ont unanimement choisie et nommée pour remplir ladite place et jouyr des droits, aumones et privileges accoutumés, a la charge par ladite Louise Laloy de prier Dieu pour la prosperité de mesdits sieurs officiers, prevots, consuls et habitans de cette ville. Dont acte, le jour, mois et an que dessus.

   Rogier des Essarts; Romanet, procureur du Roy; Dorat, prevost consul; Martin, consul; Duqueyroy; Juge; Morel (2).

(1) Louise Laloy était probablement la fille de Suzanne Maumont. C'est la quatrième personne appartenant à la famille Laloy qui occupe, en moins de vingt-cinq ans, la place d'ermite ou de recluse.

(2) Il n'est plus question du cortège qui conduisait la recluse, après sa nomination, de l'hôtel de ville à Saint-Michel-des-Lions et de Saint-Michel à la cellule des Arènes. Nous avons vu plus haut que la précédente recluse n'avait pas été mise, selon l'ancien usage, en possession du local affecté depuis des siècles à la retraite de la personne pourvue de cette charge par les magistrats municipaux.

Aujourd'huy, cinquies[me] du mois de may mil sept cents trante cinq, dans la chambre du conseil de l'hostel commun de la ville de Limoges, ou estoint assemblés Messieurs les prevost et consuls, en presence de Mr Mre Jean Pierre Rogier des Essard, lieutenent general, president dudit hostel de ville, et Mr Mre Martial Romanet, seigneur de la Briderie, procureur du Roy au siege presidial et seneschal et present hostel de ville, les sieurs prevost consuls ont exposé qu'en conformité des entiens usages establis de l'hospital general de cette ville, il doibt sortir de l'administration trois de Messieurs les administrateurs, lesquels doibvent estre remplacés par trois officiers ou bourgeois, au choix et a la nomination desdits sieurs prevost et consuls; sur ce ouy le procureur du Roy et de son consentement, ont d'une commune voix choisy et nommé, pour remplir lesdites places d'administrateur, les personnes de Messieurs Morel, consul; Faulte du Puydutour, procureur du Roy au bureau des finances, et Joseph Grelet l'ainé, bourgeois et marchand de cette ville, pandant l'espace de quatre années, qui commenceront au premier septembre prochain, avec les autres sieurs administrateurs qui resteront. Dont et du tout a esté fait et dressé le present acte, pour servir et y avoir recours quand besoin sera. Fait ledit jour, mois et an que dessus.

Nomination de trois administrateurs de l'hôpital.

ROGIER DES ESSARTS; ROMANET, procureur du Roy; BENOIST, consul; DORAT, consul; MOREL.

Aujourd'huy, sixiesme du mois de may mil sept cents trante cinq, dans la chambre du conseil de l'hostel commun de la ville de Limoges, ou estoint assemblés Messieurs les prevost, consuls, en presence de Mr Mre Jean Pierre Rogier des Essards, lieutenant general et president dudit hostel de ville, et Mr Mre Martial Romanet, seigneur de la Briderie, procureur du Roy au siege presidial et seneschal et present hostel de ville, les sieurs prevost, consuls, ont exposé que le Pere Roux, qui avoit esté nommé pour prescher a Saint-Martial les Advents et Caresme des années 1735 et 1736, n'ayant peu remplir sa chaire, ils ont tous d'une commune voix nommé le R. P. Desfosses, prieur des Freres Prescheurs de Poitiers (1). Fait ledit jour, mois et an que dessus.

Désignation d'un prédicateur pour 1735-1736 en remplacement du P. Roux.

ROGIER DES ESSARTS; ROMANET, procureur du Roy; BENOIST, consul; MOREL; DORAT (2).

---

(1) Peut-être faut-il plutôt lire Pamiers.
(2) Parmi le petit nombre de faits se rapportant à cette année et dont nous ayons trouvé la

Rétablissement des offices municipaux. Défense d'élire des consuls et ordre de désigner trois répartiteurs.

Aujourd'huy, premier decembre mille sept cent trente cinq, dans l'hotel de ville, ou estoint assemblés Messieurs le lieutenant general, prevost et consuls, le procureur du Roy est entré et a dit qu'il luy a esté remis par l'ordre de Monsieur de Tourny, intendent de cette generalité, un arrest du Conseil qui fait deffance aux villes et communautés de proceder a l'eslection de leurs officiers jusqu'a ce que Sa Majesté en aye autrement ordonné, et qui ordonne que ceux qui, lors de la publication de l'edit du mois de novembre mille sept cent trente trois, fassent (sic) les fonctions des officiers municipaux, continueront de les faire jusqu'a ce qu'ils en ayent esté pourveu d'autres; de sorte que, n'estant pas permis de proseder a l'eslection des consuls qui sont chargés des recouvrements des tailles et autres impositions, le sieur receveur des tailles a donné sa requette a mondit sieur de Tourny, par laquelle il demande qu'il soit nommé trois habitans pour faire, conjointement avec le sieur Peconnet, Origet et Martin, l'imposition et le recouvrement des tailles et autres impositions de cette ville pour l'année prochaine mille sept cent trente six. Cette requette a esté repondue, et il est ordonné qu'il sera fait incessamment, a la magniere et forme accoutumée, un assemblée dans l'hotel de ville des principaux habitans, pour proceder a la nomination de trois bourgois et marchands bon et solvables pour faire ladite imposition et recouvrement. C'est pourquoy le procureur du Roy, pour parvenir a l'execution de ladite ordonnance, requiert que, tant l'arest du Conseil que ladite ordonnace, seront enregistrés au greffe de l'hotel de ville, et qu'il sera sur le chemps procedé aux choix de soixante bourgois et marchands qui serons tenus de se presenter a l'hotel de ville au jour et heure qu'il sera indiqué par le mandement qui leurs sera porté par les vallets de ville, pour donner leurs soufrages des trois bourgois et marchands bons et solvables qu'il jugerons a propos de nommer pour faire ladite imposition et recouvrement des deniers royaux. Dont acte. ROMANET, procureur du Roy.

Nous, de l'advis des sieurs consuls, avons donné acte du requisitoire du procureur du Roy. En consequence, ordonnons que, tant l'arrest du Conseil du traise septembre dernier que l'ordonnance

---

trace, nous ne pouvons guère signaler que la confirmation des statuts des maîtres boulangers de Limoges, par lettres patentes du mois de juillet 1735, — et des assemblées de communauté de la paroisse de La Bregère, convoquées pour décider de l'exécution de travaux à l'église de cette paroisse, qui menaçait ruine. Ces assemblées n'aboutissant pas et les choses menaçant de trainer indéfiniment en longueur, le curé prit le parti de s'adresser au Grand Conseil, qui imposa d'office sur les habitants de la paroisse la somme nécessaire pour les réparations. (Arch. communales, G G. 253.)

de Mr de Tourny, du 28 novembre dernier, sera enregistré au greffe de l'hotel de ville, pour y avoir recours quand besoin sera. A ces fins, ordonnons qu'il sera tout presentement procedé a la nomination de soixante prudommes, pour par eux estre nommé trois habitans de cette ville, bourgois et marchands, bon et solvables, pour faire la repartition des tailles et autres impositions. Fait a Limoges, dans l'hotel de ville, le premier decembre 1735.

Signé : Rogier des Essards ; Benoist, consul, et Moreil, consul.

Arrest du Conseil d'estat du Roy qui fait defenses aux villes et communautés de proceder a l'eslection de leurs officiers jusqu'a ce que Sa Majesté en ait autrement ordonné, [et] que ceux qui lors de la publication de l'esdit du mois de novembre 1733, faisoient les fonctions des offices municipaux continueront de les faires jusqu'a ce qu'il en ait eté pourveu ou commis par commission du grand sceau. Du 13 septembre 1735.

EXTRAIT DES REGISTRES DU CONSEIL D'ESTAT.

Veu au Conseil d'estat du Roy, Sa Majesté y etant, l'edit du mois de novembre 1733, portant creation et retablissement des offices municipaux, par lequel Sa Majesté s'est reservée de commetre aux fonctions desdits offices en attendent la venthe d'iceux ; l'arrest rendu en iceluy le 9e de mars 1734, par lequel il est ordonné qu'il sera expedié des commissions du grand sceau au nom de ceux dont Sa Majesté aura fait choix pour remplir les fonctions desdits offices, avec deffances a toutes personnes de s'immiscer d'en faire les fonctions sous peine de 3000^{lt} d'amende, — et Sa Majesté estant informée qu'au prejudice de ces dispositions les officiers des villes de Montfort et de Lesneven en Bretagne, ont convoqué, les 13 janvier et les 12 juillet derniers, des assemblées de notables, bourgois et habitans et a l'effect de proceder a l'exlection de nouveaux officiers pour administrer leur affaires communes, et ont reellement fait election, scavoir : la ville de Montfort (1) et de Les-

---

(1) Il y a évidemment là une lacune. Le copiste a omis le nom du syndic nommé par les électeurs de Montfort.

nevent, du nommé de Kogon le Brun aussy pour scindicq, au lieu et place du sieur du Quertel Marion; a quoy estant necessaire de pourvoir, vu lesdites deliberations, ouï le raport du sieur Ory, conseiller d'estat et ordinaire au Conseil royal, controleur general des finances, le Roy, estant en son conseil, a ordonné et ordonne que l'edit du mois de novembre 1733 et l'arrest de sondit Conseil du 9 mars 1734, serons executé selon leurs formes et teneur, et en consequence fait defances Sa Majesté aux villes et communautés de proceder a aucunes election des officiers jusqu'a ce que Sa Majesté en ait autrement ordonné; declare Sa Majesté nulles et de nul effet les deliberations prises les 13 janvier et 12 juillet derniers par les officiers, bourgois et habitans des villes et communautés de Montfort et de Lesneven, et les elections de scindicqs faites en consequence; fait Sa Majesté defance a ceux qui on estés elus par les susdites deux deliberations ainsy qu'a tous ceux qui l'auront etés dans les autres villes et communautés du royaume depuis la publication de l'edit du mois de novembre 1733, de faire les fonctions de maires et de scindicq ou d'aucun autres offices municipal, sous quelque denomination que ce puisse estre, a peine de trois mille livres d'amende pour chacune contrevention; ordonne Sa Majesté que ceux qui, lors de la publication dudit edit faisoint les fonctions des susdits offices continuerons de les faires jusqu'a ce qu'il y ait eté pourvu ou commis par commission au grand sceau; enjoint Sa Majesté au sieurs intendent et commissaires departis dans les provinces et generalités du royaume, de tenir la main a l'execution du present arrest, lequel sera lu, publié et affiché partout ou besoin sera. Fait au Conseil d'estat du Roy, Sa Majesté y etant, tenu a Versailles, le 13 septembre 1735. *Signé* : PHELIPEAUX. Collactionné a l'original par nous, ecuyer, conseillier, secretaire du Roy, Maison, Couronne de France [et] de finances. *Signé* : BONNEAU.

Exécutoire de l'Intendant. Louis Urbain Aubert, chevalier, marquis de Tourny, baron de Nully, seigneur de Pressaigny, Laqueudaix, Til, et autres lieux, conseiller du Roy en ses conseils, maitre des requettes ordinaires de son hotel, intendant de justice, police et finances en la generalité de Limoges, veu l'arrest du conseil d'Estat du Roy cy dessus transcript, nous ordonnons qu'il sera executé selon sa forme et teneur, dans l'estandue de notre departement, et pour ce effect la publié et affiché partout ou besoin sera, afain que personne n'en n'ignore. Fait a Limoges, le 26 octobre 1735. *Signé* : AUBERT DE TOURNY, *et* par Monseigneur : DUPIN.

Monseigneur l'intendant en la generalité de Limoges, suplie humblement Leonard Touzat, receveur des tailles de l'eslection de Limoges, disant que Sa Majesté, par son edit du mois de novembre 1733, auroit retably les offices de gouverneurs, lieutenant de Roy, maires, lieutenant de maires et autres officiers de l'hotel de ville creés par celuy du mois de mars 1709, et reuny en un seul et meme corps d'offices par celuy du mois d'avril 1710, et que la vente de ces offices retablis auroit suspendu la nomination ordinaire des consuls de la ville de Limoges pour la presente année 1735 ; que meme, par l'arest du Conseil du 13 septembre dernier, il est fait deffances aux villes et communautés de proceder a aucune election de leurs officiers jusqu'a ce que Sa Majeste en ait autrement ordonné. Les consuls de ladite ville qui cy devant etoint chargés du recouvrement des impositions d'icelle ne l'estant plus aujourdhuy, le supliant a recours a vous, Monseigneur, pour qu'il vous plaise nommer trois collecteurs d'offices pour faire ledit recouvrement pour l'année 1736, si mieux vous n'aimés ordonner qu'il sera fait une assemblée de ville ou la communauté nommera trois personnes solvables pour faire la repartition et levée des impositions de l'année 1736. Et ferés justice. *Signé* : Touzat.

<small>Requête du receveur des tailles pour la nomination de répartiteur.</small>

Veu la presente requette, l'edit du mois de novembre 1733 et les arrest du Conseil des 9e mars 1734 et 13 septembre de la presente année 1735, Nous ordonnons qu'il sera incessamment convoqué, en la forme ordinaire, une assemblée d'habitans de la ville de Limoges, dans laquelle, a la pluralité des voix, il sera fait choix et nomination de trois desdits habitans, bourgois et marchands, de probité reconnue, bons et solvables, pour, avec les sieurs Peconnet, Origet, Martin, en exercice la presante année, faire l'imposition et le recouvrement de la taille, ustancille, fourages, capitation et autres deniers a imposer sur ladite ville pour l'année prochaine 1736 ; de laquelle nomination sera fait remise au greffe de l'election. Fait a Limoges, le 28e novembre 1735. Aubert de Tourny.

<small>Ordonnance conforme de l'Intendant</small>

Election faite ce jourdhuy dans l'hotel de ville, par les prudhommes nommés, des sieurs Moulinier d'Aurieras, et sieur Jean Petigniaud et Leonard Senemaud, adjoins aveque Messieurs Peconet, Origet et Martin, pour faire l'imposition et recouvrement de la taille et autres impositions pour l'année mille sept cent trente six, conformement aux ordres de Monseigneur l'Intendent, — faitte dans la grand'salle de l'hotel de ville de Limoges, le quatriesme decembre mil sept cent trente cinq, par Messieurs les prudhommes nommés

<small>Élection de trois répartiteurs</small>

par Messieurs les consuls, y presidant Monsieur le lieutenant general, en presance de Mr le procureur du Roy.

> Rogier des Essarts, lieutenant general, president dudit hotel de ville; Romanet, procureur du Roy; Benoist, consul; Morel, consul.

Nomination d'un valet de ville.

Aujourd'huy, vingt huit janvier mil sept cents trante six (1), dans la chambre de l'hostel de ville de Limoges, ou estoint assamblés Messieurs Rogier des Essard, lieutenent general et president dudit hostel de ville, et Mr Romanet de la Briderie, procureur du Roy, et Messieurs les prevost et consuls, il a esté exposé par Mr Moreil, prevost et consul, que le nommé Noel Jovie, l'un des vallets de ville, estant decedé despuis peu, et qu'il estoit expedient d'en nommer un autre a sa place afin que le service fust fait sans retardement. Sur quoy, l'affaire mise en deliberation, ils ont tous, d'une commune voix, choisy et nommé pour gager et remplir la place dudit Jovie le nommé Jean Soudanas, fils [d']autre Jean Soudanas, habitant de cette ville, lequel apres avoir [été] interpellé et s'estant presenté, et apres luy avoir fait lever la main et promis de servir bien et fidellement, avec respect et soumission, et apres luy avoir fait prendre l'habit et toque, l'avons installé audit ofice pour

---

(1) De grands travaux de voirie allaient s'effectuer et complètement transformer certains quartiers de Limoges. Au cours de l'année 1736, plusieurs maisons de la rue Mirebeuf furent acquises en vue de l'ouverture de la rue Porte-Tourny. On s'occupait aussi de la place Touruy et du déplacement du cimetiere de Saint-Paul. Le 12 avril 1736, les consuls achetèrent un jardin provenant de la succession du chanoine Dalesme et situé au Maupas, — en mai plusieurs portions de l'enclos des Cordeliers.

Les marguilliers et les bayles des âmes de Saint-Pierre, consentirent à céder, pour les travaux à exécuter, le cimetière *extra-muros* de la paroisse, dit cimetière de St-Paul, sur les propositions de M. de Tourny, « dont le dessein pour l'utilité publique et l'embelissement de la ville est de » faire un chemin a prendre depuis la porte qui va se construire en face de la rue do... (sic) pour » aller joindre la grande route de Clermont, Lyon et autres endroits considerables: ce qu'il ne » peut executer, soit pour l'alignement dudit chemin, soit pour la formation d'une place pour » décorer laditte ville, sans y englober le cimetière de Saint-Paul, dependant de laditte paroisse » de Saint-Pierre, dont on ne se sert que dans des temps ou il arrive des mortalités ex- » traordinaires et dans lequel est construite une petite chapelle appellée « des Ames du purga- » toire », ledit cimetière contenant 925 toises de superficie et confronte d'un côté au grand » chemin de Limoges a Ambazat, d'autre a l'emplacement qui est vis a vis la place des » Cordeliers, et des autres parts aux pré et jardins des reverends pères Feuillants. »

Ce cimetiere fut remplacé par le jardin Dalesme, acquis par les consuls et placé auprès du cimetière de la paroisse de Saint-Maurice. Les consuls s'engagèrent à reconstruire la chapelle sur ce terrain. Le contrat a cet effet entre les consuls et les marguilliers et bailes, est du 12 juillet 1738. (Arch. communales, DD :).

par luy jouir des privilaiges et esmoluments ataché audit ofice, sa vie durant. Fait ledit jour, mois et an que dessus.

> ROGIER DES ESSARTS, lieutenant general, president audit hotel de ville; ROMANET, procureur du Roy; MOREL, consul; BENOIST, consul; DORAT, consul.

Du 18 fevrier 1736.

Louis Urbain Aubert, chevalier, marquis de Tourny, conseiller du Roy en ses conseils, maitre des requetes ordinaires de son hotel, intendant de justice, police et finances en la generalité de Limoges.

S'etant elevé diversité d'avis au sujet de la nomination d'un predicateur pour precher pendant l'Avent de la presente année et Careme de la prochaine mil sept cent trente sept, dans la chaire de Saint Martial de cette ville; de façon qu'ils etoient partagés entre le Pere Plumant, jesuite, de la maison de Saintes, et le Pere Goüet, Religieux Jacobin du couvent de Limoges, tous deux predicateurs de reputation, les sieurs consuls se seroient remis a nous de ladite nomination; et en consequence, ayant consulté la commodité desdits predicateurs, nous avons determiné que le Pere Goüet precheroit lesdits Avent et Caresme dans ladite chaire de Saint Martial, et le Pere Plumant les Avent et Caresme suivans. Seront a cet effet l'un et l'autre invités par lesdits sieurs consuls de se tenir prets pour lesdits cours de sermons. Fait a Limoges, ledit jour, dix huit fevrier 1736.

L'Intendant sur la prière des consuls désigne le prédicateur pour 1736-1737 et celui pour 1737-1738.

AUBERT DE TOURNY (1).

Aujourd'huy, troisiesme jour du mois de may mille sept cent trente six, dans l'hotel commun de la ville de Limoges, ou estoint assemblés Messieurs le lieutenant general et procureur du Roy, Messieurs les prevost, consuls et la majeure et plus saine partie des habitans convoqués au son du tambour, a esté representé par Monsieur Benoist de Venteaux, prevost consul, que le nommé Demathias, fermier du droit de couretage (2), en consequence du

Perception des droits de courtage. Assemblée de ville

---

(1) Cette décision est écrite sur le registre de la main même de M. de Tourny, semble-t-il.
(2) Il était d'un grand intérêt pour la ville que le produit de ce droit, destiné à éteindre la créance des incendiés de Montmailler (voir ci-dessus, p. 285), ne diminuât pas. De là la décision de l'assemblée de ville contraire aux prétentions des négociants.

bail a luy consenty le (1), il auroit voulu persevoir les droits attribués audit couretage, se pretendant fondé en droit, en conséquence des ordonnances rendues par Messieurs de Roulhès, Dorcès et de Tourny, intendants de cette generalité. Sur quoy, le sieur Brigeuil et autres marchands de vin de cette ville auroint formés opositions et fait appel desdites ordonnances, pretendans que le droit de couretage n'estoit dheu que pour raison du vin estrangier, huilles, au-de-vie et autres liqueurs fortes qui arrivent en cette ville et qui se conduisent et se debitent sur les places de Saint-Gerald, porte des Arcsnes et Monmalier, sans que lesdits marchands soient tenus de payer ledit couretage pour les vins, au de vies et autres liqueurs qu'ils vont cherchers eux mêmes et qu'ils font conduires pour leurs comptes : en telle sorte que l'affere auroit esté porté au Conseil au raport de Monsieur de Lescalopiers, maitre des requettes, ou ledit Demathias auroit pris commission et fait assigner lesdits sieurs prevost et consuls en prise de fait et cause, pour faire valoir et subsister ledit bail avec tous depens, domajes et interest. Sur laquelle representation lesdits sieurs habitans, apres avoir deliberé entre eux, on d'une commune voy prié nosdits sieurs prevost, consuls, de vouloir prendre le fait et cause pour ledit sieur Demathias et faire valoir ledit bail; a ces fains, charger un advocat au Conseil d'intervenir dans ladite instance et demander que ledit droit de couretage soit maintenu et confirmé, en ce que neanmoins ledit Demathias ne poura pretendre la perception desdits droits que conformement a l'entien usage et de la meme fason que les prede[ce]sseurs dudit Mathias, fermiers dudit droit, l'ong persus. Pour raison de quoy, en cas de contestation de la part dudit Demathias, il plaise au Conseil renvoyer par devers Monsieur de Tourny, intendant de cette generalité, estre procedé a une enquette, pour, ycelle faitte et renvoyée au Conseil, estre ordonné ce qu'il appartiendra.

BENOIST, prevost consul; MOREL, consul; PECONNET; P. MARTIN; NAVIERES DU TREUIL; LAFOSSE; MARTIN; CHASTAIGNAT; LASNIER; TEULIER (?); H. LAVAUD; DALESME DE GORSES (?); J. FROMENT; NICOT; MOULINIER; MARTIN; J. PETINAUD; G. LAFOSSE, BRUNIER; MARTIN; NOURY (?); ROUSSET; J. GUERIN; BOURDEAU; DE ROULHAC DE TRACHAUSSADE; ROGIER DES ESSARTS; ROMANET, procureur du Roy.

(1) Un blanc.

— 417 —

<small>Ouverture d'une porte sur l'emplacement de l'ancienne porte Mirebœuf. Assemblée de ville.</small>

Aujourdhuy, le cinquiesme mars mille sept cent trente six, dans l'hotel commun de la ville de Limoges, ou estoient assamblés Messieurs le lieutenant general et procureur du Roy, Messieurs les prevost et consuls, et la majeure et plus saine partie des habitans de la ville, assamblés au son du tambourg, a esté exposé par Monsieur Benoist de Venteaux que, s'estant fait une bresche dans le mur de la ville, apres (*sic*) de l'eperons de Saint-Martin (1), il a esté rendu une ordonnance par Messieurs du Bureau (2), sur le requisitoire de M^r le procureur du Roy audit bureau, par laquelle le mur a esté totallement demoly; que, dans cet estat, lesdits sieurs consuls on eu l'honneur de presanter leurs requettes a Monseigneur de Tourny, intandans de cette provaince, aux fins qui leur fü permis de faire une convocation d'habitans pour deliberer s'il estoit aventajeux a la ville qu'on fit une porte dans ce endroit, et s'il estoit plus convenable de retablir ledit mur.

Sur quoy, la chose mise en deliberation, lesdits sieurs habitans ont d'une commune voy, dit et declaré qu'il est d'un aventage tres considerable pour la ville qu'il soit fait une porte dans l'endroit ou le mur a esté demoly, et ou entienement il y en avoit une qu'on appelloit la porte des Venitiens (3); que cette porte serviroit non seulement d'ambelissement par la facillité qu'elle donneroit pour des promenades publiques, mais encore par le commerce fleurissant qu'elle procureroit aux habitans par la facilité qu'elle donneroit aux estrangiers d'arriver tout d'un coup au cœur de la ville en suivant la grande route de Lion, de l'Auvergne, du Berry et de la Marche; que le beure qui vient de Gueret seroit tout transporté au poid du Roy, au lieu qu'estant obligé de faire un long circuy pour arriver dans la ville, les marchands qui le conduisent n'en aporte que pour la subsistance de la ville [et] qu'une tres petite portion; que le bois qui se prend au port du Navey seroit plus facile a conduire et a moins de frais; qu'en fins l'ong pouroit establir un corps de cazerne dans l'emplassement qui se trouve aupres de ladite porte en prenens les masures qui y joignes. Ainsy, ils ont prié et requis mesdits sieurs les consuls de suplier Monseigneur de Tourny de

<small>(1) L'éperon Saint-Martin était placé tout auprès de l'ancienne tour de la Chaufferatte, et à peu près au débouché actuel de la rue Porte-Tourny.
(2) Du Bureau des Finances.
(3) Nous ne connaissons pas un seul document antérieur qui fasse mention de cette *Porte des Vénitiens*. Au sujet de la colonie Vénitienne de Limoges, sur laquelle les recherches faites sur les démarches de notre compatriote et ami L. Drapeyron et les nôtres, dans les archives de l'Etat et du Commerce, à Venise, n'ont amené la découverte d'aucun document, on peut consulter notre article *Une colonie Vénitienne à Limoges au moyen-âge*, dans la *Revue de Géographie*, 5e année (1882), 7e livraison, p. 42. — On a vu, par la note de la page 414 ci-dessus, que les travaux de voirie destinés à créer des aboutissants furent sur le champ entrepris : des acquisitions d'immeubles furent faites quelques semaines plus tard.</small>

vouloir octoriser ladite deliberation et pourvoir au plustost a la construction de ladite porte.

> Benoist, prevot consul; Muret, consul; Peconnet du Chastenet; Martin; Moulinier; Duclou; G. Petiniaud; Thevenin; G. Lafosse; Dalesme de Gorsse; L. Senemaud; Nicolas Ardant; Buxerolles; Peyroche l'ainé; Peyroche jeune; Thevenin; Nicot; G. Froment Teulier; Barbou; Chastaignac; Ardilier; Faudry (?) l'ayné; Vidaud; Durand du Boucheron; Bourdeaux jeune; Guineau Dupré; Gastineau; Laforest freres; Teulier et fils; Declareuil; Rogier des Essarts, lieutenant general, president de l'hostel de ville; Romanet, procureur du Roy.

Élection de trois répartiteurs

Eslection faite ce jourdhuy, dans l'hostel de ville, par les prudhommes nommés, des sieurs Clemans, advocat; M⁺ Guybert, marchand, et Guerin pere, adjoint avec Messieurs Moulinier d'Aurieras, Petignaud et Senamaud, pour faire l'imposition et recouvrement de la taille et autres impositions pour l'année mil sept cents trante sept, conformement aux ordres de Monseigneur l'intendant, faite dans la grand salle de l'hostel de ville de Limoges, le quatriesme dexembre mil sept cents trante six, par Messieurs les prudhommes nommés par Messieurs les consuls, y president Monsieur le lieutenant general, en presence du procureur du Roy.

> Rogier des Essarts; Romanet; Benoist, consul (1).

Nomination de Martial Nadaud en qualité de secrétaire greffier

Aujourd'huy, dixieme avril mille sept cents trante sept, dans l'hotel de ville de Limoges, ou estoient assemblés Messieurs le lieutenant general, procureur du Roy, prevost et consuls en charge la presente année, le prevot consul a dit que Ieacinte Pailher, secretaire et greffier dudit hostel de ville, qui en a fait

---

(1) Depuis longtemps nous n'avions pas rencontré à notre registre mention des répartiteurs et collecteurs. Mais il faut remarquer que cette nomination coïncide avec l'interruption des élections municipales. Au surplus, elle se rapporte à l'époque où un essai de l'établissement de la taille tarifée fut tenté par l'intendant de Tourny, conformément du reste à l'autorisation du gouvernement. L'édit de 1715 avait remis aux intendants le soin de faire procéder à la confection du rôle des tailles. Dans plusieurs généralités on essaya sinon de modifier l'assiette meme de la taille, ce qui n'était guère possible, tout au moins d'arriver à une plus juste répartition. Même avant Turgot, de grands efforts furent faits dans ce but en Limousin.

les fonctions avec honneur et fidelité, n'est plus en estat par son grand age de les continuer et qu'il est necessaire de pourvoir a sa place d'une autre personne capable pour remplir lesdites fonctions de secretaire greffier dudit hotel de ville. Sur quoy, l'affaire mise en deliberation, tous d'une commune voix et du consentement du procureur du Roy, avons choisy et nommé sieur Martial Nadaud, greffier dudit hotel de ville, a ces fins qu'il sera mandé pour accepter et preter le sermant.

Rogier des Essarts; Romanet, procureur du Roy; Benoist, consul; Morel, consul; Dorat, consul.

Et a l'instant, avons mandé le dit sieur Nadaud, qui, s'estant presenté, nous avons pris de luy et receu le serment de bien et fidellement vacquer aux fonctions de secretaire et greffier dudit hotel de ville, ce que nous lui avons enjoins de faire et a signé :

Nadaud; Rogier des Essarts.

Veu bon : Aubert de Tourny.

Élection de trois répartiteurs.

Election faitte ce jourdhuy, dans l'hotel de ville, par les prudhommes nommés, des sieurs Faure, bourgeois; Ardillier jeune, et Rouilhac Traschaussade, marchand, adjoint, avec Messieurs Clemens, Guibert, Guerin, marchand, pour faire l'imposition et et recouvrements des tailles et autres imposition pour l'année mille sept cent trente huit, conformement aux ordres de Monseigneur l'intendant, — faitte dans la grande salle de l'hotel de ville de Limoges, le quatriesme decembre mille sept cens trente sept, par Messieurs les prudhommes nommés par Messieurs les consuls, y president Monsieur le lieutenant general, en presance du procureur du Roy.

Rogier des Essarts, lieutenant general, president de l'hotel de ville; Benoist, consul; Muret, consul; Romanet, procureur du Roy.

Eslections et nomination de Messieurs les consuls, faitte dans la grande salle de l'hotel de ville de Limoges, le vingt neuf decembre mille sept cens trente sept, par Messieurs les prudhommes nommés par Messieurs les consuls en charge, en la maniere acoustumée, en presance desdits sieurs consuls et du consentement du procureur du Roy, y president Monsieur des Bailles, lieutenant particulier en la seneschaussée et siege presidial de Limoges et president dudit hoptel de ville, pour l'année mil sept cens trente huict, en consequence de l'aresté du Conseil de l'Estat du Roy, qui retably toutes les villes de son royaume dans le droit de se choisir des officiers municipaux a la maniere acoutumée.

Ont etés eslus consuls :
Mr Juge de Saint-Martin, conseiller; Mr Faure, bourgeois; Mr Ardiller jeune, marchand.

BENOIST, consul; MURET, consul; DORAT, consul.

Le procureur du Roy requiert qu'il soit donné acte de la nomination presentement faitte des personnes de Monsieur Juge de Saint-Martin, conseiller; Mr Faure, bourgois; Mr Ardiller jeune, marchand.

En consequence, requiert qu'ils soient appellés pour prester le serment, comme aussy du pouvoir a eux donné par les habitans de toucher les sommes qui seront dhues a la ville, comprises dans l'estat du Roy pour les années mil sept cents trente huit et suivantes.

ROMANET.

Nous, faisans droits du requisitoire du procureur du Roy, avons donné acte de la nomination presantement faitte des personnes de Mrs Juge de Saint-Martin, conseiller, premier consul; Faure et Ardilier, pour consuls pour l'année mil sept cents trente huict; en consequence, ordonnons qu'ils se presenterons pour prester le serment au cas requis, et avons donné acte du pouvoir a eux donné de toucher les sommes qui seront dhues a la ville sur l'estat du Roy pour les années mil sept cens trente huict et suivantes.

NOALHIÉ, lieutenent particulier.

Louis Urbain Aubert, chevalier, marquis de Tourny, baron de Vally, seigneur de Pressaigny, Laqueuedaix, Thil et autres lieux, conseiller du Roy en ses conseils, maître des requetes ordinaire de son hotel, intendant de justice, police et finances en la generalité de Limoges,

S'etant elevé diversité d'avis entre les sieurs consuls de cette ville au sujet de la nomination d'un predicateur pour prescher pendant l'Avent de la presente année et Careme de la prochaine mil sept cent trente neuf, dans la chaire de Saint Martial de cette ville, ils se seroient remis a nous de ladite nomination. En consequence de quoy, nous l'aurions faite en faveur du pere Bureau, cordelier, lequel sera a cet effet invité par lesdits sieurs consuls de se tenir prest pour lesdits cours de sermons. Fait a Limoges, le vingt cinq janvier mil sept cens trente huit.

AUBERT DE TOURNY.

Désignation par l'Intendant du prédicateur pour 1738-1739.

Aujourd'huy, trent'utiesme juillet mil sept cens trente huict (*sic*), ou ont esté assemblés en l'hotel commun de cette ville Monsieur Rogier des Essards, lieutenant general civil et de police, Mᵣ Romanet de La Briderie, procureur du Roy; Mʳ Juge de Saint-Martin, prevost consul; Mʳ Benoist, Mʳ Dorat, Mʳ Ardillier et Mʳ Moreil, consuls en charge la presante année; lesquels apres avoir observé toutes les formalités requises, avoir fait afficher et publier au son du tambourgt par diverses fois, aux fins de trouver des fermiers et encherisseurs pour la perception des droits accoustumés estre levés sur les plasages des pains que menent transportés (*sic*) par les boulangers d'Aixe et Solignac en cette ville, se sont presantés le sieur Raby, ci devant fermier desdits droits, et apres avoir receus tant son enchere que celles de plusieurs autres, se seroient presantés Jean Ebrard et son gendre, Martial Toucaud, Mᵉ sargetier de la dite ville, qui auroient offerts la somme de quatre vingt livres annuellement. Veu laquelle enchere qui s'est trouvée plus haute que celles des

Adjudication des droits de place

autres particuliers qui se sont presantés, laquelle nous avons acceptée, et en consequence leur avons adjugés et affermés lesdits droits pour les temps et terme de sept années prochaines et consecutives, qui commencerons a courrir au jour de demain, premier du mois d'aoust, et continuerons de meme pour finir a pareil et semblable jour, en ce que lesdits susnommés serons tenus de payer de six en six mois, par advence es mains du sieur Pailler, receveur des patrimoniaux de ladite ville ; et ne pourons yceux Jean Ebrard et Martial Toucaud, son gendre, percevoir de plus grand drois que ceux qui sont accoutumé estre perçus suivant et conformement a l'entien usage. Ce que nous, Jean Ebrard et Martial Toucaud, prometons tenir et executer pendant nostre susdit bail, a peine d'y estre contrains comme pour deniers royaux et affaires de Sa Majesté ; et pour l'execution des presantes s'est présanté Jean Seguit, marchand tailleur, [qui] s'est rendu cossion pour Jean Ebrard et Martial Toucaud, lesquels ont déclaré ne scavoir signer, de ce requis (1).

ROGIER DES ESSARTS ; ROMANET, procureur du Roy ; BENOIST, consul ; JUGE SAINT-MARTIN, prevot consul ; DORAT, consul ; ARDILIER, consul ; MOREL, consul.

Élection des consuls du 7 décembre 1738.

Election et nomination de Messieurs les consuls, faitte dans la grande salle de l'hotel de ville de Limoges, le septiesme decembre mille sept cens trente huict, en consequence de l'arrest du Conseil de l'estat du Roy, par Messieurs les prudhommes nommés par messieurs les consuls en charge, en la maniere acoutumée, en presence desdits sieurs consuls et du consentement du procureur du Roy, y president Mʳ Mʳᵉ Jean Pierre Rogier, lieutenent general en la senechaussée et siege presidial de Limoges et president dudit hoptel de ville, et ce pour l'année 1739 (2).

JUGE SAINT-MARTIN, prevost consul ; BENOIST ; FAURE ; DORAT ; ARDILIER, consul.

Le procureur du Roy requiert qu'il soit donné acte de la nomination presentement faitte des personnes de Messieurs Jean Gre-

---

(1) Cette ferme est faite à peu près dans les mêmes termes qu'au XVᵉ siècle. Nous possédons plusieurs adjudications de cette epoque.
(2) Le greffier a omis d'inscrire les résultats du scrutin.

goire de Roulhiac, conseiller, premier consuls; Barthelemy Dorat de Mons, second consuls; et Gregoire de Laffosse de Chandaurat, troisiesme consuls.

En consequence, requiert qu'il soient appellés pour prester le serment, comme aussy du pouuoir (sic) a eux donné par les habitans de toucher les sommes qui seront dhues a la ville, comprises dans l'estat du Roy pour l'année mil sept cens trente neuf et suivantes.

ROMANET.

Nous, faisans droit du requisitoire du procureur du Roy, avons donné acte de la nomination presentement faitte des personnes de M*rs* Jean Gregoire Rouilhac, seigneur du Rouveix, conseiller du Roy au presidial; Barthelemy Dorat, sieur des Monts, et Gregoire Lafosse de Chandorat, bourgeois et marchand, pour consuls pour l'année mille sept cens trente neuf. En consequence, ordonnons qu'il se presanterons pour prester le sermens au cas requis; et avons donné acte du pouvoir a eux donné de toucher les sommes qui seront dhues a la ville sur l'estat du Roy pour les années mille sept cens trente neuf et suivantes.

ROGIER DES ESSARTS, lieutenant general, president de l'hotel de ville.

Désignation d'un prédicateur pour 1739-1740 et 1740-1741.

Aujourd'huy, septiesme jour du mois de decembre mille sept cens trente huict, dans la chambre du conseil de l'hotel de ville de Limoges, ou estoient assemblés Messieurs le lieutenant general et en cette qualité president de l'hotel de ladite ville, et M*r* le procureur du Roy de la seneschaussée, et Messieurs les prevost et consuls soussignés, tous assemblés pour proceder a la nomination du predicateur qui doit precher l'Avant de mille sept cens trente neuf et le Caresme de mille sept cens quarante; sur les constes[ta]tions elevées entre lesdits predicateurs qui son proposé, il a esté convenu unanimement que le pere Gueydon, Jesuiste, prechera l'Avan de mille sept cens trente neuf et le Caresme ensuivant mille sept cens quarante, et le reverend pere Colomb, religieux Jacobin, a esté pareillement nommé pour precher l'Avant de mille sept cens quarante et le Caresme ensuivant mille sept cens quarante un : en ce que, tant le reverend pere Gueydon que le reverand pere Colomb, ne pourons subtituer d'autres predicateurs a leurs places et qu'il serons tenus de precher les cinq sermons par saimmaines, suivant l'uzage ordinaire ; et affin qu'il ne puisse arriver a ce subjets de changement, nous sommes convenu de suplier Monseigneur l'Intendant d'y vouloir y donner son agrement.

   Juge Saint-Martin, prevôst consul; De Roulhac du Rouveix, consul; Faure, consul; Dorat, consul; Ardilier, consul (1).

Chute du rempart auprès de la porte des Arènes. Aujourd'huy, vingt uniesme feuvrier mille sept cens trente neuf, dans l'hotel de ville, ou estoint assemblés les prevost et consuls, Mʳ le lieutenant general absent, le procureur du Roy a dit qu'il est obligé, par le devoir de son ministere et l'interest du Roy et du publicq, d'esposer qu'il a esté adverty qu'une partie des murs de la porte des Arresnes son tombés, qu'il seroit necessaire d'ans constater la ruine par un proces verbal fait par les consuls, comme il se pratiquat au mois de decembre de l'année mille sept cens dix huit lorsque les murs joinant la porte Boucherie tomberent, pour, le proces verbal fait et raporté a Mʳ l'Intendant, estre pourveu sur iceluy comme il appartiendra.

             Romanet, consul.

A esté deliberé que, sur l'exposé de Mʳ le procureur du Roy, nous, assemblés dans la salle de l'hotel de la presante ville, a esté convenu que nous nous transporterions, le vingt cinquiesme du presant mois, dans le lieu ou son tombé les murs dont est question, avec un architecte que nous choisirons a cet effect, pour y dresser notre proces verbal, comme il se pratiquat lort de la ruine des murs de la porte Boucherie. Fait comme dessus, le vingt uniesme feuvrier mille sept cens trente neuf.

   Faure, prevost consul; Juge Saint-Martin, consul; G. Lafosse de Champdorat, consul; Dorat des Mons, consul; De Roulhac du Rouveix, consul.

---

(1) En 1738, il y eut disette, et à Limoges le prix du setier de seigle s'éleva à 12 livres. L'abbé Legros rapporte, dans la *Continuation des Annales*, que Mgr de l'Isle du Guast nourrit jusqu'à cent pauvres, pendant trois mois, dans le réfectoire des Sœurs de la Croix. Le charitable prélat avait fait vendre à Paris toute son argenterie, ce qui n'empêcha pas la rumeur publique de l'accuser de chercher à empoisonner les indigents : ceux-ci refusèrent d'aller aux Sœurs de la Croix. Il fallut, pour détruire ce bruit absurde, que l'évêque assemblât ses pauvres et goutât devant eux, le premier, à la soupe qui leur était servie.

  Les travaux de la place Tourny étaient commencés en 1738. Cette année-là même on démolit la chapelle dite Sainte-Marthe dont nous avons parlé plus haut (note 1 de la page 414) qui avait d'abord été construite dans le cimetière de Saint-Laurent, puis englobée dans celui de Saint-Paul. Elle servit longtemps d'oratoire à la Confrérie des Jacquiers ou pèlerins de saint Jacques.

Le vingt cinquiesme jour du mois de feuvrier mille sept cens trente neuf, apres midy, je, premier huissier audientier aux decimes du diocese de Limoges, y immatriculé au greffe d'icelle, demeurant a Limoges, rue des Combes, paroisse de Saint Michel des Lions, [certifie] que, a la requette de Messieurs les prevost et consuls de la ville de Limoges, qui on esleu pour domicille l'hotel commun de ladite ville de Limoges, scituée rue du Consulat, paroisse de Saint Pierre du Queyroy, m'estre *(sic)* porté par devers et au domicille de Mr Maitre Pierre Faute, procureur du Roy au bureau des finances de la generalité de Limoges, rue Magnigne, susditte paroisse de Saint Pierre, ou estant et parlant a sa personne, je luy ay déclaré que lesdits sieurs consuls ont lieu d'estre surpris de l'ordonnance inconsideré qu'il a fait rendre le vingtiesme du presant mois audit bureau des finances, et signifiée par Papon, huissier, le vingt uniesme dudit mois de feuvrier, par laquelle il est enjoin auxdits sieurs prevost et consuls de veillier a la conservation des materiaux des murs de la presante ville qui sont tombés en ruine joignant la porte des Arresnes, a peine d'en repondre en leurs propres et privés noms (1), lesdits sieurs du Bureau n'ayant aucune juridiction pour faire une pareille injonction audit sieurs prevost et consuls, dont les fonctions son autres que d'etre gardiens desdits materiaux ; c'est pourquoi lesdits sieurs prevost et consuls declarent qu'ils sont opposants et appellants de ladite ordonnance comme contre eux injurieuse et rendue par juges incompetants, protestants de s'en pourvoir pour la faire casser et annuller avec tous depens, domages interest. Dont acte fait par moy, Martial du Fournieux, huissier, et controlé par Baresges.

<small>Protestation signifiée aux trésoriers de France au sujet de l'acte ci-après.</small>

FAURE, prevost consul ; DE ROULHAC DU ROUVEIX, consul ; G. LAFOSSE DE CHAMPDORAT, consul ; ARDILLER, consul ; DORAT DES MONS, consul ; JUGE SAINT-MARTIN, consul.

Coppie de l'acte que Messieurs les tresoriers ont fait signifier a Messieurs les prevost et consuls, dont la réponse est cy dessus.

Les presidents tresoriers de France, generaux des finances, chevaliers, conseillers du Roy, juges, directeurs du domaine et grand voyeurs en la generalité de Limoges,... (2).

<small>(1) On a vu plus haut un incident et des significations et contresignifications analogues à propos de la chute de la couverture de la porte Montmailler (p. 378 et 379).
(2) La délibération du Bureau n'est donnée ici que par extraits, et une partie du préambule manque.</small>

Le procureur du Roy qui a eu communiquation du presant proces verbal, requiert que, quant a ce qui conserne la partie des murs joignant la porte des Arresnes il soit enjoint et ordonné aux proprietaires desdites maisons, situées vis a vis ledit pan, de la faire appuyer par un ou plusieurs appuys, qu'ils aurons soins de faire placer le plus pres du mur qu'il sera possible pour ne point embarasser la voye publique. En outre, requiert que le blocq de pierre restant en ruine mentionné audit proces verbal soit demolit et qu'il soit fait deffances a toutes sortes de personnes, de quelques qualités et conditions qu'elles soient, d'enlever les materiaux desdits murs renversés, a peine de mille livres d'amendes et de tous depens, dommages et interets, avec injonctions aux sieurs prevost et consuls de la presante ville de veiller a la conservation d'iceux, a peine d'en repondre en leurs propres et privés noms; qu'a ce faire l'ordonnance qui interviendra sera leue, publiée et affichée partout ou besoin sera. Fait au parquet du Bureau des Finances, chambre du Domaine et Voyrie, à Limoges, le vinttiesme jour du mois de feuvrier mille sept cens trente neuf.

Signé : FAUTE DU PUY D'AUTOUR, procureur du Roy.

Le Bureau, faisant droit des conclusions du procureur du Roy, a permis et permet aux proprietaires des maisons situées vis a vis le pan du mur joignant la porte des Arresnes, de le faire appuyer par un ou plusieurs appuys qu'ils aurons soin de faire placer le plus pres du mur qu'il sera possible, pour ne point embarasser la voie publique. Ordonne que le blocq de pierre restant en ruines, mentionné audit proces verbal, soit demolit. En consequence, a fait defances a touttes sortes de personnes, de quelques qualités et condictions qu'elles soient, d'enlever les materiaux desdits murs renversés, a peine de mille livres d'amende et de tous depens, dommages interests, avec injointions aux sieurs prevost et consuls de la presante ville, de veiller a la conservation d'iceux, a peine d'en repondre en leurs propres et privés noms; qu'a ce faire, la presante ordonnance sera leue et publiée et affichée partout ou besoin sera. Fait au Bureau des finances, chambre du Domaine et

---

(1) Un arrêt du conseil du 31 mars 1739 fixe le nombre des imprimeurs dans chacune des villes du royaume. Il y en aura deux à Limoges, deux à Angoulême, un à Tulle. L'arrêt du 12 mai 1759 confirme ces chiffres pour Angoulême et pour Tulle, mais élève à quatre le nombre des imprimeries de la capitale de la généralité (Archives départementales, C 18).

Voyrie, a Limoges, le vingttiesme jour du mois de feuvrier mille sept cens trente neuf.

Signé : MOREL; LEONARD DE FRAYSSANGES; BLONDAUD LA BASTIDE; DE FREDAIGNE; GARAT DE SAINT-YRIEX; GOUDIN; MAILLIARD, et DACHES, greffier.

Signification aux consuls.

L'an mille sept cens trente-neuf, le vingtiesme jour du mois de feuvrier, certifie je, huissier au bureau des finances, qu'a la requete de Monsieur Pierre Faulte, ecuyer, seigneur du Puy d'Autour, procureur du Roy au bureau des finances de la generalité de Limoges, y demeurant en sa maison, scize et située rue Magnigne, paroisse de St Pierre du Queyroix, ou il a fait election de domicille en vertu de l'ordonnance de nos seigneurs dudit bureau des finances de Limoges, en datte dudit jour, vingtiesme dudit mois et an, sur le requis de mondit sieur le procureur du Roy, aussy du mesme jour et an que dessus, je me suis expres porté par devers et au domicille du sieur Nadaud le jeune, secretaire de Messieurs les consuls de la presant ville de Limoges, demeurant pres le petit cimetiere de Saint Michel des Lions (1), susdite paroisse, ou estant et parlant a sa personne, je luy ai inthimé et signifié tant ledit requisitoire de mondit sieur le procureur du Roy, qu'ordonnance de nos seigneurs les tresoriers de France ; et en consequence, j'ay audit Nadaud jeune, en parlant comme dessus, enjoint de le faire scavoir a Messieurs les consuls en charge ladite année mille sept cens trente neuf, aux fins par eux de tenir la main a ladite ordonnance, auxquels (*sic*) dits sieurs consuls, en parlant comme dessus ; et faute par eux de l'executer, qu'ils y seront contraints aux paines portées par icelles, auxquels dits sieurs consuls et Nadaud jeune, en parlant comme dessus, et affin qu'ils n'en ignorent, coppie leurs a esté laissée tant dudit requisitoire dudit sieur procureur du Roy, qu'ordonnance de nosdits seigneurs les tresoriers de France au long et par entier, que de mon presant acte. Fait par moy soussigné. *Signé* : PAPON, huissier.

---

(1) On appelait ainsi la place Fontaine-Saint-Michel ; on a donné aussi et plus particulièrement jusqu'à la fin du XVIe siècle, ce nom à la petite place qui précède la porte du côté de la rue des Fossés.

Proces verbal fait par Messieurs les prevost et consuls, de l'etat des murs et de la breche aupres de la porte des Arrennes.

Aujourd'huy, vingt cinquieme jour du mois de feuvrier mil sept cens trente neuf, a deux heures de relevée, nous, prevost et consuls soubsignés, assemblés en l'hostel commun de la ville de Limoges, en suivant et executant le requisitoire de M^r le procureur du Roy du 21e du present mois, ensemble la deliberation par nous faitte dudit jour, nous nous sommes portés, en compagnie de Monsieur Me Jean Cluzeau, prêtre communaliste de St Michel, ingenieur et architecte (1), a la porte des Arrennes de ladite ville, — ou estant arrivés, ledit sieur Cluzeau nous auroit fait remarquer que la breche ou chute des murs attenante a la tour et porte des Arrennes, de l'etendue de trente sept pieds de longeur sur vingt de hauteur, provient en premier lieu de ce que, pour fournir des terrains favorables pour mettre a niveau la place faitte et construitte sur l'ancien amphiteatre nommé des Arrennes, on auroit retiré tous les terrains de l'escarpe desdits murs, de la hauteur d'environ douze a quatorse pieds, ce qui a laissé les murs comme suspendus sur ces mauvais terrains : lesquels murs soubstenus sur toutte leur etendue sur des pilastres distans d'environ cinq toises de l'un a l'autre et par des arches de pierre (2) de clicards (3), de l'epaisseur desdits murs, qui est celle de sept pieds, sur la hauteur de vingt, se sont trouvés sans soubstients; en segond lieu que ces mesmes murs et dans ce meme endroit, de l'etendue de cens soixante pieds, s'etant par leur vetusté renversés, il y a environ quarante ans, jusqu'a la hauteur des arches qui les portoient et au niveau du terrain de l'escarpe, ils auroient esté remontés dans ce meme temps sur les memes et anciennes arches qui portoient les precedents. Les entrepreneurs n'ayan poin examinés ce qui estoint defectueux dans lesdittes arches, se seroient contentés de construire ce nouveau mur moins epais que le premier et sur des arches a demy ruinées, auxquelles ils ne donnerent d'autre coupe ou trait que le plan du terrain dans sa scituation : ce qui a fait que l'arche la plus pres de la tour s'etant partagée en deux, portant une ancienne masse de mur qui n'avoit jamais bougé, dont partie

---

(1) Nous avons déjà vu Jean Cluzeau dresser semblable procès-verbal à la suite de la chute du rempart auprès de la porte Boucherie (p. 266).

(2) On voit que la disposition du rempart était la même partout, nous avons trouvé la même description au passage relatif à la brèche de la porte Boucherie.

(3) Nous ne pouvons lire autre chose. Faut-il entendre par là des pierres plates, non taillées et de petites dimensions?

d'iceluy mur, estant sur la longueur de dix huit pieds et sur celle de vingt de hauteur et de sept d'epaisseur, menace d'une ruine imminente, la demy arcade qui le porte etant desja a demy ruinée et en danger d'entrainer cette partie du mur, de mesme que le partage des autres arcades ont entrainé la ruine de l'autre mur qui est desjas tombé : ce que ledit sieur Cluzeaud nous a fait observer, et qu'il falloit faire demolir le restant dudit mur pour empescher les accidents qui pourroient en arriver aux voisins qui confrontent lesdits murs, qui se trouve avoir son penchant en dedans de la ville; la chûte duquel renverseroit infailliblement leurs maisons, tandis que la chute des autres est heureusement tombé du costé du fossé, sans avoir causé aucun domage. Dont et de tout quoy avons dressé nostre present verbal pour servir et valoir que de raison, et avons signé, ledit jour mois et an que dessus.

   FAURE, prevost consul ; DE ROULHAC DU ROUVEIX, consul ; DORAT DES MONTS, consul ; G. LAFOSSE DE CHAMPDORAT, consul ; ARDANT, consul ; JUGE SAINT MARTIN, consul ; J. CLUZEAU, prêtre.

Aujourd'huy, sixiesme jour du mois d'avril mille sept cens trente neuf, dans la chambre du conseil de l'hotel de ville, ou estoient assemblés Messieurs les prevost et consuls, en presance de Mr Rogier des Essards, lieutenant general et Mr Romanet, seigneur de la Briderie, procureur du Roy, a esté representé par le prevost et consul que s'estant rendu hier, cinquiesme du courant, avec les valets et capitaines dudit hotel, chez les Peres Augustins, pour entendre le predicateur de ladite ville qui avoit coutume d'y prescher ce jour la suivant l'usage, ils rencontrerent le Pere Lagarde et un autre religieux, a qui ils demanderent qu'on leur ouvrit la sale ou ils avoient de coutume d'estre receus, en attendant que la seremonie commansat. Ces deux religieux leur respondirent qu'ils ne vouloient point ouvrir ladite porte ny les recevoir, ne les connoissant pas. Un mepris et une insulte de telle espece, par rapport a la qualité desdits sieurs prevosts et consuls, les obligea de se retirer, et pour y obvier et ne plus se trouver exposés a un tel mepris, il a esté unanimement convenu, tant par lesdits sieurs prevost et consuls que du consentement dudit sieur lieutenant general et procureur du Roy, qu'a l'avenir le sermon du dimanche de Quasimodo seroit trenferé et presché le meme jour

Les consuls ayant à se plaindre des Augustins décident que le sermon de Quasimodo sera donné à Saint-Pierre-du-Queyroix.

dans l'eglise paroissialle de S¹ Pierre du Quayroir, ou assisteront lesdits sieurs prevosts et consuls qui se trouveront en charge.

Rogier des Essarts ; Dorat des Mons, prevost consul ; Juge Saint Martin, consul ; De Rouilhac du Rouveix, consul ; Faure, consul ; Ardilier, consul ; G. Lafosse, Romanet, procureur du Roy.

Nomination de trois administrateurs de l'hôpital. Protestation du prévôt-consul.

Aujourd'huy, sixiesme jour du mois de may mille sept cens trente neuf, dans la salle de l'hotel commun de cette ville, ou estoient assemblés Messieurs Jean Pierre Rogier des Essards, lieutenant general en la seneschaussée et en cette qualité president dudit hoptel de ville, et Martial Romanet de la Brideric, procureur du Roy en la ditte seneschaussée et audit hoptel de ville, les sieurs prevost et consuls, — le sieur Ardillier, prevost consul, a exposé qu'en conformité des antiens usages et des estatus et lettres patantes portant etablissement de l'hopital general de cette ville, il doit estre prosedé a la nomination de trois administrateurs a la place des trois qui sortent de charge. La chose mise en deliberation, le sieur Dorat des Mons a nommé pour administrateurs les sieurs Faures et Ardillers et continüé le sieur Du Puy d'Autour ; le sieur Faure a nommé les sieurs de Saint-Martin et Ardilliers pour administrateurs et continué le sieur Du Puy d'Autour ; le sieur Roulhiat a nommé les sieurs de Saint-Martin et Faure et continué le sieur Du Puy d'Autour ; le sieur de Saint-Martin a nommé les sieurs Roulhiat et Faure et continué le sieur Du Puy d'Autour ; et a l'egard du sieur Ardillier, il a declaré continuer le sieur Du Puy d'Autour, et pour ce qui est des nouveaux administrateurs, il a nommé le sieur Faure et c'est donné sa voy pour luy mesme, comme prevost consuls ; sur quoy, le sieur lieutenant general, president de l'hotel de ville, a nommé de son chef les sieurs de Saint-Martin et Faure pour nouvaux administrateurs et continué le sieur Du Puy d'Autour ; et comme la preponderente est de droit au president et que le prevost consul n'a pas plus de droit qu'un autre consuls lorsqu'il s'agit d'affaires ou tout le corps de ville est assemblé ; que d'allieurs il ne convient point au sieur Ardillier de se nommer soit meme, a moins qu'il n'y ay de certaines raisons, du consentement du procureur du Roy, il a esté nommé les sieurs de Saint-Martin et Faure et continué le sieur Du Puy d'Autour pour remplir lesdittes places d'administrateurs, pendant quatre ans a commencer du 1ᵉʳ septembre prochain, avec les autres sieurs administrateur qui resterons en charge; dont et du tout a esté fait le present acte pour valoir et cervir que de raison. Fait le jour, mois et an que d'autre part :

> Rogier des Essarts, lieutenant general, president de l'hotel de ville; Juge Saint-Martin, consul; De Roulhac du Rouveix, consul; Faure, consul; Dorat des Mons, consul; Romanet, procureur du Roy; Ardillier, prevost consul, s'opposant a la nomination du sieur de Saint-Martin pour administrateur, en premier lieu parce qu'il y a partage de voix entre ledit sieur de St-Martin et ledit sieur Ardillier, qui, en sa qualité de prevost consul, a la voix ponderante et peut requerir ; en segond lieu, il s'oppose a la voye et sufrage de Monsieur le lieutenant general, qui n'a aucune voix deliberative dans la presente seance, de mesme qu'au present acte, comme ayant été dicté par luy : a ses protestations telles que de droit, pour avoir esté faittes au prejudice du droit dudit sieur prevost consul.

Le procureur du Roy, qui a pris communication de l'opposition du sieur Ardillier, et sans y prejudicier, requiert que la nomination faitte des sieurs de Saint-Martin, Faure et du sieur Du Puy d'Autour, tresorier au bureau des finances, pour estre continué, sorte son plain et entier effect.

> Romanet, procureur du Roy.

Nous, de l'advis des sieurs consuls, ordonnons qu'il soit fait comme il est requis, ledit jour et an que dessus.

> Rogier des Essarts, president susdit; Juge Saint-Martin, consul; De Roulhac du Rouveix, consul; Faure, consul; Dorat des Monts, consul.

Lettre du Roy aux consuls de la ville de Limoges touchant la paix.

De par le Roy,

Chers et bien amés, les succés qu'il a plu a Dieu d'accorder a nos armes et a celles de nos alliés dans la derniere guerre, nous ont donné les moyens de la terminer plus promptement que nous l'aurions esperé. Nous avons conclu avec l'Empereur un traité definitif qui a esté signé le 18 novembre de l'année dernière(1), et le consentement de toutes les puissances qui avoient eu part a la guerre, nous met en etat d'annoncer aujourd'huy a nos peuples le parfait retablissement de la paix; il ne nous reste plus qu'a rendre grace a Dieu d'avoir manifesté sa bonté et sa misericorde, pour le concours unanime de tant de princes a perpetuer le repos et la tranquilité de l'Europe. C'est pourquoy nous donnons nos ordres aux archeveques et eveques de notre royaume d'en faire chanter le *Te Deum* dans toutes les eglises de leur diocesses, et nous faisons cette lettre pour vous mender et ordonner de vous rendre a celuy qui sera celebré dans l'eglise principale de notre ville de Limoges, — et ensuitte faire faire des feux de joye et tirer le canon, ainsy qu'il est accoutumé pour marque de rejouissance publique. Donné a Versaille, le premier jour de juin mille sept cens trente neuf.

Signé : Louis *et plus bas*, Philypaux (2).

Election et nomination de MM. les Consuls, faitte dans la grande salle de l'hotel de ville de Limoges, le septiesme decembre mille sept cens trente neuf, en consequence de l'arrest du Conseil de l'estat du Roy, par MM. les prudhommes nommés par MM. les consuls en charge, en la maniere accoutumée, en presence desdits sieurs consuls et du consentement du procureur du Roy, y presidant Monsieur Jean Pierre Rogier, lieutenant general en la seneschaussée et siege presidial de Limoges, et presidant dudit hoptel de ville, et ce pour l'année mille sept cent quarante.

G. Lafosse, prevost consul; De Roulhac du Rouveix, prevost consul; Dorat des Monts, consul; Ardilier, consul; Juge Saint-Martin, consul (3).

---

(1) Il s'agit du traité de Vienne, qui contient une clause stipulant la cession à Stanislas Leckzinski, du duché de Bar et de la Lorraine, avec retour à la France à son décès.
(2) Cette lettre se trouve en original aux archives de l'hôtel de ville (AA³).
(3) On remarquera que le greffier du Consulat a omis d'indiquer ici les noms des trois magistrats qui viennent d'être élus par les prud'hommes.

Le procureur du Roy requiert qu'il soit donné acte de la nomination presantement faitte de Messieurs Jaques Juge, conseiller et avocat du Roy au presidial; Mʳ Montaudon, advocat, et Jacques Teulier, marchand.

En consequence, requiert qu'ils soient appelés pour prester le serment, comme aussy du (sic) pouvoir a eux donné par les habitans de touchier les sommes qui serons dhue a la ville sur l'estat du Roy, pour les années mille sept cents quarante et suivantes.

Romanet, procureur du Roy.

Nous, faisans droits du requisitoire du procureur du Roy, avons donné acte de la nomination presantement faitte des personnes de Messieurs Jaques Juge, conseiller et avocat du Roy au presidial, Mʳ Montaudon, avocat, et Jaques Teulier, marchand, pour consuls pour l'année mil sept cents quarente. En consequence, ordonnons qu'ils se presenterons pour prester le serment au cas requis, et avons donné acte du pouvoir a eux donné de toucher les sommes qui seront dhue a la ville sur l'estat du Roy pour les années mille sept cents quarante et suivantes.

Rogier des Essarts

Offre du gouvernement de prêter de l'argent à la ville pour des achats de grains. Acceptation.

Aujourdhuy, saiziesme decembre mil sept cent trente neuf, dans l'hotel de ville, ou estoient assemblés Messieurs le lieutenant general president dudit hoptel, et Mʳ le procureur du Roy et les prevost consuls, a esté exposé par les prevost, consuls, que Monsieur de Tourny, intendant, par les actentions qu'il a sur le bien publiq, auroit preveu les besoins ou pouroit se trouver cette ville, en consequence de la dissette de l'année derniere et du peut de recolte de celle cy (1); que, pour en arester les inconveniants, il auroit offert, suivant les ordres de Monsieur le controlleur general, de faire prester les sommes dont on jugeroit avoir besoin pour un aprovisionnement de grains, que Sa Majesté vouloit bien facilliter a son peuple; mais que, presument des resources dont on se flatoit par raport au blé noir et a la chastaigne, qui paroissoint, avecque le secour d'une grande economie, pouvoir supleer au deffaud du seigle, froment et advoine, l'on auroit suspendu l'aseption de ses offres, et que

---

(1) On a observé que, dans tout le cours du XVIIIᵉ siècle, il ne s'était pas écoulé dix années sans une disette. L'année 1740 fut très mauvaise à tous égards en Limousin.

neanmoins les suittes n'ayant pas repondu a ces esperances, mais que, au contraire, l'experiance ayant demontré qu'une partie des chastaignes avoit eté emportée par la gelée, et voyant que le bled augmentoit chaque jour dans la ville, quoique dans une saisons ou la campagne n'an faisoit poin d'achapt, il estoit necessaire de deliberer au plustost sur lesdittes offres, que la crainte d'un advenir fachieux et l'experiance des habitans leur rendoit d'une consequance extreme.

Sur quoy, nous, ayants murement reflechy, connaissans la verité des representations cy dessus, avons d'une voix unanime deliberé qu'atendu qu'un aprovisionement soutiendra l'esprit du publicq dans les circonstances presantes; qu'il ne peut que determiner ceux qui auront des greniers de les ouvrir, et qu'a tout evenement il sera infiniment avantagieux, soit pour suppleer au manquement de l'espece (1), soit pour empecher une trop grande cherté, — il sera pourveu sans delai audit aprovisionement; qu'a ces feins, comme il seroit impossible d'en trouver les moyens dans le corps de ville ny dans les minces facultés des principaux habitans, nous prierons Monsieur de Tourny de nous procurer l'emprunt dont il nous a flaté de la part de M^r le controlleur general, jusqu'a concurrance au moins de la somme de soixante mille livres, pour l'achapt de dix a douze mille sestiers de seigle, qu'on poura faire dans la basse Bretagne ou dans les païs etrangiers, et pour raison duquel achapt, usage et distribuction des grains, nous nous conformerons aux ordres qu'il luy plaira nous donner et au zelle qu'il a pour le bien public.

ROGIER DES ESSARTS; ROMANET, procureur du Roy; DE ROULHAC DU ROUVEIX, prevost consul; JUGE, consul; DORAT DES MONTS, consul; MONTAUDON, consul; G. LAFOSSE, consul; TEULIER, consul.

Les consuls et l'assemblée de ville décident que le sermon du vendredi-saint ne sera pas donné à l'abbaye de la Règle.

Aujourdhuy, cinquiesme avril mille sept cent quarante, en l'hotel commun de la ville de Limoges, ou estoient presents Messieurs Jean Baptiste Montaudon, prevost, et Jacques Juge, Barthelemy Dorat des Monts, Gregoire Laffosse et Jacques Theulier, consuls en charge, et autres entiens consuls et notables habitans, Mr Jean Baptiste Montaudon, prevost consul, a exposé que la dame

(1) De l'espèce de grains dont l'approvisionnement aura été effectué.

abesse de la Regle s'estoit departy de l'entien uzage suivant lequel elle envoyoit voir les consuls nouvellement eleus par un eclesiastique, son chapelin; que, de plus, elle avoit fait un acte ce jourdhuy par Bardy, huissier, ou elle pretant exiger comme un droit, que les consuls assistent au sermon dans son eglise vendredy prochain, ce qui peut etre de prejudice au corps de ville ; et pour qu'il ne luy soit poin donné d'actainte, les consuls actuels ont fait prier les entiens consuls et notables habitans pour deliberer sur lesdits uzages, et le party qu'il convient de prendre en consequence du susdit acte. Sur quoy, la chose mise en deliberation, il a esté convenu et unanimement aresté qu'atendu que la dame abesse de la Regle a contrevenu aux usages par raport a la visite qui doit ce faire et s'est toujours faitte comme il est énoncé cy-dessus, et qu'elle pretand s'etablir un droit sans aucuns fondements ny titre par rapport au sermont et assistance a iceluy, les sieurs consuls ne deffererons poin a l'acte, et non seulement ils ne se rendrons pas a la Regle pour assister audit sermont, mais ils feront avertir, de la part du corps de ville, le predicateur de ne poin y prescher.

> MONTAUDON, prevot consul; JUGE, consul; DORAT DES MONS, consul; G. LAFOSSE, consul ; TEULIER, consul; BAILLOT, present ; ROMANET; BOISSE; François ARDANT ; NAVIERES DU TREUIL; JUGE SAINT-MARTIN ; J. GRELLET; ARDILIER jeune ; Nicolas ARDANT.

A Messieurs les Consuls de Limoges.

A Paris, le 2e avril 1740.

On ne peut estre, Messieurs, plus sensible que je le suis a tout ce que vous me temoigniés, et par raport a la crainte de me perdre, et par raport a la demande de mon portrait. Quant a la crainte, je puis vous assurer que, quand le conseil me retirera du milieu de vous, ce ne sera pas a mes desirs qu'il se pretera. Je souhaitte seulement laisser alors dans vos cœurs autant de regrets que cette separation en causera au mien. A l'egard de mon portrait, je ne m'etois jusqu'icy senty aucun gout pour le faire faire ; mais l'envie que vous avés de le placer dans l'hotel de ville m'y determinera avec plaisir. C'est flatter mon amour propre par l'endroit le plus delicat que de me donner lieu de penser que vous regarderés ce portrait et le montrerés un jour a vos descendans comme celuy de

<small>Lettre de M. de Tourny à qui les consuls ont demandé son portrait.</small>

quelqu'un qui vous aimoit veritablement et que vous aimiés de meme. Je suis avec ces sentiments, Messieurs, votre tres humble et tres obeissant serviteur.

Signé : DE TOURNY (1).

Noms de Messieurs les capitaines et lieutenant de bourgeoisie pour chaque canton de la presente ville, choisis par Messieurs les prevost consuls, et ce pour l'année 1740.

Monsieur Texandier, colonel ;
Monsieur Gregoire Thevenin, lieutenant colonel (2).

Consullat.

Monsieur Romanet, capitaine ;
Monsieur Barbou l'ayné, lieutenant ;
Monsieur Malevergne, major ;
Monsieur Lageneste, ayde major.

Manigne.

Monsieur Senemaud, gendre a David, capitaine ;
Monsieur Recullet fils, lieutenant.

Les Bans.

Monsieur Guerin fils, capitaine ;
Monsieur Nouhaillier fils, lieutenant.

Le Clochier.

Monsieur Peyroche, gendre a Texandier, capitaine ;
Monsieur Lavaud, lieutenant.

Boucherie.

Monsieur François Ardent, capitaine ;
Monsieur Grellet, gendre a Faute, lieutenant.

Ferrerie.

Monsieur Martin, gendre a la veuve Dupon, capitaine ;
Monsieur Muret, ou a son absence Mr Deperet, son gendre, lieutenant.

---

(1) Cette charmante lettre a déjà été publiée par nous, il y a près de vingt ans, dans le journal *La Discussion*.
(2) La charge est nouvelle.

Les Combes.

Monsieur Muret, a Montmalier, capitaine;
Monsieur Rouard de la Boissarde fils, lieutenant.

Lancequot.

Monsieur Vidaud (1), gendre a Segue, capitaine;
Monsieur Audoin dit le Jalat, lieutenant.

La presante nomination faitte dans la chambre du Conseil, le 24ᵉ avril 1740.

ROGIER DES ESSARTS; LAFOSSE, prevost consul; JUGE, consul; DORAT DES MONTS, consul; MONTAUDON, consul; TEULIER, consul; ROMANET.

Le meme jour, il a eté deliberé qu'on concerveroit memoire que les sermons qui se sont prechés durant quelques années les jours de la Passion de la Vierge, avant veille des Ramaux, a la Reigle, et le jour de Quasimodo aux Augustins, ont eté presché lesdits jours de cette année a Saint Martial, en consequence des deliberations des 6ᵉ avril 1739 et du 5ᵉ avril 1740 (2). *Modification dans les usages relatifs aux sermons.*

ROGIER DES ESSARTS; C. LAFOSSE, prevost consul; JUGE, consul; DORAT DES MONTS, consul; MONTAUDON, consul; TEULIER, consul; ROMANET.

Aujourdhuy, vingt troisiesme juin mil sept cent quarente, nous, prevost, consuls de la ville de Limoges, nous estant rendus en l'hotel commun de ladite ville de Limoges pour de la assister, suivant l'usage et ceremonies ordinaires, a la procession solennelle qui se fait le jour de l'Octave du tres Saint-Sacrement, y avons trouvé les capitaines et vallets de ville, les deux gardes de Mʳ le duc de Bervick, gouverneur, et un de ceux de Mʳ le comte des Cars, lieu- *Scandale causé par un des capitaines de l'hôtel de ville dans une cérémonie.*

---

(1) Ce nom avait été d'abord biffé et remplacé par celui de Champalimaud.
(2) Les consuls avaient décidé que le sermon du dimanche de Quasimodo serait prêché à Saint-Pierre-du-Queyroix. Il est probable qu'ils s'étaient ravisés ensuite, et les récentes prétentions du clergé de Saint-Pierre n'avaient peut-être pas été étrangères à ce changement de détermination.

tenant du Roy, qu'on avoit fait advertir par le besoin qu'on a d'un plus grand nombre de suitte dans une affluance de peuple telle qu'elle se trouve un pareil jour. Le nommé Hilaire Petit, l'un des deux capitaines, a pretendu avoir la preseance sur les gardes, tant de Mr le gouverneur que de Mr le lieutenant du Roy, sous pretexte qu'ils n'avoint pas accoutumé d'assister a toutes les processions, et que, leurs maîtres n'y etants points, ils ne doivent avoir aucun rang; sur quoy, l'on luy a ordonné de cedder aujourdhuy comme il s'etoit pratiqué dans differantes occasions, meme toutes resantes, et qu'ensuitte l'on examineroit leurs prerogatives pour les consilier. Mais, au lieu d'obeir, il c'est revolté avec la derniere audace, a declaré qu'il alloit se retirer, et malgré les ordres qui luy ont eté donnés, il y a persisté avec tant d'opiniatreté, que son exemple devenant contagieux pour les autres gagiers de la ville, qui commensoint a murmurer d'en faire autant, l'on a eté dans l'obligation de le retenir dans l'arsenal par forme de correction. Cependant, etants arrivés a Saint-Estienne, demy heure apres, l'on a envoyé luy ouvrir les portes, croyant qu'ayant eu le temps de reflechir, il seroit devenu docile ; mais s'estant rendu a l'eglise et luy ayant eté enjoint de se tenir, avec le nommé Roche, pres des deux consuls qui portent le pavillon, ce qui s'est toujours pratiqué, il a declaré hautement qu'il n'obeiroit point. Il s'est pourtant tenu dans le cours de la procession pres dudit pavillon, mais sans prendre les batons lorsqu'on se repose, ainsy qu'il est d'usage. Et depuis que la procession est partie de Saint-Martial pour revenir a Saint-Estienne, il n'a cessé de jurer et menacer les consuls avec un scandalle public. Il a continué d'en donner dans l'eglise de Saint-Estienne; en sorte que, revenus a la maison de ville, nous luy avons ordonné de se rendre a l'arsenal pour paine de sa mauvaise conduitte : ce qu'il a refusé, uzant au contraire des menaces envers nous, et se servant des termes injurieux les plus bas ; ce qui nous a determinés, pour conserver la subordination et empecher que ses camarades ne s'en prevalussent, de le faire renfermer dans l'arcenal, lieu destiné pour la correction des vallets de ville; ou etant, il a continué avec un emportement furieux ses injures et menaces, heurtant violament a la porte pour l'enfoncer. A cause de quoy et veü qu'une pareille rebellion merite d'estre reprimée par des paines qui passent les bornes de notre authorité, nous luy avons fait ouvrir les portes, afin de dresser du tout notre proces verbal et nous en pourvoir ainsy que de raison, d'autant plus que ledit Petit est souvent tombé dans de semblables desobeissances et que sa mauvaise conduitte cause des scandalles injurieux au public et au corps de ville; qu'il est devenu incorrigible et que, meme apres la grace qu'on luy a fait de le remettre en liberté, il nous a insulté de nouvaux hautement et en face. De tout ce que dessus nous en avons fait et dressé notre proces verbal aux fins qu'il appartiendra, ecrit par le sieur Nadaud, notre secretaire, et de nous signé et clos le jour que de l'autre part, a quatre heures du soir.

De Roulhac; Juge, consul; Dorat des Monts, consul; Montaudon, consul; C. Lafosse, consul; Teulier, consul.

Aujourd'huy, vingt huit du mois de juin mil sept cent quarente, dans l'hotel de ville, ou estoient assemblés M{^{r}} le lieutenant general, le procureur du Roy et Messieurs les prevost et consuls, il a esté exposé par lesdits sieurs prevost, consuls, que, le vingt trois de ce mois, le nommé Hilaire Petit, capitaine de la maison de ville, auroit donné occasion d'un proces verbal cy dessus transcrit, pour les faits y mentionnés, sur lequel il est de l'interest publicq, du bon ordre et du maintien de la subordination, de statuer ainsy que la matiere le requiere. Et sur ce, la chose mise en deliberation, veu ledit proces verbal, il a eté unanimement convenu que ledit Petit demeure absolument revoqué et sa commission cassée et annullée, sans qu'il puisse desormais en faire les fonctions, en porter les marques ny jouir des privileges y attachés. Dont et de quoy Monsieur le lieutenant general est prié de donner acte, apres avoir pris les conclusions de M{^{r}} le procureur du Roy.

<small>Révocation de l'auteur de ce scandale.</small>

Montaudon, consul; De Roulhac, prevost consul; Juge, consul; Dorat des Monts, consul; G. Lafosse, consul; Teulier, consul.

Le procureur du Roy, qui a pris communication de la deliberation et proces verbal cy dessus, n'empeche que ladite deliberation ne sorte en son plein et entier effect.

Romanet, procureur du Roy.

Nous avons donné acte de laditte deliberation et requisitoire pour estre executés suivent leurs forme et teneur. Fait le jour, mois et ans que dessus.

Rogier des Essarts.

Les consuls consentent à rapporter la décision ci-dessus

Aujourd'huy,   (1) mil sept cent quarente, dans l'hotel de ville, ou estoint assemblés M⁽ʳˢ⁾ le lieutenant general, procureur du Roy et consuls soubsignés, s'est presenté Hilaire Petit, autrefois capitaine de la maison de ville, lequel a tres humblement representé ses regrets de la faute qu'il avoit commise le jour de l'Octave du tres Saint Sacrement derniere ; pour raison de quoy il avoit eté congedié de sa commission, et quoy qu'il recognoisse meriter des peines encore plus severes, lorsque l'estat auquel il s'estoit laissé surprendre eut cessé et luy eut permis la reflexion, il experat de la clemence de M⁽ʳˢ⁾ les consuls qu'ils auroint egard a l'urgente necessité ou la privation de sa place l'a reduit. Dans cet objet, il n'a cessé despuis de faire touttes les demarches de soubmission et d'excuse qu'il a pu imaginer et a tasché d'effacer par une conduitte reguliere les mauvaises impressions qu'avoit donné celle qu'il avoit tenu autrefois, supliant instamment Messieurs icy assemblés d'avoir egard a sa triste situation, de laisser agir en sa faveur leur charité en luy accordant la grace d'un retablissement dont il s'est rendu indigne et qui depend purement de leurs bontés.

Sur quoy, la chose mise en deliberation, vu le repentir sincere dudit Petit et son peu de facultés, en consideration de ce et de la recommandation de M⁽ʳ⁾ le marquis de Tourny, intendant de cette generalité, il a eté conclu que ledit Petit demeure nommé, du consentement de M⁽ʳ⁾ le procureur du Roy et sur ses conclusions, a la place de capitaine de la maison de ville, vaquante par la destitution de sa personne ; et en consequence il jouira, a l'avenir, des droits et privileges y attachés, en exerçant ses fonctions avec le respect, exactitude et la soubsmission requise. Dont a été fait acte.

ROGIER DES ESSARTS ; JUGE, consul ; TEULIER, consul ;
G. LAFOSSE, consul ; ROMANET, procureur du Roy (2).

(1) La date est demeurée en blanc.

(2) En 1740, sur la demande du curé et des fabriciens de Saint-Domnolet, fut démolie la vieille chapelle du Puy-Lanau, jadis église paroissiale, réunie depuis fort longtemps à Saint-Domnolet. Sa derniere reconstruction datait de 1592 : c'était un marchand de fer, Maurice de La Vergne, qui en avait fait les frais. De Notre-Dame du Puy-Lanau, il ne subsista qu'un portail ogival, dont le tympan représentait le jugement dernier. C'est de cette église que tient son nom le *clos Sainte-Marie*, qui était probablement l'ancien cimetière de cette petite paroisse.

La place qui s'étendait entre la porte Manigne et le faubourg fut agrandie en 1740, par la démolition de l'avant-porte ou *Baloir* : on eut un instant la pensée d'utiliser l'emplacement du *Baloir* en y établissant un entrepôt de vins.

La même année, fut rendue une ordonnance royale pour arrêter les empiètements que les particuliers commettaient chaque jour sur les fossés, remparts et dépendances des fortifications.

Elections et nominations de Messieurs les Consuls, faitte dans la grande salle de l'hotel commun de la ville de Limoges, le septiesme decembre mil sept cent quarente, en consequence de l'arrest du Conseil de l'Estat du Roy, par Messieurs les prudhommes nommés par Messieurs les consuls en charge, en la maniere accoutumée, en presance desdits sieurs consuls et du consentement du procureur du Roy ; y president Monsieur Me Jean Pierre Rogier, lieutenant general en la seneschaussée et siege presidial de Limoges, et president dudit hoptel de ville, et ce pour l'année mille sept cent quarent'un (1).

   DE ROULHAC, consul; TEULIER, consul; JUGE, consul; DORAT DES MONTS, consul; MONTAUDON, consul; G. LAFOSSE.

Le procureur du Roy requiert qu'il soit donné acte de la nomination presantement faitte des personnes de Mr Paul Clement Hugon, seigneur de Toir, premier consul ; Jean des Cordes de Parpayat, second consul, et Martial Bourdeaux, troisiesme consuls.
En consequence, requiert qu'il soit appellés pour prester le serment, comme aussy du pouvoir a eux donné par les habitans de toucher les sommes qui serons dhues a la ville, comprises dans l'estat du Roy pour l'année mille sept cent quarante un et suivantes.

     ROMANET, procureur du Roy.

Nous, faisant droit du requisitoire du procureur du Roy, avons donné acte de la nomination presantement faitte des personnes de Messieurs Paul Clement Hugon, premier consul; Jean des Cordes de Parpayat, second consuls, et Martial Bourdeaux, troisiesme consul, pour consuls pour l'année mille sept cent quarante un. En consequence, ordonnons qu'ils se presanterons pour prester le serrement au cas requis, et avons donné acte du pouvoir a eux donné

---

(1) Cette année encore les noms des consuls élus ne figurent pas à la mention d'usage.

de touchier les sommes qui seront dhues a la ville sur l'estat du Roy, pour les années mille sept cent quarant'un et suivantes.

>   ROGIER DES ESSARTS, lieutenant general, president de l'hotel de ville.

Désignation du prédicateur pour 1711-1712.

Aujourd'huy, septiesme decembre mille sept cent quarente, dans la salle de l'hotel de ville de Limoges, ou estoint assamblés Messieurs le lieutenant general, president dudit hoptel de ville, procureur du Roy, et Messieurs les prevost, consuls, pour proceder a la nomination d'un predicateur, de la personne de M⁰ Michelon, chanoine de l'esglise de Chartre (1), pour precher l'Advent de l'année mille sept cent quarent'un et le Caresme de l'année mille sept cent quarente deux ; et a cet effect, il luy en sera incessamment donné advis, sans qu'il en puisse etre donné d'autre a sa place ; et a son defaut, la nomination en sera faitte par le corps consulaire. Fait lesdits jour, mois et an que dessus.

>   JUGE, consul; HUGON DE TOUARS, consul; MONTAUDON, consul; TEULIER, consul; BOURDEAU, consul.

(1) C'est la première fois, depuis de longues années, que le prédicateur est choisi dans le clergé séculier. Les bourgeois du XVIII⁰ siècle avaient conservé le goût très vif de leurs ancêtres pour les orateurs appartenant aux ordres religieux, aux ordres mendiants surtout.

ERRATA ET ADDITIONS

Page 9, ligne 11, Prevost consul. — Le greffier de l'hôtel de ville a oublié l's à la fin du mot consul; mais *Prevost* devait être, ici comme ailleurs, au singulier. Par un scrupule d'orthodoxie de ponctuation peut-être exagéré, nous avons le plus souvent, dans le cours du volume, placé une virgule entre les deux termes de cette formule : *les prévôt consuls*, qui revient sans cesse dans les délibérations et qui désigne le corps municipal dans son ensemble; mais il est visible que, dans l'esprit des greffiers successifs, et par conséquent dans la tradition de l'hôtel de ville, les deux mots étaient inséparables : l'absence de conjonctive attestait que la prévôté n'était pas distincte du consulat, qu'elle n'existait pas en dehors de lui, et que le prévôt était seulement le *primus inter pares*.

Page 9, ligne 30, vérifiées; *lisez* : verifiées.
Page 14, ligne 10, Léonard; *lisez* : Leonard.
Page 24, ligne 3, *presente; lisez* : present.
Page 28, note 2, *in fine*, Mascoussy; *lisez* : Marcoussy.
Page 35, lignes 19-20, places creer; *lisez* : places, creer.

De la page 39 à la page 124 un certain nombre de notes ou de portions de notes ont été omises : nous les rétablissons :

Page 39, à la suite du premier paragraphe de la note :

Nous trouvons dans le manuscrit de P. Mesnagier quelques renseignements à ce sujet :
« Il fut anterré le setieme du mesme mois... dan l'eglize dé Dotrineres, qui son dans l'anclos de l'Ospital general; et lui fu fet un grand honeur, plus que a auqun evesque de Limoges; cár dant le tant de son agonisant tous lé religieux et penitant et mesme le chapitre fure toujours en prossesiont dan l'egliz catedralle de Saint Etiene, priant pour luit et disant lé litanies dé saint; et comme il desedat dan le tant dé prosesions, il recommansare lé prosésiont pandant quatre jour qu'il demeurat mort sur terre; et fure a son anterrement Mesieur du Chapitre Sainct Etiene, les perre Beneditin, lé Felliant, les Recollés, les Cordelier, lé Carmes, lé Augustin et lé Jacopin lé curé de Saint Pierre, Sain Michel, Saint Maurise, Saint Anollé, et le curé de Sain Jehant devant Saint Etienne, qui fesoyt l'oneur de curé, avet lé six compenies de Penitants, savoir lé noir, lé blant, lé bleut, lé felle morte, lé gris, lé pourpres, autrement rouges. »

Mgr de La Fayette, ajoute Pierre Mesnagier, « fut cauze de l'establissement du Seminere et Dotrinerre, par le consentement d'un Malledent de Saviniat, qui fit l'establissement et donnat son bien de Mellat et se qu'il posedoit. Monsieur de Lafaiete fit lé pauvres de l'Opital general sé heritier et donnat aux chapitre Saint Etiene ses tapiseries de unne de sé salle, acompané de six beaux chandelier d'argent, un for beaux crusifit an crois, aussy d'argant, deux grant plas basin d'argent et deux flacont d'argent a mettre dé bouquet pour orner l'autel, avet deux buretes d'argent doré; mais le Semineres ayon (?) hut la plus belle garniture d'autel ou tapiseries. Mesicur de Sain Etiene an on bien jouit de dis mille livres; mei le Seminores on bient double : ausy il on fet un beau service au jour de sa quarantene. »

Cette mention est la dernière, dans l'ordre chronologique, fournie par le manuscrit de Pierre Mesnagier, conservé à la Bibliothèque communale de Limoges Nous avons reproduit au précédent volume des *Registres consulaires* et au présent, tout ce que ce manuscrit nous à paru contenir d'original et de tant soit peu intéressant sur l'histoire de la ville de Limoges et de la province.

Page 40, note, *in fine*, size; *lisez* : seize.

Page 41, à la suite de la note :

Les syndics du commerce de Limoges, Jean Echaupre et Jean Marchandon, obtinrent, le 19 février 1678, un arrêt du Conseil, déboutant les consuls de la ville de leurs prétentions d'intervenir dans l'élection des juges de commerce. Cet arrêt rappelle que ces derniers doivent être nommés par cinquante prud'hommes, désignés par les juges sortants.

Page 45, ligne 1, De Raud; *lisez* : De Ruaud.
— manchette solenne; *lisez* : solennel.

Page 49, note omise :

Le plan de Limoges, dit *des Trésoriers de France*, œuvre de Jouvin de Rochefort, — qui, dans son *Voyageur d'Europe* (Paris, Thierry, 1672), donne une assez curieuse description de notre ville, doit être de 1680 ou d'une date très rapprochée (Voir à ce sujet la *Bibliographie* du consciencieux ouvrage de M. Paul Ducourtieux : *Limoges d'après ses anciens plans*).

A cette année 1680 et aux suivantes remonte la construction de nouveaux bâtiments au collège. Les Jésuites sollicitèrent, en 1686, un secours du Roi pour payer la dépense de ces constructions.

Page 50, note omise :

En 1681, le roi accorda à l'évêque de Limoges la préséance aux assemblées du Bureau d'administration de l'hôpital de Limoges et le droit de présider ces réunions (*Abr. des Annales*). Legros mentionne aussi la construction d'un moulin à vent au Puy-las-Rodas.

La même année fut signalée à Limoges par un accident dont les annales de notre ville mentionnent des cas assez fréquents : la chute d'une maison appartenant à un bourgeois du nom de Martin : deux des filles de ce dernier furent écrasées sous les décombres.

Page 51, à la suite de la note 2 :

En juin (1682), le sieur Lebret, intendant de la province, procura par ses soins, en divers endroits du Limousin, la conversion de 932 personnes de la Religion prétendue Réformée (LEGROS, *Abr. des Annales*, d'après NADAUD, p. 623). Le même auteur rappelle qu'au mois de mai, soixante-dix des principaux habitants de Treignac abjurèrent le protestantisme, « après avoir été instruits de la foi par les missionnaires et par les soins du marquis de Pompadour, lieutenant général de la province ».

Page 53, note omise :

Au mois de mars 1683, le roi accorda des lettres patentes pour l'établissement de la maison du Refuge. Après avoir énuméré les bienfaits que la création d'un hôpital général a valus à la ville de Limoges et constaté que plusieurs filles et femmes débauchées, désireuses de changer de vie, s'y sont retirées, ce document ajoute :

« Comme le nombre des pauvres est beaucoup augmenté et que le lieu destiné pour lesdtes filles et femmes est si petit et si proche desdits pauvres qu'il scroit impossible de continuer à les y retirer, la charité chrétienne de divers habitants leur auroit fait souhaitter de trouver un lieu séparé pour servir de Refuge, où l'on put mettre lesdites filles et femmes débauchées, tant celles qui voudroient s'y retirer volontairement que celles qui y seroient envoyées par autorité de justice; et, dans ce dessein, il auroit été fait des legs testamentaires pour cet établissement, qui se montent à la somme de 17,000 l., savoir 6,000 léguées par feu Jean Romanet, sieur de Chez-Rebière, avocat à la Cour; autres 6,000 par Marguerite de Jumilhac, veuve du feu sieur de Saint-Priest, et 5,000 par Philippe de Jumilhac, sieur de Montégut, lesquels legs ont été acceptés par les administrateurs dudit hopital, etc.

Page 60, la note placée au bas de cette page n'est que la suite de la seconde note de la page 59.

Page 72, ligne 13, joignait; *lisez* : joignoit.

Page 77, note 2; il ne paraît pas que le nombre des juges ait été changé et nous le retrouverons plus loin (page 100) de six, comme précédemment. Il est vraisemblable que le greffier a omis ici le nom des deux consuls appelés à siéger au tribunal de police.

Page 81, ligne 28, Limoges dont l'extrait; *lisez* : Limoges, dont l'extrait.

Page 82, note 2, ligne 16, mouvant; *lisez* : mouvance.

Page 86, note 2, ligne 48, passées et allouées. Le copiste a évidemment omis au registre les mots : *elles seront*, ou : *voulons qu'elles soient*.

Page 91, note 1, ligne 5, chewal; *lisez* : cheval.

Page 93, opposition; quoy; *lisez* : opposition, quoy.

Page 101, ligne 25, oui; *lisez* : ouï.

Page 104, addition à la note 4 :

Nous empruntons à l'abbé Legros les détails suivants sur l'entrée et l'installation de Mgr de Carbonel de Canisy :

« Le 19e mai 1696, jour de samedi, Mr de Canizi, évêque de Limoges, y arriva environ les huit heures du soir, dans un carosse attelé de six chevaux. Tous les cantons furent au devant, sous les armes, avec tambours, jusques au dessus de la Croix de Malecarre. Il avoit couché à Belac. Les consuls y furent aussi au devant avec plusieurs autres cavaliers, même des ecclésiastiques. Il fut coucher au Séminaire, dans la maison que avoit fait batir son prédécesseur, M d'Urfé. Il y fut visité les jours suivants, de Mrs des chapitres de Saint-Etienne et Saint-Martial, ensemble de Mrs les Trésoriers, Mrs du Présidial, et les autres corps d'officiers de la ville.

» Le 24me dudit mois de mai, audit an, ledit seigneur de Canizy se fit recevoir et installer dans sa cathédrale. A cet effet il se fit une procession solennelle, où les compagnies et communautés et corps suivans assistèrent. On avoit fait fermer les boutiques et tapisser devant les maisons des rues où il devoit passer. L'assemblée se fit à Saint-Etienne et en sortit environ les quatre heures du soir, pour aller prendre mondit seigneur dans le Séminaire. Ensuite on passa sur le pavé devant les Jacobins et Carmélites, dans le faubourg de Manigne, à Crochedor, à La Poulalière, rue Fourie, au Gras, à Boucherie (rue du Collège); de là, dans le faubourg Boucherie, dans la Cité et à Saint-Etienne. La marche fut ainsi :

» Les pauvres de l'Hopital marchoient premiers, avec les administrateurs; à suite venoient les Pèlerins, puis les Pénitents rouges, feuille morte, gris, blancs, bleus et noirs. Après, les Récollets, les Cordeliers, les Augustins, les Grands Carmes, les Jacobins. Les paroisses de Saint Michel de Pistorie, Saint Maurice, les communautés de Saint Pierre, Saint Michel des Lyons, puis les abbayes des Bénédictins et Feuillans; puis le chapitre Saint Etienne, les doyen et chantre chappés; un prêtre, devant le pavillon, qui portoit la croce; Mgr l'évêque dessous; deux prêtres à ses côtés, et les quatre cordons dudit pavillon portés par quatre consuls, et les quatre batons portés par quatre gagers de la maison de ville; et à la suite venoit le corps du Présidial. »

Page 111, ligne 18, ville et que; *lisez* : ville, et que.

Page 117, note 1. L'indication donnée par cette note est inexacte. Ce n'est pas en 1698, mais en 1697 (page 112), qu'on voit paraître pour la première fois les conseillers assesseurs nouvellement créés.

Page 124, une note a été omise au bas de cette page :

En 1698, les récoltes furent mauvaises en Limousin. Dans une lettre du 20 septembre 1698, l'intendant de Bernage écrit que tout annonce une disette aussi générale qu'en 1693, il ajoute que le Limousin est dans la plus triste situation : « Trois régiments de cavalerie, qui y viennent hiverner, augmenteront encore la consommation particulière des avoynes, dont les paysans se nourrissent, quand les chastaignes manquent ». En 1699, les impositions devaient s'élever, d'après les calculs de M. de Bernage, à 200,000 livres de plus qu'en 1698 (*Correspondance des contrôleurs généraux*, t. I, p. 491).

Cette même année, le tracé de la route de Paris fut rectifié et vint déboucher sur la place Montmailler. En 1698, des travaux urgents de réparation et de consolidation furent exécutés aux remparts de Limoges. La dépense fut payée moitié par la ville, sur ses octrois, et moitié par le Domaine. On répara notamment les murs aux abords de la porte des Arènes.

On sait que des rapports furent demandés à cette époque à tous les intendants sur leurs généralités; ces documents, destinés à l'instruction du duc de Bourgogne, ont été pour la plupart publiés. Celui de M. de Bernage l'a été plusieurs fois, notamment par M. Leroux.

Page 146, note, ligne 6, série G; *lisez* : série C.

Page 149, note, ligne 40, pour six, a quatre bœufs; *lisez* : pour six; a quatre bœufs.

Page 149, note, ligne 48, Esdits droits; *lisez* : Lesdits droits.

Page 150, note, ligne 8, *ajoutez* : C 86.

Page 158, ligne 24, ils; *lisez* : elles.

Page 159, ligne 6, a des semblables; *lisez* : a de semblables.

Page 163, ligne 11, Lousi; *lisez* : Louis.

Page 172, note, dernière ligne, ne peuvent pas vivre; *lisez* : ne pouvant pas vivre.

Page 187, ligne 22, donnez avis; *lisez* : donner avis.

Page 191, manchette, Montjois; *lisez* : Montjauvy.

— note 1, ligne 2, prennent; *lisez* : prirent.

Page 192, ligne 27, a lesgard; *lisez* : a l'esgard.

Page 193, ligne 5, en presence de Messieurs et sieurs; *lisez* : de mesdits sieurs.

Page 195, ligne 32, raisons es considerations; *lisez* : raisons et considerations.

Page 195, ligne 32, l'élection; *lisez* : l'election.

Page 196, ligne 1, reglements que; *lisez* : reglements, que.

Page 209, dernière ligne, Melquiot; *lisez* : Melquiol.

Page 210, ligne 31, d'Arsonnal; *lisez* : d'Arsonval.

Page 212, ligne 9, qu'il est des reigles, que le suppliant; *lisez* : qu'il est des regles que le suppliant.

Page 226, lignes 15 et 16, colonel major; *lisez* : colonel, major.

Page 254, note 1, Edit de juin 1716; *lisez* : de juin 1717.

Page 258, note 1, ligne 2, 1716; *lisez* : 1717.

Page 260, ligne 9, Livia; *lisez* : Liria.

Page 267, note 1, supporter un terrain; *lisez* : un terrassement

Page 269, manchette, administrateur; *lisez* : administrateurs.

Page 270, ligne 22, lieutenaat; *lisez* : lieutenant.
Page 274, ligne 11, Le habitans; *lisez* : Les habitans.
— 18, cousuls; *lisez* : consuls.
— 29, la somme huit cents; *lisez* : la somme de.
Page 284, lignes 10-11, certaine sciance pleine, etc.; *lisez* : certaine sciance, pleine.
Page 291, ligne 14, DES ESSARD; *lisez* : DES ESSARTS.
Page 294, avant-dernière ligne, PAILLER; *lisez* : PAILLIER.
Page 300, lignes 33-34, prevost generaux; *lisez* : prevost, generaux.
Page 307, note, lignes 26-27, à peine de livres; *lisez* : de dix livres.
Page 308, note, ligne 37, n'y; *lisez* : ny.
Page 314, ligne 32, pour ses causes; *lisez* : pour ces causes.
Page 318, ligne 16, soumission; *lisez* : sa mission.
Page 321, manchette, Remplacement de Pierre Jauvie; *lisez* : Noël Jauvic.
Page 322, ligne 11, DES COURRIÈRES; *lisez* : DES COURIERES.
Page 326, ligne 10, de l'habit et de gager; *lisez* : de l'habit de gager.
Page 338, ligne 4, que les sieurs; *lisez* : que par les sieurs.
Page 345, ligne 6, personee; *lisez* : personne.
Page 346, ligne 20, Ruaud Chalard; *lisez* : Ruaud du Chalard.
Page 347, ligne 23, Livia; *lisez* : Liria.
Page 351, lignes 28-29, des deniers communs, d'octrois patrimoniaux; *lisez* : des deniers communs d'octrois, patrimoniaux.
Page 353, dernière ligne, dont les questions; *lisez* : dont les fonctions.
Page 374, lignes 11-12, l'an de 1731; *lisez* : l'an de grace 1731.
Page 380, ligne 26, 3 decembre; *lisez* : 5 decembre.
Page 381, lignes 30-31, mesme de logement; *lisez* : mesme [d'exemption] de logement.
Page 383, ligne 4 [applique]; *lisez* : [appliquer].
Page 384, ligne 8, Veu *Signé*; *lisez* : Veu. *Signé*.
Page 389, ligne 4, despendence creée; *lisez* : despendence, creée.
— 15, cazuelle; *lisez* : cazuel le.
Page 391, ligne 33, l'enregistrement d'icelles. Après; *lisez* : l'enregistrement d'icelles, — après.
Page 396, à la suite de la note :

On répara, la même année, la croix qui s'élevait sur le petit carrefour dit *Andeix-Manigne* et on y ajouta un sujet de piété d'après les dessins de l'abbé Cluzeau.

Page 405, La note de la page 405 n'est que la suite de la note de la page 404.
Page 410, ligne 20, un assemblée; *lisez* : une.
— 25, ordonnace; *lisez* : ordonnance.
Page 411, ligne 14, municipaux continueront; *lisez* : municipaux, continueront.
Page 412, ligne 22, offices continuerons; *lisez* : offices, continuerons.
Page 413, manchette, répartiteur; *lisez* : répartiteurs.

Page 418, note 1, ligne 3, de l'établissement ; *lisez :* d'établissement.
Page 421, ligne 20 et 21, trent'utiesme ; *lisez :* trent'uniesme. — De plus, le (*sic*) qui se trouve à la fin de la ligne 20 doit être reporté à la ligne 21, après le mot *ou*.
Page 424, note, ligne 10, qui avoit ; *lisez :* elle avoit.
Page 426, ligne 2, que quant ; *lisez :* que, quant.
— 3, Arresnes il soit ; *lisez :* Arresnes, il soit.
Page 429, ligne 14, ledit jour mois ; *lisez :* jour, mois.
Page 432, note 1, et la de ; *lisez :* et de la.
Page 436, note, ligne 1, près ce ; *lisez :* près de.

TABLE DES MATIÈRES

(Nous renvoyons à la fin du dernier volume des Registres pour la Table générale alphabétique des matières).

Années		
	Avertissement..	1
1662	Election des consuls...	5
—	Nomination des officiers de la garde bourgeoise..........	6
—	Nomination des juges de police.............................	7
1663	Election des consuls...	id.
—	Nomination des juges de police.............................	8
1664	Election des juges de Bourse.................................	id.
1665	Acte relatif à la délivrance à l'Hôpital général des rentes dues aux anciennes aumônes des pains de Noël et de Sainte-Croix..	9
—	Election des consuls...	12
—	Nomination des juges de police.............................	13
—	Nomination des officiers de la garde bourgeoise..........	14
1666	Election des juges de Bourse.................................	id.
—	Election des consuls...	id.
—	Nomination des juges de police.............................	id.
1667	Election des juges de Bourse.................................	15
—	Nomination des officiers de la garde bourgeoise..........	id.
—	Nomination de Léonard Rousset à la place d'Ermite de Montjauvy..	17
—	Election des consuls...	id.
—	Nomination des juges de police.............................	id.
1668	Election des juges de Bourse.................................	id.
1667 ou 68	Nomination des officiers de la garde bourgeoise..........	18
1668	Election des consuls...	19
—	Nomination des juges de police.............................	id.
—	Nomination des officiers de la garde bourgeoise..........	id.
1669	Election des juges de Bourse.................................	20
—	Décision concernant l'élection des juges de Bourse......	21

Années		Pages
1669	Obsèques de M. de Reculès, consul	id.
1670	Différend avec les religieux Bénédictins de l'abbaye de Saint-Augustin lès Limoges......................	id.
1669	Election des consuls...............................	22
—	Nomination des juges de police...................	id.
—	Nomination des officiers de la garde bourgeoise........	id.
1670	Election des juges de Bourse.......................	23
—	Election des consuls..............................	24
—	Nomination des juges de police.....................	id.
—	Nomination des officiers de la garde bourgeoise........	id.
1671	Election des juges de Bourse.......................	25
—	Election des consuls..............................	26
—	Nomination des juges de police.....................	id.
—	Nomination des officiers de la garde bourgeoise........	27
1672	Election des juges de Bourse.......................	id.
—	Election des consuls..............................	28
—	Nomination des juges de police.....................	id.
—	Nomination des officiers de la garde bourgeoise........	29
1673	Election des juges de Bourse.......................	id.
..	Election des consuls..............................	30
—	Nomination des juges de police.....................	id.
—	Nomination des officiers de la garde bourgeoise.......	31
1674	Election des juges de Bourse.......................	id.
—	Election des consuls..............................	32
—	Nomination des juges de police.....................	id.
—	Nomination des officiers de la garde bourgeoise........	id.
1675	Election des consuls...............................	33
—	Nomination des juges de police.....................	34
—	Nomination des officiers de la garde bourgeoise.......	id.
1676	Annonce et enregistrement de la nomination d'Yrieix de Permangle aux fonctions de gouverneur de la ville et Cité de Limoges..............................	35
—	Lettres royales portant création d'un gouvernement particulier à Limoges et nomination de M. de Permangle à la charge de gouverneur............................	36
—	Lettre du Roi aux consuls de Limoges, à ce sujet......	38
—	Election des consuls..............................	39
—	Nomination des juges de police.....................	id.
—	Nomination des officiers de la garde bourgeoise........	40
1677	Election des consuls..............................	41
—	Nomination des juges de police.....................	id.
1678	Election des consuls..............................	id.
—	Nomination des juges de police.....................	42
—	Nomination des officiers de la garde bourgeoise........	id.
1679	Lettres du Roi nommant au gouvernement de Limoges M. de Nyert, en remplacement de M. de Permangle, décédé..	43

Années		Pages
1679	Enregistrement des lettres de M. de Nyert................	44
—	Service solennel pour M. de Permangle................	45
—	Les consuls écrivent au nouveau gouverneur pour le complimenter............................	46
—	Difficultés avec M. du Saillant, sénéchal du Limousin, au sujet de sa réception solennelle à Limoges..........	id.
—	Election des consuls..............................	47
—	Nomination des juges de police....................	48
—	Nomination des officiers de la garde bourgeoise........	id.
1680	Election des consuls..............................	49
—	Nomination des juges de police....................	id.
—	Nomination des officiers de la garde bourgeoise........	50
1681	Election des consuls..............................	id.
1682	Lettre du lieutenant du Roi au gouvernement, relative à l'élection ci-dessus............................	51
—	Election des consuls..............................	id.
—	Nomination des juges de police....................	52
—	Nomination des officiers de la garde bourgeoise........	id.
1683	Election des consuls..............................	53
1684	Lettre de cachet désignant les consuls pour l'année 1664-1665............................	id.
—	Election conforme à la lettre précédente............	54
—	Nomination des juges de police....................	id.
—	Nomination des officiers de la garde bourgeoise........	55
1685	Election des consuls..............................	56
—	Nomination des juges de police....................	id.
—	Nomination des officiers de la garde bourgeoise........	57
1686	Election des consuls..............................	58
—	Nomination des juges de police....................	id.
—	Nomination des officiers de la garde bourgeoise........	59
1687	Election des consuls..............................	id.
—	Nomination des juges de police....................	60
—	Nomination des officiers de la garde bourgeoise........	id.
1688	Nomination et installation d'Anne Lemoyne, recluse....	61
—	Election des consuls..............................	62
—	Nomination des juges de police....................	id
—	Nomination des officiers de la garde bourgeoise.......	id.
1687	Ordonnance royale énonçant les officiers exemptés du logement des gens de guerre....................	63
1689	Exécutoire de l'Intendant........................	64
—	Arrêt du Conseil relatif à l'imposition d'une somme de 30,000 livres sur la ville, pour pourvoir aux dépenses de nouvelles levées d'hommes....................	id.
—	Election des consuls..............................	66
—	Nomination des juges de police....................	id.
—	Ordonnance de l'intendant : répartition de 33,000 livres pour l'ustancile de 44 compagnies..................	67

Années		Pages
1690	Lettre du Roi sur la victoire de Fleurus..............	67
—	Lettre du Roi au sujet des succès remportés sur mer par Tourville..	69
—	Lettre de Louvois relative au bruit d'un soulèvement des Protestants...	71
—	Lettre du Roi sur la victoire de Staffarde............	id.
—	Election des consuls.................................	72
—	Nomination des juges de police......................	73
—	Nomination des officiers de la garde bourgeoise......	id.
1691	Lettre du Roi sur la prise de Villefranche............	74
—	Lettre du lieutenant du Roi sur le même sujet........	75
—	Lettre du Roi sur la prise de Mons...................	id.
—	Election des consuls.................................	77
—	Nomination des juges de police.....................	id.
1692	Letttre du Roi sur la prise de Montmeillan............	78
—	Nomination des officiers de la garde bourgeoise.......	79
—	Arrêt du Conseil cassant l'élection municipale du 7 décembre 1692 et désignant d'autres consuls.............	80
—	Lettres du Roi en conformité.........................	81
1693	Election conforme aux ordres du Roi................	82
—	Délibération d'une assemblée de ville au sujet du prix de la décharge des cens, lods et ventes, accordée aux possesseurs de fiefs et biens relevant du domaine du Roi (en note)..	82
—	Nomination des juges de police.....................	id.
—	Nomination des officiers de la garde bourgeoise.......	83
—	Lettre du Roi sur la prise de Heidelberg..............	84
—	Election des consuls.................................	85
—	Arrêt du Conseil réglant les dépenses ordinaires de la ville (en note).......................................	86
1693 ou 94	Nomination des juges de police......................	87
—	Nomination des officiers de la garde bourgeoise......	id.
1694	Election des consuls.................................	89
—	Protestation du Lieutenant général de Vincent contre sa propre nomination. Réitération du vote en sa faveur..	id.
—	Nomination des juges de police......................	90
—	Nomination des officiers de la garde bougeoise........	id.
—	Désignation du P. Apollinaire Delobard, recollet, pour prêcher l'Avent de 1695 et le Carême de 1696........	92
—	Convocation d'une assemblée de ville au sujet des offres faites pour l'acquisition des charges de la milice (sans effet)..	id.
—	Conflit entre le Lieutenant général et les Trésoriers de France..	id.
1695	Assemblée de ville. Rachat d'une taxe sur les eaux....	93
—	Fixation de la finance des charges de milice..........	95
—	Mesures prises à l'égard des deux gagers dits capitaines de l'Hôtel-de-Ville : on détermine leur rang et leurs insignes.	97

Années		Pages
1695	Assemblée de ville pour le rachat de l'office de receveur des deniers communs............................	99
—	Election des consuls.................................	100
—	Nomination des juges de police.......................	id.
—	Désignation du P. Jaume, jésuite, comme prédicateur du Consulat en 1697-98................................	101
—	Requête de Jacques Lavaud, pour être reconnu lieutenant du canton du Clocher............................	id.
—	Installation de Lavaud dans ladite charge............	id.
—	Lieutenant de Ferrerie. Requête de Jean Moulinier......	102
—	Installation de Moulinier.............................	id.
—	Charges de capitaines pour le Consulat, Manigne et le Clocher. Requête et installation....................	103
—	Charges de capitaine et de lieutenant de Boucherie. Requête et installation...........................	id.
1696	Lieutenance de Manigne.............................	id.
—	Lieutenance supplémentaire...	104
—	Devis des réparations à faire à l'Hôtel-de-Ville de Limoges.	id.
—	Procès-verbal de constatation de l'état de l'Hôtel-de-Ville.	105
—	Assemblée de ville. Même affaire.....................	107
—	Création de nouveaux offices (jaugeurs). Assemblée de ville	id.
	Election, par les marchands, de gardes jurés pour la visite et la marque des étoffes.......................	108
—	Lettre du gouverneur du Limousin : ingérance dans l'élection des consuls.............................	110
—	Election des consuls.................................	id.
1697	Assemblée de ville : Paiement par la commune du prix de l'office de colonel, offert à M. de Vincent fils.........	111
—	Assemblée électorale du 7 décembre. Protestation du procureur du Roi au sujet de ce qui s'est passé l'année précédente.......................................	112
—	Election des consuls.................................	114
—	Installation et prestation de serment de deux des consuls. Le troisième, M. de Bort, s'excuse.................	id.
—	Lettre du chancelier à l'intendant affirmant la liberté des suffrages des électeurs........................	115
1698	Désignation du Père Apollinaire Mousnier, recollet, pour prédicateur en 1698-1699.........................	id.
—	Nomination des juges de police pour 1698...	id.
1697	Lettre du gouverneur du Limousin confirmant M. de Vincent fils dans l'office de colonel.................	116
1698	Installation de M. de Vincent.......................	117
—	Arrêt du Conseil relatif aux gages du substitut et du procureur du Roi près l'hôtel de ville.	118
—	Le lieutenant général s'oppose à ce que le service funèbre pour Madame de La Tour d'Auvergne soit célébré à Saint-Pierre. Protestations diverses.................	id.

Années		Pages
1698	Dénonciation, par le lieutenant général, de brigues et menées relatives à l'élection du 7 décembre 1698.....	120
—	Election des consuls................................	121
—	Protestation du lieutenant général.................	122
—	Plainte du lieutenant général à propos d'une scène qui s'est produite dans l'église de Saint-Martial.........	123
1699	Arrêt du Conseil annulant l'élection de deux des consuls nommés le 7 décembre 1698 et prescrivant de procéder à une nouvelle élection.......................	124
—	Lettre exécutoire donnée par l'intendant...............	126
—	Réquisitoire du procureur du Roi en vue d'un second scrutin, pour le remplacement de deux des consuls nommés le 7 décembre..............................	id.
—	Election de deux nouveaux consuls.................	127
—	Prestation de serment des nouveaux consuls...........	id.
—	Réquisitoire pour la désignation des juges de police et du prédicateur du Consulat........................	128
—	Nomination des juges de police.....................	129
—	Désignation du Père Léonard Geay, dominicain, comme prédicateur du Consulat, pour 1699-1700.............	id.
—	Nomination de Jean Valade, en qualité d'ermite........	id.
—	Assemblée de ville : rachat de l'office de peseur juré....	130
—	Observations et avis du procureur du Roi.............	132
—	Assemblée électorale. Le procureur du Roi propose qu'on vote par bulletins écrits...........................	133
—	Les consuls s'opposent à l'innovation proposée.........	id.
—	Le lieutenant particulier décide que l'élection aura lieu conformément aux usages..........................	134
—	Election des consuls...............................	135
1700	Election, par le corps des marchands, de quatre gardes pour la visite et la marque des étoffes...............	id.
1699	Lettre du ministre de Torcy à l'évêque, relativement à la procession qui doit être faite le 15 août, jour de la fête de l'Assomption...................................	136
1700	Nomination de Martial Loriget à l'emploi de tambour de ville, en remplacement de son père..................	137
—	Election des consuls...............................	138
—	Vœu de l'assemblée électorale pour la substitution du vote par bulletins au vote verbal.....................	id.
—	Désignation du Père Gabriel de Ségur, recollet, pour prêcher l'Avent de 1701 et le Carême de 1702........	139
—	Tirage au sort pour la milice : personne ne se présente.	140
—	Nomination de M. de Roulhac de Roulhac comme administrateur de l'hôpital................................	141
1701	Provisions de lieutenant général de police pour M. Jean Rogier des Essarts................................	142
—	Election des consuls...............................	146

Années		Pages
1701	Les prud'hommes électeurs qui n'ont pas répondu à la convocation sont punis d'une amende...	146
—	Désignation du Père Guiton, dominicain, pour prêcher l'Avent de 1702 et le Carême de 1703...	150
1702	Arrêt du Conseil d'état relatif à l'exemption du droit de francs fiefs accordée aux consuls de Limoges et à leurs descendants...	151
—	Autre arrêt du Conseil fixant le prix de la confirmation de ce privilège...	152
—	Lettre du Roi sur la victoire de Friedlingen...	154
—	Election des consuls...	155
1703	Réjouissances pour la prise du Kehl. Lettre du lieutenant général...	156
—	Désignation de Pierre Tardieu en qualité d'administrateur de l'hôpital...	156
—	Réparations à faire aux dépendances de l'hôtel de ville..	157
—	Lettre du Roi sur la victoire d'Eckeren...	158
—	Election des consuls...	159
—	Prestation de serment des nouveaux consuls...	160
1704	Assemblée de ville : rachat des deux offices d'inspecteurs des Boucheries...	id.
—	Lettre du Roi sur la prise de Suze...	162
—	Lettre du Roi au sujet de la naissance du duc de Bretagne, fils du duc de Bourgogne...	163
—	Réponse du lieutenant général à une lettre des consuls relative au retard apporté aux réjouissances à l'occasion de la naissance du duc de Bretagne...	164
—	Lettre du Roi annonçant les succès de la flotte dans la Méditerranée...	id.
—	Lettre du Roi sur la prise d'Ivrée...	165
—	L'assemblée de ville, invitée à désigner trois adjoints aux consuls, à défaut d'acquéreurs des offices à vendre, refuse de procéder à cette nomination...	166
—	Désignation du Père David, jacobin, pour prêcher l'Avent de 1705 et le Carême de 1706...	168
1705	Assemblée de ville : refus d'acquérir les offices de consuls créés par le fisc...	id.
—	Lettre de M. d'Armenonville à l'intendant au sujet des offices à vendre...	170
—	Election de six consuls, après acquisition, par la ville, des offices créés...	171
—	Désignation du Père Lebret, feuillant, pour prêcher l'Avent de 1706 et le Carême de 1707...	173
1706	Nomination de Martial Ribouille en qualité d'ermite...	174
—	Bénédiction et installation du nouvel ermite...	175
—	Désignation du Père Cyprien, carme, pour remplacer le Père Lebret...	176

Années		Pages
1706	Election des consuls.....	176
—	Liquidation du prix de l'office de premier consul dont avait été pourvu M. Faulte de Marzac...............	177
—	Remboursement, au même, du prix de son office.	178
—	Désignation du P. Laforgue, jacobin, pour prêcher l'Avent de 1707 et le Carême de 1708....................	179
—	Nomination des officiers de garde bourgeoise...........	id.
1707	Nomination de Léonard Limousin, Pierre Barbou et Louis Benoist en qualité d'administrateurs de l'hôpital......	181
—	Fixation des honoraires du secrétaire greffier de l'hôtel de ville...................................	182
—	Le corps municipal fait justice des prétentions de ses gagers..............................	183
—	Incident de l'élection consulaire du 7 décembre 1707...	184
—	Election des consuls...................................	185
—	Nomination des officiers de la garde bourgeoise.........	186
—	Désignation du Père Sage, jacobin, pour prêcher l'Avent de 1708 et le Carême de 1709....................	187
1708	Lettre du maréchal de Berwick, gouverneur du Limousin, aux consuls......................................	id.
—	Conflit avec l'Election à propos d'une adjudication de travaux..	188
—	Election des consuls...................................	189
—	Désignation du Père David, jacobin, pour prêcher l'Avent de 1709 et le Carême de 1710........................	190
1709	Désignation des citoyens qui doivent composer un détachement chargé d'escorter un convoi de grains.	id.
—	Nomination de Michel Martialot en qualité d'ermite......	191
—	Installation du même.............................	192
—	Election des consuls......................................	193
—	Désignation du Père Roulhac, jésuite, pour prêcher l'Avent de 1710 et le Carême de 1711................	193
—	Nouveau scrutin pour le remplacement du sieur Lamy de Luret, second consul élu......................	194
1710	Nomination du sieur Monneyron en qualité de greffier à titre provisoire, en remplacement du sieur Grasmaignac, décédé..	196
—	Nomination d'un capitaine de l'hôtel de ville	197
—	Nomination d'un valet de ville.......................	198
—	Constatation de l'état de ruine où se trouve l'hôtel de ville.....................................	198
—	Devis des réparations à y exécuter.....................	200
—	Assemblée de ville pour l'adjudication des travaux......	203
—	Adjudication des travaux à Pierre Rousset, dit Jullie....	205
—	Offres des prêteurs.............................	206
—	Adjudication du paiement à Jean Leyssenne, en échange d'une exemption perpétuelle d'impositions...........	207

Années		Pages
1710	Nomination de Pierre Delignières en qualité de maître armurier et canonnier de la ville...............	209
—	Réception et installation d'Etienne Grasmaignac, pourvu de l'office de secrétaire greffier................	id.
—	Communication d'une lettre de l'intendant ordonnant de surseoir à l'élection des consuls....................	211
—	Installation de J.-B. Bourdeaux dans la charge de capitaine des Combes...............................	id.
—	Installation de Jean Thévenin dans la charge de lieutenant de Consulat................................	213
—	Liste des prudhommes désignés pour élire les consuls..	214
—	Election des consuls................................	216
—	Nomination de Dom François de La Rodde, de la congrégation de Saint Maur, pour prêcher l'Avent de 1711 et le Carême de 1712............................	id.
1711	Nomination d'un valet de ville......................	218
—	Désignation de Martial Romanet, Simon Dorat et Jacques Pétiniaud en qualité d'administrateurs de l'hôpital....	219
—	Réception de Jean Reculès à l'office de lieutenant de bourgeoisie pour le canton de Manigne..............	id.
—	Provisions royales pour le sieur Reculès.............	221
—	Casernement des compagnies de cavaliers envoyées à Limoges. Nomination de quarteniers................	222
—	Provisions d'Adrien Dupont pour l'office de capitaine de Ferrerie...	223
—	Réception du même dans cet office.................	225
—	Election des consuls...............................	226
—	Désignation du Père Cyrille, carme, pour prêcher l'Avent de 1712 et le Carême de 1713.......................	227
1712	Renouvellement des conventions faites avec le sieur Monneyron, receveur de l'hôtel de ville.............	id.
—	Lettre du Roi sur la victoire de Denain.............	228
—	Ordre conforme du lieutenant général au gouvernement.	229
—	Lettre du Roi sur la prise de Douai................	230
—	Réjouissances ordonnées à ce sujet.................	id.
—	Provisions données à Jean Thévenin, pour l'office de lieutenant de bourgeoisie........................	id.
—	Lettre du Roi sur la prise du Quesnoy..............	231
—	Election des consuls...............................	232
—	Désignation de Dom Chevaille, feuillant, pour prêcher l'Avent de 1713 et le Carême de 1714...............	233
1713	Envoi de deux membres du corps de ville aux Cars pour complimenter le nouveau lieutenant général au gouvernement..	234
—	Remplacement de Dom Chevaille par le Père Julien Gringaud, Augustin, pour 1713-1714................	id.
—	Protestation du procureur du Roi...................	235

Années		Pages
1713	Requête de Jean Leyssenne pour la vérification et la réception des travaux de l'hôtel de ville.............	236
—	Désignation d'experts à cet effet.......................	237
—	Procès-verbal de vérification des travaux..	239
—	Supplique de Leyssenne à l'intendant pour l'exécution des clauses de son adjudication....................	id.
—	Ordonnance conforme de l'intendant..................	241
—	Election des consuls..	242
—	Désignation du Père Julien Gringaud, augustin, pour prêcher l'Avent de 1714 et le Carême de 1715........	243
1714	Désignation de Louis Benoist pour remplir les fonctions de procureur du Roi pendant la maladie de M. d'Arsonval.............	id.
—	Nomination d'un capitaine de l'hôtel de ville...	id.
—	Election des consuls...........................	245
—	Désignation d'un jacobin pour prêcher l'Avent de 1715 et le Carême de 1716.............................	id.
1715	Nomination de Pétronille Ménager en qualité de recluse.	246
—	Installation de la nouvelle recluse....................	247
—	Remplacement du prédicateur désigné pour 1715-1716 par le Père Barthelemy, carme.....................	id.
—	Lettre du Roi à l'occasion de la mort de Louis XIV.	248
—	Election des consuls...........................	249
—	Désignation de Dom Rousseau, de la congrégation de Saint-Maur, pour prêcher l'Avent de 1716 et le Carême de 1717.......	250
1716	Refonte de l'artillerie de la ville. Prise en charge de cinq canons par le corps de ville.................	id.
—	Lettre du Régent aux consuls........................	251
—	Election des consuls...............................	252
—	Désignation du Père Michel, recollet, pour prêcher l'Avent de 1717 et le Carême de 1718............	id.
1717	Communication relative aux princes du sang...........	253
—	Désignation des prud'hommes pour élire les nouveaux consuls après la suppression des offices municipaux. .	id.
—	Nomination d'Hyacinthe Paillier en qualité de secrétaire greffier à titre provisoire..........................	255
—	Election des consuls............................... ..	256
—	Désignation du Père Bonaventure David, cordelier, pour prêcher l'Avent de 1718 et le Carême de 1719........	257
—	Compétition de deux procureurs du Roi......	id.
1718	Lettre de l'intendant au sujet de l'exemption de logements militaires en faveur des officiers de maréchaussée et archers.....	258
—	Affaire Leyssenne, prêt à la ville. Demande de remboursement par les héritiers............................	id.
—	Lettre du Garde des sceaux sur cette affaire...........	259

Années		Pages
1718	Nomination d'un garde du gouverneur..............	260
—	Assemblée de ville pour le remboursement du prix des offices municipaux supprimés.....................	id.
—	Provisions royales de lieutenant général au présidial, pour Jean Rogier des Essarts.................	262
— (?)	Provisions de lieutenant général de police de la ville et faubourgs de Limoges pour J.-B. Rogier des Essarts...	263
—	Election des consuls........................	264
—	Désignation de Dom Paterne, de la congrégation de Saint-Maur, comme prédicateur pour 1719-1720......	265
—	Chute des remparts près la porte Boucherie............	id.
—	Procès-verbal de Jean Cluzeau, prêtre communaliste de St-Michel et architecte, au sujet de la chute du rempart	266
—	Copie d'un acte d'appel interjeté par les consuls, d'une ordonnance rendue par le Bureau des trésoriers généraux, à l'occasion de la chute du rempart............	268
1719	Nomination de MM. Reculès, Labiche de Reignefort et Goudin, en qualité d'administrateurs de l'hôpital.....	269
—	Assemblée de ville au sujet de la confirmation de l'exemption du droit de francs fiefs.........................	id.
— (?)	Assignation donnée aux consuls par Barbou, imprimeur à Paris, au sujet de l'office de courtier des vins.......	270
—	Lettre du Roi relative à la survivance de la charge de gouverneur de Limoges, accordée à M. de Nyert fils..	271
—	Enregistrement desdites lettres...................	273
—	Assemblée de ville. Confirmation de l'exemption du droit de francs fiefs............................	274
—	Nomination de M. Descordes des Fayes en qualité d'avocat de la ville.................................	275
—	Nomination de Jean Bonnet à la place d'ermite.........	276
—	Installation du nouvel ermite.......................	id.
—	Assemblée de ville : question du casernement..........	id.
—	Projet de construction de casernes. Le gouvernement demande un emplacement...........................	277
—	Nomination du sieur Rouchaud en qualité de procureur de la ville......................................	278
—	Election des consuls.............................	279
—	Protestation du lieutenant général contre l'élection qui a été faite de lui.................................	id.
—	Désignation du Père Nicolas Bermond, jacobin, comme prédicateur pour 1720 et 1721...................	280
—	Assemblée de ville : emplacement à acquérir pour les casernes.......................................	id.
1720	Ordonnance de l'intendant : M. Rogier, lieutenant général, est déchargé du consulat et remplacé par M. Hugon	281
—	Remplacement d'un gager de la ville...............	282
1719	Confirmation du privilège des francs fiefs. — Lettres patentes du Roi......................................	283

Années		Pages
1720	Enregistrement à la chambre des Comptes des lettres qui précèdent...	284
—	Déclaration des incendiés de Montmailler, créanciers de la ville, à qui a été cédé le produit de la charge de courtier des vins..	285
—	Nomination de M. Devoyon en qualité d'avocat de la ville	286
—	Achat d'un terrain auprès des Feuillants pour l'emplacement des casernes....................................	287
—	Noms des prud'hommes désignés pour procéder à l'élection des consuls...	288
—	Election des consuls..	290
—	Désignation de M. Bellai, prieur de Chancelade, comme prédicateur pour 1721-1722................................	291
1721	Etat des armes remises au consulat et provenant de réformes faites aux régiments de cavalerie de Noailles et de Beringhem...	292
—	Procès-verbal de vérification desdites armes................	id.
—	Récépissé délivré par les consuls..............................	293
—	Election des consuls..	294
—	Désignation de Dom René Darsleresle (d'Arsbresle?), bénédictin, en qualité de prédicateur pour 1722-1723..	295
1722	Copie de la lettre écrite par M. de Breteuil, intendant, aux consuls, au sujet du rôle des tailles.................	295
1721	Décharge des armes de Noailles et Beringhem donnée aux consuls par le subdélégué de l'intendant............	296
1722	L'affaire du droit des francs-fiefs reparait. Assemblée de ville...	id.
—	Remplacement d'un capitaine de l'hôtel de ville...........	297
—	Extrait de la commission des tailles pour 1721, ayant trait à la somme due par la ville à la veuve Leyssenne, et paiement à celle-ci d'un à-compte........................	298
—	Election des consuls..	id.
—	Désignation du Père Colomb, jacobin, en qualité de prédicateur pour 1723-1724.......................................	299
1723	Assemblée de ville au sujet de l'élection au consulat de M. Dalesme, contre laquelle celui-ci s'est pourvu......	300
—	Désignation de MM. Moulinier de Saint-Bonnet, Léonard de Fressanges et Ardant, pour remplir les fonctions d'administrateurs de l'hôpital................................	301
—	Arrêt du Conseil cassant l'élection de M. Dalesme.......	302
—	Exécutoire de l'intendant.....................................	304
—	Election de Jean Garat pour remplacer M. Dalesme.....	305
—	Règlement général de police pour la ville de Limoges (en note)..	id.
—	Election des consuls..	306
—	Désignation du Père Brigueil, cordelier, en qualité de prédicateur pour 1724-1725...................................	310

Années		Pages
1724	Installation de J.-B. Boisse, pourvu par le Roi de l'office de secrétaire greffier de l'hôtel de ville	311
1723	Provisions royales pour J.-B. Boisse	313
—	Provisions de l'office de greffier du rôle des tailles pour Pierre Midy	314
1724	Enregistrement desdites provisions	315
—	Installation de Jean Brugière, pourvu de l'office de hoqueton de la ville	316
—	Provisions de hoqueton pour Jean Brugière	id.
—	Réunion pour le remplacement du P. Brigueil, prédica-désigné. Remise de la décision	318
—	Désignation du Père David, Jacobin, en qualité de prédicateur pour 1724-1725	id.
—	Election des consuls	319
—	Désignation du P. Gil, Jacobin, en qualité de prédicateur pour 1725-1726	320
1725	Remplacement de Noël Jauvie, valet de la ville, par son fils	321
—	Nomination d'Antoine Laloy à la charge d'ermite	322
—	Arrêté du registre	324
—	Accord entre les consuls pour assurer le travail de la préparation des billets de logement	325
—	Remplacement de Faure, valet de ville, par son fils	id.
—	Lettre du Roi pour annoncer son mariage	326
—	Lettre d'envoi de M. de Maurepas	327
—	Remplacement du P. Gil, prédicateur désigné, par le P. Forestier, Jésuite	id.
—	Réparation de la fontaine de Saint-Pierre. Offres du sieur Lafosse	328
—	Assemblée de ville à ce sujet	329
—	Ordonnance conforme de l'intendant	id.
—	Engagement du sieur Lafosse	330
—	Election des consuls	id.
—	Désignation du P. Chavau, Cordelier, en qualité de prédicateur pour 1726-1727	331
—	Nomination d'un canonnier de la ville	id.
1726	Election des consuls	332
—	Désignation du P. Verdilhac, Jésuite, en qualité de prédicateur pour 1727-1728	333
1727	Nomination de MM. Roulhac de Razès, Farne et Rouard aux fonctions d'administaateurs de l'Hôpital	334
—	Election des consuls	335
—	Désignation du P. Hilaire Féral, cordelier, en qualité de de prédicateur pour 1728-1729	336
1728	Echange de deux fauconneaux brisés	id.
—	Arrêt du Conseil autorisant la rétrocession ou la vente des terrains achetés par les villes pour la construction de casernes, et l'adjudication des matériaux réunis à cet effet	337

Années		Pages
1728	Election des consuls......	339
—	Désignation du P. Gil, jacobin, en qualité de prédicateur pour 1729-1730..................	340
—	Revente de l'emplacement acquis pour les casernes. Autorisation donnée par l'Assemblée de ville........	id.
—	Lettre du Roi annonçant la naissance d'un Dauphin....	343
—	Assemblée de ville pour la désignation d'un receveur et contrôleur des deniers communs (office supprimé)....	344
—	L'Assemblée de ville s'oppose au choix du sieur Grellet, désigné par les consuls pour remplir cette charge....	id.
—	Election des consuls........................	346
—	Désignation d'un Père Jésuite en qualité de prédicateur pour 1730-1731................	347
1730	Nomination d'un garde du gouverneur...............	id.
—	Clôture de la place d'Orsay. Utilisation des herses et chaînes des portes. Assemblée de ville...........	348
—	L'Assemblée adopte le projet.......................	349
—	Choix du sieur Paillier, secrétaire de l'Hôtel-de-Ville, pour les fonctions de receveur des deniers communs. L'Assemblée de ville l'agrée............................	350
—	Déclaration du Roi relative aux comptes qui doivent être rendus par les receveurs des deniers communs des villes et provinces............................	351
—	Le sieur Paillier est proposé pour remplir les fonctions de receveur des deniers communs, en conformité de la déclaration du Roi.....................	360
—	Projet de vente des herses et chaînes des portes de la ville.	362
—	Procès-verbal du mesurage et pesage des dites herses, crampons et chaînes............................	364
—	Evaluation des fers provenant des portes........	id.
—	Lettre du Roi annonçant la naissance du duc d'Anjou....	365
—	Election des consuls............................	366
—	Désignation du P. Calmard, Jacobin, en qualité de prédicateur pour 1731-1732.........	367
—	Organisation des secours en cas d'incendie. Assemblée de ville : proposition de l'intendant de Tourny.......	368
—	Vote conforme de l'Assemblée de ville.............	369
—	Requête du sieur Lafosse, secrétaire de l'Hôpital, pour être exempté du logement des gens de guerre.......	370
—	Avis favorable des consuls.......................	371
—	Ordonnance conforme de l'Intendant................	id.
1731	Arrêt du Conseil, annulant, à la requête du receveur général Pinot, l'élection faite de lui aux fonctions de consul....................................	372
—	Signification de l'arrêt aux consuls.............	274
—	Nomination de MM. Des Courrières, Rouard et Malevergne du Masdoumier aux fonctions d'administrateurs de l'hôpital..................................	375

Années		Pages
1731	Chute de la couverture de la porte Montmaillier.......	376
—	Désignation du ciergier de l'hôtel de ville.............	377
—	Le Bureau de la généralité somme les consuls de réparer les portes et tours.................................	378
—	Signification de la délibération du Bureau des finances au prévôt consul...................................	379
—	Contre-signification donnée au procureur du Roi au Bureau par les consuls, qui protestent contre la sommation du Bureau...	380
1730	Requête du sieur Guérin, économe de l'Hôpital, pour être exempté du logement des gens de guerre...........	381
—	Avis favorable des consuls...........................	id.
—	Ordonnance conforme de l'Intendant.................	382
1731	Réparations aux portes et tours. Assemblée de ville....	id.
—	Election des consuls.................................	384
—	Désignation du P. Lamy, cordelier, en qualité de prédicateur pour 1732-1733...........................	385
—	Protestation de M. Labiche de Reignefort contre sa propre élection au Consulat.............................	id.
1732	Election, au Consulat, de M. Roulhac de Boisseuil, pour remplacer M. Labiche de Reignefort...............	387
—	Homologation d'une transaction entre les curés de deux paroisses de la ville.............................	id.
—	Enregistrement à l'Hôtel-de-Ville des provisions du nouveau lieutenant du Roi pour le Haut-Limousin.......	388
1731	Provisions royales de lieutenant du Roi pour le Haut-Limousin accordées à Jean Vidaud, comte du Dognon.	id.
—	Certificat de prestation de serment....................	390
—	Mention de divers enregistrements...................	id.
1732	Protestation du lieutenant général et du procureur du Roi.	391
—	Remontrance du procureur du Roi au sujet de l'enregistrement des provisions de M. Du Dognon et du projet d'entrée solennelle du nouveau lieutenant du Roi.	392
—	Lettre du lieutenant général au gouverneur, marquis d'Escars, au sujet de l'entrée du lieutenant du Roi...	394
—	Election des consuls.................................	id.
—	Désignation du P. Azemard, jacobin, en qualité de prédicateur pour 1733-1734...........................	395
1733	Ordonnance royale réglant ce qui a trait à la réception et à l'installation du lieutenant du Roi.............	396
—	Election des consuls.................................	398
—	Désignation du P. Peyroche, cordelier, en qualité de prédicateur, pour les années 1734-1735................	399
—	Récit de l'installation du comte Du Dognon, lieutenant du Roi..	id.
1734	Compte-rendu du service solennel célébré à la Cathédrale de Limoges, par les soins des consuls, pour le	

Années		Pages
	repos de l'âme du maréchal de Berwick, gouverneur du Limousin..................................	401
1734	Nomination de Pétronille Ménager à la place de la recluse	405
—	Installation de la recluse............................	406
—	Les consuls surseoient, par ordre de l'intendant, à la désignation des prud'hommes électeurs.............	407
—	Désignation du P. Joseph Roux, Jacobin, en qualité de prédicateur pour 1735-1736...................	408
—	Nomination de Louise Laloy à la place de recluse......	id.
1735	Nomination de MM. Morel, Faulte du Puy du Tour et Grellot l'aîné, aux fonctions d'administrateurs de l'Hôpital....	409
—	Désignation du P. Desfosses, Jacobin, en remplacement du P. Roux, prédicateur désigné.................	id.
—	Rétablissement des offices municipaux. Défense d'élire les consuls et ordre de désigner trois répartiteurs collecteurs.	410
—	Arrêt du Conseil défendant de procéder aux élections municipales et prescrivant aux consuls et autres officiers en fonctions de continuer leurs charges jusqu'à nouvel ordre	411
—	Requête du receveur de tailles pour la désignation de trois répartiteurs................................	413
—	Ordonnance conforme de l'Intendant.................	id.
—	Election de trois répartiteurs.......................	id.
1736	Nomination d'un valet de ville.......................	414
—	L'Intendant, sur la prière des consuls, désigne le P. Gouët, Jacobin, pour prêcher l'Avent de 1736 et le Carême de 1737, et le P. Plumant, jésuite, pour prêcher l'année suivante...	415
—	Perception des droits de courtage. Assemblée de ville..	id.
—	Ouverture d'une porte sur l'emplacement de l'ancienne porte Mirebœuf. Assemblée de ville...............	417
—	Election de trois répartiteurs.......................	418
1737	Nomination de Martial Nadaud en qualité de secrétaire-greffier..	id.
—	Election de trois répartiteurs	419
—	Election des consuls..............................	420
1738	Désignation, par l'Intendant, du P. Bureau, Cordelier, en qualité de prédicateur pour 1738-39.................	421
—	Adjudication des droits de places pour la vente du pain d'Aixe et de Solignac.............................	id.
—	Election des consuls..............................	422
—	Désignation du P. Gueydon, jésuite, en qualité de prédicateur pour 1739-40, et du P. Colomb, jacobin, en la même qualité pour 1740-41	423
1739	Chute du rempart auprès de la porte des Arènes.......	424
—	Protestation signifiée par les consuls aux Trésoriers de France au sujet de l'acte ci-après.................	425
—	Copie de l'acte signifié par les Trésoriers de France aux consuls, à l'occasion de la chute du rempart.........	id.

Années		Pages
1739	Signification du dit acte aux consuls	427
—	Procès-verbal fait par les consuls, assistés de l'architecte Cluzeau, de l'état des murs et de la brèche de la porte des Arènes......................	428
—	Les consuls, ayant à se plaindre des Pères Augustins, décident que le sermon de Quasimodo sera donné à Saint-Pierre-du-Queyroix........................	429
—	Nomination de MM. Juge de Saint-Martin, Faure et Du Puy du Tour en qualité d'administrateurs de l'Hôpital. — Protestation du prévôt consul Ardillier..............	430
—	Lettre du Roi annonçant le rétablissement de la paix....	431
—	Election des consuls...................................	432
—	Offre du Gouvernement de prêter de l'argent à la ville pour des achats de grains. Cette proposition est acceptée..	433
1740	Les consuls et les notables décident que le sermon du Vendredi-Saint ne sera pas donné à l'abbaye de la Règle.......................................	434
—	Lettre de M. de Tourny, à qui les consuls ont demandé son portrait..	435
—	Nomination des officiers de la garde bourgeoise........	436
—	Modifications dans les usages relatifs aux sermons......	437
—	Scandale causé par un capitaine de l'hôtel de ville dans une cérémonie.....................................	id
—	Révocation de l'auteur de ce scandale.................	439
—	Les consuls consentent à rapporter la décision qui précède	440
—	Élection des consuls..................................	441
—	Désignation de M. Michelon, chanoine de Chartres, en qualité de prédicateur pour 1741-42...............	442

Errata et additions.. 442
Table des matières.. 449

Limoges, imp. Ve H. Ducourtieux, rue des Arènes.

www.ingramcontent.com/pod-product-compliance
Lightning Source LLC
Chambersburg PA
CBHW072113220426
43664CB00013B/2109